T0300934

الإدارة الاستراتيجية

منظور منهجي متكامل

تأليف

طاهر محسن منصور الغالبي
دكتوراه إدارة استراتيجية
جامعة الزيتونة الأردنية

وائل محمد صبحي إدريس
ماجستير إدارة أعمال
مستشار أداء مؤسسي

دار وائل للنشر

الطبعة الثانية

2009

رقم الايداع لدى دائرة المكتبة الوطنية : (2006/11/2997)
الغالبي ، طاهر محسن
الإدارة الاستراتيجية : منظور منهجي متكامل/ طاهر محسن منصور الغالبي، وائل محمد صبحي ادريس. - عمان، دار وائل، 2006 .
(606) ص
ر.إ. : (2006/11/2997)
الواصفات: الإدارة التنفيذية / إدارة الأعمال
* تم إعداد بيانات الفهرسة والتصنيف الأولية من قبل دائرة المكتبة الوطنية

****

رقم التصنيف العشري / ديوي : 658
ISBN 9957-11-677-0 (ردمك)

* الإدارة الاستراتيجية - منظور منهجي متكامل
* د. طاهر محسن منصور الغالبي - وائل محمد صبحي إدريس
* الطبعة الأولى 2007
* الطبعة الثانية 2009

* جميع الحقوق محفوظة للناشر

دار وائـــل للنشر والتوزيع

* الأردن - عمان - شارع الجمعية العلمية الملكية - مبنى الجامعة الاردنية الاستثماري رقم (2) الطابق الثاني
هـاتف : 00962-6-5338410 - فاكس : 00962-6-5331661 - ص. ب (1615 - الجبيهة)
* الأردن - عمـان - وسـط البـلـد - مجمـع الفحيص التجـاري- هــاتف: 00962-6-4627627
www.darwael.com
E-Mail: Wael@Darwael.Com

بسم الله الرحمن الرحيم

[قَالُوا سُبْحَانَكَ لا عِلْمَ لَنَا إِلاَّ مَا عَلَّمْتَنَا إِنَّكَ أَنْتَ الْعَلِيمُ الْحَكِيمُ]

صَدَقَ اللَّهُ الْعَظِيمُ
(البقرة:32)

الإهداء

إلى.....

من أنزل النور على قلبه...وجعله للعالمين سراجاً منيراً... سيدي ومولاي رسول الله محمد ﴿عليه أفضل الصلاة والسلام﴾ جزاه الله خير ما جزى رسولاً عن أُمته ونبياً عن قومه

من قال بحقهما الله ﴿وَاخْفِضْ لَهُمَا جَنَاحَ الذُّلِّ مِنَ الرَّحْمَةِ﴾ والديَّ... براً واحساناً

محتويات الكتاب الكلية

محتويات الكتاب التفصيلية

قائمة الأشكال

قائمة الجداول

استهلال

الادارة الاستراتيجية Strategic Management حقل معرفي متجدد ومنظور، تتعدد فيه التوجهات والمناظير والرؤى، ويجد الباحث فيه مجالاً واسعاً مترامي الأطراف لطرح الافكار الفلسفية والعملية حتى انه يصعب لملمة سيل الكتب والدراسات التي تتخصص في هذا الحقل المعرفي، مما يعطي دليلاً على حيوية هذا الحقل من جانب وصعوبة الكتابة فيه من جانب أخر. ان الاعمال اليوم صغيرة كانت أم شركات عملاقة بحاجة ماسة الى فكر استراتيجي وتطبيق متجدد لمفاهيم الإدارة الاستراتيجية خاصة بعد ان اصبحت البيئة عالمية المحتوى والمضمون وتولدت منافسة شديدة نظراً لمحدودية الموارد وتطور التكنولوجيا والمعرفة بشكل متسارع. ان هذا الأمر يعني ضرورة وجود قيادات ادارية ذات فكر استراتيجي خلاق وقادرة على ان تجد تجاربها الخاصة من خلال ممارسة ميدانية مدعومة باطلاع واسع على تجارب الآخرين وكذلك الفكر الاداري المترامي الأطراف والسريع التطور والتغيير. لقد قطعت الشركات العالمية الصغيرة والكبيرة في الدول المتقدمة شوطاً كبيراً وطويلاً في تطور الفكر والممارسة الاستراتيجية حتى اصبحت لدى الشركات تجارب خاصة بها تمثل مورداً نادراً لها في المنافسة وخصوصية تعتمد عليها في الارتقاء وتعزيز النجاح الدائم والمستمر.

لذلك نجد ان منظماتنا على اختلاف اشكالها وحجومها ومجالات عملها بحاجة ماسة الى تطور قدراتها في هذا الحقل المعرفي وان تعزز الممارسات الاستراتيجية فيها، لكي تنتقل من الممارسات الادارية المرتبكة إلى ايجاد الارضية والقاعدة المنهجية المنظمة لتطبيق اداري سليم وبناء فكر استراتيجي تتعزز من خلاله الخصوصية المنفتحة على الاخرين والمساهمة في تطوير الممارسة الادارية بل والفكر الاستراتيجي الشامل والمتكامل.

وهكذا نحن نضع هذا الكتاب بين يدي الباحثين والطلاب والمدراء والمهتمين في هذا الحقل المعرفي ويحدونا الامل بأنه يساهم في تجسير وسد الفجوة المعرفية ويعطي صورة شاملة ومنهجية متكاملة للباحثين والمدراء في منظماتنا العربية. لقد تم تقديم بعض من الحالات الدراسية المختارة بعناية بدلاً من طرح مزيد من الحالات دون مساهمة مباشرة في توضيح المفاهيم النظرية وبالتالي تضخيم حجم الكتاب دون مردود ايجابي .

لقد تم تقسيم الكتاب الى ستة أبواب رئيسة، خصص الأول منها لاساسيات الإدارة الاستراتيجية ويشتمل على فصلين الأول مقدمة في الإدارة الاستراتيجية والثاني للتخطيط والقرارات الاستراتيجية. واشتمل الباب الثاني على فصلين تطرق الثالث لتحديد الاتجاه الاستراتيجي وكرس الرابع للتحليل الاستراتيجي للبيئة. أما الباب الثالث فقد خصص الفصل الخامس منه لصياغة الاستراتيجية، والفصل السادس للبدائل والخيارات الاستراتيجية. وقد اشتمل الباب الرابع على فصلين هما السابع وقد خصص لتنفيذ الاستراتيجية والثامن للرقابة وتقييم الأداء. وقد تم عرض مجموعة قضايا مهمة ذات ارتباط بالاستراتيجية في الباب الخامس واخيراً كرس الباب السادس إلى اسلوب تحليل الحالات الدراسية في الإدارة والاستراتيجية وتم عرض مجموعة من الحالات الدراسية ذات العلاقة.

نسأل الله التوفيق والسداد

الباب الأول

أسس ومبادئ الإدارة الاستراتيجية

تمهيد:

لقد شهدت السنوات الأخيرة تطوراً هائلاً في الفكر الإداري بشكل عام، والفكر الاستراتيجي للأعمال بشكل خاص، مما أدى إلى تراكم معرفي وخبرة عملية واسعة لمنظمات الأعمال، وخاصة العالمية منها، بحيث يمكن الاستفادة منها وتكييفها وبما يلائم واقع ومتطلبات عمل المنظمات في أي مكان في العالم، وإذ يتقدّم العالم خطوات واسعة باتجاه القرية الكونية الواسعة فقد تتقارب الرؤى والتوجهات، وتنقل أساليب العمل والفلسفات بصورة أكثر شفافية من مكان إلى آخر. ومن الصعوبة بمكان الاتفاق والاجتهاد للقول الفصل والقاطع، ما الذي يمثل أسس ومبادئ للإدارة الاستراتيجية ؟، ونطرح تصورنا للقول إن هذا الأمر هو أشبه باقتطاع جزء مهم وحيوي من كل كبير وواسع مترامي الأبعاد، تراكمي المضمون، لذلك فقد تم تقسيم هذا الباب إلى فصلين مهمين يشكّلان مفتاحاً لما بعدهما؛ الأول: كرّس لإعطاء مقدمة حول الإدارة الاستراتيجية، إتسمت بالشمول والإتساع، أما الفصل الثاني فقد خصص للتخطيط الاستراتيجي والقرارات الاستراتيجية لكونهما يمثلان صلب الإدارة الاستراتيجية.

مقدمة في الإدارة الاستراتيجية

بعد الإنتهاء من دراسة هذا الفصل سيتمكن القارئ من الإجابة على الأسئلة التالية :

الفصل 1 أسئلة الدراسة

1. كيفية نشوء الإدارة الاستراتيجية
2. طبيعة الإدارة الاستراتيجية
3. ماهية الاستراتيجيون
4. التمييز بين التخطيط الاستلاتيجي والإدارة الاستراتيجية
5. أبعاد المنظور الشمولي المتوازن للإدارة الاستراتيجية

الفصل الأول

مقدمة في الإدارة الاستراتيجية

مقدمة Introduction :

شهدت العقود الأخيرة تطوراً كبيراً في المجالات الصناعية والخدمية، وقد تطلب هذا التطور وما رافقه من تقدم تطوراً مماثلاً في الفكر الإداري، خصوصاً بعد ظهور المنظمات الكبيرة وتزايد المنافسة واشتدادها على صعيد البيئة العالمية، وزيادة المخاطر، وحالات عدم التأكد البيئي التي تواجهها منظمات الأعمال. وفي ضوء ذلك، زادت توجهات الباحثين والمفكرين في مجال الإدارة لاستثمار واقتباس تطبيقات الفكر الاستراتيجي ومضامينه - الذي برزت استخداماته في المجال العسكري بصورة واضحة - لتلبية حاجة الإدارة لاستقراء المستقبل، ووضع الخطط الاستراتيجية التي تسهم في نجاح المنظمات بالاعتماد على فهم وإدراك متطلبات المتغيرات البيئة المحيطة بما تمثله من فرص وتهديدات (*Opportunities & Threats*)، وانسجاماً مع واقع المنظمة وظروفها بما تمتلك من نقاط قوة (*Strengths*)، وما تعانيه من نقاط ضعف (*Weaknesses*)؛ إذ تهدف الإدارة الاستراتيجية بفكرها إلى إنارة الطريق أمام المديرين لصنع القرارات الاستراتيجية المناسبة.

وفي إطار التطورات المعاصرة في العلوم الإدارية، وتأثير التغيرات التكنولوجية والمعرفية في العلوم الأخرى، وظهور مفاهيم وفلسفات جديدة من الناحية السياسية والاقتصادية؛ كالعولمة (*Globalization*)، والخصخصة (*Privatization*)، وبروز العديد من التحديات التي تواجه منظمات الأعمال خلال القرن الحادي والعشرين، والنزوح إلى الاقتصاد الرقمي المعرفي، وظهور المنظمات الافتراضية (*Virtual Organizations*)، يرى العديد من المفكرين والباحثين في مجال الإدارة الاستراتيجية. إن هذه الإدارة فكراً وسلوكاً وتوجهاً هي الوسيلة الفعّالة لإنقاذ المنظمات من حالات الفشل والانهيار، وهذا يتطلب منها أن تتبنّى المدخل الاستراتيجي.

ولأجل فهم طبيعة الحاجة إلى الإدارة الاستراتيجية، تم التطرق في هذا الفصل إلى نشأة الإدارة الاستراتيجية كحقل للدراسة، وطبيعة الإدارة الاستراتيجية، موضحاً فيها مفهوم الاستراتيجية وتطورها وأبعادها ومبادئها الأساسية، إضافةً إلى مستوياتها، ثم التطرق بعد ذلك إلى مفهوم الإدارة الاستراتيجية وأهميتها وفوائدها وتطورها ونماذجها. كما تم الإلماح إلى التحديات التي تواجهها الإدارة الاستراتيجية لمواجهة تحديات القرن الحادي والعشرين، ويتعرّض هذا الفصل أيضاً لمفهوم الاستراتيجيون وأدوارهم وخصائصهم، بالإضافة إلى التمييز أو بيان الاختلاف بين الإدارة الاستراتيجية والتخطيط الاستراتيجي، وأخيراً تم عرض الرؤية الفلسفية للإدارة الاستراتيجية المتكاملة.

نشوء الإدارة الاستراتيجية كحقل للدراسة

Evolution of Strategic Management as a Field of Study

إن التطور الحاصل في مجال إدارة الأعمال، وخاصة بعد الحرب العالمية الثانية أوجد حقولاً دراسية استُجدّت بسبب ظهور مشكلات تنظيمية وإدارية لا تقوى الأساليب والطرق السابقة في تقديم حلول ناجزة لها. وأصبحت إدارات منظمات الأعمال تبحث عن مفاهيم جديدة وأفكار إبداعية قادرة من خلالها على التعامل مع مشكلات أصبحت معقدة وسريعة الظهور. لقد ازدادت التخصصات الفرعية داخل إطار إدارة الأعمال، وتم النظر للمشاكل المطروحة من خلال هذه التخصصات، وبصورة جزئية، في حين أن المشاكل المطروحة ذات أبعاد متعددة، وتحتاج إلى حلول شمولية وتكاملية. وهكذا اتجه البحث عن حلول عملية يتم فيها تكامل المعرفة وتوحيدها لغرض تقديم حلول شمولية قادرة على إيجاد أرضية مناسبة للإدارة العليا لمنظمات الأعمال في وضع خطط استراتيجية على مستوى المنظمة وأقسامها الرئيسة.

إن البداية الحقيقة لتدريس مادة الإدارة الاستراتيجية (Strategic Management) في الجامعات الغربية كانت مع ظهور دراستين حول تدريس إدارة الأعمال في الولايات المتحدة الأمريكية في سنة (1959)، وهما:

- دراسة (Gordon and Howell).
- دراسة (Pierson).

لقد تم تمويل كل من الدراستين من قبل مؤسستي (Ford and Carnegie Foundation)، وكانت من نتائج الدراستين التوصية بضرورة وجود تخصص جديد يمثل حجر الأساس في تدريس العلوم الإدارية وإدارة الأعمال، بحيث يمكن خلاله تحقيق تكامل منهجي بين التخصصات الإدارية المختلفة، واستخدام المعرفة الجديدة لتحقيق قدرة عالية في تحليل مشاكل الأعمال المعقدة، وإيجاد حلول شمولية وتكاملية لها. لقد اقترح في البداية أن يكون هذا التخصص الجديد تحت مسمى سياسة الأعمال (Business Policy)، وبعد ما يقارب العشرون عاماً من البحث والتراكم المعرفي أصبح الاتجاه السائد لتدريس هذا المساق هو الإدارة الاستراتيجية (Leontiades, 1982: 46). وفي تصورنا أن هذا الحقل يضم اليوم رصيداً متراكم معرفي ساعد بشكل كبير على تطوير منظمات الأعمال، وساهم في إيجاد المزيد من الحلول الإبداعية للمشاكل الكبيرة والصغيرة منها والمعقدة، وهذا ما شكّل فائدة كبيرة للإدارة العليا في منظمات الأعمال للتعامل مع الواقع الجديد. وقد أثبت هذا الحقل القدرة الفائقة على تطوير مفاهيمه وطرقه وأساليبه في ضوء التطورات والتغييرات الحاصلة في بيئة الأعمال الدولية شديدة المنافسة وسريعة التغير، فنحن اليوم نتحدّث عن الاستراتيجية والإنترنت. والاستراتيجية في المنظمات الافتراضية، واستراتيجيات المعرفة، والتحول، وغيرها من المواضيع التي أفرزتها بيئة الأعمال الحالية.

طبيعة الإدارة الاستراتيجية The Nature of Strategic Management

إن الاستراتيجية (Strategy)، والإدارة الاستراتيجية (Strategic Management) هما مفهومان يتطوران مع الوقت، فالاستراتيجية من الموضوعات الفكرية الحديثة نسبياً في الأعمال التي تستوجب الفهم من قبل متخذي القرار والمسؤولين في المنظمات الصناعية والخدمية منها، فما زالت هذه المنظمات تنتهج استراتيجيات محددة دون وعي تام لنوعية الاستراتيجية المنهجية. ومن هنا تظهر منظمات تنمو وتتوسع، وأخرى تتعرض للإفلاس والانهيار والخروج من ميدان الأعمال.

فالاستراتيجية هي نقطة الانطلاقة بالنسبة للإدارة العليا في رسم وتنفيذ خططها وأنشطتها، ويعد (Newman and Morgenstern) من الكتّاب الأوائل الذين أدخلوا مفهوم الاستراتيجية في أدبيات الأعمال من خلال مؤلفيهما "نظرية المباريات، والسلوك الاقتصادي".

ومن هنا، تثار العديد من التساؤلات حول ماهية الاستراتيجية، وما هي أبعادها، وما هي أهميتها للمنظمة.

الاستراتيجية The Strategy

المفهوم والتطور Concept and Development

تأريخياً، بدء مفهوم الاستراتيجية في دراسة سبل النجاح في الحروب والمعارك، فقد جاءت كلمة استراتيجية من الكلمة الإغريقية (Stratos) والتي تعني (Army) أي الجيش، والجزء الثاني (Agein) ومعناها (To Lead) أي القيادة، (Strategos) في أثنيا القديمة والتي تعني القائد المنتخب، وهي وظيفة أنشأت عندما كانت أثينا في حرب مع الفرس عام (509) قبل الميلاد (Macmillan & Tampoe 2000: 14). ويرى (Claueswitz) وهو خبير استراتيجي عسكري بأن الاستراتيجية تمثل الأساليب والوسائل المستخدمة والتي يُراد منها تحقيق الهدف النهائي لكسب الحرب بصورتها الشمولية. أما (Von Moltke) فقد حدّد مسؤولية القائد أمام دولته ضمن حدود استخدام الوسائل العسكرية لتحقيق المصالح السياسية العليا للحرب من خلال إجراء الملائمة العملية للوسائل الموضوعة تحت تصرّف القائد إلى الحد المطلوب (McKiernan,1997:793-792). وقد ازداد الاهتمام بالاستراتيجية من قبل متخذي القرارات، والقائمين على ممارسة العمليات الإدارية في المنظمات، وهكذا انتقل هذا المفهوم من المجال العسكري إلى مجال العلوم الاقتصادية والإدارية، ومنها إدارة الأعمال بشكل خاص. إن التوجهات العامة في الفكر الإداري تشير إلى أن الاستراتيجية مفهوم ذا أبعاد شمولية، لذلك فإن التوجهات الحديثة تنطلق من أربعة أُطر مفاهيمية تغطي الصورة الشمولية التكاملية للمفهوم، وهي:

• التخطيط والعملية التخطيطية، وما يرتبط بها من ممارسات وأنشطة متعددة.

• التعلم والفكر الاستراتيجي، وما يشتق عنه من قدرات إبداعية والتعامل مع الأحداث بذكاء وحذق لصناعة القرارات المهمة والاستراتيجية في المنظمة.

• التمركز في الأسواق والبيئات الخاصة بالعمل، وما يرتبط بذلك من فهم لشروط المنافسة وعوامل النجاح فيها.

- التركيز على الموارد وأساليب تخصيصها على الأنشطة والأعمال المختلفة، وما يرتبط بذلك من قدرات تنفيذية متجددة؛ لغرض تطوير ميزات تنافسية فريدة.

وتخلص الجداول التالية المساهمات الفكرية للعديد من الباحثين ضمن التوجهات والأطر العامة سابقة الذكر.

جدول (1-1): الاستراتيجية/ تخطيط، وسائل، أساليب وأهداف

المفهوم	الباحث
سلسلة الأفعال التي تؤديها المنظمة طبقاً لحالة معينة.	Van Newman and Morgenstern, 1947: 77-84
تحليل الوضع الحالي وتغييره إذا تطلب الموقف، ويتضمن ذلك فرز الموارد المتاحة لغرض استخدامها بما يحقق الأهداف المنتخبة.	Drucker, 1954: 17
تحديد الأهداف الأساسية طويلة الأمد للمنظمة، واختيار طرق التصرف، وتخصيص الموارد الضرورية لغرض تحقيق الأهداف.	Chandler, 1962: 13
أنماط الأهداف والأغراض والسياسات الأساسية والخطط لبلوغ الأهداف في ضوء نماذج معينة بحيث توضح مجال عمل المنظمة ونوعها.	Learned, Christensen, Andrew and Guth, 1969: 15
خطط للنظر والتعامل مع مستقبل المنظمة البعيد المدى.	Newman and Logan, 1971: 70
الأهداف والأغراض الرئيسة للمنظمة، والبرامج الأساسية للأعمال المختارة للوصول إلى الأهداف الموضوعة، ويدخل ضمن إطار ذلك نماذج تخصيص الموارد.	Schendel and Hatten, 1972: 4
الاهتمام بالأهداف بعيدة المدى وطرق متابعتها.	Ackoff, 1974: 29
أفعال أساسية أو نماذج الوصول إلى الأهداف الرئيسة للمنظمة.	Paine and Naumes, 1975: 7
خطة موحدة ومتكاملة مصممة لتؤكد بأن تحقيق الأهداف ممكناً.	Glueck, 1980: 3
الطرق المستخدمة من قبل المنظمة للوصول إلى تحقيق الغايات والأهداف الرئيسة الموضوعة.	Steiner and Miner, 1977: 19

جدول (1-2): الاستراتيجية/ فكر وتعلم وقرارات

الباحث	المفهوم
Ansoff, 1965: 118-121	قاعدة لاتخاذ القرارات، الاستراتيجية وتعدد تشكيلة حقل النشاط والمنتجات و/ أو الأسواق واتجاه النمو والميزة التنافسية وأثر المواءمة (Synergy).
Cannon, 1968: 9	قرارات الأعمال التي توجّه المنظمة لتحقيق أهدافها.
McNichols, 1977: 9	سلسلة من القرارات التي تعكس تحديد أهداف الأعمال الأساسية، واستخدام المهارات والموارد لتحقيق هذه الأهداف.
Mintzberg, 1979: 25	قوى وسيطة بين المنظمة وبيئتها، وتحتوي أنماط من القرارات المنظمية للتعامل مع البيئة.
Schendel and Hofer, 1979: 516	الموجبات المسببة لتحديد التوجه والمسارات المختارة لغرض تحقيق أهداف المنظمة في ضوء الاعتبارات البيئية من فرص وتهديدات.
Steiner & Miner, 1980: 15	القرارات التوجيهية الأساسية بمعنى الأغراض والرسالة والمقاصد.
McKiernan, 1997:793	مجمل القرارات التي تنصب على إيجاد توافق بين متطلبات وفرص البيئة الخارجية مع محددات وقوة الوضع الداخلي للمنظمة.

جدول (1-3): الاستراتيجية/ منافسة وعوامل نجاح حرجة وميزات تنافسية

المفهوم	الباحث
عملية بناء وضع منفرد للمنظمة ذي قيمة للعملاء من خلال تصميم مجموعة أنشطة مختلفة عما يؤديه المنافسون.	Porter, 1980, 1985, 1990, 1996
تستند الاستراتيجية إلى القوة الدافعة والتي تعتبر المحدد الأول المؤثر على جميع القرارات ذات العلاقة بمستقبل المنظمة.	Tregeo and Zimmerman, 1980: 11
تنقيب مستمر من قبل المنظمة لتطوير ميزات تنافسية فريدة والارتقاء بهذه الميزات، وبما يعزز موقعها في الأسواق.	Henderson, 1989
إطار يحدد أهداف المنظمة في مجال تحديد الأسعار والتميز بالمنتجات أو الخدمات بحيث تتمكن المنظمة من بناء مركزها التنافسي ومواجهة قوى المنافسة.	Bowman, 1990: 47
الطريقة التي تهدف بوساطتها المنظمة إلى تطوير القدرات اللازمة لبلوغ الميزة التنافسية.	Evans, 1993: 199
الأفكار والخطط والأفعال المستخدمة لمساعدة المنظمة والأفراد على النجاح في مساعيهم، وتصمم أساساً للحصول على ميزة تنافسية.	Pitts and Lei, 1996: 63
القوة التوجيهية التي تستند عليها قرارات المنظمة الاستراتيجية.	Robert, 2000: 70

جدول (1-4): الاستراتيجية/ تخصيص الموارد، وقدرات تنفيذية فريدة ومتميزة

المفهوم	الباحث
امتلاك موارد واستخدامها بما يحقق مركز تنافسي يعيق الآخرين للدخول للصناعة أو تهديدها.	Werner felt, 1984: 171-180
القدرة على بناء موارد غير مرئية واستخدامها بما يعزز القدرات التنافسية للمنظمة.	Itami, 1987
إمكانية بناء الأصول الاستراتيجية، وبشكل مستمر لغرض استثمارها في تحقيق ميزات تنافسية للمنظمة.	Dierickx and Cool, 1988
القدرة على بناء الأصول والمهارات المتميزة والتي تساعد على تعزيز الميزات والمركز التنافسي ـ للمنظمة قياساً للمنافسين الآخرين.	Aaker, 1989: 91-106
قدرة المنظمة على البناء الاستراتيجي المتميز من خلال التعلم والمهارات والتكنولوجيا لديها.	Prahalad and Hamel, 1990: 79-91
القدرات المستندة إلى العوامل المسيطر عليها من قبل المنظمة، وطاقة نشر الموارد باستخدام عمليات تنظيمية متميزة للوصول إلى الغايات المرغوبة، وتحقيق مركز تنافسي متميز.	Amit and Schoemaker, 1993: 33-46
تقييم مستمر ودقيق للموارد والقدرات التي تمتلكها المنظمة لتطوير ميزات تنافسية يعتمد عليها لبناء موقع تنافسي في الأسواق استناداً لتأثير بعض العوامل الأساسية في البيئة الخارجية.	David Collins and Montgomery, 1995: 181
كيفية مقابلة المنظمة لقدراتها الذاتية مع الفرص في السوق لتحقيق أهدافها.	Horngren, et al, 2000: 462

وفي ضوء تعدّد المساهمات الفكرية لتطوير المفهوم وإغنائه، برزت الصيغة الشمولية والتركيبية للمفهوم،حتى أنه أصبح التحدث عن تركيب معقد (*Complex Construction*)، وليس مفهوماً مبسطاً مقاساً بأبعاد ومؤشرات محدودة. وهكذا ظهر التوجه الخامس والذي يرى من خلاله العديد من الباحثين شمولية مفهوم الاستراتيجية واتساعه، ويلخص الجدول (1-5) هذا التوجه.

جدول (1-5): الاستراتيجية/ مفهوم شامل

الباحث	المفهوم
Uyterhoeven, et…al, 1973: 9-10	تقدّم الاستراتيجية كلاً من التوجه والتماسك للمنظمة، وتتشكّل من عدّة خطوات، العرض الاستراتيجي، والتنبؤ الاستراتيجي، وتدقيق الموارد، والبدائل الاستراتيجية، واختبار الملائمة والمطابقة، وأخيراً الخيار الاستراتيجي.
McCarthy, et…al, 1975: 7	فحص البيئة وتحليلها، واختيار البدائل التي تطابق بين موارد المنظمة وأهدافها عند مستوى من المخاطر يبرره الربح، وإمكانية تحقيق البدائل.
Minitzberg, 1987: 11-21	مفهوم شمولي يتضمن 5Ps (خطة موضوعة تحدد سياقات وسبل التصرف، ومناورة يقصد منها التعامل وخداع المنافسين، وأنموذج متناغم الأجزاء للوصول إلى مركز أو وضع مستقر بالبيئة، ومنظور يعطي القدرة على رؤية الأشياء وإدراكها وفقاً لعلاقاتها الصحيحة).
Hax, 1990: 34-40	مفهوم معقد وتركيب ذو أبعاد ستة، فهي توحيد وتكامل منسق لنمط صناعة القرارات، والوسائل الأساسية لتكوين الغرض والغاية والأهداف بعيدة المدى، وتحديد المجال أو قطاع المنافسة، والاستجابة للفرص والتهديدات الخارجية في ضوء القوة والضعف الداخلي كوسيلة شاملة لتحقيق ميزة تنافسية، ونظام منطقي لإيجاد صيغ مختلفة للمهام في المستوى الشامل للمنظمة أو مستوى الأعمال أو المستوى الوظيفي، وأخيراً، تحديد المساهمة الاقتصادية وغير الاقتصادية التي تروم المنظمة وإدارتها تحقيقها لأصحاب المصالح كافة.

يظهر مما تقدّم أن الاختلاف في مفهوم الاستراتيجية يشير إلى الانتقال من المفاهيم العامة الشاملة إلى المفاهيم المحددة والموجهة، ومن تغليب الجوانب التخطيطية في صياغة الاستراتيجية إلى التأكيد على الجوانب التنفيذية، وحصر الموارد وخاصة النادرة والمعرفية منها، ومن الاهتمام بالتحليل إلى التأكيد على التركيب بهدف رؤية أوضح للصورة الشمولية للمنظمة.

أن الفهم الواضح والتصور الجيد والشمولي للمفهوم يرتبط بوضعه ضمن إطاره الصحيح بعلاقته مع مفاهيم ذات علاقة وطيدة، فلا يمكن الحديث عن استراتيجية فعّالة دون فهم عمليات موائمة وتنسيق هذه الاستراتيجية مع السياسة العامة (***Policy-P-***)، والبيئة الخارجية المحيطة بها (***Environment-E-***)، وكذلك توضيح علاقة هذه الاستراتيجية (***Strategy-S-***) مع البنية التنظيمية (***Organizational-O-***) التي تعتمدها المنظمة للوصول إلى الأهداف الواردة ضمن هذه الاستراتيجية. أن الدور الاستراتيجي أو ما يطلق عليه بالوظيفة الاستراتيجية للإدارة العليا تتمثل في إيجاد نوعين من الموائمة والتناسق بين هذه المفاهيم **الأول: التناسق والتناغم الدائمي والمفاجئ** بين هذه المفاهيم (*P, E, S, O*) عند صياغة الاستراتيجية وتنفيذها، **الثاني: التناسق والتناغم الديناميكي** بين هذه المفاهيم أيضاً وعبر الزمن. ففي ظل أفق زمن (5) سنوات مثلاً، فإن البيئة تتغير وتتطور ربما باستمرار ويفترض في التحليل لها أن يسمح بإعطاء صور متعاقبة لهذه البيئة ($E_1.....E_5$) ، وفي ضوء محددات السياسة العامة التي تسترشد بها المنظمة ($P_1.....P_5$) فإن فريق الإدارة العليا للمنظمة يضع استراتيجية المنظمة ($S_1.....S_5$)، وهذه يجب أن تكون متناغمة مع التطورات البيئية، في حين يكون تشكيل الهيكل التنظيمي ($O_1.....O_5$) ملهماً وإيجابياً في هذه الاستراتيجية المختارة. وهكذا يكون التناسق الأول دائمياً ومفاجئاً، ويهدف أن تكون هذه المفاهيم ذات العلاقة متماشية مع بعضها وليست متعارضة ومهملة التأثير الإيجابي المتبادل بينها ($P1 \leftrightarrow S1$ ($O1 \leftrightarrow E1 \leftrightarrow$، وهذا يساعد على حل المعضلة الأخرى وهي التنقلات المطلوبة داخل الزمن؛ بمعنى أن مجموعة القرارات الاستراتيجية المتخذة في الزمن (T_1) تحد من الخيارات الاستراتيجية الممكنة في الزمن (T_2) وهكذا. إن هذا النوع من التناسق الديناميكي يتيح للمنظمة تأشير تطورها واتجاه سيرها دون أن تكون القرارات المتخذة بالزمن الحالي تعاد وكأنها قيود تحد من حرية المنظمة وحركتها في الزمن المستقبلي وهكذا، وكما هو موضح بالشكل (1-1).

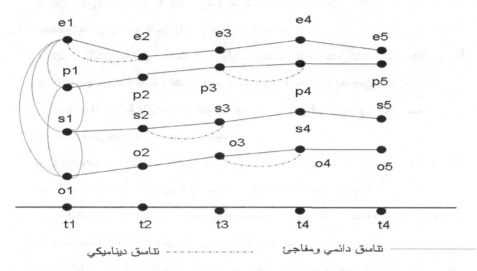

تناسق دائمي ومفاجئ
تناسق ديناميكي

المصدر : من إعداد الباحثين وفقاً لما عكسته أدبيات الإدارة الاستراتيجية

إن دعم مفهوم الاستراتيجية يتطلب توضيح أهميتها للمنظمة، فالمنظمة المؤثرة هي المنظمة التي تحقق التناسق بين الاستراتيجية والتنظيم ، وبين المنظمة وبيئتها. إن ذلك يتم من خلال الإجابة عن الأسئلة التالية:

- ما الذي يجب أن تفعله المنظمة (الفرص السوقية Market Opportunities).
- ما الذي تستطيع أن تفعله المنظمة (قدرات المنظمة Corporate Competence).
- ما الذي ينبغي أن تحققه المنظمة (المسؤولية الاجتماعية Social Responsibility).
- ما الذي تود أن تفعله المنظمة (الطموح Ambition).

لقد أدرك (Porter) أن "الكفاءة المميزة هي الطريق لتحقيق الميزة التنافسية، وأن تحقيق الكفاءة المميزة يتم من خلال استراتيجيات المنظمة التنافسية التي تربط بين المنظمة وبيئتها" (Porter, 1996: 61-79)، وهكذا يتضح أن أهمية الاستراتيجية تتجلى من خلال القرارات الاستراتيجية وخصائصها، باعتبار أن هذه القرارات تحدد الاتجاه العام للمنظمة (Mintzberg & Quinn, 1996: 14)، وبشكل عام تتضمن الاستراتيجية ما يلي:

- المجال الشامل الذي يغطي أعمال المنظمة في بيئتها الخارجية، إن هذا المجال الشامل يجب أن يحدد بطريقة تسمح للمنظمة من ممارسة العمل بحرية دون هدر للموارد من خلال تحديد هذا المجال بشكل واسع أو تقييد حرية العمل، وتضييق هذا المجال.

- التأثير الكلي (التركيز) الشمولي والبعيد المدى للمنظمة في بيئتها، وهذا التأثير ينقل المنظمة من حالة كونها مقلدة وتابعة إلى أن تصبح قائدة ورائدة في مجال عملها.

- الإدراك الشمولي والجزئي لأحداث البيئة وقواها، ومتابعة حالات عدم التأكد البيئي وفرزها مسبقاً والتعامل معها من خلال تهيئة المقدمات، وليس بأسلوب ردود الفعل الآنية بعد وقوع الحدث.

- تحديد علاقة المنظمة بالبيئة، وهذا التحديد يجب أن يؤخذ في إطار ديناميكي ومتغير حسب المواقف والأحداث، وليس بصيغة الجمود وعدم الحركية.

- المرونة، وتمثل حالة جوهرية وأساسية خاصة بعد أن أصبحت البيئة شديدة التغير ومعقدة، حيث تمثل هذه المرونة طرق الاستجابة المدروسة أو المنبثقة من واقع الحالة المُراد التعامل معها.

- كثرة المتغيرات، وتعدد الخيارات، فالاستراتيجية حالة شمولية تضمن متغيرات عديدة، وتفتح آفاقاً لخيارات متعددة، استناداً إلى طبيعة التفاعل والحركية بين هذه المتغيرات.

- قوة التماسك والتداؤب (Synergy)، والتفاعل بين النشاطات والمجهودات الشاملة للمنظمة، حيث إن قوة التماسك هذه تمثل مفهوماً مركزياً في استراتيجية المنظمة، والسؤال الذي يُثار هنا: هو أن هناك أعداداً لا متناهية من توليفة الأنشطة والمجهودات بطرق تعطي أفضل النتائج للرد على التحديات البيئية، وتنفيذ الخيارات.

- تشكل الأساس في اتخاذ القرارات الرئيسة والفرعية، فاستراتيجية المنظمة هي المظلة (Umbrella) التي تغطي عدداً كبيراً من القرارات الرئيسة والفرعية. وإذا كانت المنظمة تبحث عن أن يكون هذا العدد الكبير من القرارات صحيحاً وفعّالاً. فواقع الحياة العملية يشير إلى أن الخطأ في البعض منها لا يعني شيئاً إذا تم تداركه ضمن الصورة الكلية والصحيحة للعمل.

وبشكل عام يمكن القول إن أهمية الاستراتيجية لمنظمات الأعمال تتوضح في النقاط الآتية:

- تضمن الاستخدام السليم والفاعل للموارد.
- تحقيق التناغم والتكامل بين الأنشطة والفعاليات داخل المنظمة.
- يؤدي استخدامها إلى تطوير وتحسين الأعمال داخل المنظمة.
- توفر إطار يتم من خلاله الحصول على معلومات من البيئة الخارجية.

- تساعد على التعامل مع حالة عدم التأكد والمخاطر التي تتعرّض لها المنظمة، فهي تتعامل مع احتمال ظهور أحداث غير متوقعة من خلال تهيئة المنظمة، وتمكّنها من التعامل مع هذه الأحداث أو التغيرات.

أبعاد الاستراتيجية Dimensions of Strategy

لقد أسهم العديد من الباحثين في تحديد أبعاد الاستراتيجية لغرض توضيح مضامينها، ومن ثم تقديم مفهوم يتلاءم مع المنظمة والبيئة التي تتعامل معها. وعليه، يُحدد الباحث (Tilles, 1963) أبعاد الاستراتيجية بالآتي: (النجار،2001: 10)

- الانسجام والتوافق مع متطلبات البيئة.
- الملائمة وفق الموارد والإمكانات المتاحة للمنظمة.
- درجة القبول بالمخاطر.
- توافق الاستراتيجية مع الأفق الزمني المختار.

أما الباحث (Hax, 1990: 34-40) فقد حدّد أبعاد الاستراتيجية بالآتي:

- بعد تنسيق وتكامل للقرارات ونمط صناعتها في المنظمة.
- الوسائل الأساسية لتكوين الغرض أو الغاية الرئيسة للمنظمة، والأهداف بعيدة الأمد والشاملة.
- تحديد المجال أو القطاع الأساسي للمنافسة.
- مدى الاستجابة للفرص والتهديدات الخارجية والقوة والضعف الداخلية لتحقيق ميزة تنافسية.
- إيجاد صيغ مختلفة ضمن نظام منطقي للمهام في المستويات الثلاث للاستراتيجية (الشامل، والأعمال، والوظائف).
- تحديد المساهمة الاقتصادية وغير الاقتصادية التي تروم المنظمة تحقيقها لمختلف أصحاب المصالح.

فيما يرى الباحث (Porter, 1996: 61-79) أن أبعاد الاستراتيجية تتضمن:

- مجموعة مختلفة من الأنشطة التي تتباين عن أنشطة المنافسين.
- تحديد المركز التنافسي للمنظمة.

- المفاضلة والاختيار من بين البدائل وطرائق وأسس المنافسة.
- تحديد واختيار ما لم يقدّمه الآخرون.
- المواءمة بين الأنشطة، فالتناسق بين الأنشطة يضمن بقاء الميزة التنافسية وديمومتها.
- أهمية الفاعلية التشغيلية للمنظمة.

أما الباحث Minitzberg وزملاؤه، فقد ذكروا أن أبعاد الاستراتيجية تتعلق بطبيعتها وتصميمها، ويكن تلخيصها بالآتي (Minitzberg, et...al, 1998: 10-11) :

" إن الاستراتيجية الفاعلة تحتوي على ثلاث عناصر أساسية تتضمن الغايات والأهداف المطلوب تحقيقها، والقوى التي توجه النشاط أو تحد منه، وسياقات النشاطات الرئيسة ".

ويمكن استعراض أبعاد الاستراتيجية بصورة شمولية من خلال تبيان أن هذه الأبعاد تغطي مختلف مكونات الاستراتيجية وكما صنّفها (Feurer & Chaharbaghi, 1995: 12):

- **المجال Scope**؛ بمعنى الأنشطة والموارد والتكنولوجيا، واختيار الأسواق والبيئات التي تعمل فيها المنظمة.
- **العمليات Process**، وتعني تحديد درجة المركزية واللامركزية في العمل، وإنشاء الهيكل والإجراءات وديناميكية العمل.
- **الطرق Methods** والأساليب والوسائل والمتضمنة أساليب التحليل الاستنباطي والاستقرائي، والريادية، والتفكير النظامي والمنهجي.
- **الجهات المسؤولية عن وضع الاستراتيجية Ownership**، وهذه تحدّد الجهات المسؤولة، وفيما إذا كانت جهات متخصصة أو الإدارة العليا، أو جميع العاملين في المنظمة.
- **المدى الزمني Time-Frame**، والذي يوضح المدى الذي تغطيه الاستراتيجية.
- **الفلسفة الفكرية Philosophy**، بمعنى هل توجد خطة ذات مضمون شمولي أم تقارير متنوعة، وهل تجري ضمن إطار فكري لدى المديرين أم في ضوء نموذج محدد.
- **المحتوى Content**، إن محتوى الاستراتيجية قد يقع في إطار استراتيجية تنويع أو تركيز على حقل النشاط أم نمو بطرق متعددة أو مختارة.
- **التنفيذ Implementation**، هل تنفذ الاستراتيجية والخيارات الواردة فيها من خلال الاستحواذ أم التطوير الداخلي أم الاثنين معاً.

ويوضح الشكل (1 -2) الأبعاد الأساسية للاستراتيجية من منظور شمولي يغطي مختلف الجوانب.

شكل (1 -2) أبعاد الاستراتيجية

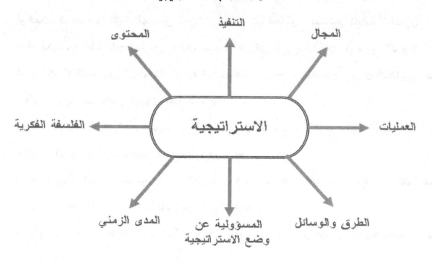

Source: (Feurer & Chaharbaghi, 1995: 12)

إن تصّور مفهوم الاستراتيجية أو معرفة حقيقة استراتيجية المنظمة لا يكون حقيقياً وشمولياً إلا من خلال معرفة الأبعاد الأساسية التي يتم في ضوئها صياغة وتنفيذ هذه الاستراتيجية ورقابتها. كما أن الاختلاف في استراتيجيات المنظمات إنما يعود إلى الاختلاف في الرؤى والتصورات والأساليب والفلسفة التي تشملها هذه الأبعاد؛ بمعنى وجود اختلاف لواحد أو أكثر من هذه الأبعاد الرئيسة بين المنظمات أو بين استراتيجيات المنظمة الواحدة عبر اختلاف الأزمان والأسواق.

المبادئ الأساسية للاستراتيجية Maxims of Strategy

من الصعوبة بمكان أن توضع مبادئ إرشادية جامدة ولا تتغير لتشكّل محتوى عاماً لبناء استراتيجية المنظمة، ومع ذلك حاول بعض الباحثين، ومنهم (Liddel Hart) أن يضع مبادئ أساسية للاسترشاد بها في صياغة الاستراتيجية وهي:

• من الضروري أن تتكيّف الغايات مع الوسائل المتاحة والمستخدمة في بلوغ هذه الغايات. إن عدم ملاءمة وانسجام الوسائل المستخدمة من الغايات المستهدفة يؤدي إما إلى هدر في الموارد لتحقيق غايات متواضعة، أو العكس تستخدم وسائل لا تقوى على بلوغ الغايات، وفي كلتا الحالتين لا تستطيع المنظمة أن تتطوّر.

• إن تكييف الخطط الموضوعة مع الحالات المستخدمة والتي لم يتم استيعابها في عملية التنبؤ لا يعني فقدان الاتجاه الاستراتيجي المرسوم. إن عملية التكيف هذه تمثّل حالة واقعية، في حين أن الاستراتيجية تمثّل الإطار الفكري للعمل والذي يبقى في عقول المديرين.

• عدم إهمال اتجاهات العمل التي تبدو أقل احتمالية في الحدوث دون وضع تصورات واقعية للعمل في حالة حدوثها، إن هذا يجنّب المنظمة المفاجئات غير المريحة والمربكة.

• من الضروري استثمار اتجاهات العمل التي تكون فيها المقاومة قليلة وضئيلة، خاصة إذا كانت هذه الاتجاهات توصل المنظمة إلى أهدافها والموقع الذي تروم تحقيقه.

• يبدو مهماً أخذ اتجاهات العمل التكتيكية والتي تؤدي إلى مزيد من البدائل المحققة لعدد كبير من الأهداف الموضوعة.

• التأكد من أن الخطط والمواقع غير المستهدفة تكون مرنة، وهذه تقع في إطار موقفي يماشي الحالات المستجدة والتي تتطلب تنظيم ونشر الموارد بطرق عديدة لتسهل تكييفها للوضع الراهن.

• من الضروري عدم وضع جميع موارد المنظمة لحماية موقع فريد لها، وهي في حالة عمل متعدد الاتجاهات.

• عدم إعادة الكرة، والهجوم على الموقع السابق بالطريقة نفسها باستخدام الأساليب والوسائل نفسها، ومن الضروري تجديد الأساليب وتعزيز الموارد (Liddel Hart, 1968: 348-349).

مستويات الاستراتيجية Levels of Strategy

مثلما نجد أن هناك منطقاً لتحديد الاتجاهات لغرض وضع هرم معين للأهداف، فإن هنالك مبدأً أساسياً يرافق ذلك لغرض تطوير خطة استراتيجية على جميع المستويات الإدارية من أجل تحقيق الأهداف الموضوعة عند ذلك المستوى. إن وجود مستويات متعددة للاستراتيجية

في منظمات الأعمال يتوقف على حجم المنظمة، وطبيعة القطاعات التي تغطيها في عملها، وكذلك الفلسفة الإدارية التي تؤمن بها الإدارة العليا. ففي المنظمات الكبيرة والتي تتكون من مجموعة من وحدات الأعمال الاستراتيجية (Strategic Business Units)، وتتبنى دوراً اجتماعياً أكبر نجد أن مستويات الاستراتيجية فيها تتمثّل في أربعة مستويات، وهي (Hofer, 1980: 11-15):

- الاستراتيجية المجتمعية.
- استراتيجية المنظمة.
- استراتيجية الأعمال.
- الاستراتيجيات الوظيفية.

في حين أشار باحثون آخرون إلى أن استراتيجية المنظمة تتكوّن من ثلاثة مستويات رئيسة معتبرين أن مستوى الاستراتيجية المجتمعية يدخل ضمن إطار استراتيجية المنظمة وما تحويه من مؤشرات حول مسؤولياتها الاجتماعية. وفي الوقت ذاته نجد أن المنظمات الصغيرة الحجم والمتكوّنة من عمل واحد عادةً، ولو كانت بخطوط إنتاجية متعدّدة، فإننا نجد مستويين للاستراتيجية حيث يتداخل مستوى استراتيجية المنظمة ومستوى استراتيجية الأعمال في مستوى واحد، بالإضافة إلى المستوى الثاني وهو مستوى الاستراتيجيات الوظيفية.

وسيتم الإستعراض في أدناه مستويات الاستراتيجية الثلاثة والمتفق عليها من أغلب الباحثين، والتي تشكّل حالة عامة لأغلب منظمات الأعمال في العالم الصناعي (Wheelen & Hunger,2006 ، Coulter,2003 ، David,2001 ، Certo & Peter,1995):

- **الاستراتيجية على مستوى المنظمة Corporate Strategy**: يمثل هذا المستوى الاستراتيجية الشاملة للمنظمة ضمن الإطار الكلي للعمل، وهذه تمثّل التوجّه العام للمنظمة والذي يفترض أن يتم صياغته في ضوء الفرص والتهديدات البيئية وقدرات وموارد المنظمة الداخلية، وعادةً ما تقاد المنظمة ضمن سلسلة استراتيجية موحّدة لتعبّر عن آليات تنفيذ الأهداف ضمن هذا المستوى. إن مهمة تطوير استراتيجية المنظمة عملية معقدة وتتسم بالتشعب، ويمكن تلخيصها بثلاثة عناصر أساسية:

− تطوير الخطط الإدارية الخاصة بإدارة مزيج النشاطات المتنوعة لغرض تحسين أداء المنظمة، ويندرج ضمن إدارة محفظة أعمال المنظمة تطوير قرارات تتعلق بالنشاطات

الأساسية للمنظمة، ومتى وكيف تجد ضرورة لدخول أعمال جديدة لتوسيع محفظة استثماراتها أو ترشيق هذه المحفظة.

— توفير التنسيق بين مختلف الأعمال ضمن المحفظة الاستثمارية للمنظمة. إن وجود هذا التنسيق على مستوى النشاطات يوفر حالة من التماسك والتداؤب (Synergy) للمنظمة المتنوعة، ويقوّي من الحالة التنافسية لوحدات أعمالها، كما أن هذا الأمر يجعل من استراتيجية المنظمة أكثر من مجرد جمع لخطط وحدات الأعمال فيها.

— وضع الأسبقيات الاستثمارية، وتوزيع موارد المنظمة عليها.

إن هذا المستوى لاستراتيجية المنظمة يجيب عن العديد من الأسئلة التي من أهمها: ما هي حاجات المتعاملين التي تقوم المنظمة بتلبيتها؟ ما هي مجاميع المتعاملين التي تتعامل معها المنظمة أو التي تتحرك من أجل التعامل معها؟ ما نوع التقنيات التي تستخدمها؟ وما هي اتجاهات تطوير هذه التقنيات؟ ما هي المهارات التي تمتلكها المنظمة؟ أو التي تقوم بالاستثمار فيها؟

إن توليفة الإجابة عن هذه الأسئلة وغيرها تعطي حرية أكبر للمنظمة باتباع استراتيجيات هجومية تسعى من ورائها لاقتناص الفرص وبناء المركز القوي للمنظمة، وكذلك اتباع الاستراتيجيات الدفاعية لحماية مركزها من التهديدات المحتملة. إن مثل هذه الخطوات تؤثر تأثيراً قوياً على باقي مستويات العمل، وينعكس هذا الأمر لاحقاً على الأداء الكلي للمنظمة. في حين أن تنسيق الخطط الاستراتيجية على مستوى وحدات الأعمال يمثل مهمة أساسية يضطلع بها المركز الرئيسي للمنظمة مثلما يقوم بالرقابة على أنماط توزيع موارد المنظمة بين الفرص الاستثمارية المختلفة. وإذا ما تعلق الأمر بتحديد مسؤولية صياغة ووضع استراتيجية هذا المستوى فإنه بالتأكيد يقع على عاتق الإدارة العليا للمنظمة (القمة الاستراتيجية Strategic Apex)، بمعنى أن تشترك الإدارة التنفيذية (المدير العام وفريقه) مع مجلس الإدارة في وضع استراتيجية هذا المستوى.

• **الاستراتيجية على مستوى وحدات الأعمال Strategic Business Unites:** يمثل هذا المستوى أهمية كبيرة للمنظمة باعتباره يعطي الصيغة العملية للتنافس، وكسب السوق، وبالتالي تحقيق الأرباح. فمنظمة الأعمال التي تتكوّن من مجموعة كبيرة من وحدات الأعمال الاستراتيجية توجد فيها استراتيجيات أعمال متعددة. وتتولى إدارة وحدة الأعمال صياغة الخطة الاستراتيجية وتنفيذها على هذا المستوى استناداً إلى تحليل متغيرات البيئة الخارجية

الخاصة بالعمل، وفي ضوء الإمكانات والموارد المتاحة لوحدة العمل هذه. وباختصار، فإن الاستراتيجية على هذا المستوى تعالج وتجيب على العديد من الأسئلة من أهمها: كيف تنوي المنظمة أن تتنافس في هذا العمل المحدد؟ ما هو دور مختلف المجالات الوظيفية في

بناء الميزات التنافسية التي تعطي هذا العمل خصوصية في التنافس؟ كيف تستجيب وحدة العمل للظروف التنافسية والصناعية المتغيرة مع طبيعة نمط توزيع الموارد داخل وحدة العمل هذه؟

إن هذه الأسئلة وغيرها تتجسد لاحقاً بمواصفات رئيسة للمنتجات والخدمات المطلوب إنتاجها من قبل وحدة العمل هذه، والتي تقدّم للعملاء الرئيسيين والمشترين الصناعيين وغيرهم. وكذلك يجب أن نشير إلى الدور المهم الذي يجب أن تلعبه وحدة الأعمال لدعم جهود الإدارة العليا في إنجاز الأهداف الاستراتيجية للمنظمة، وبطرق فاعلة وكفوءة.

إن الجهة المسؤولة عن وضع استراتيجية هذا المستوى هي الإدارة العليا لوحدة العمل مع تنسيق عالٍ ومتكامل مع الإدارة العليا للمنظمة.

- **الاستراتيجيات على المستوى الوظيفي Functional Strategies**: تتعدد المجالات الوظيفية في منظمات الأعمال. وفي المنظمات الكبيرة عادةً ما يتم تفرد إدارة متخصصة لكل نشاط وظيفي. إن تكوّن وحدات الأعمال الاستراتيجية من أنظمة فرعية تمثّل هذه النشاطات؛ كنشاط الإنتاج والعمليات، ونشاط الموارد البشرية، ونشاط التسويق، والنشاط المالي والمحاسبي، ونشاط البحث والتطوير، ونشاط إدارة المواد، ونشاط إدارة المعرفة... وغيرها، تطلب وجود صيغ عملية يتم بموجبها تنظيم استخدام هذه الموارد بحيث تعطي إنتاجية عالية ضمن مختلف الوظائف داخل المنظمة. وعادةً ما تكون مسؤوليته وضع الخطة الاستراتيجية في هذا المستوى من قبل رؤساء ومدراء المجالات الوظيفية ومساعديهم، وبالتنسيق مع إدارة مستوى الأعمال. وفي أدناه شكل يوضح المستويات الاستراتيجية في المنظمة.

شكل (1-3) : مستويات الاستراتيجية

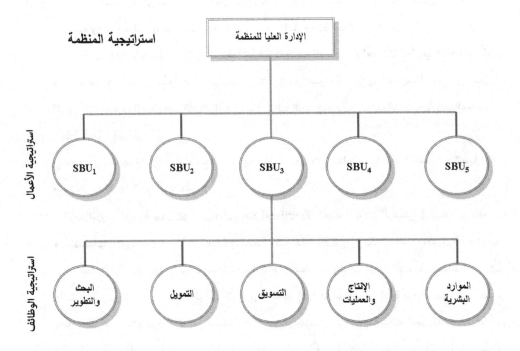

ويوضح الجدول (1-6) أهم الاعتبارات والعناصر الخاصة بالمستويات الاستراتيجية الثلاثة في منظمات الأعمال.

جدول (1-6): مستويات الاستراتيجية في المنظمة (أهم الاعتبارات والعناصر)

المستوى	مسؤولية تطوير الاستراتيجية	العناصر الأساسية
المنظمة	الإدارة العليا للمنظمة (مجلس الإدارة + المدير العام وفريقه)	هيكلة محفظة الأعمال الكلية وإدارتها. تنسيق الاستراتيجيات على مستوى وحدات الأعمال لغرض بناء ميزات تنافسية للمنظمة. الرقابة على نمط توزيع الموارد على وحدات الأعمال.
الأعمال	رئيس وحدة الأعمال وفريقه بالتنسيق مع الإدارة العليا.	اختيار كيفية المنافسة، ونوع الميزة التنافسية المراد بناؤها. تطوير الردود أو الاستجابات المناسبة على الظروف الصناعية/ التنافسية المتغيرة. تنسيق الأدوار الاستراتيجية. الرقابة على نمط توزيع الموارد ضمن وحدات الأعمال.
الوظيفي	رؤساء المجالات الوظيفية المختلفة ومساعديهم، بالتنسيق مع إدارة وحدات الأعمال.	تطوير الخطط الوظيفية ورفع الإنتاجية في المجال الوظيفي المحدد لغرض دعم ومساندة استراتيجية وحدة الأعمال التابعة لها. تنفيذ المتطلبات اليومية لدعم المجال الوظيفي وزيادة قدرته على الأداء.

وتجدر الإشارة هنا إلى ضرورة إيجاد آليات مناسبة للتنسيق بين هذه المستويات الثلاثة لغرض وضع استراتيجيات المنظمة، وأن لا تكون هذه العمليات مجرد جمع شكلي خالٍ من التجانس والتماسك كمفهوم مركزي للعمل. إن التنسيق بين خطط المستويات المختلفة يمثل أهمية كبيرة للمنظمة وتعطي دافعاً للعمل والقدرة التنافسية سواء على مستوى

وحدات الأعمال أو المنظمة ككل. إن قوة الاستراتيجية على مستوى الأعمال تتعزز عندما يتم مطابقة الاستراتيجيات الوظيفية وملاءمة الواحدة مع الأخرى من أجل بناء كل موحَّد.

ويوضح الشكل (1-4) التنسيق بين هذه المستويات الثلاثة.

شكل (1-4): التنسيق والترابط بين المستويات الاستراتيجية الثلاثة

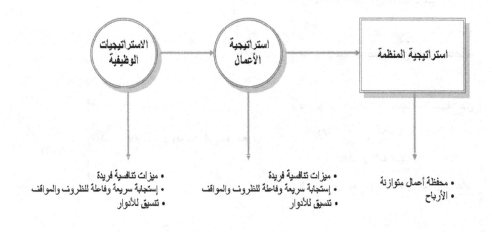

الإدارة الاستراتيجية Strategic Management

المفهوم The Concept

تعد الإدارة الاستراتيجية الإطار الذي يحوي الاستراتيجية، ويعمل على تحقيقها خدمة لمصلحة المنظمة. ويرى (Higgins, 1986: 3) الإدارة الاستراتيجية بأنها "عملية متتابعة وإدارة رسالة المنظمة وتحديد علاقة المنظمة مع بيئتها"، فالإدارة الاستراتيجية هنا تتمثل بعملية تنفيذ وتحقيق لرسالة المنظمة التي تعد السبب الحقيقي لوجودها وغرضها الأساسي الذي وُجدت من أجله (Boseman, 1989: 7)، ويصف (Sharplin, 1985: 5) الإدارة الاستراتيجية بأنها عملية صياغة وتنفيذ الخطط والأعمال المتعلقة بالقضايا الجوهرية والشاملة ذات الأهمية المستمرة للمنظمة ككيان. كما يمكن وصف الإدارة الاستراتيجية على أنها مجموعة من القرارات والإجراءات التي تؤدي إلى بناء استراتيجيات كفوءة، وتؤدي إلى تحقيق أهداف المنظمة، وإن عمليات الإدارة الاستراتيجية تمثّل الطريق الذي يعمل

بواسطته الاستراتيجيون في تحديد الأهداف والقرارات الاستراتيجية (Glueck & Jauch, 1988: 5)، ويقدم (Thompson, 1997) التعريف الأكثر وضوحاً فيما يتعلق بتحديد عمليات الإدارة الاستراتيجية، فالإدارة الاستراتيجية ما هي إلا عملية تتمكّن المنظمة بواسطتها من تحديد أهدافها، وصياغة الأعمال اللازمة لإنجاز هذه الأهداف في الزمن المناسب، وإنجاز تلك الأعمال وتخمين مستوى التقدّم وتقويمه والنتائج المتحققة. فمن هذا التعريف يمكن تحديد عمليات (مراحل) الإدارة الاستراتيجية بالآتي:

- **صياغة الاستراتيجية Strategy Formulation.**
- **تنفيذ الاستراتيجية Strategy Implementation.**
- **الرقابة والتقييم الاستراتيجي Strategic Control & Evaluation.**

ويتفق مع تصنيف (Thompson) لعمليات الإدارة الاستراتيجية كل من (Sharplin,1985 ؛ David,1995 ؛ Wheelen & Hunger,2006) أما (Glueck & Jauch,1988 ؛ Johnson & Scholes,1993 ؛ Certo & Peter,1995) فيرون أن عمليات الإدارة الاستراتيجية تتضمن التحليل، والتشخيص الاستراتيجي، والصياغة، والاختيار، والتنفيذ، والرقابة الاستراتيجية.

ومهما إختلفت الأراء بشأن مراحل الإدارة الاستراتيجية وتسلسلها، فإنها جميعاً تصبّ في عمليات الصياغة، والتنفيذ، والتقييم الاستراتيجي. وتتضمن عملية صياغة الاستراتيجية تعرف المنظمة وتأثيرها للفرص البيئية المتاحة وللتهديدات البيئية المحتملة، وكذلك التعرّف على نقاط القوة والضعف في البيئة الداخلية، كما تتضمن هذه المرحلة عملية تكوين البدائل وتحليلها وتقييمها، واختيار المناسب منها.

أما عملية تنفيذ الاستراتيجية فإنها تتضمن وضع البديل الأفضل الذي تم اعتماده موضع التنفيذ الفعّال باختيار التركيب التنظيمي الملائم، ووضع البرامج والسياسات والإجراءات اللازمة، وبناء نظم لتخطيط وتخصيص الموارد بكافة أنواعها ووضعها موضع التطبيق.

أما مرحلة التقييم فيتم خلالها تحديد ودراسة ومراجعة البدائل البيئة الخارجية والداخلية التي تسهم في بناء الاستراتيجيات الحالية، وكذلك عملية قياس الأداء لتحديد مدى مطابقة التنفيذ للتوقعات، وتحديد الانحرافات، وتشخيص أسبابها ومعالجتها، واتخاذ الإجراءات التصحيحية.

هذا، وإن عمليات الإدارة الاستراتيجية مستمرة تتفاعل فيما بينها بشكل ديناميكي بهدف تحقيق التناسب الموقفي بين إمكانيات وأنشطة المنظمة الداخلية وبين بيئتها الخارجية، وكما هو موضح بالشكل (5-1).

شكل (1-5): مراحل الإدارة الاستراتيجية الأساسية

Source: Wheelen, T. & Hunger, D., "Strategic Management", 2nd Edition, 1986: 10.

أهمية الإدارة الاستراتيجية ومنافع المدخل الاستراتيجي
The Benefit of Strategic Management

تحقق المنظمات التي تهتم بإدارة عملياتها العديد من المزايا والمنافع منها ما يرتبط بوضوح الرؤية المستقبلية، ومنها التفاعل الإيجابي بين المنظمة وبيئة عملها. وبشكل عام تشير البحوث والدراسات إلى أن تبني الإدارة الاستراتيجية من قبل إدارة المنظمة يساعدها على تحقيق الآتي:

• توضيح الرؤية المستقبلية للعمل، ورسم صورة مستقبلية للمنظمة تحاول الوصول إليها.

• التفاعل البيئي على المدى البعيد، حيث يساعد هذا التفاعل المنظمة على التعامل مع الظروف والمستجدات، ويعطيها القدرة على التكيف مع التغيرات.

• إمكانية تبنّي أفكار إبداعية جديدة تساهم في تطوير قدرات وقابليات تولد رغبة في تطوير واقع المنظمة من خلال إجراء تغييرات مستمرة وإيجابية.

• تدعيم المركز التنافسي للمنظمة، وجعلها قادرة على بناء قدرات تساهم في تعزيز هذا المركز، وتحقيق نتائج إيجابية.

• توفر أساس معين لتحديد الحاجة للتغيير وإبرازها لجميع المستويات الإدارية، إضافة إلى المساعدة في النظر إلى التغيير كفرصة وليس تهديداً.

- تضع أسس علمية وسليمة لتخصيص الموارد والإمكانات، وخاصة النادرة منها على مختلف وحدات الأعمال والأنشطة الوظائفية في المنظمة (المرسي، وآخرون، 2002: 28-31).

- تسهم بتحديد الفرص، ووضع الأسبقيات الملائمة والمناسبة لاستثمارها.

- تمثّل إطاراً لتحسين الممارسة الإدارية من خلال التنسيق والسيطرة على النشاطات أو رقابتها.

- تسمح بالتوزيع الفاعل للوقت والموارد للفرص الموجودة، ويعطي هذا أساساً مناسباً لتوضيح المسؤوليات الفردية والجماعية، وتكامل الأدوار، ويعطي درجة من الانضباط الرسمية إلى إدارة منظمة الأعمال (Greenley, 1986: 106).

ويرى الباحثان (Pearce & Robinson, 1997: 24) أن أهمية الإدارة الاستراتيجية تنبع من المهام الرئيسة التي تقوم بها، وهي:

- تقييم البيئة الخارجية للمنظمة بما تتضمنه من قوى ومتغيرات تسود في البيئة العامة، أو تلك التي توجد في بيئة المنافسة.

- تنقية صورة المنظمة والتي تظهر ظروفها وقدراتها ومواردها الداخلية.

- صياغة مهمة ورسالة المنظمة والتي تتضمن عبارة محدّدة تعكس غرضها الرئيسي وفلسفتها وأهدافها.

- اختيار مجموعة من الأهداف طويلة الأجل والاستراتيجيات العامة التي يمكن أن تساعد المنظمة في تحقيق أكثر الفرص جاذبية.

- تحديد الأهداف السنوية والاستراتيجيات قصيرة الأجل والتي تتسق مع الأهداف طويلة الأجل والاستراتيجيات العامة.

- تحليل البدائل الاستراتيجية من خلال محاولة إحداث التوافق بين موارد المنظمة، والظروف السائدة في البيئة الخارجية.

- تحديد أكثر البدائل الاستراتيجية من حيث الجاذبية في ضوء رسالة المنظمة ومواردها وظروفها البيئية.

- تنفيذ الخيارات الاستراتيجية من خلال تخصيص الموارد مع مراعاة الأبعاد الخاصة بالمهام، والأفراد، والهياكل، والتكنولوجيا، وأنظمة التحفيز.

- تقييم مدى نجاح العملية الاستراتيجية، والاستفادة القصوى من المعلومات المتولدة في زيادة فعالية القرارات الاستراتيجية المستقبلية.

نماذج الإدارة الاستراتيجية   **Models of Strategic Management**

لقد قام (Rowe) وزملائه بوضع مدخل نظامي لعمليات الإدارة الاستراتيجية حيث بينوا أن الإدارة الاستراتيجية تركز إهتمامها على البيئة الداخلية والخارجية وإن هدفها الأساسي هو تحقيق التناسب بين قابليات المنظمة والبيئة الخارجية من أجل صياغة الاستراتيجيات التي تؤدي إلى تحقيق الأهداف الرئيسية والمحافظة على قيم المنظمة. وفيما يلي نموذج الأربعة عوامل للإدارة الاستراتيجية والذي تبناه (Rowe) وزملاؤه، وكما يتضح من الشكل (1-6)

شكل (1-6): نموذج الأربعة عوامل للإدارة الاستراتيجية

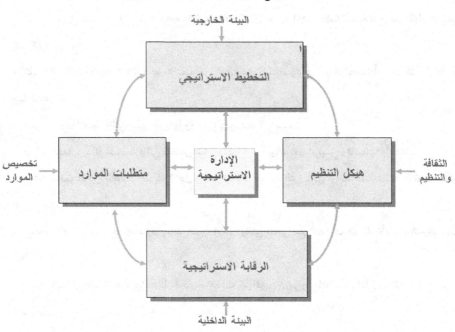

Source: Row, Alan J. & et…al. *"Strategic Management: A methodological Approach "*

4th Ed., Addision – Wesley Publishing Co. Inc, U. S. A., (1994), 29-33.

ويشير الأدب الإداري بصورة عامة وأدب الإدارة الاستراتيجية بصورة خاصة إلى وجود العديد من النماذج التي طورت لتغطي المراحل المختلفة للإدارة الاستراتيجية، وإذا ما تم أخذ الإختلافات البسيطة بين هذه النماذج فإنه يمكن القول أن عدد هذه النماذج بعدد الباحثين في الموضوع. لقد حاول البعض من الباحثين أن يعطى مخططات كثيرة التفاصيل يؤشر

الآليات المختلفة في كل مرحلة من هذه المراحل، في حين إكتفى البعض الأخر بتفاصيل أقل تركيزاً على المراحل الأساسية فقط، ورغم هذا الإختلاف فإنه يمكن إجمال هذه النماذج بثلاث توجهات فلسفية مختلفة في إنطلاقاتها الفكرية، وكما يلي: (الغالبي، العبادي، 2002: 37-48) :

مجموعة النماذج المعيارية، وهذه النماذج تبدأ بتفكير حر حول رسالة المنظمة وغاياتها وأهدافها الاستراتيجية الأساسية بعيداً عن محدّدات القدرات الداخلية، وقبل البدء بتشخيص الفرص والتهديدات في البيئة الخارجية؛ بمعنى أن هذه النماذج تقرّر أولاً ما ترغب المنظمة الوصول إليه، قبل أن ترى إمكاناتها الذاتية في الوصول إلى أهدافها الاستراتيجية المنتخبة، إنها ترسم صورتها المستقبلية المرغوبة بعيداً عن الفرص والتهديدات البيئية، ثم بعد ذلك تنطلق المراحل اللاحقة في التحليل والتشخيص للبيئة الخارجية والوضع الداخلي للمنظمة، ثم تبدأ مرحلة التنفيذ. وأخيراً، مرحلة التقييم والرقابة بكل آليات وإجراءات هذه المراحل المختلفة وتفاصيلها. ومن أهم النماذج في هذه المجموعة نموذج (Sharplin, 1985)، ونموذج (Harvey, 1988)، ونموذج (David, 1995)، وغيرها من النماذج.

يمثّل النموذج أدناه هذه المجموعة والتي لا تختلف في فلسفتها بقدر ما نجد اختلافاً في تفصيلات مضافة أو محذوفة لمراحل الإدارة الاستراتيجية.

شكل (1-7) : مراحل الإدارة الاستراتيجية (النماذج المعيارية)

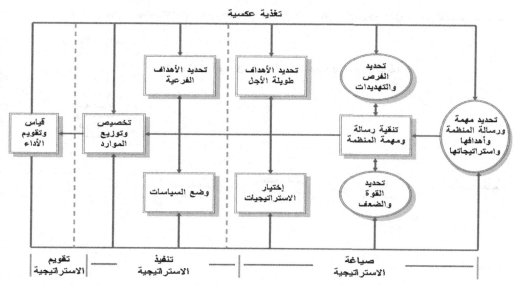

Source: David, F., "Strategic Management", 1995.

إن ما ميز هذه المجموعة من النماذج هو:

• انطلاقها من تفكير حر حول الصورة المستقبلية المرغوبة للمنظمة، وترى أن الموارد الناقصة لغرض الوصول إلى الصورة المستهدفة يجب تدبيرها من مصادر مختلفة لغرض حشد جيد لجميع هذه الموارد لتحقيق هذه الأهداف المرغوبة.

• تتيح حرية أكبر للإدارة العليا للمنظمة في تقرير مستقبلها المرغوب.

• تستند بشكل كبير على خبرة الإدارة العليا، ونظام القيم السائدة فيها.

• البعض من هذه النماذج يعد مثالياً ومعيارياً بعيداً عن الواقعية، ويغلب على هذه النماذج صفة ما يفترض أن يكون، وليس ما هو كائن فعلاً؛ لكونها تستند إلى الفلسفة المثالية.

• يتم مشاركة المتخصصين فيها لاحقاً، وفي ضوء ما تراه الإدارة العليا مناسباً.

مجموعة النماذج العملية (الواقعية): وهذه النماذج تبدأ بتحليل وتشخيص لواقع بيئة عمل المنظمة الخارجية، وإمكاناتها الداخلية (البيئة الداخلية)؛ لذلك يمكن أن نطلق عليها النماذج الواقعية، لأنها تجري عملية موائمة بين الإمكانات المتاحة والفرص المتوفرة. ترى هذه النماذج أن الأهداف الاستراتيجية لمنظمة الأعمال يجب أن تستند إلى تحليل واقعي وموضوعي يغلب عليه الطابع العقلاني للفرص والتهديدات في البيئة الخارجية، ونقاط القوة والضعف في البيئة الداخلية. وأهم هذه النماذج في هذه المجموعة نموذج (Justin & Charles, 1981)، ونموذج (Wheelen & Hunger, 2006)، ونموذج (Wright, et...al, 1998)، وفي أدناه نموذج يمثل المراحل المختلفة لعمليات الإدارة الاستراتيجية.

شكل (1-8): مراحل الإدارة الاستراتيجية (النماذج الواقعية)

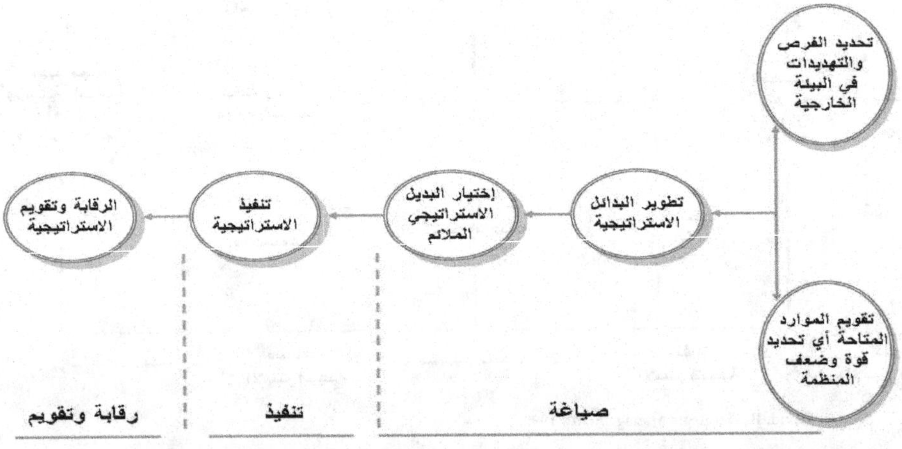

Source: Justin & Charles, "Management", 5th Ed, Prentice Hall, (1981).

إن ما يميز هذه المجموعة من النماذج هو:

- يغلب عليها الصفة الواقعية، وترى أن الصورة المستقبلية المرغوبة للمنظمة مرتبطة إلى حد كبير بما ينتجه الظرف البيئي الخارجي والإمكانات الداخلية للمنظمة.

- يكون دور الإدارة العليا محدّداً في أغلب الحالات بسبب هذا الاشتراك بالتحليل والتشخيص من قبل المتخصصين والاستشاريين، حيث تجد الإدارة العليا نفسها في أغلب الحالات ملزمة بما تم تطويره من أفكار استندت إلى تحليل المتخصصين، ومشاركة ربما تكون واسعة من قبل باقي أعضاء التنظيم.

- تحاول هذه النماذج أن تعطي إجابات واقعية للإشكالات المطروحة، وفي بعض الحالات تغرق في تفاصيل كثيرة؛ بسبب البحث عن قياسات عملية للأهداف المراد تحقيقها. ويعد هذا الأمر منطقياً بسبب استناد أغلب هذه النماذج إلى الفلسفة البراجماتية (Pragmatic)، أو الواقعية.

مجموعة النماذج المتوازنة: وهذه النماذج حاولت أن تجري عمليات متداخلة بين المنظورين السابقين لكي تكون مراحل عمليات الإدارة الاستراتيجية مستفيدة من كلا المدخلين السابقين؛ التفكير الحر والمبدع للإدارة العليا، وفي الوقت نفسه من الضروري أن ينطلق التحليل الواقعي لبيئة عمل المنظمة الخارجية وإمكاناتها الداخلية في الاتجاه نفسه وفي ترابط زمني واحد. وفي هذه الحالة، فإن هذه النماذج ترى أن موضوع الاستراتيجية يحتاج إلى جانبي الخيال والواقع على قدر من الأهمية لكل منهما. إن الإدارة العليا يجب أن تكون حالمة، ولكن هذا الحلم يفترض أن يكون ذو مدلول واقعي عملي. ومن أهم النماذج في هذه المجموعة نموذج (Glueck, 1978)، ونموذج (McCarthy, et...al, 1987). وفي أدناه شكل يبين هذه المجموعة ويمثلها.

شكل (1-9): مراحل الإدارة الاستراتيجية (النماذج المتوازنة)

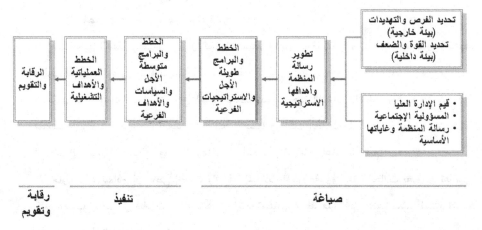

رقابة وتقويم	تنفيذ	صياغة

إن ما يميز هذه المجموعة من النماذج ما يلي:

• موازنة الأدوار (الموازنة هنا لا تعني الإعطاء بالقدر نفسه) بين الإدارة العليا وخبرتها وتجربتها السابقة ونظام القيم لديها، وبين دور المتخصصين والتشخيص والتنبؤ والدراسات الخاصة ببيئة عمل المنظمة الخارجية والداخلية.

• التخلص من قيود الواقعية المميتة والمحدودة التفكير من جانب، ولجم جماح المثالية الطوبائية غير المستندة إلى واقعية حالمة ومتفتحة الاتجاهات من جانب آخر، ويأتي هذا من خلال الربط بين فلسفتي المثالية والواقعية.

• تحاول هذه النماذج الموازنة ما بين العمومية الواسعة وغير الواضحة، وبين الواقعية كثيرة التفاصيل وغير المبررة؛ فهي تجد أن الدخول في التفاصيل يغرق النموذج بواقعية مزيفة، كما أن التحليق في سماء الأمنيات الفضفاضة لا يجد له أرضية صلبة للوقوف عليها (الغالبي والعبادي،2002: 37-48).

التطوير التاريخي للإدارة الاستراتيجية

The Historical Development for Strategic Management

إن التطور الحاصل في مجال الإدارة الاستراتيجية لا ينفصل عن التطور الحاصل في الفكر الإداري بشكل عام. فمنذ الأفكار الأولى للممارسات الإدارية العلمية والمنهجية، وحتى الوقت الأخير في التطوّر ظهرت فلسفات عديدة، ونماذج وطرق وأساليب متعددة

شكّلت رصيداً معرفياً متراكماً يمثّل خزيناً يستخدمه المديرين في إدارة منظماتهم والارتقاء بأدائها. ونحن إذ نستعرض هنا تطوّر الفكر الإداري في مجال الاستراتيجية، إنما تؤشر الاتجاهات العامة منذ الممارسات الأولى التي شكّلت البنية الأساسية، وحتى ظهور التخصص بشكله الواضح والمتعارف عليه اليوم.

لقد مرّت الإدارة الاستراتيجية بتطوّرات عديدة خلال عشرات السنين، ويرى (Gluck, et...al, 1982: 9-21) أن هذا التطوّر مرّ بأربع مراحل أساسية، وهي:

- التخطيط المالي الأولي Basic Financial Planning.
- التخطيط المستند على التنبؤ Forecast-Based Planning.
- التخطيط ذو التوجه الخارجي Externally Oriented Planning.
- الإدارة الاستراتيجية Strategic Management.

ونرى أن هذا التطور يمكن أن يكون بصورة عامة منسجماً مع قدرات المنظمة على إدارة التعقيد، وتطوير طرق جمع المعلومات والتنبؤ من جانب، ومتأثراً بطبيعة التطورات والتغييرات الحاصلة في البيئة الخارجية من جانب آخر. وهكذا يمكن إضافة مرحلة التخطيط طويل الأمد (Long Range Planning)، ومرحلة التخطيط الشامل (Corporate Planning)، ومرحلة التخطيط الاستراتيجي (Strategic Planning)، وهذه المراحل يعبّر عنها بمرحلة التخطيط ذو التوجه الخارجي.

مرحلة التخطيط المالي الأولي Basic Financial Planning :

يمكن إرجاع بدايات التخطيط إلى الموازنات السنوية، حيث تطوّرت الإجراءات لتنبئ بالعوائد والكلف واحتياجات رأس المال، وتحديد موازنات الكلفة السنوية. وقد عملت الموازنة كتقنية فعّالة لتنفيذ الاستراتيجية؛ بسبب قدرة المدير التنفيذي على استيعاب متغيرات بيئة عمل المنظمة لبساطتها والبطء النسبي للتغيرات الحاصلة فيها. ومع ذلك سببت التغيرات الاستثنائية في بيئة الأعمال بعد الحرب العالمية الثانية إلى ظهور تحديات جديدة للمنظمات، إذ تجاوز عدد المنتجات، والأسواق، ودرجة التعقيد التكنولوجي المطلوبة، والأنظمة الاقتصادية المعقدة قدرة أي مدير على استيعاب هذه المتغيرات، عند ذلك أصبحت الموازنات غير مناسبة لأغراض التخطيط وتنفيذ الخيارات بمفردها.

مرحلة التخطيط المستند على التنبؤ   Forecast-Based Planning :

حل التخطيط المعتمد على التنبؤ محل الموازنات لمواجهة التغييرات في بيئة الأعمال، وبينما عمل المحاسبون لتقدير احتياجات رأس المال، والتناوب بين خطط التمويل البديلة، بدء الإداريون بالتقدير الاستقرائي للتوجهات السابقة، وحاولوا التنبؤ بالتأثير المستقبلي للقوى الاقتصادية والاجتماعية والسياسية وغيرها. وهذا أدى إلى استخدام الوسائل التنبؤية.

وهنا يمكن ملاحظة أن البداية كانت باستخدام طرق التنبؤ الكلاسيكي، والقائمة على النماذج الاقتصادية والرياضية، وتقديرات الطلب، وغيرها؛ باعتبار أن ساحة عمل المنظمة محدودة، وشكّلت هذه الطرق قواعد لعمل الخطط قصيرة الأمد، ولكن بعد التوسع الحاصل في عمل المنظمات، وزيادة التغييرات البيئية طوّرت إدارات منظمات الأعمال أساليبها، وطرق التنبؤ لتشمل طرقاً جديدة تغطي فترات زمنية متوسطة الأمد.

مرحلة التخطيط ذو التوجه الخارجي   Externally Oriented Planning :

مع سرعة التغيرات الحاصلة في البيئة، واشتداد المنافسة، وتشبع الأسواق بالسلع والخدمات أصبحت الوسائل الحالية في التخطيط غير كفوءة، وبذلك أخذت المنظمات تبحث عن طرق ووسائل وفلسفات جيدة للتعامل مع الإشكالات المطروحة، ويمكن هنا أن نقسم هذه المرحلة إلى الآتي:

مرحلة التخطيط بعيد الأمد   Long Range Planning :

ففي بداية الأربعينيات، ونتيجة للتقدّم الصناعي الكبير، وظهور التكنولوجيا الحديثة، والحركة، والتغير السريع للبيئة، وانفتاح المنظمات على الأسواق، والمنافسة العالمية، وتحوّل الأهداف من الربحية إلى البقاء، والاستمرار أصبح التنسيق والتكامل بين الخطط على المدى البعيد أمراً ضرورياً. إن التخطيط بعيد الأمد في حقيقته امتداد في الأفق الزمني للخطط متوسطة الأمد؛ نتيجة قدرة المنظمة على تطوير وسائل تنبؤ حديثة تستكشف مديات أبعد، إضافة إلى ذلك بدأ هذا النوع من التخطيط بمواجهة المضامين طويلة الأمد للقرارات، وأصبحت الأطر الزمنية لتقييم نتائج القرارات أطول من مرحلة الموازنة السنوية والخطط متوسطة الأمد. ومع التغيرات وسرعتها، فقد أصبح هذا النوع من الخطط غير كافٍ للاستجابة للتحديات الجديدة، ونشير هنا لسببين قلّلا من كفاءة التخطيط طويل الأمد كفلسفة وتقنية تستفيد منها المنظمات في تحقيق أهدافها: **الأول:** تعود المنظمات على التخطيط طويل الأمد، أدى إلى تحوله إلى عملية آلية رتيبة، إذ أخذت إدارة المنظمات تعتمد

خطط الأعوام السابقة كخطط مستقبلية، بعد القيام بإجراء تعديلات بسيطة عليها أو بقيامها بسحب استقراء التوجهات السابقة إلى المستقبل، بدلاً من الكشف عن القضايا الأساسية. إن هذا الأمر جعل هيئات التخطيط في منظمات الأعمال تحت تأثير كمٍ هائل من البيانات. **الثاني**، مع حدة المنافسة وبطء نمو الأسواق، اتصفت البيئة بكونها متغيرة وغير مؤكدة، وأصبح التنبؤ طويل الأمد غير مناسب، إذ اعتمد غالبيته على تقنيات تقوم على افتراضات محدودة، وفي ضوء التغير السريع أصبح التنبؤ بالأسواق غير ذي فائدة وغير ممكن في الوقت نفسه، وهكذا تكررت الإحباطات مما دعا إدارات المنظمات الرائدة إلى تطوير أساليبها باتجاه فلسفات وطرق أخرى.

مرحلة التخطيط الشامل   Corporate Planning :

مع التوسع والتعقد في علاقة المنظمة مع بيئتها، ومع الحاجة للمرونة من خلال الهياكل وتنوع الأساليب والطرق الإدارية، ومع كبر حجم المنظمات وانتشارها الجغرافي، وما ترتب على ذلك من استقلالية أكبر لنشاطات هذه الأعمال المتعددة ذات الأبعاد العالمية. أصبحت الإدارة الرئيسة للمنظمة تواجه صعوبة كبيرة في تخصيص الموارد والرقابة على عمليات التخطيط لهذه الأعمال المتعددة، لذلك ظهرت فكرة التخطيط الشامل لتعالج مثل هذه النواقص، فهي لا تختلف عن التخطيط بعيد المدى من حيث رؤية المستقبل، لكنها تضيف تصوراً مشتركاً لنشاطات تخطيط الأعمال يتم من خلالها إعطاء قدرة أكبر للإدارة العليا للمنظمة في توجيه ورقابة العمل (الغالبي، السعد، 1995: 63).

مرحلة التخطيط الاستراتيجي Strategic Planning:

تحوّل التركيز خلال هذه المرحلة من التنبؤ بالمستقبل إلى فهم المقدمات الرئيسة للنجاح في الصناعة، وتركز موارد المنظمة لتحقيق الميزة التنافسية القادرة على البقاء لمدة أطول من الزمن. لذلك بدأ المخططون بالبحث عن الفرص في البيئة الخارجية من خلال جمع معلومات وبيانات بطرق متعددة، وتحديد قدرات المنظمة بما يتلاءم مع احتياجات الأسواق التي تعمل فيها. وهكذا بدأت الإدارة ببناء هيئات تخطيط متخصصة أخذت تنظر في عروض منتجات منظماتها، وعروض المنافسين الآخرين، ومن وجهات نظر تفضيلات العملاء الخارجيين، والقدرات الداخلية للمنظمة. لقد اعتقدوا بأنه ما دام مفتاح بقاء المنظمة هو في التلاؤم مع البيئة، فإن المنظمة بحاجة إلى أن تحكم على نفسها بموضوعية، وتحتاج أيضاً إلى

حكم الآخرين في بيئتها ليتجسد ذلك بعلاقات إيجابية تتوسع من خلالها حصتها السوقية باستمرار.

وتتضمن هذه المرحلة ثلاث صفات تميّزها عن المراحل السابقة، وهي:

- وعي إدارات المنظمات بأن صفات صناعة معينة تضع حدوداً لأداء المنظمة فيها، إضافة إلى أن نجاح أية منظمة تتحدّد بإجراءاتها وطرقها وأساليبها، وكذلك إجراءات منافسيها بشكل مشترك. جاء ذلك بعد عدم كفاءة التخطيط طويل الأمد، والتخطيط الشامل كتقنية معتمدة من قبل الإدارة العليا، والاهتمام الناشئ بالبيئة الخارجية بسبب التغيرات السريعة في المنافسة بين المنظمات.

- عدّت إدارة المنظمات، بناءً على ما تقدّم كون التخطيط نشاطاً متطوراً بدلاً من آليات متكررة وتقليدية.

- أكد التخطيط على الحاجة إلى البحث عن الفرص في الوقت الذي أصبحت فيه الأسواق متخمة بالمنتجات، وهكذا ينبغي على المنظمات أن تخلق فرص نموها من خلال عملياتها التخطيطية.

وقد أدّى التخطيط الاستراتيجي إلى صياغة استراتيجية كفوءة عن طريق شحذ قدرة المنظمة على النظر بجدية إلى نفسها وإلى منافسيها. ومع ذلك، أثّرت عليه مشكلتان، هما:

(الأولى) قامت مجموعة المخططين الاستراتيجيين بالكثير من عمل صياغة الاستراتيجية، ولكنهم تجاهلوا غالباً مدخلات أولئك الذين كان عليهم أن ينفذوا الاستراتيجيات، وعندما أبعد الجزء التشغيلي من المنظمة من عملية التخطيط الاستراتيجي، أدّى هنا إلى مشكلات في تنفيذ الاستراتيجية.

(الثانية) أدّى تنوّع الفرص التي تولّدت خلال هذه المرحلة إلى زيادة أعباء الإدارة العليا، كما وأربكت المعلومات التي قدّمتها الإدارات الأخرى عن الخيارات الاستراتيجية، مما دفعها ذلك إلى تفضيل المشاركة الجادة والفعلية في الحصول على هذه المعلومات، والمساهمة في تحديد الخيارات الاستراتيجية لممارسة عملية الاختيار بنفسها.

مرحلة الإدارة الاستراتيجية Strategic Management:

إن الإدارة الاستراتيجية تمثّل تطوراً فلسفياً وعملياً باتجاه المداخل الشمولية لإدارة منظمات الأعمال، فهي تشير إلى توجّه حديث في تطبيق المدخل الاستراتيجي في إدارة المنظمات كأنظمة شاملة ومتكاملة ومعقدة. إنها طرق متداخلة في التفكير والاستنتاج

ومنهجيات علمية مستوعبة للصورة الشمولية لصناعة القرارات الاستراتيجية، لذلك ليس من المستبعد تعدّد التعريفات وتنوّعها لمفهوم الإدارة الاستراتيجية، لكن هذا التركيب دُرس بعناية من خلال ثلاثة أبعاد أساسية:

- الإطار العام الذي تطوّر الاستراتيجيات في ظله وقيوده (**Context**).
- المحتوى الذي يمثّل المخرج النهائي المراد تنفيذه (**Content**).
- العملية أو العمليات المؤدية إلى تطوير استراتيجيات فعّالة (**Processes**).

ووفق هذا التصور العام، فإن الإدارة الاستراتيجية تمثّل مجاميع عديدة من المفاهيم الجديدة وأساليب وطرق ونماذج وأدوات تحليلية وتركيبة مختلفة ومتنوعة، فهي مثّلت نقلة نوعية في تطور الفكر الإداري والتنظيمي. إن النماذج والأساليب والطرق المرادفة للبناء الفكري والفلسفي للإدارة الاستراتيجية مثّلت هي الأخرى نقلة كبيرة باتجاه الاستفادة من معطيات التطور الحاصل في العلوم المختلفة، وخاصة ذات العلاقة بالفكر الاستراتيجي. إن الإدارة الاستراتيجية وفق هذا المنظور قد أعطت إجابات منهجية علمية وعملية على كثير مما كان يُطرح بالفكر الإداري على إنه تناقض أو تعارض في الأساليب والإجراءات الإدارية المستخدمة. ففي إطار نهج الإدارة الاستراتيجية لا يوجد تناقض وتعارض بين العالمية والمحلية في التركيز على الأسواق والمستهلكين، وكذلك بين المعايير النوعية والكمية المتداخلة، وبين المركزية واللامركزية، وكذلك بين التنظيم الرسمي وغير الرسمي، وبين الفاعلية الاقتصادية والفاعلية الاجتماعية، وغيرها من الأساليب والطروحات الإدارية.

إن مجمل هذه الطرق والأساليب والفلسفات الفكرية المؤطرة لها تعطي انطباعاً بكوّن الإدارة الاستراتيجية تمثّل مجمل التصوّرات الحالية والمحتملة للعلاقة بين المنظمة وبيئتها، بحيث توضح هذه التصورات نوع العمليات التي يتطلب القيام بها على المدى البعيد، والحدود التي يجب أن تذهب إليها المنظمة، والغايات المراد تحقيقها.

إن الإدارة الاستراتيجية تمثّل عمليات إبداعية، وعقلانية التحليل، وشمولية التصور الفني والإنساني، وموضوعية الرؤية وذاتيها، وتكاملية العمل، وتركيبة البناء، وبعيدة المدى، وعميقة المنظور. وهكذا، إننا نؤكد ونتفق مع ما أورده الباحث (Martinet) بأن المنظمات سابقاً كانت تركّز على الإدارة التشغيلية العملياتية حتى لو استخدمت مختلف أساليب وطرق التخطيط ، في حين يجب أن تكون هناك ملائمة وانسجام مع إدارة أخرى

بمنظور فلسفي جديد، وهي الإدارة الاستراتيجية التي تركّز على بناء وتجديد لإمكانات وموارد المنظمة (Martinet, 1983: 22-25)، وكما هو موضح بالشكل (1-10).

شكل (1-10) : الإدارة الاستراتيجية

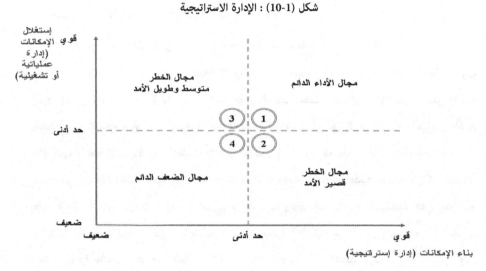

Source: A,ch Martinet, “Strategie”, 1985: 23.

ولكي يتحقق نجاح المنظمة، فإنه يجب أن يتوفر فيها ما هو أكثر من الحد الأدنى المطلوب للتفكير الاستراتيجي والإدارة الاستراتيجية. وكذلك توجد فيها إدارة عمليات قادرة على استغلال الإمكانات، واستخراج نتائج إيجابية للعمل، تكون المنظمة إذن في مجال الأداء الدائم. وعلى العكس من ذلك، فإن المنظمة تكون في مجال ضعف دائم إذا لم تمتلك إدارة استراتيجية قادرة على توضيح رسالة المنظمة وغرضها، وكذلك لا توجد إدارة قادرة على استغلال المتاح من الموارد حتى لو كانت قليلة ومتواضعة، ولكن يبدو أن أغلب المنظمات عادة ما تقع في مواجهة أحد الخطرين؛ الأول: يتمثل بعدم وجود إدارة استراتيجية فاعلة قادرة على بناء إمكانات المنظمة وتجديدها رغم وجود إدارة عملياتية أو تشغيلية، وتستغل بشكل جيد هذه الإمكانيات. إن النتائج على المدى القصير في مثل هذا النوع من المنظمات تشير إلى أداء جيد أو متميز، لكن الخطر سيكون على المدى المتوسط والبعيد. أما عكس هذه الحالة، حالة وجود إدارة استراتيجية قوية توضح أهداف المنظمة وغاياتها، لكن استغلال هذه الإمكانات (الإدارة العملياتية) ضعيفة، فإن نتائج المدى القصير غير جيدة مع وجود تراكم

في الموارد وفّرته الإدارة الاستراتيجية. وهكذا فإن وجود هاتين الإدارتين والفلسفتين يعد أمراً ضرورياً لنجاح منظمة الأعمال. ومهما يكن من أمر، فإن تطور الإدارة الاستراتيجية جاء على فترات متداخلة عبر الزمن لعبت فيه بعض العوامل أسباباً موضوعية وذاتية لهذا التطور منها:

- ظهور بوادر دراسة الإدارة بمنظور شمولي من قبل كليات إدارة الأعمال، وتعميق هذا الاتجاه.
- تسارع التغيرات في البيئة العالمية، وبيئة الأعمال، وخاصة التغيرات النوعية منها.
- اشتداد المنافسة بين منظمات الأعمال، وندرة الموارد على أكثر من صعيد.
- الانتقال من العصر الصناعي إلى عصر المعلوماتية، ثم إلى عصر المعرفة، وقد رافق هذا الأمر الاتجاه إلى العولمة والكونية في الأعمال.
- التكنولوجيا وسرعة التطورات الحاصلة فيها ليس على الصعيد المعرفي النظري فقط، بل سرعة الذهاب إلى مجالات التطبيق المختلفة.

وتتصف المنظمات التي تمارس الإدارة الاستراتيجية بالشمولية التي تربط بواسطتها الإدارة بالتخطيط الاستراتيجي باتخاذ القرار التشغيلي، ويتحقق هذا من خلال:

- أن يكون التخطيط لا مركزياً، وبالتالي يعزز مشاركة المستويات الأدنى.
- أن تكون العملية أكثر مرونة، وبالتالي تشجيع تفكير رجل الأعمال بشكل واسع ضمن المنظمة.
- أن يتم تطوير ثقافة المنظمة، وهي عملية تبدأ من الأعلى.

أن المساهمات الأساسية للإدارة الاستراتيجية في الفكر الإداري والتنظيمي تتمثّل بقدرتها على إعطاء مدى واسع ومنفتح في تكوين البصيرة، والقدرة على التفكير الاستراتيجي الخلاّق والمبدع، وكذلك رفد الفكر الإداري بوسائل تحليل جديدة، ومناهج تركيب الأجزاء لرؤية الصورة الكلية للعمل، فلا وجود للحلول الجاهزة والوصفات العامة لمعالجة المشكلات الاستراتيجية المطروحة، إنها تفتح الآفاق لإيجاد حلول إبداعية جديدة ومبتكرة يتم تصور المستقبل من خلالها بتداخل زمني مع الحاضر وفهم جديد للماضي، وهذا الأمر يتيح للمنظمة من أن تستمر وتنمو وتتطور.

ويلخص شكل (1-11)، وكذلك جدول (1-7) خصائص مراحل تطور الإدارة الاستراتيجية.

شكل (1-11): مراحل تطور الإدارة الاستراتيجية

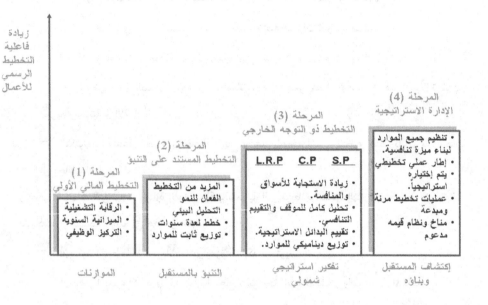

بتصرف من Source: Gluck, Kaufman and Walleck, 1982: 11.

جدول (1-7): خصائص المراحل المختلفة للإدارة الاستراتيجية

المرحلة / الأبعاد	الموازنات	التخطيط المستند على التنبؤ	التخطيط ذو التوجه الخارجي: تخطيط طويل الأمد	التخطيط ذو التوجه الخارجي: تخطيط شامل	التخطيط ذو التوجه الخارجي: تخطيط استراتيجي	الإدارة الاستراتيجية
المنهج الإداري	• الرقابة على الانحرافات. • إدارة التعقيد. • خفض النفقات.	• التنبؤ للفترة المقبلة قصيرة ومتوسطة الأمد. • التحليل البيئي.	• التنبؤ لفترة زمنية طويلة. • التحليل البيئي. • توقع النمو.	• إدارة التعقيد. • حسابات الاحتمالات. • تحليل كلي لبيئة الأعمال.	• تغيير المهام والقدرات الاستراتيجية. • اختلاف المستقبل. • التكيف مع التغيرات البيئية.	• التوافق مع المفاجئات. • اختلاف المستقبل تماماً. • المرونة عالية.
الاشتراطات	• الماضي يعيد نفسه.	• المستقبل يمكن التنبؤ به وإحداث الماضي تتكرر.	• الاتجاهات الماضية سوف تستمر.	• الاتجاهات الماضية سوف تستمر.	• أحداث جديدة والتنبؤ ممكن واختلاف المستقبل.	• دورات التخطيط غير كافية للتعامل مع التغيرات السريعة. • اختلاف المستقبل تماماً.
الفترة التي برز فيها	• أوائل القرن العشرين.	• العشرينيات من القرن الماضي.	• الأربعينيات من القرن الماضي.	• الخمسينيات من القرن الماضي.	• منتصف الستينيات من القرن الماضي.	• منتصف السبعينيات عن القرن الماضي.

المصدر :بتصرف عن : (المرسي، وآخرون،2002: 28)

تحديات الإدارة الاستراتيجية Strategic Management Challenges

لقد واجهت منظمات الأعمال، ولا تزال تواجه العديد من الإشكالات والتحديات التي يفترض أن تجد المناهج والأساليب والطرق اللازمة للتعامل مع مثل هذه التحديات.

لقد مثّلت الإدارة الاستراتيجية مدخلاً تكاملياً وشمولياً للتعامل مع العديد من التحديات التي تواجه منظمات الأعمال. كما أن تحديات أخرى لا زالت تظهر، ويتطلب الأمر من الإدارة الاستراتيجية أن تجد من الطرق والأساليب ما يتلائم مع هذه التحديات. وسيتم الإشارة إلى أهم هذه التحديات، ويمكن الرجوع إلى المصادر التالية للاستفاضة في ذلك (Wheelen & Hunger,2006)، (Coulter,2003)، (Harrison & John,1998) ، (ياسين،2002) ، (الركابي،2004) ، (الحسيني،2006).

إن ثقافة العولمة والمنافسة انتشرت في المجتمع البشري متجاوزة الحدود الجغرافية والفكرية وعبر أدوات مختلفة ابتكرتها المجتمعات تلبية لحاجاتها التطويرية الحضارية، وهكذا وقفت شعوب العالم مختلفة جماعات وأفراد ومنظمات أيضاً وجهاً لوجه أمام تحدٍ يمس وجودها، ويتمثّل هذا بالفارق الكبير بين ما وصلت إليه المجتمعات المتقدمة ومنظماتها، وبين ما تتخبط فيه المجتمعات النامية ومنظماتها أيضاً. فإذا لم تسد هذه الفجوة من خلال استخدام مداخل حديثة ترقى إلى مستوى هذه التحديات، فسيكون الموقف صعباً أمام المنظمات في الدول النامية، فإضافة إلى التحليل البيئي، وتحديد الاتجاه الاستراتيجي، وصيانة وتنفيذ ورقابة الاستراتيجية وتقييمها، ويذكر الباحثان (Certo & Peter, 1995: 19-20) التحديات التالية:

الإدارة الاستراتيجية والقضايا العالمية: على مدى السنوات الأخيرة أخذت نشاطات منظمات الأعمال تميل إلى تجاوز الحدود الدولية بشكل كبير، وحتى تلك المنظمات التي ليس لها عمليات دولية تشهد أثر العولمة على الكثير من الأسواق والصناعات العالمية فيها. وطالما يتوقع استمرار هذا التيار، فإنه يتعين على الكثير من المنظمات أن تأخذ بنظر الاعتبار القضايا العالمية في استراتيجياتها المستقبلية ومن خلال عملياتها المختلفة. ولا بد للمدراء أن يكونوا على دراية واطلاع بالمتغيرات الدولية المهمة التي تؤثر سلباً أو إيجاباً على أعمال منظماتهم. ويجب الإشارة هنا إلى أن العولمة لا تمثل وجهاً سلبياً وتهديدات كبيرة للأعمال فقط بل يمكن أن تكون محفزة للكثير من الفرص والإيجابيات التي يمكن أن تستفاد منها منظمات الأعمال. إن العولمة بالنسبة لمنظمات الأعمال الصغيرة تمثّل فرصة إيجابية إذا ما

أحسنت التعامل المنفتح والإيجابي لاقتناص الفرص الكبيرة التي يمكن أن تتوفّر من خلال البعد العالمي للعمل، وإذ يلاحظ في العالم الغربي واليابان نزوح نحو التعاون، وتبادل الخبرات والمشاريع المشتركة، والاندماج بين المنظمات المختلفة، فإن المنظمات في الدول النامية لا تزال بعيدة عن مثل هذه التوجهات.

الإدارة الاستراتيجية وقضايا الجودة: تمثّل الجودة بعداً مهماً من أبعاد التنافس في البيئة العالمية، وقد مثّل عقد التسعينيات من القرن الماضي وما تلاه اهتماماً متزايداً للجودة والنوعية، ووجدت منظمات عالمية تهتم بهذا الأمر. وعليه تطلب الأمر من منظمات الأعمال الانتقال من المفهوم القديم القائم على رقابة الجودة، وتلافي الأخطاء التصنيعية إلى الاهتمام الواسع الذي يعني الالتزام التنظيمي الشامل لتقوية القيمة المستلمة من قبل العميل للسلع والخدمات التي تنتجها المنظمة.

الإدارة الاستراتيجية والقضايا الاجتماعية/ الأخلاقية: تمثّل المسؤولية الاجتماعية والأخلاقية التزاماً يتسم بالتجدد والتغير المستمر أمام مدراء منظمات الأعمال. وإن هذا الالتزام لا بد وأن ينعكس على خيارات المنظمة الاستراتيجية وأساليب تعاملها مع مختلف الفئات ذات المصلحة. ويفترض في مدراء المنظمة أن يطوّروا دائماً إجابات فكرية شاملة لأسئلة تطرح باستمرار، ويصل البعض منها إلى حد التشكيك في مشروعية عمل المنظمة ووجودها، لذلك فالمنظمة المُدارة استراتيجياً هي أقدر من غيرها على تأطير العلاقة مع المجتمع وتطويرها وتحسينها باستمرار من خلال هذا المدخل الاجتماعي/ الأخلاقي. ومع الانفتاح الكبير على البيئة العالمية أصبحت القضايا الاجتماعية والأخلاقية تأخذ حيزاً أكبر من اهتمام الإدارة؛ بسبب تداخل المتغيرات الأخلاقية والاجتماعية على صعيد البيئة العالمية.

الإدارة الاستراتيجية في عصر المعلوماتية والمعرفة: تمثّل المعرفة مورداً نادراً في عالم الأعمال في الوقت الحاضر. لقد كانت فكرة الاستراتيجية قائمة أساساً على ما نمتلك من أفكار وليس فقط على ما في حوزتنا من موارد؛ لذلك أصبحت الإدارة الاستراتيجية ذات أهمية كبيرة في عصر المعرفة، والانتقال إلى المجتمع المعرفي التكنولوجي. فالأفكار التي تستطيع الإدارة الاستراتيجية للمنظمة أن تطورها وتطرحها للتنفيذ يمكن أن تشكّل عاملاً مهماً في بناء ومضاعفة الثروة والقوة أو تكون عكس ذلك. ومن هنا، فإن المتوقع من الإدارة الاستراتيجية لمنظمات الأعمال أن تلبي حاجة حقيقية لكونها تمثل صيغاً عملية للرد على التحديات المطروحة في هذا المجال. ولقد أشارت العديد من الدراسات، ومنها دراسة

(Hegel & Brown, 2001: 106-108)، (Porter, 2001: 66)، (Kenny & Marshail, 2000: 122) إلى أن تكنولوجيا المعلومات والاتصالات مثّلت تحدياً أمام منظمات الأعمال تطلب من إدارتها الاستراتيجية التعامل معها وفق أساليب وطرق جديدة، وإن هذا التحدي يمكن أن تكون في طياته العديد من الفرص الجذابة التي تستطيع منظمات الأعمال استغلالها.

الإدارة الاستراتيجية والتعامل مع شحة الموارد وندرتها: لا يوجد مورد لا يتسم بالندرة وعدم النقص نتيجة للاستخدام لها حتى وقت ليس ببعيد كان الهواء والتربة والماء يعد من الموارد غير النادرة، لكننا نجد الآن أن هذه الموارد أصبحت غالية الثمن ونادرة، فالبعض منها تحمّل المنظمة تكاليف عالية لمعالجة الآثار الجانبية للعمل؛ كالتلوث، وسوء الاستخدام، وكثرة الاستخدام. ومن هنا، من المتوقع أن تقوم الإدارة الاستراتيجية بدور مهم في عملية بناء هذه الموارد، وبرمجة استخدامها بطرق رشيدة لكي تساهم في تجديد هذه الموارد، وبالتالي تحقيق ميزة تنافسية.

الإدارة الاستراتيجية والمنظمات الافتراضية: مع انتشار ظاهرة وجود المنظمات الافتراضية، والتي هي بالأساس منظمات غير ملموسة الوجود المادي، فإن هذه المنظمات تعمل ضمن استراتيجيات سريعة التغير؛ بسبب طبيعة التحديات الآنية التي تواجهها. من جانب آخر، فإن انتشار هذه المنظمات، وتباعد الوجود المكاني للأعضاء العاملين فيها، يتطلب أساليب وطرق جديدة تنسجم مع هذه الأبعاد والخصوصية، ويمكن أن تشكّل القدرات التكنولوجية والمعرفية ركيزة أساسية لبناء استراتيجية مثل هذه المنظمات.

الإدارة الاستراتيجية وتحديات أخرى: لا يمكن اختصار جميع التحديات التي تواجه منظمات الأعمال فيما ذُكر سابقاً، بل إن هناك العديد من التحديات الأخرى التي تفرض نفسها في ساحة عمل المنظمات، وتحتاج من الإدارة العليا للمنظمة التعامل معها، وإيجاد حلول لها. ومن هذه التحديات: زيادة شدة المنافسة المحلية والعالمية، وسرعة التغيرات التكنولوجية والاقتصادية والسياسية والاجتماعية والثقافية، والتغير المستمر في أذواق العملاء وأوضاع السوق، وقصر دورة حياة المنتجات، وزيادة الاستثمارات لتعزيز جوانب الإبداع التكنولوجي، وسرعة التغيرات النوعية والكمية على الصعيدين المحلي والعالمي.

إن التعامل مع الزمن وحركة التطور والتغيير في ظل سيادة اللااستقرار Unstability، واللاتأكد Uncertainly في وقتنا الحاضر يستوجب تحديد مسارات المنظمة وتوجهاتها سعياً إلى اختراق المجهول وتنمية القدرات الفكرية اللازمة لتصور احتمالات المستقبل، واستحضار الوسائل المطلوبة للمواجهة. لذلك فإن إدراك التحديات الكبيرة المحيطة بما هو خارج المنظمة وداخلها يتوقف إلى حد بعيد على إمكانية الاستفادة القصوى من جميع صنوف المعرفة والخبرة، ومما هو متاح لها من قدرات وإمكانيات... يعد الاستراتيجي واحداً من عناصرها الأساسية بالاستناد إلى قدرته على تصور مستقبل المنظمة، وتحديد اتجاه الأعمال فيها (النعيمي، 2003: 44).

المفهوم والخصائص Concept and Characteristics

إن التحديد الدقيق لهذا المفهوم يُعد أمراً من الصعب الوصول إليه؛ بسبب تعدد مضامين العملية الاستراتيجية وتنوع أساليبها. هذا، ويُعد الاستراتيجيون القائمون على أمر الاستراتيجية يمثّلون مجموعة الأفراد المسؤولين بالدرجة الأولى عن نجاح المنظمة أو فشلها، وغالباً ما يكون لهم العديد من المسميات والرموز والوظائف المختلفة. ويمكن القول إن المنظمة تدار من خلال هؤلاء الأفراد الذين لهم الباع الأكبر في صياغة وتنفيذ الاستراتيجية وتقييمها، ويجب الانتباه إلى أن واضعي الاستراتيجية يختلفون باختلاف أنواع المنظمات، وكذا باختلاف مراحل الاستراتيجية الثلاث، كما أنهم يختلفون في اتجاهاتهم وقيمهم وأخلاقهم ومدى تقبلهم للمخاطر ومدى استجابتهم للمسؤولية الاجتماعية لمنظماتهم، ومدى حرصهم على تحقيق الأرباح، ومدى اهتمامهم بالمدى الزمني والنمط القيادي الخاص بهم.

لقد قام كل من الباحثين (Wheelen & Hunger, 2004: 56) بتحديد الاستراتيجي بأنه "الشخص أو الأشخاص الذين يرسمون خطوات الإدارة الاستراتيجية وعملياتها المختلفة في المنظمة، وهذه تتمثل بتحليل بيئة عمل المنظمة الخارجية وتشخيصها، وكذلك بيئتها الداخلية لغرض وضع الأهداف والاستراتيجيات وتنفيذها وتقييم النتائج المستهدفة ومراقبتها". لذلك فإن الاستراتيجيين يرون الأعمال بصورتها الشمولية الكلية ويجبرون الموازنة المطلوبة بين الاحتياجات الآنية والمستقبلية للأعمال من خلال القرارات

الاستراتيجية الفعّالة. إلا أن التعريف الأكثر شمولاً للاستراتيجي ما أورده مركز القيادة الإبداعية Center of Creative Leadership، حيث عرّف الاستراتيجي بأنه "الشخص الذي يقوم بالدور الاستراتيجي في منظمات الأعمال من خلال القيام بالتفكير والتحليل والعمل والتأثير على الآخرين بطرق تعزز من الميزة التنافسية لمنظمة الأعمال" (Center of Creative Leadership, 2002). أن هذا المفهوم ينطوي على ثلاثة أبعاد أساسية وحرجة، يمكن تصويرها بالشكل (1-12).

شكل (1-12): أبعاد الاستراتيجي ومضامينه

المصدر: من إعداد الباحثين طبقاً لما عكسته أدبيات الإدارة والإدارة الاستراتيجية

وفيما يلي توضيح لهذه الأبعاد:

الاستراتيجي: ماذا؟ وتتمثل بالآتي:

– هو الشخص الذي يركّز على الازدهار بعيد المدى، مع أخذ التغيرات البيئية بنظر الاعتبار لتطوير الميزة التنافسية لمنظمة الأعمال ودعمها.

– يؤكد على أهمية تكامل المنظور البعيد والقصير المدى لتحقيق الميزة التنافسية.

– يؤكد على أهمية توازن المنظور الداخلي وتكامله مع الخارجي لتحقيق الميزة التنافسية، وكما يتضح من الشكل (1-13).

شكل (1-13): الاستراتيجي (ماذا؟)

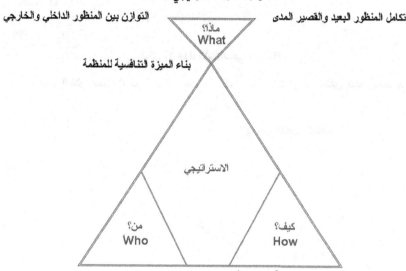

المصدر : من إعداد الباحثين طبقاً لما عكسته أدبيات الإدارة والإدارة الاستراتيجية

الاستراتيجي: كيف؟ وتتمثل بالآتي:

إن الاستراتيجي هو الذي يمارس عمليات التفكير والتحليل والعمل والتأثير. وهذا البعد ينطوي على ثلاثة عناصر، وهي:

- التفكير والتحليل، وتتضمن:
  - المسح البيئي، وجمع البيانات.
  - تفكير الأنظمة.
  - التحليل والفلترة؛ أي تصفية المعلومات واستخدام المهم منها.
- العمل، وتتضمن:
  - الموازنة بين التكتيكات والاستراتيجيات.
  - اتخاذ القرارات الاستراتيجية.
  - الرصف والمحاذاة الاستراتيجية.
- التأثير، وتتضمن:
  - تطوير وبناء فهم عام حول التوجه الاستراتيجي لمنظمة الأعمال.
  - إعداد العاملين وبناؤهم، وفرق العمل الاستراتيجية، واثارة الحماس .

– بناء التداؤب والتعاون Synergy بمحاذاة مع الهيكل التنظيمي والثقافة التنظيمية، وكما يتضح من الشكل (1-14).

شكل (1-14): الاستراتيجي (كيف؟)

المصدر : من إعداد الباحثين طبقاً لما عكسته أدبيات الإدارة والإدارة الاستراتيجية

الاستراتيجي: من؟، وتتمثل بالآتي:

في حقيقة الأمر، فإن هناك عدداً كبيراً من التعريفات التي تنطلق من وجهات نظر مختلفة، فالبعض منها يركز على المديرين في القمة الاستراتيجية Strategic Apex لمنظمة الأعمال ممن يمتلكون الصلاحيات والسلطات الواسعة، ويتخذون القرارات الاستراتيجية في المنظمة، والبعض الآخر يركز على المسؤوليات، وتحمل الأدوار الفعّالة للمنظمة بصورتها الكلية، وهناك اتجاه يرى أن الاستراتيجي هو من يحمل الفكر الاستراتيجي الشامل والمتكامل، والذي يوظّف بصورة فعّالة لتحقيق نتائج مرغوبة على صعيد المنظمة بجميع وحدات أعمالها. إن الاستراتيجيون ليسوا فقط أفراداً وإنما من المحتمل أن يكونوا عبارة عن

فرق عمل أو تنظيم يتعاونون ويشتركون فيما بينهم لتحقيق التفوق التنافسي للمنظمة. هذا وإن المتغيرات التنظيمية؛ كالهيكل والثقافة والأنظمة والعمليات تؤثر تأثيراً كبيراً ومباشراً على قدرة الاستراتيجيين في تعزيز التفوق التنافسي لمنظمة الأعمال، وكما يتضح من الشكل (1-15).

شكل (1-15): الاستراتيجي (من؟)

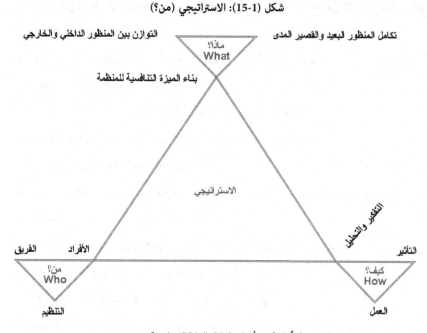

المصدر : من إعداد الباحثين طبقاً لما عكسته أدبيات الإدارة والإدارة الاستراتيجية

وعلى الرغم من محاولات كثير من الباحثين في تحديد ماهية الاستراتيجي Strategist، إلا أن باحثين آخرين شككوا بصحة هذا الادعاء، وذكروا أن هناك عدداً من البحوث والدراسات أثبتت عدم وجود نمط معين وثابت من السمات والمواصفات المرتبطة بالاستراتيجي. لقد ركّزت الكتابات الأولى بشكل كبير على مقارنة الاستراتيجي مع غيره لاكتشاف الفروق الموجودة بينهم، ولكن لماذا الاهتمام بدراسة ماهية الاستراتيجي؟

إن ما يميز الاستراتيجي عن غيره من المديرين والقياديين الآخرين هو امتلاكهم مجموعة من الخصائص الضرورية للنجاح في العمل على مستوى الإدارة العليا، وأهم هذه الخصائص:

- قدرة الاستراتيجي على الإدراك والتحليل والتشخيص والتركيب، إضافة إلى امتلاكه توجهات داخلية وخارجية.
- مواصفات شخصية متميزة (مبدع، وخلاّق، ونشيط، ومتحفّز، ومطوّر، وفاعل،...) (النعيمي، 2003: 46).
- القدرة على فهم مغزى الأحداث بصورتها الشمولية دون التأثر بظواهر الأمر السطحية المباشرة.
- القدرة على اتخاذ القرارات بالسرعة الممكنة دون أن يمنعه الخطر المتوقع من التردد في معالجة المواقف (Hinterhuber & Popp, 1992: 105).
- معرفة واستخدام الأدوات النظرية والعملية للتمييز بين الأحداث ومسبباتها، وبين المهم والأكثر أهمية، أو الأقل أهمية، وكذلك الأولويات المطلوبة.
- الإحساس العميق بالمسؤولية وعدم التهرب منها ومن تبعات نتائجها.
- القدرة الكبيرة على التحليل، والإيمان بإمكانية تحقيق الطموحات والأماني.
- امتلاك قدر من المعرفة Epistemology.
- القدرة على العمل في الظروف الصعبة، حيث اتخاذ القرارات تحت تأثير الضغط النفسي والزمني والمواقف غير الواضحة.
- عدم فقدان التصور الشمولي والصيغة الكلية للعمل، وعدم فقدان الإتجاه الرئيسي.

ويذكر (الخفاجي، البغدادي، 2001: 167) مجموعة من الخصائص، وهي:

- الإيمان بالتعامل مع المستقبل أخطاراً وفرصاً، وغموضاً وفجائية.
- معرفة التفكير الاستراتيجي وعمقه، وتعدّد مناحيه وسبله.
- اعتماد النظرة والتصور متعدّد الأبعاد حاضراً متحققاً ومستقبلاً متوقعاً.
- شخصية حالمة متفائلة تملك إرادة خيّرة.
- تعتمد الذكاء الاستراتيجي، وتمثل المعلومات الاستراتيجية ومعالجتها.
- تصميم الخيارات الاستراتيجية في ضوء ممازجة الحقائق مع نتائج الحدس والخيال والإبداع الاستراتيجي.
- البحث عن البقاء والنجاح، وتحقيق مستويات أداء استراتيجي متميز.
- استخدام موارد المنظمة الملموسة وغير الملموسة لبلوغ موقع استراتيجي قيادي أو متحدي لا تابع.

- استمداد القوة من المصادر الذاتية والمنظمية والبيئية المعلنة والمختبئة.
- الإيمان بتحقيق الوعي الاستراتيجي مسترشداً بثقافة المنظمة ومنافسيها.
- التغير الاستراتيجي في تحقيق الموائمة بين التحديات والميزة الاستراتيجية.
- ترجيح مصالح المنظمة الاستراتيجية، والنجاح في قيادة التحالفات والائتلافات مع منظمات علاقة عابرة القارات ومتعددة الجنسيات.
- الاستفادة من معطيات تقنية المعلومات وإدارة المعرفة ونظم المعلومات الاستراتيجية للقيام بالتحليل، والرقابة، والتدقيق الاستراتيجي.
- ترجيح بناء المحفظة الاستراتيجية على أسلوب تنوع الخيارات، والتعامل مع الأخطار لتعظيم العوائد وتخفيض الكلف.
- رصد التوجه والمسار الاستراتيجي للمنظمات الريادية فلسفة وأهدافاً ومجالاً وفعلاً منظمياً واستراتيجياً.

وتعتبر هذه الخصائص مجتمعة الأرضية الصلبة التي يمكن أن نبني عليها الشخصية الاستراتيجية والتي أصبحت مطلباً تفرضه التحديات القادمة على منظمات الأعمال.

إن الاستراتيجيون هم الأشخاص الذين يرون الأعمال ككل، ويوازنون بين الاحتياجات الآنية والمستقبلية للأعمال من خلال قرارات نهائية وفعّالة. فلا يوجد مقياس دقيق يستطيع الاستراتيجي فرز نفسه عن غيره، ولكن هناك مجموعة من الأسئلة يمكن أن تشير أجوبتها إلى مدى اقتراب المدير العادي من الاستراتيجي، ويمكن أن يُدار الاختبار ذاتياً، ويعتمد على فهم المدير لوظيفته في محصلته النهائية. والجدول (1-8) يوضح طبيعة الأسئلة التي يطرحها المدير على نفسه، والدرجات التي يحصل عليها من يُوصف بأنه استراتيجي أم غير ذلك.

جدول (1-8): تقدير التوجه الاستراتيجي للمديرين

تعليقات المجموعة	1	2	3	4	5	6	7	أسئلة موجهة للمدير
	إطلاقاً			أحياناً	تماماً			
الرغبة في صناعة سلعة ممتازة وتوزيعها على أكبر عدد ممكن من المستهلكين								هل أملك رؤية واضحة ومحددة ؟
النمو بمعدل يتناسب مع قدرة توليد الموارد المنظمة								هل أملك فلسفة شاملة ؟
التكنولوجيا ميزتنا التنافسية والتي تجعلنا متميزين في العديد من الأسواق								هل أملك ميزة تنافسية ؟
مبدؤنا هو مركزية التوجيه وقيادة لامركزية وإجراء مشترك								هل يوظّف العاملون قابلياتهم بحرية ويعملون لمصلحة المنظمة ؟
أستطيع تسليم إدارة منظمتي إلى شخص آخر في أية لحظة								هل بنيت منظمة تنفذ رؤيتي ؟
نحن نؤمن أن التخطيط الاستراتيجي هو أفضل وسيلة لتطوير مدرائنا								هل يشترك المدراء التنفيذيون في التخطيط الاستراتيجي؟
تتلقى الإدارة العليا أفكاراً جيدة من كل مستويات المسؤولية								هل هناك تناغم بين ثقافة المنظمة والاستراتيجيات الحالية؟
أحاول أن أتعلم بأسلوب أفضل وأسرع من المنافسين وبشكل يستطيع أن يلتمسه المستهلك								هل حدّدت توجيهات واتخذت مداخل جديدة ؟
عملت بجد طيلة حياتي وكنت جدي أكثر من زملائي								هل كنت محظوظاً في حياتي إلى الآن؟
صعوبة الوظيفة تؤدى للإهتمام بالربح								هل أسهم بشكل فاعل في تطوير المجتمع وتنميته؟
	1	2	3	4	5	6	7	

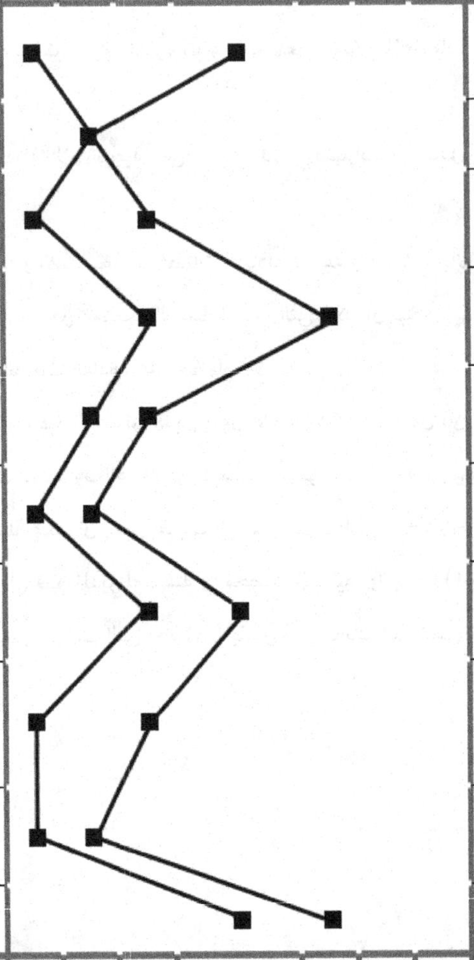

المصدر: بتصرف من Hinterhuber & Popp,"Are You a Strategist or just a Manager?",1992:105-113

الأدوار ومهام الإدارة العليا Roles and Top Management Tasks

تتكامل وجهات نظر الباحثين بصدد أهمية ودور الاستراتيجي ومسؤوليته في نجاح المنظمة أو فشلها.ويشير الباحثون إلى تأثيرات (نفوذ) الإدارة العليا في مجال صياغة الاستراتيجية القرارات الاستراتيجية، وتحديد غايات المنظمة وأهدافها في مواجهة التغيير البيئي (Hitt, et...al, 2001: 490)، (Daft, 2001: 50). ويذكر آخرون إلى أن الاستراتيجيون يعملون غالباً تحت عناوين متباينة، مثل: الرئيس الأعلى، والمالك، ورئيس مجلس الإدارة، والمدير التنفيذي (David, 2001: 9)، ويلاحظ أن النجاح الاستراتيجي يرتبط بعدد أوسع من الأفراد (المدراء) في المنظمة، وهم أولئك الذين تتوفر فيهم متطلبات القيادة، ومهارات فكرية فائقة. يشير (دنكن،1989: 154) إلى أن هناك ست مهام أساسية للمدراء تتلخص بالآتي:

- تطوير محيط العمل.
- قيادة التفكير الاستراتيجي المبدع.
- إدارة موارد المنظمة بشكل مثمر.
- العمل على تنمية الموارد البشرية وتوزيعها.
- بناء منظمة ديناميكية.
- الإشراف على العمليات يوماً بيوم، وكلاً على حده.

ويذكر أن المدراء الناجحين هم أفضل من غيرهم في رؤية العلاقات التبادلية بين هذه الحقول الستة، وفي وضع الأولويات، وفي جعل الأشياء الصحيحة تحدث. فيما يؤكد (Mintzberg, 1994: 361-392) أن أدوار المخططين الاستراتيجيين فضلاً عن عملية التخطيط تتمثّل في:

- البحث عن الاستراتيجيات في حالات الطوارئ، وهذه وظيفة الإدارة العليا والإدارة الوسطى التي تحتاج دائماً إلى مؤازرة المخططين.
- التحليل بتوظيف كل أدوات الإدارة وبحوث العمليات، بحيث يتم تحليل المعلومات وتقديمها للإدارة العليا على طبق من ذهب لاستعمالها في صياغة الاستراتيجية، وتنبع مهمة التحليل بقيام المخطط بتغيير النموذج الذهني لدى المدير، فلكل مدير تصور ذهني للعالم من حوله، ووظيفة المخطط يغيّر هذا التوجه أو يعرض الوجه الآخر منه، وهذا يخلص المدير عن الرؤية الضيقة Tunnel Vision.

- التحفيز على التفكير الاستراتيجي، أي المساعدة في التفكير الاستراتيجي وليس التخطيط الاستراتيجي. فقد تصاب الإدارة أحياناً بعدم الرغبة في التخطيط، فيأتي دور المخطط المساعد لينبه الإدارة ويدفعها إلى التفكير الاستراتيجي لا سيما أثناء الطوارئ.

ورغم الاهتمام الكبير بضرورة أن يمتلك الإداريون في القيادة العليا للفكر والخصائص الاستراتيجية، إلا أن المنظمات تهتم بأن يسود هذا الفكر والاهتمام على مختلف العاملين، وخاصة في المواقع الإدارية المهمة. وعليه، قام (Nicholls, 1994: 21-26) بتحديد خمسة أدوار للاستراتيجيين، ومثلها بالنجمة الخماسية Penta Star، وكما يتضح من الشكل (1-16).

شكل (1-16): أدوار الاستراتيجيين

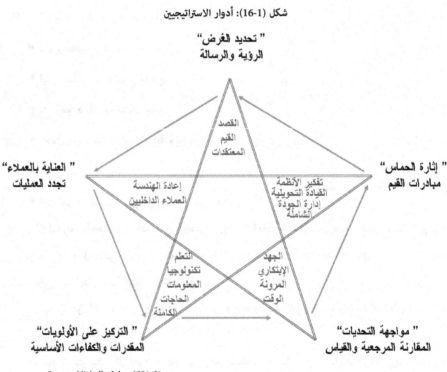

Source: Nicholls, John, 1994: 21.

إلا أن المنظور الأكثر شمولية لأدوار الاستراتيجيين أورده كل من (Wall & Wall, 1995: 83-144)، فقد تم تقسيم الاستراتيجيين إلى:

- استراتيجي الخطوط الأمامية Front-Line Strategist
- مدراء التكامل الاستراتيجي Strategy Integrator "Manager"

• القادة الاستراتيجيين **Strategic Leader "Senior Executive"**

حيث أن الدور الذي يلعبه المديرين الاستراتيجيين يشابه دور ضباط الركن والعمليات الحربية في الجيوش، فلا يمكن أن يكون الاستراتيجي مديراً عادياً لعمليات وأنشطة وظيفية مساعدة أو داعمة بل هو مدير مباشر لقيادة توجه الأعمال في المنظمة، وينشغل بإدارة المهام الرئيسية المرتبطة بوجود المنظمة الأساسي، ويكمل هذا الدور دوراً آخر تجسده قدرة المدير الاستراتيجي لأن يلعب دور تكاملي تجسده قدرته على إيجاد تداؤب Synergy عالي من خلال جعل جميع الأنشطة والأعمال والمهام تصب بإتجاه تحقيق أهداف المنظمة الاستراتيجية وتدعيم رسالتها. أما الدور الأخر المهم للاستراتيجي فهو قدرته القيادية على شحذ الهمم وتوجيه الجهود وإثارة الحماس الدائم والمستمر ليحقق الجميع إنجاز عالي. ومن المعلوم أن هذه الأدوار الثلاث المهمة تتكامل مع بعضها البعض ومع أدوار أخرى يجد المدير الاستراتيجي ضرورة أن يلعبها في منظمة الأعمال.

إن استراتيجي الخطوط الأمانية يلعبون ثلاثة أدوار رئيسية في العملية الاستراتيجية، وهي :

• أنهم صوت العميل والأقرب إليه من باقي المدراء الاستراتيجيون.

• القيام بدور جامع البيانات والمعلومات في ميدان العمل المباشر.

• يلعبون دوراً مهماً في مجال إيجاد فرق العمل بين الوحدات الوظيفية المختلفة.

أما مدراء التكامل الاستراتيجي هم أكثر إهتماماً بأنشطة التنسيق والتعاون بين الوحدات الوظيفية ويتحدد دورهم بالآتي :

• دور دوبلماسي من خلال قيامه بتجميع المعلومات والبيانات الرئيسية للعمل وتوحيد الجهود.

• دور منسق للعمل وربط الوحدات التنظيمية.

• دور الباحث عن الطرق الملائمة للعمل.

وأخيراً، يلعب القادة الاستراتيجيون التنفيذيون أدواراً مهمة في مجالات عديدة، أهمها :

• دور الحاث على التركيز وتوضيح الرؤية والعمل المستقبلي.

• دور الموازن بين أبعاد العمل ومكوناته.

• دور المنسق للجهود الكلية للعمل.

بناء المدراء الاستراتيجيون Building Strategic Managers

جذبت الشخصية الاستراتيجية إهتمام باحثوا علم الاستراتيجية عامة، وعلم الإدارة الاستراتيجية خاصة، كونها المرآة العاكسة للسلوك الاستراتيجي للمدراء قادة المنظمات المتوقع منه والمتحقق، وما يسبقه من تصور وتفكير وتوجه استراتيجي، وما يصممه من محافظ استراتيجية ويترجمه إلى فعل استراتيجي وتقويم وتدقيق لها (الخفاجي، البغدادي، 2001: 145).

لقد خضع موضوع الشخصية الاستراتيجية للبحث والتحليل من قبل علماء النفس بصورة عامة وجميع فروعه النظرية والتطبيقية ومنها علم النفس الإداري، والصناعي والتجاري والأدب الاستراتيجي بصورة خاصة، بل إمتد الأمر ليقود المتراكم العلمي الثري بسبب ما أجري من بحوث على الشخصية الادارية والقيادية وشخصية المنظمة اهتمام كبير في علوم المنظمة و السلوك المنظمي والادارة عبر نظرات الرجل العظيم والقائد الملهم والخصائص السلوكية وبرز الاهتمام بدراسة الشخصية الاستراتيجية للمنظمات عامة ولمنظمات الأعمال خاصة المحلية والإقليمية والعربية والدولية والعالمية. وتجلى ذلك الإهتمام برصد خصائص المدير الاستراتيجي والفريق والإدارة والهيئة الاستراتيجية جمع بين الإفادة من المتراكم المعرفي عن الشخصية، وكذلك ما تتمتع به هذه الشخصية من ملامح.

إن بناء وتكوين المدير والقائد الاستراتيجي ليست بالعملية السهله، فلكي يتم الحصول على خصائص الاستراتيجيون المطلوبة تحتاج المنظمة إلى الاستثمار في موارد بشرية كفوءة ومؤهلة إلى حد كبير، كما أن العمل وفق منهج الفكر الاستراتيجي مطلوب من مختلف العاملين في المستويات الإدارية حتى إذا بدى أن الإدارة العليا هي الأكثر حاجة إلى مثل هذه القدرات والمهارات الإدارية.

إن الفرد في المستويات الإدارية للمنظمة تتأتى لديه هذه الخصائص من خلال الدراسات النظرية المتخصصة في مجالات الإدارة الاستراتيجية والفكر الاستراتيجي وما يرتبط بها، وكذلك من خلال التجربة العملية الميدانية وحصوله على مهارات في هذا الإطار من خلال إطلاعه على تجارب الآخرين، هذا وتعد الشخصية التي أسست لمنهج في التفكير يقوم على المقومات المذكورة آنفاً، هي الشخصية التي إرتقت بنفسها من مصاف الأشخاص العاديين إلى مستوى الشخصية الاستراتيجية القادرة على تنفيذ الرؤى ووضع السياسات.

إن أساسيات بناء الشخصية متوفرة أصلاً في الكيان الحالي للفرد، وكانت قد تكونت في مرحلة مبكرة من مراحل حياته، إلا أن جملة العوامل الوراثية والعوامل البيئية أوحت بصعوبة تكوين تلك الشخصية، فمشكلة التخصص الضيق والنظرة الجزئية للعمل تبقى مع هؤلاء المدراء وهم يتقدمون لشغل وظائف في الإدارة العليا. فمن جاء من الإنتاج والعمليات والتخصصات الصناعية يبقى في أغلب الأحيان متأثراً بهذه التخصصات، ومن جاء من التسويق أو المالية أو غيرها يبقى أسير التخصص خاصة إذا لم يشترك مع المجالات الأخرى في تطوير قرارات ذات أبعاد متعددة، وكما هو موضح في الشكل (17-1).

شكل (17-1) : يوضح النموذج الغربي والأمريكي للوصول إلى القمة الاستراتيجية للمنظمة

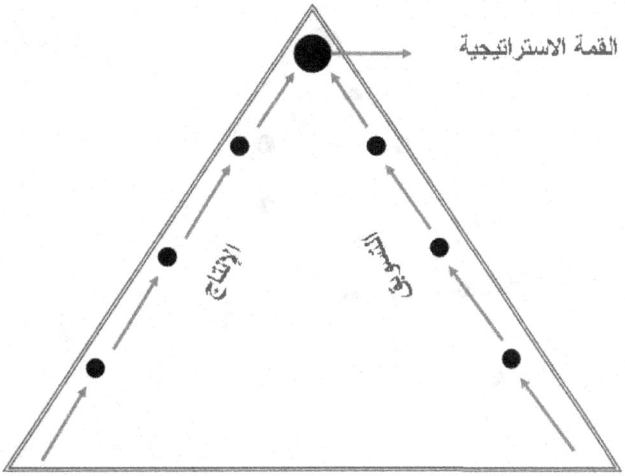

المصدر : من إعداد الباحثين طبقاً لما عكسته الأدبيات الإدارية

وعادة ما يعاب على النموذج الغربي والأمريكي بشكل خاص على سرعة الوصول إلى القمة الاستراتيجية في إطار تجربة متخصصة عميقة لكنها سريعة يبقى فيها الفرد أسير النظرة الأحادية التخصصية، وهكذا تعمل شركة Shell على تدريب المدراء لديها على النظرة الكلية وتقليل الأثر السلبي للتخصص الضيق ضمن ما يسمى أسلوب الطائرة الحوامة، ففي الموقع الرئيسي للشركة وعندما يكون الفرد عاملاً في مجال تخصص معين فهو قريب منه ينظر إلى تفاصيله دون أن يرى الصورة الشمولية للمنظمة، يوضع هؤلاء المديرين في طائرة

حوامة تبدأ بالصعود إلى الأعلى ليتم رؤية الموقع الكلي والصورة الشاملة للمنظمة من أعلى، إن هذه تعطى فكرة لتطوير النظرة الشمولية وأن لا يكون حل الإشكالات الجزئية على حساب الصورة الكلية للعمل.

أما في اليابان فمع بطئ عملية الترقية وتعريض العاملين إلى تجارب وتخصصات متعددة، يكون لدي هؤلاء المدراء النظرة الشمولية للعمل ومعرفة التداخل الحاصل بين التخصصات المختلفة بسبب التجربة السابقة، وكما هو موضح في الشكل (1-18).

شكل (1-18) : يوضح النموذج الياباني للوصول إلى القمة الاستراتيجية للمنظمة

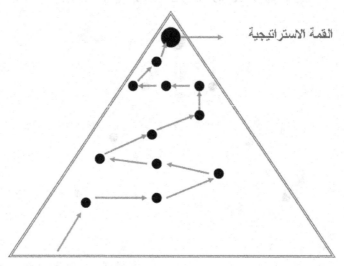

المصدر : من إعداد الباحثين طبقاً لما عكسته الأدبيات الإدارية

وفي حقيقة الأمر فإن للمنظمات الصناعية الكبرى في العالم الصناعي تجارب خاصة في بناء قادتها ومن يتحملون المسؤوليات الكبرى والمهام الاستراتيجية في المنظمة. وقد ينصب التركيز على إنحناء تجربة هؤلاء المدراء الاستراتيجيون من خلال الإطلاع على تجارب وحالات كثيرة حقيقة أو إفتراضية. وفي السنوات الأخيرة مثل الإلتزام وتشكيل المحيط الاستراتيجي للعمل بعداً ذو أهمية خاصة في المطلوب من القيادة الاستراتيجية للمنظمة، لذلك أصبح أعداد مثل هؤلاء الاستراتيجيون لا ترتبط فقط بالقدرات والتعريض للتجارب والتعلم بل

بالرغبات والتحفيز الذاتي لهؤلاء القادة على العمل، وتشكيل فرق العمل المدارة ذاتياً وإستخدام أساليب الإدارة على المكشوف.

إن دراسة الشخصية الاستراتيجية تثير جدلاً بين فلسفتين **الأولى**، تؤكد على ولادة القادة الاستراتيجيين وهم يحملون ملامح تلك الشخصية، وتنبرى **الثانية** إلى صناعتها وتكوينها وتطويرها، ووفقاً للفلسفة الثانية هناك العديد من المنظورات التي يتزعمها إتجاه هندسة ملامح الشخصية الاستراتيجية وإعادة هندستها بما يتناغم مع مستوى التغير في العوامل الاستراتيجية التي تستجيب لها المنظمات عامة ومنظمات الأعمال الخاصة تكيفاً لذاتها وهيمنة على البيئة الخاصة مستفيدة من صيغ التحالفات الاستراتيجية الإقليمية والعربية والدولية والعالمية.

إن عملية القيام ببناء الشخصية الاستراتيجية من المفترض أن يأخذ بنظر الإعتبار مجموعة من الأمور هي:

- إعادة هيكلة الإمكانات الذهنية والروحية على نسق يتمتع بالقدرة على التعاطى مع العوامل المحيطة على أنها طاقات كامنة تنتظر تشكيل البيئة المناسبة لإنطلاقها، وهذه البيئة تتكون من بناء نمط جديد من التفكير وهو التفكير الاستراتيجي Strategic Thinking الذي يقوم على التخيل، وذلك النموذج من النشاط الذهني الذي يستحضر صورة الأحلام والأماني ويعمل على تركيزها لتحتل أكبر مساحة من الذاكرة وتتحول إلى قوة محركة للطاقات الشخصية، تحركها بإتجاه رؤية محددة هي في نهاية المطاف جملة من الغايات والأهداف التي نطمح أن تكون على هيأتها في المستقبل.
- الإيمان بالقدرة على تغيير الواقع من خلال إمتلاك رؤية ثاقبة للمستقبل، تلك الرؤية التي تستبعد التجارب التاريخية الفاشلة ليحل محلها النجاح.
- التحقق، فليس المهم أن يحلم الشخص ويتخيل، ولكن المهم هو تحقيق الحلم، وهذا يتطلب قوة رفع لتبنى أهداف محددة لتحقيقها، ومن المهم تعميق الإيمان بهذه التخيلات على أنها الذات المستقبلية، والإرتباط بعلاقة وطيدة معها على مجموعة من الأسس التي تحولها إلى قوة للتحول النوعي، وكما يلي :

  – التواتر، وهو الإكثار من عدد مرات التأمل بتخيلاتنا والمؤثرات المحيطة بهذه التأملات.

– الحيوية، وهي شحذ الإمكانيات الذاتية الذى يعكسه وضوح الرؤية وتبلورها، وهذا الوضوح هو الذي يوجه قوانا وتحدد إتجاهاتنا لبناء حيوية جديدة.

– التركيز، إن التركيز على الرؤية المستقبلية يصبح في نهاية المطاف صوراً للأهداف والرغبات المراد تحقيقها.

– الأمد، عند بقاء الأفكار في أذهاننا لفترة من الزمن تصبح في بيئة تمنحها القابلية للتحقق، وكلما طالت مدة التخيل لحدث ما كلما زادت فرصة تحققه.

إن توفر المقومات الأربعة السابقة مجتمعة تشكل العناصر الضرورية لتفكير يتصف بالاستراتيجي ويؤسس لبناء شخصية استراتيجية، إن ما تقدم من رأي يعطى إستجابة دالة لبناء الشخصية الاستراتيجية يمكن تعزيزه من خلال إحداث مزاوجة ما بين الخصائص المستخدمة في التميز بين المدراء ذوي التوجه الاستراتيجي عن سواهم مع ما إستنبط من ملامح للشخصية الاستراتيجية بدلالة تحليل المحتوى في المنظور الاستراتيجي في دراسة الظواهر في منظمات الأعمال. ومن خلال الدور الذي يلعبه استراتيجي منظمات الأعمال بإتخاذ القرارات هناك مجموعة من الإحتياجات والقدرات المطلوبة من الاستراتيجيين، وكما موضحة بالشكل (1 – 19).

شكل (1-19) : الإحتياجات والقدرات المطلوبة من الاستراتيجيين

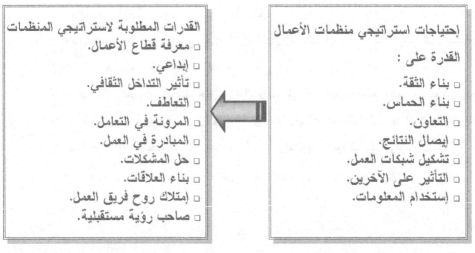

إحتياجات استراتيجي منظمات الأعمال
القدرة على :
بناء الثقة.
بناء الحماس.
التعاون.
إيصال النتائج.
تشكيل شبكات العمل.
التأثير على الآخرين.
إستخدام المعلومات.
القدرات المطلوبة لاستراتيجي المنظمات
معرفة قطاع الأعمال.
إبداعي.
تأثير التداخل الثقافي.
التعاطف.
المرونة في التعامل.
المبادرة في العمل.
حل المشكلات.
بناء العلاقات.
إمتلاك روح فريق العمل.
صاحب رؤية مستقبلية.

المصدر : بتصرف من Source: Ruth & Joseph, 1997: 17 - 23.

تطوّر التخطيط كأسلوب علمي وواعي عملي لإدارة موارد المنظمة وتحقيق أهدافها إلى أن وصل هذا التطور إلى المفاهيم الحديثة للتخطيط الاستراتيجي. ومثل التخطيط كمدخل رشيد للتصرّف بالموارد وفق أسلوب عملي ومنهجي منظم، ثم بدأ يصبح أكثر تعقيداً وأكثر شمولية، وتعقّدت طرقه وأساليبه، ولكنه في كل الأحوال بقي أداة مهمة بيد الإدارة لحل العديد من المشكلات والحالات التي تواجه منظمات الأعمال. وقد قدّم العديد من النقد لمنهج التخطيط بصدد استعراض الانتقادات والمبررات، وإنما التركيز على أوجه التمييز بين التخطيط الاستراتيجي والإدارة الاستراتيجية. وهناك العديد من الباحثين والكتّاب من لا يميّز بين التخطيط الاستراتيجي والإدارة الاستراتيجية، ومنهم: (Hussey, 1982)، (Lorange & Vancil,1977) معتبرين أن عمليات التخطيط الاستراتيجي هي وحدها المؤدية إلى بناء الاستراتيجيات وتنفيذها لاحقاً. في حين يشير باحثين آخرين إلى أن مفهوم التخطيط الاستراتيجي يمثل مرحلة مهمة من مراحل تطور الفكر الإداري الاستراتيجي قاد لاحقاً إلى ظهور الإدارة الاستراتيجية (Tregoe & Zimmerman, 1980: 20)، (Tregoe, et...al, 1989: 14-19)، ومع هذا الاختلاف، فإن التخطيط الاستراتيجي والإدارة الاستراتيجية، وجهان لعملة واحدة مع وجود الاختلاف بينهما في أوجه عديدة، وكالآتي:

- إن التخطيط الاستراتيجي هو أحد عناصر الإدارة الاستراتيجية، كون هذه الأخيرة هي عمليات فكرية شمولية أكثر غناً من مجرد العملية التخطيطية ويقع ضمن إطارها التفكير الاستراتيجي، وإدارة التغيير، وإدارة ثقافة المنظمة، وإدارة البيئة، وإدارة المعرفة،.... وغيرها.
- إن الإدارة الاستراتيجية مثّلت امتداداً وتطويراً جذرياً لمفاهيم التخطيط الاستراتيجي فهي أوسع نطاقاً، وأشمل أبعاداً، وأكثر أهمية من المفاهيم السابقة.
- إذا كان التخطيط الاستراتيجي يمثّل صيغة متطورة للتحليل والتنبؤ ولفترات زمنية أخذاً بنظر الاعتبار الأحداث الحرجة والمهمة وذات الأثر الشمولي، معرجاً على تخطيط الموارد والإمكانات الحالية ولفترات محددة بالخطة، فإن الإدارة الاستراتيجية هي أوسع من مجرد التنبؤ؛ لكونها تمثّل الفكر الاستراتيجي المغذي للخطط، فهي تهتم بحاضر المنظمة ومستقبلها وتمازج وتهتم بالانسجام بين المنظمة وبيئتها، وهي ليست مجرد تحليل بل إنها تشخيص وتركيب لحاضر المنظمة بمنظور مستقبلي، فهي إذن عمليات إبداعية بنائية هادفة.

• مهما يكن التخطيط ومدياته فهو اختصاص يغلب عليه الطابع التقني، في حين تتسع رؤية الإدارة الاستراتيجية إلى أبعد من ذلك، فهي ليست مجرد عمليات تقنية بل مراحل استكشافية وبحث وتنقيب لصور مستقبلية ترغب المنظمة الوصول إليها.

• يمثّل التخطيط مدخلاً رشيداً واقعياً محفزاً بأقصى طريقة الإمكانات المتاحة للمنظمة، في حين أن جوهر الإدارة الاستراتيجية، كما يفيد (Hamel, 1996) هو اختيار أنشطة لإنجاز أنشطة أخرى بطريقة مختلفة، أو استخدام أساليب متجددة بما يحقق ميزات تنافسية فريدة لا يستطيع المنافسون تقليدها.

• مهما يكن التخطيط الاستراتيجي بعيد الأمد، فهو في أثناء التنفيذ قصير الأمد جداً، ولا يتجاوز السنة الواحدة، في حين أن الإدارة الاستراتيجية لا تهتم بهذه الجوانب فقط، بل تلاحظ اتجاه التقدّم للوصول إلى الصورة المستهدفة.

• عادةً ما تبنى الخطط بدءاً بالمستويات الإدارية الأدنى؛ بسبب امتلاك هذه المستويات للبيانات والمعلومات اللازمة لعمل التنبؤات المطلوبة، وعندما تصل هذه الخطط إلى المستويات الأعلى تكون الإدارة العليا ملزمة أو أقل حرية في عمل التغيرات الضرورية، في حين أن الإدارة الاستراتيجية هي فكر استراتيجي يعطي مساهمة أكبر للإدارة العليا في رسم الصورة المستقبلية للمنظمة.

• إن التخطيط الاستراتيجي مبني على افتراضات متعدّدة قائمة على تحليل الأبعاد الاقتصادية والتكنولوجية والسياسية وغيرها، وإن استخدام هذه المعطيات من قبل التخطيط الاستراتيجي يجعل منه تخطيطاً متفائلاً أو متشائماً وفق هذا الاعتبار، في حين أن الإدارة الاستراتيجية تمثّل منظوراً مختلفاً ونقدياً للتعامل مع معطيات البيئة الخارجية، لذلك لا يعوض التخطيط الاستراتيجي عن الإدارة الاستراتيجية.

• التخطيط الاستراتيجي ليس مرناً بما فيه الكفاية، خاصة إذا أخذ في إطار تحديد رشيد بعيداً عن المنظور الاستراتيجي الذي يحدّد صورة المنظمة المستقبلية، وفي حالة وجود تجربة طويلة في التخطيط تصبح آليات العمل تكرر وتعاد بطريقة روتينية متكررة، في حين تكون الإدارة الاستراتيجية الفكر المغيّر والمطوّر لهذه الآليات بصورة جزئية أو شمولية.

وبشكل عام، إذا كان التخطيط الاستراتيجي يمثّل آليات متطوّرة للعمل، وهو ضروري وعنصر مكمل للإدارة الاستراتيجية فإن لإدارة الاستراتيجية تمثّل فكراً إبداعياً متجدداً استراتيجياً تبرز فيه الخصائص التالية:

- إنه فكر يتصف بالخصائص الشمولية، ولذلك فهو يرى النظام ضمن خصائصه الكلية (Wolism) عند أداء وظائفه لغرض تحقيق الأهداف.

- تفكير لديه القدرة على بناء أعداد لا متناهية من التراكيب (Configurations) لإيجاد أفضل صيغة في جهد التماسك والتداؤب (Synergy) الكلي في المنظمة.

- فكر بعيد الأمد يعي طبيعة التداخل بين الوظائف، وليس فقط في إطار العلاقات المتبادلة الحالية، بل في إطار التأثيرات المحتملة من تغييرات مستقبلية، ولهذا يقدّم إمكانية كل جزء من أجزاء النظام، للمساعدة بشكل كفوء للنظام بحالته الشمولية الكلية.

- فكر علمي لا تستند أفعاله إلى ردود فعل متأثرة بظروف الأزمات (Crises) أو تحت ضغط الزمن، أو الضغط النفسي والعاطفي، وغيرها، وفي الوقت نفسه فإن هذه الموضوعية يتم تجاوزها مع إطار خبرة ذاتية عالية تشكّلت عبر مراحل من العمل والتجربة الغنية.

- إن الإدارة الاستراتيجية تستطيع تجاوز محدّدات استخدام النماذج الجاهزة والوصفات المعدّة مسبقاً، فهي لا تعطي علاجاً للمشكلات المطروحة بل تفتح آفاقاً لعلاجها، وكذلك تحاول منع ظهور أية مشكلات في إطار عمل منظم ومستمر على نسق تفاعلي معقد وواضح.

- إن الإدارة الاستراتيجية تتجاوز النظرة العمومية المحلقة في فضاء فلسفي خيالي، كذلك تتجاوز محدّدات البرجماتية الضيقة، فهي إذن لديها القدرة على مزاوجة الخيال والواقع بنظرة متجددة تستمد من داخل المستقبل البعيد مع الحاضر القريب لتعطي نتائج على المديات الزمنية المختلفة المطلوبة لغرض بقاء المنظمة وتطورها.

- عادة ما تستند الإدارة الاستراتيجية على المداخل الكلية، لكنها مع ذلك لا يهمل إمكانية الاستفادة من المداخل الجزئية. إن التفكير المبدع الحر، غير المقيد يمثّل جانباً من الإدارة الاستراتيجية، ولذا فهي لا يستند إلى نظرة أحادية قائمة على نماذج تحليلية (Analytical)، أو تركيبية (Synthesis)، بل ما يناسب من توليفات للاستراتيجية المراد تطويرها.

وهكذا، وفي إطار هذه التطورات فإن الإدارة الاستراتيجية والمفكرين الاستراتيجيين، لا تتمثّل قدراتهم في طرح أفكار إبداعية وقيادية واعية بل أيضاً في بناء نموذج إداري وتنظيمي يستطيع أن يحول هذه الأفكار الاستراتيجية الإبداعية إلى نتائج ملموسة، كذلك تصبح المنظمة في إطار هذا التوجه تمتلك رصيداً من القادة المفكرين استراتيجياً، ويمثّلون فريق عمل متكامل ومتناسق قادراً على الارتقاء بأداء المنظمة وبإمكاناتها التنافسية في بيئة العولمة المفتوحة من كل اتجاه، لذلك نجد ضرورة تطوير

أساليب عمل منظماتنا باتجاه الإدارة الاستراتيجية ومفاهيمها، وليس مجرد الوقوف عند العملية التخطيطية حتى لو طوّرت خططاً استراتيجية فعّالة.

يطرح (Tergeo & Zimmerman) أن الاستراتيجية التي تبنى ضمن إطار الإدارة الاستراتيجية تشير إلى موضوع الاهتمام بماهية المنظمة وصورتها المستقبلية، بمعنى ماذا تريد أن تكون عليه، في حين أن التخطيط الاستراتيجي يبين كيفية الوصول إلى ما تريد، وكما يوضح الشكل (1-20).

شكل (1-20): الاستراتيجية (ماذا) والتخطيط (كيف)

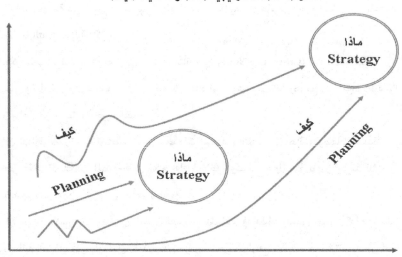

المصدر : من إعداد الباحثين طبقاً لما عكسته أدبيات الإدارة الاستراتيجية.

إذ يتبين من الشكل أعلاه أن التخطيط لا يفترض أن يقوم مقام الإدارة الاستراتيجية، لكنه ضروري معها للنجاح الدائم للمنظمة. إن التفكير لوحده دون آليات تخطيطية يصبح مجرداً وليس بذي قيمة، لكن استخدام الآليات لوحدها تفقد المنظمة سبل النجاح المستمر والمتصاعد، كما في الشكل (1- 21).

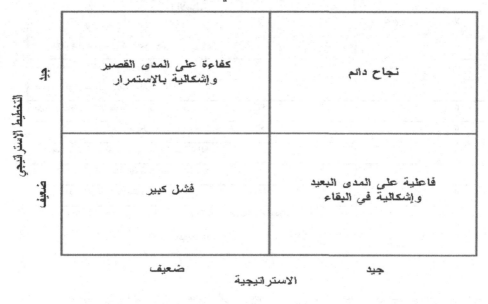

شكل (1-21): التخطيط الاستراتيجي والإدارة الاستراتيجية

التخطيط الاستراتيجي \ الاستراتيجية	جيد	ضعيف
جيد	نجاح دائم	كفاءة على المدى القصير وإشكالية بالإستمرار
ضعيف	فاعلية على المدى البعيد وإشكالية في البقاء	فشل كبير

المصدر: بتصرف من Source: Tregoe & Zimmerman, 1980

نحو منظور شمولي متوازن للإدارة الاستراتيجية

Toward A Balance Comprehensive Perspective for Strategic Management

إن الإدارة الاستراتيجية، بالإضافة إلى كونها مجموعة كبيرة من الأفكار والرؤى والفلسفات التي تشكّل صيغاً عملية ممكنة التطبيق في المنظمات لتعطي نتائج إيجابية، فإننا يمكن أن نشير إليها وفق منظور شمولي متوازن تلعب فيه مجموعة من الأبعاد، أهمية خاصة، ويمكن أن نلخص هذه الأبعاد، بثلاثة أبعاد أساسية تحتاج إلى صيغ ومراحل متطورة لتحليل المتغيرات الأهم وفق كل بعد منها. إن عدم الاهتمام بأي من هذه الأبعاد بصورة شمولية يؤدى إلى الابتعاد عن مفاهيم الإدارة الاستراتيجية التي تعطي توازناً وأهمية كبيرة لهذه الأبعاد الثلاث، وهي:

البعد الاقتصادي Economic Dimension ⟸ يمثل هذا البعد أهمية كبيرة بالنسبة للإدارة الاستراتيجية بالمنظمة، بل إنه عُرض كصيغة بدأت بها العملية التخطيطية، ويمكن تحديد أهم ما يجب الإجابة عليه في إطار هذا البعد، وكالآتي:

الأسئلـة	الإجابة	
	نعم	لا
هل حددت غاية المنظمة بشكل واضح وجلي؟	1	0
هل تم تحديد أهداف المنظمة بوضوح؟	1	0
هل يوجد توازن مقبول بين أنشطة المنظمة المختلفة؟	1	0
هل لدى المنظمة أسلوباً نظامياً للحصول على بيانات ومعلومات حول البيئة؟	1	0
هل تقوم المنظمة بعمل تحليل منهجي لقابلياتها وللمخاطر والفرص البيئية؟	1	0
هل تبحث المنظمة عن تكامل الجهود على المستويات المختلفة؟	1	0
هل تم تحديد وتقييم الوسائل الضرورية وبصورة نظامية؟	1	0
هل تم تحديد الأولوية للأفعال بشكل جيد؟	1	0
هل توجد خطط عمل مع توزيع للمسؤوليات والتنبؤ بالنتائج ضمن فترات محددة؟	1	0
المجموع	**9**	**0**

هذا وإن مراحل مختلفة للتحليل الرشيد تجري ضمن البعد الاقتصادي من قبل الإدارة الاستراتيجية لغرض وضع الاستراتيجيات، ويفترض بهذا التحليل أن يمثّل صيغاً عملية للإجابة عن الأسئلة الواردة ضمن البعد الاقتصادي. ويمكن تلخيص مراحل التحليل المهمة للبعد الاقتصادي بالآتي:

(1-1) ما الذي ترغب به المنظمة ؟ ويتضمن:

- صياغة الغاية.
- تحديد الأهداف.
- اختيار حقيبة الأعمال والأنشطة.

(2-1) من هي منظمة الأعمال ؟ ويتضمن:

- التحليل البيئي.
- تقييم الموارد والإمكانات.
- تقدير الفجوة التخطيطية.

(3-1) ما الذي تود المنظمة عمله ؟ ويتضمن:

- صياغة الاستراتيجيات والسياسات.
- تقييم الاستراتيجيات والسياسات.

(4-1) ما الذي تقوم المنظمة بعمله ؟ ويتضمن:

- اختيار الاستراتيجية الملائمة.
- بناء البرامج وخطط العمل والميزانية.

<u>البعد السياسي Political Dimension</u> ⟸ يتمثّل هذا البعد بمعرفة مختلف أصحاب المصالح وعلاقاتهم وتوجهاتهم، بحيث يعطى للإدارة الاستراتيجية للمنظمة فكرة تامة وشاملة عن هذه الفئات المختلفة، ويمكن إثارة العديد من الأسئلة هنا، والتي تعطى الإجابة عنها معرفة بالبعد الإنساني والعلاقات بين هذه الفئات، وكالآتي:

الأسئلة	الإجابة	
	نعم	لا
هل تم تحديد أصحاب الشأن داخل المنظمة؟	1	0
هل تم تحديد الفئات ذات العلاقة خارج المنظمة؟	1	0
هل تم معرفة أهداف أصحاب المصلحة (الداخليين والخارجيين)؟	1	0
هل تم معرفة استراتيجيات أصحاب المصلحة؟	1	0
هل تم التنبؤ بتأثيرات أفعال أصحاب المصلحة على استراتيجية المنظمة؟	1	0
هل تم تحديد الحلفاء والشركاء الممكنين؟	1	0
هل تم تحديد المناوئين؟	1	0
هل تم التكهن بردود فعل أصحاب المصلحة على وضع استراتيجية المنظمة في التنفيذ؟	1	0
هل تم الاحتياط باستراتيجيات على ردود فعل أصحاب المصلحة؟	1	0
المجموع	**9**	**0**

وهناك العديد من المراحل المختلفة التي يتم في ضوئها تحليل هذا البعد الإنساني كمراحل تؤطر هذا البعد السياسي، وكما يلي:

(1-2) من هم أصحاب الشأن؟ ويتضمن:

- تحديد وتوصيف أصحاب العلاقة.
- تحليل ديناميكي للروابط بين المنظمة وأصحاب الشأن والعلاقة.
- البحث عن قاعدة سياسية لتقييم العقبات والمواقع.

(2-2) ما الذي يستطيع فعله أصحاب العلاقة؟ ويتضمن:

- تحليل التأثيرات السياسية الداخلية والخارجية.
- تقييم النظام السياسي لأصحاب العلاقة.
- تخمين أو تصوير ردود فعل أصحاب العلاقة.

(3-2) ما الذي تستطيع المنظمة عمله مع أو ضد أصحاب العلاقة ؟ ويتضمن:

- البحث عن الاستقلالية الاستراتيجية.
- انتقاء الحلفاء أو المجاميع المتحالفة.

(4-2) ما الذي قررت المنظمة عمله ؟ وتتضمن:

- صياغة الاستراتيجية السياسية.
- تخمين ردود فعل المناوئين.

<u>البعد التنظيمي Organizational Dimension</u> ⇐ يمثّل البعد التنظيمي أهمية كبيرة للمنظمات المدارة بأسلوب بيروقراطي مركزي، لكن المنظمة المدارة استراتيجياً تحلل هذا البعد ضمن الأبعاد الأخرى السابقة، لغرض أن تكون لديها إجابات محددة حول العديد من الأسئلة المهمة فيه، وكالآتي:

الأسئلة	الإجابة	
	نعم	لا
هل يوجد هيكل تنظيمي واضح ومحدد؟	1	0
هل يوجد نظام للمعلومات واضح وموزع على مختلف أجزاء ومستويات التنظيم؟	1	0
هل توجد قواعد، وإجراءات، وسياسات، وبرامج؟	1	0
هل توجد وسائل للتنسيق والتعاون؟	1	0
هل يوجد نظام متابعة للأفعال المختلفة؟	1	0
هل يوجد نظام رقابة على النتائج؟	1	0
هل يوجد نظام تقييم للمسؤولين والمسؤوليات؟	1	0
هل يوجد نظام فعّال للمكافئات؟	1	0
هل يوجد نظام أو أنظمة لتكييف المنظمة مع بيئتها؟	1	0
المجموع	**9**	**0**

ويتضمن هذا البعد العديد من المراحل البيروقراطية التي تعطي الإجابة عنها للأسئلة السابقة درجة الأهمية بهذا البعد من قبل الإدارة الاستراتيجية في المنظمة، وكما يلي:

(1-3) ما نوع التنظيم؟ ويتضمن:

- اختيار درجة اللامركزية.
- تحديد حجم الوحدات العلمياتية.
- تقسيم العمل.

- اختيار وسائل التنسيق.
- تطوير نظام المعلومات.

(3-2) ما هي مراحل وإجراءات صناعة القرار؟ وتتضمن:

- اختيار نوع الخطط.
- تحديد الخطوات الأولية (التمهيدية).
- اختيار الأفق الزمني.
- تحديد مضمون ومحتوى الخطط.
- تطويرات إجراءات القرار.

(3-3) ما هو نوع التحفيز؟ ويتضمن:

- تحديد درجة المشاركة.
- تطوير نظام التقييم والمكافئات.
- اختيار درجة حرية العمليات.
- تحديد درجة شدة متابعة الأفعال الفردية.

(3-4) ما نوع الرقابة؟ ويتضمن:

- اختيار درجة تركيز الرقابة.
- تحديد تردد ومستويات الرقابة.
- اختيار درجة التفضيل في الرقابة.
- البحث عن توجهات الرقابة.

إن إيلاء الاهتمام بهذه الأبعاد جميعها أو عدم الاهتمام بأي منها، أو الاهتمام بالبعض منها يعطي نتائج مختلفة للمنظمة، ويعطي سمات الإدارة فيها فيما إذا كانت المنظمة تدار وفق مفاهيم الإدارة الاستراتيجية أو عكس ذلك. وفيما يلي توضيح أنماط الإدارة والنتائج المترتبة عليها وفق الاهتمام بهذه الأبعاد الثلاثة.

جدول (1- 9): يبين النمط الإداري المستخدم والنتائج المترتبة عليه

ت	النمط الإداري المستخدم	النتائج
1	التجمع الفاقد للحياة (غياب الاهتمام بكافة الأبعاد)	لا وجد لأية استراتيجيات. عدم وجود تنظيم بأي شكل من الأشكال. عدم وجود فعل أو رد فعل متناسق بل عمل عشوائي. عدم تحشيد مطلق للموارد والإمكانات. الفشل على كافة الأصعدة والمستويات.
2	الرشيد/ العقلاني (الاهتمام بالبعد الاقتصادي فقط)	استراتيجيات اقتصادية مثالية غير واقعية. تناسق داخلي عالي. تجاهل التنفيذ. الرشد في التحليل والاختيار للاستراتيجية. افتراض وجود لاعب واحد يعرف بتعظيم الجهود.
3	التحالف الغامض (الاهتمام بالبعد السياسي فقط)	استراتيجيات ظرفية. الاهتمام بالجانب التكتيكي. مجاميع كيف ما أتفق. تنظيم قليل للهيكلية. مواجهة مصالح بين القوى والأطراف والفئات. أهداف أصحاب المصالح مأخوذة على حساب أهداف التنظيم.
4	البيروقراطية الجوفاء (الاهتمام بالبعد التنظيمي فقط)	استقرار تنظيمي. الاهتمام بالعمليات على حساب الاستراتيجية. الاهتمام بالمهام. الاهتمام العالي بالقواعد والإجراءات. ترسيم وتحديد للعلاقات والأفعال. وضع أهداف قصيرة المدى.
5	الحركة الدائمة (الاهتمام بالبعدين الاقتصادي والسياسي فقط)	جدل استراتيجي بين الاقتصاد والسياسة. غياب البنية التحتية التنظيمية التي تسمح بالتنفيذ وتناسق وتناغم القرار. التناوب بين السياسة والاقتصاد ذهاباً وإياباً. عدم استقرار استراتيجي.
6	التنظيم الذاتي (الاهتمام بالبعدين السياسي والتنظيمي فقط)	عدم وجود استراتيجية مهيكلة ومتناسقة. الأفضلية للأهداف الشخصية لأصحاب العلاقة المسيطرين. تنفيذ الاستراتيجية السياسية متعارض مع المعايير والضوابط والقواعد التنظيمية. خطر لجم التطلعات الشخصية بواسطة التنظيم. وضع ذو خصائص متفجرة بصورة عامة.
7	الميكانيكية العمياء (الاهتمام بالبعدين الاقتصادي والتنظيمي)	استراتيجية اقتصادية تنفذ بكفاءة. تضارب بين النمط الرشيد وتطلعات أصحاب العلاقة. التأكيد على الرسمية، والتحليل، والرشد. استقرار النظام بدون القدرة على التكيف.
8	الإدارة الاستراتيجية (الاهتمام العالي بكل الأبعاد)	التوازن في الاهتمام بالأبعاد الثلاثة. فلسفة منطقية تساعد على التحليل والاستنتاج. تكيف عالٍ مع الظروف والمستجدات. نجاح دائم للمنظمة.

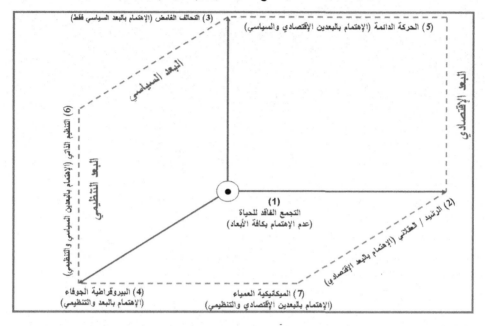

شكل (1-22): الأنماط والنتائج المختلفة والمترتبة عن الأبعاد الثلاثة

(8) الإدارة الاستراتيجية (الإهتمام العالي المتوازن بكافة الأبعاد)

شكل (1-23): مدى الاهتمام بالأبعاد ونتائجها

الأبعاد	درجة الإهتمام							
الإقتصادي	قوي				ضعيف			
السياسي	قوي		ضعيف		قوي		ضعيف	
التنظيمي	قوي	ضعيف	قوي	ضعيف	قوي	ضعيف	قوي	ضعيف
النتائج (النمط الإداري)	إدارة استراتيجية	الحركة الدائمة	الميكانيكية العمياء	الرشيد/ العقلاني	التنظيم الذاتي (التنظيم للتنظيم)	التحالف الغامض	البيروقراطية الجوفاء	التجمع فاقد الحياة

التخطيط الاستراتيجي والقرارات الاستراتيجية

بعد الإنتهاء من دراسة هذا الفصل سيتمكن القارئ الإجابة على الأسئلة التالية:

الفصل 2 أسئلة الدراسة

1. ماهية التخطيط الاستراتيجي
2. ماهية القرارات الاستراتيجية

الفصل الثاني

التخطيط الاستراتيجي والقرارات الاستراتيجية

مقدمة Introduction

تعود جذور التخطيط الاستراتيجي Strategic Planning بمفهومه الحديث وخصائصه المميزة إلى منتصف الخمسينيات من القرن الماضي، وذلك عندما بدأت المنظمات الكبيرة في الدول المتقدمة بتطوير ما كان يدعى بأنظمة التخطيط البعيد المدى. ومنذ ذلك الحين بدأ هذا المفهوم وبوسائله وأدواته بالتطوير مما أدى إلى اعتماده من قبل العديد من المنظمات باختلاف أحجامها، وفي العديد من دول العالم. وأصبح موضوع التخطيط الاستراتيجي من الموضوعات الهامة والمتجددة في علم الإدارة، ولعل أحد أهم الأسباب لانتشار هذا النوع من التخطيط الدلائل التي تشير إلى أن نسبة الفشل في المنظمات التي تستخدمه تقل كثيراً عن تلك التي لا تستخدمه (Sexto & Aluken, 1985: 16-23)، كما تشير بعض الدراسات إلى أن المنظمات التي تستخدم التخطيط الاستراتيجي أكثر نجاحاً وفاعلية من تلك التي لا تستخدمه (Thankurn & Caligon, 1992: 47-54). لقد بيّن (Certo & Peter) أهمية البيئة ودورها في التخطيط الاستراتيجي من خلال وصفهم للغرض العام للتخطيط الاستراتيجي بأنه يمثّل أساليب وطرق التعامل مع الفرص والتهديدات الموجودة في البيئة، وبما يحقق مصالح المنظمة (Certo & Peter, 1991: 85). إن الشغل الشاغل لإدارة أية منظمة اليوم هو كيفية الاستخدام الكفوء للموارد المحدودة، وبما يساعد على البقاء والاستمرار؛ أي بما ينسجم مع التغيرات الحاصلة في بيئة المنظمات الداخلية والخارجية، ومع النمو المضطرد في أعداد المنظمات وأحجامها، وارتفاع حدة المنافسة فيما بينها برزت الحاجة لوضع الاستراتيجيات واستخدامها من خلال التخطيط الاستراتيجي، والذي يسعى إلى تحليل الخيارات المتاحة للمنظمة من خلال تحديد الاتجاهات والفرص والتهديدات، وكذلك المجالات التي يمكن من خلالها تعزيز القدرة على اختراقات السوق (Break Through) أو ابتكارات (Creatives) مهمة تساعد على تغييرات أساسية في الأهداف والاستراتيجيات

والأساليب (Ansoff & Dounel, 1990: 62). هذا وتتخذ القرارات الاستراتيجية عادةً تحت ظروف المخاطرة واللاتأكد وندرة المعلومات.. إذ يشار إلى أنها تُصنع من وجود معلومات غير كاملة دائماً وخاطئة غالباً بسبب سيادة حالة اللاتأكد في المستقبل (Macmillan & Tampoe, 2000: 12)، لذلك، يمثّل القرار الاستراتيجي الاختيار المفضّل لمتخذ القرار من بين البدائل الاستراتيجية، وذلك لمواجهة موقف استراتيجي يخص أحد جوانب التنظيم الذي يعمل به، ومن ثم فهي قرارات رئيسه تتعلق بأداء رسالة المنظمة وغاياتها وأهدافها تجاه الفرص والتهديدات البيئية، وهذا ما أكد عليه (Mintzberg & Quinn, 1996: 4) حينما أشارا إلى أن القرارات الاستراتيجية تحدّد الاتجاه العام للمنظمة وحيويته. ويؤكد (Wheelen & Hunger, 2006: 18) أن القرارات الاستراتيجية لا تشبه القرارات الأخرى، وهي تشير إلى مستقبل المنظمة في الأمد البعيد، ويؤيد هذا الأمر (دركر، 1997: 221) الذي يعتبر أن التخطيط الاستراتيجي لا يُعنى بالقرارات المستقبلية، وإنما بمستقبلية القرارات الحالية، لذلك فإن كل ما يتعين علينا القيام به هو إعداد أنفسنا للغد المجهول.

تأسيساً على ما تقدّم، فإن القرار الاستراتيجي يعد عنصراً مهماً في عمليات التخطيط الاستراتيجي. لذلك تم ربط التخطيط الاستراتيجي والقرارات الاستراتيجية في فصل واحد. لقد قسم هذا الفصل إلى جزئين، خصص الأول للتخطيط الاستراتيجي، في حين كرّس الثاني للقرارات الاستراتيجية.

إن معظم المنظمات تعترف بأهمية التخطيط الاستراتيجي بالنسبة لبقائها ونموها الطويل الأمد، لذا يعد التخطيط آلية مرحلية للإدارة، وشأنه شأن أية عملية إدارية، فالتخطيط يستخدم لمساعدة المنظمات لأداء عمل أفضل وتوجيه طاقاتها التوجيه الأمثل، والتأكد من أن أعضائها يعملون نحو هدف واحد وتقييم وتوجيه هذا الهدف للتفاعل مع البيئة المتغيرة ، وباختصار فإن التخطيط الاستراتيجي يعني عملية يتم فيها تحديد كيفية وصول المنظمة إلى ما تسعى إليه، وبالوقت نفسه، عملية تحديد ما الذي سوف تقوم به المنظمة لإنجاز أهدافها وتحقيقها.

المفهوم والتطور Concept and Development

يعتبر التخطيط الاستراتيجي وما ينجم عنه من أهداف بعيدة المدى، وما يتبعها من أهداف متوسطة وقصيرة المدى وتحويلها إلى برامج وسياسات وفعاليات وخطط تنفيذية حجر الأساس في حياة المنظمات التنافسية، حيث تقوم المنظمات بتحليل الأوضاع السائدة محلياً وعالمياً، وتدرس الاحتياجات المتغيرة وتبعاتها على أعمال المنظمة وما يعنيه كل ذلك من فرص أو تهديدات، كما تقوم المنظمة بتشخيص قدراتها وإمكاناتها الداخلية، وتتعرّف على مواقع القوة والضعف الداخلية فيها، بعدها تسعى المنظمة من خلال وضع الاستراتيجيات الملائمة للتكيّف مع المعطيات؛ كاستغلال الفرص المتاحة، والتغلب على التهديدات للحفاظ على استمرارية بقائها وصولاً بها لتبوؤ الموقع الريادي في جميع مجالات نشاطها. وقد ازدادت أهمية التخطيط الاستراتيجي في عصر العولمة والمتغيرات المتلاحقة والمنافسة الحادة المتأتية من البيئة الخارجية، فأصبحت المنظمة معنية أكثر من أي وقت مضى بالتعرّف على كل ما يجري خارج حدودها بما في ذلك المتغيرات والمعطيات الاقتصادية الدولية.

يشير (Steiner, 1977: 71)إلى أن التخطيط الاستراتيجي يقوم على أربعة عناصر مهمة وهي:

- **المستقبلية في اتخاذ القرارات:** أي ضرورة تحديد بدائل يمكن اتباع أي منها مستقبلاً، وعندما يتم الاختيار يصبح ذلك البديل الأساسي لجميع القرارات التي من خلال امتزاجها مع المعلومات ذات العلاقة تعطى المنظمة الأرضية الملائمة لاتخاذ القرارات المتعلقة باستكشاف التهديدات وتجنبها، وبذلك فإن هذا العنصر يمثّل تحديد الأهداف المستقبلية وكيفية تحقيقها.

- **العملية:** أي أن التخطيط الاستراتيجي هو عملية تبدأ بتحديد الأهداف ثم السياسات وطرائق الوصول إلى الاستراتيجيات، وتطوير الخطط التفصيلية للتأكد من تنفيذ تلك الأهداف، فهي العملية التي تتضمن التحليل المسبق لأنواع الجهود التنظيمية المطلوبة، ومتى يتم اتخاذها، ومن يقوم بها؟ وماذا سيتم فعله بالنتائج المتحققة؟ فالتخطيط الاستراتيجي يمثّل عملية مستمرة، وذلك نتيجة للتغيرات المستمرة في البيئة الداخلية والخارجية، وهذا لا يعني أن الخطط الاستراتيجية تتغير يومياً، وإنما لا بد من إجراء العديد من التغيرات الضرورية، وبما ينسجم مع متطلبات تنفيذ الخطط.

- **الفلسفة:** التخطيط الاستراتيجي هو اتجاه وطريقة في الحياة، وجزء مهم من العملية الإدارية، وهو لا يمثّل سلسلة من القواعد والإجراءات والوسائل؛ إذ لا بد للمديرين والعاملين في أية منظمة من الاقتناع بأنه مفيد ومهم، ولا بد من ممارسته في جميع الأنشطة الرئيسة، وهذا لا يتم إلا من خلال وجود فلسفة راسخة لدى المدراء في أية منظمة تقوم على اعتماد هذا النوع من التخطيط في العمل.

- **الهيكلية:** عبارة عن عملية منظمة تسعى لتحديد الغايات والأهداف والسياسات والاستراتيجيات، وهي أيضاً تعمل على وضع الخطط التفصيلية لتطبيقها وصولاً لتحقيق أهداف المنظمة، فالتخطيط الاستراتيجي يربط ثلاثة أنواع من الخطط مع بعضها البعض، وهي الخطط الاستراتيجية، والخطط أو البرامج متوسطة المدى، والخطط أو البرامج قصيرة المدى، والمنظمات التي تتبع اللامركزية لا بد من إيجاد علاقة هيكلية تربط الأنواع الثلاثة من الخطط ببعضها، وهذه الهيكلية تساعد الإدارة العليا على تحويل الخطط الرئيسة إلى قرارات محددة الاتجاه باتجاه تحقيق الأهداف النهائية.

إن التخطيط الاستراتيجي عملية نظامية لتحديد كيفية انتقال المنظمة من الوضع الراهن إلى مستقبلها المرغوب، فالتخطيط الاستراتيجي عملية اتخاذ قرارات تستند بالأساس على مجموعة من التساؤلات، وهي:

- مـا الـذي تقـوم بـه منظمـة الأعمال؟
- أين هي المنظمة الآن ؟
- أيـن ترغـب منظمـة الأعمال الوصول إليه ؟

- كيف ستصل المنظمة إلى هناك؟
- كيف تقيس منظمة الأعمال مدة تقدمها ؟

بمعنى أن التخطيط الاستراتيجي عمليات مستمرة ومعقدة ووظيفة أساسية من وظائف الإدارة تتعلق بإعداد الخطط وتنفيذها ومراقبة عمليات التنفيذ وتقييمها، في حين أن الخطط (Plans) هي أحد عناصر ومكونات عملية التخطيط كنتائج نهائية يتم وضعها بجهد عقلي لتحديد سلوك يلتزم به.

لقد عرّف التخطيط (Planning) بالكثير من التعريفات، فقد عرّفه (Hussy, 1982: 3) بأنه "جزء مهم من الإدارة وعنصر حيوي من عناصرها، لأنه يعبّر عن إدراك المستقبل وتهيئة مستلزمات التعامل معه"، فهو يجسد الآفاق الفكرية والفلسفية للإدارة ويواكب مراحل تطورها. فيما عرّفه (Ackoff, 1970: 4) بأنه عملية صياغة وتقييم مجموعة من القرارات المتبادلة التأثير قبل القيام بأي عمل فعلي، وبالصيغة التي لا تظهر من خلالها حالة المستقبل المرغوب قبل القيام بالعمل، أما إذا قامت المنظمة بالعمل المناسب فإن قوة النتائج المتوقعة سوف تزداد. وعرّف أيضاً بأنه "عملية تهيئة الالتزام بالموارد بطريقة أكثر اقتصادية، وذلك بتوفير الظروف والحالات التي تسمح لتلك الموارد أن تستثمر بسرعة وبأقل ضياعات"، وأكثر تحديداً، فالتخطيط يعني "تطوير نظامي لبرامج الأفعال، الهدف منها تحقيق الأهداف من خلال عملية التحليل والتقييم واختيار الفرص الملائمة" (Jones, 1974: 3). إن التخطيط الاستراتيجي يعتبر مرحلة متقدّمة من مراحل تطور نظام التخطيط بشكل عام والذي هو أيضاً يمثّل الجوهر في تطور نظام الإدارة. لقد بدء نظام التخطيط بالتركيز أولاً على التخطيط المالي ووضع الموازنات، والتخطيط قصير الأمد ثم عُزز لاحقاً ومع تطور الظروف البيئية بعمليات التخطيط متوسط وبعيد المدى، ثم تعقّدت العملية التخطيطية في المنظمات الكبيرة والمتكوّنة من عدة وحدات أعمال استراتيجية لتظهر عمليات التخطيط الشامل (Corporate Planning)، ومع زيادة هذا التعقيد وضياع العمليات التخطيطية بتفاصيل كثيرة تأتي التخطيط الاستراتيجي ليمثّل نقلة نوعية بالتركيز على القضايا الحرجة والمهمة في حياة المنظمات، وبذلك فإن التخطيط الاستراتيجي يتعامل مع المشاكل والإشكالات التي تخص النظام بصورته الشمولية، وهو كما يقول (Ozbekhan, 1968: 35) تتحدّد المشكلة فيه بالآتي:

• إنها تنطلق من تفحص دقيق وتحليل معمق.

• تستند إلى معطيات عملية مترجمة وإلى مؤشرات عامة أو تفصيلية.

• فرز وتحليل التوجهات والتطلعات المعيارية للعمل.

لذا يفترض بعمليات التخطيط هذه أن تكون شمولية بدءاً من المستوى المعياري مروراً بالمستوى الاستراتيجي وانتهاءً بمستوى العمليات. وعليه، فقد عرّف التخطيط الاستراتيجي بأنه "الصياغات بعيدة المدى والخطط الاستراتيجية والسياسات التي تحدّد أو تغيّر خصائص أو توجهات المنظمة، فهي تشمل قرارات تنصب على تقرير الأهداف وعلى التغير في تلك الأهداف والموارد المستخدمة لبلوغها وعلى السياسات التي تنظم اكتساب واستخدام هذه الموارد" (Anthony, 1965: 25)، في حين عرّفه (Steiner, 1977: 70) بأنه "عمليات تحديد الأهداف الرئيسة والسياسات التي تتضمن استخدام وتنظيم الموارد لإنجاز هذه الأهداف"، ويعرّفه (Policastro, 2003: 1) بكونه "الطريقة الملائمة والمناسبة لتحديد الأهداف بعيدة المدى وتوجه المنظمة الفعلي لتحقيق هذه الأهداف". إلا أن التعريف الأكثر شمولاً ما أورده التقرير الفيدرالي، حيث عرّف التخطيط الاستراتيجي بأنه "عملية متواصلة ونظامية يقوم بها الأعضاء من القادة في المنظمة باتخاذ القرارات المتعلقة بمستقبل تلك المنظمة وتطوّرها، بالإضافة إلى الإجراءات والعمليات المطلوبة لتحقيق ذلك المستقبل المنشود وتحديد الكيفية التي يتم فيها قياس مستوى النجاح في تحقيقه" (Federation Report, February, 1997).

إن المناقشة المتأنية لهذا التعريف تبين أن هناك مجموعة من العناصر لتحديد معنى ومدى نجاح عملية التخطيط الاستراتيجي. فكلمة "**عملية**" تشير إلى أن أحد فوائد التخطيط الاستراتيجي هي الالتزام بالتفكير بالمستقبل والكيفية التي يتم بها تحقيقه بشكل استراتيجي، وهو ما يشكّل إجراء أكثر بكثير من مجرد إعداد مستند أو وثيقة... (كخطة استراتيجية)، كما تشير كلمة "**متواصلة**" إلى ضرورة استمرار عملية التخطيط الاستراتيجي وعدم قصرها لتكون في شكل إجراء لعمل خطة. أما كلمة "**نظامية**" فهي تبين ضرورة أن يتم التخطيط الاستراتيجي في شكل مجهودات مرتبة ومقصودة وليس في شكل إجراء يتم تنفيذه عشوائياً، أما الأشخاص المقصودين من جملة "**الأعضاء من القادة**" ليسوا هم كبار المديرين التنفيذيين في المنظمة والوحدات التابعة لها فقط وإنما الموظفون أيضاً والمساهمون والعملاء الذين قد لا يقومون باتخاذ تلك القرارات، وإنما يكون لهم تأثير في القرارات التي يتم اتخاذها، ويقصد "**بالإجراءات والعمليات المطلوبة**" لتحقيق ذلك المستقبل كامل الإجراءات والنشاطات ابتداءً من تحديد أهداف واضحة وطويلة الأمد للمنظمة مع تطبيق نظام الحوافز الشخصية والتنظيمية، وتحديد الموارد، وتطوير الموارد البشرية، وتحقيق النتائج المرغوبة. أما

الكيفية التي يتم بها قياس مستوى النجاح، فإن المنظمة تجرى ذلك باستخدام معايير معينة وملائمة لقياس وتحديد ما إذا كانت المنظمة قد حققت النجاح المطلوب.

وعليه، يتضح وجود العديد من التعريفات للتخطيط الاستراتيجي تتفق في الأساس وتختلف في التركيز على هذا الجانب أو ذاك من هذه العمليات التخطيطية التي أصبحت واسعة جداً ومعقدة كثيراً، ولكن رغم اختلاف التعريفات فإننا نجد كما يورد الباحثان (الغالبي والسعد، 1995: 62-63) أن مفهوم وعمليات التخطيط الاستراتيجي تشمل الآتي:

- عمليات إدارية منهجية (فكرية وعملية) لإدراك أفاق المستقبل، وتحديد أبعاده.

- أهداف بعيدة المدى تعكس التصور الشامل للمنظمة في بيئة المستقبل.

- مجموعة من الخيارات الناشئة عن مقارنة قدرات المنظمة وإمكانات وعوامل البيئة، ويفترض أن تكون ملائمة لإنجاز الأهداف.

- عمليات تحويل الخيارات إلى خطط عمل تفصيلية ومتابعة تنفيذ هذه الخطط.

ويعود السبب في الاختلاف في معاني التخطيط الاستراتيجي، وأساس تطوره إلى نقطتين رئيسيتين:

- **الأولى:** مفهوم المستقبل ومستوى إدراك الإدارة له، فالمستقبل زمن قادم غير محدد قد يكون بعضه واضحاً، وقد يكون البعض الأمر غامضاً، قد يبدو للبعض مستقراً والآخرين مضطرباً، فالحركة الدائمة لا تضع فواصل بين الحاضر والمستقبل. وإن الحاضر والمستقبل عبارة عن دائرة غير محدودة تتبادل التأثير مع المنظمة، فإدراك وتقويم وتحديد الاتجاه المستقبلي يختلف من منظمة إلى أخرى.

- **الثانية:** الوسائل المستخدمة في مواجهة المستقبل (تحديد الأهداف وطرق إنجازها) تختلف من منظمة إلى أخرى.

والشكل (2-1) يوضح ما هو تخطيط استراتيجي، وما هو ليس بذلك.

شكل (2-1): التخطيط الاستراتيجي ومضاده

التخطيط الاستراتيجي	ما هو ليس بتخطيط استراتيجي
يتركز على الموارد البشرية.	يتركز على العمليات.
أفكار من الأفراد.	مجموعة من القواعد.
ذو مبادئ.	لا وجود للمبادئ.
الالتزام بالعملية التخطيطية.	الالتزام بالخطة.
ينجز من قبل التنفيذيون.	ينجز من قبل المخططين.
يعزز المخاطرة.	يتجاهل المخاطرة.
توجه بالقرارات.	توجه بالمهمات.
معطيات من البيئة مفتوحة.	معطيات مغلقة.
كثير الأفكار وجدلي.	متناغم ومتناسق الأجزاء.
وقائي.	رد فعل.
مدروس.	سريع.
مركز.	مسهب.
طريق للحياة.	نشاطات فردية.
خارطة طريق للمستقبل.	خطة للسنة القادمة.
إبداعي.	يتجاهل الإبداع.

المصدر: من إعداد الباحثين طبقاً لما عكسته الأدبيات الإدارية.

فلسفات التخطيط ومدارسه Philosophies and Schools of Planning

يعبّر عن التخطيط من وجهة نظر العديد من الباحثين بكونه يمثّل سياقات ومراحل وإجراءات وقرارات للتعامل مع مستقبل المنظمة، لذلك ينظر إليه بكونه يلخص قيماً وتصورات القائمين بالعملية التخطيطية، وفي هذا الإطار فإنه لا يمكن فصل العمليات التخطيطية والمراحل والإجراءات عن هذه التصورات والقيم التي تمثّل الفلسفات التخطيطية المستندة إليها العمليات والخطط بشكل كبير.

فلسفات التخطيط Planning Philosophies

لقد عرض التخطيط بكونه يمثّل خياراً واحداً من بين بدائل عديدة، لذلك فهو يقيّد حرية التصرف والمبادأة، في حين طوّر لاحقاً إلى فلسفات تخطيطية ترى أن الإشكالية الأساسية في العملية التخطيطية تتمثّل بقدرة إدارة المنظمة على جعل الخيارات مرنة. وبذلك فإن الخطة تعمل على توسيع حرية التصرف والعمل وليس تقييداً لهذه الحرية، ويؤيد هذا الرأي العديد من الباحثين سابقاً وحالياً، ومنهم الباحث (Ozbekhan) و (DeMadariage, 1968: 35)، فهم يرون أن الهدف الرئيس للخطة هو زيادة حرية المنظمة ومبادرتها في التعامل ومواجهة حالات عدم التأكد المستقبلية، لذلك فإن الخطة لا تنتهي أو تزيل عدم التأكد، بل تعلم المنظمة كيفية التعايش معها، وفي هذا الإطار فإن الفلسفات التخطيطية قد تطورت في إطار التطور الحاصل بقدرة المنظمة على التعامل مع المستقبل وتطوير القرارات واتخاذها، ويمكن تلخيص الفلسفات التخطيطية بالآتي:

- **فلسفة الأمثلية Optimizing**: لقد تم تطوير هذه الفلسفة من قبل الاقتصاديين والصناعيين ورجال الأعمال، ولاحقاً عُززت هذه الفلسفة بمبادئ الإدارة العلمية والتقليدية، وهي ترى أن تعظيم الأرباح، وزيادة الإنتاجية، وتقليل الهدر إلى أقصى حد، وخفض التكاليف ضرورة حتمية من ضرورات الخطة، كما أنها تهتم بعمل أحسن ما يمكن عمله، وليس مجرد العمل الجيد والممتاز أو الكافي. تعتبر هذه الفلسفة أن الخيارات المعروضة أمام المنظمة يمكن معرفتها، وتحديد خصائصها، وتقدير نتائجها بدقة، وتتوفر لدى متخذ القرار القدرة والوسائل على القيام بذلك. وبالتالي، اختيار البديل الأمثل من بين هذه البدائل، وإذا كانت هذه الفلسفة ممكنة التطبيق في ظل العمليات المحدودة والصغيرة، فإنها بالتأكيد لا تصلح للعمليات الاستراتيجية والضبابية غير الواضحة.

لقد أوجز الباحثان (الغالبي والسعد، 1995: 66-67) خصائص هذه الفلسفة بالآتي:

- تصاغ الأهداف بمعايير كمية، ويعتمد قياساً واحداً مقبولاً لأداء المنظمة (الربح)، وتستهدف أعلى النتائج عند اتخاذ القرارات.
- تتوفر لدى متخذ القرار القدرة والوسائل والقابلية على تحديد قيمة وخصائص ومستلزمات جميع البدائل المتوفرة لمتخذ القرار.
- يتم الاعتماد على صياغة الأهداف، وحل البدائل على النماذج الرياضية والإحصائية والأساليب الكمية وأساليب بحوث العمليات والاقتصاد الرياضي.

- يرتكز التخطيط المستند إلى هذه الفلسفة على تنمية الموارد المستخدمة لإنجاز أداء محدد وعلى تعظيم النتائج المستهدفة من ذلك الأداء.
- يعمل التخطيط على الاستخدام الأمثل للموارد ووسائل الإنتاج مقارنة بالموارد البشرية.
- قلما يهتم التخطيط بمعالجة جوانب الهيكل التنظيمي، أو إجراء تغيير فيه أو إجراءات التغيرات في النظم الإدارية الرئيسة المستخدمة.
- استخدام نظام رقابة دقيق يساعد على اكتشاف الأخطاء المتوقعة وتصحيحها.

أما أهم النقد الموجه لهذه الفلسفة التخطيطية، فهي:

- إنها فلسفة خيالية أكثر من كونها واقعية.
- أسلوب الأمثلية يصلح بشكل عام للتخطيط التشغيلي أكثر من التخطيط الاستراتيجي.
- صعوبة إدارة آفاق التخطيط من قبل وحدة الرقابة المركزية لأنه هناك الكثير من الأحداث يمكن أن تقع ولا يمكن توقعها.
- تمثّل هذه الفلسفة دخولاً في عمليات تفصيلية كثيرة يصعب إدارتها بوضوح، وبالتالي تصبح الخطط أكثر قيوداً إذا ما استخدمت على المستوى الاستراتيجي.
- **فلسفة الرضا Satisfying**: ترجع أفكار هذه الفلسفة إلى الباحث (Herbert A. Simon) والتي انتقد في ظلها فلسفة الأمثلية باعتبارها غير ممكنة التطبيق على المشكلات والإشكالات الواقعية المعقدة. وعرفت هذه الفلسفة بفلسفة الرضا لكونها تقوم على أساس عمل الشيء جيداً، وبما فيه الكفاية وليس بالضرورة بأحسن ما يمكن عمله. إن كون البيئة واسعة ومعقدة، وإن متخذ القرار محدود الوسائل والقدرات والإمكانات، ووجود العديد من الأطراف ذات المصلحة المختلفة في أهدافها وتوجهاتها والتي يفترض أن يشملها القرار فإن هذه الأمور أدت إلى ضرورة العمل ضمن بدائل محدودة وممكنة، وعلى الإدارة أن تتخذ البديل المرضي لجميع هذه القيود والمحدّدات وليس البديل الأمثل، ولذلك فإن هذه الفلسفة في مجال التخطيط تستند على:
- تحديد الأهداف التي يفترض أن تكون ملائمة لجميع الأطراف والفئات.
- تستخدم المعايير العامة والمتعددة لقياس الأهداف، مثل: الربحية، والعائد على الاستثمار، والحصة السوقية، والنمو، والتوسع... وغيرها.
- تطوير عدد محدود من البدائل المرضية لمعالجة الخلل في السياسات الحالية عند صياغة الإجراءات والبرامج والسياسات.

- غالباً ما يعتمد على الجوانب المالية في بناء الخطط، ونادراً ما تعطي الاعتبارات الأخرى؛ كالموارد البشرية والمواد أهمية كبيرة.

- مهمة التخطيط التركيز على بقاء المنظمة أكثر من نموها وتطورها.

- الرؤية الفلسفية إن صياغة خطة ممكنة أفضل من خطة مثالية غير ممكنة.

أما أهم الانتقادات الموجهة لهذه الفلسفة هي:

- إن هذا النوع من التخطيط لا يوسع من إدراك المهام التي يخطط لها النظام أو العمليات التخطيطية نفسها.

- نادراً ما يدخل المخطط في بحوث ودراسات لتوسيع معلوماته وتصوراته عن العمليات التخطيطية في إطار هذه الفلسفة.

- لا يمكن اعتبار هذا النوع من التخطيط ذو توجه مستقبلي شامل لكونه يحتاج إلى أموال ومهارات ووقت أقل مقارنة بالفلسفات الأخرى.

- **فلسفة التكيف Adaptivizing**: وهذه الفلسفة ترى ضرورة استجابة المنظمة للتغيرات في بيئة أعمالها الخارجية، ووضعها الداخلي وضرورة تكييف حالتها وتصوراتها ونشاطاتها وفقاً لهذا التغير. إن خاصية المرونة ميزة أساسية في هذه الفلسفة، حيث تجعل المنظمة أكثر قدرة على مواجهة التغيرات البيئية بنجاح. إن التخطيط المستند إلى فلسفة التكيف يتميز بالآتي:

- تصاغ الخطط في ضوء اعتقاد مفاده أن قيم التخطيط الرئيسة لا تقع فقط في إطار مضمون الخطة، وإنما تشمل إجراءاتها وأساليبها أيضاً. إن قيمة التخطيط لدى المدير تتعزز من خلال مشاركتهم في العملية التخطيطية، وفي أسلوب إدارتها وتوجيهها ولا تبقى محصورة في إطار ناتجها النهائي.

- تزداد الحاجة للتخطيط نتيجة للقصور الذي قد يشمل نظام الإدارة، والرقابة في تغطية جوانب العمل الأساسية، لذلك فإن التخطيط يمثّل محاولة التقليل والتخلص من حالات الفوضى والإرباك التي يسببها المورد البشري في المنظمة.

- يظهر إدراك المستقبل نتيجة حالات ثلاث، وهي: التأكد، وعدم التأكد، والجهل التام. ويقابل كل حالة بنوع من التخطيط مختلف، فالتأكد يواجه بتخطيط قائم على حصر الموارد وتوجيهها. أما حالات عدم التأكد، فتعالج ضمن حالة تخطيط الطوارئ والأزمات، في حين أن الجهل التام قد يصلح له تخطيط الاستجابة.

وبشكل عام، فإن التخطيط المستند إلى فلسفة التكيف يتميز بالآتي:

- البيئة المضطربة والمعقدة والسريعة التغير مما يصعب إدراكها والسيطرة على حركة متغيراتها.

- يعد تخطيط التكيف استجابة للتغيرات الفعلية والمحتملة التي تواجه المنظمة، وتضعف من فاعليتها.

- ضرورة أن تكون المنظمة مرنة من أجل مواجهة متطلبات البيئة.

- هناك نوعان من التكيف؛ الأول: التكيف الإيجابي، ويعني أن يغيّر النظام سلوكه بالشكل الذي يجعله يعمل بكفاءة أكبر بالبيئة المتغيرة، الثاني: التكيف الفعّال ويعني أن يغيّر النظام بيئته من أجل رفع كفاءة سلوكه الحالي والمستقبلي.

أما أهم الانتقادات الموجهة لهذه الفلسفة، فهي:

• عدم الوضوح الفكري والمنهجي لبعض معطيات هذه الفلسفة، وعلى إدارة المنظمة أن تجتهد في اشتقاق ما تراه مناسباً من منظور العمل في إطار هذه الفلسفة.

• الحاجة إلى الكثير من الأساليب والأدوات والطرق العلمية.

• صعوبة تنفيذ الخطط ووضعها في إطار هذه الفلسفة دون مشاركة المديرين الفاعلة.

• الاستجابة الشاملة لكل القيم التي تحكم عمل المنظمة (قيم الأفراد، وقيم المجموعات، وقيم الأقسام، وقيم المنظمات في البيئة).

أما الباحث (Taylor, 1985: 5)، فيرى أن هناك خمس فلسفات أساسية للتخطيط تتمثّل بالآتي:

(أ) نظام الرقابة المركزية.

(ب) التخطيط إطار للتجديد.

(ج) الإدارة الاستراتيجية.

(د) التخطيط السياسي.

(هـ) بحث المستقبليات.

أن التوجهات الثلاثة الأولى يمكن أن تقع في إطار ما سبق من فلسفات؛ حيث إن نظام الرقابة المركزية يبحث عن الأمثلية في العمل، في حين أن التخطيط إطار للتجديد يمثّل مدخلاً لتوسيع الآفاق ومزاوجة فلسفة الأمثلية مع فلسفة الرضا. أما الإدارة الاستراتيجية فعرضت بكونها فلسفة مستندة إلى توسيع حرية العمل والمرونة والمبادأة والتكيف مع

الحالات المتغيرة. أما التخطيط السياسي فإنها فلسفة قائمة على أن الأهداف الواردة في العملية التخطيطية تمثّل حلاً ممكناً للخلاف بين أهداف المنظمة من جهة، وأهداف أصحاب المصالح من داخلها وخارجها. فيما يعني بحث المستقبليات وبناء المستقبل المرغوب في ضوء محدودية، وقدرة المنظمة على التنبؤ، وبذلك فإن جانب الحدس والتخمين والتجربة السابقة حالة تساعد المنظمة على بناء خطط سريعة التغيير متعددة الاتجاهات، وهو ينظر إلى كون التخطيط ليس مجرد طرق فنية بل فلسفة متجددة وإبداعية.

مدارس التخطيط الاستراتيجي   Strategic Planning Schools

لقد تطوّر التفكير الاستراتيجي الذي يدعم بناء استراتيجية المنظمة في بيئة الأعمال. وفي إطار هذا التطور عرض بعض الباحثين مدارس فكرية مثّلت توجهات مختلفة لصياغة الاستراتيجية، وبناء عمليات التخطيط الاستراتيجي (Mintzberg & Lampel, 1999: 21-30)، ونلخص في أدناه هذه المدارس التي مثّلت كل واحدة منها عمليات في التخطيط الاستراتيجي قائمة على مرتكزات خاصة في هذه المدرسة، وكما يلي:

• **مدرسة التصميم (Design School):** إن هذه المدرسة ترتكز على عمليات منهجية ومرتبة وذات طابع مفاهيمي تحاول أن تصوغ الخطة الاستراتيجية في ضوء تحليل الفرص والتهديدات البيئية والقوة والضعف الداخلي، ورغم أن نقطة القوة الأساسية لهذه المدرسة تتمثّل في تبسيط العمليات ووضوحها، إلا أنها غير مرنة وتتسم بالثبات.

• **مدرسة التخطيط (Planning School):** طوّرت أفكار هذه المدرسة متوازية مع أفكار المدرسة السابقة، وترى أنه يمكن بناء خطة المنظمة من خلال نظام رسمي للتخطيط تلعب فيه إجراءات تنظيمية وإجرائية معينة دوراً أساسياً، فبالإضافة إلى المدراء الرئيسيين يمكن أن يلعب متخصصي التخطيط دوراً مهماً في وضع الخطط على أسس واضحة، وتتسم الخطط بالتكاملية والشمولية. إن نقطة القوة الأساسية لهذه المدرسة وجود نظام رسمي للتخطيط، لكنها تعاني من إشكالية الإجراءات البيروقراطية.

• **المدرسة الموضعية (Positioning School):** تركز هذه المدرسة على محتوى الخطط ومكوناتها من خلال تحليل شمولي لمختلف أبعاد بيئة عمل المنظمة والأهداف ذات العلاقة. إن العمليات ما هي إلا عمليات تحليلية مستندة إلى المعطيات المهمة في بيئة عمل المنظمة، وأصبح مسؤولي التخطيط متخصصين في التحليل والتركيب لغرض وضع المنظمة في وضع تنافسي

أفضل قياساً بالمنافسين. إن نقطة القوة الرئيسة في هذه المدرسة هي كونها موجهة جوهرياً بقوى المنافسة والإمكانات والقدرات الداخلية للمنظمة، في حين أنها تصاب بإشكالية الركون إلى التحليل الواسع النطاق دون التركيز على الأفعال.

- **المدرسة الريادية (Entrepreneurial School):** إن صياغة الاستراتيجية، وعمليات التخطيط الاستراتيجي تشكّل المهمة الأساسية للقائد الأعلى للمنظمة أو المؤسس لها، والذي يمتلك طموحاً عالياً يتجسد في رؤية تعمل المنظمة على تحقيقها, لذلك فإن عمليات صياغة الخطة يجب أن تكون موجهة في إطار هذه الرؤية التي تشكّل القوة الأساسية للمنظمة، وتتميز هذه المدرسة بتركيزها على القائد ورؤيته لمستقبل المنظمة، في حين أن نقطة الضعف الأساسية هي نقص النظم المتكاملة للعمل.

- **المدرسة المعرفية (Cognitive School):** في إطار أفكار هذه المدرسة فإن عمليات التخطيط الاستراتيجي ما هي إلا عمليات معرفية فكرية تستند إلى التأويلات والتفسيرات للمعطيات من معلومات، وتركيب هذه المعرفة بطريق تؤدي إلى خيارات ممكنة التنفيذ. إن ما يميز هذه المدرسة هي أنها تراعي الأوضاع المختلفة للمنظمة في ضوء رؤية منهجية وعلمية لتخصيص الموارد المختلفة، في حين أن نقطة ضعفها الأساسية تتمثّل في عدم انتظامية مثل هذه العمليات والإجراءات والارتباطات بقدرات المتخصصين والمدراء العلمية والفكرية وتجاربهم السابقة.

- **مدرسة التعلم (Learning School):** برزت أفكار هذه المدرسة من خلال التحديات العملية التي واجهت باقي المدارس. وتستند إلى الأفكار الأولية للباحثين (Braybrook & Lindblom) اللذان يريان أن القرارات، وبالتالي عمليات التخطيط المتضمنة لها تأخذ صيغة تزايدية؛ بمعنى أنها تصحح من خلال التجربة والحالة الواقعية الراهنة، وبهذا إن الحديث هنا يدور عن عمليات طارئة تطور من خلالها خطط المنظمة وفق الاعتبارات البيئية. إن نقطة القوة الأساسية في هذه المدرسة هو كون الواقع يستند إلى عمليات تعلم مستمرة، ولا يبنى على تنبؤات مسبقة فقط، في حين أن نقطة ضعفها تتمثّل في محاولة التجربة والتصحيح، وهذا يعني عدم امتلاك رؤية توجه المنظمة للمستقبل البعيد.

- **مدرسة القوة (Power School):** هناك من يطلق عليها بالمدرسة السياسية (Political). وتفترض هذه المدرسة أن عمليات التخطيط ما هي إلا مراحل للمساواة والصراع بين مختلف الأقطاب المؤثرين، وبذلك فإن تأثير هذه العمليات يجب أن يكون محل اهتمام الإدارة العليا

للمنظمة، آخذين بنظر الاعتبار التأثير المهم للعلاقات والمساومات على هذه العمليات. إن نقطة قوة هذه المدرسة تتمثّل في تركيز الفهم الجيد للعلاقة المتبادلة بين الأطراف كافة، في حين نجد نقطة الضعف الأساسية تتمثّل بعدم وجود نظام ثابت ومنهجي وكامل لتأطير هذه العلاقات.

- **المدرسة الثقافية (Cultural School)** : ترى هذه المدرسة أن للثقافة تأثير مهم وأساس على الاستراتيجية وعمليات التخطيط، وإن هذه العمليات يجب أن تأخذ البعد الاجتماعي وتأثيره على الخيارات النهائية للمنظمة، وفي الفترات الأخيرة أعيرت أهميةً خاصة لجوانب التنفيذ وانعكاساتها على الأبعاد المختلفة لعملية بناء الخطط. إن نقطة القوة الأساسية لهذه المدرسة تتمثّل بتركيز الاهتمام على تقاسم المعتقدات والقيم من قبل أعضاء التنظيم، فيما يلاحظ أن ضعفها يتمثّل بعدم القدرة على جعل هذه القيم مفاهيم واضحة بعيدة عن الغموض ومهيكلة في المنظمة ولمختلف العاملين فيها.

- **المدرسة البيئية (Environmental School)** : إن صياغة الاستراتيجية يمكن أن يُنظر إليها طبقاً لهذه المدرسة بأنها تلخص درجة حرية المنظمة في عمل المناورات اللازمة للتعامل مع الأحداث البيئية، وهي بهذا الإطار لا تبتعد كثيراً عن النظرية الموقفية التي ترى ضرورة إيجاد الرد المناسب للمواقف المختلفة. إن الخاصية الأساسية في هذه المدرسة تتمثّل بقدرة الخيار الاستراتيجي في إيجاد حالة من المطابقة مع البيئة الداخلية والخارجية للمنظمة، هذا وإن نقطة القوة الأساسية في هذه المدرسة تتمثّل بتركيزها على البيئة وإعطائها أهمية كبيرة في الاستراتيجية وعمليات التخطيط الاستراتيجي، أما ضعفها الأساسي يتمثّل في سلبيتها وعدم أخذ الإدارة كمحرك أساسي لعمل المنظمة وليس مجرد المعطيات البيئية.

- **المدرسة التوليفية (التركيبية) (Configuration School)** : إن الاستراتيجية وعمليات التخطيط الاستراتيجي تتمايز وتختلف لتتخذ أشكالاً مختلفة عبر الزمن؛ فعمليات التخطيط يمكن أن تكون منهجية مرتبة وميكانيكية في ظل بيئة مستقرة، لكنها إبداعية أو ريادية تحت ظروف ديناميكية. لذلك فإن التوليف والتركيب بين مجموعة من المتغيرات ضروري للنجاح تحت مختلف الظروف والشروط. هذا، وإن نقطة القوة الأساسية لهذه المدرسة تتمثّل في اختيار الاستراتيجية، وعمليات التخطيط الاستراتيجي الصحيحة، وفي الوقت المناسب والصحيح، لكن ضعفها الأساس يتمثّل بكونها عرضية المنهج وذات طبيعة عشوائية.

التخطيط الاستراتيجي: الخصائص والأهمية والإشكالات

Strategic Planning : Characteristics, Important and Problem

لقد أصبح التخطيط الاستراتيجي من الضروريات الأساسية للنجاح، وخاصة في المنظمات الكبيرة والعاملة على صعيد البيئة العالمية، كما أنه ضروري لنجاح باقي المنظمات نظراً للعديد من الفوائد والمنافع التي تحصل عليها المنظمة جراء انخراطها في تطوير عمليات التخطيط الاستراتيجي. وإذا كان هذا التخطيط ضرورياً للنجاح، فلا يمكن الجزم أنه المفتاح الوحيد وليس خالياً من الإشكالات والمشكلات، كما أن مسالكه مليئة بالأفخاخ والأخطاء التي يصعب تجاوزها دون التجربة الكبيرة، والمهارة اللازمة بالاستمرارية، ومتابعة الطريق باتجاه تطوير أساليبه وفلسفته وطرقه وإجراءاته.

الخصائص والأهمية والفوائد

<u>* الخصائص</u>

إن نجاح الخطة الاستراتيجية يرتبط إلى حد كبير بما تحويه من خصائص فردية ومتجددة ومرنة وقادرة على الاستجابة للتغيرات والمعطيات البيئية. كما أن الخطة بحد ذاتها لا يمكن جعلها أساساً للنجاح دون التدخل الفاعل لتطوير العمليات الناتجة عنها الخطة. ويشير (Bean, 1993: 18-21) أن عملية التخطيط الاستراتيجي الناجحة تتمتع بمجموعة من الخصائص، وكالآتي:

- إن عملية التخطيط الاستراتيجي ذات مدلول رؤيوي وحقيقي؛ بمعنى أن الأفكار الواردة بالخطة يجب أن تستغل بمنظور رسالي وواضح.
- تدعم بإطار للعمل وليس بمجرد تنبؤات مادية.
- عملية شمولية وتكاملية وليست عمليات تجميع لرؤية وقيم وأهداف وأفكار متناثرة.
- تطور من خلال فريق عمل متكامل.
- عمليات التخطيط الاستراتيجي الجيدة تعطى اتجاهاً، وليس إرباكاً وتشويشاً نتيجة كثرة الدخول في تفاصيل غير مبررة.
- عمليات التخطيط الاستراتيجي الجيدة موجهة بالعملاء وحاجات السوق ومتطلبات البيئة وليس مجرد عمليات تخطيط موجه بذاتها.

- عملية التخطيط الاستراتيجي الجيدة متفاعلة، ومتأثرة بالتقاطع الحاصل بأبعاد البيئة وليست قصيرة النظر متوجه بتفاعل الأحداث داخل المنظمة.

- أن تكون فاعلة باتجاه الفرص المتاحة، وليست متأخرة، وتأتي كردود فعل للأحداث البيئية.

- عملية التخطيط الاستراتيجي الفعّالة تتسم بالمغامرة والهجوم، وليست عمليات تأثر سلبي وردود أفعال.

- من المفترض أن تكون عملية التخطيط الاستراتيجي توسيعه مفتوحة، وليست دفاعية منكمشة.

- من المفترض أن تكون عملية التخطيط الاستراتيجي عمليات تسارعية مرنة وليست انكماشية جامدة.

- عملية التخطيط الاستراتيجي موجه بالأولويات وليست مجرد إضافات متقطعة.

- من المفترض أن يكون التخطيط الاستراتيجي واقعي وليست عملية مساومات سياسية.

- إن التنفيذ هو مفتاح النجاح وليست نظرية مجردة.

- من المفترض أن تكون عملية التخطيط الاستراتيجي متجهة إلى النتائج، ولا توضع على الرفوف للتباهي.

- يفترض أن تكون عملية التخطيط الاستراتيجي مقاسة وأن تحتوي على مجموعة من المعايير والمؤشرات وليست مجرد فضاء فضفاض.

- من المهم أن تعطي عملية التخطيط الاستراتيجي أفعال، وليست تأجيل أو تمهل.

- عملية التخطيط الاستراتيجي عملية مستمرة، وليست عملية عرضية.

ويضيف (California State Department of Finance, 1998: 9) مجموعة من الخصائص والتي تتمتع بها عملية التخطيط الاستراتيجي الفعّال، وهي:

- دعم وإسناد كامل من قبل الإدارة العليا لعملية التخطيط الاستراتيجي.

- من المفترض أن تكون عملية التخطيط الاستراتيجي عملية تشاركية؛ أي أن يشترك فيها العاملون والإدارة.

- إن عملية التخطيط الاستراتيجي تقوم بتعريف وتوضيح محدد للمسؤوليات.

- تؤسس وتؤكد على المقاييس والمعايير المالية للنتائج.

* **الأهمية والفوائد**

لقد تطرّق العديد من الكتّاب والباحثين لأهمية التخطيط الاستراتيجي وفوائده، والبعض قد تعمق كثيراً حول فاعلية هذا النوع من التخطيط. إن التخطيط الاستراتيجي يستهلك الموارد وهو عملية هامة لكافة المنظمات تقوم بالتعريف بأنشطة واتجاهات المنظمة. وبالرغم من الطبيعة المربكة لعملية التخطيط الاستراتيجي، إلا أن الفوائد المتأتية منها تفوق كثيراً الصعوبات الناتجة عنها. يهتم التخطيط الاستراتيجي بالتغييرات التي تحدث في القدرات والمهام الاستراتيجية، فالتخطيط الاستراتيجي يساعد في تطوير مفهوم واضح عن المنظمة، وهذا بدوره يجعل من الممكن صياغة الخطط والنشاطات التي تقرب المنظمة من أهدافها. كما أن التخطيط الاستراتيجي يمكن المدراء من مواجهة التغييرات البيئية والتعامل معها؛ أي المعالجة الصحيحة للبيئة ذات التغير السريع التي تعمل فيها منظماتهم، بالإضافة إلى ذلك فقد أشار (Jones, 2002: 5) إلى أن منافع التخطيط الاستراتيجي تتمثّل بالتزود بالمعلومات للمساعدة في عملية اتخاذ القرار، التي تربط بين الأهداف القصيرة والبعيدة المدى. فيما يذكر (Moore, 1998) إلى أن أهمية التخطيط الاستراتيجي تنبع من منافعه والمتمثلة بالآتي:

- السؤال والإجابة على الأسئلة الأساسية التي تواجه المنظمة.
- يزود بإطار لاتخاذ القرارات في جميع مستويات المنظمة.
- يوضح ويبين التهديدات والفرص المستقبلية.
- يضع أهدافاً محددة للإنجاز.
- يزود بأساس لقياس الأداء.
- يصلح كقناة للاتصال.
- يعمل على تطوير الفرق التي تركز على مستقبل المنظمة.
- يزود بالاحتياجات التدريبية.

ومن خلال المنافع والفوائد السابقة للتخطيط الاستراتيجي يمكن القول إن التخطيط الاستراتيجي عملية رسمية تؤدي إلى رصف ومحاذاة المنظمة ككل - الأفراد، والعمليات، والإجراءات، والموارد - مع حالة مستقبلية واضحة وكاملة ومرغوبة، وهذا ما أكد عليه (Kaufman, et...al, 2003: 41) بكون منافع التخطيط الاستراتيجي وفوائده تظهر من خلال الإجابة عن الأسئلة التالية:

- ما مدى عمق وتأثير المنظمة واستجابتها للأحداث المستقبلية؟
- ما هو اتجاه المنظمة واستجابتها للتغييرات البيئية؟
- ما هي العناصر الأهم وذات الأثر الشمولي التي يجب أن تركز عليها المنظمة؟ ولماذا؟
- كيف تصف المنظمة نتائجها المرغوبة في فترة قياسية؟
- ما هي أفضل الطرق والوسائل التي يفترض أن تستخدمها المنظمة للوصول إلى النتائج المرغوبة؟
- كيف يمكن للمنظمة أن تقيس تقدمها ونجاحها؟
- كيف يمكن للمنظمة أن تعدل أو تغير مطالبها؟

فيما يرى الباحثون (Kovitz, et...al, 2003: 1-4) أن هناك العديد من الفوائد التي تحصل عليها المنظمة من جراء اتباعها منهجيات علمية في عمليات التخطيط الاستراتيجي والمتمثلة بالآتي:

- إن الخطة وعملياتها تعتبر خارطة طريق لتحقيق النجاح، وذلك من خلال تحديد الرؤية والاتجاه الشمولي للمنظمة.
- تبنى فرق عمل متكاملة لكونها تحدد إطار العمل والمنافسة.
- خطوط عامة توجه عمليات توزيع المسؤوليات وعمليات التفويض للقرارات.
- تعطي إطار لتخصيص الموارد المالية والبشرية والمعلوماتية والمعرفية.
- تخلق بيئة عمل للجميع ليصبحوا ملتزمين ومشاركين في تحقيق الأهداف.
- تعزز عمليات الإدارة والمبادرة والإبداع مقابل عمليات التوتر والشد والتضارب.
- تمثّل بطاقة معايير للاستخدام وتعزيز النتائج.
- عمليات ومراحل لخلق تصور للمستقبل.
- تعطى معنى للأهداف الفرعية والأهداف التشغيلية.

وبالرجوع إلى الفوائد هناك العديد من الباحثين الذين أشاروا إلى هذا الموضوع، ومنهم على سبيل المثال لا الحصر (الخازندار، 1991: 205-206)، (Atkinson, 2004: 15)، (Policastro, 2003: 1).

مشاكل التخطيط الاستراتيجي ومحدداته

نتيجة للنجاح الكبير الذي حققته عملية التخطيط الاستراتيجي والخطط في المنظمات الصناعية على وجه الخصوص، فقد عُرض التخطيط وكأنه علاج شافٍ وكافٍ لجميع أمراض المنظمة (مشاكل المنظمة). ونتيجة لتعقد العمليات التخطيطية واتساعها، فقد بنيت أساطير وخرافات وأوهام حول الخطة وعمليات التخطيط.

إن القصور في فهم منهجي وعلمي وموضوعي تجعل الإدارة أسيرة البعض من هذه الأوهام التي يلخصها (Gooderham) بالآتي:

- وهم الاعتقاد بأن الخطة الاستراتيجية في حقيقتها تمثّل مستندات رسمية كبيرة وكثيرة العدد دائماً. إن قيمة الخطة لا تتمثّل بذاتها، وإنما في عمليات الحوار واللغة المشتركة، وتقاسم الرؤى والتعلم المؤدية على قرارات فاعلة.
- يجب أن تصف الخطة جميع الأمور بتفصيل كبير ودقيق لكي يتحقق النجاح. إن هذه المغالطة تجعل عمليات التخطيط واسعة ومتشابكة لا تعطى للرؤية والاتجاه الصحيح أسلوب علمي في التطبيق، وتصبح عمليات التخطيط والخطة شبيه لمن ينظر بتفاصيل شجرة واحدة في غابة كثيرة الأشجار والممرات، وبالتالي لا يرى الصورة الكلية للعمل.
- عمليات التخطيط الاستراتيجي يجب أن تكون رسمية وذات مدلول تحليلي فقط، والحقيقة إن عمليات التخطيط الاستراتيجي تتعامل مع حالات تبسيط التعقيد، وتجعل من هذه العمليات حية ومرنة وذكية وليس مجرد حقائق موضوعية قائمة على عمليات تحليلية.
- تبنى الخطط ببطء، وتستند على بيانات واقعية وملموسة، وهذا ليس بالأمر الصحيح على اعتبار أن المستقبل قائم على العديد من الافتراضات التي تفحص من خلال استخدام البيانات والحقائق.
- دورة التخطيط يجب أن تتماشى مع القوائم والبيانات المالية، في هذه الحالة تصبح الخطة الاستراتيجية أسيرة للتوجهات المالية، وليست خطة للتجديد والتطوير.
- ينتهي العمل بمجرد أن تصبح الخطة معطى جاهز كامل الصياغة. إن هذا الوهم ينهي عملية النشر والاتصال والأفعال التي تلامس حتى القرارات اليومية.
- وجود استراتيجية واحدة صحيحة، وهذه مغالطة نجدها متجسدة في نجاح العديد من المنظمات المتماثلة والمتشابهة رغم اختلاف استراتيجياتها التي اختارتها.

- وجود عمليات مثلى وحيدة ومعيارية لبناء الاستراتيجيات، وهذه ليست بالصحيحة؛ لكونها تعتمد على الأساليب المستخدمة والثقافة التنظيمية السائدة والقوى المحركة المختلفة والبيئات المتغيرة تجعل من عمليات بناء الاستراتيجيات متنوعة (Gooderham, 1998: 23) وهناك العديد من الأوهام الأخرى والتي تتجسد بالمنظمات بشكل أوضح وهي:

- أن الخطة تقلل المسؤولية، وهذه متأتية من كون المدراء والمنفذين الآخرين يكونون مسؤولين فقط عما ورد في الخطة، وليس بما يرد في خارج إطارها. وبهذا يعتقد المدير أنه أصبح محدود المسؤولية مسلوب الإرادة في إطار التوجهات الواردة في الخطة.

- اعتبار الخطة كقانون ملزم لا يمكن الخروج عنه أو تغير اتجاهاته الأساسية، بإعتبار أنه قد تم مناقشتها من أعلى السلطات العليا، ويصبح المدراء ملتزمين بها وبمعطياتها. ويذكر (Bean, 1993: 25-30) مجموعة من الأفخاخ والشرائك التي تقع فيها إدارة المنظمة في إطار عمليات التخطيط الاستراتيجي والخطة الاستراتيجية، ومنها:

  - الانبهار بالنجاح والاعتقاد بأن هذا النجاح مستمراً، وسوف يتكرر دائماً، وبالتالي يشعر الجميع بأنه لا حاجة للعمل الأفضل باستمرار.

  - الأكبر هو الأحسن، فإذا ما كان النمو حالة مرغوبة فإنه يجب أن يكون حالة متماشية مع باقي المعطيات في بيئة عمل المنظمة.

  - الخطة معبّرة عن فصاحة وبلاغة وإطار منمق وبراق.

  - النشر الضعيف للخطة وعدم إيصالها إلى جميع مفاصل عمل المنظمة.

  - الأمور الأوسط هي الأفضل؛ أي ليس دائماً تعبّر الخيارات الوسط عن حالات في صالح المنظمة.

  - تجاهل ثقافة المنظمة.

  - عدم تقدير دقيق وصحيح للمنافسة.

  - تجاهل المنافسة.

  - غير موجهة بالعملاء.

  - مستلزمات ومتطلبات إدارية غير كافية أو غير كفوءة.

  - لا تثير العوائق والقيود؛ أي تجنبها للقضايا الأساسية والحرجة.

  - الوقوع في إطار مفهوم الرضا الذاتي عن الأداء بعيداً عن المقارنات المرجعية.

- أن تصبح عمليات التخطيط والخطة الاستراتيجية تقديراً استقرائياً وتنبؤات مستقبلية.

- أن تكون متفائلة جداً، وغير آخذة بنظر الاعتبار المفاجئات قليلة احتمالية الظهور.

- أفضلية الرخيص في جميع الحالات ودون حسابات متنوعة ومستنيرة.

- التفكير السطحي والمحدود بالأمور والركون إلى مفاهيم جامدة ومحددة.

- الركض وراء تحقيق أرقام متصاعدة سواءً على صعيد الأرباح أو النمو.

- إن يصبح التحليل عاملاً – مشلاً ومثبطاً لقدرات المنظمة وإمكاناتها.

- الإدارة غير الجيدة للذات؛ أي الافتقار إلى الروح الإبداعية والتحفيزية.

- السياسات القاتلة والتي تتمثّل ببناء وتطوير شروط عمل قوية وشديدة مستندة إلى ثقافة تنظيمية ضعيفة وعادات غير صحيحة.

- الافتقار للتنظيم الداعم للخطط والمنفذ لها والمتماشي مع طبيعة الخيارات الواردة فيها.

الشكل (2-2) يوضح هذه الأفخاخ والشرائك

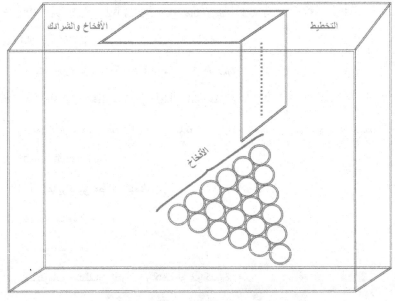

المصدر : من إعداد الباحثين طبقاً لما عكسته أدبيات التخطيط الاستراتيجي

إضافة إلى الأفخاخ والشرائك والمذكورة آنفاً، فإن هناك مجموعة من المحددات، وهي:

• أن المستقبل يحمل في طياته الغموض وعدم التأكد، وبذلك فإن هذا الأمر يجعل البعض غير مسلماً بأهمية العمليات التخطيطية والخطط.

• هناك دائماً مقاومة داخلية لعمليات التخطيط الرسمية، وهذه المقاومة متأتية من عوامل عديدة، تتمثل بالآتي:

   — الصراع داخل المنظمة.

   — تدفق المعلومات، واتخاذ القرارات، وعلاقات القوة، والخوف من الفشل، وتجنب عدم التأكد، وهذه جميعها تخلق مقاومة لإدخال عملية التخطيط في المنظمة أو الاستمرار فيها.

   — التخطيط صعب، غير مرتب، ويتطلب عمل كبير ومجهد.

   — التخطيط ذو تكاليف عالية سواءً بالموارد النقدية والمالية والمادية المطلوبة، أو بالزمن المستغرق في عملياته المختلفة.

   — الخطة المنتهية تحدّد الخيارات، وبالتالي تقلل حرية المنظمة مستقبلاً.

مستويات التخطيط والمساهمون في عملية التخطيط

Planning Levels & Contributors in Planning Process

مستويات التخطيط:

إن كبر حجم المنظمات وتنوع أعمالها واختلاف منتجاتها وتغطيتها لأسواق متعددة ومتباعدة، ساهم في أن تكوّن عمليات التخطيط متشعبة وتحتاج إلى مزيد من البيانات والمعلومات، ومن مصادر متنوعة. لقد أصبحت العملية التخطيطية تجري في إطار منهجي ومنظم، وفي ظل مستويات عديدة. ويذكر الباحث (Below, et…al, 1987: 3-8) أن هناك ثلاثة مستويات للتخطيط في المنظمة، وكالآتي:

• **مستوى التخطيط الاستراتيجي:** وهذا المستوى يعد المظلة الرئيسة التي تغطي وتوجه المستويات التخطيطية الأخرى. يتضمن هذا المستوى من التخطيط تحديد رؤية المنظمة وقيمها، وكذلك رسالة المنظمة، وعوامل النجاح الحرجة، والأهداف الاستراتيجية للمنظمة، وكذلك يغطي استراتيجياتها للوصول وتحقيق الأهداف الاستراتيجية، فهو شمولي الأبعاد، وتكاملي المنظور، وتجددي الفلسفة. إن الغالب في الأمر كون هذا

التخطيط بعيد الأمد، ومن اختصاص الإدارة العليا والجهات المساندة لها؛ لكونه ذو أهمية حرجة للمنظمة ونجاحها.

• **مستوى التخطيط التشغيلي (العملياتي):** وهذا المستوى يشمل الأهداف التشغيلية وخطط التنفيذ والسياسات والبرامج اللازمة للوصول إلى الأهداف الواردة ضمن خطة هذا المستوى، وهذا المستوى ذو أهمية كبيرة بالنسبة للمنظمة؛ لأنه يمثّل الجانب الأكثر تحديداً وبمعايير ملموسة ومقاسة للأهداف، ويركز على كيفية وصول المنظمة إلى ما تريد. وهذا المستوى من التخطيط هو من اختصاص الإدارة الوسطى، وعادة ما يكون للأجل المتوسط والقريب.

• **مستوى التخطيط التكتيكي:** وهذا المستوى يمثّل إدارة النتائج والأداء والمتضمنة الرقابة، وتحوير الخطط للوصول إلى النتائج المرغوبة، ويمثّل قياسات دقيقة وفعلية للأفعال المنفذة من قبل المستويات التنفيذية في المنظمة؛ لذلك فهو من اختصاص الإدارة الإشرافية الدنيا. والأشكال (2-3)، (2-4) توضح هذه المستويات ومكونتها.

شكل (2-3): مستويات التخطيط ومسؤولياته

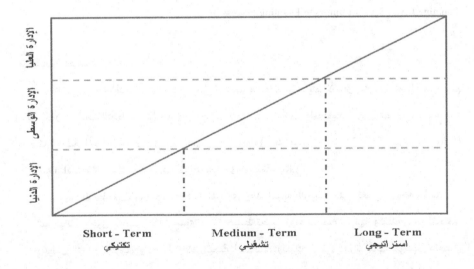

المصدر: من إعداد الباحثين طبقاً لما عكسته الأدبيات الإدارية.

شكل (2-4): مستويات التخطيط ومكوناته

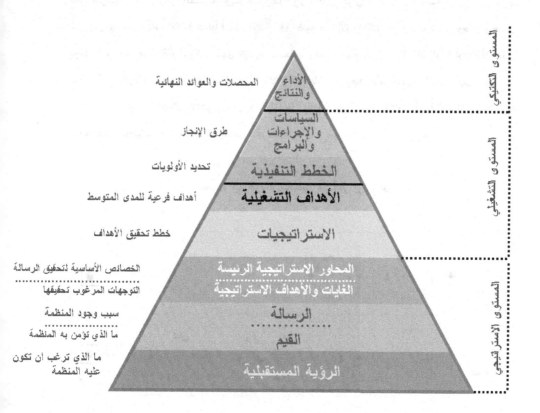

المصدر : بتصرف من : Morrisey on Planning,1996

ويلاحظ وجود طرق متعددة لبدء الدورة التخطيطية في المنظمة، وإن استخدام طريقة معينة لا يعني الاستغناء عن الطرق الأخرى. كما أن اختيار طريقة من هذه الطرق مرتبط برؤية الإدارة العليا وفلسفتها في العمل من جانب، وكذلك الظروف البيئية المحيطة بالمنظمة من جانب آخر، وبهذا يمكن للمنظمة أن تغيّر الطريقة المستخدمة إذا ما وجدت ضرورة لذلك. أما هذه الطرق فهي:

طريقة التخطيط من أعلى إلى أسفل The Top-Down Approach:

في هذه الطريقة يكون بدء الدورة التخطيطية من الإدارة العليا التي تضع التوجهات العامة، والأهداف الاستراتيجية لصياغات تخطيطية بعد سلسلة من الحوار والنقاش لغرض

إنضاجها والاتفاق عليها. ثم يطلب من الإدارة الوسطى اشتقاق أهدافها التشغيلية، وصياغة خطط التنفيذ في ضوء التوجهات الاستراتيجية للمنظمة، ويتم هنا أيضاً حوار ونقاش لغرض اشتقاق هذه الأهداف والاتفاق عليها، ثم ترسل هذه الأهداف للإدارة العليا لغرض الإقرار. وفي ضوء هذا الإقرار الذي قد يسبقه نقاش وحوار وتعديل، ترسل الأهداف بعد الإقرار نزولاً لمستوى الإدارة الوسطى، وهذا أيضاً يطلب من الإدارة الدنيا أن تضع أهدافاً تفصيلية في ضوء أهداف وتوجهات المستويات الإدارية العليا، ثم يعاد الأمر صعوداً لغرض الإقرار من قبل المستويات العليا في الهيكل التنظيمي. إن هذا المدخل يعطي حرية أكبر للإدارة العليا للتدخل في العملية التخطيطية وتوجهاتها، والشكل (2-5) يلخص هذا المدخل.

شكل (2-5): طريقة التخطيط من أعلى إلى أسفل

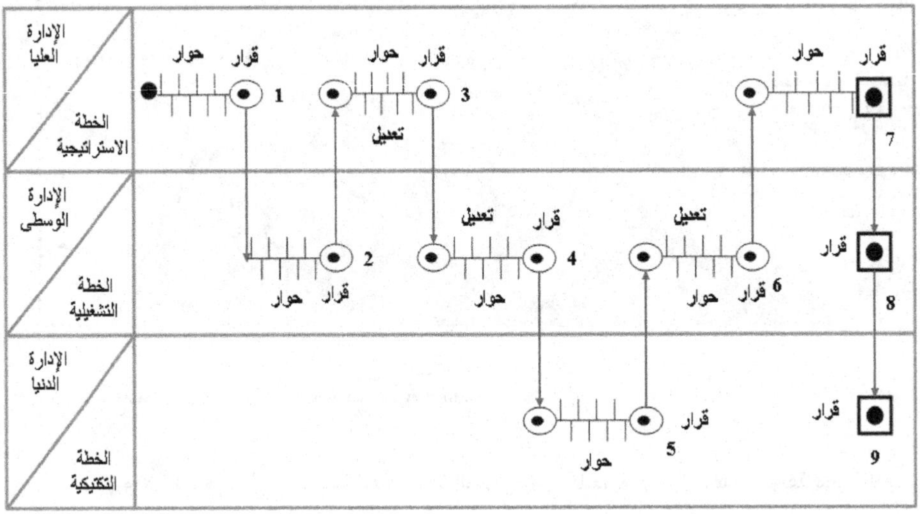

المصدر: (الغالبي، طاهر محسن ؛ الزيادي، عبد العظيم ، 2002)

طريقة التخطيط من أسفل إلى أعلى The Bottom-Up Approach:

بموجب هذه الطريقة تبدأ دورة التخطيط من الإدارة الدنيا، حيث تضع أهدافها التفصيلية في ضوء ظروف عمل واقعية هي أقرب إليها، وترسل هذه الأهداف التفصيلية إلى الإدارة الوسطى التي من المفترض أن تناقشها وتستوعبها ضمن إطار خططها التشغيلية بعد حوار ومناقشة مستفيضة من قبل الأطراف، وقد يتطلب الأمر إعادة الكرة إلى الإدارة الدنيا لتعديل أهدافها التفصيلية وخططها التكتيكية، ثم ترسل إلى الإدارة الوسطى للإقرار، ثم تتجه صعوداً باتجاه الإدارة العليا التي تحاور هذه الخطط التشغيلية لغرض الإقرار أو التعديل أو التغيير إذا تطلب الأمر، وهكذا يتكرر الحوار بين هذه المستويات الثلاثة للإدارة قبل الاتفاق على الصيغة النهائية للخطة بمستوياتها الثلاثة. إن هذا المدخل يقيد أكثر من سابقه من حرية الإدارة العليا من التدخل حيث تجد نفسها في كثير من الأحيان ملزمة بما تم تطويره من أهداف في المستويات الإدارية الأدنى للمنظمة (الغالبي، الزيادي، 2002: 199-200)، والشكل (2-6) يلخص هذا المدخل.

شكل (2-6): طريقة التخطيط من أسفل إلى أعلى

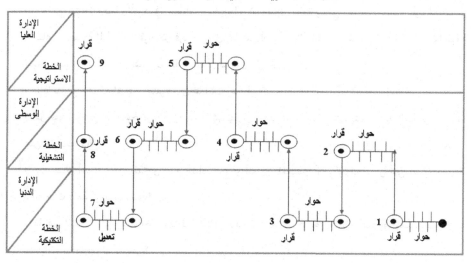

المصدر: (الغالبي، طاهر محسن ؛ الزيادي، عبد العظيم ، 2002)

طريقة التخطيط المختلطة من أعلى إلى أسفل ومن أسفل إلى أعلى:

وبموجب هذه الطريقة يتم المزاوجة بين المدخلين السابقين، حيث تنطلق دورة التخطيط حسب الحالات من أي اتجاه من مستويات الإدارة لغرض تلافي القصور باستخدام أي واحد من المدخلين السابقين، والاستفادة من إيجابيات كلا الطريقتين، فقد تبدأ عملية تحديد الأهداف وصياغة الخطط بموجب هذه الطريقة في المستويات الإدارية الثلاثة، ثم يتبع ذلك عملية نقاش وحوار وتعديل إلى أن تصل المنظمة إلى الصيغة النهائية للخطة.

فريق التخطيط Planning Team:

في المنظمات الصغيرة والمتوسطة الحجم والتي تدار مركزياً في أغلب الحالات، قد تعتمد الإدارة على فريق من المخططين يضعون الخطط بصيغها الرسمية بعد عقد سلسلة من الاجتماعات مع مختلف مستويات التنظيم والاتفاق على الصيغ النهائية للخطة (الخازندار، 1991: 209).

المساهمون بعمليات التخطيط :

عندما يرتبط الأفراد في عمليات التخطيط الاستراتيجي فإنه ينبغي إعطاء إجابات على العديد من الأسئلة الجوهرية للتأكد من قيام كل فرد بما يوكل إليه من أدوار ومهام بالصورة المطلوبة، وأنه يشارك بفاعلية في إنجاح عملية التخطيط. إن هذه الأسئلة يجب أن تشتمل على الآتي:

• لماذا يتحتم مشاركة أشخاص متنوعين في عمليات التخطيط؟

• من هو الشخص أو الأشخاص الذين يجب إشراكهم في هذه العمليات؟ ومتى يتم تحديد العناصر الأساسية؟ ومن هم تحديداً؟

• هل هناك أشخاصاً من المفترض عدم مشاركتهم، أو أنه من المحتمل أن يكونوا قادرين على تقديم رؤى قد تكون ذات قيمة كبيرة للمنظمة؟

• ما هي المعايير التي يجب أخذها بنظر الاعتبار عند تقييم مدى أهمية ومقدرة الفرد أو المجموعات بالنسبة لعمليات التخطيط الاستراتيجي؟

• كيف يتم إشراك هؤلاء الأفراد في عمليات التخطيط الاستراتيجي، وما هو الدور الذي سيلعبونه، وما هي النتائج المتوخاة من هذا الاشتراك؟

إن عمليات التخطيط الاستراتيجي بكافة أبعادها يجب أن تكون شمولية، أي تشمل كافة القطاعات من مجلس الإدارة والموظفين والأفراد العاملين المعنيين بنجاح المنظمة. إن هذه الشمولية تتسم بالآتي:

- تساعد على بناء الحماس الداخلي والخارجي، والارتباط بالمنظمة واستراتيجياتها، ويكون الأفراد هم أصحاب الأهداف والمجهودات المبذولة لتحقيق أفضل النتائج.
- تؤكد الشمولية على أن قاعدة البيانات والمعلومات تعكس احتياجات الأفراد وتوقعاتهم داخل المنظمة وتطلعات الجهات الخارجية.
- تبني مستوى من الموضوعية لعملية التخطيط.
- توجد أساس لعلاقات العمل المستقبلية.
- تعمل على توحيد الهدف وسط كافة العناصر الأساسية المعنية.
- تؤسس قاعدة لتداول المعلومات بين العاملين والإدارة والعملاء والعناصر والفئات الأخرى بصورة دائمة ومستمرة.

من الأمثل أن تشمل عمليات التخطيط الاستراتيجي كافة الأشخاص الذين يعتمد عليهم نجاح أو فشل تحقيق رسالة المنظمة، وهذه تشمل أولئك الأفراد الذين لهم الباع الأكبر إما بالمساعدة الفاعلة في عملية التخطيط، أو إعاقة عمليات تنفيذ الخطة. ويلاحظ أن مستوى المشاركة في عمليات التخطيط الاستراتيجي تعتمد على الفلسفة الإدارية والثقافة التنظيمية السائدة في المنظمة، وكذلك اتساع مدى عملياتها الإنتاجية والتسويقية وباقي مفردات الأنشطة المهمة فيها. وفي الحقيقة، نحن لا ندعو إلى اتجاه محدد واحد تقاس عليه مختلف القضايا الأساسية في هذا الإطار، حيث يلاحظ أن لكل منظمة أسلوبها وتوجهها وطريقتها في هذا المجال. وسنعرض فيما يلي أدواراً ومسؤوليات المساهمين في عمليات التخطيط (الغالبي، العبادي، إدريس،2005 : 69 - 70).

(أ) القائد الأعلى: وهو الذي يقوم بتوفير القيادة العامة والدليل أو الإرشاد العام للمنظمة فيما يتعلق بالخطة الاستراتيجية، إضافة إلى تعريف وتوضيح رسالة ورؤية المنظمة وقيمها. وقد يكون هذا الشخص هو المدير العام للمنظمة، أو رئيس مجلس الإدارة لها.

(ب) فريق القيادة العليا: وهذا الفريق يلعب دوراً مهماً في عمليات التخطيط من خلال المساعدة في توضيح رسالة ورؤية المنظمة وقيمها، بالإضافة إلى التزويد بالتغذية العكسية خلال عملية التخطيط.

(ج) فريق الإدارة التنفيذية: ومن الأدوار الرئيسة لهذا الفريق ما يلي:

- العمل مع القائد الأعلى في تعريف وتوضيح ونشر رسالة المنظمة ورؤيتها.
- وضع الأهداف وتحديد الاتجاه الاستراتيجي للمنظمة.
- رقابة التقدم والنتائج الكلية.

(د) مدراء الإدارات الوسطى: ومن الأدوار الأساسية لهم ما يلي:

- القيام بدعم الخطة الاستراتيجية.
- القيام بإشراك العاملين بمشروع الخطة.
- القيام بعمل جلسات عمل حول الخطة.
- العمل على ترجمة الاستراتيجيات والغايات إلى مضامين عمل للعاملين.
- تنسيق أنشطة العمل الحالية مع الخطة الاستراتيجية.
- توفير التغذية العكسية إلى فريق القيادة العليا.

(هـ) المدير المالي: ويقوم بالعديد من الأدوار، ومنها:

- التخطيط لتوحيد متطلبات موارد الخطة الاستراتيجية في عملية إعداد الموازنة.
- التعرف على قضايا الموارد ذات العلاقة بالتنفيذ الفاعل.
- توزيع الموارد المخصصة ومراقبة استخدامها.
- التأكد من كون الميزانية تعكس احتياجات تمويل تنفيذ الخطة الاستراتيجية.
- تحديد كيفية انعكاس أداء الرسالة مع الميزانية.

(و) مدير الموارد البشرية: ويعتبر مدير الموارد البشرية من المسؤولين المهمين في عمليات التخطيط لكونه يلعب العديد من الأدوار المهمة، ومنها:

- تحليل مدى تأثير الاستراتيجيات المحتمل تنفيذها على الموارد البشرية.
- إعداد برامج التدريب والتطوير للموارد البشرية.
- إعداد السياسات الخاصة بالموارد البشرية.
- تحديد وتقديم متطلبات تنفيذ الخطة من الموارد البشرية.

(ز) مدير نظم المعلومات وتكنولوجيا المعلومات: وهذا يقوم بتحليل أثر تنفيذ الاستراتيجيات المحتملة على أنظمة إدارة تكنولوجيا المعلومات.

(ح) منسقي التخطيط الاستراتيجي والشؤون الاستراتيجية، ولهم العديد من الأدوار منها:

- القيام بمساعدة فريق القيادة العليا من خلال كونه حلقة الاتصال المركزية لجهد التخطيط الاستراتيجي.

- القيام بمعالجة الجوانب اللوجستية التي ترتبط بلقاءات فريق القيادة العليا.

- يوفر الإرشاد والاستشارة بخصوص القضايا الاستراتيجية للقادة.

- العمل مع مدراء المستويات الوسطى لبناء حالة الالتزام بالخطة.

- تنسيق مقابلات أعضاء مجاميع التخطيط ومقابلات العملاء وجلسات المجاميع المركزة.

علاقة التخطيط الاستراتيجي بأنظمة الإدارة الأخرى

Strategic Planning Relationship with Management System

بالرغم مما تقوم به عمليات الإدارة الاستراتيجية من محاولة إيجاد صيغة مناسبة وملائمة لتكامل التخطيط الاستراتيجي مع باقي الأنظمة الإدارية، إلا أن الأسلوب المستخدم من قبل الإدارة الاستراتيجية لتكامل العمل في مجال التخطيط والنوعية والموازنات وتنفيذ البرامج وفحص ومتابعة مفردات الأداء وغيرها تعتبر أمراً ضرورياً ومهماً للنجاح، وفيما يلي توضيح للعلاقة الرابطة بين التخطيط الاستراتيجي وأنظمة الإدارة الأخرى.

التخطيط الاستراتيجي وإدارة الجودة:

يعمل التخطيط الاستراتيجي بشكل أفضل عندما يوضع في محيط يعزز من إدارة الجودة، ويفترض أن يتكامل التخطيط الاستراتيجي مع مفاهيم الجودة. ولا يمكن الحديث عن نجاح تطبيق عمليات التخطيط الاستراتيجي كمفاهيم منعزلة عن الجهد الشامل والترابط مع المفاهيم الأخرى، وخاصة مفاهيم الجودة والجهود المرتبطة بها. إن التخطيط الاستراتيجي وإدارة الجودة تتقاسم العديد من العناصر المشتركة، وهذا الاشتراك يعزز من أساليب الإدارة والتكنيك المستخدم في العمل. إن إدارة الجودة الشاملة هي مدخل إداري مستند إلى تحقيق الرضا للعملاء وتعزيز القيم الإيجابية؛ فهو يدعو إلى المشاركة الواسعة لغرض تحسين مجمل العمليات وتطوير المنتجات والخدمات، ويعزز ثقافة تنظيمية تحث على الإبداع والتغيير نحو الأحسن. ومن الخطأ الكبير أن تركز عمليات إدارة الجودة الشاملة على عناصر منعزلة داخل النظام الإداري الشامل، بل يفترض أن ترى استمرارية هذه العمليات

بصورتها الشمولية. إن أهم العناصر المشتركة بين التخطيط الاستراتيجي وإدارة الجودة الشاملة يمكن إجمالها بالآتي:

- يعزز التركيز على متطلبات العملاء من خلال المنتجات والخدمات المقدمة.
- يؤكد على دور العاملين ومشاركتهم من خلال فرق عمل متكاملة.
- يستخدم مقاييس الأداء.
- يركز على النتائج النهائية.
- يعتمد على تجميع البيانات وتفسيرها.
- يدعم الإدارة القائمة على الحقائق.
- يربط تخصيص الموارد بكفاءة وفاعلية الإدارة (Stagges, 1999: 5-17).

إن كلا المدخلين لا يمكن أن ينجحا بدون الالتزام والدعم من قبل الإدارة العليا. هذا وإن نجاح تطبيق كلا المدخلين يتطلب رؤية واضحة، عمليات تخطيط وإشراك فعّال من قبل الإدارة العليا، بالإضافة إلى حاجته إلى دعم عملي ومستمر بجهود تدريبية وتطويرية وتخصيص لموارد مالية وبشرية فاعلة. ويلاحظ أن أهم الأسباب المؤدية لعدم نجاح المدخلين والتي أشرت من قبل العديد من المنظمات يتمثل في عدم اندماج الإدارة العليا في عمليات ومبادئ إدارة الجودة الشاملة والتخطيط الاستراتيجي، وعليه، يلاحظ مدى الارتباط الكبير والمهم بين المدخلين بما يعزز استخدامهما بشكل مشترك لتطوير العمل في منظمات الأعمال في الوقت الحاضر.

التخطيط الاستراتيجي والإدارة المالية:

إن التخطيط الاستراتيجي وإدارة الموارد المالية يمثلان مكونان مهمان للإدارة الفاعلة، والنتيجة النهائية لعمليات التخطيط الاستراتيجي هي خطة استراتيجية تؤشر الاتجاه المستقبلي، في حين أن الموازنات التخطيطية توفر الموارد اللازمة لتنفيذ الخطة، فإذا كانت الخطة الاستراتيجية بعيدة عن المتطلبات الضريبية فإن الموازنة هنا أيضاً تعطي مؤشرات غير دقيقة بعيداً عن الصورة الواسعة التي تعطيها الخطة الاستراتيجية، ومن جهة أخرى، فإن تخصيص الموارد في كلا الخطتين بدون تفكير استراتيجي ناضج سيكون ذو أثر سلبي على العمل بسبب عدم الاستجابة الفعّالة للاشتراطات المستقبلية. هذا وإن التخطيط الاستراتيجي يكون بمثابة المرشد لعمليات وضع الموازنة، وتؤسس وتمنح الإدارة الفرصة لإعادة تقييم

الموارد المتوفرة. ويكون دور المدراء هو تطوير استراتيجيات وخطط عمل التي تصف كيفية الوصول إلى الأهداف الواردة في التخطيط الاستراتيجي لكل سنة. إن خطط العمل مع مقاييس الأداء تعطي ربطاً قوياً للعمليات مع الموازنات الرأسمالية. إن التخطيط وعملية وضع الموازنات يجب أن تكون عمليات تفاعلية تعطي افتراضات حول الموارد اللازمة لتنفيذ الخطة، في حين أن الخطة تؤشر الأولويات لتخصيص الموارد (Hopkins & Hopkins, 1997: 635-652).

التخطيط الاستراتيجي والموارد البشرية:

إن وضع الخطة الاستراتيجية يتطلب إعادة فحص احتياجات خطط الموارد البشرية. وهذه تحتوي على عناصر مهمة وعديدة يتطلب الأمر إعادة فحصها وتشكيلها في ضوء توجهات الخطة الاستراتيجية للمنظمة. فتغير تصميم العمل وتنظيمه، وإجراءات عمليات الاستقطاب أو التسريح والتغييرات في الأجور وأنظمة التحفيز، وكذلك خطط التطوير والتدريب يجب أن تسوى ضمن التوجهات الواردة في الخطة الاستراتيجية. إن قضايا الموارد البشرية تؤطر لتناغم وتناسق العديد من الوسائل المرتبطة بالنموذج التخطيطي المعتمد من قبل المنظمة، وكذلك المستويات المختلفة للخطة (Noe, et…al, 1996: 220).

التخطيط الاستراتيجي وإدارة تكنولوجيا المعلومات:

إن تكنولوجيا المعلومات كمورد يحتوي على العديد من المكونات المهمة، مثل مستلزمات الحاسوب، والبرامجيات، والاتصالات، والتطبيقات، والخدمات الاستشارية، وغيرها. وهذه المستلزمات يجب أن ترتبط وتخضع لرؤية عمليات التخطيط الاستراتيجي، والخطة الاستراتيجية في المنظمة. إن تكنولوجيا المعلومات يجب أن تؤخذ في إطار تعزيز المشاركة في اتخاذ القرار وتطوير الخطط في المنظمة، وأن لا تكون هذه التكنولوجيا أشبه بجزر معزولة عن محيط عملها (صبري، 2002: 215-226).

التخطيط الاستراتيجي والرقابة والأداء:

إن من المكونات الأساسية للإدارة الاستراتيجية هي: الرقابة، وتقارير الأداء المصاحبة لعمليات تنفيذ الخطط وتحقيق الأهداف. فالمدراء يجب أن يشجعوا تطوير أساليب

الرقابة ونظام التقارير المؤدية إلى تجميع معلومات وبيانات لفحص معطيات العمل بشكل صحيح ودون المبالغة في التكاليف على حساب النتائج. إن مصداقية المعلومات المقدمة حول الخطة الاستراتيجية، وكذلك تقارير الأداء تعطى الجهات الخارجية وصانعي السياسات صورة شاملة عن تقدّم العمل والإشكالات التي تواجه تحقيق الأهداف. لذلك فإن العلاقة وثيقة ومهمة بين هذين المفهومين التي يجب دراستها بعناية ودقة بهدف الوصول إلى النتائج المرغوبة (American Productivity & Quality Center, 1999: 1-25)، (Miller & Cardinal, 1994: 1649-1665).

مكونات عملية التخطيط الاستراتيجي والخطة الاستراتيجية:

The Contents of Strategic Planning and Strategic Plan

لقد تطرقت العديد من الكتب والمقالات لمكونات عملية التخطيط الاستراتيجي والخطة الاستراتيجية، ولا يخلو أي كتاب إدارة من فصل خاص بالتخطيط وأهميته وأساليبه ومكوناته، ومنها: (Below, et…al, 1987: 1-15)، (Bean, 1993: 63-231)، (Department of Energy, 1996: DOE/Po-0041)، (U. S. Office of Personal Management, 2000: 1-63)، (American Productivity & Quality Center,1998:3-8).

ومن خلال استعراض العديد من هذه المصادر، فإننا لا نجد اختلافاً جوهرياً في مكونات عملية التخطيط الاستراتيجي والخطة الاستراتيجية، وإنما نجد اختلافات في التركيز أو التفصيل على البعض من هذه المكونات. وبشكل عام، فإن مكونات عملية التخطيط الاستراتيجي يمكن إجمالها بالآتي:

الاستعداد لإجراءات وعمليات التخطيط:

إن هذه الخطوة ضرورية جداً، حيث إن البدء بعمليات التخطيط الاستراتيجي دون أن تكون المنظمة وإدارتها العليا مستعدة فعلاً وملتزمة لبذل الجهد المطلوب، وتوفير المستلزمات الضرورية لنجاحه. فالمنظمة التي تقول إنها مستعدة فعلاَ للبدء بعمليات التخطيط الاستراتيجي يفترض أن تقوم بما يلي:

- تحديد القضايا الأساسية والخيارات المهمة التي تتعامل معها العملية التخطيطية.
- تحديد الأدوار والمسؤوليات في عمليات التخطيط.

- تشكيل هيئة تخطيط لمتابعة مستوى التقدم وإجراءات العملية التخطيطية.

- متابعة الهيكل التنظيمي، وإجراء تطوير العمل فيه أو تغيير بعض جوانبه إذا تطلبت العملية التخطيطية ذلك.

- تشكيل أنظمة المعلومات الاستراتيجية والعملياتية الداعمة للعملية التخطيطية.

- توفير المستلزمات المادية والبشرية واللازمة للعملية التخطيطية.

تحديد الاتجاه الاستراتيجي (الرؤية – القيم – الرسالة – الأهداف الاستراتيجية):

إن الاتجاه الاستراتيجي يمثل المهمة الأولى والأساسية للإدارة العليا، باعتبار أن تحديد الاتجاه الاستراتيجي يعطي ترابطاً منطقياً بين المفاهيم التي يحويها الاتجاه الاستراتيجي، ويوضح التوجه المستقبلي للمنظمة أن مستوى الأداء وكفاءته للإدارات والأقسام والمجموعات والأفراد يمثل انعكاساً طبيعياً لقدرة إدارة المنظمة في تحديد الاتجاه الاستراتيجي، حيث من المتوقع أن لا تكون نتائج الأداء جيدة إذا ما كان التوجه الاستراتيجي غامضاً وغير واضح.

الرؤية Vision: وتعطي إجابات واضحة عن اتجاه المنظمة المستقبلي، وماذا ستكون عليه في المستقبل، وتساعد الرؤية على تركيز الجهود وتشحذ الهمم، وتوصل قيم وقناعات الإدارة العليا لمختلف الجهات، فهي إذن توحد الاتجاه لكنها متجددة باستمرار؛ بمعنى إنها مستمرة وتمثّل طريقاً مفتوحاً للمستقبل، ومن صفات الرؤية الجيدة أنها (Morrisey, 1996: 69-70):

– مشعة كالنجم الساطع، تنير الطريق نحو مستقبل أفضل.

– نبيلة كالقيم الإنسانية التي لا مساومة عليها.

– جذابة كالحلم الجميل الذي يدور في مخيلة الإنسان الذي يسعى إلى الكمال.

– طموحة تولد الطاقة وتشحذ الهمم وتوحد الصفوف باتجاه مشترك.

– بسيطة الكلمات عميقة المعاني واضحة التعبير سهلة الفهم.

– تعبّر عن طموحات الإدارة العليا وتلبي توقعات وطموحات الجماعات المستهدفة من جماهير المنظمة والمتعاملين معها.

– الرؤية حيث يبدأ الغد الناجح الذي لا نهاية له.

القيم Values: يخطئ الكثيرون في التصور القائل إن عمليات التخطيط الاستراتيجي والخطة لا تشمل أو تحمل قيماً وتصورات واضعيها. والحقيقة فإن عمليات التخطيط والخطة مؤطرة بقيم تحكم تصرفاتنا وتمثل قناعات ومعتقدات تنعكس بتصرفات وسلوكيات وعادات وطقوس وشعائر لمختلف أعضاء المنظمة، وإذا كانت العمليات التخطيطية والخطط خالية من هذه القيم فإننا سنجد تناقضاً واضحاً عند دراستها على مدى فترات زمنية طويلة، بل قد يتشكّل لدى المنظمة اغتراباً وفجوة قيمية بين ما تطرحه إدارتها العليا كتصورات نظرية وما تعمل عليه مستويات المنظمة المختلفة كمفردات وسلوكيات يومية، وفي حقيقة الأمر فإن القيم تعطي:

- مرجعية لتصرفات العاملين ودستوراً أخلاقياً يسترشد به.
- تعزز بناء ثقافة المنظمة وتعطي انعكاساً صادقاً لما تؤمن به الإدارة العليا.
- تمثّل صيغة مشتركة ولائحة لتحمل المسؤوليات والواجبات.
- تعزز رؤية المنظمة وتشكّل مرجعاً أساسياً للرسالة والأهداف الاستراتيجية والعملياتية.
- تتصف القيم بالديمومة، ولا يمكن المساومة عليها تحت أي ظرف من الظروف (Freedman & Tregoe, 2003: 47-54).

الرسالة Mission: وتعطي إجابة لسبب تواجد المنظمة وطبيعة عملها، فهي ليست مجرد وثيقة تزين بأطر جميلة وتوضع على جدران المكاتب، بل هي إحساس شخصي عميق والتزام واعي بالهدف الذي أنشئت من أجله المنظمة. ويفترض أن يتحول هذا الإحساس الشخصي والجماعي إلى التزام ومسؤولية جماعية يشترك فيها أعضاء التنظيم، وتعطي الرسالة الإمكانية للمسؤولين في حشد جيد للموارد والطاقات الذهنية والبدنية للعمل معاً نحو الأهداف الأساسية. إن الرسالة الجيدة لا تحتاج إلى تعديل دوري مع أنها يمكن أن تعدل أو تتغير لمرات طيلة فترة حياة المنظمة، ويشتق من هذه الرسالة الأهداف الاستراتيجية. ويفترض برسالة المنظمة أن تكون تعبيراً صادقاً لرؤية المنظمة (Hill & Jones, 2001: 34-42).

الغايات والأهداف الاستراتيجية Strategic Goals and Objectives: وهي توضح وتبين ما هي أهدافنا الاستراتيجية، وكيف تساهم هذه الأهداف في تقريب المنظمة من تحقيق رسالتها، وتتصف هذه الأهداف بالشمولية والمدى البعيد، وتعطي لاحقاً مؤشرات لاشتقاق أهداف العمليات، كما أنها تمثّل ركائز أساسية يتم وضعها من قبل فريق الإدارة العليا، وتمثل الأهداف الاستراتيجية خيارات أساسية تتمثّل بمجموعة كبيرة من استراتيجيات

نمو وتوسع أو تنويع أو انكماش انسحاب أو القيام بالبرامج والمشاريع المشتركة... الخ (Richards, 1986: 1-8)، والشكل (2-7) يوضح ترابط المفاهيم الأربعة وتفاعلها فيما بينها لتشكّل الاتجاه الاستراتيجي لمنظمة الأعمال.

شكل (2-7): ترابط المفاهيم وتفاعلها فيما بينها

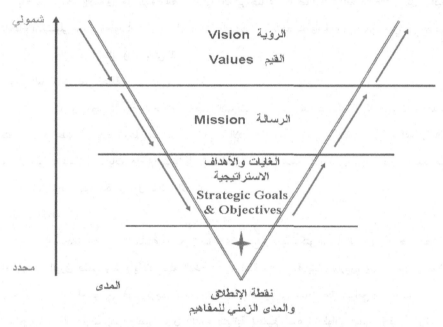

المصدر: من إعداد الباحثين وفقاً لما عكسته الأدبيات الإدارية.

ومن الضروري أن تأخذ إدارة المنظمة العلاقات التبادلية والتفاعلية ما بين مكونات الاتجاه الاستراتيجي عند إدارة عمليات التخطيط الاستراتيجي ووضع الخطط. وإذا كانت نقطة الانطلاق والنظر في تحديد الاتجاه الاستراتيجي للمنظمة هو الزمن الحاضر، فإن الرؤية تمثّل المدى الشامل والواسع والمستقبلي للمنظمة، في حين تمثل الرسالة حالة أكثر تحديداً من الرؤية وأوسع من الغايات الاستراتيجية، وتشتق الغايات الاستراتيجية من الرسالة وفي ضوء محددات الرؤية والقيم، في حين تربط لاحقاً بأهداف العمليات وتوجهها.

* التحليل الاستراتيجي وتقييم الموقف:

إن إدراك المنظمة لرؤيتها ورسالتها يمثّل قاعدة أساسية للانطلاق والنظر بتمعن في الوضع الراهن لها، ويمثل تحليل الموقف جانباً من قدرة المنظمة على الاستجابة والتكيف مع متطلبات البيئة المتغيرة، ويدخل في إطار تحليل الموقف مجموعة كبيرة من الاعتبارات يندرج في إطارها أساليب استغلال الفرص وقضايا التمويل والاستجابة لاحتياجات العملاء والأسواق. وفي الواقع العملي يكون التركيز هنا على القضايا الأكثر إلحاحاً، والتي تمثّل مفاتيح للنجاح المستقبلي، ومن المعلوم أن دوراً مهماً للإدارة العليا وهيئات التخطيط وأنظمة المعلومات هي التي تعطي تقييماً صحيحاً للموقف الحالي والمستقبلي للمنظمة.

* وضع البدائل في إطار الخطة:

وبعد أن تكون المنظمة قد حدّدت توجهها الاستراتيجي، وقيمت موقفها بالشكل الصحيح، تقوم بعدها بتحديد ماذا عليها أن تفعل، وعلى مختلف المستويات الإدارية، ويندرج في إطار ذلك آليات مختلفة، ونقاش وحوار على مختلف المستويات، وإقراراً نهائياً للبدائل المعتمدة والتي ستنفذ لاحقاً. إن هذه الخطوة تحدّد أطر الوجه الاستراتيجية المعتمدة من قبل منظمة الأعمال.

* إكمال الخطة:

إن مجمل العمليات السابقة قد تكون موضوعة بصيغ رسمية مكتوبة، وبالتالي فإن كافة هذه القضايا توضع على الورق فقط. ويقوم بذلك هيئة التخطيط بالمنظمة بالاستعانة بالاستشاريين، ومن الضروري اطلاع ومعرفة آراء وكبار المسؤولين لغرض ترجمة هذه الخطة الاستراتيجية إلى خطط فعل وبرامج وإجراءات تفصيلية بنتائج مستهدفة لفترات زمنية قصيرة، وإن النتائج النهائية لجميع هذه الخطوات يتمثّل بخطة استراتيجية معتمدة وجاهزة للتنفيذ. ولكن نعطي لمكونات الخطة الاستراتيجية موضعها الصحيح في إطار الإدارة الاستراتيجية المتكاملة للمنظمة، فإنه من المهم أن نشير إلى ضرورة أن تكون عمليات الخطة الاستراتيجية محتواة ضمن إطار إدارة استراتيجية كفوءة وفاعلية، ويجب أن يكون هناك نوع من المطابقة الضرورية لنجاح المنظمة، وكما يوضحه الشكل التالي.

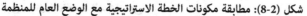
شكل (2-8): مطابقة مكونات الخطة الاستراتيجية مع الوضع العام للمنظمة

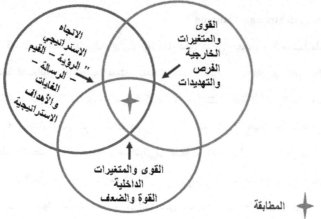

المصدر: من إعداد الباحثين وفقاً لما عكسته الأدبيات الإدارية.

كما أن عمليات التخطيط الاستراتيجي يجب أن تكون جزءاً مهماً وأساسياً ومتكاملاً مع باقي عمليات التخطيط ومكوناتها، وكما يشير الشكل التالي.

شكل (2-9): عمليات التخطيط المتكاملة

المصدر بتصرف من: Source: Below, et...al, 1987: 5

أفضل التطبيقات في مجال التخطيط الاستراتيجي

The Best Practices in Strategic Planning

لقد كرست منظمات الأعمال وإداراتها على المستوى الدولي جهوداً كبيرة ومستلزمات عديدة لتطوير عمليات التخطيط الاستراتيجي والتجديد المستمر لهذه العمليات. ففي دراسة قام بها (American Productivity & Quality Center) على (45) خمس وأربعين شركة تمارس عمليات التخطيط الاستراتيجي، وبعد فرز (6) ست شركات تمارس أفضل التطبيقات، وتم دراستها بعمق لغرض تحديد أهم المعطيات الأساسية والضرورية كمفاتيح للنجاح في عمليات التخطيط والخطة، فقد وجد المركز أن العملية التخطيطية في هذه الشركات تتسم بالآتي:

• توسع أو تمدد الأهداف لتغطي التوجه الاستراتيجي خارج إطار التقيد بأفكار تندرج ضمن صندوق مغلق، ورغم أن المنظمات لديها مؤشرات مختلفة، إلا أنها تتفق بكون الأهداف يجب أن تنطلق من تفكير استراتيجي واضح.

• عمليات التخطيط الاستراتيجي ومراحله مرنة وشمولية، وتتحسن باستمرار بتصميم منهجي وفلسفي واضح.

• عمليات نشر الخطة وإيصالها للجميع رسمية وقوية، ويُنظر إليها كمقياس لنوعية التخطيط.

• المخططون يؤكدون على خطط العمل والتفكير الاستراتيجي.

• الفصل بين التخطيط الاستراتيجي وتخطيط العمليات ضبابي وغير واضح؛ بمعنى لا يتم التأكيد عليه كثيراً بسبب التداخل والتكامل بين الاثنين.

• دور التخطيط الاستراتيجي كمكون مهم من مكونات نظام الإدارة واضح ومنظم.

• التفكير الاستراتيجي موثق ومنهجي.

• لا توجه عمليات التخطيط الاستراتيجي، ولا تقاد بمركز واحد للقدرات الجوهرية.

• متخصصي التخطيط الاستراتيجي يلعبون دوراً أساسياً في عملياته وأطره.

• مداخل ومناهج عمليات التخطيط وأنظمة التصميم تتغير بشكل مستمر ودائم نحو الأفضل (Galagon, 1997: 35).

القرارات الاستراتيجية Strategic Decision

يحظى موضوع القرارات بأهمية كبيرة بالنسبة لإدارة منظمات الأعمال، ويشكّل القرار الاستراتيجي المرتكز الأساسي لنجاح الأعمال أو فشلها، لذلك فهو من المهام الأساسية للإدارة العليا في المنظمة. لقد كانت البداية ترتكز إلى تكوين خلاصات فكرية وتأملات حول مستقبل المنظمة وتطورها، وتشكّل هذه بداية اهتمام الإدارة العليا بالمواضيع الاستراتيجية في المنظمة. وترتكز على هذه القضايا المهمة الكثير من القرارات العملياتية التي لا تعني شيئاً إذا كان القرار الاستراتيجي خاطئاً، لذلك ظهرت المقولة بكون منظمة الأعمال عبارة عن حياة كاملة بقرارات تشغيلية ليوم واحد بقرار استراتيجي. إن هذه المقولة تعني كون القرارات الاستراتيجية بالغة الأهمية، ويجب أن تدعم بأنظمة قرارات عملياتية كفوءة. في هذه الفقرة سيتم التطرق أولاً إلى مفهوم القرار والقرار الاستراتيجي، ثم إلى أنواع القرارات والعوامل المؤثرة على القرارات الاستراتيجية بشكل خاص، ثم إلى خصائص القرارات في المنظمة، وأهمية القرارات الاستراتيجية، ويتم إختتام هذه الفقرة بمداخل صناعة القرار الاستراتيجي.

مفهوم القرار والقرار الاستراتيجي : Decision and Strategic Decision

إن المناقشة المتأنية لموضوع القرار يتطلب أولاً توضيح مجموعة من المصطلحات المرتبطة بالقرار، وهذه المصطلحات هي: **القرار Decision**، ويمثّل الناتج النهائي الذي تم اعتماده في ضوء مراحل مختلفة للصناعة والاختيار، ويمثّل الجوهر النهائي الذي تعتمده الإدارة. أما **اتخاذ القرار Decision Taking** فيعني قيام جهة مسؤولة (الإدارة) اعتماد بديل واحد من بين بدائل مطروحة، في حين تشير **صناعة القرار Decision Making** إلى عمليات منهجية منظمة ومستمرة تشترك فيها أطراف متعددة للوصول إلى عدد من البدائل قد تفرز هذه العملية تفضيل أحدها على البدائل الأخرى، لكنها في كل الأحوال لا تعنى اتخاذ القرار، نظرياً يمكن توضيح هذا الأمر، وتداخل هذه المصطلحات بالشكل (2-10):

شكل (2-10): يوضح ترابط المصطلحات ذات العلاقة بالقرار

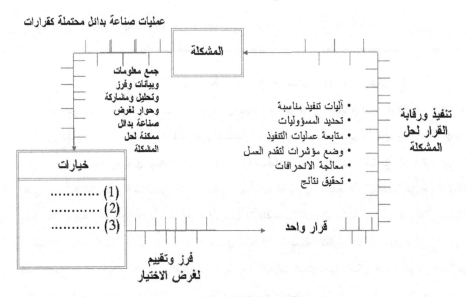

المصدر: من إعداد الباحثين طبقاً لما عكسته أدبيات الإدارة.

إن المدراء يكرسون أهمية ووقت كبير للقرارات غير المهمة باعتبارها الأكثر عدداً والأقوى إلحاحاً، ويضيع في زحمة هذا العمل اليومي القرارات ذات الأثر الكبير والأهمية الأعظم، هكذا كانت البداية والتي ترى أن القرارات العملياتية هي قرارات يومية يواجهها المدراء بصورة مستمرة يومياً، وتتجه الجهود لإيجاد حلول لها، ويضيع في زحمة هذا العمل القرارات المهمة، ولا تعطى الأهمية التي تستحق. إن مشكلة أغلب المدراء في المستويات العليا في منظمات الدول النامية هي فقدان المؤشر المنطقي لإجراء عملية فرز دقيقة لمجموعة القرارات التي تتشكّل من مجموعها حياة المنظمة، لذلك طوّرت أفكار كثيرة من قبل العديد من المتخصصين، وشكّلت ما يعرف حديثاً بنظرية اتخاذ القرار (Decision Making Theory).

إن القرار يعني خياراً نهائياً تعتمده الإدارة، ويسبق هذا الاختيار عمليات مختلفة لصناعته. فقد يصنع القرار بطريقة تفتقر إلى المنهجية والعلمية، أو قد يصنع بطرق أكثر نضجاً وأوسع مشاركة، وبذلك يكون لدينا أساليب وآليات لصناعة القرار مختلفة تؤدي إلى محتوى مختلف للقرارات رغم أنها أي القرارات قد تكون آخذة شكل متشابه أو واحدة. وبشكل عام يرى الباحثون العرب بكون القرار يمثّل اختياراً بديلاً من بين بديلين أو أكثر

(كنعان، 1985: 83)، (ياغي، 1988: 16)، (عبد الوهاب، 1979: 22). أما باحثو الغرب فعادةً ما يتحدّثون عن صناعة القرار بأنها الاختيار الحذر والدقيق ما بين مجموعة من البدائل، في حين يرى (Simon) بأن القرار هو اختيار بديل من بين بدائل متاحة لحل مشكلة ناتجة عن عالم متغير، ويمثّل هذا الأمر جوهر النشاط الإداري في منظمات الأعمال (Simon, 1977: 67). أما القرارات التي تتم في قمة المنظمة تسمى عادة بالقرارات الاستراتيجية. ويرى (Mintzberg, 1976: 49-58) أن القرارات الاستراتيجية هي قرارات تأخذ في الاعتبار الفرص والتهديدات الخارجية والإمكانات الداخلية لتعزيز النجاحات بعيدة المدى للمنظمة. لذلك فإن لها تأثيراً شاملاً وطويل الأمد. في حين يرى (Jemison, 1984: 131-149) أن القرارات الاستراتيجية هي القرارات التي تؤثر بعمق على قدرة المنظمة ومستقبلتها من خلال التأكد بكون هذه القرارات تتجاوب مع متطلبات البيئة. ويعرّف (Luthans: 1985: 591) القرارات الاستراتيجية بأنها قرارات استثنائية تتضمن التزامات طويلة الأجل واستثمارات تتصف بدرجة عالية من الأهمية؛ بحيث إن أي خطأ يحدث فيها قد يعرّض المنظمة إلى مخاطر كثيرة. أما (Mintzberg & Quinn, 1996: 5) فيران أن القرارات الاستراتيجية تتمثّل بالقرارات التي تحدّد مسيرة المنظمة الأساسية واتجاهها العام في ضوء المتغيرات المتوقعة وغير المتوقعة والتي قد تحدث في البيئة المحلية وتشكّل في النهاية الأهداف الحقيقية للمنظمة، وتساعد في رسم الخطوط العريضة التي من خلالها تمارس المنظمة عملها وتوجه توزيع المصادر وتحدد فاعلية المنظمة.

أنواع القرارات والعوامل المؤثرة على القرارات الاستراتيجية ومسؤولية اتخاذها

توجد في الأدب الإداري تصنيفات متعددة للقرارات في منظمة الأعمال. لقد طرح العديد من الباحثين وجهات نظرهم وتفضيلهم لتصنيف القرارات بمسميات معينة دون أخرى، انطلاقاً من مستوى التحليل الذي يقومون به، وكذلك استناداً إلى ما يودون التوصل إليه من استنتاجات. إن كثرة المسميات، وخاصة في اللغة العربية تتطلب وقفة دقيقة لتبيان الإطار والمحتوى الحقيقي لكل تسمية خاصة إذا ما علمنا بأن الباحثين قد لا يفهمون الشيء نفسه من خلال هذه التصنيفات. إن كون منظمات الأعمال تمثّل وحدات اقتصادية واجتماعية تهدف إلى الربح من بين أهداف أخرى في إطار القرارات التي تتخذها، فإننا نجد ترابطاً منطقياً بين سلسلة الأهداف التي تظهر في العملية التخطيطية، والقرارات في إطار هذه

الأهداف وشموليتها ومداها الزمني، ولا تحقق منظمات الأعمال الربح إلا من خلال مجموعة كبيرة من القرارات التي يتم بموجبها تحويل الموارد إلى سلع وخدمات تعرض في أسواق تنافسية محلية أو عالمية. من وجهة نظر نظرية القرارات، فإن المشكلة الأساسية في أي منظمة تتركز حول إعطاء عمليات تحويل الموارد الاتجاهات التي تسمح بتحقيق مختلف الأهداف بشكل أفضل، وبذلك فإن مجموعة القرارات الكبيرة التي تتخذ ضمن إدارات وأقسام وشعب المنظمة المختلفة يجب أن تنسق وتفحص بعناية لكي لا تتعارض مع التوجه العام للمنظمة، وهكذا فإننا نجد أن الاختلاف في تسميات القرارات يرتكز أساساً على اختلاف الأبعاد والأطر التي يستند عليها التصنيف، وهي:

- الأهمية، وهنا نجد قرارات تخص بأهمية كبيرة، وقرارات أقل أهمية.
- المدى الزمني، وتتمثّل بقرارات طويلة الأمد، وقرارات متوسطة وقصيرة الأمد.
- مستوى اتخاذ القرارات، وتتمثّل بالقرارات على المستويات الإدارية العليا، والوسطى، والإشرافية.
- محتوى القرار، وهنا نجد قرارات تسويقية، ومالية، وإنتاجية، وقرارات أخرى كثيرة.
- إطار اتخاذ القرار، تتمثّل بالقرارات الشخصية والقرارات التنظيمية.
- أسلوب تطوير القرار، وتتمثّل بالقرارات الفردية، والقرارات الجماعية.

وهكذا يبدو أن الأبعاد التي تصنف بموجبها القرارات كثيرة ومتعددة، في الوقت نفسه فإننا نجد أن هذه الأبعاد في حقيقة الأمر أبعاد تكاملية، بمعنى أنها يمكن أن تشكّل مع بعضها اتجاهاً موحداً تصنف بموجبه القرارات إلى قرارات عملياتية، وقرارات إدارية، وقرارات استراتيجية، وهذا ما أشار إليه (Ansoff, 1965: 22). وفي الاتجاه نفسه صنف الباحث (Le Moigne, 1974: 244) القرارات إلى ثلاث مجموعات، وهي:

- قرارات يمكن برمجتها على الحاسوب، وفيها تكون النتائج معروفة وواضحة باتجاه التعظيم (Maximize) أو التدنية (Minimize).
- القرارات التي لا يمكن برمجتها على الحاسوب، ولكن يمكن وضع هيكلية لها أو أولوية صحيحة، في هذه القرارات تكون المشكلة أو الحالة نوعاً ما معروفة، وكذلك يعرف متخذ القرار أنه يمكن الاستفادة من الأساليب الكمية والخوارزميات في سرعة الوصول إلى تطوير مجموعة من البدائل كحلول للمشكلة أو الحالة.

• القرارات ضعيفة الأولوية أو الهيكلية، وهذه تخص المشكلات المعقدة، وعادةً ما يكون هناك تعقيد عندما يصعب حصر الأهداف، ومحدودية المعلومات، وصعوبة التحليل والتقييم والفرز. وهنا نلاحظ أن الأهداف تكون غير واضحة، ومن الصعوبة إيجاد صياغات وتوضيح آليات الوصول إليها، وهذا يؤدي إلى عدم تجانس رؤى الأفراد والمجموعات حول هذه المشكلات المطروحة وأسلوب علاجها. وهذا التصنيف لا يختلف كثيراً عن التصنيف الذي أورده الباحث (Ansoff)، والذي عرض فيه بكون القرارات في المنظمة يمكن أن تصنف إلى ثلاث مجموعات استناداً إلى الاختلاف في خصائص كل مجموعة وطبيعة المشكلات التي تعالجها، وآليات تطويرها، ومدى احتياجها للمعلومات والموارد، وغيرها من الخصائص، والمتمثلة بالآتي:

– **القرارات العملياتية:** وهذه القرارات خاصة بمجمل العمليات في المنظمة. لقد أولى المديرين هذه المجموعة من القرارات الجزء الأكبر من جهودهم، وهم يتحملون مجمل العمل الإداري في منظماتهم. إن الهدف الأساسي المشترك لهذه المجموعة من القرارات هو جعل مراحل تحويل الموارد إلى منتجات وخدمات أكثر كفاءة ممكنة. بمعنى آخر، الحصول من عمليات استغلال هذه الموارد على أعظم الأرباح أو النتائج المرغوبة. أما المجال الأساسي لهذه المجموعة من القرارات فهو توزيع الموارد المحدودة من خلال طرق وسائل إدارية وفنية (الموازنات، وتوزيع خطوط الإنتاج، وخطط العمليات، والسيطرة، والسيطرة على عمليات الإنتاج...) لغرض تحقيق الأهداف.

– **القرارات الإدارية:** إن المجال الأساسي لهذه القرارات هو إدارة الموارد بهدف الحصول على أحسن النتائج، وتكون المشكلة محصورة بين المشكلة الاستراتيجية ومشاكل العمليات. وتختص بجانب التنظيم، وإيجاد هيكل ملائم يتم من خلاله توزيع المسؤوليات والسلطات، ومن جانب آخر الحصول على الموارد وتطويرها، وخاصة تلك المتعلقة بالمعرفة لدى العاملين، وكذلك الجوانب المالية ومستلزمات الإنتاج الأخرى.

– **القرارات الاستراتيجية:** تقع أساساً على مجمل الأعمال ذات التوجه الخارجي، وليس الداخلي منها فقط. إنها تحدّد بشكل عام طبيعة العلاقة والتناغم بين منظمة الأعمال وبيئتها؛ أي أنها القرارات التي تحدد اختيار مجال النشاط والمنتجات من السلع والخدمات التي تقدّمها المنظمة، وكذلك الأسواق التي تعرض فيها هذه المنتجات. إن المشكلة الاستراتيجية تتمثّل بإيجاد توافق وتناغم دائم بين المنظمة والبيئة، ويتم ذلك من خلال

مختلف أنواع الاستراتيجيات الخاصة بالنمو والانسحاب والاستحواذ والتراجع والتنويع والتي تعطي للمنظمة صيغة عملها النهائية في البيئة، وتثار هنا إشكالية توزيع الموارد المحدودة على حقول النشاط المختلفة كمنتجات وأسواق. ويلخص الجدول (2-1) أنواع القرارات وفق مجموعة من الأبعاد.

جدول (2-1): أنواع القرارات

نوع القرار / الأبعاد	الاستراتيجي	التنظيمي (الإداري)	التشغيلي
المشكلة	اختيار مزيج الأسواق والمنتجات الذي يعظم العائد المتوقع من الاستثمار.	هيكلة موارد المنظمة لتحقيق أعلى أداء ممكن.	تعظيم نواتج العمليات.
طبيعة المشكلة	تخصيص الموارد على الفرص المتاحة في مجال (الأسواق/ المنتجات).	اكتساب الموارد وتنظيمها وتطويرها.	• التوازن في تخصيص الموارد وتوزيعها بين المجالات الرئيسة للوظائف. • جدولة إجراءات تخصيص الموارد وتنفيذ الإشراف والرقابة.
القرارات الأساسية	تتركز حول استراتيجية التنويع وعلى التوسع والجوانب المالية وطرق النمو وتوقيتاته.	• هيكلة المعلومات والصلاحيات (انسياب المسؤولية وهيكلة توزيع الموارد). • اكتساب وتطوير الموارد والمعدات والمواد.	• تحديد أهداف العمليات التشغيلية. • تحديد مستويات المنتوجات والأسعار. • جدولة الإنتاج والمخزون. • استراتيجيات التسويق وسياساته والنمو والتطور.
الخصائص	مركزية القرارات. اللاتأكد والمخاطرة عالية. قرارات غير روتينية. قرارات لا تتكرر ذاتياً.	• تنظيم الاختلاف بين الاستراتيجية والعمليات. • تنظيم الاختلاف بين أهداف المنظمة وأهداف الأفراد. • تطوير علاقة قوية بين المتغيرات الاقتصادية والاجتماعية. • التحرك في المشكلات الاستراتيجية إلى العملياتية وبالعكس.	• لا مركزية القرارات. • إنخفاض المخاطر واللاتأكد. • تعدد القرارات. • متكررة وتتولد ذاتياً
المسؤولية	الإدارة العليا.	الإدارة الوسطى.	الإدارة التنفيذية.

Source: Ansoff, "Corporate Strategy", 1982: 24.

ومن المعلوم أن القرارات الاستراتيجية في المنظمة تتأثر بمجموعة كبيرة من العوامل لخّصها الباحث

(Mintzberg) بالآتي:

- **القوة والسياسات Power and Politics**: إن قدرة المديرين على صناعة واتخاذ القرارات الاستراتيجية في المنظمة تتأثر بطبيعة ممارسة القوة والسلطة بين المديرين والأطراف الأخرى ذات العلاقة المباشرة وغير المباشرة من وجود المنظمة.

- **الرقابة الخارجية External Control**: وتظهر في طبيعة العلاقات مع الفئات الخارجية، ومدى التأثير الذي تمارسه هذه الأطراف على صناع القرار ومتخذه.

- **الخصائص الإدارية Managerial Characteristics**: إن خصائص متخذ القرار الشخصية والقيمية تؤثر على صناعة واتخاذ القرار من قبله، فقد يكون متخذ القرار حديثاً، وبالتالي يكون أكثر ميلاً لاتخاذ القرارات في ظل المخاطرة العالية أو مديراً أقل ميلاً للمخاطرة، وكذلك تؤثر الخصائص الشخصية قبل التخصص والتجربة على صناعة القرار (Brouthers, et...al, 1998: 131-132)، ومن المهم ملاحظة أن عمليات صناعة القرار يشترك فيها عدد كبير من الأطراف، وتتأثر بأطراف أخرى، ولكن ما يبدو واضحاً أن مجال اتخاذ القرار ومسؤولياته تتباين بين المستويات الإدارية المختلفة، حيث يكون مجال اتخاذ القرار واسعاً ليشمل قرارات مهمة واستراتيجية تقع في إطار مسؤولية الإدارة العليا للمنظمة، في حين يضيق هذا المجال ليصبح وسطاً، ويركز على القرارات الإدارية وهو من مسؤولية الإدارة الوسطى، أما في مستوى الإدارة الدنيا والإشرافية، فإن مجال صناعة القرار ضيقة ومركزاً على القرارات التشغيلية التي هي من اختصاص هذه الإدارة، وكما يظهر من الشكل.

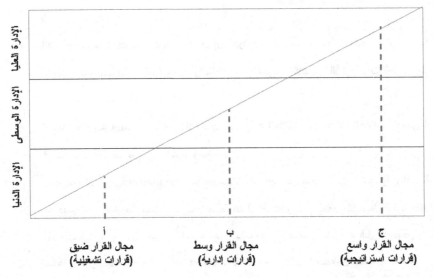

الشكل (2-11): مجال اتخاذ القرار ومسؤوليته

المصدر: من إعداد الباحثين وفقاً لما عكسته الأدبيات الإدارية.

عمليات صناعة القرار ومراحله   Decision Making Process and Phases

عمليات صناعة القرار واتخاذه:

من وجهة نظر نظرية القرارات، فإن المشكلة التي تواجه المنظمات يمكن أن تختصر في قابلية هذه المنظمات على إعطاء عملية أو عمليات تحويل الموارد الإتجاهات الصحيحة، والكفوءة التي تسمح للمنظمة بتحقيق أهدافها. لذلك فإن تحسين القرارات وتطويرها ينصبّ أساساً على تحسين وتطوير مراحل عملية صناعة القرارات؛ بمعنى آخر من الضروري أن تكون هذه المراحل متناغمة ومتناسقة وتجري من خلال عمليات إدارية أكثر كفاءة وأقرب إلى الواقع الفعلي الذي سيطبق فيها القرار. ومن المهم إعطاء أهمية فائقة لصنع القرارات الاستراتيجية باعتبارها قرارات ذات تأثير كبير جداً على مجمل حياة المنظمة.

لقد حدّد (Ansoff) مراحل القرارات وأسلوب صناعتها بصنفين من القرارات يتخذ **الصنف الأول** بطريقة سلسلة القرارات المنفصلة، **والصنف الثاني** يتخذ بأسلوب متوازي عن طريق تحليل متعاقب وصولاً إلى القرار المطلوب. والشكل (2-12) يلخص فكرة اتخاذ القرار.

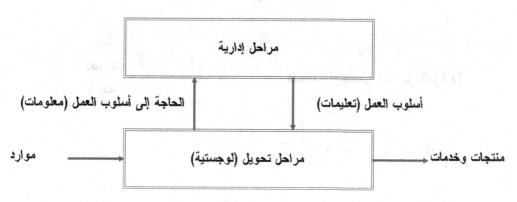

شكل (2-12): فكرة اتخاذ القرار

Source: Ansoff, Igor, "Toward A Strategic Theory of the Firm", in Business Strategy Panguin Books, المصدر : بتصرف من

(1969).

ففي القرارات التي تأخذ على شكل سلسلة متتابعة تكون المشكلات محددة ومعروف تأثيرها على الأنظمة اللوجستية للمنظمة، فمثلاً، إن ملاحظة التراكم في مخزون المنتج النهائي يجعل المدراء يبحثون عن حلول من واقع خبرتهم العملية الحديثة التكوين. لذلك يقدم المدير على اتخاذ قرار عملياتي ضيق النطاق من خلال تنشيط المبيعات بإعطاء محفزات إلى رجال البيع، لينتظر نتيجة هذا القرار. أما في حالة عدم ظهور نتيجة مرضية يبدأ المدير بالتفكير بكون المشكلة أكثر تعقيداً، وقد تتطلب توسيع مجال القرار ليصبح وسطاً (قرار إداري) من خلال تعديل أو تغيير قنوات التوزيع لينتظر نتيجة هذا القرار أيضاً، وغالباً ما يكون قبول كون المنتجات قد دخلت مرحلة الانهيار (الهبوط) والتي تتطلب اتخاذ قرار استراتيجي بطرح منتوج للأسواق تأتي في مراحل متأخرة جداً أو في نهاية السلسلة، وكما يوضح الشكل (2-13).

شكل (2-13): اتخاذ القرارات بأسلوب السلسلة المتتابعة

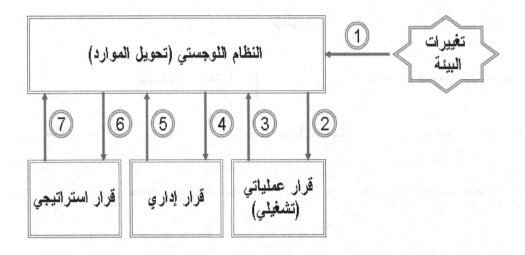

المصدر : بتصرف من Source: Ansoff, Igor, "Toward A Strategic Theory of the Firm", in Business Strategy Panguin Books, (1969).

أما أسلوب اتخاذ القرار بشكل متوازي فإن الإدارة تكون قد نظمت وأدخلت المؤشرات الموضوعة في جداول تفصيلية، وبشكل متراكم بالخبرة لتعطي بشكل سريع نوع المشكلة المطروحة لغرض اتخاذ القرارات المناسبة بشأنها. وهذا يعني استخدام طريق التحليل والتفحص والدقيق والتي تستطيع الإدارة من خلالها تحديد الأصل الحقيقي للمشكلة لتأتي القرارات منسجمة مع واقع المشكلة المطروحة، ويلخص الشكل (2-14) اتخاذ القرارات بأسلوب متوازي.

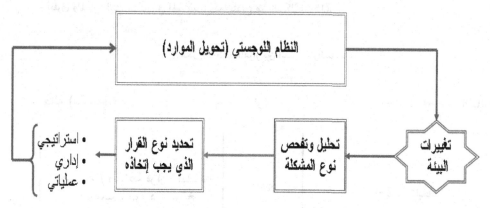

شكل (2-14): اتخاذ القرارات بأسلوب متوازي

النظام اللوجستي (تحويل الموارد)

تحديد نوع القرار الذي يجب إتخاذه

تحليل وتفحص نوع المشكلة

تغييرات البيئة

• استراتيجي
• إداري
• عملياتي

المصدر : بتصرف من ,Source: Ansoff, Igor, "Toward A Strategic Theory of the Firm", in Business Strategy Panguin Books

(1969).

وفي الواقع العلمي، فإن هذان الأسلوبان هما تبسيط للصيغ الأكثر تعقيداً لاتخاذ القرارات. إن المنظمات بصورة عامة تعمل ضمن أطر تقترب أو تبتعد عن هذين الأسلوبين لكنه يبدو، وخاصة في منظماتنا العربية، أنها لا تزال في أغلب الحالات مستخدمة للأسلوب الأول، وفيه يغلب طابع الانتظار حتى تثار المشكلة بشكل واضح وكبير ليبدأ المدير بالبحث عن حل من واقع خبرته وبطريقة يحاول فيها الابتعاد عن إدخال أي تغييرات حقيقية بالطرق المعتادة للعمل، ويرغب كذلك أن يكون سريعاً ليماثل أسلوبه، أسلوب التجربة والخطأ في الإدارة. أما الأسلوب الثاني فهو أقرب إلى مفاهيم الرشد والعقلانية التي تتفهم جميع الاعتبارات والقيود، وهذا الأسلوب طور على ضوء تطور الفكر الإداري وقدرة المنظمات على وضع أنظمة معلومات إدارية فاعلة وكفوءة يتم من خلالها زيادة قدرة المدير في استخدام الوقت الحقيقي لتفحص المعلومات الضرورية والكافية ومن ثم اتخاذ القرار، وبما يناسب الحالة أو المشكلة المطروحة. لقد حرر هذا الأسلوب المدراء من إشكالية الضياع في زحمة العمل العادي، والتركيز على القرارات الاستراتيجية ذات الأهمية الشاملة بالنسبة للمنظمة.

إن عملية صناعة القرار تتمثّل بمجمل آليات لجمع البيانات والمعلومات وفحصها وتحليلها ويدخل في إطارها المشاركة والاستشارة والتنبؤ المستقبلي بالحالة المرغوبة، وغيرها من الأساليب المؤدية في النهاية إلى تطوير بدائل ثم تقييم هذه البدائل لاتخاذ البديل الأفضل.

إن هذه العملية في حقيقة الأمر عملية تتم في إطار الزمن الماضي، بالرغم من أنه تتنبأ بمعطيات المستقبل، في حين تتمثّل عملية اتخاذ القرار اللحظة الآنية لإقراره. أما التنفيذ والرقابة والتقييم فهي مجمل الآليات والأساليب والطرق والمعايير التي ستكون في المستقبل، وكما يتضح من الشكل (2-15).

شكل (2-15): القرار بين الصياغة والتنفيذ

المصدر: من إعداد الباحثين وفقاً لما عكسته الأدبيات الإدارية.

ويشير الباحث (Martinet) إلى أن الغالب في المنظمات اليابانية هو أن إدارات هذه المنظمات تأخذ وقتاً كبيراً ومهماً – إذا سمحت الحالة – في عمليات صناعة القرارات حيث المشاركة الفاعلة والفحص والتحليل للمعلومة باعتبار أن هذه الحالات تجري في الماضي رغم أنها تحاكي نتائج المستقبل. في حين يتم بشكل كبير الإسراع في عملية التنفيذ لغرض تقليل تأثير المستقبل على القرار باعتبار أن عمليات التنفيذ والتقييم والرقابة تأتي في المستقبل للوصول إلى النتائج، ولغرض تقليل تأثيرات غير متوقعة وغير متنبأ بها في هذا المستقبل المجهول، ويشير الباحث أيضاً إلى أن أغلب المنظمات الأوروبية والأمريكية تستخدم نموذج معاكس للنموذج الياباني (Martinet, 1983: 13-18)، ويلخص الشكل (2-16) ما ورد من أفكار بشأن القرارات في إطار المنظمات اليابانية والغربية.

شكل (2-16) : القرارات في المنظمات اليابانية والغربية

الأبعاد	النموذج الياباني	النموذج الغربي
الأسلوب المستخدم	متوازي	أغلبية أسلوب السلسلة
رؤية المدير	مشارك فاعل في القرار	صانع قرار مع الآخرين
مرحلة صناعة القرار	طويلة وجماعية	قصيرة ومتوسطة ومحدودة المشاركة
اتخاذ القرار	مشارك/ إقناع جماعي	مشارك/ إقناع للفاعليين
تنفيذ القرار	قصيرة وسرعة وكفوءة	طويلة ومتوسطة وتثير إشكالات
الرقابة وتقييم النتائج	مستمرة وبمؤشرات عديدة	متقطعة وبمؤشرات محدودة

المصدر : من إعداد الباحثين طبقاً لما عكسته الأدبيات الإدارية

ومهما تكن الأساليب المستخدمة في صناعة القرار، فإن عمليات صناعة القرار واتخاذه ومتابعة تنفيذه وتقييمه ترتبط برؤية المدير وفلسفته ومدى تركيزه من حيث الاهتمام بتوزيع الأدوار على مختلف المستويات الإدارية لكي تبقى الإدارة العليا مركزة على ما هو مهم من هذه القرارات في المنظمة، وهي القرارات الاستراتيجية. ويقدم الباحث (Thompson) مدخلاً عملياً يتم من خلاله التركيز على القرارات الاستراتيجية في إطار هذا المدخل، ويتم التركيز على بعدين أساسيين هما: (1) معتقدات المدير حول علاقات السبب والتأثير، (2) تفضيلاته فيما يتعلق بالنتائج الممكنة، ويمكن عرض هذا الأمر من خلال المصفوفة التالية.

شكل (2-17): مصفوفة المعتقدات والتفضيلات بشأن القرارات الاستراتيجية

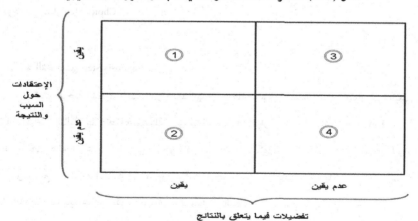

المصدر : بتصرف من Source : Hall, Richard H., 1996:357

ففي مربع اليقين تكون استراتيجية المدير محسوبة، حيث القرار واضح، ويمكن معرفة نتائجه بشكل واضح. أما المربعات الأخرى فتتفاوت الإشكاليات والتعقيدات فيها، ففي المربع (2) عادة ما يلجأ المدير إلى التخمين في صناعة القرار وحسب الظروف المحيطة، في حين يمثّل المربع (3) استراتيجية توفيقية لصناعة القرار تختلف باختلاف تفضيلات المدراء فيما يتعلق بالنتائج المستهدفة، أما المربع الأخير (4) فإنه يمثّل الحالة الأكثر تعقيداً حيث يستخدم المدراء الرؤية والإلهام والبصيرة لصناعة قرارات تتسم بظروف غير واضحة ونتائج غير محددة بشكل قاطع (Hall, 1996: 353-360).

مراحل عملية صناعة القرار الاستراتيجي:

يقصد بمراحل عملية صناعة القرار الاستراتيجي الطرق أو الخطوات العامة التي تتضمنها بشكل صريح أو ضمني نماذج صناعة القرار (Hellriegal & Solocum, 1978: 185). وهناك جدل كبير قائم بين الباحثين المختصين حول عدد هذه المراحل وأولوية ترتيبها، ويعود هذا الاختلاف إلى الاتجاهات المتباينة والخلفيات المختلفة لهؤلاء الباحثين. هذا، ومهما كانت طبيعة المدخل المستخدم في عملية صناعة القرار الاستراتيجي، فإن نظريات عملية صناعة القرار الاستراتيجي تحدّد بشكل عام سلسلة من المراحل لعملية صناعة القرار، وهي:

أ) مرحلة التشخيص Diagnosis Step

ب) مرحلة تحديد البدائل Alternative Identify Step

ج) مرحلة تقييم البدائل Alternative Evaluation Step

د) مرحلة الاختيار Choice Step

(أ) مرحلة التشخيص Diagnosis Step:

تعتبر مرحلة تشخيص المشكلة وتحديد الهدف مرحلة مهمة في عملية صناعة القرار الاستراتيجي؛ نظراً لارتباط المراحل التالية بها. وتعرّف المشكلة - في مجال صناعة القرار - بأنها انحراف (Deviation) عن الهدف المحدد أو هي حالة من عدم التوازن بين ما هو كائن وما يجب أن يكون، ومن متطلبات هذه المرحلة للوصول إلى تشخيص واضح للمشكلة الحاجة إلى مسح البيئة الخارجية لتحديد الفرص والتهديدات السائدة فيها، وتقييم البيئة الداخلية لتحديد عناصر القوة والضعف، بالإضافة إلى التعرف على محفظة أعمال المنظمة

ليتم تحديد حجم الفجوة الاستراتيجية بين الفرص والتهديدات السائدة في البيئة الخارجية، ونواحي القوة والضعف لدى المنظمة ككل، ولكل نشاطات الأعمال التي تزاولها، وبعد الانتهاء من هذه الخطوة يتم الانتقال إلى المرحلة التالية الخاصة بتحديد عدد من البدائل الاستراتيجية.

(ب) مرحلة تحديد البدائل Alternative Identify Step:

في هذه المرحلة على الإدارة أن تبحث عن عدد من البدائل الاستراتيجية التي يمكن أن تساعد على سد الفجوة أو الفجوات الاستراتيجية (غراب، 1987: 7-40). والبديل هنا عبارة عن مقترح يؤخذ في الاعتبار إلى جانب مقترحات أخرى بهدف المقارنة والتحليل حتى يتم اختيار واحد منها ليصبح هو القرار الأخير. وعملية تحديد البدائل تتطلب من صانع القرار الخبرة وتوفر المعلومات، بالإضافة إلى الاستعانة بالمستشارين والمساعدين (Moorhead & Griffin, 1995: 242)، ويتوقف تحديد البدائل الاستراتيجية على عدد من العوامل من أهمها: القيود القانونية، والمعايير الأدبية والأخلاقية، والتكنولوجيا المتوفرة، والاعتبارات الاقتصادية، وتوقعات صانع القرار (Griffin, 1993: 208).

(ج) مرحلة التقييم Evaluation Step:

بعد أن يتم تحديد البدائل يبدأ صانع القرار بعملية التقييم، ويقصد بعملية التقييم مقارنة البدائل المحددة في المرحلة السابقة - مرحلة تحديد البدائل - بالأهداف المحددة سلفاً، وكلما كان البديل أقرب إلى تحديد الهدف النهائي كلما كان مرغوباً به أكثر من غيره، وإجراءات التقييم تشمل وصف نتائج كل بديل، وتقييم تكاليف كل بديل وتقدير مدى عدم التأكد والمخاطرة المصاحبة لكل بديل (Moorhead & Griffin, 1995: 242)، ونتائج التقييم قد تتمحور في أحد المحاور الأربعة التالية، كما أوضح ذلك الباحثون (Hellriegel & Slocum, 1978: 189):

- البديل الجيد (A Good Alternative) : والذي يقود إلى نتائج مرغوبة لدى صانع القرار.
- البديل المتوازن (Balanced Alternative) : من غير المحتمل أن تنتج عنه نتائج إيجابية أو سلبية لصالح صانع القرار.
- البديل المختلط (A Mix Alternative) : من المحتمل أن تنتج عنه نتائج إيجابية أو سلبية لصالح صانع القرار.

• البديل الضعيف (A Poor Alternative): من المحتمل أن تنتج عنه نتائج ضعيفة لصالح صانع القرار.

ويشير (Agarwal, 1982: 94) إلى إن وجود عدد من الأساليب/الأدوات الفنية (Quantitative Tool)، وتحليل التكلفة/ العائد (Cost-Benefit Analysis)، وشجرة القرار (Decision-Tree).

(د) مرحلة الاختيار Choice Step:

تمثّل المرحلة الأخيرة في عملية صنع القرار الاستراتيجي، وقد ارتبطت عملية الاختيار لدى الكثير بعملية صناعة القرار، غير أن الاختيار يمثّل فقط إحدى مراحل عمليات صناعة القرار (Hellriegal & Slocum, 1978: 189)، وتعتبر هذه المرحلة من المراحل الفكرية الصعبة؛ ذلك أن عملية الاختيار بين البدائل ليست عملية واضحة أو سهلة، إذ لا تظهر مزايا وعيوب كل بديل وقت بحثها، ولكنها تبرز بعد تنفيذ الحل (مستقبلاً) فضلاً عن ضيق الوقت المتاح أمام متخذ القرار لاستكشاف النتائج لكل بديل من البدائل المتاحة (كنعان، 1985: 146-161)، وهناك مجموعة من المعايير تستعين بها الإدارة في عملية اختيار القرار، أهمها تلك التي يحققها كل بديل معين، ومدى توافق البديل مع أهداف المنظمة وانسجامه مع سياستها وخططها وفلسفتها، والمكاسب التي يحققها البديل، ودرجة المخاطرة المتوقعة من اتباع البديل، ومقدار الجهد اللازم بذله في تنفيذ البديل، وكفاءة البديل؛ أي مدى استغلاله للموارد المتاحة، والمعلومات المتاحة عن الظروف البيئية المحيطة، ومدى مساعدتها لتنفيذ البديل ونجاحه، والتوقيت، ودرجة السرعة المطلوبة في الحل، واعتبارات أخرى مثل: قوانين المجتمع وأعرافه ونظمه وتقاليده (عبد الوهاب، 1979: 43-44).

وندرج في الشكل (2-18) آراء العديد من الباحثين حول مفهوم ومراحل عملية صناعة القرار الاستراتيجي، والتي يبدو منها ظهور إختلاف في المسميات وتأكيد على بعض المراحل لأهميتها قياساً إلى مراحل آخرى. ورغم ذلك فإن هذه المراحل جميعها مهمة للوصول على صياغة جيدة للقرار الاستراتيجي.

شكل (2-18) آراء العديد من الباحثين حول مفهوم ومراحل عملية صناعة القرار الاستراتيجي

Mintzberg (1976)	Glueck (1978)	Hofer & Schendel (1978)	Hazzaaloni (1981)	Narayanan & Fahey (1981)	Schewnk (1988)	Johnson & Scholes (1993)	Fred David (1995)	Wheelen & Hunger (2004)
1- مرحلة التشخيص: * تمييز القرار * التشخيص	1- تحديد الفرص في البيئة الخارجية	1- التعريف الاستراتيجي	1- تحديد الحاجة للقرار	1- التصور: * التنشيط * التعبئة * التحالفات	1- صياغة الهدف وتحديد المشكلة	1-التحليل الاستراتيجي: * البيئة * الثقافة وتوقعات أصحاب المصالح * الموارد والقدرات الاستراتيجية	1- صياغة الاستراتيجية : * تطوير رسالة المنظمة * مراجعة البيئة الداخلية * مراجعة البيئة الخارجية * تحديد الأهداف طويلة المدى * تجميع وتقييم واختيار الاستراتيجيات	1- تقويم نتائج الأداء الحالي
2- مرحلة التطوير: * البحث * التصميم	2- تحديد الميزة النسبية للمنظمة	2- التحليل البيئي	2- البحث في البدائل	2- الحل : * المواجهة. * القرار	2- تكوين البدائل الاستراتيجية	2- الاختيار الاستراتيجي: * تحديد الخيارات * تقييم الخيارات * اختيار الاستراتيجية	2- التطبيق الاستراتيجي * تأسيس السياسات والاهداف السنوية * توزيع الموارد * التقييم الاستراتيجي * قياس وتقييم الأداء	2- مراجعة حاكمية المنظمة

3- مرحلة الاختيار: * التقييم * التفويض	3- الاختيار (المرحلة الأولى): * اعتبار البدائل الاستراتيجية	3- تحليل الموارد	3- تحري برامج التعرف		3- التقويم والاختيار	3- التطبيق الاستراتيجي : * تخطيط وتوزيع الموارد * الهيكل التنظيمي والتصميم * إدارة التغيير الاستراتيجي		3- فحص وتقييم البيئة الخارجية
	4- الاختيار (المرحلة الثانية): * اختيار بديل من بين البدائل الاستراتيجية	4- تحليل الفجوة	4- المراجعة والموافقة		4- التطبيق			4- فحص وتقييم البيئة الداخلية
	5- التطبيق	5- البدائل الاستراتيجية	5- التطبيق					5- تحليل العوامل الاستراتيجية (تحليل نقاط القوة والضعف والفرص والتهديدات)
	6- التقييم	6- تقييم الاستراتيجية						6- تقييم واختيار أفضل البدائل الاستراتيجية
		7- الاختيار الاستراتيجي						7- تنفيذ الاستراتيجيات المختارة
								8- تقييم الاستراتيجيات المنفذة

تمتلك القرارات الاستراتيجية خصائص معينة تميزها عن القرارات الإدارية الأخرى، ويمكن فهم طبيعة هذه القرارات بصورة أكثر وضوحاً من خلال استعراض الخصائص التالية (Boseman & Phatak, 1989: 14-16):

المستوى التنظيمي Organizational Level:

إن القضايا التي تحتاج إلى صياغة قرارات استراتيجية يتم التعامل معها من خلال الإدارة العليا كونها تمتلك تصوراً كافياً تدرك من خلال المضمون الحقيقي لقراراتها الاستراتيجية، ومن القضايا التي تتطلب مشاركة الإدارة العليا هو قرار المنظمة الدخول أو الخروج من نشاط معين، وصياغة الاستراتيجية لتحقيق الأهداف العريضة للمنظمة.

التأثير الزمني Temporal Impact:

القرارات الاستراتيجية لها تأثير بعيد المدى على المنظمة، فعندما تتخذ المنظمة قراراً استراتيجياً يتعلق بدخول سوق جديد أو فتح خط إنتاجي إضافي فإنها بذلك تقرر مواصلة العمل في هذا المضمار لعدة سنوات قادمة؛ مما يعني أن المنظمة، ومن خلال هذا النشاط تصبح معروفة ومميزة بمنتج أو سوق معينة.

التوجه المستقبلي Future Orientation:

القرارات الاستراتيجية تمثّل توجهاً مستقبلاً للمنظمة، فالإدارة العليا، وهي بصدد صناعة القرار الاستراتيجي تجد نفسها ملزمة بإجراء التنبؤات حول الخصائص المستقبلية للبيئة بهدف تقييم الفرص والتهديدات ومواءمتها بعناصر القوة والضعف داخل المنظمة، وبذلك تصبح المنظمة في وضع يسمح لها بصناعة قرار يشكل مستقبل المنظمة من حيث نوع المنتج وحجم السوق، والوضع التنافسي، وحجم الإنفاق على البحوث والتطوير والاستثمار في تكنولوجيا حديثة، وعليه فإن التوجه المستقبلي للقرارات الاستراتيجية يعني تقرير أو تحديد المسار الحالي للأحداث التي ستجعل المنظمة تنقل نفسها من وضعها القائم إلى الوضع المرغوب فيه مستقبلاً.

المنظور النظمي System Perspective:

عند صناعة القرار الاستراتيجي، فإن المدراء يدركون أن المنظمة تمثّل نظاماً مفتوحاً (Open System) يتكون من مجموعة أنظمة فرعية متداخلة ومترابطة، وإن

القرارات الاستراتيجية التي تؤثر في جزء من المنظمة (كقسم الإنتاج) تمتلك أيضاً تأثيراً على جزء آخر من المنظمة (كقسم التسويق).

التوجه نحو النظام المفتوح Open System Orientation:

يقال إن المنظمة تتوجه باتجاه بيئتها الخارجية، إذا كانت عملياتها ووظائفها الداخلية تؤثر وتتأثر بالبيئة الخارجية، وكمثال على ذلك، فإن الانخفاض الحاد في المواليد سيؤثر بشكل كبير على مبيعات المنظمة التي تسوق طعام الأطفال، وبناءً عليه فإن المنظمة التي تريد أن تحافظ على نجاحها في المدى البعيد يجب أن تأخذ في الاعتبار وهي تصنع قراراتها الاستراتيجية تأثير البيئة الخارجية وبالذات اللصيقة (الخاصة) كالمنافسون، والموردين، والدائنون والحكومة.

وضع إطار عام لقرارات الإدارة الوسطى والدنيا Framework for Lower Decision Making:

تمثّل القرارات الاستراتيجية إطاراً مرشداً يهتدى به مدراء الإدارة الوسطى والدنيا في وضع قراراتهم التي تناسب توجه وتفكير الإدارة العليا، وتسهم في تحقيق أهداف المنظمة.

توزيع (نشر) الموارد Deployment of Resources:

القرارات الاستراتيجية تشمل توزيع الموارد الأساسية، فالقرارات الاستراتيجية تحمل في طياتها التزام المنظمة بتنفيذ مجموعة من المشاريع (الأعمال) المستقبلية، وهذا بدوره يتطلب توفير موارد أساسية لتحقيق الأهداف من هذه القرارات، وبالتالي ومن خلال تطبيق هذه القرارات لا بد من توزيع هذه الموارد الأساسية.

ويعرض كل من الباحثين (Johnson & Scholes, 1993: 5-12) خصائص القرار الاستراتيجي في النقاط الآتية:

1- إن القرار الاستراتيجي يتعلق أو يرتبط بمجال نشاط المنظمة، حيث إن القرار الاستراتيجي يحدد ما إذا كانت المنظمة ستركز على نشاط أو قطاع معين أو أنها ستمارس عدة نشاطات، وتكمن أهمية هذه الخاصية أن موضوع مجال النشاط للمنظمة يحدد للمسؤولين عن الإدارة تصور حدود المنظمة.

2- القرارات الاستراتيجية تعمل على مطابقة (Matching) نشاط المنظمة وظروف البيئة التي تعمل بها.

3- القرارات الاستراتيجية تعمل على إحداث المجانسة بين نشاط المنظمة مع مواردها وإن القرارات الاستراتيجية لا تهتم بمواجهة تهديدات البيئة أو الاستفادة من فرصها فقط، ولكنها أيضاً تعمل على مقابلة موارد المنظمة مع هذه الفرص والتهديدات.

4- تمثّل الموارد بعداً أو مضموناً جوهرياً في القرارات الاستراتيجية للمنظمة، فالمنظمة التي تأخذ قراراً استراتيجياً بتوسيع نشاطها على مستوى عاملي يكون لزاماً عليها تبعاً لهذا القرار أن توفر الموارد اللازمة لتنفيذ هذا القرار سواء كانت هذه الموارد مالية أو مادية أو مهارات وخبرات فنية.

5- تؤثر القرارات الاستراتيجية على القرارات العملية من حيث الحاجة إلى إصدار مجموعة قرارات تشغيلية بعد أي قرار استراتيجي، وذلك لمعالجة ما يترتب من تغيرات ناتجة عن القرارات الاستراتيجية.

6- إن القرارات الاستراتيجية لا تتأثر فقط بالقوى البيئية، وبتوفر الموارد، ولكنها تتأثر أيضاً بقيم وتوقعات أولئك الذين يمتلكون القوة داخل المنظمة وخارجها، ففي حالات كثيرة يُنظر إلى القرارات على أنها انعكاس لمواقف ومعتقدات هؤلاء الذين يمتلكون تأثيراً كبيراً على المنظمة.

7- تمتلك القرارات الاستراتيجية خاصية التأثير بعيد المدى على المنظمات.

جدول (2-2): يلخص خصائص القرار الاستراتيجي مقارنة بالقرار التشغيلي

الخصائص / القرار	القرار الاستراتيجي	القرار التشغيلي
طبيعة القرار	معقدة	روتينية
نطاق القرار	شامل	موضعي
المدى الزمني للتأثير	طويل نسبياً	قصير
أبعاد القرار	متعددة	أحادية
البيئة	متغيرة	ثابتة
الأهداف	متعددة	أحادية
درجة الوضوح	قليلة	عالية
حجم الاستثمار	عالٍ	ضعيف
دقة المعلومات	في الغالب محدودة	دقيقة
مصدر المعلومات	في الغالب خارجي	داخلي
التأثير	شامل	محدود
الرجوع عن القرار	ضعيف	قوي
الزمن	متغير	ثابت
النماذج	موجه، مساعد على	لوغارتمي
طبيعة الجهد المطلوب	جهد ذهني	جهد عالٍ
الإبداع	واسع	محدود
الهيكلة	ضعيفة	قوية
درجة التأكد	ضعيفة	عالية
القواعد المنظمية	لا تنظمها قواعد قانونية سابقة	وجود إجراءات ولوائح ومعايير جاهزة
المركزية	عالية	ضعيفة
مصدر القرار	الإدارة العليا	الإدارة الوسطى/ الدنيا
نماذج من القرارات	قرارات التوسع، فتح أسواق جديدة، إنتاج منتج جديد، تغيير أساسي في البناء التنظيمي	منح إجازة اعتيادية، إعلان عن مناقصة، تطوير الموازنات، التعامل مع قضايا العاملين اليومية

المصدر: إعداد الباحثين بتصرف والاعتماد على: (Hellriegle & Slocum, 1978: 170-228), (Luthans, 1985: 587-620)

مداخل عملية صناعة القرار الاستراتيجي

Strategic Decision Making Processes Approaches

تعدّدت تصنيفات مداخل عملية صناعة القرار الاستراتيجي، واختلف الباحثون في مسمياتها، ومن التصنيفات الواردة في هذا الإطار، الآتي:

المدخل الشمولي The Comprehensiveness Approach:

يقصد به الإجراءات أو الخطوات النظامية التي تفترض الموضوعية والرشد وتوفر المعلومات الكاملة لدى صانع القرار، وتبدأ هذه الخطوات بتحديد الهدف أو تشخيص المشكلة وإيجاد البدائل والتقييم ثم الاختيار (Moorhead & Griffin, 1995: 235-261)، ويوضح (Fahey, 1981: 43-60) إلى أن أدبيات صناعة القرار الاستراتيجي سيطر عليها تاريخياً المدخل الشمولي/ العقلاني/ الكلي/ الرشد. فالإجراءات والخطوات الشمولية تعتبر أمراً أساساً مسلّماً به بهدف صياغة الاستراتيجية الكلية للمنظمة. وهذه الخطوات والإجراءات تقليدياً تشمل تحديد الرسالة والأهداف واستراتيجيات السوق والمنتج وقرارات توزيع الموارد بعد أن تكون المنظمة قد مسحت البيئة لتحديد الفرص والتهديدات، فالقرار المتخذ بهذه الطريقة يأخذ في الاعتبار كل البدائل وكل النتائج لكل اختيار ممكن، وترتب هذه النتائج في ضوء ميزان تفصيلي ثابت، ويختار البديل الذي يؤدي إلى تعظيم النتائج. وقد وجّهت عدّة انتقادات لهذا المدخل من أهمها: أن صانع القرار ليس هو الشخص المنفرد أو الوحيد في عملية صنع القرار، ولكنه جزء من العملية الخاصة بصناعة القرار بشكل عام. ويذهب كل من (Fredrickson & Mitchell, 1984: 399-423) إلى أن المدخل الأكثر انتشاراً يُشار إليه غالباً بالمدخل الكلي، ويتميز بالرشد والعقلانية وبقيامه بإجراءات سابقة، مثل: تحديد الأهداف، ودراسة البيئة الداخلية والخارجية، والبحث عن البدائل وتقييمها، وتطوير خطة متكاملة لتطوير الأهداف.

المدخل السياسي/ السلوكي The Political/ Behavioral Approach:

ينظر هذا المدخل إلى المنظمة باعتبارها تمثّل نظاماً سياسياً، ويقصد بالسياسة هنا التصرفات التي من خلالها يدعم الأفراد في هذه المنظمات قوتهم للتأثير على عملية صناعة القرار؛ كتكوين التحالفات والضغوط، والاحتفاظ بالأسرار، والسيطرة على المعلومات، والتأكيد على أن عملية صناعة القرار تعكس تفضيلات ورغبات العناصر القوية (Eisenhardt & Zbaracki, 1992: 17-37)، ويعتقد (Narayanan & Fahey, 1982:

(24-34 أن المنظمة هي كيان سياسي (Political Entity) واجتماعي، وتحالف مصالح، وطلبات مستمرة من داخل المنظمة وخارجها، ومعلومات محددة، ومصادر محدودة، وتتميز بتكنولوجيا غير واضحة وارتباطات مختلفة مع البيئة. ويشير (Glueck & Jauch, 1984: 14-49) أن صناع القرار من خلال هذا المدخل يجب أن يأخذوا في الاعتبار مجموعة الضغوط الصادرة من الآخرين الذين يتأثرون بهذا القرار، مثل: المساهمين، والعملاء، والمالكين، والحكومة، بحيث يصنع القرار بطريقة تلبي حقوق ومتطلبات كل هذه الجهات، ومن خلال الحلول السياسية التوفيقية يحاول صنّاع القرار دمج الحقوق والطلبات التنافسية بحيث ينبثق تحالف ومصلحة مشتركة يدعم هذا التحالف. ويبين كل من الباحثين (Hax & Majluf, 1988: 99-109) أن المنظمات تعتبر كيانات سياسية تتأثر بجماعات المصالح الداخلية والخارجية في عملية صناعة القرار الاستراتيجي كما أن صناعته تنبثق من خلال إجراءات المساومة والتفاوض وتبادل المصالح السياسية.

المدخل التدريجي/ العملي The Incremental Approach:

يجمع هذا المدخل بين خطوات المدخل الشمولي/ الكلي مع شروط المدخل السياسي/ السلوكي بهدف تطوير إجراءات أكثر واقعية لصناعة القرار الاستراتيجي في المنظمة (Moorhead & Griffin, 1995: 236-261)، ويعتقد الباحثان (Wooldridge & Floyd, 1989: 295-302) أن النموذج التدريجي يصور أو يصف القرار الاستراتيجي كإجراءات غير شاملة، وهذا الرأي مبني على ثلاثة افتراضات هي: أولاً: أن صناع القرار يمتلكون معلومات محدودة، ثانياً: أن المنظمة كيان سياسي/ اجتماعي، وأخيراً: أن الاستراتيجية تنتج من مبادرات مستقلة من المستويات التشغيلية في المنظمة. ويشير (Hax & Majluf, 1988: 99-109) إلى أنه بالرغم من الدور الذي لعبه كل من المدخل الشمولي/ التحليلي/ المعياري والمدرسة السلوكية/ السياسية في زيادة المعرفة الأساسية للقضايا الاستراتيجية، فإنه لا نظام التخطيط الرسمي (المدخل الشمولي)، ولا المنهج السلوكي/ السياسي قدّم عرضاً أو شرحاً واضحاً للطريقة التي تعمل بها إجراءات عملية صنعة القرار الاستراتيجي. ومن هنا، فإن المدخل الشمولي/ التحليلي يجب أن يدمج مع المداخل أو الأسلوب السلوكي/ السياسي للحصول على أفضل طريقة لعملية صناعة القرار الاستراتيجي. وقد أكد (Quinn, 1980: 18-43) الذي قام ببحوث ميدانية مكثفة على إجراءات (أساليب) فعلية في عملية التغير الاستراتيجي في شركات كبيرة إلى أن المديرين الفعاليين يستطيعون

بمهارة دمج التحليل الشمولي/ الكلي بالمهارات السلوكية والإدارية للحصول على تجانس مرحلي في اتجاه الأهداف والسياسات، وهذه الطريقة التكاملية وُصفت من قبل (Quinn) تسمى بالطريقة التدريجية المنطقية. وأوضح (Quinn, 1992: 66-164) إلى أن المدخل التدريجي يمثل طريقة إدارية هادفة وفعّالة ونشطة لتطوير ودمج الطريقتين التحليلية والسلوكية/ السياسية في صياغة الاستراتيجية.

المدخل الحدسي/ العاطفي The Intuitive/ Emotional Approach:

إن صياغة القرار الاستراتيجي وفق هذا المدخل تعتمد على العادة والخبرة والإحساس والموهبة، وهذه الصفات والمزايا يمكن تحفيزها من خلال العصف الذهني (Brainstorming) والتوجيه والمواجهة، وصانع القرار بهذه الطريقة يأخذ في الاعتبار عدة بدائل واختيارات، وينتقل في وقت واحد من خطوة إلى أخرى أثناء البحث والتحليل، وأنصار هذا المدخل يرون أنه في حالات عديدة فإن الاجتهاد قد يؤدي إلى قرارات أفضل من استخدام الطرق الفنية، ويرى المنتقدون لهذه أنها لا تستخدم بشكل جيد الأدوات الفعّالة المتاحة في عملية صناعة القرار (Glueck & Jauch, 1984: 14-49).

مدخل أصحاب الرؤى The Visionary Approach:

ويمارس هذا المدخل إذا كانت المنظمات خاضعة لسيطرة شخصية كارزمية (تحويلية)، ومثل هذه الشخصيات تمتلك القدرة على الحدس والتوجه الطبيعي في تحديد الإمكانات الجديدة والأفكار النموذجية والتصور المستقبلي للمنظمة، بدلاً من البحث عن السبب والنتيجة (Cause & Effect)، والدخول في تفاصيل الأعمال اليومية والتخطيط النظامي للمستقبل، ومثل هذه الشخصيات عادةً ما تبرز في المنظمات التي تكون في مرحلة التأسيس أو منظمات تعيش مرحلة أزمة (Stephen, 1991: 13-18).

مدخل صندوق القمامة The Can garbage Approach:

تصنع القرارات وفق هذا النموذج نتيجة تفاعل حشد عشوائي من الناس والمشاكل والحلول والفرص والاختيار (Eisenhardt & Zberacki, 1992: 17-37). ويصف (Daft, 1993: 344-376) هذا المدخل من خلال أن عمليات صناعة القرار تتم بأسلوب يقترب من العشوائية في المنظمات التي يتصف بناؤها بالعضوي العالي (High Organic)، وتعيش حالة عدم التأكد التام (Uncertainty).

مدخل الاختيار الطبيعي The Natural Choice Approach:

يوضح هذا المدخل أن أمام الإدارة العليا دوراً محدوداً جداً في الاختيار بسبب قوة تأثير البيئة عليها، وأن تطور القرار الاستراتيجي يتم من خلال مراحل شبيهة بالاختيار الطبيعي دون أن يكون للإدارة دور قوي في ذلك. ومع ذلك، وبالقدر الذي يمكن القول إن للبيئة تأثيراً قوي على بعض المنظمات يمكن القول أيضاً إنه مع وجود مثل هذا الضغط، فإن مهمة المدراء في هذه الحالة تتضاعف بهدف تطوير مهارات واستراتيجيات للتغلب على الأوضاع ومواجهتها (Johnson & Scholes, 1993: 39-54).

المدخل التكاملي The Integrative Approach:

يبين (Johnson & Scholes, 1993: 39-54) أن المدخل التكاملي يعني أن أمام المدراء فرصة للجمع بين أكثر من مدخل في عملية صناعة القرار الاستراتيجي.

والجدول (2-3) يوضح بشكل مختصر الخصائص لمداخل عملية صناعة القرار الاستراتيجي التي تم الإشارة إليها آنفاً.

جدول (2-3): الخصائص الأساسية لمداخل صناعة القرار الاستراتيجي

المدخل / الخصائص	الشمولي	السياسي / السلوكي	التدريجي	الحدسي / العاطفي	أصحاب الرؤى	صندوق القمامة	الاختيار الطبيعي	التكاملي
المفهوم	إجراءات أو خطوات نظامية تفترض الموضوعية والرشد، وتوفر معلومات كاملة لدى صانع القرار، وتبدأ هذه الخطوات بتحديد الهدف وتشخيص المشكلة وإيجاد البدائل والتقييم والاختيار.	ينظر إلى المنظمة باعتبارها تمثل نظاماً سياسياً، ويقصد بالسياسة التصرفات التي من خلالها يدعم الأفراد في هذه المنظمات قوتهم للتأثير في عملية صناعة القرار؛ كتكوين التحالفات والضغوط، والاحتفاظ بالأسرار، والسيطرة على المعلومات، والتأكيد على أن عملية صناعة القرار تعكس تفضيلات ورغبات العناصر القوية.	يجمع بين المدخل الشمولي مع السياسي/ السلوكي بهدف تطوير إجراءات أكثر واقعية لعملية صناعة القرار الاستراتيجي في المنظمة.	يركز على العادة والخبرة والإحساس والموهبة في عملية صناعة القرار وتحفز هذه الصفات من خلال التوجيه والمواجهة والعصف الذهني، وتأخذ صناعة القرار بنظر الاعتبار عدة بدائل واختيارات، ويتم الانتقال في وقت واحد من خطوة إلى خطوة أثناء البحث والتحليل..	يمارس إذا كانت المنظمة مسيطر عليها من قبل مدير كارزمي (تحويلي)، ومثل هذا المدير يمتلك عادة القدرة على الحدس والتوجيه الطبيعي إلى تحديد الأفكار النموذجية والتصور المستقبلي للمنظمة بدلاً من البحث عن السبب والنتيجة، والدخول في تفاصيل الأعمال اليومية والتخطيط النظامي للمستقبل.	تتم عملية صناعة القرار نتيجة حشد عشوائي من الناس والمشكلات والحلول والفرص والاختيار، ويمارس هذا الأسلوب في المنظمات التي تتصف ببنيانها العضوي العالي وتعيش حالة عدم تأكد تام.	يقوم على فكرة أن أمام الإدارة العليا دور محدود في الاختيار بسبب قوة تأثير البيئة عليها، حيث إن تطور عملية صناعة القرار الاستراتيجي طبقاً لهذا المدخل يتم من خلال مراحل شبيهة بالاختيار الطبيعي من دون أن يكون للإدارة دور في ذلك.	يقوم على فكرة ان القرار الاستراتيجي ينمو من خلال خليط أو مزيج من كل هذه الإجراءات.
إجراءات الاختيار	عقلانية وتفترض العلم بجميع البدائل، والقدرة على تصنيف البدائل حسب أولوياتها، وبالتالي اختيار أفضل بديل.	تتم من خلال إجراءات التحالف والمفاوضات وتبادل المصالح السياسية.	عقلانية مع مراعاة الجوانب السلوكية والسياسية.	الاعتماد على الخبرة والموهبة والاجتهاد في تقييم واختيار البدائل.	الاعتماد على قوة شخصية المدير.	تضارب عشوائي للمشكلات/ الحلول، المشاركين/ الفرص.		خليط من الإجراءات.

مفهوم المنظمة	مجموعة من الأفراد يسعون باتجاه هدف مشترك مع التركيز على إعطاء المنظمة بعد اقتصادي.	تحالفات بين أفراد ذوي اهتمامات تنافسية مع التركيز على العوامل السياسية والاجتماعية والتحالفات.	نظرة متوازنة للبعدين الاقتصادي والسياسي والاجتماعي، وتوجه أقل نحو التحالفات.			فوضوية منظمة.		
المشاركة	تتوقف على احتياجات القرار.	تتوقف على قوة المصالح.	التوازن بين احتياجات القرار وقوة المصالح.	لا تستخدم بشكل فعّال الأدوات المتاحة في عملية صنع القرار.		مرنة تتوقف على هيكل المنظمة.		
أهداف البحث والتحليل	إيجاد حلول	تبرير وجهات النظر والمكاسب	البحث عن الحل مع مراعاة مصالح القوى السياسية.					
الأهداف	متماسكة بشكل معقول.	متعددة/ متعارضة.	واقعية.					

المصدر: من إعداد الباحثين بالإعتماد على (Eisenherdt & Zbarach,1992:32; Narayanan & Nath,1993:506; Daft,1993:344-377

مصادر الباب الأول

المصادر العربية :

1. الحسيني، فلاح حسن عداي، **"الإدارة الاستراتيجية : مفاهيمها - مداخلها - عملياتها المعاصرة"**، دار وائل للنشر والتوزيع، الطبعة الثانية، الطبعة الأولى، (2006).
2. الخازندار، جمال الدين، **"تأثير العوامل البيئية على التخطيط الاستراتيجي"**، مجلة الإداري، (1991).
3. الخفاجي، نعمة عباس؛ البغدادي، عادل هادي، **"ملامح الشخصية الاستراتيجية للمدراء : منظور معرفي"**، بغداد، المؤتمر القطري عن الإتجاهات المستقبلية للإدارة المعاصرة وتحدياتها 6-7 تشرين الثاني (2001).
4. الركابي، كاظم نزار، **" الإدارة الاستراتيجية : المنافسة والعولمة "**، دار وائل للنشر والتوزيع، الطبعة الأولى، (2004).
5. الغالبي، طاهر؛ العبادي، واثق؛ إدريس، وائل، **" استراتيجية الأعمال : مدخل تطبيقي"**، دار الثقافة للنشر والتوزيع، (2006).
6. الغالبي، طاهر؛ العبادي، واثق، **" تحليل أثر تكنولوجيا المعلومات على نماذج صياغة الاستراتيجيات في منظمات الأعمال"**، بحث مقدم إلى المؤتمر العلمي السنوي الثاني لجامعة الزيتونة. كلية الاقتصاد والعلوم الإدارية (تكنولوجيا المعلومات ودورها في التنمية الاقتصادية)، (2002).
7. الغالبي، طاهر محسن، الزيادي، عبد العظيم جبار، **"أهداف المنظمة: دراسة حالة في منشأة صناعية عراقية (منشأة أور للصناعات الهندسية)"**، مجلة البلقاء للبحوث والدراسات، المجلد (9)، العدد (1)، (2002).
8. الغالبي، طاهر محسن؛ السعد، مسلم علاوي، **"فلسفة التخطيط بين استمرارية التصور وتجدد الأساليب"**، مجلة العلوم الاقتصادي، العدد (10)، (1995).
9. النجار، دجلة مهدي محمود، "أثر استراتيجية النمو في تحقيق المزايا التنافسية : دراسة تحليلية في الشركة العامة للصناعات القطنية - معمل حياكة الكوت-"، رسالة ماجستير غير منشورة، الجامعة المستنصرية، العراق،(2001).
10. النعيمي، صلاح عبد القادر، **"مواصفات المفكر الاستراتيجي في المنظمة"**، المجلة العربية للإدارة، المجلد الثالث والعشرون، العدد الأول - يونيو(حزيران)، (2003).

11. المرسي، جمال الدين محمد؛ مصطفى محمود ابو بكر؛ طارق رشدي جبه، "التفكير الاستراتيجي والادارة الاستراتيجية: منهج تطبيقي" ، الدار الجامعية، الاسكندرية، (2002).

12. دركر، بيتر أف، **"القرار الفعال"**، في: "فن الإدارة: قراءات مختارة"، ترجمة: د. أسعد أبو لبدة، مراجعة: د. محمد ياغي، دار البشير للنشر والتوزيع، عمّان (1997).

13. (دنكن،1989: 154).

14. عبد الوهاب، علي محمد، **"اتخاذ القرارات في المملكة العربية السعودية"**، معهد الإدارة العامة، الرياض - المملكة العربية السعودية (1979).

15. غراب، كامل السيد، **"نموذج متكامل لاتخاذ القرارات الاستراتيجية"**، مجلة الإدارة العامة، العدد (56)، الرياض، المملكة العربية السعودية، (1987).

16. صبري، هالة، **"تكنولوجيا المعلومات ودورها في تعزيز مشاركة العاملين على ضوء سلوكيات اتخاذ القرار في بيئة الأعمال العربية"**، مؤتمر كلية الاقتصاد والعلوم الإدارية، جامعة الزيتونة الأردنية، 6-8، (2002).

17. كنعان، نواف، **"اتخاذ القرارات الإدارية بين النظرية والتطبيق"**، مطابع الفرزدق التجارية، الرياض، المملكة العربية السعودية (1985).

18. ياغي، محمد عبد الفتاح، **"اتخاذ القرارات التنظيمية"**، الرياض، المملكة العربية السعودية (1988).

19. ياسين، سعد غالب، **"الإدارة الاستراتيجية"**، دار اليازوري العملية للنشر والتوزيع، (2002).

المصادر الأجنبية :

1. Aaker, D.A., " **Managing Assets and Skills: The Key to a sustainable Competitive advantage**", California Management Review, 41(2), (1989).

2. Ackoff, Russell, "**A Concept of Corporate Planning**", New York: Wiley, (1970).

3. Ackoff, R."**Designing the Future**", New York: Wiley, (1974).

4. Agarwal, R., "**Organizational and Management**", New Delhi, 1st ed., Tata McGraw-Hill Publishing, (1982).

5. American Productivity & Quality Center, "**Strategic Planning: What Works... and What Doesn't**", Conference Presentation White Paper, (1999).

6. Amit, R., and Schoemaker, P.J.H., "**Strategic Assets and Organizational rent**", Strategic Management Journal, 14 (1), (1993).

7. Ansoff, Igor, & Mc Dounel, E., **"Implementing Strategic Management"**, New York: Prentice Hall, (1990).

8. Ansoff, Igor, **"Toward A Strategic Theory of the Firm"**, in Business Strategy Penguin Books, (1969).

9. Ansoff, Igor, **"Corporate Strategy: An analytic Approach to business Policy for growth and expansion"**, New York: McGraw-Hill, (1965).

10. Anthony, Robert, **"Planning and Control System"**, John Wiley Boston, (1965).

11. Atkinson, Philip, **"Strategy: Failing to Plan is Planning to Fail"**, Management Services, 48(1), (2004).

12. Bean, William C., **"Strategic Planning That Makes Things Happy"**, Human Resources Development Press, Inc, (1993).

13. Below, Patrick J.; Morrisey, Georgel L.; Acomb, Bellg L., **"The Executive Guide to Strategic Planning"**, Jossey-Bass Publishers, (1987).

14. Boseman, G. & Phatak, A., "A Strategic Management: Text and Cases", U.S.A, 2nd ed., John Wiley & Sons, Inc., (1989).

15. Bowman, Gliff, **"The Essence of Strategic Management"**, Englewood Gliffs N.J.: Prentice – Hall, (1990).

16. Brouthers, Keith D., Andriessen, Floris and Nicolaes, Igor, **"Driving Blind: Strategic Decision-Making in Small Companies"**, Long Range Planning, 31(1), (1998).

17. Cannon, J.T., **"Business Strategy and Policy"**, New York: Harcourt, Brace & World, (1968).

18. California State Department of Finance, **"Strategic Planning Guidelines"**, May,(1998).

19. Certo, S. & Peter, J., **"Strategic Management: Concepts and Applications"**, New York, Random House, (1991).

20. Certo, Samule C. & Peter,, J. Paul, **"The Strategic Management Process"**, 3rd ed., R.D., Irwin Inc.,(1995).

21. Center of Creative Leadership," **The Role of Strategic Leadership Teams in Organization"**, (2002).

22. Chandler, A., **"Strategy and Structure: Chapters in the history of American industrial enterprise"**, Cambridge Mass: MIT Press, (1962).

23. Coulter, Mary, **"Strategic Management in Action"**, 2nd ed., Prentice Hall: Upper Saddle River, New Jersey, (2003).

24. Daft, L., **"Organizational Theory and Design"**, 4th ed., St. Paul: West Publishing Company, U.S.A., (1992).

25. Daft, L., "**Organizational Theory and Design**", St. Paul: West Publishing Company, U.S.A., (2001).

26. David, Fred F., "**Strategic Management**" 5th ed., Englewood Cliffs, New Jersey: Prentice-Hall, (1995).

27. David, Fred R., "**Strategic Management: Concepts & Cases**", New Jersey, 8th ed., Prentice Hall Inc., (2001).

28. Collins & Montgomery, " **Competing On Resources: Strategy in the 1990s**", H.B.R, (1995).

29. De Madariage, Salvador, "**Planifier Pour étre Libre**", OCED, Paris, (1968).

30. Dierickx, I.; Jemisom, D., and Cool, K., "**Business Strategy, Market Structure and Risk-Return Relationships: A structure Approach**", Strategic Management Journal, 6, (1988).

31. Drucker, P., "**The Practice of Management**", New York: Harper & Brothers, (1954).

32. Eisnhardt, K. M. & Zbaracki, M. J., "**Strategic Decision Making**", Strategic Management Journal, 13, (1992).

33. Evans, James R., "**Applied Production and Operations Management**", 4th ed., West Pub Co., (1993).

34. Fahey, L., "**On Strategic Management Decision Process**", Strategic Management Journal, 2, (1981).

35. Federation Union Report, "**The Best Practices in Strategic Planning Based on Customers**", February, (1997).

36. Feurer, Rainer & Chaharbaghi, Kazem, "**Strategy Development: Past, Present and Future**", Management Decision, (1995).

37. Fredrickson, J. W. & Mitchell, T. R., "**Strategic Decision Process: Comprehensiveness and Performance in an Industry with an Usable Environment**", Academy of Management Journal, 27(2), (1984).

38. Freedman. Mike & B.Tregoe, Benuamin, "**The Art and Discipline of Strategic Leadership**", McGraw-Hill, (2003).

39. Galagan, Patricia, "**Strategic Planning is Back**", Training and Development, (1997).

40. Glueck, W. F., "**Business Policy: Strategy Formation and Management Action**", New York: McGraw-Hill, 2nd Edition, (1976).

41. Glueck, W.F., "**Business Policy and Strategic Management**", 3ed ed., Tokyo: McGraw-Hill Book Co., (1980).

42. Gluck, Frederick; Stephen, Kaufman; and A. Steven Walleck,"**The Four Phases of Strategic Management**", Journal of Business Strategy, winter, (1982).

43.   Glueck, F. & Jauch, R., "**Business Policy and Strategic Management**", Singapore, 2nd ed., McGraw-Hill, (1984).

44.   Glueck, W.F.& Jauch, Lawrence, "**Business Policy and Strategic Management**", New York: McGraw-Hill Co., Inc., (1988).

45.   Gooderham, Gay, "**Focus on Strategy**", CMA Magazine, May, (1998).

46.   Greenley,G., "**Strategic Management**", New York: Prentice Hall, (1989).

47.   Griffin, W., "**Management**", U.S.A., 4th ed., Houghton Mifflin, (1993).

48.   Hall, Richard, H., "**Organizations: Structures, Processes, and Outcome**", 5th ed., Prentice Hall, Inc., (1996).

49.   Hamel, Gary, "**Strategy as Revolution**", Harvard Business Review, Jul-Aug, (1996).

50.   Harrison, J., & John, C., (1998) "**Foundation in strategic Management** ", 1st ed, South-Western pub.

51.   Harvey, D.F., "**Strategic Management and Business Policy**", 2nd ed., Merrill Pub, Co., U.S.A., (1988).

52.   Hax, A. C. & Majluf, N. S., "**The Concept of Strategy and the Strategy Formation Process**", Interfaces 1813 May-Jun, (1988).

53.   Hax, Arnoldo, "**Redefining the Concept of Strategy**", Planning Review, May-June, (1990).

54.   Henderson, Bruce, "**The Origin of Strategy**", Harvard Business Review, Nov-Dec, (1989).

55.   Hagel, John and Brown, John Seely, "**Your Next IT Strategy**", Harvard Business Review, October, (2001).

56.   Hellriegel, D. & Slocum, J., "**Management: Contingency Approach**", Philppines, 2nd ed., Addlsen-Wesley Publishing Company, (1978).

57.   Higgins, James M., "**Organizational Policy and Strategic Management**", 3rd ed., (1986).

58.   Hill, C. & G. Jones, "**Strategic Management: An Integrated Approach**", 5th ed., Boston: Hovghton Mifflin, (2001).

59.   Hinterhuber, Hans H. & Popp, Wolfgang," **Are You a Strategist or Just a Manager?**" Harvard Business Review, Jan-Feb, (1992).

60.   Hitt, Michael A.; Ireland, R. Duane and Hoskisson Report E., "**Strategic Management: Competitiveness and Globalization**", 4th ed., Sowth College Pub., U.S.A, (2001).

61.   Hofer, C. W. & Schendel, D., "**Strategy Formulation: Analytical Concepts**", St. Paul, MN: West, (1978).

62. Hofer, C. W., "**Strategic Management**", St. Paul Minn, West Pub. Co., (1980).

63. Hopkins, W. E. & Hopkins, S. A., "**Strategic Planning-Financial Performance Relationships in Banks: A Causal Examinational**", Strategic Management Journal, 18, (1997).

64. Horngren , C. T., Foster , G. , and Datar , S. M. *" Cost Accounting : A managerial Emphasis "* Prentice - Hall 10th - Ed , (2000).

65. Hussey, David, "**Corporate Planning: Theory and Practice**", Pergamen Press, Oxford, (1982).

66. Itami, H., "**Mobilizing Invisible Assets**", Cambridge, MA: Harvard University Press, (1987).

67. Jemison, D. B., "**The Importance of Boundary Spanning Roles in Strategic Decision-Making**", Journal of Management Studies, 21(2), (1984).

68. Johnson, G. & Scholes, K., "**Exploring Corporate Strategy: Text and Cases**", U.K., 3rd ed., Prentice Hall International, (1993).

69. Jones, Harry, "**Preparing Company Plans: A Workbook for Effective Corporate Planning**", New York: Wiley, (1974).

70. Jones, Rodney, "**Fundamentals of Strategic and Tactical Business Planning**", Prepared for the 2002 MAST Program, November (2002).

71. Justin & Charles, "**Management**", 5th Ed, Prentice Hall, (1981).

72. Kaufman, Roger; Browne, Hugh Oakley; Watkins, Ryan; Leigh, Doug; "**Strategic Planning for Success: Aligning People, Performance, and Pay Offs**", Pfeiffer, (2003).

73. Kenny, David and Marshail, John F., "**Contextual Marketing the real Business of the internet**", Harvard Business Review, November-December, (2000).

74. Kovitz, Alan; Kovitz, Adam; & Rintzler, Arnold "**Why Strategic Planning**", Mid-Atlantic development, (2003).

75. Learned, E.P.; Christensen, R. C.; Andrews, K. R.; & Guth, W.D.;"**Business Policy: Text and Cases**", Homewood, III: Irwin, (1969).

76. Le Moigne Jean-Louis, "**Les Systémes de decision dans les Organisations**", D.U.F., Paris, (1974).

77. Leontiades, M.,"**The Confusing Words of Business Policy**", Academy of Management Review, January, (1982).

78. Liddel Hart, B.H., "**Strategy**", Basic Books, (1968).

79. Lorange, Peter & Vancil Richard F., "**Strategic Planning System**", Englewood Gliffs, Prentice Hall, (1977).

80.   Luthans, F., "**Organizational Behavior**", Singapore, 4th ed., McGraw-Hill, (1985).

81.   Macmillan, Hugh & Tampoe, Mahen, "**Strategic Management**", Oxford University Press, (2000).

82.   Martinet, A. Ch., "**Stratégie**", Uuibert, Paris, (1983).

83.   Mazzolini, R., "**How Strategic Decision are Made**", Long Range Planning, 14(3), (1981).

84.   McCarthy, D.J.; Minichiello, R.J.; & Curran, J.R., "**Business Policy and Strategy: Concepts and Readings**", Homewood, III: Irwin, (1975).

85.   McCarthy, et…al, "**Strategic Management**", John Wiley and Sons, N.Y, 1987.

86.   McKiernan, Peter "**Strategy Past, Strategy Futures** ", Long rang Planning, 30(5), (1997).

87.   McNichols, T.J., "**Policy Making and executive action**", New York: McGraw-Hill, 5th Edition, (1977).

88.   Miller, C. C. & Cardinal, L. B., "**Strategic Planning and Firm Performance: A Synthesis of More than Two Decades of Research**", Academy of Management Journal, 37, (1994).

89.   Mintzberg, H., "**Planning on the Left Side and Management on the Right**", Harvard Business Review, July/August, (1976).

90.   Mintzberg, H., "**The Structuring of Organization**", Englewood Clitts, N.J: Prentice-Hall, (1979).

91.   Mintzaberg, Henry, "**The Strategy Concept I: Five Ps for Strategy**", California Management Review, 30(1), (1987).

92.   Mintzaberg, Henry, "**The Rise and Fall of Strategic Planning**", Prentice Hall Europe, (1994).

93.   Mintzberg, M. & Quinn, J. B., "**The Strategy Process: Concepts, Context, Cases**", U.S.A., Prentice-Hall International, Inc., (1996).

94.   Mintzaberg, Henry, Quinn, J.B & Ghoshal, S. "**The Strategy Process** ", London: Europe ed., Prentice Hall Inc. (1998).

95.   Mintzberg, H., & Lampel, J., "**Reflecting on the Strategy Process**", Sloan Management Review, 40(3), (1999).

96.   Moore, Hank, "**How to Succeed in the Future: Steps in the Process of Developing a Strategic Vision, How to Conduct Strategic Planning for Your Organization**", Business Monograph, (1998).

97.   Moorhead, G., & Griffin, R., "**Organizational Behavior**", U.S.A., 4th ed., Hougnton Mifflin, (1995).

98.   Morrisey, George L., "**A Guide to Strategic Thinking: Building Your Planning Foundation**", John Wiley & Sons, Inc., (1996).

99. Nanayanan, V., & Nath, R., "**Organizational Theory: A Strategic Approach**", U.S.A., 1st ed., Richard D., Irwin, Inc., (1993).

100. Narayanan, V. K., & Fahey, L., "**The Micro-Politics of Strategy Formulation**", Academy of Management Review, 7(1), (1982).

101. Neo, Rymond A., Hollen Back, John R., Gerhard Barry, Wright Patrick M., "**Human Resource Management: Gaining A Competitive Advantage**", 2nd ed., Irwin, McGraw-Hill, (1996).

102. Newman, W.H.; & Logan, J.P., "**Strategy, Policy, and Central Management**", Cincinnati: South-Western Publishing, (1971).

103. Nicholls, John, "**The Strategic Leadership Star: A Guiding Light in Delivering Value to the Customers**", Management Decision, 32(8), (1994).

104. Ozbekhan, Hussein, "**Toward Theory of Planning**", OCED, Paris, (1968).

105. Paine, F.; & Naumes, W., "**Strategy and Policy Formation: An Integrative Approach**", Philadelphia: Saunders, (1974).

106. Pearce II, John A., & Robinson,Jr., Richard, B., "**Strategic Management: Formulation, Implementation, and Control** ", 6th Ed., Irwin / McGraw - Hill, (1997).

107. Pitts, R.A., and D. Lei, "**Strategic Management: Building and Sustaining Competitive Advantages**", West Pub. Co., New York, (1996).

108. Policastro, Michael I., "**Introduction to Strategic Planning**", SBA, U.S. Small Business Administration, (2003).

109. Porter, M.E., "**Competitive Strategy**", New York: Free Press, (1980).

110. Porter, M.E., "**Competitive Advantage**", New York: Free Press, (1985).

111. Porter, M.E., "**The Competitive Advantage of Nations**", New York: Free Press, (1990).

112. Porter, M.E., "**What is Strategy**", Harvard Business Review, Nov-Dec, (1996).

113. Porter, M.E., "**Strategy and the Internet** ", Harvard Business Review, March, (2001).

114. Prahalad, C.K. and Hamel, G., "**The Core Competence of the Corporation**", Harvard Business Review, 68(3), (1990).

115. Quinn, J. B., "**Managing Strategic Change**", Sloan Management Review, 21(4), (1980).

116. Quinn, J. B., "**The Intelligent Enterprise**", New York: Free Press, (1992).

117. Richards, M. D., "**Setting Strategic Goals and Objectives**", 2nd ed., West Publishing Company, New York, (1986).

118. Robert, Michel, "**The Power of Strategic Thinking: Lock in Markets, Lock out Competitors**", McGraw-Hill Companies, (2000).

119. Row, Alan J. & et...al. "Strategic **Management: A methodological Approach** "4th Ed., Addision – Wesley Publishing Co. Inc, U. S. A., (1994).

120. Ruth, L. Williams & Joseph, P. Cothrel, "**Building Tomorrows Leaders Today**", Strategy and Leadership, 26(Sep-Oct), (1997).

121. Schendel, D.E.; & Hatten, K.J., "**Business Policy or Strategic Management: A view for an emerging discipline**", In V.F. Mitchell, R.T. Barth, & F. H. Mitchell (Eds), Academy of Management Proceedings, (1972).

122. Schendel, D.E.; & Hofer, C., "**Strategic Management**", Boston: Little, Brown, (1979).

123. Schwenk, C. R., "**The Cognitive on Strategic Decision Making**", Journal of Management Studies, 25(1), (1988).

124. Sexton, D., & Auken, P., "**Alongitudinal Study of Small Business in Strategic Planning**", Journal of Small Business Management, 23, (1985).

125. Sharplin, Arthar, "**Strategic Management**", McGraw-Hill Company., New York, (1985).

126. Simon, H., "**The New Science of Management Decision**", U.S.A., 3rd ed., Prentice-Hall, Inc., (1977).

127. Stags, Pamela, "**Strategic Planning As a Total Quality Management Critical Success Factors**", Journal Organizational Leadership, 1(1), (1999).

128. Steiner, G., "**Strategic Planning: What Every Manager Must Know?**", New York, The Free Press, (1977).

129. Steiner, G.A.; & Miner, J.B., "**Management Policy and Strategy: Text, Readings, and Cases**", New York: Macmillan, (1977).

130. Steiner G., and Miner, J., "**Management Policy and Strategy**", 2nd ed., Macmillan Pub,(1980).

131. Stephen, C., Harper, "**Visionary Leadership: Preparing Today for Tomorrows Tomorrow**", 33(2), (1991).

132. Taylor, Bernard, "**Strategic Planning: Which Style Do You Need**", Long Range Planning, 17(3), (1985).

133. Thakur, M. & Calingo, L., "**Strategic Thinking**", Business Horizons, N. J., (1992).

134. Thompson, John L., "**Strategic Management: Awareness and Change**", 3rd ed., International Thomson Publishing Co., U.K, (1997).

135. Tregeo, B. and Zimmerman, I., "**Top Management Strategy**", New York: Simon and Schuster, (1980).

136. Tregoe, B.; Zimmerman, W.; Smith, R. and Tobia, P., "**Vision in Action: Putting a Winning Strategy to work**", New York: Simon & Schuster, (1991).

137. U. S. Department of Energy, "**Guidelines for Strategic Planning**", (1996).

138. U. S. Office of Personnel Management: Office of Workforce Relations, "**A Guide to Strategically Planning Training and Measuring Results**", July, (2000).

139. Uyterhoveven, H.; Ackerman, R.; & Rosenblum, J.W., "**Strategy and Organization: Text and Cases in general Management**", Homewood, III: Irwin, (1973).

140. Von Neumann, J.; & Morgenstern, O., "**Theory of Games and economic behavior**",2nd Ed, Princeton: Princelon University Press, (1947).

141. Wall, Stephen J. & Wall, Shannon Rye, "**The New Strategists: Creating Leaders at All Levels**", A division of Simon & Schuster Inc., U.S.A, Free Press, (1995).

142. Wernerfelt, "**A Resource-Based View of the Firm**", Strategic Management Journal,5, (1984).

143. Wheelen, Thomas L. & Hunger, J. David, "**Strategic Management and Business Policy** ", New York: Addison-Wesley Pub Co.,2nd ed., (1986).

144. Wheelen, Thomas L. & Hunger, J. David, "**Strategic Management and Business Policy** ", New York: Addison-Wesley Pub Co., (2004).

145. Wheelen, Thomas L. & Hunger, J. David, "**Strategic Management and Business Policy** ", Pearson Education Inc., Upper Saddle River, New Jersey, 10th Ed, (2006).

146. Wooldridge, B. & Floyd, S. W., "**Research Notes and Communications Strategic Process Effects on Consensuses**", Strategic Management Journal, 15, (1989).

147. Wright, Peter & Kroll, Mark and Parnell John, "**Strategic Management Concepts**", 4th ed., Prentice-Hall Inc., (1998).

تمهيد عام لعمليات الادارة الاستراتيجية :

إن عمليات الإدارة الاستراتيجية (Strategic Management Process) أصبحت من الشمول والإتساع، بحيث يصعب تغطيتها في إطار منظور واحد ونماذج محددة ومتفق عليها من قبل الباحثين، لذلك سيتم طرح هذه العمليات في إطار منظور شمولي ومتكامل ثم الإجتهاد في ترتيب أولوياته بطريقة لا تركز على منظور جزئي بإعطاء أهمية أكبر لهذا الجزء أو ذاك وفق إعتبارات تقديمه أو تأخيره في هذه المراحل المختلفة. ونحن لا ندعي أن هذا هو الإطار الوحيد، فقد يخالفنا الرأي باحثين آخريين في ترتيب هذه الأولويات، لكنهم بالتأكيد لا يختلفون معنا على شمولية الإدارة الاستراتيجية على هذه الأبعاد والمكونات الأساسية. إن ما تبقى من الكتاب يمثل مكونات عملية الإدارة الاستراتيجية والتي تم توزيعها على ثلاثة أبواب رئيسية، كُرس الأول (وهو الثاني في ترتيب أبواب الكتاب) لتحديد الإتجاه الاستراتيجي وتقييم وتحليل الموقف البيئي، بإعتباره يمثل مدخلاً فكرياً ومنهجياً فلسفياً يفترض أن يغذى عمليات الصياغة الفعلية للاستراتيجية وبدائلها المتاحة، والذي كرس له الباب الثالث. إن عمليات صياغة الاستراتيجية وإختيار البدائل تمثل نهجاً واقعياً عملياً لا يبتعد عن الأفكار والرؤى والتصورات التي يقدمها التحليل وتحديد الإتجاه. أما الباب الرابع فقد خُصص لتنفيذ ورقابة الاستراتيجية وما يحيط بها الأمر الذى يعمل على رفع قدرة منظمة الأعمال لتنفيذ فعال لاستراتيجياتها ضمن إمكانياتها المتاحة والمهمة وفي إطار رقابة متجددة وتقييم فعال ليأخذ في الإعتبار النتائج بعيدة المدى والمستهدفة من هذه العمليات جميعها.

عمليات الإدارة الاستراتيجية

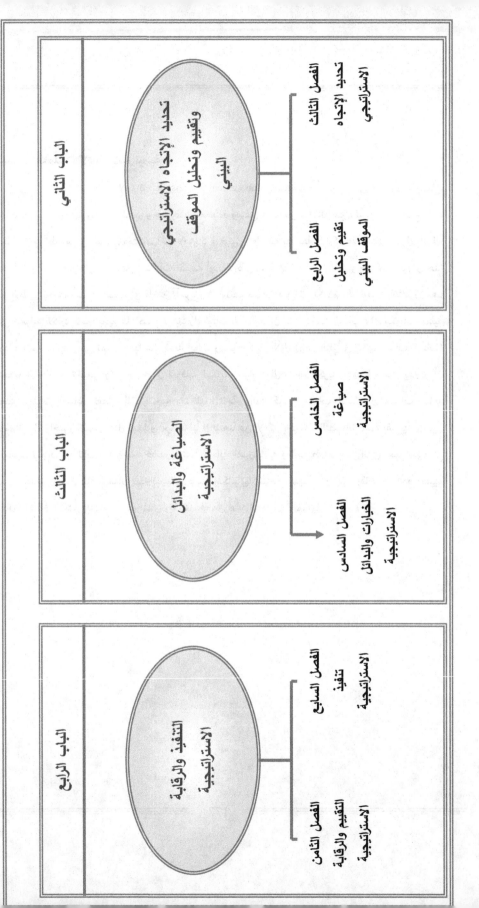

الباب الثاني

تحديد الإتجاه وتقييم وتحليل الموقف البيئي

الفصل الثالث
تحديد الإتجاه الاستراتيجي

الفصل الرابع
تقييم وتحليل الموقف البيئي

الباب الثالث

الصياغة والبدائل الاستراتيجية

الفصل الخامس
صياغة الاستراتيجية

الفصل السادس
الخيارات والبدائل الاستراتيجية

الباب الرابع

التنفيذ والرقابة الاستراتيجية

الفصل السابع
تنفيذ الاستراتيجية

الفصل الثامن
التقييم والرقابة الاستراتيجية

الباب الثاني

تحديد الإتجاه الاستراتيجي وتقييم وتحليل الموقف البيئي

تمهيد

يكرس هذا الباب لمجمل عمليات تحديد الاتجاه الاستراتيجي (الفصـل الثالـث) وكذلك تقييم وتحديد الموقف البيئي (الفصل الرابع).

تحديد الإتجاه الاستراتيجي

بعد الإنتهاء من دراسة هذا الفصل سيتمكن القارئ من الإجابة على الأسئلة التالية :

الفصل 3 أسئلة الدراسة

الفصل الثالث

تحديد الإتجاه الاستراتيجي

مقدمة Introduction :

عادة ما تبدأ مراحل وعمليات الإدارة الاسترتيجية بتحديد الاتجاه الاستراتيجي للمنظمة والتحليل الاستراتيجي للبيئة. وفي هذا الإطار يمكن تحديد ثلاث مداخل مختلفة في الفلسفة الفكرية التي تنطلق منها الإدارة العليا، رغم أن هذه المداخل متكاملة ومترابطة. ففي إطار المدخل الأول يتم تحديد الإتجاه الاستراتيجي للمنظمة من رسالة وقيم ورؤية وأهداف استراتيجية ثم القيام بالتحليل الاستراتيجي للبيئة، والأخذ بنظر الإعتبار تأثيرات هذا التحليل على مفرادات هذا الاتجاه الاستراتيجي المرغوب من الإدارة العليا. إن هذا المدخل يمثل رؤية إبداعية متحررة من قيود الإمكانات والتهديدات البيئية ومركزة على رغبة شديدة لدى الإدارة العليا للمنظمة بنقلها الى وضع مرغوب ومتصور تستهدفه المنظمة، أنها تمثل منظوراً ريادياً يتجسد بقوة قيادة المنظمة ومنظورها لتحقيق وضع متميز تنفرد به المنظمة عن المنافسين الباحثين عن الفرص البيئية في إطار القدرات التنافسية المتوفرة لدى المنظمة باستغلال هذه الفرص. أما المدخل الثاني فيركز على أن التقييم والتحليل الاستراتيجي للموقف البيئي يعتبر بداية عمليات الإدارة الاستراتيجية بإعتبار أن هذا التقييم والتحليل يفترض أن يكون مدخلات واقعية مؤثرة في تحديد الإتجاه الاستراتيجي بجميع مكوناته الرسالة والقيم والرؤية والاهداف الاستراتيجية ، أنه منظور واقعي بركماتي (Pragmatic) يرى أن الفرص البيئية والقيود يفترض أن تستغل وتعالج في إطار القدرات الحقيقة للمنظمة، ولغرض الاستفادة من ميزات كلا المدخلين والتقليل من محدداتهم وقيودهم ، فقد تطور مدخل ثالث يمازج بينهما ويرى أن تحديد الاتجاه الاستراتيجي وتقييم وتحليل البيئة يفترض أن ينطلقا من نظرة شمولية تكاملية تأخذ بنظر الاعتبار طبيعة التداخل والعلاقة فيما بينهما بحيث تكون مخرجات إحداهما مدخلات للأخر أي أن العلاقة تكون تبادلية (Transactional) ما بين التقييم والتحليل الاستراتيجي للبيئة وتحديد الاتجاه وفق الصيغة التالية:

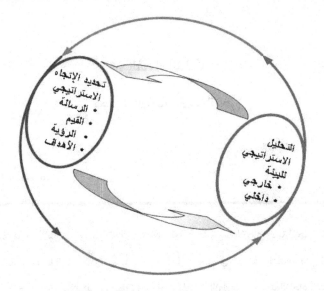

وهناك ميلاً في الوقت الحاضر للإستخدام المتزايد للمدخل الثاني والذي يبدأ بالتقييم والتحليل الاستراتيجي للبيئة بسبب كثرة القيود وشدة المنافسة العالمية وتأثيراتها على عمل المنظمات بحيث حددت بشكل كبير من استخدامات المدخل الأول، فإننا نميل الى رؤية تفضل استخدام مدخل متكامل بتأثير متبادل بين كل من الاتجاه الاستراتيجي وتقييم وتحليل الموقف البيئي ، رغم أننا نعتقد بالقدرات الإبداعية للمدراء في إيجاد الفرص والتعامل مع القيود وفق منظور متجدد يفترض أن يعطي ميزات للمنظمة من خلال وجود مثل هذه القيادات الاستراتيجية المبدعة. لذلك ارتأينا أن نبدأ بتحديد الاتجاه الاستراتيجي أولاً ، ثم التقييم والتحليل الاستراتيجي للبيئة ثانياً.

إن عملية تحديد الإتجاه الإستراتيجي لمنظمة الأعمال بشكل واضح ودقيق تمثل المهمة الأساسية والأولى للقيادة العليا في تلك المنظمة، ذلك أن فعالية تحديد الإتجاه بعبارات بشكل متكامل تعتمد عليه مختلف الأنشطة الأخرى في منظمة الأعمال من تحديد الأهداف للإدارات المختلفة وإختيار الاستراتيجيات ووضع الخطط العملية وتخصيص الموارد ومختلف الأنشطة الأخرى.

إن كفاءة الأداء للإدارات والأقسام والمجموعات والأفرا د يعتبر إنعكاساً منطقياً وطبيعياً لدقة وفاعلية تحديد الإتجاه الاستراتيجي لمنظمة الأعمال. إن البحث عن السبب

الرئيسي للأداء الضعيف ينطلق من فحص التوجه الاستراتيجي، حيث أن غموض هذا التوجه ينعكس سلباً على جوانب الأداء المختلفة. ورغم الإختلاف ما بين الباحثين في ترتيب مكونات الإتجاه الاستراتيجي لمنظمة الأعمال إلا أنهم يتفقون على أن هذه المكونات تتمثل برؤية منظمة الأعمال ورسالتها ولائحة القيم الأساسية فيها وأهدافها الاستراتيجية، فقد أشار بعض الباحثين (المرسي، وآخرون،2002: 93-85)، (Certo & Peter,1995:53-73)، (Collins & Porras,1996:66-77) إلى أن الإتجاه الاستراتيجي يبدأ أولاً بتحديد الرؤية المستقبلية لمنظمة الأعمال Vision، ثم في إطار هذه الرؤية تحدد رسالة المنظمة Mission، والتي تمثل مبرر ومشروعية وجود منظمة الاعمال، وفي إطار كل من رؤية ورسالة منظمة الاعمال يتم تحديد قيم المنظمة Values والمُعبرة عن تعامل منظمة الأعمال مع كافة الأطراف الداخلية والخارجية، وأخيراً، تشتق الغايات والأهداف الاستراتيجية Strategic Goals and Objectives، والتي تتفرع منها لاحقاً أهداف لمختلف المستويات الإدارية، وبإختلاف مدياتها الزمنية. في حين يشير أغلب الباحثين (Irland & Hill,1992:34 – 42)، (Kaplan & Norton,2001:35)، (Niven,2002:37-71)، (Morrisey,1996:21-77)، وغيرهم الكثير من الباحثين إلى أن الإتجاه الاستراتيجي يبدأ أولاً بتحديد رسالة المنظمة وفي إطار هذه الرسالة يتم تحديد لائحة القيم الأساسية التي تعمل عليها، ومن ثم رؤية المنظمة المستقبلية، وأخيراً، تشتق الغايات والأهداف الاستراتيجية، ونحن نعتقد أن الترتيب الأخير يعتبر هو الترتيب المنطقي في إطار العلاقة ما بين مكونات الإتجاه الاستراتيجي للمنظمة، وكما هو موضح بالشكل (3-1).

شكل (3-1) : ترتيب مكونات الإتجاه الاستراتيجي

الرسالة : سبب وجود منظمة الأعمال
القيم : المبادئ الأساسية التي تحكم عمل المنظمة
الرؤية المستقبلية : الصورة أو الحالة التي ترغب المنظمة أن تكون عليها في المستقبل
الأهداف الاستراتيجية : غاياتنا وأهدافنا التي ستؤدي بالسير نحو تحقيق رسالتنا ورؤيتنا

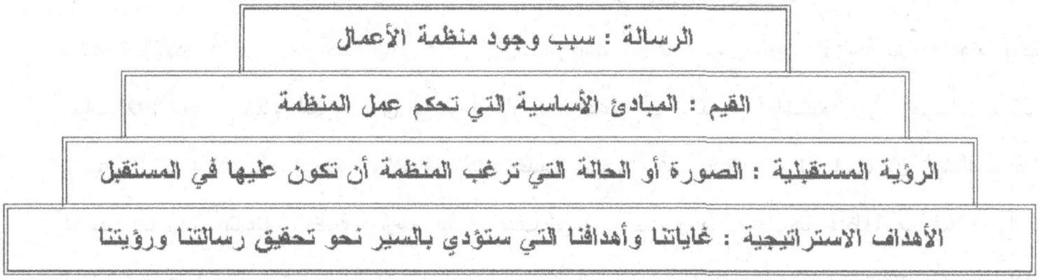

المصدر : من إعداد الباحثين طبقاً لما عكسته أدبيات الإدارة الاستراتيجية

تُعبر رسالة منظمة الأعمال عن **سبب أو أسباب وجودها** (Schermerhorn,2005:161) وهي لا تصف ناتج المنظمة أو العملاء فحسب، بل تحتوى روح المنظمة، ومع ذلك، وعلى الرغم من أن الغرض نفسه لا يتغير، إلا أنه يلهم وبوحى بإحداث التغيير، وما دام الغرض لا يمكن تحقيقه أبداً، فذلك يعنى أن المنظمة لا يمكنها أن تتوقف عن تحفيز التغيير والتقدم.

إن رسالة منظمة الأعمال ليست مجرد وثيقة، بل هي إحساس عميق وإلتزام واعي بالهدف الأعظم الذي أُنشئت المنظمة من أجله والذي أدى إلى ظهورها إلى حيز الوجود، وعندما يتحول الإحساس إلى مسؤولية جماعية، ويصبح الهدف المركزي الأعظم المشترك الذي يسعى جميع العاملين والمتعاملين مع المنظمة إلى تحقيقه تنجح المنظمة في أداء رسالتها وتلبية الحاجات التى أُنشئت أصلاً من أجل تلبيتها.

المفهوم والأهمية Concept and Important

لقد إختلفت وجهات نظر الباحثين في تحديد مفهوم رسالة منظمة الأعمال، فيرى البعض أن مفهوم رسالة المنظمة ينصب أساساً على الغاية الأساسية لوجودها والمجال الاستراتيجي الذي تنشط فيه، لذلك فقد تم تعريفها بكونها أي الرسالة توضح الأهداف أو الغايات الأساسية للمنظمة والتي تميزها عن المنظمات الأخرى، كما أنها تحدد المجال الذى تعمل فيه من حيث الأنشطة والأسواق والأولويات، فهي إذن نص رسمي يصدر من أعلى المستويات الإدارية، وفي إطار هذا النص يمكن أن تستمر المنظمة على المدى البعيد بمزاولة نشاطها وتطويرها (غراب،1995 : 54). وبنفس التوجه يرى البعض أن الضرورة تقتضي أن تؤكد رسالة المنظمة على ماهيتها الحقيقية بالإشارة إلى نوع الأنشطة، العملاء، والأسواق التي تخدمها المنظمة، فيرى (جواد،1996 : 111) بأن الرسالة تعطى الوصف المعبر عن ماهية المنظمة ويترجم هذا الوصف إلى منتجات وخدمات تجهزها المنظمة مستقبلاً لأسواقها الحالية والمستقبلية، كما وتحدد العملاء الذين ترغب المنظمة في إشباع حاجاتهم. ويؤكد (Wright,et..al,1998:85) على أن رسالة المنظمة تتمثل بالخصائص الفريدة لها والتي تميزها عن غيرها من المنظمات المماثلة، وهي بذلك تعبر عن صياغة لفظية تعكس التوجه أو التوجهات الأساسية للمنظمة سواء كانت مكتوبة أم ضمنية. ومهما تعددت التعاريف لمفهوم

رسالة المنظمة إلا أن هذه التعاريف تتركز حول الإجابة على الأسئلة التالية (Morrisey,1996 : 38 - 44):

أ- التعرف على الأعمال الحالية والمستقبلية لمنظمة الأعمال، ويتضمن هذا :

- ما هي الأعمال التي تمارسها المنظمة ؟
- ما هي الأعمال التي تستطيع المنظمة أن تتواجد فيها ؟
- ما هي الأعمال التي ترغب المنظمة دخولها ؟
- ما هي الأعمال التي لا ترغب المنظمة دخولها ؟

ب- من هم عملاء المنظمة الأساسيين والمستخدمين لمنتجاتها وخدماتها ؟

ج- ما هي أسواق المنظمة الحالية والمستقبلية ؟

د- ما هي المنتجات والخدمات الأساسية التي تقدمها المنظمة ؟

هـ- من يقوم بتوزيع منتجات وخدمات المنظمة ؟

و- كيف تغير عمل المنظمة خلال الثلاث أو الخمس سنوات الأخيرة ؟

ي- كيف تغيرت الصناعة التي تعمل فيها المنظمة خلال الثلاث أو الخمس سنوات الأخيرة ؟

س-كيف يحتمل أن تتغير الأعمال التي توجد فيها المنظمة خلال الثلاث أو الخمس سنوات القادمة ؟

ش-كيف يحتمل أن تتغير الصناعة التي تعمل فيها المنظمة خلال الثلاث أو الخمس سنوات القادمة ؟

ص-ما هي مقاييس النجاح الأساسية، وكيف تستخدمها المنظمة ؟

وهكذا يتضح أن رسالة المنظمة تعطى تدعيماً لهويتها وطبيعتها وتؤطر إرتباطاً بين مختلف مكونات الإتجاه الاستراتيجي بحيث ينعكس إيجاباً على تحقيق الأهداف وتحسين نتائج الأداء المالية وغير المالية. ومن الضروري الإشارة إلى أن رسالة المنظمة تصاغ بكلمات واضحة وبسيطة وبمصطلحات دقيقة وملخصة لأفكار تعطى أو تنمي الحوافز والحماس لدى الأفراد للتعامل بإيجابية وتحقيق النتائج المتوخاة.

إن من أهم الأولويات لعمل الإدارة الاستراتيجية في المنظمة تركز على أهمية وضع رسالة واضحة لمنظمة الأعمال، حيث أن وضوح الرسالة وسهولة إيصالها إلى مختلف الجهات ذات العلاقة والتي تتعامل معها المنظمة سينعكس إيجاباً على الأداء، وترجع أهمية وضع

رسالة واضحة لمنظمة الأعمال كما يشير العديد من الباحثين إلى الآتي (المرسي، وآخرون،2002 : 88) ، (David,1995 : 100) :

- تنمية الإجماع على الغايات الأساسية والأغراض الرئيسية وإعطاء تصور واضح لطبيعة عمل المنظمة.
- تعطى الرسالة معايير موحدة ومقبولة لأساليب تخصيص الموارد.
- تعزز الإنتماء وتبنى مناخاً تنظيمياً متكاملاً ومنسجماً وموحداً.
- تساعد على تعزيز القيم والإتجاهات التنظيمية الإيجابية، بإعتبار أن رسالة المنظمة تمثل المرتكز المحوري لجمهور الأفراد والجماعات.
- تمثل حلقة وصل أساسية رابطة لمختلف مكونات الإتجاه الاستراتيجي، وكما يشير شكل(3-2).
- تمد الإدارة بالأسس الواضحة والمعايير المحددة لعملية الإختيار الاستراتيجي في المنظمة.
- تعطى تعريفاً للأعمال يساعد على جعل الأهداف الاستراتيجية واضحة ودقيقة (Ireland & Hill, 1992:34 - 42).

ويورد (عوض،2001 : 54 – 55) أهمية وجود رسالة في منظمات الأعمال بالآتي :

- تسهيل عملية إتخاذ القرارات لوجود مرشد واضح لها.
- تسهيل تعامل الأطراف الخارجية والداخلية مع المنظمة نظراً لوجود فلسفة واضحة لها.
- تساعد في تصميم برامجها وسياساتها الإعلانية من خلال تركيزها على نواحى القوة التي تسعى المنظمة لتحقيقها في إطار رسالة المنظمة.
- تعطى شعوراً للعاملين بجدية الإدارة العليا وإصرارها على تحقيق أهداف معينة بطرق واضحة.

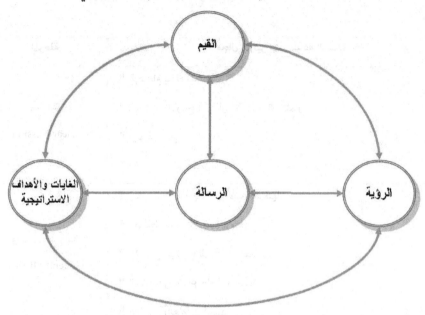

شكل (3-2) : العلاقة بين الرسالة وبقية مكونات الإتجاه الاستراتيجي

المصدر : من إعداد الباحثين طبقا لما عكسته أدبيات الإدارة الاستراتيجية

أن إرتباط مكونات الإتجاه الاستراتيجي وتكاملها مع بعضها البعض يعطى الفوائد التالية:

- التأكيد على وحدة الهدف داخل المنظمة من خلال إيجاد صيغة تأطر العمل بأسلوب منهجي ومنظم.
- ترسى دعائم مناخ تنظيمي يشحذ الهمم ويحسن الأداء.

وتجدر الإشارة إلى أن إهتمام منظمات الأعمال بوضع رسالة لها تطور عبر الزمن من عدم إهتمام كلي بموضوع الرسالة إلى وضع رسالة عامة بمؤشرات يتبناها الجميع ثم وضع رسالة محددة ودقيقة تحاول من خلالها المنظمة التمايز والتميز عن المنافسين والمنظمات الأخرى، وفي المرحلة الأخيرة فقد أصبحت منظمات الأعمال أكثر إهتماماً بموضوع الأولويات في عرض مضمون رسالتها. ويلخص الشكل (3-3) مراحل تطور إهتمام منظمات الأعمال بوضع الرسالة.

شكل (3-3) : مراحل تطور إهتمام منظمات الأعمال بالرسالة

المرحلة	مجال التركيز عند صياغة الرسالة
عدم وضوح الرسالة No Clear Mission	■ الإهتمام ببقاء المنظمة. ■ الإهتمام بالأرباح في إطار الخيارات الاستثمارية. ■ أولوية الربح. ■ الإستمرارية في العمل والتطور.
وضع رسالة عامة General Mission	■ سعى المنظمة لزيادة مجالات أنشطتها. ■ تخطيط المنظمة لزيادة أرباحها. ■ الإهتمام بموضوع الريادة في الصناعة. ■ التركيز على إشباع حاجات العملاء. ■ الإهتمام بالعاملين كمورد حيوي.
وضع رسالة محددة Specific Mission	■ السعى نحو تقديم منتجات وخدمات عالية الجودة وبتكاليف معقولة. ■ مراعاة حالة التميز عن المنظمات المنافسة في مجال محدد. ■ السعى لخدمة العملاء بأفضل الطرق والوسائل المتاحة. ■ تقديم حوافز فريدة للعاملين وتوفير إمكانية تحقيق الذات.
مراعاة الأولويات في عرض مضمون الرسالة Priorities Among Mission	■ العمل على زيادة الحصة السوقية من خلال تخفيض متوسط كلفة الوحدة. ■ فتح منافذ توزيع جديدة لإشباع حاجات العملاء بشكل أفضل وزيادة المبيعات. ■ تحسين العمليات من خلال الإهتمام بالمرونة والتكيف السريع مع بيئة الأعمال.

المصدر : من أعداد الباحثين

مكونات وأبعاد رسالة المنظمة

The Consiste and dimension of Organization Mission

رغم إختلاف منظمات الأعمال في تركيزها على هذا المكون أو ذاك من مكونات رسالة المنظمة وعناصرها، إلا

أننا نجد إجماعاً بين أغلب الباحثين بأن مكونات رسالة المنظمة تتمثل بالأتي (العارف،2003 : 109) ، (عوض،2001 :

53 – 75) ، (المغربي،1999 :82) :

- **مجال عمل المنظمة** : يفترض أن يتم تحديد المجال الذي تنوى أن تنشط فيه المنظمة بطريقة مرنة
  وواضحة تسمح بالتطور اللاحق.

- **عملاء المنظمة** : إن عملاء المنظمة يمثلون المصدر الأساسي للدخل فيها، وبالتالي يفترض أن تحدد المنظمة
  هؤلاء العملاء، ليس بالمنظور الآني، بل وبإحتمالية زيادة هذا العدد وفق إعتبارات تطور قدرتها على
  تقديم منتجات وخدمات تلبى إحتياجات هؤلاء العملاء.

- **المنتجات والخدمات** : إن رسالة المنظمة تركز على طبيعة المنتجات والخدمات الرئيسية التي تقدم في
  الأسواق وتلبى حاجة العملاء.

- **أسواق المنظمة** : أين تنافس المنظمة، وفي أي الأسواق تكون هذه المنافسة، إن التحديد الدقيق والجيد
  لهذه الأسواق وفق أي من المؤشرات والمعايير، وكذلك الإنتشار الجغرافي لهذه الأسواق يعطي المنظمة
  القدرة على التركيز عليها وخدمتها بشكل أفضل.

- **التكنولوجيا** : تعبر التكنولوجيا عن إطار عام يتمثل بالجانب الفني أو المعرفي في المنظمة، ويجب على
  المنظمة أن توضح أسس إعتماد التكنولوجيا والإستفادة منها. وهنا يجب الإشارة إلى أن مستوى الإدخال
  التكنولوجي سواء كان بشكل تكنولوجيا متقدمة أو حديثة أو حتى متوسطة أو قديمة تعبر عن حالات
  التعامل مع التكنولوجيا بمنظور مختلف وفق إعتبارات قدرة المنظمة على إستخدام هذه التكنولوجيا.

- **أهداف البقاء والنمو والربحية** : إن الأرباح تأتي في إطار قدرة المنظمة على المطاولة والمنافسة والإستمرار
  وتغذى هذه الأرباح توجهات المنظمة في النمو والتوسع.

- **الإطار الأخلاقي لعمل المنظمة** : ويعبر عن هذا الإطار الأخلاقي بقيم ومعتقدات راسخة تعطي للمنظمة
  مناخاً يؤكد على الإبداع والتجديد.

- **الخصوصية الذاتية للمنظمة (إمكانات المنظمة)** : وهذه تركز على نواحى الميزات التنافسية والمميزات الخاصة التي تعطي للمنظمة قدرات تنافسية متصاعدة تعززها نواحى قوة متجددة.

- **السمعة والشهرة المؤسسية** : وتمثل إنطباعات الجمهور حول المنظمة ومدى إستجاباتها وإهتمامها بالجوانب الأخلاقية والبيئية والإجتماعية في العمل.

- **الموارد البشرية في المنظمة** : يمثل المورد البشري ميزة تنافسية يجب أن تنفرد بها المنظمة ولا يمكن تقليدها بسهولة، لذلك يفترض أن تركز عليها رسالة المنظمة وتعطيها حقها من الأهمية.

- **الموردون** : أصبح التجهيز يشكل أهمية خاصة بسبب ندرة مصادر الإمداد وإرتفاع أسعار المواد اللازمة، لذلك من المهم إعطاء المجهزون الأهمية والعناية في إطار توجهات المنظمة ورسالتها.

العوامل المؤثرة على رسالة المنظمة

Factores Effected on Organization Mission

تجتهد منظمات الأعمال في إعداد رسالة عملية وواضحة، لكونها أى الرسالة تحدد وتوجه المنظمة حالياً ومستقبلاً. ولما كانت بيئة عمل المنظمة تتسم بالتحديات والتغير المستمر، فلا بد أن تساير الرسالة هذه التغيرات وخاصة المهمة منها. لذلك فإن صياغة رسالة المنظمة يأخذ في الإعتبار العوامل التالية (عوض،2001 : 42) :

- **المنظمة وتاريخها** : حيث أن لكل منظمة تاريخاً حافلاً بطبيعة أنشطتها وسياساتها واستراتيجياتها وأهدافها وإنجازاتها، لذلك فإن القيادة الاستراتيجية في المنظمة، وهي تعيد النظر في بعض جوانب صياغة الرسالة أن تأخذ بنظر الإعتبار طبيعة هذا التاريخ معززة سمعة المنظمة في السوق ولدى مختلف الأطراف الأخرى. ونتوقع في هذا الإطار أن تراكم الخبرة والمعرفة لدى إدارة المنظمة يعطيها إمكانية أفضل في صياغة رسالة المنظمة، وإيجاد المنافذ الفاعلة والكفوءة بنقل جوانب هذه الرسالة إلى أرض الواقع.

- **قيم المالكين والإدارة وإهتماماتهم وتفضيلاتهم** : رغم أن المنظمات المساهمة الكبيرة قد لا تتضح معالم ملكيتها إلا أنه يبقى للإدارة وحملة الأسهم الأساسيين دوراً فاعلاً ومؤثراً عند صياغة رسالة المنظمة. إن رؤية هؤلاء للعمل وفلسفتهم ستنعكس بكل

تأكيد على الجوانب المهمة في رسالة المنظمة، ويجب أن يؤخذ هذا الأمر في إطار متجدد ومتحرك.

- **البيئة الداخلية للمنظمة** : يفترض أن تنسجم معطيات رسالة المنظمة مع واقع البيئة الداخلية لها ويجب التوضيح هنا إلى أن البيئة الداخلية تتجسد بمرتكزات أساسية للقوة تبنى عليها توجهات المنظمة وإنجازاتها المستقبلية، في حين تشير جوانب الضعف إلى منظور تعتقد إدارة المنظمة إلى أنه لا يعرقل هذه التوجهات، وكذلك لا يكون في تعارض مع ما تعلنه من إلتزامات في رسالتها تجاه مختلف الأطراف.
- **البيئة الخارجية للمنظمة** : رغم أن البيئة الخارجية تؤخذ في إطار المنظور التسويقي، وما توفره من فرص وتهديدات إلا أنها أي البيئة الخارجية، تبقى أوسع من مجرد هذا المنظور. إن صياغة رسالة المنظمة يتيح لها الإستفادة من الفرص الكبيرة والمحتملة لدخول مجالات عمل جديدة أو الإنسحاب من مجالات لا ترى ضرورة البقاء فيها.

معايير وخصائص الرسالة الفعالة Criterions and Characteristics Mission

إن بناء وتطوير رسالة لمنظمة الأعمال ليس بالمهمة السهلة والسريعة، بل إنها تمثل خلاصة لعمل جاد ودؤوب تساهم فيه أطراف عديدة وتتجاوز فيه مختلف مكونات المنظمة والجهات ذات العلاقة (Ireland & Hitt,1992 :34 - 42)، ويقف العديد من العوامل المؤثرة سلباً في تطوير رسالة منظمة واضحة ومحشدة للجهد والموارد، وفي مقدمة هذه العوامل إعتقاد الإدارة بأن رسالة المنظمة تمثل محتوى سرى من المعلومات التي يجب الحفاظ عليها. والإختلافات الكبيرة التي تكون بين حملة الأسهم في تبني منظور وأولويات متفق عليها ومحاكاة حالة المنافسة الشديدة في الأسواق، وكذلك آليات عمليات التخطيط الاستراتيجي التاريخية والتي أصبحت في بعض الجوانب معوضة للتفكير المنهجي الديناميكي والمتغير. ومع ذلك فإن رغبة إدارة منظمة الأعمال تتجسد في وضع رسالة فعالة تتسم بخصائص وسمات متجددة تجعلها أكثر قرباً من واقع التطبيق الفعلي رغم أنها تبدو وكأنها شعارات جذابة في بعض من أوجه تطويرها والإعلان عنها، وإذا ما تطلب الأمر الإشارة إلى بعض معايير وخصائص الرسالة الفعالة فإنه يمكن الإشارة إلى الآتي (عوض،2001 :45)، (العارف،2002 : 95 - 109) ، (Niven,2002 : 73 - 74) :

- أن تكون رسالة المنظمة واضحة ومفهومة ومعبرة وبسيطة، وتعطي لجميع الأطراف مدلولات موحدة ومنسجمة سواء كانت هذه الأطراف داخل المنظمة أو خارجها.

- أن تكون رسالة المنظمة مختصرة، تكفي للتدليل الواضح على مضمونها وتبقى عالقة بأذهان الجميع.

- أمكانية تحويلها إلى خطط وسياسات وبرامج وليس مجرد شعارات لا تتحقق ويمكن أن تهز الثقة في تعامل المنظمة مع مختلف الأطراف.

- أن تعكس رسالة المنظمة الصفات المميزة. بل أنها تمثل شخصيتها وبصمة إبهامها التي لا تفارقها ويعرفها من خلالها الجميع وليس معرفتها بإسمها المعلن في عقد التأسيس.

- أن تتجه نحو الأسواق وحاجات العملاء مركزة على الخصائص المميزة التي تنفرد بتقديمها إلى هؤلاء العملاء وإمكانية تعزيزها مستقبلاً.

- أن تكون رسالة المنظمة واقعية وموضوعية تثير التحدى، لكنها ليست مجرد شعارات متقطعة عن دلالاتها، وهذه الواقعية تسمح للمدراء بتحقيق أهداف عالية ومتجددة.

- أن تحث رسالة المنظمة وتدعو إلى التغيير المستمر، فالبرغم من أن رسالة المنظمة لا تتغير بإستمرار إلا أنها ملهمة بإتجاه تغييرات كبيرة في آليات عمل المنظمة وأساليب تعاملها مع الأطراف الأخرى، ورغم أن رسالة المنظمة لا تتحقق كاملة لكنها تؤطر لنمو إيجابي كبير.

- أن تكون رسالة المنظمة متكيفة مع ما يحصل في البيئة المحيطة بالمنظمة من تداعيات كبيرة وفي إطار التوقعات المستقبلية.

- أن تتميز رسالة المنظمة بسهولة إيصالها إلى مختلف الجهات والأطراف بعبارات مقرونة بالأفعال والوقائع.

- أن تكون رسالة المنظمة ذات طبيعة طويلة الأمد.

- أن تتميز رسالة المنظمة بإثارة الدافعية لدى الأفراد والعاملين.

- من المهم أن تنسجم رسالة المنظمة مع باقي مكونات الإتجاه الاستراتيجي، وأن تعطى دعماً وترابطاً لهذه المكونات.

- أن ترتبط رسالة المنظمة بقيمها ومعتقداتها وتاريخها.

إعداد رسالة المنظمة وطبيعتها   Mission Formulating and Nature

تعتبر عملية تطوير وإعداد رسالة المنظمة من أهم الخطوات الأساسية التي تتبناها الإدارة العليا في إطار تفكيرها الاستراتيجي، وتمثل رسالة المنظمة وثيقة يتم الرجوع إليها بإستمرار لإستلهام إتجاهات العمل والأهداف الاستراتيجية بعيدة المدى، وتوجد وجهات نظر متعددة في أسلوب تطوير وإعداد رسالة المنظمة والأشخاص المشاركين في هذه العملية. هذا وتتركز بعض وجهات النظر هذه بقيام الإدارة العليا بوضع رسالة المنظمة في ضوء إعتبارات المنظور القيمي لهذه الإدارة وإتجاهات التطور المستقبلي للمنظمة. في حين يرى إتجاه آخر بضرورة إشراك جميع العاملين بالإضافة إلى الإدارة العليا وبإمكانية إستخدام أساليب وآليات مختلفة مثل أسلوب دلفي Delphi Method أو غيرها لغرض تطوير الرسالة، فيما يرى إتجاه آخر بضرورة إشراك جهات خارجية أخرى ذات معرفة وعلاقة بأعمال المنظمة خاصة وإن هذا الأسلوب يوسع من المدارك ويجعل من رسالة المنظمة أكثر شمولية ودقة وصدقاً في التعبير عن إتجاهات عملها اللاحقة وأساليب تطويرها. إن رسالة بإعتبارها المرجعية التي تعود إليها الإدارة في إتخاذ القرارات، فإنها تمثل فهم وإهتمام المنظمة في تلبية توقعات وطموحات مختلف أصحاب المصلحة المتأثرين بشكل مباشر أو غير مباشر بأعمال المنظمة وأنشطتها (Morrisey,1996: 44-48)، إن هذا الأمر يجعل من رسالة المنظمة تكتسب موقعاً مركزياً تتمحور حوله مبررات وجود المنظمة ومشروعيتها في بيئة عملها ويعطيها بالتالي إمكانية البقاء والإستمرار والتطور.

إن تجريد رسالة المنظمة من روحها الحقيقية والتعامل معها كونها مجرد شعار براق يوضع على الجدران وفي الرفوف يجعل من المنظمة فاقدة للهدف الأعظم في تعاملها مع المجتمع المحلي أو الواسع، وبما يعزز قدرتها على وضع استراتيجيات فعالة وتنفيذها من خلال إستخدام جيد للموارد وخاصة البشرية منها. إن عدم تفاعل أي مجموعة من المجاميع المهمة مع معطيات واقع رسالة المنظمة يجعل إمكانية رسم الصورة المستقبلية للمنظمة أمراً صعباً أو محفوفاً بالمخاطر، وفي سعي الإدارة لإيجاد نص مقبول ويلبي إحتياجات المنظمة والمتعاملين معها، فإنه من المناسب أن يعطى هذا النص إجابة واضحة على بعض الأسئلة الاستراتيجية المهمة، وهي :

- ما الذي تقوم به المنظمة وتؤديه للعالم من حولها؟ إن الإجابة على هذا السؤال ستعطي الأسباب الكامنة وراء قيام منظمة الأعمال بتقديم المنتجات والخدمات وفى إطار يتيح لها إمكانية الإستمرار أو التوقف أو التطوير لهذه المنتجات والخدمات.
- لمن تؤدي وتقدم المنظمة هذه المنتجات والخدمات؟ إن الإجابة على هذا السؤال ستغطي معرفة المتعاملين بمجموعاتهم كعملاء متأثرين بشكل مباشر أو غير مباشربهذه المنتجات والخدمات.
- ما هي طرق وآليات وأساليب أداء المنظمة لأعمالها؟ وهذه تركز على تأشير القدرات المميزة والكفاءات المحورية التي تستخدمها المنظمة لغرض إنتاج وتقديم المنتجات والخدمات لمختلف الأطراف.
- ما هي الأسباب والدوافع الحقيقية والأساسية التي جعلت المنظمة تركز إهتمامها على هذه المنتجات والخدمات ولهؤلاء المتعاملين؟ بمعنى أن هذا السؤال يؤشر لمنظمة الأعمال مبررات تركيزها لتلبية الإحتياجات وملء فراغ حقيقي في البيئة المحيطة بها (Collins & Porras,1996 :65-67)، (Pearce II & Robinson,1997 :29-32) ، (Niven,2002 :74). وفي كل الأحوال فإن رسالة المنظمة تمثل تعبيراً مريحاً وشاحذاً للهمم بالإجابة على سؤال مركزي يتمثل بـ "ما هو عمل / أعمال المنظمة ؟ " ليوفقه مع سؤال آخر مهم ويتكامل معه ويمثل رؤية المنظمة متمثلاً برغبة المنظمة في كينونتها المستقبلية (David,2001:59 -60).

إن رسالة المنظمة وهي تجيب على هذه الأسئلة المهمة وغيرها، تجسد القيم الحقيقية لأساليب بناء القيمة في منظمة الأعمال، وكذلك توضيح صورتها وسمعتها في البيئة التي تعمل فيها. لذلك فإن رسالة المنظمة هي ليست مجرد وثيقة مكتوبة بعبارات وصيغ جذابة، ولكنها يفترض أن تمثل تعبيراً حقيقياً وإحساساً عميقاً وإلتزاماً واعياً من قبل كافة الأطراف بمحتوى الرسالة. وعندما يتحول هذا الإحساس إلى صيغ عمل ومسؤولية مشتركة وجماعية تصبح الأهداف التي تطرحها المنظمة منارة يسعى جميع العاملين بإتجاه تحقيقها، وبذلك يتحقق نجاح المنظمة المستمر.

أما بشأن طبيعة رسالة المنظمة فربما نستطيع تأشير توجهين رئيسيين بهذا الصدد، ففى إطار **التوجه الأول** تصاغ رسالة المنظمة بشكل واسع جداً ليتيح للمنظمة إمكانية الدخول فى أي مجال نشاط وخدمة العملاء وما زالت هناك فرص موجودة. ويعاب على

هذا التوجه أنه غير مركز وبالتالي يجعل موارد منظمة الأعمال تتبعثر في إتجاهات لا توجد بينها خيوط مشتركة وتآزر كبير، فيما يركز **التوجه الثاني** على صياغة رسالة المنظمة بشكل ضيق جداً مركزاً على جوانب محدودة وضيقة جداً. وهذا التوجه له أيضاً عيوبه بانه لا يتيح للمنظمة إمكانية الإستفادة من الفرص المتولدة في مجال يمكن أن تدخلها بسهولة، ويستبعدها التحديد الضيق للرسالة. لذلك فإن ضرورة الإفصاح عن الإتجاه بشكل يتيح للمنظمة الإستفادة من الفرص وتسمح بتقريب وجهات النظر لأصحاب المصالح التي قد تتعارض في المدى الزمني المتوسط والقريب. إن هذا الأمر يعنى تحقيق صيغة توازن مقبولة بين العمومية الواسعة والتحديد الضيق، بحيث تثير رسالة المنظمة توليد مشاعر إيجابية لدى الجميع حول منتجاتها وأساليب عملها وقيمها، من الضروري الإشارة أيضاً إلى أن رسالة المنظمة عادة ما تفصح عن إعلان لسياسة إجتماعية تتبناها المنظمة وتحاول من خلالها تأطير علاقة طيبة وتبني مسؤولية إجتماعية وأخلاقية فعالة مع مختلف فئات أصحاب المصالح. ويلخص الشكل (3-4) مقارنة عامة لخصائص الرسالة في منظمات الأعمال البريطانية والفرنسية.

شكل (3-4) : خصائص الرسالة : مقارنة بين المنظمات البريطانية والفرنسية

خصائص الرسالة	المنظمات البريطانية بشكل عام	المنظمات الفرنسية بشكل عام
المدى الزمني الذي تغطيه الرسالة	قصير نسبياً	طويل نسبياً
مستوى التحديد	محددة	عامة
إطار التركيز في الرسالة	الإطار المالي	القيمة الإجتماعية
مسؤولية الصياغة	الإدارة العليا	جميع المدراء والعاملين
الإستمرارية والتعديلات	ثلاث سنوات وأقل	أكثر من خمس سنوات
معايير التركيز	المجاميع الداخلية	المجاميع الداخلية والخارجية

المصدر : بتصرف من Source : Brabet, J. & Klemm, M., 1994

ويوضح الشكل (3-5) نماذج لرسائل بعض منظمات الأعمال

شكل (3-5) : نماذج لرسائل بعض منظمات الأعمال

منظمة الأعمال	بيان الرسالة
Sony	من خلال خبرتنا في تطبيق التكنولوجيا المتقدمة نعمل على جعل الأفراد سعداء بتقديم المنفعة للجمهور
Walt Disney	جعل الناس أكثر سعادة
Hewlett - Packard	نعمل على تقديم مساهمات تقنية لتقدم ورفاهية الإنسانية
Apple Computer	تغيير أسلوب عمل العملاء وتعلمهم وإتصالاتهم من خلال توفير حواسيب آلية شخصية متميزة وخدمات عملاء متجددة، وسوف نكون رواد في مجال الإتجاهات والمداخل الجديدة ونعمل على إيجاد طرق مبتكرة لإستخدام تكنولوجيا الحواسيب في توسيع أفق القدرات والإمكانيات البشرية، ونوجد الفرص من خلال المنتجات والخدمات والإبتكارات التي نقدمها بالإضافة إلى مساعدة الأفراد حول العالم في تشكيل طرق أداء العمل والتعليم في القرون القادمة
Pepsi Cola	نعمل على تحقيق الزيادة في قيمة إستثمارات حملة الأسهم من خلال زيادة المبيعات والسيطرة على التكاليف والإستثمار الواسع في الموارد. إن نجاحنا التجاري يعتمد على تقديم الجودة العالية وقيمة حقيقية للمستهلكين وعملائنا، ونعمل على تحقيق ذلك من خلال الأمان في المجتمع والكفاءة الإقتصادية والإهتمام بالمحافظة على البيئة، وتحقيق عائد على الإستثمار وفق إعتبارات المعايير العالية للتكامل.

المصدر : من أعداد الباحثين

تمثل القيم حقيقة جوهرية مهمة في حياة منظمة الأعمال، وتشكل جزءاً أساسياً من الثقافة التنظيمية التي تعتبر من المكونات الأساسية لبيئة عمل المنظمة، وموردا يبنى خلال فترات زمنية طويلة ويحتاج إلى جهود عظيمة، لذلك فإن قيم منظمة الأعمال تعتبر من المفاهيم الأساسية والهامة ضمن التوجه الاستراتيجي لها. هذا وإن القيم تعطى المنظمة هويتها وشخصيتها وتطبع سلوكياتها بإتجاه تعاملها مع مختلف الأطراف. لذلك يعبر عن قيم المنظمة بالـ (DNA) للمنظمة التي تعطيها الشخصية المميزة والمختلفة عن المنظمات الأخرى.

مفهوم القيم وأهميتها Concept and Important

إن القيم بإعتبارها من المفاهيم الهامة للتوجه الاستراتيجي، فإنها تمثل العقائد الأساسية والمبادئ الإرشادية الرئيسية لمنظمة الأعمال، لذلك فإنها تشتمل على معتقدات وقناعات قادة المنظمة وأفرادها لتعكس لاحقاً هذه المعتقدات والقناعات في التصرفات والسلوكيات لهؤلاء القادة والعاملين. ويجب الإنتباه أن قيم المنظمة لا تتغير بسهولة إذا كانت قد بينت وشكلت شخصية المنظمة وعلى فترات زمنية طويلة، ويلاحظ تجسيداً لهذه القيم في العادات والطقوس والشعائر السائدة في المنظمة من خلال تعاملها مع مختلف الأطراف.

إن القيم لا تحتاج إلى مبرر خارجي لكونها تطبع قناعات العاملين وتمثل أهمية كبرى للقادة والعاملين في المنظمة (Brabet & Klemm,1994:8).

عرفت القيم بأنها مجموعة من المبادئ والمعايير التي تحكم سلوك الفرد أو الجماعة، وترتبط هذه المبادئ بتحديد ما هو خطأ وما هو صواب في موقف معين (طراونة،1990: 137- 155). وقد وردت بأنها إلتزامات ومعطيات أساسية تسعى منظمة الأعمال لها، لذلك فإنها تمثل معتقدات لها قيمة أساسية للملتزمين بها وبمضامينها وبالتالي ترشد السلوك إلى ما هو مقبول أو مرفوض أو ما هو صواب أو خطأ، لذلك فإن القيم تتسم بالثبات النسبي قياساً إلى الإتجاهات (القريوتي،1998: 109). وعرفت بأنها مجموعة من المعتقدات والإتجاهات التي توجه سلوك المديرين نحو غايات أو وسائل يختارها هؤلاء المديرون لأنهم يؤمنون بصحتها، وتحدد النهج الذي ينتهجونه في إنجازهم لأعمالهم وإدارتهم لمنظماتهم وإتخاذهم لقراراتهم (عبدالله،2000: 33). وعبر عنها (Niven,2002:445) بكونها تمثل المبادئ السرمدية

الخالدة التي تقود وتوجه منظمة الأعمال، وتوضح بعمق المعتقدات الأساسية للمنظمة، والتي تطبع السلوك اليومي للإدارة والعاملين. إن قيم المنظمة تمثل تصريحات واضحة مفتوحة للجميع لإعتمادها في التصرفات والسلوكيات في مختلف أوجه العمل. والنقطة المهمة هي أن المنظمة تقرر لنفسها القيم الأساسية بعيداً عن إعتبارات المؤثرات ورؤية الآخرين لهذه المؤثرات، لذلك فإنها تعتبر مرجعيات للتصرف وتحمل القواعد الدستورية الثابتة التي يسترشد بها في وضع الأهداف والسياسات وإتخاذ القرارات اليومية والاستراتيجية، ففي أحد المنظمات ظل قانون أخلاقيات المنظمة - والذي يعتبر بمثابة العقيدة بالنسبة لها - سارياً من خلال العديد من الأجيال، وعمل على ربط فروع المنظمة المختلفة وأعمالها بالمركز الرئيسي الأم كمنظمة ذات رؤية ورسالة يتقاسمها الجميع ويشترك فيها، كما عمل على زيادة قدرة الموظفين في مختلف المستويات على إتخاذ القرارات الصحيحة. إن هذا الأمر يتضح من خلال صيغة لقيم إيجابية تتبناها المنظمة وتجسدها في خدمة عملائها أو تقديم الإحترام للأفراد العاملين فيها، وصدق التعامل مع مختلف الأطراف. إن هذا الأمر يتجسد بممارسات تشغيلية واستراتيجيات في العمل تدور حول تلك النوعيات والسلوكيات دون أن تكون الجوهر في وجودها. هذا وإن أهمية القيم تتجسد في العديد من جوانب العمل، أبرزها كما يشير (Morrisey,1996 :22) الآتي :

- تعطي سعة في التفكير وتوجه جهود منظمة الأعمال في المجالات المختلفة.
- تُحدد وتُعين نوع الأعمال التي تكون منظمة الأعمال أو لا تكون فيها.
- ترسم توقعات منظمة الأعمال وتوصلها إلى الأخرين.
- تعمل على إستقطاب الأفراد ذوى المهارات والكفاءة في العمل.
- تحدد الأسلوب المتبع لتوجيه وإدارة أعمال منظمة الأعمال المختلفة.
- تحدد أولويات العمل الأساسية.

وكذلك يمكن القول أن القيم تساعد المنظمة في الحكم على مختلف القضايا والأعمال بمنظور منسجم مع توجهات المنظمة. هذا وإن غياب القيم الفاعلة يجعل الحكم على هذه القضايا والأعمال متعارضاً ومتناقضاً إذا أخذ في إطار فترة زمنية طويلة.

مكونات وأبعاد القيم Values Content and dimension

إن وجود أعداد كبيرة جداً من العوامل التي يمكن أن تعتبر قيم استراتيجية لمنظمة الأعمال تطلب منها ـ أي المنظمة ـ التركيز على عدد محدود من هذه العوامل لا يتجاوز العشرة

في كل الأحوال. إن هذا التركيز يعنى إعطاء الأولويات للعوامل التي لها تأثير أساسي ورئيسي في مستقبل المنظمة، ويلاحظ أن بعض القيم تعتبر معطيات عامة لا حاجة لإدراجها ضمن القائمة الأساسية لأولويات القيم، كأن يتم القول " الجودة في كل ما نعمل ***Quality in everything we doing*** " هذا وإن البعض الآخر من القيم تعتبر ثوابت طيلة وجود المنظمة في الأعمال، لكن هذه الثوابت يجب أن يحتفظ بها حية ومرئية في طبيعة العمل. إن بعض القيم تتغير عبر الزمن وإستناداً إلى معطيات دورة الأعمال ومؤثرات البيئة.

لقد طرح (Morrisey,1996:22-27) قائمة بقيم مختلفة مفيدة لمنظمات الأعمال، لكن خصوصية المنظمة تتطلب منها تطوير قائمتها الخاصة وفق إعتباراتها وخصوصيتها، وهي:

- **الأخلاق *Ethics*** : إن الأخلاق قضية محورية للأعمال في عصرنا الحاضر لكونها تثير دائماً إشكالية في المواقف المختلفة للفرد أو المجموعة أو المنظمة، ويتطلب الأمر عمل خيار من بين مجموعة أفعال يجب أن تقيم بمنظور أخلاقي معين للصح أو الخطأ أو بكونها أخلاقية أو غير أخلاقية، لذلك تندرج الإشكالية في هذا الجانب الأخلاقي في أربعة أبعاد أساسية، وهي تضارب المصالح، العدالة والنزاهة، الإتصالات وإيصال المعلومات، العلاقات المنظمية والتي تعنى سلوك المنظمة تجاه مختلف الأطراف (Ferrell & Fraedrick,1994:28 – 34).
- **الجودة *Quality*** : يمكن أن تعتبر الجودة معطى أساسي، وهنا فإن الأمر يعنى العمل وفق أفضل صيغ الجودة، وفي إطار الموارد والإمكانات المحددة، أما الجودة كقيمة عليا، فإنها تندرج في إطار أولوية قيم المنظمة.
- **السلامة *Safety*** : إذا كانت المنظمة تعمل ضمن صناعة مؤثرة بشكل كبير على البيئة، سواء في عمليات إنتاجها أو منتجاتها، فإن هذه المنظمة قد تقرر بإعتبار التعامل مع البيئة قضية قيمية مهمة جداً. وإذا كان عكس ذلك، أي أن المنظمة لا تعمل ضمن نطاق صناعات ملوثة أو خطيرة على البيئة فإنها تكتفي بالإهتمام بالبيئة وفق إعتبارات قانونية.
- **الإبداع والمعرفة *Innovation & Knowledge*** : إذا كانت هذه قيمة أساسية للمنظمة فإنها تعنى أهمية إعادة تنظيم جوانب الكلف والمخاطر فيها، وإذا كانت المنظمة تتابع البحث والمعرفة، فإنها تبادر بتجربة أفكار لم تطبق سابقاً أو أنها فحصت بما فيه

الكفاية، ويتطلب الأمر منها أيضاً أن تكون التكنولوجيا تمثل أساس النجاح والتطوير فى أعمالها.

- **صورة منظمة الأعمال في قطاعها الصناعي *Image in your Industry*** : قد يكون من المهم للمنظمة الظهور المميز ويسهل التعرف عليها كواحدة من المنظمات القيادية البارزة في قطاع الصناعة التي تعمل بها ، أم أن المنظمة تفضل أن تبقى في الظل وذات صورة متواضعة نسبياً في القطاع الذي نتتمي إليه بإستثناء تلك المجموعات والفئات المؤثرة والمتأثرة مباشرة بأدائها .إن اختيار المنظمة لهذه القيمة سيكون له تأثير مباشر على خياراتها وإجراءاتها وأنشطتها المستقبلية.
- **صورة منظمة الأعمال في المجتمع *Image in your Community*** : هذهِ القيمة تماثل قيمة صورة المنظمة في القطاع الصناعي، بيد أن الغرض منها هو مدى رغبة المنظمة في الوصول إلى مختلف الشرائح المجتمعية. وقد يكون لهذه القيمة إرتباط بمدى رغبتها في تحقيق النجاح والاستمرارية وبالتالي فإن هذه القيمة تشكل قاعدة صلبة لاغراض وبرامج المنظمة التسويقية، وقد تعكس تصورات ومواقف تجاه مبدأ المواطَنة المشتركة والالتزام بقيادة المجتمع. ومرة أخرى فإن اختيار المنظمة لهذه القيمة سيكون له تأثير مباشر على خياراتها وإجراءاتها وأنشطتها المستقبلية.
- **المتعة والمرح *Fun*** : أصبحت المنظمات تعرض نفسها كمكان للمتعة والإنجاز بالنسبة للعاملين والعملاء على حد سواء، ولكن يجب عمل مطابقة بين هذه القيمة والقيم الأخرى المرتبطة بالأعمال مثل مدن الألعاب والأندية الرياضية ومؤسسات السفر والسياحة، وغيرها.
- **الاستجابة للعملاء *Responsiveness to Customers*** : يمكن أن يتراوح موقف منظمة الأعمال هنا من حالة الاستجابة للاحتياجات المحددة للفئات الرئيسية من عملائها إلى حالة الالتزام الكلي في الاستجابة لتوقعات وطموحات مختلف فئات العملاء المؤثرين والمتأثرين بأداء تلك المنظمة. لا شك أن طبيعة عمل المنظمة ومنظورها لأهمية الاستجابة لاحتياجات ورغبات وطموحات العملاء سوف تساعد المنظمة في تحديد كيفية التركيز على هذهِ القيمة.
- **الموارد البشرية *Human Resources*** : يمكن لهذهِ القيمة أن تتراوح من واقع التعامل مع العاملين على أنهم أفراد يمكن الاستغناء عنهم إلى واقع النظر لهم على أنهم مورد

ثمين لا يمكن التفريط به. غير أن الحالة الأولى تتسم بطابع غير إنساني، أما الخيار الثاني فإنه سيؤدي بالمنظمة إلى المزيد من الاستثمارات التي قد تكون ثقيلة ويصعب على منظمة الأعمال استمرارية الالتزام بتكاليفها.

- **الربحية** *Profitability* : تعد هذهِ القيمة من المسلّمات المعروفة لأعضاء فريق القيادة لعليا في كل منظمات الأعمال المعاصرة خاصة وأن أهميتها وضرورتها تنبع من ضرورة الحفاظ على المنظمة وديمومتها. وتنطبق هذه الحالة حتى على المنظمات غير الهادفة للربح، فهي أيضاً تحتاج إلى توليد دخل يزيد على مصروفاتها ، وإلاّ فأنها لن تستمر طويلاً في تأدية مهامها وبالتالي فانها ستنحدر تدريجياً مع الزمن.

- **التحالفات الاستراتيجية** *Strategic Alliances* : توفر التحالفات الاستراتيجية فرصة المشاركة مع منظمات مستقلة أخرى لديها قابليات وموارد تكميلية معينة. وتشكل هذهِ التحالفات طريقة لمعالجة احتياجات النمو والتوسع التي أصبحت شائعة في السنوات الأخيرة. وعموماً، فأن التحالف الاستراتيجي هو أكثر من مجرد علاقة روتينية مع الموردين أو البائعين، بل بالاحرى انه يدل على وجود التزامات مشتركة ومتبادلة تقوم على أساس المنفعة المتبادلة والمساواة في عائدية النتائج. ويمكن أن تكون هذه التحالفات وقتية للتركيز على مشروع رئيسي محدد، أو لربما تكون دائمية إذا ما ترتبت عليها فوائد مشتركة مستمرة. في جميع الأحوال على منظمة الأعمال أن تتسائل فيما إذا كان هذا الخيار يقدم قيمة حقيقية لها؟ أم أنها تفضل المحافظة على إستقلاليتها ؟ وهل يمكن ان يكون هناك خيار آخر يمثل نقطة وسطية ذات جدوى توازن بين الحالتين السابقتين ؟.

- **تنوّع المنتجات / الخدمات** *Product / Service Diversity* : وهنا يمكن أن تكون لدى منظمة الأعمال الرغبة في التركيز على صنف واحد من المنتجات أو الخدمات، أو لربما ترغب بان تكون المنظمة منفتحة على أي منتوج أو خدمة يمكنها القيام بإنتاجها أو توفيرها. وهنالك أمثلة عديدة على المنظمات التي شهدت نجاحات واسعة في كلا الجانبي أو في جانب واحد منهما. فهل يتعين على المنظمة البحث عن فرص الدخول بمنتجات أو خدمات جديدة أم البقاء على ما لديها وتراه هو الأفضل؟

- **تنوّع الأسواق / العملاء** *Market / Customers Diversity* : وهنا يمكن لهذهِ القيمة أن تمثل بيئة التسويق لقطاع معين أو لصناعة محددة أو لمجموعة عِرقية مميزة، كما وقد

تتوفر لمنظمة الأعمال خيارات أخرى كأن تسعى للاستفادة من كل انواع الفرص أينما وجدت.

- **المنتجات المعيارية / حسب طلب العملاء** ***Standard / Customized Products*** : تسعى بعض منظمات الاعمال إلى التركيز على تلبية حاجات وطلبات العملاء في إطار جعل منتجاتها وخدماتها معيارية الصبغة، في حين نجد منظمات أخرى تعمل على عكس ذلك، ونجد بين الأثنين من يحاول موازنة خياراته.
- **التوسع** ***Expansion*** : ما هو موقف منظمة الأعمال من التوسع؟ وهل أنها تفضل البقاء على حجمها الحالي وفي هيكلها الحالي (وفي هذهِ الحالة لن يكون التوسع قيمة بالنسبة للمنظمة)، أم أن المنظمة تتأمل تحقيق حالة من التوسع السريع جداً على مدى السنوات المقبلة؟ ولو كانت المنظمة تفكر بتوسيع أعمالها، أو تقديم منتجات أو خدمات جديدة، أو بناء المزيد من القابليات، أو النهوض بمستوى كفاءات كوادرها، فهل أنها سوف تعمد إلى تطوير هذهِ الخيارات داخلياً أم تحاول الحصول على القابليات من مصادر خارجية؟ إن اعتماد الخيارات داخلياً سوف يأخذ وقتاً طويلاً وربما يكون مكلف جداً أكثر من محاولة اكتسابها من مصادر خارجية. ومن ناحية أخرى، فأن عملية الاكتساب عادة ما يمكن تحقيقها بشكل أسرع ولربما لا تتطلب رأس مال كبير، غير أنها يمكن أن تؤدي إلى بعض المشاكل في مجال الرقابة أو الجودة أو مستوى المعنويات.
- **الهيكل التنظيمي** ***Organizational Structure*** : هل أن المنظمة تثمن مزايا الهيكل التنظيمي اللامركزي الذي تعمل فيه كل وحدة من الوحدات التشغيلية بشكل مستقل بالحد الأدنى من الرقابة والخدمات المركزية؟ أم أنها تفضل العمل في إطار هيكل مركزي تُتَّخَذ فيه معظم القرارات الرئيسية من قبل المستويات العليا في المنظمة؟ وهل هنالك نقطة وسطى ما بين هاتين الحالتين تكون أكثر فاعلية بالنسبة للمنظمة؟ وهل إن موقف المنظمة من هذه القضية مهم إلى الحد الذي يحفزها على اختيارها كقيمة في منظومة قيمها ؟.
- **التركيز الجغرافي** ***Geographic Concentration*** : هل ترغب المنظمة بان تنتشر نشاطاتها في جزء محدد من البلاد ام أنها تفضل الانتشار في كافة أنحاء العالم ؟ وهل أن تركيزها الجغرافي محدود على الأسواق المحلية أم أنها تود الإمتداد إقليمياً والتوسع عالمياً؟ والى أي مدى سيؤثر ذلك على إجراءاتها وأنشطتها المستقبلية؟.

- **البيئة *Environment*** : على شاكلة عنصر السلامة، تعد هذهِ القيمة مهمة جداً للصناعات التي يكون لها تأثير كبير على البيئة إما من خلال منتجاتها أو من خلال عملياتها التصنيعية، بيد أنها من المحتمل لا تشكل أن لا محور اهتمام ثانوي بالنسبة للصناعات الأخرى.

تشكيل وبناء القيم Formulization and Building Values

إن إمتلاك المنظمة لقيم لا يمكن أن يكون فعالاً إلا من خلال إعلانها وإيصالها لمختلف الجهات ذات العلاقة، ويفترض في هذه القيم أن تكون مدركة ومحسوسة ويتقاسمها الجميع ويعيشونها، أما إذا كان الأمر عكس ذلك، بحيث لا يمكن إدراك القيم ومناقشتها وتحديدها فإن ثقافة المنظمة يمكن أن تكون موضوع يرتبط بأهواء شخصية القائد. إن التحدي الأكبر الذي يواجه القادة والأفراد في منظمات الأعمال ليس في كتابة منظومة من القيم النبيلة، لكن في أن يجعلوها الدستور الذي يحكم جميع تصرفاتهم وسلوكياتهم وأدائهم اليومي. وإذا ما كانت جميع المنظمات تمتلك قيماً تجسدها بسلوكياتها اليومية فإن هذه القيم لا يتم تغييرها يومياً، بل إنها تمثل مبادئ إرشادية للمنظمة وهي تتعامل مع ما يحيط بها من مجاميع مختلفة، ويلاحظ ظهور بعض القيم التي قد تكون غير أخلاقية أو غير مقبولة في إطار المحتوى الإجتماعي الواسع. إن مفتاح تغير القيم ومعرفة ثقافة المنظمة يرتبط بشكل كبير بمدى إنفتاحيتها على البيئة لتشكيل منظومة قيمها وفق إعتبارات العوائد المتحققة لها من هذا التغيير، وفي حقيقة الأمر، لا توجد الكثير من الوسائل التى تساعدنا على معرفة تشكيل القيم وتغيرها في منظمات الأعمال إلا بحدود ضئيلة، فقد طور الباحث (Richard Barrett) ما يطلق عليه وسائل تدقيق ومعرفة قيم المنظمة **Corporate Value Audit Instrument** ، وفي إطاره فإن الأفراد يستخدمون ثلاثة معايير أو أسس قيمية / سلوكية للخيار، **الأولى**، وهي القيم الشخصية والتي تصف أفضل تطبيقيات قيمية على المستوى الفردي، أما **الثانية**، فتتمثل في القيم التنظيمية والتي تصف كيفية عمل المنظمة / الفرق فيها، وهذه تمثل قيم تنظيمية مستندة لترابط منطقي موضوعي وذاتي مع القيم الشخصية، فيما تتمثل **الثالثة** بالقيم المثالية للتنظيم، والتي تبين الجوانب الأساسية للأداء التنظيمي العالي المرتبط بأداء فرق العمل المختلفة (Howard,1990:133-144)،(Kanter,1990:4).

ويمكن توضيح هذه الأفكار من خلال المخطط التالي :

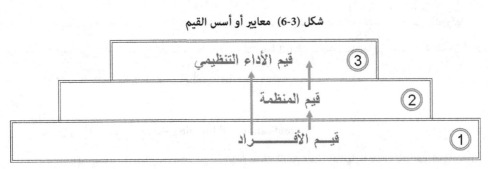

شكل (3-6) معايير أو أسس القيم

3
قيم الأداء التنظيمي
2
قيم المنظمة
1
قيـم الأفـــراد

المصدر : من إعداد الباحثين طبقاً لما عكسته الأدبيات الإدارية.

إن المنظمات الكبيرة ينبغي عليها أن تمتلك قيماً أساسية ـ بغض النظر عما ستكون عليه هذه القيم ـ وتميل المنظمات إلى إمتلاك القليل من القيم الأساسية، فالقليل من القيم هي الأساس في كونها جوهرية، أي أن تكون متجذرة وعميقة حيث لا تتغير إلا في النادر الأقل (Bartlett & Ghoshal,1996 :85)، ولكي تحدد المنظمة قيمها يقتضى الأمر أن تحدد وبتجرد القيم الأساسية التى لا تتغير بالممارسات التشغيلية، واستراتيجيات العمل، والأعراف الثقافية التي ينبغي أن تكون منفتحة أمام التغيير، لأن القيم الراسخة يجب أن تقاوم إختبارات الزمن.

لقد طور (Collins,1999) مجموعة أسئلة تساعد المنظمات على تحديد القيم الأساسية لها، وهي:

- ما هي القيم الأساسية الفاعلة والمؤثرة في العمل بغض النظر عن العوائد من هذه القيم؟
- كيف يمكن وصف هذه القيم الأساسية وتأثيراتها في طبيعة العمل، وكيف تتجسد في جوانب العمل المختلفة ؟
- هل بالإمكان إستمرار المنظمة بعملها وبنفس قيمها الأساسية، إذا ما تغيرت المواقف بشكل كبير لصالحها ؟
- هل بإمكان المنظمة الإستمرار بعملها وبنفس قيمها الأساسية، إذا ما تغيرت معطيات المنافسة وأصبحت محددات كبيرة عليها.
- إذا ما بدأت المنظمة في مجالات عمل جديدة، أي قيم أساسية يفترض أن تبني بناءاً على هذه الأنشطة الجديدة ؟

ويلخص الشكل (3-7) نماذج على القيم التنظيمية لمنظمات الأعمال

شكل (3-7) : نماذج القيم التنظيمية لمنظمات الأعمال

منظمة الأعمال	القيم التنظيمية
Merck	■ الحفاظ على وتحسين الحياة البشرية. ■ الإلتزام بالمعايير العالية للأخلاق والمسؤولية. ■ الإلتزام بالمعايير العلمية المتميزة والبحث عن أساليب تحسين صحة الإنسان والحيوان وبالتالي نوعية الحياة. ■ أرباحنا ترتبط برضى عالي للعملاء والمنافع البشرية. ■ ندرك أن المنافسة تعتمد على تكامل العمل والمعرفة والخيال والإبداع والمهارات وتنوع فرق العمل، والتقييم العالي لهذه الخصائص.
Walt Disney	■ الرفض المطلق للإستعلاء وعدم المبادرة. ■ تطوير وتأطير القيم الكلية للمجتمع. ■ الإبداع، الأحلام، السمعة. ■ عناية خاصة بالأمور غير المألوفة وتفاصيلها. ■ الحفاظ والسيطرة على سحر وروعة Disney
Nordstrom	■ خدمات المستهلكين مهما كانت. ■ العمل المثابر وإنتاجية عالية للأشخاص. ■ طموح عالي جداً يتجسد برغبة في متابعة رضى العميل. ■ السمعة الممتازة.

المصدر : من إعداد الباحثين.

إن التغييرات المهمة والجذرية والتي أثرت على مختلف أنواع المنظمات، تطلب من قياداتها الإدارية الإهتمام الجدي بحالات المنافسة السريعة في العالم، ووضع رؤية تمثل منهجاً لتعامل المنظمة مع هذا الواقع المتغير، ويرى البعض من الباحثين أن الدور الحقيقي للقيادة الاستراتيجية لمنظمة الأعمال يتمثل بقدرتها على تأطير رؤية تُفعل ثقافة تنظيمية يلعب فيها القائد التحويلي أو قادة الرؤى Visionary Leadership دوراً مركزياً في متابعة توضيح رؤية المنظمة في تعاملها مع مختلف الأطراف ومع بيئتها المتغيرة (Conger,1991:31-45) ، (Conger & Kanungo,1987:637-647) ، (Westley & Mintzberg,1989:17-32).

مفهوم الرؤية وأهميتها   Concept and Important

ينطبق مفهوم الرؤية على نوعين من النشاط الانساني يقوم كل منهما على أساس معالجة المعلومات، فالرؤية كادراك (Perception) تعطي انطباعا معينا عن الموقف الراهن، أي بمعنى أنها إدراك لنوع البيئة التي تطمح الإدارة أو منظمة الأعمال إلى تكوينها ضمن سقف زمني واسع لغرض تفعيل هذا الإدراك، (EL-Namaki, 1992: 25-29)، وكذلك يمكن أن تمثل الرؤية حالة تنبؤ (Prediction) لتشكل صورة معينة عن الظروف أو الاحداث المستقبلية ذات العلاقة باطار أو سياق معين لذلك تعتبر عملية اكتشاف ما هو موجود من الصور في العالم والمكان الذي يكمن فيه ذلك الموجود والذي تتولد فيه صورة معينة عن طريق تحليل كل عنصر أو مكون من مكونات تلك الصورالمختلفة (Bruce & Green, 1992: 13)، ومن الواضح ان هذه العملية تتجاوز مجرد عملية النظر إلى ما وراء الأحداث لتشمل على الفهم والإدراك أيضاً، وغالباً ما يصاحب ذلك إستيعاب المواقف المعقدة، غير أن الطريقة التي عادة ما يستخدم فيها مفهوم الرؤية للأعمال تعبر عن تطور لفهم معين لما يمكن أن يكون عليه الموقف في نقطة زمنية مستقبلية (McGill, 1987: 9-13)، فضلا عن ذلك فإن رؤية الاعمال تعطي وصفاً للمنظمة وثقافتها وأعمالها والتكنولوجيا المستخدمة فيها وأنشطتها المستقبلية (Kotter, 1990: 35).

إن الصورة الاخرى للرؤية ترى فيها حقيقة مستقبلية جديدة ومرغوبة يمكن ايصالها إلى كل ارجاء المنظمة (Reynolds, 1987: 14-15)، وهي بذات الوقت توفر الإرشاد بشأن الأساس الذي يجب المحافظة عليه، وتصور المستقبل الذي ينبغي حث خطى الأعمال تجاهه،

وعليه يصبح الأكثر أهمية للمنظمة أن تدرك جوهرها وذاتها من أن تعرف مجرد إلى أين ستذهب لاحقاً، فحيثما تذهب المنظمة سيحصل تغييراً هناك، لأن كل شيء سيتغير، لذلك يذهب مؤسسوا المنظمات، وتفنى المنتجات والخدمات، وتتغير الأسواق، وتتقادم التكنولوجيا وكل أمر كذلك، لذلك فإن الرؤية الفعالة هي ليست رؤية توفيقية وإنما رؤية جديدة تجمع بين رؤى جميع استراتيجي المنظمة (Kusnic & Owen,1992:150). وترى (Vandermerve, 1995: 79-91) بأن الرؤية الجيدة تكون ذات بصيرة جيدة وملائمة لتسويق الحاجات (الآن وفي المستقبل)، بمعنى أنها ذات طابع إلهامي تعطى صورة واضحة لما تريد أن تكون عليه المنظمة في الزمن المستقبلي، وتؤكد بأن الرؤية الجيدة تسمح للمديرين بأن يقررورا المسارات التي يراد العمل بها، وتلك التي ينبغي الإبتعاد عنها.

إن الرؤية هي ما تطمح منظمة الأعمال أن تكون عليه، أن تحققه، أن توجده، لذلك فإن هذا الأمر يتطلب إحداث تغييراً ومتابعة التقدم لكي يتحقق المستقبل الذي تم تصوره وتخيله، بالإضافة إلى إيجاد توازن بين الفهم الواضح للحاضر، والتركيز على المستقبل (Synder & Graves,1994:6). ويجب الإدراك بأن عبارة المستقبل أمر يتميز بالمفارقة، فهو من ناحية يعكس الواقعية أي أنه مرئي، وحي، وحقيقي. ومن ناحية أخرى يتضمن إلهاماً لزمن لم يتحقق بعد مع أحلامه وآماله وإيهاماته. إن المستقبل يحتاج إلى وصف حي يعكس ما تؤول إليه حالة المنظمة عندما تتحقق أهدافها، إنه يترجم الرؤية من الكلمات إلى الصور، أو يبني صور يمكن للأفراد أن يحملوها (Karpur,1994:49)، وهذا ما أكد عليه (Parikh & Neubaure,1993:107 – 116) من خلال إشارتهم إلى أن الرؤية تعبر عن مستقبل يراد تكوينه، وليس تنبؤاً معيناً، وبنفس الإتجاه يشير كل من (Helleriegel & Slocum, 1996: 470)، إلى ان الرؤية تتمثل في "القابلية على تصور مختلف وافضل الحالات والظروف وطرق تحقيق هذا التصور". ويؤكد (Pitts & Lei, 1996: 8)، بأن الرؤية ترتبط باهداف المنظمة الواسعة والمرغوبة اذ تتفق طموحاتها وماذا ترغب ان تكون عليه فعلا"، اما (Larwood , et..al, 1994: 740) ، فاوضحوا بان الرؤية تبقى من الناحية الفنية مكونا افتراضيا Hypothetical Construct لا يمكن ملاحظته بصورة مباشرة وهو يحمل معنى يتجاوز أي وصف منفرد أو بسيط. لقد قدم كل من (Hinterhuber & Popp,1992:106) وصفاً دقيقاً ومركزاً يشير إلى أن الرؤية لا تعنى الهدف وإنما هي نقطة موجهة، تدل (ترشد) حركة منظمات الأعمال بإتجاه معين، وإذا ما كانت واقعية وتخاطب مشاعر العاملين فإنها

يمكن أن تتكامل وتوجه المنظمة بالإتجاه الصحيح. ووفقاً لمنظور أكثر تحديداً يعبر (Miller & Dess,1996:6) عن الرؤية في الإدارة الاستراتيجية بكونها تشير إلى مجموعة من المقاصد التي تكون واسعة وشاملة، وبإتجاه التفكير لتصف إكتشاف المستقبل مع خصوصية الوسائل التي يتم إستخدامها لتحقيق الغايات المرغوبة، وبذلك نجد أن الباحثين قد أضافا أهمية الوسائل المستخدمة للوصول إلى غايات المنظمة التي تكون الرؤية معبرة وذات مغزى في إطار استراتيجية المنظمة، والتوجه ذاته ينسجم مع تأكيدات كل من (Johnson & Scholes,1997:14) إذ ربطا بين الرؤية Vision والقصد الاستراتيجي Strategic Intent معتبرين أنها تمثل الحالة المرغوبة لمستقبل منظمة الأعمال من وجهة نظر الاستراتيجيين فيها، وأخيراً يرى (Wilson,1992:18 - 28) بأن الرؤية تمثل بيان متناغم ومنسق شديد الجاذبية والإقتدار لإعطاء منهجاً حول ما ستكون عليه المنظمة وما ترغب أن تكون عليه في المستقبل، وعليه، بالإستدلال المنطقي، وبتأمل العديد من نتاجات الأدب الاستراتيجي، يرى الباحثين إلى أن الرؤية المستقبلية لمنظمة الأعمال تعكس المواقف والظروف الحالية، وتعطى إنطباعاً أو صورة عن الحالة المستقبلية المرغوبة بحيث تكون هذه الرؤية شاملة ومتكاملة لجميع أنشطة وأعمال المنظمة، محققة بذلك التنسيق والترابط والتفاعل بين هذه الأنشطة والأعمال، وهكذا تستطيع أن تحكم وتضبط الوضع الراهن وأن تضمن المستقبل.

لقد أشار العديد من الباحثين إلى ضرورة أن تمتلك المنظمات الصغيرة والكبيرة والمعقدة لرؤية مستقبلية مستندة إلى رؤية القيادة العليا للمنظمة، لكي تخلق تأثير إيجابي كبير على مختلف أوجه الأداء في المنظمة سواء كان مقاساً بالنمو والتطور أو برضى العملاء والعاملين (Kantabutra & Avery,2004:2 - 4). إن إمتلاك منظمة الأعمال لرؤية واضحة يعتبر أمراً ذا أهمية بالغة للمنافسة في الوقت الحاضر، وتبرز أهمية الرؤية للمنظمة إستناداً إلى الحجج التالية (EL-Namaki,1992:25 - 29):

- ضرورة أن تراقب منظمة الأعمال وتسيطر على مستقبلها في بيئة أصبحت تنافسية بشكل كبير في الوقت الحاضر، وهذا الأمر يعطى معنى حقيقي لإتجاهات تطورها المستقبلي.
- تُبرز الرؤية الحاجة إلى استراتيجيات إبداعية مستندة إلى مزايا تفوق حقيقة إمتلاك منظمة الأعمال لاستراتيجيات طويلة الأمد، خاصة وأن هذه الاستراتيجيات تلبي التطلعات الحقيقية للعملاء، وتعزز منظورهم الإيجابي إتجاه منظمة الأعمال.

- تبعد منظمة الأعمال عن حالات الفشل والمصاحبة لعدم إمتلاك منظور أصيل للأعمال.
- تحث على إحداث تغييرات جوهرية مطلوبة في ثقافة منظمة الأعمال وفي نماذج السلوك الأساسية، وتعطي تبريراً مقبولاً لتبنى نماذج سلوكية جديدة خاصة إذا تطلبت ظروف العمل ذلك.
- تبني حالة من التفاعل الإيجابي بين جميع العاملين في منظمة الأعمال. وبالتالي فإن عمليات الإبداع والإنجاز والتحفيز والمرونة وبناء قوة المنظمة تصبح مرتبطة بمدى قدرتها في إيصال هذه الرؤية لمختلف العاملين ولجميع أعمال المنظمة وأنشطتها.

يؤكد (Kotter, 1996:72) إلى أن أهمية الرؤية تصبح أكثر إلحاحاً في فترات تحول المنظمات والتغييرات المهمة التي تجرى فيها، ويشير إلى هذه الأهمية من خلال الآتي:

- تساعد على توضيح الإتجاه العام للتغيير، حيث أن الرؤية تبسط الالآف القرارات التفصيلية.
- تحفز العاملين لإتخاذ الأفعال الصحيحة وفق الإتجاه المعلن.
- تساعد على تنسيق مختلف أفعال العاملين بسرعة وبطريقة كفوءة إذا ما كانت الرؤية مستلهمة بأسلوب صحيح من قبل هؤلاء العاملين والإدارات.

إن الرؤية تمثل محرك أساسياً للعمل على مختلف المستويات وبترابط منطقي يجعل من المنظمة قادرة على تحقيق غاياتها، كما أن الرؤية بدون تنفيذ ليست إلا حلماً جميلاً، في حين أن التنفيذ دون إمتلاك منظمة الأعمال رؤية ديناميكية ليس إلا إنشغالاً عابثاً.

مكونات رؤية المنظمة وأبعادها

Organization Vision Contents and dimensions

أن كون رؤية المنظمة وهي تعطي منظوراً مستقبلياً لا تهمل الحالة الحاضرة التى توجد فيها المنظمة، لذلك فإن الحديث عن العناصر والمكونات الأساسية للرؤية المستقبلية بصورة منفردة لا يعنى أنها في الواقع العملي غير مؤطرة بمنظور واحد يجعل منها منسجمة ومتناغمة وهي تركز على الحالة المستقبلية المراد بلوغها من قبل منظمة الأعمال. لقد حدد الباحث (Wilson,1992:18-28) أبعاد رؤية منظمة الأعمال ومكوناتها بالأتي :

- مجال الأعمال ***Business Scope***، وهذه تعطي مزيج الأعمال الذي إختارته المنظمة وتتابع تقدمها فيه. إن مجال الأعمال يؤطر التوجهات الاستراتيجية للمنظمة سواء من خلال استراتيجيات التنويع أو التراجع التي تتبناها المنظمة، إنها تمثل إقتطاع مجالات

للإبتعاد عنها أو تأشير مجالات للدخول إليها بالإستناد إلى إعتبارات الإضافة النوعية والقيمة التي تستطيع هذه الأعمال أن تقدمها للمنظمة ككل، وتصبح بالتالي تأريخاً وإرثاً تتعامل معه المنظمة بشفافية ومرونة.

- حجم الأعمال ***Business Scale***، إن وصف الحجم المستقبلي للأعمال ليس بالأمر السهل خاصة إذا ما علمنا أن النمو لا يمثل هدفاً صحيحاً وضرورياً في جميع الحالات، رغم أنه يعتبر مؤشراً حيوياً في عالم الأعمال. إن كون الحجم بعداً مهماً في رؤية المنظمة يعنى مؤشراً ذو علاقة بباقي مكونات الرؤية خاصة وهو يرتبط بالاستراتيجية، وإختيار حقيبة الأعمال، ونوع التنظيم، وأساليب الإدارة وغيرها.
- التركيز على الأسواق والمنتجات ***Product & Market Focus***، بعد أن يكون مجال النشاط قد حدد، فإن الضرورة تقتضي إختيار خطوط المنتجات والأسواق في ضوء إعتبارات عناصر رؤية المنظمة الأخرى، فالقيم الأساسية للمنظمة قد تستبعد إدخال تعاملها بمنتجات تجد أنها في تعارض مع هذه القيم، كشركات صناعة الأدوية.
- التركيز على المنافسة ***Competitive Focus***، وهذه تجيب على سؤال كيف ستتنافس منظمة الأعمال في الوقت الحالي ومستقبلاً، ويشار هنا إلى أن بعض المنظمات تشكل التكنولوجيا البعد التنافسي الأساس لها مثل شركة جنرال إلكتريك أو التوزيع مثل شركة McKesson أو على الملائمة مثل شركة 7-eleven أو على الخدمات مثل شركة SAS. إن إختيار رؤية واضحة بهذا الصدد ستنعكس بأثار إيجابية على مختلف القرارات في المنظمة وتشكل القوى الموجهه Driving Force للعمل في منظمة الأعمال.
- السمعة والعلاقات ***Image and Relationship***، وهذه ترتبط بفلسفة منظمة الأعمال التي تعطى ديناميكية ضرورية وأساسية لنقل الرؤية إلى واقع ملموس.
- التنظيم والثقافة التنظيمية ***Organizing & Organizational Culture***، والتي تبين بأن التنظيم لا يشمل الهيكل فقط بل يشمل أنظمة الإدارة أيضاً وثقافة منظمة الأعمال التي تعتبر جميعها مفاتيح أساسية للنجاح في نقل الرؤية إلى واقع. والشكل (3-8) يوضح ذلك.

شكل (3-8) أبعاد ومكونات رؤية منظمة الأعمال

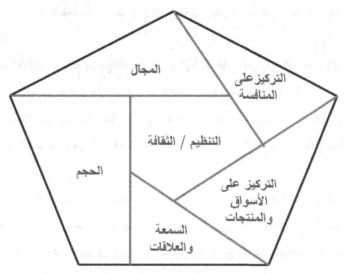

المجال

التركيز على المنافسة

التنظيم / الثقافة

الحجم

التركيز على الأسواق والمنتجات

السمعة والعلاقات

Source: Wilson, "Realizing the Power of Strategic Vision", L.R.P, (1992)

ويرى الباحثين إن الإتجاه الحديث والمعاصر في ميدان الإدارة الاستراتيجية والفكر الاستراتيجي يؤكد على أن تحديد أبعاد الرؤية المستقبلية لمنظمة الأعمال بإطاره الشمولي يأخذ بنظر الإعتبار البعد القيادي وبعد المتعاملين مع منظمة الأعمال.

العوامل المؤثرة على رؤية المنظمة

Factores Effecting on Organization Vision

بعد أن تصبح الرؤية فلسفة لمنظمة الأعمال تجد إمتداداتها اللاحقة وترابطها مع رسالة المنظمة وأهدافها الاستراتيجية، فإنها أي الرؤية تمثل منهجاً للعمل لجميع المدراء الاستراتيجيين ومدراء الإدارات الأخرى يهتدى به الجميع ويعطى الدليل للتقدم بإتجاه المستقبل المفتوح. لقد عبر (Hinterhuber & Popp,1992:106) عن رؤية المنظمة بكونها نجماً ساطعاً يقود حركة المنظمة في الإتجاه المقصود، وتخرج عن كونها هدفاً تسعى إلى تحقيقه في الأمد المتوسط، لذلك فهي تشحذ الهمم وتوحد الجهود، وتنسق تصورات كبار المسؤولين في المنظمة بإتجاه دخول المنظمة إلى المستقبل. ومع أن الرؤية تعطي تصوراً شاملاً لمنظمة الأعمال، إلا أنها تواجه العديد من المؤثرات والمحددات التي يجب التغلب عليها لكي تكون

هذه الرؤية صورة ذهنية وواقعية يتلمسها الجميع في المنظمة، ومن أهم هذه المحددات ما يلي (Brid,1989:xi) :

- خوف قيادة المنظمة من الأخطاء التي قد تقع فيها جراء إقدامها على تحديد وصياغة رؤية مستقبلية للمنظمة.
- عدم القدرة على التعامل مع الغموض وعدم الوضوح خاصة وأن رؤية المنظمة تحاكي آماد مستقبلية مفتوحة لا نهاية لها مع كون هذا المستقبل يجب التعامل معه بفكر مرن ومفتوح.
- تفضيل الحكم على الأفكار بدلاً من تكوين هذه الأفكار والرؤى، لذلك نجد أن البعض من قادة المنظمة من يحاول تثبيط الهمم من خلال الحكم على الرؤى المطروحة بمنظور ضيق يجد دائماً نواقصاً وهفوات في الرؤية المرسومة.
- قصور في قدرة التحدى والتى يتم من خلالها توضيح الإشكاليات التى تواجه مصالح المنظمة المستقبلية.
- حماس كبير جداً، وإندفاع كبير جداً لتحقيق النجاح السريع والآني. وهذا يجعل المنظمة تعمل فى إطار منظور قصير الأمد يشل قدرتها في بناء رؤية مستقبلية للتعامل مع مختلف الأطراف بمنظور بعيد الأمد.
- نقص القدرة والرغبة في الدخول إلى نطاق يتطلب من المنظمة تطوير مهارات التصور والإبداع والتجديد والتغيير المستمر.
- تجريد عمليات السيطرة والرقابة من إطارها التصوري الإبداعي وبذلك تصبح إمكانيات التركيز على الفكرة الأساسية غير ممكنة وصعبة التحقق.
- عدم القدرة على التمييز بين الواقعية والخيال، فقد تجنح إدارة في جعل رؤيتها خيالاً مجرداً لا يعطى القدرة على التركيز أو قد تجنح إلى عكس ذلك،بجعل رؤية المنظمة ضمن أطر ضيقة وواقعية مميته تفقدها روحها الإبداعية بالتعامل مع المستقبل.
- عدم القدرة والقابلية على الإلتزام وإحتضان الرؤية بطريقة تجعل منها تعطى ثمارها المستقبلية.

بالإضافة إلى هذه المحددات، يشير الباحثون (Morris, 1987:51-58) ، (Bertodo, 1990:22-30) إلى مجموعة أخرى من المحددات والعوامل المؤثرة على الرؤية، وهي:

- عدم نجاح الإدارة في بناء توافق واضح وقوي يجعل من رؤية المنظمة قاسماً مشتركاً للجميع يأطر العمل ويشحذ الهمم بإتجاه المستقبل.

- الإفتقار إلى المرونة والقدرة على أن تكون رؤية المنظمة متماشية مع التوجهات المستقبلية التي قد تحدث بشكل طارئ أو على مراحل، وبالتالي تصبح هذه الرؤية معرقلة للعمل وإجراءاته.

- عدم النجاح في إمكانية التنفيذ الواقعي المتدرج لرؤية المنظمة من خلال الأهداف المختارة في المراحل الزمنية المتعاقبة.

- الفشل المتكرر في حل مشاكل المدى القصير يجعل من إدارة المنظمة مركزة عليها بإستمرار ومهملة لدورها الأساس في صياغة رؤية المنظمة.

- قد تساهم بعض المعتقدات الراسخة والأساسية في عرقلة بناء رؤية للمنظمة تحاول من خلالها تفعيل ثقافتها التنظيمية وتعيد النظر ببعض جوانبها.

- عدم وجود إختيارات واقعية وممكنة تجعل من الرؤية مجرد كلمات غامضة ذات مدلول خطير في بعض الأحيان بسبب ترجمتها إلى استراتيجيات غير متجانسة مع ما تود الإدارة العليا الذهاب إليه.

- نقص الآليات المناسبة لتقييم الإنجاز قصير الأمد مهملة المساهمات الأساسية بعيدة المدى التي تجعل من رؤية المنظمة حالة واقعية ملموسة.

- عدم الإهتمام الجدي بأنظمة المعلومات، وخاصة الاستراتيجية منها والتى تتابع بذكاء المعلومات والبيانات ذات الطبيعة الاستراتيجية التي تؤثر على مستقبل المنظمة.

معايير وخصائص الرؤية الفعالة

Vision Criterions and Characteristics

إن ترجمة القوة الكامنة للرؤية إلى منظور حقيقي، يتطلب من قادة منظمات الأعمال أن يميزوا الخصائص الأساسية للرؤية وكيفية عملها. ويتطلب تطوير رؤية لمنظمة الأعمال أن يحظى بنوع من المشاركة عبر مختلف وحداتها وإداراتها وعامليها، حيث أن هذا الأمر يحتاج إلى عملاً مضنياً وجهوداً كبيرة قد تستغرق وقتاً طويلاً. ويحاول القادة الأفذاذ ترويج رؤيتهم إلى الآخرين وجعلهم مشاركين فيها. حيث أن هذا الأمر يبدو حاسماً ومهماً خاصة في الحالات الحرجة والتى تكون فيها المنظمة بحاجة ملموسة وواقعية إلى مثل هذا التغيير، وفي

حالات كثيرة يتطلب الأمر من قادة المنظمة أن يميزوا الظروف التى فى إطارها ومن خلالها يتطلب الأمر تغير رؤية سابقة لكى تعكس واقعاً جديداً وتغير جذرياً إستشفته المنظمة من خلال معطيات التحليل البيئي (Certo & Peter,1995 : 56).

ويشير العديد من الباحثين إلى أن خصائص الرؤية الفعالة والجيدة والتى تلهم الحماس يمكن أن تتصف بالآتي (Niven,2002 : 84 - 85) ، (EL-Namaki,1992 : 25-29) ، (Wilson,1992 :25 - 28) :

- يجب أن تكون رؤية المنظمة مختصرة وبسيطة وواضحة تحمل في طياتها حلماً كبيراً يجسد واقعية ملموسة بحيث يثير هذا الحلم رغبة فى التحدي والعمل المثابر لدى الجميع من جانب ويؤشر إمكانات التطبيق والتحفيز للعمل من جانب آخر.
- تثير التحدي للمنظمة بصورتها الشمولية، حيث يرى الجميع أن العمل الجاد والمثابر سيجعل من المنظمة حالة متميزة تلبي طموحاتهم ورغباتهم بالإنجاز المبدع والخلاق.
- أن ترضي وتلبي رؤية المنظمة جميع تطلعات وطموحات المتعاملين والفئات ذات المصلحة المباشرة وغير المباشرة. إن رؤية المنظمة هي صورة شمولية لنجاح جميع الأطراف من عاملين ومساهمين وعملاء ومنظمات مجتمع محلي والحكومة بل وحتى المنافسين.
- أن تكون رؤية المنظمة منسجمة مع رسالتها وقيمها، حيث أن عدم التجانس والإنسجام في مفردات التوجه الاستراتيجي للمنظمة يبدد الجهود ويهدر الموارد، ويجعل من عملية التركيز على أي من هذه المفردات لوحدها أمراً ليس بذي قيمة.
- أن تعطي رؤية المنظمة إمكانية إستخدام مؤشرات للفحص والتأكد من صدق التوجه لتحقيقها والعمل في إطارها، حيث أن عدم وجود إمكانية للفحص والتأكد يجعل من الطروحات الواردة في رؤية المنظمة مجرد شعارات لا يتحسسها أي من الأطراف ذات المصلحة. وفي إطار هذا الفحص يجب التركيز على الزمن الذي في ضوئه تتأكد الإدارة من أن الأمور تسير بإتجاه تجسيد هذه الرؤية.
- يفترض أن لا تكون رؤية منظمة الأعمال أحلام مجردة للقادة بعيداً عن رؤية واقعية لكيفية نقل هذه الأحلام إلى واقع ملموس ومعاش، وهذا الأمر يتطلب فهم متعمق للأعمال والأسواق والمنافسين، والمنافسة والإتجاه المستقبلي للعمل.
- ملهمة ومثيرة للتحدي والحماس لجميع المستويات الإدارية ولجميع العاملين لكي تشحذ همم وقوى الجميع للإلتزام بها.

- يمكن ترجمتها ونقلها إلى استراتيجيات وأهداف مترابطة ترسم الصورة المستقبلية المرغوبة للمنظمة.
- لها قوة إيصال واسعة لكي تشكل جزءاً أساسياً من ثقافة المنظمة، بحيث تصبح منظوراً يتقاسمه الجميع ويتم فهمه بصورة موحدة.
- يفترض أن لا تكون رؤية منظمة الأعمال مجرد شعارات مستقبلية بعيدة عن الواقع القائم، بل من المفترض أن تكون رؤية المنظمة عملية تكامل ما بين الحاضر والمستقبل.

تطوير وإعداد الرؤية المستقبلية لمنظمة الأعمال وإيصالها

Development and Formulation Future Vision

تمتلك المنظمات التي تحرز نجاحاً دائماً قيماً جوهرية وغرضاً أساسياً يبقى ثابتاً، وتتكيف استراتيجياتها ونشاطاتها بما يتناغم وينسجم مع حركة التغيير في البيئة المتغيرة، وهذا هو أحد الأسباب التي تجعل من هذه المنظمات متميزة وقادرة على تجديد نفسها وتحقيق مستوى أداء متفوق وعالي في الأمد الطويل (Walters,1994: 280). إن أمر إعادة النظر بالهياكل والأهداف الاستراتيجية والاستراتيجيات والأدوار والممارسات يصبح واقعياً وضرورياً لغرض تحقيق النجاح في إطار فرز منهجي وعلمي ما بين ما يفترض أن يبفى ثابتاً، وما ينبغى أن يتغير، كذلك ملاحظة الأثر الجدى للتحديات المهمة التي تتطلب إجراء تغييرات في فلسفة المنظمة ورؤيتها (Martin,1992 : 92)، (Hinterhuber & Popp,1992 : 107). ويعبر الباحثان (Collins & Porras,1996 : 65) عن هذه الفكرة من خلال وجود قابلية نادرة لإدارة المنظمة بضرورة التعامل مع الاستمرارية والتغيير وبما يرتبط بشكل وثيق بقابلية هذه الإدارة على تطوير رؤية مستقبلية لمنظمة الأعمال. ورغم أن هذا الأمر لا يبدو سهلاً وبسيطاً وليس حكراً على جهة محددة، إلا أن دور الإدارة الاستراتيجية يبقى محورياً ومركزياً ومهماً في تطوير رؤية المنظمة وإيصالها بوضوح وفعالية للجميع ويجب على منظمة الأعمال حشد الدعم وتوفير كافة المستلزمات الضرورية لتطوير وإيصال رؤية المنظمة لجميع الجهات.

تطوير رؤية منظمة الأعمال

إن تطوير المنظمة يمثل جهداً جماعياً يؤطر من خلال جهود الإدارة العليا، ومن خلال فرق عمل شكلت بعناية من قبل هذه الإدارة لمتابعة عمليات وصف للأساليب المستخدمة لتطوير رؤية المنظمة، وبالشكل الذى يأخذ بنظر الإعتبار التحليل الرشيد والواقعي من جانب

والتفكير المتسلسل والمنهجي من جانب آخر لغرض وضع رؤية بجمل واضحة ومفهومة بسيطة ودقيقة تثير حماس وترضي جميع الأطراف ويمكن توضيح الخطوط العامة التي تساعد على تطوير رؤية المنظمة باللآتي :

- ضرورة أن تكون عمليات الصياغة تفاعلية وتبادلية يدخل في إطارها التكامل والإنسجام للتحليل المستقبلي لبيئة الأعمال، وكذلك المنظور الإبداعي الخلاق المستمد من تجربة الإدارة. إن هذا يبعد الرؤية عن مجرد أن تكون محددة بأطر الرؤية التحليلية الرشيدة من جانب أو الأحلام والطموحات غير الواقعية من جانب آخر.

- إن مراحل الصياغة يمكن أن ينظر إليها من خلال سلسلة خطوات أساسية متتابعة تتأثر وتؤثر ببعضها البعض،وتجعل من عملية صياغة رؤية المنظمة عملية شمولية تكاملية، وهذه المراحل هي (Wilson,1992: 25-28)،(المرسي،وآخرون،2002: 107-108)،(Niven,2002 : 84 - 85):

– تحليل البيئة المستقبلية لمنظمة الأعمال، وفى إطار هذا التحليل يتم فحص شروط المنافسة الأساسية فى الأسواق ومعرفة الفرص والتهديدات الخارجية التي تواجهها منظمة الأعمال، والتي يمكن تركيزها بالإجابة على السؤال التالي "كيف تؤثر البيئة على أعمال المنظمة، وماذا يتيح لها من فرص ؟"

– تحليل موارد وإمكانات منظمة الأعمال، وهنا يتم التركيز ليس فقط على الموارد المتاحة حالياً بل والمحتمل منها، وفى إطار هذا التحليل يتم فرز جوانب القوة والضعف فى المجالات المختلفة لغرض مطابقتها مع واقع تحليل البيئة الخارجية لمنظمة الأعمال (الفرص والتهديدات).

– تأثير قيم الإدارة، وفي إطار هذه القيم يتم تأشير جوانب القيم الضمنية والصريحة التي يشترك فيها جميع أعضاء التنظيم، ويفرز لنا هذا التحليل رغبات مختلف الأطراف برسم الصورة المستقبلية للمنظمة في إطار قيمهم وتطلعاتهم.

– إعادة فحص مفردات رسالة المنظمة، وهنا يعاد فحص مفردات رسالة منظمة الأعمال في ضوء الرؤية المستقبلية التي يراد رسمها للمنظمة وفق إعتبارات قدرتها وبيئتها وقيمها الأساسية.

- تحديد الأهداف والغايات الاستراتيجية، وهذه تعطى ما تروم منظمة الأعمال تحقيقه، وفي إطار رسالتها ورؤيتها المستقبلية، بحيث لا يكون هناك تعارضاً بين الرسالة والرؤية المعلنة والأهداف المتحققة.
- فرز وتبنى الخيارات الاستراتيجية الممكنة والمرغوبة، وفي إطار هذا الفرز تتفاعل مختلف العوامل المار ذكرها في المراحل السابقة لكي تتجسد ببدائل استراتيجية للمستقبل.
- تطوير بيان الرؤية، ويتضمن الجمل الأساسية المختارة وتتابع عرض مفردات الرؤية عبر الزمن، وبما يغطي فترات زمنية بعيدة.
- التأكد من سلامة الإجراءات المتبعة بكون هذه الإجراءات تمثل معايير مقبولة وتعطي صورة صادقة لما تريد أن تكون عليه منظمة الأعمال مستقبلاً.

- يفترض أن لا ينظر إلى عملية تطوير رؤية المنظمة بكونها تجربة وتمرين شخصي لبعض المدراء بل أنها عمليات جماعية للمشاركة والحوار وتقديم الحجج والمقترحات، وربما تمثل مرآة صادقة تختصر مختلف جوانب العمل الإداري الفردي والجماعي وفي إطار فرق العمل، كذلك يفترض أن تمثل تمريناً فعالاً لتطوير الحوار وإيصال المعلومات من خلال نظم إتصال فعالة وأنظمة معلومات جيدة لكي تطور ما يمكن أن يطلق عليه رؤية جماعية تتبناها منظمة الأعمال.
- يمكن الإستفادة الفعالة من مختلف الجهات والأطراف، وحتى التي تساهم بشكل غير رسمي وتقع في إطار مكونات بيئة المنظمة الخارجية، ويمكن أن يطلق على هذا الأمر بإضافة قيم مهمة وحقيقية تأتي من معرفة واسعة وكبيرة متوفرة ببيئة المنظمة الخارجية.
- الدور المهم والأساسي للقادة الاستراتيجيون في إدارة مجمل هذه العمليات والمساهمة الفاعلة فيها بحيث جعلها تذهب إلى أبعد مدى بكونها عمليات للجميع ودون إستثناء.

إيصال رؤية منظمة الأعمال

مع كون عمليات تطوير رؤية منظمة الأعمال جماعية، وتمثل تصورات مشتركة ومألوفة، إلا أنه من الضروري أن تجد إدارة منظمة الأعمال الطرق الفعالة والمناسبة للتعبير عن هذه الرؤية بكلمات وشعارات جذابة وفعالة، وكذلك إيصال هذه الرؤية للجميع بحيث يتذكرونها بإستمرار وهم يقدمون على إتخاذ قراراتهم وتثير فيهم الإلهام والحماس للعمل

الدؤوب في مختلف أنشطة المنظمة. وتوجد العديد من الصيغ والأساليب التي تختلف بكلفها وفاعليتها في إيصال رؤية المنظمة للجميع، ويمكن للإدارة أن تختار من بين هذه الأساليب والوسائل ما تجده أكثر فاعلية وكفاءة في تحقيق الأهداف المرادة من عملية الإيصال، وقد أشار الباحث (Morrisey,1996 : 76 - 77) إلى جملة من هذه الوسائل، وهي :

* المطبوعات * التقارير السنوية * تحرير الأخبار * توجهات مكتوبة للعاملين
* كتيبات العاملين * الجداريات * بطاقات الأعمال * البوسترات
* إجتماعات العاملين * المؤتمرات * ورش العمل

ويلخص الشكل (3-9) نماذج على الرؤية المستقبلية لمنظمات الأعمال

شكل (3-9) : نماذج على الرؤية المستقبلية لمنظمات الأعمال

منظمة الأعمال	الرؤية المستقبلية
Dubai Customs	أن نكون الإدارة الجمركية الرائدة في العالم وأن ندعم بفاعلية التجارة الدولية
Los Angeles WIB, Los Angeles, California	السعي نحو تطوير نظام للقوة العاملة وتعزيز ثروة المجتمع.
Center for Workforce Innovation, Inc, Northwest Indiana WIB	السعي نحو إمتلاك قوة عاملة ماهرة، متعددة الثقافات، محفزة.
State of Hawaii's Workforce Vision	السعي نحو إمتلاك قوة عاملة تنافسية لها القدرة على نشر إقتصاد متنوع ناجح .

المصدر : من إعداد الباحثين.

الغايات والأهداف الاستراتيجية للمنظمة

Goals and Straetgic Objectives for Organization

إستهل (Cyert & March,1963) مؤلفهما نظرية سلوك المنظمة بـالقول أن المشـكلة الجوهريـة، تكمـن بمحاورة الأهداف دون الإفتراض بوجود عقل للمنظمات. وأفاد (Simon,1964) في بحثه حول مفهوم غايات المنظمة The Concept of Organizational goals أن المنظمة ليست شيئاً مادياً فحسب وإنما هـي أكـثر مـن مجرد نظام للتفاعل بين الأفراد (الصياح،1999 :38).

إن عملية وضع الغايات goals والأهداف objectives بصورة صحيحة ودقيقة ومترابطة يساعد في تحويل الرسالة والقيم التنظيمية والرؤية المستقبلية لمنظمات الأعمال إلى مستويات أداء تحاول منظمة الأعمال تحقيقها بشكل مترابط وعبر المديات الزمنية المختلفة، وإذا لم تستطع المنظمة تحقيق هذه الغايات والأهداف فإن رسالتها وقيمها ورؤيتها تبقى مجرد شعارات خالية من المضمون الحقيقي للمنظمة.

مفهوم الغايات والأهداف   Concept of Goods and Objectives

تمثل الغايات Goals أهداف شاملة تروم منظمة الأعمال تحقيقها على المدى البعيد، لذلك فإنها أهدافاً عامة توضع بصورة مجردة تحاول أغلب منظمات الأعمال الإقتراب منها، ويدخل في إطار هذه الأهداف تعظيم الربح والنمو والتوسع والإلتزام بالسؤولية الإجتماعية والجوانب الأخلاقية، لذلك فإنها ترتبط إرتباطاً وثيقاً بالاستراتيجية الشاملة لمنظمة الأعمال، وإن الادارة العليا هي المسؤولة عن تحديدها. أما الأهداف objectives فإنها تمثل أهدافاً مشتقة على المستوى التخطيطي العام والتشغيلي وتكون أكثر تفصيلاً وتحديداً من الغايات، وعادة ما تكون مرشداً للنتائج الواجب تحقيقها على مستويات زمنية أقل مثل تحقيق معدل نمو 15% من المبيعات خلال السنة القادمة وهكذا.

ويلاحظ أن هناك الكثير ممن لا يفرق بين مفهومي الغايات والأهداف، في حين يفترض أن تكون الغايات أهداف شمولية تتمثل بأفضليات عامة وفق إعتبارات عمل منظمة الأعمال وطبيعة الظروف البيئية المحيطة بها، أما الأهداف فإنها حالة وسيطة مطلوبة لترجمة الرسالة

والرؤية إلى قياسات محددة بتسلسل منطقي وفق إعتبارات تحققها، لذلك فإنها تمثل (المغربي،1999: 92) ، (المرسي،

وآخرون،2002: 120- 122) :

- الحالة أو الوضع المرغوب تحقيقه.

- وسيلة لقياس التقدم تجاه الوضع المرغوب.

- نتيجة يمكن تحقيقها في إطار موضوعي قابل للقياس والتحقق.

- إطار زمني يمكن من خلاله تحقيق النتيجة المنشودة.

لهذا فإن الأهداف تشير إلى ما يجب تحقيقه وبواسطة من وفي أي فترة.

أهمية الغايات والأهداف   The Important of Goals and Objectives

يشير الواقع العملي لتجربة الكثير من منظمات الأعمال إلى الأهمية الكبيرة التي تحظى بها الغايات والأهداف، وتتجسد هذه الأهمية في العديد من الفوائد التي تحصل عليها منظمات الأعمال جراء تركيزها الجهود على وضع الغايات والأهداف بصورة منطقية صحيحة ومترابطة.

لقد أشار العديد من الباحثين إلى حقيقة هذه الأهمية وفق إعتبارات ومداخل عديدة، ومنهم (Kufman,et..al, 2003:188-189) ، (Certo, 1997:114-115) ، (Morrisey, 1996:51-52) ، (& Thompson Strickland, 1993:27) ، (المغربي،1999: 94-95)،(المرسي، وآخرون،2002: 121-122) ، ويمكن إجمال أهمية الغايات والأهداف لمنظمات الأعمال بالآتي:

- تصف المستقبل المرغوب للمنظمة وتعطى وضوحاً للإتجاه الاستراتيجي للمنظمة.

- تعتبر مرشداً لإتخاذ القرارات لكونها تمثل العامل المحدد لمختلف القرارات التي تناسب المواقف المتباينة التي تواجهها منظمة الأعمال.

- تعتبر الأساس لأي نظام إداري في المنظمة خاصة وأنها تمثل عنصراً مهماً في العملية التخطيطية وتساعد في التوجيه والرقابة من خلال مختلف مراحل عملية إتخاذ القرارات.

- تساعد بوضع الترابط المنطقي للأهداف في المستويات الإدارية المختلفة، حيث أن وضع الأهدف في المستويات الإدارية العليا يمهد الطريق ويسهل وضع الأهداف في المستويات الأدنى وصولاً إلى الأهداف على مستوى الأفراد.

- تعتبر الأهداف أداة إتصال وتنسيق فعالة كونها تطور عملية تقاسم المعاني للمجموعات وللإدارات وللمنظمة ككل.
- تلعب الأهداف دوراً في عملية التحفيز، لذلك فإن وضعها على أسس سليمة يقلل من إمكانية ظهور الإحباط كون الأهداف تفوق الطاقات والإمكانيات أو كونها أهداف متواضعة لا تدعو إلى الحماس وشحذ الهمم.
- يتم من خلالها تحديد مراكز المساءلة والمسؤولية، وبذلك فإنها تسهم أيضاً في تحديد الأدوار للإدارات والأقسام والشعب والمجموعات والأقسام والأفراد، كما أنها تساهم في تفويض السلطة وتنسيق الأنشطة والمهام المختلفة.
- تساعد قادة منظمة الأعمال في توصيل توقعات وإحتياجات المنظمة إلى الفئات المهمة من أصحاب المصالح مثل العاملين والعملاء والموردين والمستثمرين وغيرهم.
- تترجم الإستنتاجات والرؤى لمختلف القضايا المهمة التي أفرزها التحليل ووضعت في إطار قياسات محددة ومفيدة.

تحديد الغايات والأهداف Goals and Objectives determining

يرتبط أمر تحديد الغايات والأهداف في منظمات الأعمال بأمرين متلازمين ومترابطين يمثل الأول الآليات والإجراءات والطرق المستخدمة لتطوير الغايات والأهداف، فيما يتمثل الثاني بمدى المشاركة والجهات المسؤولة عن تحديد الغايات والأهداف، لذلك سيتم التطرق إلى هذه الأمور وفق الأتي:

آليات وإجراءات تطوير الغايات والأهداف

لقد تطورت آليات وطرق تحديد الغايات والأهداف عبر الزمن، في ضوء التطور الحاصل في فلسفات وأساليب وطرق ممارسة الإدارة في منظمات الأعمال. إن التغيرات الحاصلة في بيئة عمل المنظمات والتحسين المستمر في أساليب جمع المعلومات وتبويبها وفرزها وتصنيفها وكذلك حجم المنظمات وتنوع أعمالها، ساهم في جعل هذه الآليات والإجراءات والطرق متنوعة وكثيرة ويمكن أن نجد جوانب كثيرة من الخصوصية لبعض من المنظمات العالمية في هذا المجال. ومع ذلك فإنه يمكن إجمال هذه الآليات والطرق والإجراءات بالآتي:

الطرق التقليدية في تطوير الأهداف Traditional Methods: وفي ضوئها يصار إلى تحديد أهداف الإدارات ضمن الإطار البيروقراطي الرسمي مع وجود إجراءات دقيقة تحترم من قبل كافة الإدارات ثم تقر هذه الأهداف من قبل مديري الإدارة العليا. وفي ضوء هذه الطرق فإن هناك ترابط في الأهداف من خلال سلسلة الوسائل والغايات، وكما يتضح من الشكل (3-10)

شكل (3-10) : هرمية الأهداف

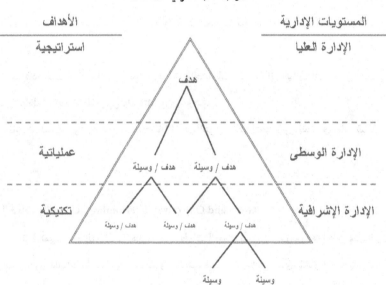

وفي إطار هذه الطرق، فإن مبدأ وحدة التوجه لتحقيق الهدف الاستراتيجي الوارد في خطة منظمة الأعمال يجب أن يعار أهمية كبيرة، لذلك فإن الإدارة العليا للمنظمة تلاحظ وتراقب عمليات التنفيذ بإتجاه تحقيق الهدف الاستراتيجي لا يشترط تحقيق جميع وكافة الأهداف الفرعية والتكتيكية الواردة ضمن إطار الخطة الاستراتيجية، ولتوضيح ذلك إذا كان هدف دول الحلفاء في الحرب العالمية الثانية هو كسب الحرب فهذا لا يعني أن دول المحور قد خسرت جميع المعارك الواردة في إطار هذه الحرب.

إن هذه الطرق - التقليدية- أصبحت لا تستجيب للتطورات الحاصلة في بيئة عمل المنظمات وكبر حجمها وتنوع إنتاجها، لذلك طورت طرق أخرى نجد أن بعضها لا يلغى جميع الآليات والإجراءات الواردة في هذه الطرق والإجراءات التقليدية.

الإدارة بالأهداف (Management by Objectives (MBO :

لقد شاع أسلوب الإدلرة بالأهداف منتصف الخمسينات من القرن الماضي كفلسفة وآليات تؤكد على المشاركة الجماعية في وضع أهداف المنظمات، وقد عبر (Odiorne,1985:22) عن أسلوب الإدارة بالأهداف بالآتي "يعمل الرئيس والمرؤوس بالإعتماد على أهداف واضحة من قبل الإدارة العليا بتحديد مشترك لمجالات مسؤولية أي شخص على أساس النتائج المتوقعة وإستخدام هذه المقياس كدليل عمل للمنظمة والحكم على مساهمة أي عضو من أعضائها ويساعد هذا الأمر على ربط رسالة المنظمة بأهداف وحداتها التنظيمية وكذلك ربط أهداف هذه الوحدات بالمهام المختلفة للأفراد، وتحديد نظام ملائم لتقييم الأداء الذي يساعد في التأكد من تنفيذ الأهداف".

إن فلسفة الإدارة بالأهداف تنطلق من توظيف المجهودات الكلية للمنظمة بهدف تحديد الأهداف وإنتخاب الوسائل اللازمة لبلوغها، لذلك فإنها مجموعة الإجراءات والآليات والطرق التي يحدد وفقها المديرون والعاملين الأهداف بدءاً من مستويات التنظيم الأدنى وصعوداً إلى أعلى المستويات. لذلك فإنهم يعرفون مجالات المسؤولية بعبارات النتائج المتوقعة كأهداف يسترشد بها العاملون في الوحدات التنظيمية المختلفة، وعليه ، فإن الإدارة بالأهداف تتطلب :

- أن يكون المديرين مسؤولين مسؤولية تامة من خلال السلطات الممنوحة لهم وإجراءات التفويض المرتبطة بهذه السلطات.
- يتم التعرف على هذه الإجراءات من خلال مراجعة الإدارة.
- تركز الإدارة بالأهداف على التعرف عملياً على طرق التحسين المستمرة لهذه الأهداف سواء كانت رئيسية كالربحية والنمو أو أهداف مشتقة منها.

وفي إطار فلسفتها العامة فإن الإدارة بالأهداف يمكن رؤيتها من خلال كونها منظوراً يلاحظ العلاقة الوثيقة بين المنظمة والبيئة من خلال التركيز على الأهداف التي يراد تحقيقها من قبل المنظمة والمستلزمات التي توفرها البيئة. وفي إطار الآليات المصاحبة لهذا الأسلوب يمكن تحديد الآتي :

- تبدأ الخطوط الأولى بتحديد الأهداف الرئيسية للمنظمة، ومن ثم تشتق الأهداف الفرعية وصولاً للأهداف الأكثر تحديداً وتفصيلياً حتى مستوى الهدف المرتبط بالوسائل ولا يمكن إشتقاق أهداف أخرى منه.

- توزع المسؤولية بين المديرين بطريقة تجعل من مجهوداتهم تتجه نحو إنجاز الأهداف الاستراتيجية الواردة في الخطة في إطار علاقة تكاملية وليس فقط علاقة تخصص.
- إن السلوك الإداري الملتزم بالنتائج يقيس مستوى الإنجاز لتحقيق الأهداف لذلك يتم التركيز عليه ويدعم بالسلوكيات الشخصية، وأن لا تكون السلوكيات الشخصية بدلاً من السلوك الإداري المرتبط بالإنجاز.
- إن النمط الإداري الذي يدعم فلسفة الإدارة بالأهداف هو النمط الموقفي بإعتبار أن الأفضلية تعطى لوضوح الأهداف ودقة بلوغ النتائج المستندة إليها.
- إن الإدارة بالأهداف تستند إلى فكرة تحديد الأهداف أولاً قبل تخصيص الموارد اللازمة لبلوغها (Bates,et..al, 1980:220-222)،(السعد والغالبي،1999: 37 – 39)،وكما هو موضح بالشكل (3-11).

شكل (3-11) : خطوات الإدارة بالأهداف

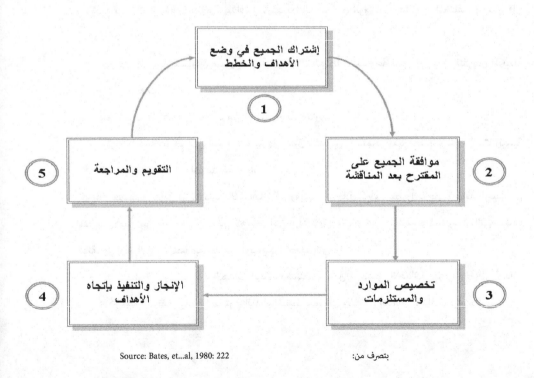

3

بتصرف من: Source: Bates, et...al, 1980: 222

أصحاب المصالح Stakeholders :

يتعدد أصحاب المصالح المعنيين بشكل مباشر أو غير مباشر بالتوجهات وأعمال المنظمة. وإن آلية تحديد أهداف المنظمة ما هي إلا صراع مصالح ومساومات بين هذه الأطراف المختلفة. لقد قسم الباحث Mintzberg هذه المجاميع إلى فئتين الأولى، هي التحالف الداخلي Internal Coalition والذي يتضمن العديد من الأطراف مثل الإدارة العليا والموظفين والعاملين والمالكين من حملة الأسهم الذين يمارسون العمل الإداري في المنظمة، وهؤلاء لهم أهداف مختلفة ومتباينة يضغطون على الإدارة العليا للمنظمة وفق ما يمتلكون من قوة Power لغرض تبني أهدافهم. أما الفئة الثانية، فهي التحالف الخارجي External Coalition ، وهذه تضم مجموعة كبيرة من الأطراف مثل الحكومة، الموردين، العملاء، المنافسين، المجتمع المحلي، نقابات العملاء...إلخ، وهؤلاء أيضاً يقومون بالضغط بوسائلهم المختلفة وفق ما يمتلكون من قوة لغرض أن يتم تبني أهدافهم أو بعضها. إن حصيلة هذا الصراع والمساومة والحوار، وفي ضوء تركيبة كلا التحالفين تستخدم الإدارة العليا للمنظمة آليات مقبولة من هذه الأطراف وتتبنى أهداف تلبي متطلبات لا تعارضها هذه الأطراف بشكل صريح وعلني (Mintzberg,1983: 259).

الطرق الأكثر شمولية في تحديد الغايات والأهداف :

وهذه تضم مجموعة كبيرة من آليات وطرق طورت في منظمات الأعمال الحديثة في إطار الإستفادة القصوى من الموارد المعرفية الإبداعية ووجود جهات في الهيكل التنظيمي تؤطر لعمليات الحوار هذه. تأتي الغايات والأهداف الاستراتيجية بصورة أساسية من المحاور الاستراتيجية الأساسية ومن نتائج تحليل القضايا الحيوية (الرئيسة). بعض الغايات والأهداف الاستراتيجية تصبح ظاهرة للعيان بمجرد الإنتهاء من عملية تحديد المحاور الاستراتيجية، بينما من المحتمل أن يفرض بعضها الآخر من قبل المجلس التنفيذي أو يأتي نص الغاية / الهدف الاستراتيجي كتوثيق رسمي لتلك التوصيات والقرارات.

إن الطريقة التي تبدو أكثر تماشياً وإنسجاماً مع واقع عمل منظمات الاعمال في البيئة العالمية الحالية، وفي ظل الإقتصاد الرقمي المعرفي تستند إلى مجموعة من الخطوات الأساسية التي تجعل من عملية وضع الأهداف الاستراتيجية عملية منهجية ومنطقية مترابطة

بحيث يتيح لجميع المستويات معرفة أهدافها بدقة وحشد الموارد لغرض تنفيذها، ويمكن أن نجمل هذه الخطوات بالأتي :

- قيام الإدارة العليا بتحديد المحاور الاستراتيجية الرئيسة **KSA – Key Strategic Areas**- والتي يراد صياغة أهداف استراتيجية لهذه المحاور تصب بإتجاه تحقيق رسالة ورؤية منظمة الأعمال، ولكي يكون الأمر منطقياً وعملياً فإنه يتم التركيز على عدد محدود من هذه المحاور.
- يتم تحديد المواقع المستقبلية ضمن المحاور الاستراتيجية الرئيسة والتي يصار إلى الإنتقال والتحرك نحوها من قبل المنظمة لغرض أن تقترب من تحقيق رسالتها ورؤيتها المستقبلية. إن هذه المواقع المستقبلية تمثل الأهداف الاستراتيجية للمنظمة.
- يتم إختيار الأهداف الاستراتيجية بالتركيز على مجموعة منها بحيث يكون تحقيق هذه الأهداف معطياً لتأثيرات إيجابية أعظم على مستقبل المنظمة المرغوب.
- يتم التدوين والتوثيق ضمن آليات تراها منظمة الأعمال مناسبة لهذه الأهداف الاستراتيجية بإستخدام أسلوب دقيق وواضح وسهل لا يثير غموضاً لدى الجميع.

والجدول التالي يوضح أمثلة على المحاور الاستراتيجية الرئيسة والأهداف المرتبطة بها.

جدول (3-1): أمثلة على المحاور الاستراتيجية الرئيسة والأهداف المرتبطة بها

ت	المحور الاستراتيجي الرئيسي	الأهداف الاستراتيجية
1	التوقعات المالية	تحقيق عوائد بمعدل "100" مليون دولار مع نهاية عام2007
2	المواقع المستقبلية بالسوق	لنصبح المورد المهيمن على بيع زيت الزيتون بالسوق السعودي نهاية عام 2007
3	التكنولوجيا المستقبلية	للحصول على الإمكانات والقدرات المتخصصة للبحوث في مجال تكنولوجيا العزل الحراري مع نهاية عام 2009
4	المنتجات / الخدمات المستقبلية	لتحقيق عوائد مالية لا تقل عن 45% من تقديم خدمات جديدة ومستحدثة في المجال السياحي مع نهاية عام 2008
5	النمو والتوسع العالمي	لنصبح مؤسسة عابرة للحدود وتحقيق عائد مالي لا يقل عن 30% من مصادر أجنبية مع نهاية عام 2008

بتصرف من : Source : Morrisey,1996 : 53-54

ومن الملاحظ أن إتباع أسلوب معين في تطوير الأهداف لا يعني إستبعاد كافة الطرق والأساليب الأخرى والتي يجب أن تكون واضحة ومعلومة من قبل الإدارة العليا لإستخدامها في ضوء :

1- تغير الزمن وما يتبعه من تغيرات لاحقاً في بيئة عمل المنظمة الخارجية.

2- طبيعة مراكز القوى والتوازنات داخل المنظمة، وإنعكاساتها على الأسلوب الأفضل في تحفيز ومساهمة الموارد البشرية.

3- حجم المنظمة وطبيعة الهيكل التنظيمي المختار والتغيرات والتطوير الحاصل فيه .

4- الموارد المالية والمعلوماتية المتاحة والمتوفرة والتي يمكن أن تكرس لتطوير هذا الأمر.

5- مدى توفر الكادر الإداري الفعال والقيادة الإدارية المثابرة والملمة بقضايا التخطيط والاستراتيجية (الغالبي،1989).

ويبدو ومن خلال إستعراض الأدب الإداري بصورة عامة والإدارة الاستراتيجية بصورة خاصة فإن إشكالية تحديد الأهداف في المنظمات التابعة للدول هي أكثر تعقيداً من منظمات القطاع الخاص بسبب كثرة التدخل في شؤونها وعملها من قبل جهات مركزية عديدة قد لا تعى ضرورة الدور الملقى على عاتق هذه المنظمات.

نظريات تحديد الأهداف   Objectives determinating Theories

يندر أن تجد منظمة تقتصر على هدف واحد ، لأن مثل هذا السلوك سيصبح مرضياً، ولو كان الأمر كذلك، فإن السلوك المنطقي لمدير الإنتاج ، الذي يريد تخفيض التكاليف ، سيكون عدم إنتاج شئ إذا إقتصر الأمر على هدف واحد (Perrow,1970 : 147 – 150). وهكذا فإن مسألة تعدد الأهداف ، أصبحت ملازمة لجميع القرارات ، وفي جميع المنظمات إلا أن المشكلة الحقيقية تكمن في كيفية إختيار المنظمة لأسلوب التعامل مع كل هذه الأهداف، وإحداث التوافق بينها (Donnelly, Gibson, Ivancevich,1990:116) وكيف تقوم المنظمة بتمييز بعض من هذه الأهداف ، لكي تعطيها إهتماماً خاصاً ؟ وماذا سيحدث لبقية الأهداف ؟ إذ ليس من السهولة أن يجد المتأمل في أسئلة كهذه إجابة جاهزة، وتامة، ودقيقة حول تلك التساؤلات منفردة أو مجتمعاً، حيث أنها كانت مثار جدل واسع بين علماء الإدارة والتنظيم، وقدمت في حينها جملة من الحلول التي تمثل رؤى معرفية لأولئك الباحثين والعلماء، كانت السمة المهيمنة عليها هي السمة النظرية، وهذا يعنى محدودية البحوث

الميدانية التي تناولت هذا الجانب، ومن ثم فإن الصراع يظهر بسبب تنوع النظريات، وتعددها من جانب، وصعوبة التعويل على أحداها، أو الجمع بينها من جانب آخر، وإذا كانت منظمات الأعمال تمتلك أهدافاً، وإن هذه الأهداف تمثل رغبات هذه المنظمات في إستخدام مواردها المختلفة لتحقيق النتائج الواردة فإن الفكر الإداري قد تطور كثيراً في إطار ومحتوى ونوعية هذه الأهداف والجهات المسؤولة عن تحديد هذه الأهداف، ويمكن إستعراض أهم النظريات التي أعطت موضوع تحديد الأهداف أهمية، وهي :

النظرية الإقتصادية الكلاسيكية Classic Economics theory (هدف واحد - ناشط واحد One Actor - One Objective).

ذهبت النظرية الإقتصادية إلى تصور المنظمة رديفاً لوجود منظم واحد Single Entrepreneur هو المالك، والمدير يعمل وسط نظام من قوى سوقية، تتصف بالمنافسة البحته، ولم تستطع البقاء على قيد الحياة سوى تلك المنظمات التي تعظم أرباحها(Scott,1992 : 288)، وتدعم التصورات التقليدية بأربعة إفتراضات أساسية هي :

- ليس هناك سوى ناشط واحد يتخذ القرارات.
- أن المنظمة لها أهداف، وتركز على هدف واحد بوجه خاص.
- الهدف هو السعي نحو الأرباح.
- يتم تعظيم الهدف.

وفي إطار هذه النظرية أعتبرت المنظمة نظام إقتصادي إنتاجي يستخدم موارده بشكل كفوء للوصول إلى تعظيم الأهداف. وإذا كان هذا الأمر يبدو صحيحاً إلى حد ما في بداية ظهور الأعمال والصناعة حيث المالك لرأس المال هو المدير للمنظمة، وبالتالي كأنه يبحث عن تعظيم هدف الربح ليكافئ ما يتحمله من مخاطر جراء إستخدام رأس المال هذا. إن هذه النظرية أصبحت لا تستجيب لواقع التطور الحاصل في تكوين المنظمات وبيئات عملها، وتعد الفلسفة الفكرية لهذه النظرية تنطلق من كون الربح يمثل حالة مرغوبة ومطلوبة لكونها تساعد على تجديد الموارد ونمو المنظمة وإستمرارها، لذلك يفترض بالمدير المالك أن يكون عقلانياً ويتصرف بأمثلية تامة لغرض تعزيز هذا الهدف (Locke & Becker,1998 :171) ، (الصياح ،1999 : 70 - 71).

النظرية السلوكية Behavioral theory (أهداف متعددة – ناشط واحد One Actor – Multiple Objectives).

تتلخص هذه النظرية بأنه كون المنظمة نظام فرضت عليها أهداف متعددة من الإئتلاف الخارجي، إلا أن هذه الأهداف تمر من خلال ناشط واحد هو الإدارة العليا، وتقوم الإدارة العليا بدورها بالمواءمة بين هذه الأهداف . إن هذا المنظور يجعل المنظمة مفتوحة من الناحية النظرية أمام مؤثرين آخرين غير الناشط الرئيس(Jones,1995 : 503). ويبقى الإفتراض المتعلق بالتعظيم هنا قائماً، وكذلك الإفتراض المتعلق بالناشط الواحد أيضاً، ويفترض أن وظيفة تعظيم الأهداف من الإدارة العليا – المنسق الأول Peak Co-ordinator – ناجمة عن التأثيرات الخارجية والداخلية التي تمارس على المنظمة، وبذلك تقوم ادارة المنظمة بوظيفة تكاملية، أي أنها تقوم بصياغة نظام للتفضيلات خاص بالمنظمة من خلال القيام بتنسيق مصالح وأهداف جهات متعددة قد تتعارض في المدى الزمني البعيد وتوضح لتلك الجهات ضرورة التوافق والتناغم لغرض إستمرارية المنظمة في عملها ، ولكنها تقوم بذلك تحت ثقل التأثيرات الواعية، وغير الواعية التي تمارس عليها (الصياح،1999 : 73). ومع التطور الحاصل في بيئة عمل المنظمة الداخلية والخارجية أصبحت هذه النظرية لا تكفى للرد على التحديات المطروحة أمام المنظمات بشأن تحديد الأهداف ومتابعة تنفيذها.

نظرية المساومة Bargaining theory (أهداف متعددة – ناشطون متعددون Multiple Actors – Multiple Objectives).

لقد تطور كثيراً مفهوم الأعمال وأصبح ينظر إلى منظمات الأعمال بكونها خلايا إجتماعية بالإضافة لكونها وحدات إقتصادية، وفي إطار هذه المنظمات تجري مساومات وتوافقات متعددة لغرض تحديد أهداف تلبي متطلبات مختلف أصحاب المصالح داخل المنظمة وخارجها، وفي إطار هذه المساومات فإن الإدارة العليا للمنظمة تجد التوليفات والإنسجام المناسب – ليس بكونها اللاعب الوحيد – لتلبية متطلبات أهداف هذه الجماعات كقيود تستخدم في إطارها موارد المنظمة لتحقيق هذه الأهداف حتى لو أن البعض منها يتحقق بموجب متطلبات الحد الأدنى المقبول (Hall,1996 : 111). وفي إطار هذه النظرية قد يصل الأمر إلى حد الصراع بين مختلف الأطراف وتبقى الحالة الحاكمة لهذا الأمر هي ضرورة قبول وجهات

النظر المتباينة بكون المنظمة لها أهداف متعددة ويجب أن تستجيب هذه الأهداف بإستمرارية عمل المنظمة كهدف مركزي متفق عليه من قبل كافة الأطراف.

النظرية السياسية Political theory (عدم وجود أهداف – ناشطون متعددون Multiple Actors – Zero Objectives).

تتأثر طروحات هذه النظرية بدراسات علماء الإجتماع والنفس والسياسة والتي حاولت أن تنقل منظمات الأعمال من كونها خلايا إقتصادية – إجتماعية إلى كونها ميدان للصراع السياسي والفكري ، وما يرتبط بذلك من إختلاف وصراع في المصالح والإهتمامات بين مختلف الفئات. إن هذا المنظور حد من إمكانية قبول أهداف ثابتة ونقل الدراسة من دراسة أهداف المنظمات إلى دراسة أهداف الفئات المختلفة إجتماعياً ونفسياً وسياسياً، لهذا يرى (Georgion,1973:306) أن المنظمة هي مجال يتم تبادل مصالح الأطراف المختلفة، لذلك فإننا نتحدث عن عدم وجود أهداف للمنظمة في إطار هذه النظرية (الصياح،1999 : 76). إن المأخذ المهم على هذه النظرية يكمن في عدم الفرز بين كينونة المنظمة (كيان مادي ومعنوي) وكينونة الأفراد والمجموعات والفئات والتحالفات التي تمتلك مصلحة مباشرة أو غيرمباشرة من وجود مثل هذه المنظمة، لذلك إرتأينا إضافة نظرية أخرى أكثر واقعية وإنطباقاً على واقع عمل المنظمات في العصر الحديث.

نظرية الأهداف المرنة Flexible Objectives theory (أهداف متعاقبة متجددة – ناشطون متعددين متجددين Reborn Multiple Actors – Reborn Consequent Objectives).

تنطلق الأفكار الأساسية لهذه النظرية من كون منظمات الأعمال وجدت لتبقى وتستمر وإن قدرتها على تحقيق هذه الإستمرارية مرتبط بنموها وتحقيق أرباح متصاعدة. إن هذا الإستمرار يتيح لها إمكانية تحقيق أهداف متعاقبة متعددة ومتجددة تبعد الناشطين الداخليين والخارجيين المؤثرين المنضوين في معترك تحديد أهداف المنظمات وفق آليات وأساليب وطرق مختلفة. إن هذه النظرية ترى أن الأهداف يمكن أن تمثل بمجموعتين **الأولى**، يمكن أن نطلق عليها إعتبارياً أهداف المنظمة ذاتها وهي الإستمرارية، النمو، الربح، **والمجموعة الثانية** هي أهداف في إطارها تتم عملية التوافقات والمساومات والصراعات بيم

مختلف الأطراف. من جهة أخرى تنطلق النظرية من أن الأهداف تتغير عبر الزمن وفي إطار متطلبات بيئية متجددة تنشط فيها أطراف كثيرة تأخذ أولوياتها وفق إعتبارات أهمية هذه الأطراف للمنظمة وبقاءها ونموها وأرباحها. إن المطلوب من إدارة المنظمة العليا تأطير هذه المساومات والضغوط والصراعات في صيغة عملية لا تضر بمصالح المنظمة (المجموعة الأولى من الأهداف) من جهة وترضى مختلف الناشطين وأصحاب المصالح (المجموعة الثانية من الأهداف) من جهة أخرى. إن التطور الحاصل في المعرفة والمعلوماتية والإرتقاء بالأساليب والطرق مكن هذه الجهات من إجراء حوارات تتيح لها من معرفة أن مصالحها لا يمكن أن تبقى متعارضة دائماً وفي أمد طويل ، لذلك لا بد من تنازلات متبادلة تؤدى إلى إيجاد أرضية مشتركة لأهداف المنظمة. ويلخص الجدول (3-2) أهم نظريات تحديد الأهداف والجهات المسؤولة وطبيعة هذه الأهداف.

جدول (3-2) : نظريات تحديد الأهداف

النظرية	الجهة أو الجهات المسؤولة عن تحديد الأهداف	أمثلة على أهداف المنظمة
النظرية الإقتصادية الكلاسيكية	المدير المالك	تعظيم الأرباح
النظرية السلوكية	الإدارة العليا	تعظيم الأرباح ورضا العاملين
نظرية المساومة	الإدارة العليا والتحالفات المؤثرة	أهداف متعددة تتضارب في الأمد القصير
النظرية السياسية	الإدارة العليا وجهات أخرى عديدة تتصارع فيما بينها في ضوء إستخدام القوة	لا وجود لأهداف خاصة بالمنظمة بل أهداف للمؤثرين الأساسيين (أصحاب القوة)
نظرية الأهداف المرنة	الإدارة العليا وأصحاب المصالح المباشرين وغير المباشرين	أهداف متعددة ومتجددة تأخذ أولوية فيما بينها وفقاً للظروف والأحوال البيئية وطبيعة التنازلات المتبادلة بين أصحاب المصالح

المصدر : من إعداد الباحثين وفقاً لما عكسته أدبيات الإدارة الاستراتيجية ونظرية المنظمة

وبشكل عام يمكن القول أن النظريات السابقة المفسرة لطرق تحديد الأهداف أتت متأثرة بالعديد من الجوانب من أهمها إزدياد عدد الجهات ذات المصلحة وطبيعة الوسائل التي تستخدمها للضغط على المنظمات في تبني أهدافها، ويلاحظ أنه كلما زاد عدد هذه الأطراف يتبعها بالضرورة كثرة الأهداف التي يفترض أن تتباناها منظمة الأعمال، وكما يلخصها شكل (3-12).

شكل (3-12) : العلاقة بين عدد الأهداف وكثرتها والمسؤولين عن تحديدها

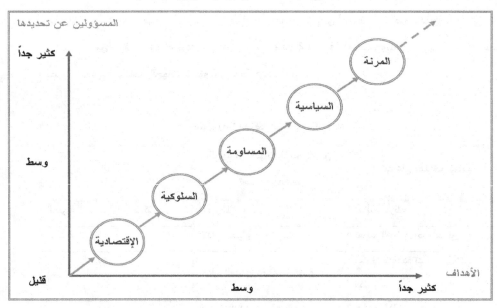

المصدر : من إعداد الباحثين وفقاً لما عكسته أدبيات الإدارة الاستراتيجية ونظرية المنظمة

خصائص الغايات والأهداف والعوامل المؤثرة في تحديدها

إن كل المنظمات لديها أهداف، ولكن يوجد إختلاف بين إمتلاك هدف والإلتزام التام بتحقيق ذلك الهدف من خلال التحدى الكبير الذي يشبه تسلق قمة جبل. إن الهدف الحقيقي هو شئ واضح، وذو معنى، لأنه لا أحد يدعم أهدافاً تخلو من المعاني، ويكون بمثابة البؤرة التي تتوحد فيها الجهود، ويكون كذلك مادة محفزة لروح الفريق، وتحتوى على خط واضح للنهاية، وهو ملموس، ويشغل الأفراد، ويبعث الطاقة، كما أنه شديد التركيز (الصياح،1999) ، (Collins & Porras,1996 : 73).

لقد بدأت جميع المنظمات التي إرتقت إلى القيادة العالمية في العشرين سنة الماضية بطموحات لا تتناسب ومواردها وقدراتها، لكنها خلقت هاجساً إستحوذ عليها للفوز على كافة المستويات في المنظمة ثم حافظت على هذا الهاجس طوال فترة سعيها وراء القيادة العالمية وهي فترة إستمرت من 10 – 20 سنة. وهذا الهاجس ما نسميه بـ "الهدف الاستراتيجي". وهذا وإن الهدف الاستراتيجي لا ينبغي أن يكون رهاناً أكيداً، فقد ينطوي على إحتمالية النجاح أو الفشل، غير أن على المنظمة أن تؤمن بأنها تستطيع أن تحقق الهدف بأية حال، وعلى ذلك يمكن للمنظمة أن تعرف متى بلغت الهدف وحققته.

خصائص الغايات والأهداف

قد يكون من المفيد إثارة السؤال التالي : "ترى ما الذي يميز الأهداف الجيدة عن الأهداف الرديئة ؟ أو ما هي الخصائص أو الصفات التي تحسن من فرص تحقيق الأهداف ؟ "

لقد عزز الكثير من الباحثين سمات وخصائص الأهداف الجيدة، ومنهم على سبيل المثال (Hess & Sicilions,1996) حيث بين أن هناك مجموعة خصائص وشروط يجب أن تتوفر في الأهداف حتى تتسم بالجودة، وكما هو موضح في الجدول (3-3).

جدول (3-3) : خصائص الأهداف

ت	الباحث (المؤلف)	السنة	المختصر	دالة المختصر ومعناه	
				دالة المختصر	معناها
1	Steiner	1979	S.M.F.A.F.M.U.C.P.L	S = Suitable M = Measurable F = Feasible A = Acceptable F = Flexible M = Motivating U = Understandable C = Commitment P = People Participation L = Linkage	الملائمة القابلية للقياس عملية القبول المرونة محفزة مفهومة ملزمة تشاركية التحديد مترابطة
2	Negel	1984	F.R.N.C	F = Flexibility R = Realistic N = Non – Routing C = Comprehensive	المرونة واقعية لا تثير إضطراب (إرباك) شمولية

جدول (3-3) : يتبع خصائص الأهداف

ت	الباحث (المؤلف)	السنة	المختصر	دالة المختصر ومعناه: دالة المختصر	دالة المختصر ومعناه: معناه
3	**Justis, Judd & Stephens**	**1985**	**M.A.D.A**	M = **Measurable** A = **Attainable** D = **Definable** A = **Acceptable**	**القابلية للقياس** **القابلية للتحقق** **محددة** **مقبولة**
4	**Richards**	**1986**	**R.D.L**	R = **Realistic** D = **Difficult but Achievable** L = **Logic of one objective in relation to others**	**واقعية** **صعبة لكنها قابلة للإنجاز** **منطقية الهدف بإرتباطه مع الأهداف الأخرى**
5	**Hersy & Blanchard**	**1988**	**S.M.A.R.T**	S = **Specific enough for focus and feedback** M = **Meaningful enough to engage Participants** A = **Accepted by the Participants** R = **Realistic Yet Challenging** T = **Time Framed**	**محددة للتركيز والتغذية الراجعة** **ذات معنى تجذب المشاركين** **مقبولة من المشاركين** **واقعية تثير التحدي** **محددة بزمن**

جدول (3-3) : يتبع خصائص الأهداف

ت	الباحث (المؤلف)	السنة	المختصر	دالة المختصر ومعناه	
				دالة المختصر	دالة المختصر
6	Bateman & Zeithaml	1990	C.A.R.T.C.S	C = Challenging A = Acceptable R = Realistic T = Time Frame C = Consistent S = Specific	مثيرة للتحدي مقبولة واقعية محددة بزمن متناغمة محددة
7	Hamel & Prahalad	1989	W.E.S.C	W = Captures the essence of Winning E = Deserves Personal Effort S = Stable Overtime C = Deserves Personal Commitment	تحوى معنى الفوز تستحق جهود العاملين ثابتة عبر الومن تستحق إلتزام العاملين
8	Bonne & Kurtz	1992	D.S.T.A.M.M	D = Direction S = Standards T = Time Specific A = Attainability M = Motivators M = Measurability	موجهة معيارية محددة بزمن ممكنة التحقق محفزة قابلة للقياس

جدول (3-3) : يتبع خصائص الأهداف

ت	الباحث (المؤلف)	السنة	المختصر	دالة المختصر ومعناه	
				دالة المختصر	دالة المختصر
9	Collins & Porras	1996	B.H.A	B = Big H = Hairy A = Audacious	كبيرة لها رهبة جريئة
10	Hess & Siciliano	1996	S.M.A.R.T	S = Specific M = Money A = Accepted R = Realistic T = Time Framed	محددة ذات قيمة مقبولة واقعية محددة بزمن
11	Kaufman, et..al	2003	S.M.A.R.T.E.R	S = Specific M = Measurable A = Audacious R = Written for Results T = Time Bound E = Encompassing R = Reviewed	محددة قابلة للقياس جريئة محددة بنتيجة محددة بزمن الشمول والإرتباط إمكانية مراجعتها

أن كل ما ورد سابقاً من خصائص صحيحة إلا أنه سيتم التركيز على ما أورده كل من Kaufman وزملاؤه حول خصائص ومعايير الأهداف الجيدة والمتمثلة بالأتي (Kaufman et al,2003:187-201) :

- **محددة** : أي بمعنى أن تعكس الأهداف منجزات أو معطيات محددة ومرغوبة، كما أنها يجب أن تولد استراتيجيات أو إجراءات محددة، فضلاً عن ضرورة كونها دقيقة ومفصلة إلى الحد الذ يجعل منها سهلة الفهم وتعطي إتجاهاً واضحاً للأخرين.
- **قابلية للقياس** : أي بمعنى أن تكون الأهداف ممكنة القياس لغرض تحديد متى تم تحقيقها، كما لا بد من تحديد طريقة معينة لقياس الهدف قبل المباشرة الفعلية بالعمل.
- **جريئة** : أي أنها تهدف إلى إحداث تغير معنوي، وهي تمثل تحدياً للأفراد، الفرق، وللمنظمة نفسها.
- **محددة بنتيجة** : وهنا من المفترض على كل هدف من الأهداف الموضوعة أن يحدد بنتيجة نهائية ترغب منظمة الأعمال الوصول إليها ووصف وسائل تحقيق هذه النتيجة.
- **محددة بوقت** : أي أن كل هدف محدد بوقت معين للإنجاز.
- **الشمول والإرتباط** : أي أن كل هدف من الأهداف الموضوعة من المفترض أن يكون شامل لنشاط معين ومرتبط بالهدف الكلي على مستوى المنظمة.
- **إمكانية مراجعتها** : وهنا من المفترض أن يتم تقييم ومراجعة الأهداف الموضوعة، لتفحص مدى ملائمتها والتقدم الحاصل في النتائج النهائية.

إن الأهداف بإعتبارها مرتكزات النجاح وتقدم المنظمة يفترض أن توضع وتحدد على أسس سليمة، وخاصة مسألة الوضوح وإثارة التحدي والقياس لها. ويجب ملاحظة أن هذه الخصائص تتدرج في وضوحها في الأهداف بحسب نوع الهدف ومداه الزمني والموارد اللازمة لإنجازه، وهنا تكون هذه الخصائص أكثر وضوح في الأهداف التشغيلية الدقيقة.

العوامل المؤثرة في تحديد الأهداف الاستراتيجية للمنظمة

من الأمور المتعارف عليها أن التنظيم يمثل مزيجاً معقداً من المؤثرات الثقافية والسياسية والتشريعية والفردية، والتي تؤثر في مجملها على طبيعة ونوعية الأهداف التي يجب أن يسعى التنظيم إلى تحقيقها، ويتبع ذلك بالقول بأن الأهداف والاستراتيجيات لا يتم وضعها في فراغ أو بمجرد الإشارة إلى العوامل البيئية، ولكنها تبرز كناتج لعملية التفاعل بين العديد من المؤثرات في المستويات التنظيمية المختلفة (المرسي، وآخرون،2002 : 117)، ويظهر الشكل (13-3) العوامل المؤثرة في تحديد الأهداف.

شكل (13-3): العوامل المؤثرة في تحديد الأهداف الاستراتيجية للمنظمة

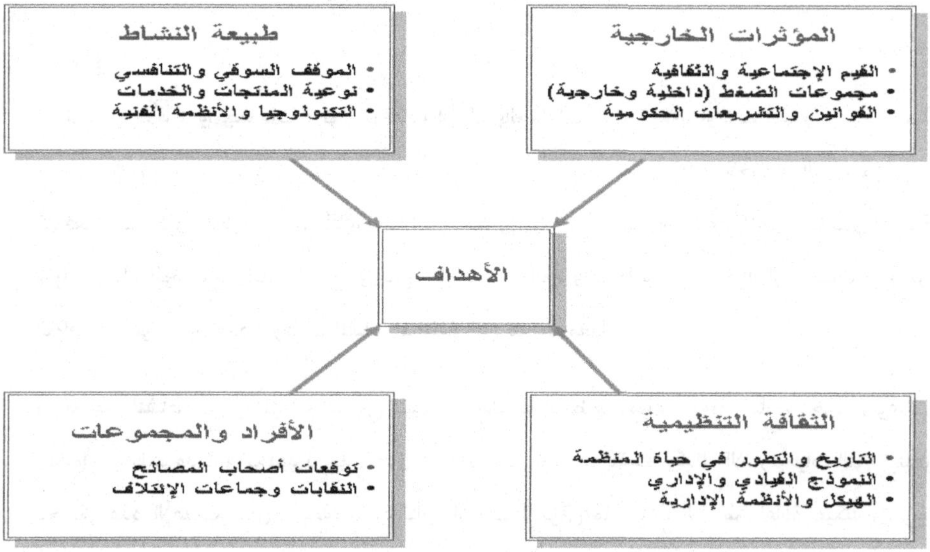

المصدر : المرسي، وآخرون ،2002 : 117

1- **المؤثرات الخارجية** : يوجد العديد من العوامل الخارجية التي يمكن أن تؤثر في ماهية الأهداف التي يسعى التنظيم لتحقيقها، ويأتي في مقدمة هذه العوامل قيم المجتمع التي يمارس فيه التنظيم أنشطته وكذلك سلوك الجماعات الضاغطة، ويبرز أثر القيم الإجتماعية في أشكال مختلفة أهمها تحديد ما الذي يمكن أن يقبله أو يرفضه المجتمع من تصرفات وسلوكيات منظمات الأعمال، مثال ذلك، التحول الكبير الذي طرأ على إتجاهات المواطنين نحو حماية البيئة خلال السنوات القليلة الماضية، الأمر الذي أرغم غالبية المنظمات على تعديل

أنظمتها وسياساتها الإنتاجية والتسويقية حتى تكون منتجاتها صديقة للبيئة، وكذلك، فقد أدت الضغوط المتزايدة لبعض جماعات الضغط إلى توقف بعض الشركات – خاصة شركات الأدوية – عن إجراء تجارب أولية لأبحاثها ومنتجاتها على الحيوان وبالتالي عن وسائل أخرى لإختبار منتجاتها.

2- **الثقافة التنظيمية** : تؤثر الثقافة التنظيمية في الطريقة التي يفكر ويتصرف ويستجيب بها الأفراد، وهي تتكون من مزيج يشمل القيم والمعتقدات والرموز والشعارات، ونماذج الإدارة والقيادة، بالإضافة إلى الهياكل والأنظمة، هذه الأبعاد تحدد هوية التنظيم وبالتالي إتجاهات أهدافه وأنماطه السلوكية في أسواق منتجاته وخدماته، على سبيل المثال، إن المنظمات التي تقف موقفاً دفاعياً في السوق يتمثل هدفها الرئيسي في الرغبة في تحقيق الإستقرار، في حين ترتكز استراتيجياتها السوقية في تخفيض السعر والتركيز على الخدمة من أجل الحفاظ على موقعها السوقي الحالي.

3- **توقعات الأفراد والمجموعات** : تؤثر توقعات الأفراد والجماعات ذات العلاقة أو المصلحة في تحديد نوعية الأهداف التي يحددها التنظيم لنفسه وأولويات هذه الأهداف والوزن النسبي لها، ويلاحظ أن العديد من هذه التوقعات قد تكون متعارضة، مثال ذلك، إعتبارات النمو، وإعتبارات الربحية، والرقابة والمرونة، وتخفيض التكلفة وزيادة المزايا الوظيفية، وزيادة الإنتاج وتحسين المواصفات...إلخ، وهو ما يستلزم من الإدارة إحداث نوع من التوافق أو التوازن بين هذه التوقعات للفئات المختلفة التي تتعامل معها.

4- **طبيعة النشاط** : يؤثر الموقف السوقي للمنظمة وطبيعة أنشطتها ومراحل دورة حياة منتجاتها ونوعيات التكنولوجيا المستخدمة في تحديد نوعية ونطاق الأهداف التي تحددها لنفسها وكذلك الاستراتيجيات التي تتبناها لتحقيق هذه الأهداف. ومن الأمثلة البارزة لتأثير الموقف السوقي ما يحدث الآن من إعادة هيكلة وتطوير الصناعات من أجل تحقيق التوافق في حالة الركود التي تواجهها حالياً، كذلك فإن إعطاء الفرصة للشركات الأجنبية في ضوء قانون تحرير التجارة فرض على المنظمات أن تعيد النظر في أهدافها واستراتيجياتها التنافسية.

أنواع الأهداف ومستوياتها Objectives Types and Levels

إن الأهداف مفهوم واسع النطاق ومتعدد المكونات، لذلك يمكن توضيحه في إطار تعدد هذه الأهـداف وأنواعها وكذلك مستوياتها، ولا يخفى علـى أحـد طبيعـة الـترابط والعلاقـة بـين نـوع الأهـداف ومـدياتها الزمنيـة والجهات أو المستويات الإدارية المسؤولة عنها.

أنواع الأهداف

في ضوء التطور الحاصل في عمل منظمات الأعمال، فإنه يمكن القول بأنه لا يوجد هدف واحد يمكن أن يختصر مصالح كافة أصحاب المصالح، سواء كانوا داخليين أو خارجيين. لذلك فقد دعا الباحثون ومنهم Drucker ، ومنذ زمن بعيد إلى ضرورة أن تتبنى المنظمة العديد من الأهداف، وفي إطار مجموعة من المجالات المختلفة كالإنتاجية، الموقع التنافسي، تطوير العاملين، المسؤولية الإجتماعية وأخلاقيات الأعمال، العوائد والأرباح وغيرها، وفيما يلي توضيح لكل من هذه الأهداف (Drucker,1958:81-90) ، (Pearce & Robinson,1997:211 - 230) ، (Fry; Stoner & Weinzimmer,1999:161 - 170) ، (المرسى، وآخرون،2002 : 125 - 129).

- **الربحية Profit** : يمثل الربح الهدف النهائي والأساس لجميع منظمات الأعمال بإختلاف أشكالها وأحجامها ومجالات عملها وأنشطتها. إن عدم إستطاعة منظمة الأعمال من تحقيق أرباح لمستويات أداء متصاعدة تنافسية يعنى عدم قدرة هذه المنظمة في تحقيق أهدافها الأخرى في الأمد الطويل. ويمكن أن يقاس الربح بمؤشرات قياس متعددة كالعائد على الإستثمار، العائد على حقوق الملكية، نسبة الأرباح من إجمالي المبيعات، نسبة الأرباح من رأس المال المستثمر وغيرها من المؤشرات المالية.
- **النمو Growth** : يمثل النمو هدفاً مغرياً لجميع منظمات الأعمال، على إعتبار أن هذا الهدف يرتبط بالنجاح وزيادة قدرة المنظمة في تحقيق التوسع في الإستثمار والزيادة في الأرباح. إن التنافس في الأسواق ورفع الكفاءة الإقتصادية تمثل هدفاً طبيعياً لمالكي المنظمة وحملة أسهمها. ويرتبط هذا الهدف بقدرة منظمة الأعمال على تحقيق نمو يسعى إليه أغلب مدراء الأعمال ويساعد المنظمة عل تحقيق أهدافها الأخرى كالبقاء والكفاءة والسيطرة على الموارد وغيرها من الأهداف الأخرى (Digman,1990:77).

- **البقاء Survival** : من المعلوم أن منظمات الأعمال وجدت أساساً لتبقى وتستمر في العمل وتتراكم فيها الموارد وتتنافس بطريقة فعالة. إن مواجهة المنظمة لحالات صعبة أمراً طبيعياً ومن المحتمل أن لا تحقق أرباحاً في بعض السنوات، ولكن هدف الإستمرار في تعديل الوضع يبقى هدفاً مركزياً أمام الإدارة. لذلك فإن المنظمة تحاول إستغلال مواردها بشكل كفوء لغرض البقاء والنمو والتطور (Bonn,Chrislodoulou,1996:550).

- **الإنتاجية Productivity** : إن الإنتاجية تعتبر من الأهداف الأساسية التي في إطارها تتحقق الكثير من الأهداف الأخرى لذلك تحاول المنظمات الإرتقاء بإنتاجية الموارد وإنتاجية العاملين والإنتاجية على المستوى الكلي لمنظمة الأعمال. والإنتاجية ببساطة مقياس نسبي حيث المخرجات إلى المدخلات التي ساهمت فيها.

- **الموقع التنافسي Competitive Position** : يمكن لمنظمة الأعمال أن تحسن من موقعها التنافسي في ضوء التغيرات البيئية المحيطة فيها، وإن هذا الموقع التنافسي يرتبط بقدرتها على تحقيق إجمالي مبيعات بشكل متصاعد قياساً بالمنافسين، وكذلك بالإستحواذ على حصة سوقية تؤهلها أن تكون في موقع الصدارة بين المنظمات المنافسة أو حتى في موقع مهيمن بالنسبة لبعض المنتجات / الخدمات التي تقدمها منظمة الأعمال.

- **تطوير العاملين Employee development** : وهذه مجموعة كبيرة من الأهداف ترتبط بتقديم ما هو أفضل للموارد البشرية من فرص للترقية والتقدم والتدريب وتراكم الخبرة والمعرفة بإعتبار أن هذه الموارد البشرية هي التي تساهم في تحقيق أهداف المنظمة المختلفة وعلى المديات الزمنية المتعددة.

- **التميز التقني Technical Excellence** : وهنا تتبنى المنظمة مجموعة كبيرة من الأهداف الخاصة بالتحسين والتجديد والتطوير والإبداع والإبتكار الخاصة بالمنتج، الخدمة وآليات إنتاجها وتقديمها مقارنة بالمنظمات المنافسة الأخرى. وتحاول المنظمة أن تحتل موقعاً قيادياً في إطار تحقيق هذه الأهداف الخاصة بالتكنولوجيا والتميز التقني (رامز،2001: 402).

• المسؤولية الإجتماعية وأخلاقيات الأعمالSocial Responsibility and Business Ethics: وهنا تبادر منظمة الاعمال إلى تبنى أهداف إجتماعية تعزز من مشروعيتها ورسالتها على صعيد البيئة المحلية والإقليمية والعالمية.

مستويات الأهداف

إن مستويات الأهداف ترتبط بأمرين أساسيين وهما، حجم المنظمة وإتساع نشاطها وفي ما إذا كانت متكونه من وحدات أعمال استراتيجية أو أنها منظمة صغيرة الحجم، والأمر الآخر أن مستوى الأهداف يرتبط بالمستويات الزمنية المختلفة التي تغطيها هذه الأهداف. ففي المنظمات الكبيرة ترتبط أهداف المنظمة بقدرتها على تحقيق أداء متميز لجميع أعمالها ووحداتها الاستراتيجية، في حين أن أهداف هذه الوحدات تستند على تحقيق أداء تنافسي متميز في كل وحدة من هذه الوحدات، وهذا الأداء التنافسي تمثل قاعدته أهداف فرعية لعدد كبير من الأنشطة الإنتاجية والتسويقية والبيعية والإعلانية والخاصة بالموارد البشرية وغيرها من الأنشطة الأساسية،وكما يظهر في الشكل (3-14)

شكل (3-14) : مستويات الأهداف

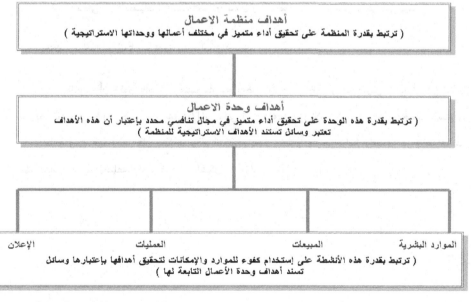

Source: Stoner & Weinzimmer, 1999:166   بتصرف من

وإذا كانت منظمة الأعمال تمتلك رؤية مستقبلية متكاملة تغطي فترات زمنية بعيدة ومتوسطة وقصيرة الأمد، فإن الأهداف تأتي منسجمة مع هذه الرؤية وتغطي هذه الفترات الثلاث بطريقة تجعل من الأهداف متداخلة ومترابطة، وكما يتضح من الشكل (15-3).

شكل (15-3) : الأهداف بمنظور المدى الزمني

المصدر : من إعداد الباحثين طبقاً لما عكسته أدبيات الإدارة الاستراتيجية

ولغرض أن تكون الأهداف منسجمة مع بعضها وتؤطر بمنظور واحد يفترض وجود نموذج تكاملي مترابط توضح في إطاره الأهداف وتحشد لها الموارد لكي تتحقق وبما يعزز الأداء المستهدف على مختلف المستويات في المنظمة ومن جهة أخرى فإن هذا النموذج التكاملي يعطي تصوراً واضح الترابط والعلاقة بين الأهداف على المستويات الزمنية المختلفة، وكما يتضح من الشكل (16-3).

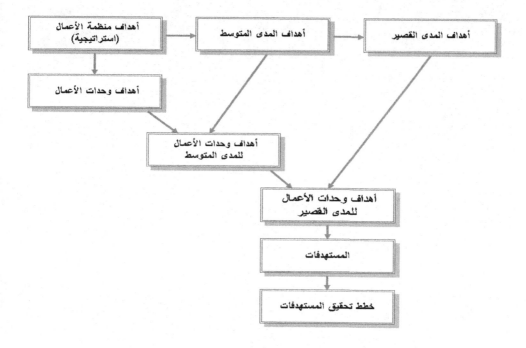

شكل (3-16): ترابط الأهداف في ضوء العلاقة بين المستويات التنظيمية والمديات الزمنية

Source: Stoner & Weinzimmer, 1999:175   بتصرف من

وهكذا فإن موضوع الأهداف وتحديدها والعمل على إنجازها يعتبر حيوياً لمنظمات الأعمال، إذ لا يكفي التحديد الجيد للأهداف لغرض النجاح، بل يجب أن تحشد لها الموارد اللازمة للإنجاز كما لا يكفى الإهتمام بأهداف التشغيل والمدى القصير دون ملاحظة طبيعة ترابطها بأهداف المدى المتوسط والبعيد.

4

تقييم وتحليل الموقف البيئي

بعد الإنتهاء من دراسة هذا الفصل سيتمكن القارئ من الإجابة على الأسئلة التالية

الفصل 4 أسئلة الدراسة

1. مفهوم البيئة والتحليل البيئي
2. مفهوم التحليل الاستراتيجي للبيئة
3. التحليل الاستراتيجي للبيئة الخارجية
4. التحليل الاستراتيجي للبيئة الداخلية
5. التحليل البيئي وتحليل نقاط القوة والضعف والفرص والتهديدات

الفصل الرابع

تقييم وتحليل الموقف البيئي

مقدمة   Introduction :

إن منظمات الاعمال تتفاعل بإستمرار مع بيئات دائمة التطوير والتغير، وإن هذا التفاعل يجرى وفق آليات مختلفة في ضوء المنظور والفلسفة العامة لإدارة منظمات الأعمال. ولكي يكون هذا التفاعل مجدياً يتطلب الأمر من منظمات الأعمال الإهتمام الجدي بالمعلومات من حيث المحتوى والكثافة وتنوع وتعدد مصادر الحصول عليها. من هنا يلاحظ أن المنظمات التي يتأثر نشاطها بالأحداث المحلية والإقليمية والعالمية بشكل كبير تكون ذات إستخدام كثيف للمعلومات، وخاصة الاستراتيجية منها. إن المعلومات المتعلقة بالمنافسين هي معلومات إستخبارية يمكن جمعها من مصادر كثيرة كالعاملون في مجال المبيعات وكذلك قواعد البيانات المتوفرة على نطاق تجارى ولدى خدمات المعلومات (Digman,1990:22-23). ويلاحظ أن الكثير من المعلومات الاستراتيجية تكون غير متوفرة داخل المنظمة بل يجب الحصول عليها من خارجها، فضلاً عن أن البعض من هذه المعلومات يكون ذات صفة ذاتية ولا يتصف بالثبات بمعنى لا يمكن الإعتماد عليه، كما أن البعض من المعلومات يتطلب الأمر إيجاد معايير لترابطها بحيث تشكل أساس سليم للقرارات المتخذة. إن الذي يتحكم بنظام المعلومات الاستراتيجي والإحتياجات الأمنية والمستقبلية لهذه المعلومات هو نوعية وجودة المعلومات والمصداقية والوثوق بها وليس فقط توفر هذه المعلومات ومتاحيتها. وفي إطار المنظور الموضوعي يمكن أن نرى، وكما أشار إلى ذلك كل من (& Millar Porter,1985:149-160). إن طبيعة ونشاطات منظمات الأعمال له تأثير على محتوى وكثافة إستخدام المعلومات بإعتبار أن بيئات هذه المنظمات مختلفة، فالبعض يتسم بالثبات النسبي في حين أن البعض الآخر سريع التغيير، وكما يوضح الشكل (4-1).

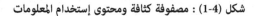

شكل (4-1) : مصفوفة كثافة ومحتوى إستخدام المعلومات

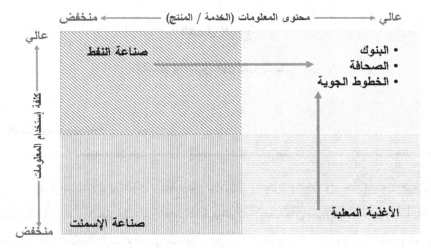

Source: Millar, Victor E., Porter, Michael E., "How information Gives You Competitive

Advantage", H.B.R, (1985), 149-160.

وإنطلاقاً من أن منظمات الاعمال تجسد سلوكيات مختلفة في تعاملها مع البيئة، فإن هذا الأمر يأتي متأثراً بطبيعة ومحتوى المعلومات الموطرة للقرار المتخذ. إن التعامل مع البيئة لا يتم إلا من خلال البيانات والمعلومات والحقائق وجميع المعطيات التي يتم الحصول عليها بطرق مختلفة ومن مصادر متنوعة.

مفهوم البيئة والتحليل البيئي

Concept of Environment and Environment analysis

إن مفهوم البيئة *Environment* خضع إلى تطورات كثيرة سواء على صعيد مكوناته وأبعاده من جانب، وكذلك تعقد هذه الأبعاد والمكونات وزيادة تفاعلها وظهور مكونات أخرى أفرزتها طبيعة التطور التكنولوجي والسياسي والمعلوماتي والمعرفي من جانب آخر. إن منظمات الأعمال لا توجد في فراغ بل هي تعمل ضمن بيئات متنوعة ومتعددة الأشكال والمكونات، وإن هناك عمليات تبادل وتفاعل وتكامل مستمرة تجرى يومياً بين المنظمة وبيئتها. ورغم أن مفهوم البيئة عُمم بشكل كبير في دراسات الإدارة والأعمال ومنذ الخمسينيات من القرن الماضي، إلا أن الباحثين لا زالوا يعترفون بأن هذا المفهوم يشكل

التحدى الأساسي والكبير أمام الإدارات بسبب عدم وضوحه من جانب، وبسبب الخطأ الحاصل في رؤية الإدارة لطبيعة الأحداث والتفاعلات التي تجرى في هذا الوسط البيئي. لقد كانت التعاريف الأولى للبيئة تشير إلى أنها جميع ما يحيط بالمنظمة فيقع خارجها، ولا يكون جزءاً منها. في حين أن المنظور العام لمفهوم البيئة يُعطي إنطباعاً بشمول المكونات والأبعاد الداخلية للمنظمة إضافة إلى المكونات والأبعاد الخارجية التي تحيط بها. وهكذا، فإن البيئة تمثل مجموعة العوامل والأبعاد والمكونات التي تؤثر في الممارسات الإدارية والتنظيمية والاستراتيجية، وتتطلب من الإدارة فهم لطبيعة هذه البيئة وتفاعلاتها وطبيعة العلاقة بينها بحيث تستطيع إيجاد أفضل صيغ التعامل معها، وبشكل متوازن وحركي، ويعطي للمنظمة قدرات متجددة بإستمرار وإمكانية الحصول على أفضل النتائج المرغوبة من جراء هذا الفهم. أما التحليل البيئي فيكمن في العمليات التي يُطور بواسطتها المدراء الاستراتيجيون فهماً للبيئات التنظيمية الداخلية منها والخارجية من خلال فهم العوامل التي يمكن أن تؤثر على الأداء والأعمال في المنظمة الآن وفي المستقبل (Narayanan & Nath,1993 : 197).

مفهوم التحليل الاستراتيجي للبيئة

Concept of strategic Environmental Analysis

يستند التحليل الاستراتيجي للبيئة على تحليل مكونات البيئة الداخلية والخارجية للمنظمة، للوصول إلى نقاط القوة والضعف في بيئتها الداخلية، وإكتشاف الفرص الممكن إستثمارها والتهديدات التي تعيق عمل المنظمة في بيئتها الخارجية. فالتحليل الاستراتيجي عبارة عن " مجموعة من الوسائل التي تستخدمها الإدارة في تحديد مدى التغير في البيئة الخارجية وتحديد الميزة التنافسية أو الكفاءة المميزة للمنظمة في السيطرة على بيئتها الداخلية، بحيث يسهم ذلك في زيادة قدرة الإدارة العليا على تحديد أهدافها ومركزها الاستراتيجي (Johnson & Scholes,1997 :46). ومن هنا، فإن التحليل الاستراتيجي يتعلق أساساً بفهم المركز الاستراتيجي للمنظمة، وذلك من خلال معرفة التغيرات الحاصلة في البيئة الخارجية ومدى تأثيرها على فعاليات المنظمة الداخلية، ومن ثم تحديد قدرة المنظمة على إستغلال مواردها الداخلية سواء المادية أم البشرية. ويوضح (Thompson,1997 : 32) بأن التحليل الاستراتيجي يعنى " فهم المنظمة لبيئتها الداخلية والخارجية، وتحديد أفضل سبل الإستجابة للتغيرات السريعة، وإستغلالها بإتجاه تحقيق أفضل أداء ".

إن فهم المنظمة لبيئتها الداخلية يعنى قدرتها على تشخيص نقاط القوة والضعف في أنشطتها ومواردها المختلفة، وفهمها للبيئة الخارجية يعنى قدرتها على تحديد الفرص والتهديدات المحتملة، وأن أفضل السبل في الإستجابة للتغيرات البيئية هي تلك التي تسمح بتقوية وتعزيز نقاط القوة وإستخدامها في إستغلال الفرص المتاحة وتجنب التهديدات المحتملة، وكذلك محاولة التخلص من نقاط الضعف أو تقليل أثارها إلى أدنى حد ممكن وفي وضع وتطوير خطط وإستراتيجيات يمكن أن تحول التهديدات إلى مزايا أو منافع لصالح المنظمة. وتبرز أهمية التحليل الاستراتيجي في أنه يعطى صورة عن مستقبل المنظمة وليس عن حاضرها فقط الأمر الذى يساعد على وضع خطط وبدائل استراتيجية تأخذ بنظر الإعتبار توقعات التغيرات البيئية المحتملة ومدى إمكانية تأثيرها على أنشطة المنظمة وأهدافها. إن إكتشاف وتوقع التغيرات البيئية يستلزم بالضرورة توفر قاعدة دائمة ومستمرة من المعلومات حيث أن أخطر ما يواجه المنظمات اليوم هو الفهم غير الصحيح والمتقادم للبيئة من قبل الادارة العليا (Higgins,1994 : 30).

إن كون البيئة مفهوم شمولي وواسع النطاق، فإن أغلب الدراسات تشير إلى تقسيمها إلى بيئة خارجية للمنظمة وبيئة داخلية لها، وإن التفاعل المستمر بين هاتين البيئتين يحدد قدرة المنظمة على النجاح والإستمرار في العمل والتطور. لذلك فإن هذا الفصل سوف يتطرق لثلاث مباحث خصص الأول منها للبيئة الخارجية، والثاني للبيئة الداخلية، أما الثالث فقد كرس لربط التحليل البيئي بتحليل نقاط القوة والضعف والفرص والتهديدات.

التحليل الاستراتيجي للبيئة الخارجية للمنظمة

Strategic Analysis for External Environment

إن فهم البيئة الخارجية لمنظمة الأعمال يعتبر شرطاً أساسياً لنجاحها، وإن هذا الفهم مرتبط بقدرة المنظمة على تجميع وتحليل وفحص المعلومات والبيانات ذات العلاقة لغرض تطوير الخيارات المناسبة.

ولغرض فهم منهجي ومنظم للبيئة الخارجية وكيفية تعامل منظمات الاعمال معها. سيتم التطرق في هذا المبحث إلى ثلاث فقرات أساسية تبدأ بتوضيح مفهوم البيئة الخارجية ومن ثم نستعرض هذه البيئة بمكوناتها المختلفة وطبيعة الترابط بين هذه المكونات، وأخيراً، سيتم عرض أساليب وتقنيات التحليل البيئي.

مفهوم البيئة الخارجية   External Environment Concept

إن إتساع مفهوم البيئة الخارجية وشموليتها، جعل عدد من الباحثين ينظرون إليها من زوايا مختلفة وبطرق متعددة. فيرى البعض أن البيئة الخارجية هي مجمل المكونات والأبعاد والعناصر التي تقع منظمات الأعمال تحت تأثيرها من خلال التعامل المباشر وغير المباشر، وتتشكل من خلال هذا التعامل علاقات سببيه مركبة تعطى دلالات ونتائج مختلفة (Emery & Trist,1965:18). ونظراً للتطور الحاصل في كافة المستويات الإقتصادية، الإجتماعية، السياسية، الثقافية، التكنولوجية، والمعرفية جعل من مفهوم البيئة الخارجية تركيباً معقداً يفترض أن تتعامل معه الإدارة الإستراتيجية لمنظمات الأعمال بحكمة وبصيرة وأن تطور أساليب وآليات تستطيع من خلالها تبسيط أو التعامل مع التعقيد الحاصل في هذه البيئة لكي يتم إتخاذ قرارات مناسبة لمنظمة الأعمال. لذلك فقد عرض الباحثان (Mintzberg & Quinn,1988:23) البيئة الخارجية بكونها ما يحيط بالمنظمة من عوامل لها تأثير مباشر أو غير مباشر في عمليات صناعة القرارات الاستراتيجية وإتخاذ القرارات، وبنفس السياق عرض (Daft,2001) البيئة الخارجية بكونها مجمل العناصر والمكونات والتي تقع خارج حدود المنظمة ولها تأثير شمولي أو جزئي على المنظمة وعادة ما تقع هذه المكونات والعناصر خارج إطار سيطرة الإدارة في الأمد القصير.

إن سرعة التغيير وكثرة هذه المكونات والعناصر في البيئة الخارجية أفرزت عدم تأكد بيئي عالي أمام منظمات الأعمال تطلب منها تطوير منهجيات ملائمة ومناسبة للتعامل مع البيئة، كما أن درجة التعقيد في البيئة تستدعي وجود أساليب تساهم في تبسيط هذا التعقيد دون إخلال في المحتوى الصحيح والفهم الحقيقي لمكونات ومؤثرات البيئة الخارجية. لذلك تحاول منظمات الأعمال أن تجد صيغ ملائمة من التوازن بين المنظمة وبيئتها الخارجية، وتعطى حالة الموازنة هذه أفضل النتائج لمنظمة الأعمال.

مستويات البيئة الخارجية   External Environment Levels

إن كون البيئة الخارجية لمنظمات الأعمال شاملة ومعقدة، فقد طورت منهجيات مختلفة لعرضها وتبسيطها والتعامل معها. ونجد أن من بين أهم هذه المنهجيات تلك التي أشارت إلى وجود مستويين أساسيين لهذه البيئة يتمثل الأول منها بالبيئة الخارجية العامة General Environment – تسمى أيضاً البيئة الكلية غير المباشرة – فيما تتمثل الثانية بالبيئة الخارجية الخاصة Task Environment – تسمى أيضاً ببيئة العمل، المهام، الصناعة، المباشرة.

البيئة الخارجية العامة General Environment

تشير البيئة الخارجية العامة إلى مجموع القطاعات البيئية الإقتصادية والإجتماعية والثقافية والسياسية والتكنولوجية التي تعمل منظمة الأعمال في إطارها وتتأثر فيها وتتبادل التأثير معها (Gerloff,1985:19). ويتفق أغلب الباحثين على أن مكونات البيئة الخارجية وأبعادها تتمثل بالآتي :

■ **المتغيرات الإقتصادية Economic Variables** : تشير هذه المتغيرات إلى مجمل خصائص وتوجهات الوضع الإقتصادي المحلي والعالمي الذي يمكن أن يؤثر على منظمات الأعمال وهي تتبع إستراتيجيات مختلفة كما ينطوى تحت إطار هذه المتغيرات مجمل المؤشرات المتصلة بخطط التنمية الإقتصادية والمرتكزات المرتبطة بها متمثلة بالناتج القومي الإجمالي، معدل الدخل القومي، معدل نمو الإقتصاد، متوسط دخل الفرد، ميزان المدفوعات والميزان التجاري، نظم الإستثمار، أسعار المواد الأولية، مصادر الطاقة. ويضاف إلى هذه أيضاً ما يرتبط بالسياسات النقدية والمالية وأسعار الفائدة والسياسة الإقتصادية العامة وسياسة الإقراض والإدخار وإدارة النقد الأجنبي وغيرها. لقد أعطت إدارات منظمات الأعمال أهمية كبيرة لهذه المتغيرات ومتابعة تطورها، ومع ذلك فإن حالات الإخفاق في التنبؤ وفهم هذه المتغيرات كثيرة ومتعددة، ويتأتى هذا من خلال كون هذه المتغيرات لا تعمل بمفردها بل تتبادل التأثير مع المتغيرات البيئية الأخرى.

■ **المتغيرات الإجتماعية Social Variables** : وهذه تضم العديد من المتغيرات والتي ترتبط بالقيم الإجتماعية السائدة والأعراف والتقاليد والأطر الأخلاقية للمجتمع والأفراد، وهذه تؤثر بأشكال مختلفة على المنظمة سواء من حيث قدرتها على فهم الأسواق والعملاء أو

من حيث الموارد البشرية التي تحصل عليها المنظمة من محيطها الخارجي. إن نمط التغييرات في الحياة العامة يمثل إشكالية كبيرة أمام المنظمات في فهم أنشطة الإستهلاك وما يرتبط بذلك من نفقات لإدامة حياة الأفراد والمجتمع وفق الإعتبارات الإجتماعية والسكانية والديمغرافية.

■ **المتغيرات السياسية والقانونية Political & Legal Variables** : تؤثر هذه المتغيرات على الخيارات الاستراتيجية لمنظمات الأعمال بطرق وأساليب مختلفة، تتمثل بمجموعة كبيرة من متغيرات سياسية وقانونية ترتبط بسياسات الدولة أو الدول التي تعمل فيها منظمة الأعمال، وكذلك التوجهات الأيديولوجية والنظام السياسي وتأثيره في رسم مختلف السياسات وإصدار القوانين الحاكمة للعلاقات بين المنظمة ومختلف المجاميع.

إن الإستقرار السياسي والقانوني يعطي إمكانية أكبر للمنظمة للإستفادة من الفرص المتاحة في البيئة، وقد تكون عكس هذه الحالة في حالة عدم وجود إستقرار سياسي وقانوني مما ينعكس بمخاطر عديدة تواجه منظمات الأعمال. وفي الآونة الأخيرة وبسبب الإنفتاح والترابط العالمي والدخول في إطار النظم الديمقراطية وإزدياد الحريات في المجتمع ومنظمات المجتمع المدني فإن مجمل هذه التطورات والأحداث ستنعكس على عمل المنظمات في البيئات المختلفة.

■ **المتغيرات الثقافية Culture Variables** : للمتغيرات الثقافية تأثير مهم على منظمات الأعمال، فنظام التعليم والخبرات المتراكمة والقيم والسلوك الفردي والجماعي وطبيعة المجتمعات وإستعدادها للتغيير والنظرة الفردية والجماعية للماضي والحاضر والمستقبل، كلها تؤثر على منظمات الأعمال وتطورها المستقبلي.

■ **المتغيرات التكنولوجية Technology Variables** : تمثل التكنولوجيا مع الإقتصاد الأبعاد الأكثر أهمية لمنظمات الاعمال حتى وقت قريب وتعطي المتغيرات التكنولوجية إمكانية عالية للمنظمة في تطبيق مختلف العلوم والأفكار التي طورت أو تتطور في حقول المعرفة المختلفة، كما أن التكنولوجيا تعتبر العامل الرئيسي في ميدان المنافسة ويعطي للمنظمة موقعاً ريادياً في تطوير وتحسين خدماتها ومنتجاتها بإستمرار. وتركز منظمات الأعمال جهداً كبيراً على تطوير التكنولوجيا الصناعية التي تمنح المنظمة تميزاً في نوعية المنتجات والخدمات التي تقدمها وتؤدي أيضاً إلى خفض في التكاليف دون المساس بالنوعية. ويدخل في إطار هذه المتغيرات مجمل الإنفاق على البحث والتطوير

وحماية الإختراعات والإبتكارات والتحسين التكنولوجي من خلال المعدات والآلآت والمكائن.

- **المتغيرات المعلوماتية والمعرفية Information & Knowledge Variables** : تمثل هذه المتغيرات أبعاداً مهمة أصبحت تضاف نتيجة التطور المعلوماتي والمعرفي وإنعكاس هذا التطور على مجمل عمل منظمات الأعمال. إن المنظمات الرائدة والتي تأتي في سلم الأداء والتميز نجدها منظمات تعير أهمية كبيرة للجانب المعلوماتي وتبحث بإستمرار عن الموارد البشرية والمعرفية التي تستطيع أن تقدم للمنظمة ميزات تنافسية لا يمكن تقليدها من قبل الآخرين. ويدخل في إطار هذه المتغيرات قدرة المنظمة على بناء نظام معلوماتي استراتيجي يبحث عن المعلومات الاستراتيجية من البيئة الخارجية وكذلك مدى توفر الموارد البشرية المؤهلة والمدربة وإمكانية الحصول عليها وإستمرارية تطويرها. والجدول (4-1) يلخص المتغيرات المهمة في البيئة الخارجية العامة

جدول (4-1) : المتغيرات المهمة في البيئة الخارجية

المتغيرات / البعد	أمثلة على بعض المتغيرات
الإقتصادي	الناتج القومي الإجمالي، الدخل القومي، معدل النمو، متوسط دخل الفرد، معدلات الفائدة، معدل البطالة، التضخم والإنكماش، توفر الطاقة وكلفتها،...إلخ
الإجتماعي	أنماط الحياة الإجتماعية، أنشطة الإستهلاك، معدل نمو السكان، معدلات الولادة والوفاة، تكوين الأسرة،....إلخ
السياسي والقانوني	النظام السياسي، قوانين الحماية البيئية، قوانين حماية الحريات، الإستهلاك، الإتجاه نحو الإستثمار الخارجي، قوانين الإستخدام والترقيات، قوانين الضرائب والجمارك والتوظيف.
الثقافي	أنظمة التعليم، الخبرات، القيم الفردية والجماعية، السلوك التغيير والتطوير...إلخ
التكنولوجي	الإنفاق على البحث والتطوير، حماية الإختراعات والإبتكارات، نقل التكنولوجيا، تحسين الإنتاجية من خلال التكنولوجيا....إلخ
المعلوماتي والمعرفي	توفر الموارد المعرفية، توفر القيادات الاستراتيجية المعرفية، توفر أنظمة معلومات استراتيجية.

المصدر : من إعداد الباحثين طبقاً لما عكسته أدبيات الإدارة الاستراتيجية

الترابط بين أبعاد البيئة الخارجية العامة

Relationship between External Environment dimensions

إن ما يعقد فهم البيئة الخارجية العامة أمام منظمات الأعمال هو طبيعة الترابط والتداخل في التأثير والتأثر بين أبعاد متغيرات هذه البيئة، لذلك فإن الدراسة والتحليل الجزئي والمستقل لهذه الأبعاد بعضها عن البعض الأخر لا يعطى أسلوباً واضحاً وشاملاً في معرفة طبيعة التغير في هذه البيئة على منظمات الأعمال لذلك يتطلب الأمر دراسة التأثيرات المتبادلة لهذه التغيرات بين الأبعاد لغرض إستخلاص نتائج التأثير الإيجابي أو السلبي على الخيارات الاستراتيجية للمنظمة. ويوضح الشكل أدناه صورة مبسطة لهذا الترابط.

شكل (2-4) : ترابط أبعاد البيئة الخارجية العامة

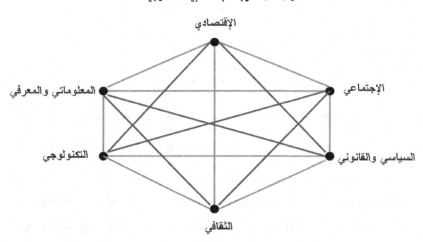

المصدر : من إعداد الباحثين طبقاً لما عكسته أدبيات الإدارة الاستراتيجية

ومن أجل توضيح فكرة الترابط سابقة الذكر يمكن القول أن مجموعة التغييرات الإقتصادية تولد مجموعة أخرى من التغييرات الإجتماعية أو الثقافية أو السياسية أو التكنولوجية أو حتى المعلوماتية والمعرفية، فإذا أخذنا مثلاً تطور مستوى دخل الفرد بوتائر عالية ينعكس إيجابياً على الجانب الثقافي والقيمي ويؤدى لربما إلى إنفتاح على البيئات الخارجية، وبالتالي تغيير المنظور السياسي وكذلك حدوث رؤية جديدة فيما يخص الجوانب

الإجتماعية والسكانية. لذلك يفترض أن تعى منظمات الأعمال وهي تقوم بجمع معلومات عن هذه الأبعاد وتقوم بتحليلها عليها أن تعى أمرين مهمين يتمثل **<u>الأول</u>** بكون هذه التغييرات لا تأخذ إتجاهاً وشكلاً واحداً في جميع الظروف والأحوال بمعنى أن بعض التغيرات فى أحد الأبعاد ينعكس إيجابياً على أبعاد معينة وسلباً على أبعاد أخرى، والأمر **<u>الثاني</u>** أن هذا الترابط في التأثير يشكل أمام المنظمة مصفوفة أولويات لغرض التعامل مع الأحداث في ضوء بعدين أساسيين هما مدى أهمية هذا التغيير من جانب وسرعة وبطء الإستجابة المطلوبة إلى هذه التغييرات من قبل المنظمة، وكما عبر (Campbell,1984:46) عن ذلك بالشكل (4-3).

شكل (4-3) : مصفوفة الأولويات أمام المنظمة في ضوء طبيعة إحتمالية الأحداث وتأثيرها على المنظمة

إحتمالية التأثير على المنظمة

إحتمالية الحدوث

	مرتفعة	متوسطة	متدنية
مرتفعة	أولوية عالية جداً 1	أولوية عالية 1	أولوية متوسطة 2
متوسطة	أولوية عالية 1	أولوية متوسطة 2	أولوية متدنية 3
متدنية	أولوية متوسطة 2	أولوية متدنية 3	أولوية متدنية جداً 3

Source: Campbell, "Foresight Activities in U.S.A: Time for a Re-Assessment?" L.R.P, (1984),

إن ترابط التأثير بين أبعاد البيئة الخارجية العامة وإنعكاس هذا التأثير على المنظمة وفق منظور مختلف في أهميته أو سرعة وبطء متطلبات الإستجابة للتأثير يتطلب من إدارة المنظمة أن تعى هذه الجوانب لكي لا تنشغل بالأمور المهمة غير الملحة ولا تتطلب إستجابة سريعة وتهمل الأمور المتوسطة الأهمية التي تتطلب إستجابة سريعة. حيث أن الإطار الزمني المتاح أمام المنظمة يختلف بإختلاف هذين الإتجاهين (الأهمية / سرعة الإستجابة).

إن منظمات الأعمال وهي تجرى عمليات تجميع للبيانات والمعلومات حول أبعاد البيئة الخارجية العامة ومتغيراتها المتعددة تنطلق من حقيقة كون هذا الأمر لا يتم في مختلف هذه المنظمات وفق نفس الآليات والأساليب والطرق والفلسفات. فمنظمات الأعمال كبيرة الحجم والتى تغطى المساحة الدولية في عملها وتتوفر لديها الموارد الكافية والخبرات المتمكنة تستطيع أن تجرى هذه التحليل بصورته الشمولية في حين يقتصر عمل المنظمات صغيرة ومتوسطة الحجم على البحث عن معلومات وبيانات محددة بأبعاد تجد أنها أكثر تأثيراً على طبيعة عملها وبالتالي تبتعد عن القيام بتحليل مكلف لا تستدعيه طبيعة عملها ولا تتيحه إمكاناتها للقيام به.

ومن الملاحظ أن تأثيرات والتغييرات التى تجرى في البيئة الخارجية العامة للمنظمة تنعكس بتأثيرات مختلفة ومتباينة على مجمل أو البعض من متغيرات البيئة الخاصة للمنظمة وهذه بدورها تؤثر على البيئة الداخلية للأعمال وكما يوضح الشكل (4-4)

شكل (4-4) : مستويات البيئة وترابطها

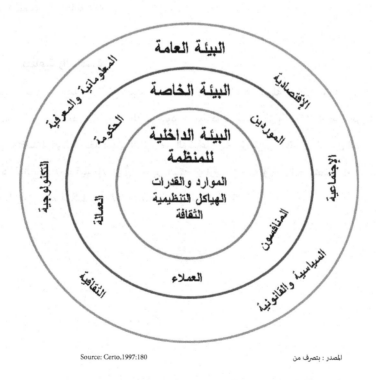

Source: Certo,1997:180 المصدر : بتصرف من

البيئة الخارجية الخاصة Task Environment

إن كون المنظمة نظام مفتوح يتعامل مع البيئة الخارجية ، فإن هذه البيئة الخارجية يمكن أن تكون بيئة عامة ذات تأثير على مجمل المنظمات أو أن تكون بيئة خاصة لمنظمات بذاتها دون غيرها من منظمات أخرى . لذلك فإن البيئة الخاصة أوبيئة المهمة تتمثل بمجمل العناصر و المتغيرات ذات التأثير المباشر على عمليات المنظمة و التي يجب أن تأخذها بأهمية كبيرة .

ومن الضروري الإشارة هنا إلى الكثير من الباحثين ينطلق في تحليل هذا المستوى من البيئة من اتجاهات متعددة تتسم بالتكامل وليست متعارضة . فالبعض من ينطلق من التحليل الأكثر شمولية لبيئة الصناعة و المنافسة مركزين على التأثيرات المتبادلة بين المنظمة و بيئتها التنافسية الصناعية، في حين ينطلق اخرين من بيئة العمل الخاصة من خلال توضيح مفردات هذه البيئة من مجهزين وعملاء وموردين وغيرهم، أما الاتجاة الثالث و الأخير فقد تركز في النموذج الأكثر عملياً لتحليل قوى المنافسة والذي طرح من قبل الباحث (Porter) وفي أدناه توضيح مركز لهذه الاتجاهات الثلاث.

(1) البيئة الصناعية والتنافسية

إن شيوع حالة المنافسة و انفتاح البيئة العالمية و إزدياد ظاهرة العولمة و الإرتقاء بتقنيات المعلومات و استخدامها الواسع في العصر الحديث ولدت قيود و محددات على الإفتراضات الأساسية المعروفة للمنافسة الإقتصادية التقليدية . و بهذا فقد انتقل التحليل من التركيزعلى التحليل البيئي العام إلى التحليل الصناعي التنافسي ، وتمثل هذة الظاهرة منطقية بإعتبار أن تحليل البيئة الخارجية العامة و تأثيراتها ستصب لاحقا على مفردات البيئة الصناعية التنافسية كما مثله الباحث (Grant) في الشكل (5-4)

الشكل (4-5) : من التحليل البيئي العام إلى التحليل الصناعي التنافسي

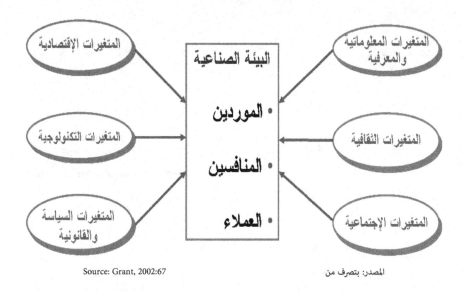

المصدر: بتصرف من Source: Grant, 2002:67

إن الهدف من تحليل بيئة الصناعة و المنافسة هو تحديد درجة جاذبية صناعة ما للمنتجين الحالين و المتوقعين . و كذلك لغرض التعرف على عوامل النجاح الرئيسة في هذة الصناعة .

و تتمثل عوامل النجاح الحرجة كونها تلك العوامل التي تؤثر بشكل كبير على القرارات المتخذة من قبل الإدارة بإعتبارها تتحكم بالموقع التنافسي لمنظمة الأعمال داخل الصناعة (Hofer & Schendel,1978:77) و بصفة عامة ، فإن المنظمات الناجحة تكون قوية في المجالات التي تعكسها عوامل النجاح الرئيسية في الصناعة ، في حين تكون المنظمات الأقل نجاحاً ضعيفة في مثل هذه المجالات و الشكل (4-6) يعكس تحديد عوامل النجاح الرئيسية.

شكل (4-6):تحديد عوامل النجاح الرئيسية

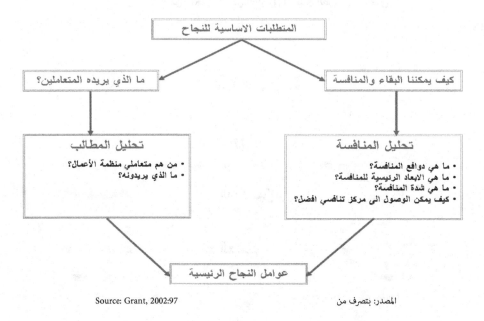

المصدر: بتصرف من Source: Grant, 2002:97

ومن المعلوم أن الصناعة بتوجهاتها الحديثة لا تتمثل فقط بمنظمات الأعمال الصناعية المنتجة للسلع والمنتجات المادية الملموسة و لكنها تشمل أيضاً منظمات الخدمات بمختلف أنواعها و نشاطها .

إن توضيح المشاكل المرتبطة بالمحددات الصناعية يواجة مشكلة التطور الدائم للصناعة المرتبط بقدرة هذه الصناعة على فرز إتجاهات متعددة لهذا التطور ، ويخلق هذا الأمر أمام منظمات الأعمال فرصاً و تهديدات بشكل دائم و مستمر (Pearce & Robinson, 1997:82) لذلك فإن أهمية تحليل الصناعة تنطلق من الأسباب الموجبة لهذا التحليل و التي تعطى تعريفاً واضحاً و حدوداً شفافة للصناعة التي تعمل فيها منظمة الأعمال المعنية ، و هكذا فإن هذا التحليل يعطي بدوره العديد من الفوائد أهمها :

- يساعد المدراء التنفيذين في توضيح النطاق الذي تنافس أعمالهم فيه .
- يركز الانتباه على المنظمات المنافسة و بذلك يسهل على منظمة الأعمال معرفة منافسيها من خلال المنتجات و الخدمات و البدائل الأخرى و هذه تعتبر نقطة جوهرية لرسم إستراتيجية المنافسة

- يساعد المدراء التنفيذين في تحديد عوامل النجاح الرئيسية و الحرجة .
- يعطى المدراء إمكانية في تطوير أدوات لتقيم أهداف منظماتهم

إن عملية البدء لتحليل الصناعة أو النشاط ، يتطلب أن يكون هناك تحديد واضح لمفهوم الصناعة المشتق أساساً من المنافسة والمتعاملين. إن وجود مجموعة من المنافسين لخصائص متشابهة تعطي صورة لطبيعة شدة المنافسة وعمقها وخاصةً فيما يتعلق بخطوط المنتجات و الخدمات وأساليب انتاجها. وبذلك فإن طبيعة ومحتوى عملية تحليل الصناعة وما يتعلق بها من اسواق ومنتجات ترتبط بالعديد من الابعاد يقع في مقدمتها الجحم الحالي و المتوقع للصناعة والنشاط، هيكل الصناعة والنشاط، هيكل التكاليف داخل الصناعة، النوعية وما يرتبط بها تطوير جذري للنشاط، نظم التوزيع، الاتجاهات والتطورات التي تحدث في الصناعة والنشاط، وأخيراً ، درجة نمو الصناعة ودورة حياة المنتج أو الخدمة .

(2) بيئة المهمة

ينطلق هذا المفهوم من مجمل التغيرات و العناصر التي تأثر و تتأثر مباشرة بعمليات المنظمة وهذه تتمثل بمجموعة كبيرة من القوى يقع في مقدمتها الموردين والمنافسين والعملاء والمقرضين أصحاب الأسهم ومجمل مجموعات الضغط المباشر على منظمة الأعمال ويرى (Daft,2001:322) أن هذه البيئة تحتوي على العناصرالأكثر إلتصاقاً بالمنظمة وأهدافها، ويطلق بعض الباحثين مسميات مختلفة على نفس هذا المفهوم مثل بيئة العمليات وبيئة المجموعات التنظيمية (Porter,1980). وفيما يلي عرضا مختصراً لأهم العوامل التي تشملها هذه البيئة:

أ - تحليل العملاء Customers Analysis

يحتل العملاء من بين كافة القوى التي تشكل بيئة المهام موقع الصدارة من حيث الأهمية والتأثير المحتمل على الاستراتيجية ونتائج الأعمال، فالعميل في نهاية الأمر يقرر شراء أوعدم شراء منتجات و خدمات المنظمة. وهو ما يؤثر بشكل مباشر على مستويات المبيعات والأرباح، وبالتالي قدرة المنظمة على الاستمرار والنمو. ويتناول تحليل العملاء ثلاث جوانب أساسية هي:

■ تجزئة السوق Market Segmentation ، يمكن أن ينظر للسوق كوحدة واحدة تتماثل فيها أساليب الشراء و الطلب على المنتجات و يمكن أن ينظر الية من خلال تجزئتة الى قطاعات متباينة وفق اعتبارات متعددة .

و بهذا فإن تجزئة السوق تثير العديد من الأسئلة التي تتطلب اجابات دقيقة و محددة مثل :

- ماهي الأسس أو المعايير التي يمكن إستخدامها في تجزئة السوق الى قطاعات ؟

- من هم المشترين أوالمستخدمين للمنتج أوالخدمة في الوقت الحاضر ؟

- من هم كبار المشترين ، و ما هي نسبة تعاملهم مع المنظمة ؟

- من هم المستهلكون المحتملون والذين لا يتعاملون مع منتجاتنا وخدماتنا في الوقت الحاضر؟ والى أي مدى يمكن تحديدهم و الوصول اليهم ؟ (Bodinat,1980:95-104).

■ سلوك الشراء لدى المستهلك Consumer Buying Behavior، تتباين دوافع الشراء لدى المستهلكين و من الضروري تجميع هذه الدوافع في مجموعات متشابهة لغرض اتخاذ ما يلزم لتلبية متطلبات هذه الدوافع ،و بذلك يمكن اثارة العديد من الأسئلة التي تتطلب اجابات واضحة مثل :

- ماهي الأهداف التي يبحث عنها المستهلك وتحقق لديه اقصى اشباعات مركزة من اقتناء سلع و خدمات المنظمة ؟

- ما هي الخصائص والمزايا التي تتوفر في المنتج أو الخدمة وتعتبر هامة بالنسبة للمستهلك؟

- ماهي نوعية التغيرات التي تحدث أو يمكن أن تحدث في دوافع شراء المستهلك ؟

■ الاحتياجات غير المشبعة لدى المستهلك Consumer Unsatisfied Needs، إن الاحتياجات الغير مشبعة لدى المستهلك تمثل مجال تنافس لمنظمات الأعمال لغرض اشباعها وتحقيق عوائد مجزية من ذلك يتطلب الأمر من المنظمة الإجابة على الأسئلة من قبيل :

- هل توجد حاجات غير مشبعة و التي قد يدركها العميل حالياً ؟

- هل يواجة العملاء مشكلات بالنسبة للمنتجات والخدمات الحالية ؟ ما هي، وكيف يمكن التعامل معها ؟

- ما هي درجة رضا المستهلك عن السلع والخدمات التي يقوم بشراءها بالوقت الحالي؟
- ما هي أفضل بدائل لإشباع هذه الحاجات ؟

ويمكن للمنظمات تحقيق الاستجابة لقوى العملاء في البيئة المباشرة للمنظمة من خلال اجراء البحوث والدراسات التي تحاول اكتشاف حاجاتهم ورغباتهم والتعرف على مستويات رضاهم عما يقدم من سلع وخدمات وكذلك إكتشاف أي تغيرات في اتجاهاتهم وتفضيلاتهم (Pearce & Robinson , 1997:89-92)

ب - المركز التنافسي Competitive Position

إن فهم المنافسين يعتبر عاملاً أساسياً في صياغة وتطوير استراتيجية فاعلة، كما أن تحليل المنافسة يمثل تحدياً جوهرياً للإدارة. إن الهدف الأساسي من هذا التحليل هو مساعدة الإدارة في تقيم وفهم شروط المنافسة ومتطلباتها. وبالتالي إجراء مقارنة مع المنافسين من جهة و مع المنظمة ذاتها بفترات زمنية متعددة . إن هذا الأمر ينطلق من معرفة واقعية حالية، وكذلك من التنبؤ بالإحتمالات المتاحة لمبادرات المنظمة الاستراتيجية في اطار البيئة التنافسية

التي تعمل فيها، وبشكل عام فإن تحليل الوضع التنافسي للمنظمة عادة ما يتضمن الأبعاد التالية :

- الحصة السوقية
- عمق واتساع خطوط المنتجات والخدمات
- فاعلية توزيع المنتجات والخدمات
- المزايا السعرية
- فاعلية الأعلان و الترويج
- المواقع و الفروع
- الطاقة الإنتاجية
- التجربة
- تكاليف المواد الأولية
- المركز المالي
- جودة المنتجات والخدمات
- مزايا البحوث و التطوير
- الموارد البشرية
- السمعة العامة للمظمة (Pearce & Rebinson,1997:88-89)

ج- العمالة و الموارد البشرية Labor and Human Resources

ويمثل هذا العنصر مفردة مهمة للمنظمة لما له من تأثير على طبيعة عملها، إن الحصول على الموارد البشرية الكفوءة والخبيرة والمدربة من البيئة الخارجية يعتبر عاملاً مهماً لنجاح منظمة الأعمال فالمورد البشري هو أثمن الموارد للمنافسة، حيث لا يمكن تقليد المعرفة

الضمنية لدى هذه الموارد البشرية ناهيك عن المعرفة الصريحة التي تتمتع بها هذه الموارد ومن المفترض بمنظمة الأعمال أن تمتلك القدرة على تحقيق جذب فعال والاحتفاظ بالموارد البشرية ذات النوعية العالية والتي يستلزمها طبيعة الأداء الفعال لأنشطة المنظمة وعملياتها ان ما يحدد هذا الأمر هو مدى امتلاك المنظمة لسمعة أو شهرة في هذا المجال، قدرة المنظمة على تفعيل دور هذه العناصر المؤهله (Pearce & Rebinson,1997:93-94).

د- المجهزين (الموردين) Suppliers

يعتبر الموردين من أبعاد بيئة المهام الأساسية للمنظمة حيث أن قدرة المنظمة في الحصول على المواد اللازمة لإدامة العملية الانتاجية بنوعيات جيدة وبأسعار معقولة تتوقف على مدى وجود موردين يعرضون هذه المواد بأسعار مناسبة وجودة عالية ومن خلال التعامل مع هؤلاء الموردين يصار الى بناء علاقات من الثقة سواء باستمرارية التجهيز أو موثوقية التسليم أو مفردات أخرى كثيرة تؤثر على القدرة التنافسية لمنظمة الأعمال (Certo & Peter 1995:35) وبشكل عام فإن العديد من التساؤلات يمكن أن تثار وتعطي اجاباتها دلالات مهمة لمنظمة الأعمال وهي تجرى تحليلاً لهذا المكون من مكونات بيئة المهمات (Preace & Rebinson,1997:92) :

- هل يعتبر المورد متميزا من حيث مستويات الجودة والاسعار ومعاييرالانتاج الاخرى ؟
- ما هي القدرات التكنولوجية والمالية والادارية التي يتمتع بها المورد ؟
- هل تعتبر اسعار المورد تنافسية ؟
- هل يقدم المورد خصومات كمية وتسهيلات اخرى جذابة ؟
- هل يمكن اجراء عمليات مبادلة في الشراء مع المورد ؟

هـ- الممولين Creditor

نظراً لأن كمية ونوعية وتكلفة الموارد المالية والمادية والبشرية نادراً ما تكون ضمن حلول الأمثلية لمنظمة الأعمال، لذلك يتوجب الأمر تقييم الممولين لمعرفة أفضلهم وأنسبهم لمنظمة الأعمال وهي تجري خيارات استراتيجية متنوعة ومختلفة من فترة الى فترة زمنية أخرى ومن القضايا المهمة التي يجب التعرض لها في اطار تحليل الممولين ما يلي (Preace & Rebinson,1997:93) :

- هل تتوافق شروط الممولين مع ربحية المنظمة كهدف رئيسي لها ؟
- هل يقدر الممولين موقف رأس المال العامل الجيد أو موقف الرافعة المالية للمنظمة ؟
- مامدى استعداد منظمات التمويل لمد خطوط التمويل الفردي عند الحاجة ؟

إن الاجابة على مثل هذه الأسئلة وغيرها يمكن أن يساعد إدارة المنظمة وغيرها في اعداد تقديرات حقيقية عن مدى اتاحة الموارد المالية الضرورية التي تحتاجها الآن ومستقبلاً لتنفيذ خططها الاستراتيجية والحفاظ على قدراتها التنافسية.

(3) تحليل قوى المنافسة

إن كون البيئة الخارجية مفهوم معقد وواسع النطاق وان القيام بجمع معلومات من مصادر متعددة ودراسة هذة البيئة يتطلب امكانات كبيرة ووقت وجهد كبير وموارد كبيرة، فإن هذا الأمر قد لا تقوى علية إلا منظمات الأعمال الكبيرة الحجم وذات الامكانات الكبيرة، إن هذا الأمر حدى بالعديد من الباحثين الى تطوير تحليل عملي لقوى البيئة الخارجية من خلال البحث عن معلومات وتحليل هذه المعلومات حول القوى الأساسية ذات التأثيرات على الخيارات الاستراتيجية لمنظمات الأعمال، إن هذا الأمر يعد مفيداً للمنظمات متوسطة وصغيرة الحجم وحتى المنظمات كبيرة الحجم . وقد طرحت نماذج عديدة لتحليل قوى المنافسة في الثمانينات من القرن الماضي ، ويعتبر نموذج (Porter) من أهم تلك النماذج وعمم استخدامه بشكل واسع النطاق في الصناعة أولاً وفي الخدمات لاحقاً. من وجهة نظر (Porter) فإن منظمات الأعمال يجب أن تعير أهمية كبيرة لقوى المنافسة ومتابعة تطور التغيرات الحاصلة في هذه القوى لمعرفة تأثيرها على استراتيجية منظمة الأعمال ، وقد جسد هذه القوى التنافسية بخمسة قوى أساسية كما يعرضها الشكل (4-7).

شكل (4-7) تحليل قوى المنافسة في الصناعة

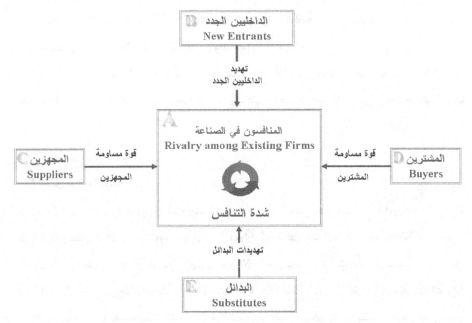

Source: Porter, M., " Competitive Advantage: Creating and Sustaining Superior Performance", New York: Free press, (1985). P.33

أ- المنافسون The competitors

إن معرفة المنافسون في اطار صناعة معينة معرفة حقيقية وتامة ليست بالامر السهل أو الهين، لذلك تبحث منظمة الأعمال بطرق مختلفة عن معلومات وبيانات تقربها من معرفة استراتيجيات المنافسين الحالية وتطلعاتهم المستقبلية .

إن معرفة المنافسين يعطي المنظمة الامكانية في تقدير شدة المنافسة الحالية و المستقبلية، وكذلك تصور مدى جاذبية الصناعة واستمرارية نموها المستقبلي من عدمة. إن الصناعة في حركة دائمة ومستمرة لذلك فإن عوامل عديدة تقرر مدى شدة المنافسة من عدمها، فنتوقع مثلاً أن الصناعات سريعة النمو قليلة التكلفة الثابتة، عميقة الامكانيات في تمييز المنتج والمتمركزة في إطار عدد معروف من المنافسين هي اكثر جذباً بدخول اخرين من جانب وشديدة المنافسة بين المنظمات القائمة من جانب اخر (Horngren,2000:462) .

ان المنظمة التي لديها تكاليف ثابتة تزداد باستمرار نتيجة الادخال التكنولوجي المتكرر، وبالتالي فانها لا تستطيع مجارات المنافسين دون تخفيض الاسعار أو عرض منتجاتها باعتبارها منتجات ذات نوعية متميزة . والشكل (4-8) يوضح خلاصة مركزة لتحليل المنافسين في الصناعة.

شكل (4-8) : تحليل المنافسين

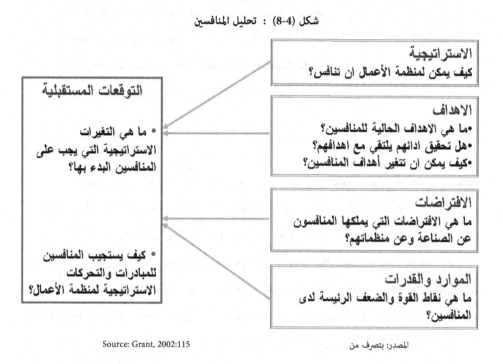

المصدر: بتصرف من Source: Grant, 2002:115

وبشكل عام فإن تحليل المنافسة بين المنظمات القائمة في الصناعة يشمل أوجة عديدة وهذه الأوجه تعطي طبيعة المحددات أو التسهيلات الممكنة للمنافسة داخل الصناعة لكل منظمة بذاتها دون غيرها، وإذا ما اردنا الاشارة الى البعض من هذه الأوجه في التحليل ، فاننا يمكن أن نشير إلى الآتي :

- طبيعة الصناعة ودرجة نموها الحالية واحتمالات استمرار هذا النمو مستقبلاً.
- القيمة المضافة وطبيعة تركيبة التكاليف الثابتة والمتغيرة يضاف الى ذلك طبيعة المخزون للمواد الأولية الازمة لهذة الصناعة.
- القدرة على استخدام الطاقة الانتاجية بشكل مرن.
- الاختلاف في المنتجات والخدمات.

- الهوية الخاصة للعلامات التجارية للخدمات والمنتجات.
- تكاليف التحول باتجاهات مختلفة.
- طبيعة التركيز والتوازن القائمة في الصناعة.
- طبيعة التعقيد والبساطة في المعلومات المبحوث عنها في الصناعة.
- درجة التنويع لدى المنافسين.
- أسهم الشركات المنافسة واتجاهات تغيرها الحالية والمستقبلية.
- موانع الخروج من الصناعة (Certo & Peter ,1995:79)

ب- الداخلين الجدد New Entrants

يشكل الداخلين الجدد الى الصناعة جذابة وفي نمو أو حتى في صناعة تتسم بالثبات تهديداً للمنظمات الموجودة في اطار هذه الصناعة. فعادةً ما يكون هؤلاء الداخلون يحملون أفكاراً جديدة وطاقات متجددة تؤثر على طبيعة المنافسة وقد تؤدي الى انخفاضها مثل الربح للمنظمات الموجودة. إن جدية دخول المنافسين يعتمد بالدرجة الأولى على المعوقات الموجودة أمامهم للدخول الى الصناعة، يضاف اليها ردود فعل المنظمات حول هذا الدخول، فقد تكون ردود الفعل هذه في صناعات معينة شديدة ولا تسمح بقبول داخلين جدد، وهكذا يمكن أن تشكل المنظمات القائمة عاملاً يحد من دخول منظمات جديدة قد يعود هذا الأمر الى إمتلاكها خبرة وتكاليف ثابتة أقل وتميز منتجاتها ومعرفة بطبيعة تسويقها وغيرها من القضايا التي تمثل في مجملها خبرة متراكمة في قضايا التنظيم والادارة والتكاليف والتوزيع والأسواق (Horngren,2000:482). وبشكل عام فإن تهديد دخول منافسين جدد لصناعة معينة يقل كلما كانت المعوقات أو الحواجز للدخول كبيرة، ولا تقوى المنظمات الأخرى على تجاوزها، كما هو الحال في صناعة السيارات مثلاً وفي أدناه أهم هذه المحددات (Porter,1985) :

- **إقتصاديات الحجم و منحنى الخبرة Economic of Scale & Learning Carve**

إن الحجوم الكبيرة للانتاج لغرض امكانية المنافسة قد لا تستطيع المنظمات الجديدة مجاراتها، إن اقتصاديات الحجم لا تشمل الانتاج فقط بل تشمل البحث والتطوير والتسويق، خدمات ما بعد البيع وغيرها من مفردات العمل الاداري. كما إن الخبرة المتراكمة الكبيرة التي حصلت عليها المنظمات الحالية في الصناعة بسبب طول فترة

وجودها وتراكم انجازاتها يشكل عائقاً أمام دخول منظمات جديدة لا تمتلك مثل هذه الخبرة ولا تستطيع إمتلاكها بفترة زمنية قصيرة أو بكلف تستطيع تحملها .

■ **تمايز المنتجات Product differentiation**

إن تميز العلامة التجارية يشكل عائقا أمام المنافسين الجدد حيث أن هذا التمييز للمنتجات الموجودة في الصناعة تأتي من خلال بحوث التسويق المتخصصة والتي شكلت معرفة جيدة في السوق وخلقت ولاء عالي للمستهلكين تجاة العلامات التجارية المعروفة.

■ **متطلبات رأس المال Capital Requirements**

تخلق الحاجة الى استثمار موارد مالية ضخمة من أجل المنافسة حاجزا في وجة دخول منافسين جدد الى السوق خاصة اذا كان رأس المال المطلوب انفاقه في مجالات يصعب فيها الاسترداد بسرعة مثل البحث والتطوير والاعلان والدعاية والمعرفة وغيرها وليس فقط في مجالات التجهيز الثابتة .

■ **الوصول إلى قنوات التوزيع Access to Channels of distribution**

لابد للمنظمة الجديدة ان تؤمن بطبيعة الحال توزيع منتجاتها وخدماتها بشكل واسع النطاق. وكلما كان البيع بالجملة محدوداً أو كانت قنوات التجزئة محدودة ويجمع المنافسين الحاليين بين البيع بالجملة وامتلاك قنوات تجزئة كلما زادت صعوبة الدخول في الصناعة. وفي بعض الاحيان يكون هذا الحاجز كبيراً بدرجة يتوجب معها على المنافس الجديد أن يوجد قنوات توزيع خاصة به.

■ **المحددات السياسية والحكومية Governmental & legal Barriers**

يمكن للحكومة ان تحد أو تعيق الدخول الى صناعات معينة من خلال وضع القيود كمتطلبات الترخيص أو تقيد الوصول الى المواد الخام أو غيرها، كما تستطيع الحكومة أن تقوم بدور اساسي غير مباشر بالتأثير على موانع الدخول من خلال وضع ضوابط الاستخدام وكذلك قوانين تلوث المياه والهواء والتربة وقوانين السلامة وغيرها. كما أن ردود فعل المنافسين الاخرين يشكل عاملا قوي بوجة دخول منظمات جديدة .

ج- المجهزين Suppliers

إن قوة المساومة أو القوة التفاوضية للمجهزين تجاة المنظمة يجب أن تحلل بشكل علمي وموضوعي لمعرفة تأثير العلاقة المتبادلة بين المنظمة والمجهزين. لذلك يهتم واضعي

الاستراتيجية بتحليل المتغيرات الخاصة بعمليات التوريد والتجهيز خاصة من حيث الكلفة والنوعية، طبيعة المواد والمنتجات، مواعيد التسليم ، الخصومات واثر التغيرات التكنولوجية والاقتصادية والسياسية على استمرار عمليات التجهيز للمستقبل القريب والبعيد . إن وصف العلاقة بين المنظمة ومجهزيها يعتمد على العديد من المتغيرات والابعاد التي يجب ان تدرس بعناية لكي يصار الى معرفة هذه العلاقة بشكل صحيح، وان توضع هذه العلاقة على اسس سليمة تخدم مصالح كلا الطرفين المتعاملين. ومع ذلك فقد قدم الباحث (Porter) اتجاه عام لتوظيف العلاقة بين المجهزين و المنظمة من خلال الاشارة الى ما هو مهم من بين هذة العوامل، و كالاتي (Porter,1985) :

■ كلما ابتعد التجهيز عن نموذج المنافسة الحرة زادة قوة المجهز لرفع الاسعار تجاة المنظمة المشترية، بمعنى ان احتكار المجهز لسلع معينة بذاتها تتيح له امكانية رفع اسعارها وفق اعتبارات تطور السوق و المنافسة. ان هذا الامر يجعل المنظمة تبحث باستمرار الى تنويع مصادر التجهيز لغرض الحصول على أفضلها من حيث النوعية والاسعار واستمرارية التجهيز.

■ اذا كانت المنظمة عميل غير مهم وتشتري بكميات قليلة وعلى فترات متباعدة تقل قوتها التساومية تجاه المجهز بسبب تركيز المجهز على منظمات أخرى أهم.

■ يستطيع المجهز زيادة قوتة في المساومة اذا استطاع تحقيق تكامل أمامي وخلفي بشكل أكبر .

ان النقاط أعلاه وغيرها تساهم في زيادة القوة التفاوضية للمجهزين باتجاه المنظمة أو المنظمات التي يتعاملون معها، وفي المقابل هذا الامر، فان منظمة الاعمال أيضا تستطيع زيادة ضغطها على المجهزين وتقوية موقفها التفاوضي من خلال العديد من الاجراءات التي يمكن أن نشير الى بعضها كالاتي :

- يكون في صالح المنظمة البحث عن مصادر تجهيز عديدة تتنافس فيما بينها بتقديم أفضل الأسعار وأحسن النوعيات للمنظمة المشترية .

- تركيز مشتريات المنظمة بمجهزين معروفين يضعها في موقع المحتكر لتجهيز هؤلاء، وبالتالي تستطيع توجيههم من خلال مصالحها وتبادل المنافع معها .

- قيام المنظمة بتحقيق تكامل خلفي للصناعة التي تعمل فيها، والذهاب الى تطوير الامداد اعتماداً على ذاتها .

وفي كل الأحوال فان الاتجاهات الحديثة للتفاوض والمساومة بين المنظمة ومجهزيها تأخذ بنظر الاعتبار مصالح كلا الطرفين بعيدا عن حالات الإستأثار لصالح طرف دون آخر ، وان هذا الأمر قد يعرقل مصالح كلا الطرفين، لذلك تهتم المنظمات بمتابعة المجهزين وتحليل مواقفهم المستقبلية لغرض خلق حالات من التعاون والايجابية في التعامل .

د- المشترين Buyers

يمثل المشترون والعملاء أهم قوى المنافسة حيث يتوقف نجاح منظمة الأعمال على رغبة هؤلاء في الشراء وتحقيق هذه الرغبة من خلال مشتريات فعلية تتحقق من خلال شراء منتجات وخدمات المنظمة. إن لدى العملاء قوة التفاوض ومساومة كبيرة في الوفت الحاضر بسبب وجود بدائل عديدة أمامهم تعرضها المنظمات المتنافسة. إن العملاء الصناعيين وقنوات التوزيع الكبيرة تتفاوض للحصول على أقل الأسعار في إطار نوعيات محددة للسلعة أو المنتج (Horngren,2000:402) إن معرفة العملاء الكاملة بالسلع والخدمات يعطيهم قدرة عالية على التفاوض أمام المنظمات وبالتالي إمكانية تخفيض الأسعار والحصول على مزايا عديدة (Macmillan & Tampoe, 2000:154) و في حالة كون المشترين أعداد كبيرة من الأفراد والمجموعات ، فإن المنظمة تتابع تطور حالة الإستهلاك والسلوك الخاص بهؤلاء المشترين لغرض تلبيتها بشكل كفؤ وفعال وخاصة أن المنظمة ليست محتكرة بل تنافس مع اخرين كثيرين في تقديم السلع والخدمات. وفي بعض الحالات يصادف أن يكون المشتري ذو أهمية كبيرة للمنظمة بسبب شرائة بكميات هائلة، بإستمرار وفي هذه الحالة يكون موقفة التفاوض مؤثراً، ويتطلب الأمر من المنظمة فهم لطبيعة العلاقة مع مثل هؤلاء المشترين وإيجاد صيغة لموازنة العلاقات معهم. إن ما يحدد من قوة المشترين في التفاوض زيادة أو نقصان وكذلك المنظمة مجموعة كبيرة من العوامل أهمها :

- حجوم المشتريات واستمراريتها وقدرة المشترين على تدعيم موقفهم من خلال تنظيم عمليات الشراء مع المنظمة.
- تكاليف تحول هؤلاء المشترين لشراء منتجات بديلة من منظمات اخرى لم يسبق التعامل معها.

- مدى امتلاك المشتري لمعلومات تامة وكاملة من طبيعة عمليات الشراء والعلاقة مع مختلف المنظمة البائعة.
- قدرة المشتري الصناعي بالتكامل للامام أو الخلف وفق اليات التطور التي تفرضها طبيعة البيئة .

هـ- البدائل Substitutes

تمثل السلع والخدمات البديلة لسلعة معينة تهديداً قائماً لها لذلك تهتم منظمات الأعمال في معرفة البدائل المحتملة لمنتجاتها وخدماتها لكي تتعامل معها بجدية وبشكل صحيح، فإذا علمنا أن السلع والخدمات البديلة توفر إشباعها لنفس الحاجة بأسعار ونوعيات أفضل فإنها تصبح بالتالي تهديداً لمنتجات وخدمات المنظمة. وفي السنوات الأخيرة أصبحت البدائل عديدة في بعض من اتجاهات تطورها أو إنها غير معروفة إلا في حالة ظهورها ووضوح تهديدها. لذلك على منظمة الأعمال أن تتابع بجدية تهديدات البدائل الخاصة بسلعها ومنتجاتها لمعرفة إزدياد التهديد أو نقصانة. إن محددات تهديد البدائل يرتبط بمجموعة من العوامل، أهمها:

- الأداء النسبي للبدائل من حيث الاسعار والنوعية والقدرة على الإشباع وسهولة الحصول عليها.
- تكاليف التحول نحو هذه البدائل، فإذا كانت هذه التكاليف قليلةعلى المستوى الاجتماعي والاقتصادي والنفسي زادت خطورتها.
- الميل لدى المشترين نحو هذه البدائل و القناعات المتولدة لديهم بكون هذه البدائل هي خيارات واقعية و متاحة ،يمكن أن تتطور لاحقاً باتجاهات أفضل (Certo & Porter ,1995:80).

ومن الجدير بالذكر أن هناك إضافات طرحها العديد من الباحثين لاسكتمال تحليل أكثر شمولية، وفق اعتبارات نموذج (Porter) أعلاة تمثلت بالاتي :-

- إضافة الباحث (Freeman) قوة سادسة الى القوى الخامسة الواردة في نموذج (Porter) وهى القوى النسبية لاصحاب المصالح الآخرون ، ومن وجهة نظر الباحث، فإنه وفقا للاعتبارات البيئيه يمكن أن يكون هناك بعض من أصحاب المصالح ذو شأن وتأثير كبير على منظمة الاعمال كما هو الحال في الحكومات والسياسات الحكومية في الدول

النامية أو المنظمات المجتمع المدن ومنظمات حقوق الإنسان في الدول المتقدمة. علما بأن هذه القوى تختلف من دولة الى اخرى ومن صناعه الى اخرى ومن مجتمع الى آخر، وبالتالي فإن على المنظمة ان تحدد سلم اولويات التاثير لاصحاب المصالح هؤلاء حيث يمكن ان يكون البعض من هؤلاء قوة مساهمة في دفع استراتيجات المنظمة وخياراتها، في حين يمكن ان تكون هناك قوى اخرى معرقلة لها(Freeman,1984:141).

- أضاف الباحث (Austin) فكرتين أساسيتين لنموذج (Porter) ليكون أكثر إنطباقاً على واقع الصناعة والأسواق في الدول النامية، حيث يرى أن الحكومة والسياسات الحكومية تمثل المحرك الاساسي للمنافسة والاقتصاد في الدول النامية. أن تأثيرها لايزال كبيراً، لذلك يجب أن يؤخذ بنظر الاعتبار من جهة، ومن جهة أخرى من الضروري أن يأخذ تحليل هذه القوى في اطار العوامل والابعاد البيئية السياسية والاقتصادية والاجتماعية والثقافية في الدول النامية من جهة اخرى (Austin,1990) ، (مرسي، نبيل،1996 : 77) لكي يتكامل التحليل كما في الشكل (4-9).

شكل (4-9) نموذج Austin لتحليل هيكل الصناعة والمنافسة

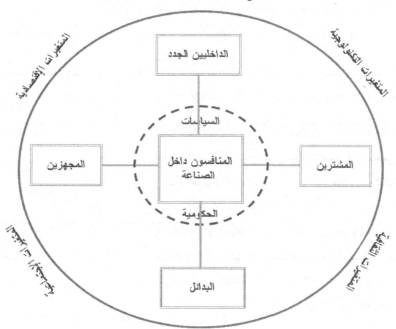

Source: Austin, J.E., "Managing in developing Countries: Strategic Analysis and Operating Techniques", New York, Free Press, (1990).

وتشير إحدى الدراسات الأخيرة لتحليل المنافسين بأن هذا التحليل يجسد كلاً من الذكاء التنافسي لجمع البيانات حول المنافسين، وتحليل وتفسير البيانات لغرض صناعة القرارات الادارية، وقامت هذه الدراسة كذلك بتحديد ستة عيوب غالباً ما تلاحظ في طرق تحليل المنافسين، والجدول (2-4) يدرج هذه العيوب ويطابقها مع النشاطات التي يمكن أن يقوم بإجراءها المدراء التنفيذيين لمعالجة تلك العيوب (Zahra & Chaples,1993:7) :

جدول (2-4) عيوب التحليل التنافسي والنشاطات أو الاجراءات الادارية

العيوب	الإجراء الإداري التنفيذي
سوء تقدير حدود الصناعة	تغيير صورة المنافسة من خلال التركيز على نوايا المنافسين والنظر إلى الصناعة من منظور الداخليين الجدد، ودراسة سبب إخفاق الداخليين الجدد وإجراء فحص دقيق لأسباب فشل المنافسين.
سوء تحديد المنافسة أو التعرف عليها	دراسة أنماط إستجابة المنافسين والعيوب وإجراء المسح على العملاء والموردين والتركيز على قابليات المنافسين وإمكاناتهم
الإفراط في التركيز على الكفاءة المنظورة للمنافسين	دراسة أنماط إستجابة المنافسين وتحليل الوظائف والإتجاهات غير المرئية للمنافسين.
الإفراط في التأكيد أين يتم التنافس وليس على كيفية ذلك	دراسة النوايا الاستراتيجية للمنافسين، ودراسة الصناعة من منظور المنافسين.
الإفتراضات الخاطئة حول المنافسة	تحويل مقولة المنافسة الجيدة إلى حقيقة حية، ودراسة أفعال المنافسين وأنماط المنافسين وأنماط إستجاباتهم، وتأمين أو ضمان تمثيل مجاميع متنوعة في عملية تحليل التنافس، وتوعية العاملين حول المنافسين، وإثبات صلاحية الإفتراضات من خلال مناقشتها مع المجهزين والعملاء.
الشكل النهائي للنتائج من التحليل	إيلاء الإهتمام إلى الكوادر العاملة والتنظيم، ووجود رؤية موحدة لتحليل المنافسة، وتكامل التحليل مع عمليات صناعة القرار، وإستخدام المداخل غير التقليدية في تحليل المنافسين

Source: Zahra & Chaples, 1993:7

إن التحليل البيئة الخارجية ليست بالعملية السهلة، بل إنها تحتاج الى خبرات وتراكم معرفي وامكانات. أن منظمات الأعمال الكبيرة لديها منهجياتها الخاصة وطرقها وأساليبها للتعامل مع مفردات ومتغيرات البيئة الخارجية ، وإذا نعطي هنا مجموعة من الخطوات الواجب اتباعها عند القيام بالتحليل الاستراتيجي للبيئة الخارجية، فإن هذه الخطواط تمثل الخطوات العامة للتحليل التي تؤطرها منظمات الأعمال وفق اعتبارات الخاصة وطبيعة بيئة عملها.

■ تدقيق وفحص متغيرات البيئة الخارجية وتأثيراتها بهدف التعرف على أكثر هذه العوامل تأثيراً في امكانيات المنظمة ومستوى أدائها.

■ التعرف على طبيعة الثبات والتغير في قطاعات البيئة الخارجية من حيث كفاية، ووضوح المعلومات المتوفرة عن هذه البيئة وعواملها المختلفة، بحيث يساعد ذلك الادارة العليا على تحديد العوامل البيئية الواجب التركيز عليها، وتوضيح إمكانات التكيف معها والطرق المناسبة لذلك .

■ اجراء التحليل الهيكلي (Structural Analysis) لعوامل البيئة الخارجية المباشرة بهدف تحديد تأثيرات قوى البيئة الرئيسية و امكانيات الادارة في مواجهتها وخاصة في البيئة التنافسية ويشير (Porter,1980:26) الى أن الادارة العليا تسعى لتحديد مركزها التنافسي من خلال تقييم التهديدات البيئية المتمثلة القوة التساومية للمجهزين والمشترين، وتهديدات المنافسين لدخول قطاع الصناعة والأعمال التي تنتمي إليه المنظمة.

■ التعرف على المركز التنافسي (Competitive Position) للمنظمة قياساً بالمنافسين لها في نفس الصناعة والذين يقدمون منتجات متشابهة ويعملون في نفس السوق ويستهدفون نفس العملاء.

■ تحديد الفرض والتهديدات (Opportunities & Threates) والتي يساهم الاستراتيجي بإكتشافها ، أي تحديد مجالات الاستثمار والربح والسعي لتجنب التهديدات.

■ تحديد المركز الاستراتيجي النهائي للمنظمة من خلال مقابلة الفرض والتهديدات مع نقاط القوة والضعف التي يتم تحديدها كنتيجة لتحليل البيئة الداخلية للمنظمة. والشكل (10-4) يوضح هذه الخطوات

(Johnson &Scholes,1997:53-55)

شكل (4-10) خطوات التحليل الاستراتيجي للبيئة الخارجية

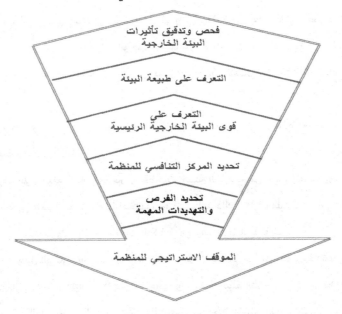

فحص وتدقيق تأثيرات
البيئة الخارجية
التعرف على طبيعة البيئة
التعرف على
قوى البيئة الخارجية الرئيسية
تحديد المركز التنافسي للمنظمة
تحديد الفرص
والتهديدات المهمة
الموقف الاستراتيجي للمنظمة

Source: Johnson, G., and Scholes, K.,"Exploing Corporate Strategy", 4nd Ed, (1997), P: 54.

أساليب وتقنيات تحليل البيئة الخارجية

Methods and Techniques of External Environment Analysis

تتعدد وتتنوع أساليب وتقنيات تحليل البيئة الخارجية ببعديها العامة والخاصة إن قدرة منظمات الأعمال على إستخدام اي من هذه الأساليب ترتبط بمجموعة كبيرة من المفردات يقع في مقدمتها حجم المنظمة وطبيعة عملها والرقعة الجغرافية التي تغطيها وامكاناتها المادية ومواردها البشرية والمعلوماتية وفلسفة الادارة العليا التي تؤمن بها وغيرها من المفردات الاخرى.وبشكل عام فإن أساليب وتقنيات تحليل البيئة يفترض أن تنطلق من الشكل الشمولي بشكل مسموحات عامة للبيئة الخارجية الى استخدام أساليب التنبؤ الكمية وغير الكمية للتوصل الى استنتاجات و رؤى محددة حول مفردة أو العديد من مفردات البيئة الخارجية، ويضاف الى هذين الاسلوبين الرقابة العامة التي تجريها الادارة العليا بمتابعة تطورات تغير البيئة والاحداث فيها وانعكاس ذلك على طبيعة عمل المنظمة .

(1) المسح البيئي (Environmental Scanning)

إن التغيرات التي تحصل في البيئة تحتاج من المنظمة أن تجري مسحاً لها و تتابعها، وإن هذا المسح يتم من خلال متابعة رصد الاحداث ومعرفة اتجاهات تطورها اللاحقة. لقد طورت منظمات الأعمال الكبيرة وحدات متخصصة في هيكلها التنظيمي للمسح البيئي، وتقوم هذه الوحدات من خلال خبراتها تقديم دراسات عامة حول البيئة الشاملة أو تقديم دراسات متخصصة حول بعض أوجه البيئة الخارجية، كالجوانب الاقتصادية، الاجتماعية، الثقافية، التكنولوجية وغيرها في المنظمات الأقل امكانات وحجم وموارد قد يصار الى تكليف بعض مراكز البحوث المتخصصة أو الباحثين بإجراء مسوحات للبيئة ، وعادةً ما تكون هذه مسوحات مرتبطة بأحداث معينة ومقادة بأهداف محددة لغرض التوصل الى استنتاجات دقيقة حول انعكاسات مثل هذه الاحداث البيئية على طبيعة عمل المنظمة واستراتيجياتها . وفي اطار متابعة تطور عمل المنظمات في المسح البيئي في العالم الغربي نجد انها انطلقت من الشكل غير المنتظم والعشوائي والجزئي والمحدود الى الشكل المنهجي المنظم والشمولي و المتعدد الفوائد ، كما يوضح شكل (11-4).

شكل (11-4) : أساليب المسح البيئي

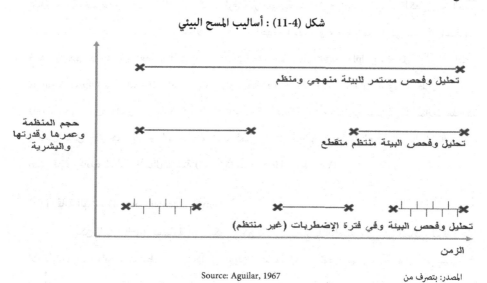

Source: Aguilar, 1967

المصدر: بتصرف من

إن الفحص البيئي المنهجي والمنظم عادة ما تقوم به منظمات تمتلك خلايا خاصة للمسح البيئي الاقتصادي والاجتماعي والتكنولوجي وتحاول هذه الخلايا تشكيل قواعد معلومات تدعم متخذ القرار وتساهم في صياغة استراتيجيات ملائمة. وعادةً ما تحاول هذه

المسوحات اعطاء صورة متكاملة من خلال تنويع مصادر البيانات والمعلومات المستندة عليها مثل هذا النوع من الدراسات والبحوث ويلاحظ ازدياد البحوث والدراسات الميدانية المرتبطة مباشرة بالاسواق والعملاء والمنافسة ومن جهة اخرى ازدياد أهمية الاستخبار من خلال المعلومات حول البيئة الصناعية التي تعمل فيها المنظمة (Kast , 1980:22-32).

(2) التنبؤ البيئي (Environmental Forecasting)

تستخدم منظمات الأعمال طرق وأساليب مختلفة لغرض التنبؤ بالوضع المستقبلي للمنظمة ولكل واحدة من هذه الطرق ميزاتها ومحددات استخدامها وعيوبها. وفي الغالب تستخدم منظمات الأعمال النماذج الكمية كأسلوب السلاسل الزمنية وأساليب الاقتصاد الرياضي وتحليل الانحدار والطرق الاحصائية واساليب بحوث العمليات المختلفة للتنبؤ بمجالات معينة واتجاهات محددة خاصة بالمبيعات والايرادات والتكاليف وغيرها . وتمثل هذه وغيرها حزمة من اساليب التنبؤ الكمي ذات الفائدة لاعطاء حلول ومعالجات دقيقة للعديد من أوجه عمل المنظمة، وقد تستخدم منظمات الأعمال الكبيرة طرق اكثر منهجية يتداخل في اطارها الجانب الكمي وغير الكمي للوصول الى استنتاجات محددة حول اشكالات محددة تواجهها المنظمة أو من المحتمل أن تواجهها في المستقبل ، ومن بين أهم هذه الطرق العصف الذهني Brainstorming ، دلفي Delphi Technique ، تحليل التأثير المتقاطع (CIA)Cross Impact Analysis ، تحليل تأثير الاتجاه (TIA) Trend Impact Analysis، وتمثل طرق السيناريو (Scenario) الطرق الاشمل بدراسة والتنبؤ بأحداث عديدة متشابكة و بناء سيناريو مستقبلي باحتمالات متعددة ويدخل ضمن اطار هذه الطرق استخدام اساليب كمية واحكام موضوعية وذاتية لغرض التوصل الى السيناريو الاكثر قبولاَ وفائدة لمنظمة الأعمال المعنية (Wheelen &Hunger 2006:95-97).

(3) الرقابة البيئية (Environmental Control)

يمكن للادارة العليا للمنظمة أن تشكل بحكم تجربتها وخبرتها الطويلة منهجيتها الخاصة للرقابة على الأحداث البيئية واتجاهات تطورها استناداَ الى رؤيتها وفلسفتها التي تؤمن بها وكذلك المدراء الرئيسيون في المنظمة يمكن أن يعيدوا النظر باستمرار الاستنتاجات والطروحات المقدمة بالدراسة الخاصة بالمسح والتنبؤ البيئي. وفي هذه الحالة فإن الرقابة العامة للأحداث البيئية يمكن أن ينطلق منها العديد من البحوث المتخصصة وفي مختلف الاتجاهات

لغرض التأكد من صحة ودقة المؤشرات الضعيفة الملتقطة من قبل المدراء من بعض المؤشرات والاحداث البيئية .

التحليل الاستراتيجي للبيئة الداخلية للمنظمة

Strategic Analysis for Internal Environment

تشير دراسات نظرية المنظمة والادارة الاستراتيجية الى صعوبة وضع حدود فاصلة في جميع المواقف والاحوال بين ما يشكل بيئة المنظمة الخارجية المحيطة بها وبيئتها الداخلية بمكوناتها وعناصرها. إن الانفتاح والشفافية المطلوبة من منظمات الأعمال تجاة بيئتها الخارجية زاد من تداخل كلا البيئتين ، واصبحت المنظمة تمثل شكلاً هلامياً تتداخل فيه وتتبادل التأثير معطيات كلا البيئتين . إن منظمات الأعمال كونها أنظمة معقدة ومفتوحة على البيئة وتتكون من أنظمة فرعية كثيرة عقد هذا الأمر من الإحاطة التامة بعناصر البيئة الداخلية بجميع تفاصيلها، وبالتالي فقد اجتهد الباحثون الى تجميع عناصر ومكونات هذه البيئة الداخلية في مجموعات محددة رغم التباين في مسمياتها واعدادها. سيتم التطرق هنا الى ثلاث فقرات اساسية تكرس الاولى لمفهوم البيئة الداخلية أهميتها، وفي الفقرة الثانية سنركز على عناصر البيئة الداخلية ومكوناتها، وأخيراً سيتم التطرق الى مداخل تحليل البيئة الداخلية .

مفهوم البيئة الداخلية   **Tnternal Environment Analysis**

تعطي البيئة الداخلية للمنظمة قدرات وميزات تنافسية تجعل منها منظمة متفردة في أساليب وطرق عملها، وبالتالي في ادائها وتحقيق أهدافها. والبيئة الداخلية تتمثل بمجموعة العوامل والمكونات والمتغيرات المادية والمعرفية والتنظيمية ذات الصلة الوثيقة بحدود المنظمة الداخلية. ويرى(Certo,1997:184) أن البيئة الداخلية للمنظمة تمثل المستوى البيئي التنظيمي الداخلي المرتبط بشكل محدد ودقيق بالتطبيقات الادارية والتنظيمية لمنظمة الأعمال. لذلك فإن اختلاف البيئة الداخلية لمنظمات الأعمال يتجسد بإختلاف في قدرات هذه المنظمات ونواحي قوتها الجوهرية أو ضعفها والتي من الممكن أن تصبح محدداً أساسياً لاستغلال الفرص أو التعامل مع التهديدات في البيئة الخارجية للمنظمة . إن منظمات الأعمال وهي تتنافس فيما بينها بطرق وأساليب مختلفة فأن قدرتها على المنافسة تتحدد أو تنطلق وفق

إعتبارات تمتع هذه المنظمات ببيئة داخلية تجسد عناصر قوة أساسية أو ضعف في هذه البيئة إن امتلاك منظمة الاعمال مفردات بيئة تنظيمية داخلية كثيرة تجعلها تركز على ما يمكن أن نطلق علية القوة الدافعة التي تعطي المنظمة ميزات متفردة قياساً للمنظمات الأخرى . ويمكن ان تتجسد فوائد عديدة تمثل أهمية كبيرة لدراسة وفهم البيئة الداخلية للمنظمة، ومن اهمها:

■ يعطي الفهم الدقيق للبيئة الداخلية وعناصرالقوة والضعف في مكوناتها الإمكانية للادارة العليا بجعل خياراتها الاستراتيجية واقعية وممكنة التنفيذ آخذة بنظر الاعتبار، الاستغلال والاستخدام الكفوء لهذه المكونات والعناصر الى أقصى حدود الاستخدام في اقتناص الفرص والتعامل مع التهديد.

■ تستطيع ادارة المنظمة تحقيق مزايا تنافسية لها من خلال التركيز على القوة الدافعة التي قد تكون عناصر قوة في بعض من مفردات البيئة الداخلية كالثقافة التنظيمية مثلاً أو المهارات المعرفية الضمنية للموارد البشرية أو غيرها.

■ يتيح الفهم الجيد للبيئة الداخلية للمنظمة من معرفة طبيعة الأعمال والقطاعات والصناعات التي تستطيع فيها هذه المنظمة تقديم وتحقيق الأداء العالي والنجاح في هذه الأعمال .

■ يساهم فهم البيئة الداخلية للمنظمة وتحليلها على معرفة التطور الحاصل في موارد المنظمة بطريقة منهجية منظمة وبالتالي تتاح الفرصة أمام الادارة العليا بالتركيز على الموارد الأساسية للمنظمة والتي تشكل القاعدة الأساسية لها في المنافسة وتحقيق النتائج (Barney,1997:145-164).

عناصر البيئة الداخلية ومكوناتها Elements of Internal Environment

قد يبدو أن هناك إختلافاً بين الباحثين بخصوص مكونات البيئة الداخلية وعناصرها ومجالاتها وما يفترض أن ينصب التحليل عليه، كذلك قد نجد تركيزاً في إستخدام خطوات معينة وأدوات بذاتها للتحليل الاستراتيجي للبيئة الداخلية فيرى الباحث (Porter,1980:33-49) أن العوامل والمكونات التي يفترض أن ينصب عليها التحليل في البيئة الداخلية هي الأنشطة والانظمة الفرعية للمنظمة، الموارد البشرية، المتطلبات المادية والتحسين والتطور التكنولوجي. في حين يركز كل من (Narayanan,& Nath, 1993:71-76) أن

البيئة الداخلية للمنظمة تتكون من مجموعة الانظمة يرتكز بعضها الى اطار مادي ملموس مثل الانظمة الوظيفية المختلفة للمنظمة والنظام المعلوماتي، في حين ترتكز المجموعة الأخرى من الأنظمة إلى أطر انسانية ومعرفية تتجسد بقدرات تجديد وابداع مثل النظام الاجتماعي والنظام السياسي، والنظام الثقافي. ومع ذلك فإن أي نظام من هذه الانظمة تتداخل فيه الجوانب المادية الملموسة وكذلك الجوانب غير الملموسة، لذلك كلا الجانبين تحتاج الى تحليل ودراسة ومعرفة لغرض إعطاء حكم على قوة وضعف هذا النظام. ومهما تعددت المكونات والعناصر في البيئة الداخلية للمنظمة، فإنه يمكن إجمال هذه المكونات والعناصر، وكما أشار كل من (Wheelen & Hunger,2006:133-134) إليها بثلاث مكونات رئيسية، وهي الهيكل التنظيمي **Organization Structure**، والثقافة التنظيمية **Organization Culture**، ومواد المنظمة **Organization Resources**. ونجد من الضروري العناية بتحليل وأضافة مكون اخر ذو أهمية بالغة في نجاح المنظمة وهو القيادة الاستراتيجية للمنظمة **Strategic Leadership** لما لها دور فاعل ورئيس في نجاح المنظمة وتحقيق نتائج أفضل .

الهيكل التنظيمي Organization Structure

يعتبر الهيكل التنظيمي من المكونات الاساسية للبيئة الداخلية للمنظمة ، بموجب الهيكل التنظيمي يتم توزيع الادوار والمسؤوليات والصلاحيات وتتحدد شبكات الاتصال وانسياب المعلومات بين مختلف المستويات التنظيمية والادارية. وهكذا تتشكل الادارات الرئيسية والفرعية وصول الى مستوى الفرد باعتبارة شاغلاً لوظيفة معينة ضمن هذا الهيكل التنظيمي . إن التطور الحاصل في أشكال الهياكل التنظيمية جاء ليلبي متطلبات امرين مهمين ، **الاول** ، التغيرات الحاصلة في البيئة الخارجية وما يتبع ذلك من الضروري تبني هياكل تنظيمية أكثر مرونة (عضوية) في البيئات غير المستقرة أو هياكل آلية في البيئات المستقرة نسبياً والأقل اضطرابا. **الثاني**، ضرورة اجراء تغيرات جزئية أو شاملة بالهيكل التنظيمي ليكون اكثر قدرة على تنفيذ الاستراتيجيات الجديدة، بمعنى أن التغيرات الحاصلة في استراتيجية المنظمة يتطلب اجراء تغيرات في الهياكل التنظيمية لكي تستجيب لتنفيذ وأداء فعال. وبشكل عام فإن الهياكل التنظيمية التي تعتمدها منظمات الاعمال يمكن ان تكون واحدا من النماذج والاشكال التالية :

- **الهيكل التنظيمي البسيط Simple Structure**

يلائم هذا الهيكل بشكل أكبر منظمات صغيرة الحجم والتي تدار من قبل المدير يشرف على عدد من الافراد عادة ما يكونون متخصصين في أوجه العمل المختلفة ، ونظراً لمحدودية الخيارات المتاحة أمام المنظمة في اطار هذا الهيكل، فإن إزدياد خطوط الانتاج أو الذهاب الى اسواق عديدة يتطلب تغير هذا الشكل من الهياكل التنظيمية بأشكال اخرى .

- **الهيكل التنظيمي الوظيفي Functional Structure**

عادة ما يلائم هذا النوع منظمات الأعمال متوسطة الحجم والتي تنتج منتجات بينها علاقة كبيرة رغم تعدد خطوات الانتاج . ان هذا الامر يعني أن هذه المنتجات عادة ما تقع في اطار صناعة واحدة. يقسم العمل ضمن هذا التصنيف على اساس التخصصات الوظيفية كالانتاج والعمليات ، التسويق ، التمويل، الموارد البشرية، وغيرها تنسق الادارة العليا العمل للمنظمة من خلال وجود هذه الادارات الوسطى الوظيفية لذلك تستطيع المنظمة التي تتبنى هذا النوع من الهياكل توسيع منظور خياراتها الاستراتيجية اكبر من التصنيف السابق .

- **الهيكل القطاعي (على اساس الاقسام الكبيرة) Divisional Structure :**

أن هذا النوع من الهياكل يلائم عمل المنظمات الكبيرة التي توجد فيها خطوط انتاج عديدة في صناعات بينها علاقات رابطة (الصناعات البتروكيماوية، صناعات السيارات والمكائن والمعدات). وعادة ما يكون العاملون في منظمات تعمل ضمن هذا التصنيف متخصص وظائفياً في إطار منتجات وأسواق مختلفة .

- **الهيكل التنظيمي لوحدات الأعمال الاستراتيجية Strategic Business Units(SBUS)**

يعتبر هذا النوع من الهياكل هو تغير و تنويع في اطار الهيكل القطاعي وهنا فإن وحدات الاعمال الاستراتيجية هي قطاعات أو مجموعات من القطاعات متكونة من منتجات واسواق مستقلة (غير مترابطة) تعطى لهذه القطاعات مسؤليات أساسية وسلطات الادارة مجالات عملها. هنا تكون وحدة العمل الاستراتيجية في اي حجم أو مستوى لكنها اي وحدة العمل يفترض أن يكون لها :

- رسالة فريدة ومحدودة .
- منافسين مختلفين ومعروفون.
- التركيز على الاسواق الخارجية .
- لها سيطرة على أعمالها وانشطتها الوظيفية .

أن الفكرة لهذا التصنيف من الهياكل هو لامركزية العناصر الاستراتيجية أكثر منه لا مركزية مستندة على الحجم ويصلح هذا النوع من الهياكل للمنظمات كبيرة الحجم التي يتطلب عملها تركيزاً على المنتجات والاسواق وفق اعتبارات تنافسية سريعة التغير.

- **الهيكل المصفوفي Matrix Structure**

لتلبية متطلبات بيئة متغيرة ومضطربة ومعقدة يحتاج الهيكل التنظيمي الى مرونة عالية لمواجهة هذا الامر، في حين يفترض أن يكون الاستقرار عنصراً مهماً ومتطلبات أساسياً تعطي تفوقاً في الاداء والانجاز، ولغرض الجمع بين هذين الأمرين المتناقضين، فقد طورت منظمات الاعمال هذا النوع من الهياكل، حيث يتم فيه دمج مرن بين مجالات عمل القطاعات أو الاقسام بشكل مشروعات مستقلة، وكذلك الانشطة الوظيفية التخصصية بشكل ادارات وظيفية. وهنا فإن العاملين يمكن أن يكونوا تحت إدارة أكثر من مدير يسهل هذا النوع من الهياكل تطوير وتنفيذ مختلف البرامج والمشروعات الكبيرة وفق الحاجة لانشاءها وزوالها بعد الانتهاء منها.

- **الهيكل الشبكي Network Structure**

في اطار هذا التصنيف تحاول منظمات الاعمال على تصغير هيكلها التنظيمي للاستفادة من المرونة والمبادرة لغرض الاستجابة للتقنيات الجديدة والمنافسة القائمة على خفض الكلف ومتابعة ذوق المستهلك بشكل موضات سريعة متعاقبة، في حين يعتمد هذا التنظيم على منظمات اخرى كبيرة للقيام بالانشطة الاخرى التي يحتاجها على اساس التعاقد مع جهات خارجية ومحددة تجدد حسب أداء تلك الجهات وهنا فإن الهيكل التنظيمي والعاملين فيه يتركز عملهم على تنسيق العلاقات مع هذه الجهات وادارتها بشكل تحقق افضل النتائج لمنظمة الاعمال واستراتيجيات المختاره (حريم،1996 :315).

- **الهيكل الخليط Conglomerate Structure**

هذا النوع من الهياكل يصلح لمنظمات الاعمال الكبيرة جداً، والتي يوجد فيها خطوط انتاج كثيرة في اطار صناعات غير مترابطة. يطلق على هذا النوع ايضاً المنظمات القابضة (المهيمنة)Holding Company، وهو يشبه الى حدما تجميع قانوني وشرعي لمشاريع فرعية تابعة أو خاضعة للمنظمة المهيمنة تعمل تحت مظلتها وسيطرتها. وتوفر هذه المظلة ميزات بشكل تأززSynergy بين هذه الفروع.

الهيكل المبني على الخلايا Cellular Structure

بسبب التطور الحاصل في اشكال واحجام المنظمات وطبيعة اعمالها قاد الى تحولها من الشكل المصفوفي والشبكي الى الشكل القائم على أساس الخلايا، فالمنظمة المبنية على الخلايا تتكون من مجموعة خلايا Cells مداره بفرق عمل مستقلة والتي تعمل فيها كل خلية بمفردها مستقلة ومتداخلة مع الخلايا الاخرى ليتشكل من مجموعة اليات عمل مفيدة للجميع. ان هذا التوليف من الخلايا المستقلة والمتداخلة يعطي للمنظمة امكانية تقاسم المعرفة والخبرات لغرض انتاج مزيد من البداع والتطور المستمر (Miles,et..al, 1997:7-24). وفي اطار هذا التصنيف فان مساهمة الخلايا (المنظمات) التابعة للمنظمة الام هو المقياس لكفائتها من خلال اعطائها مسؤوليات ريادية لادارة عملها في بيئة تتصف بالتغير والتجديد المستمر.

شكل (4-12) : التصنيفات المختلفة للهياكل التنظيمية

البسيط

الوظيفي

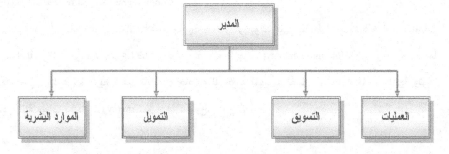

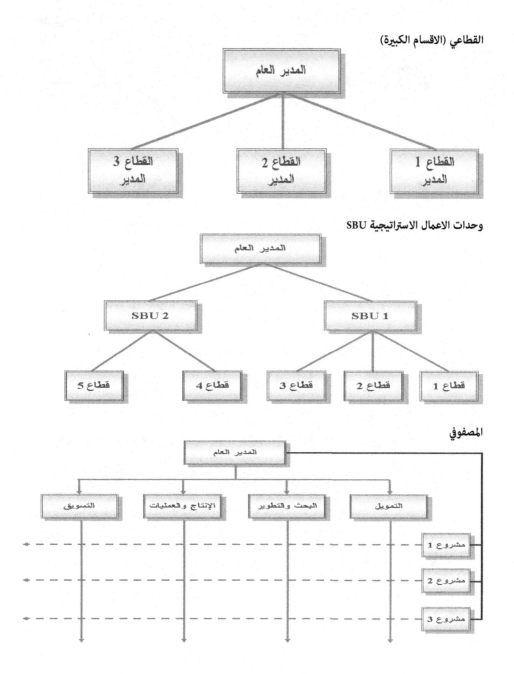

القطاعي (الاقسام الكبيرة)

المدير العام

القطاع 3
المدير

القطاع 2
المدير

القطاع 1
المدير

وحدات الاعمال الاستراتيجية SBU

المدير العام

SBU 2

SBU 1

قطاع 5

قطاع 4

قطاع 3

قطاع 2

قطاع 1

المصفوفي

المدير العام

التسويق

الإنتاج والعمليات

البحث والتطوير

التمويل

مشروع 1

مشروع 2

مشروع 3

الشبكي

الخليط

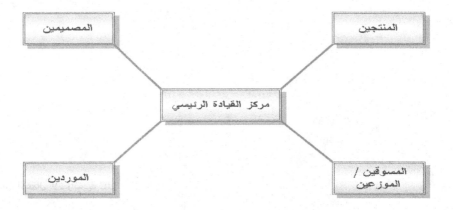

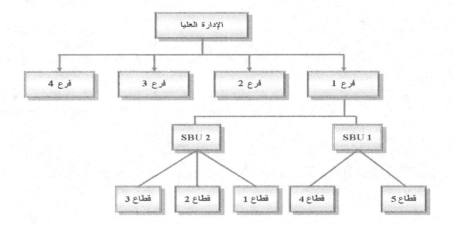

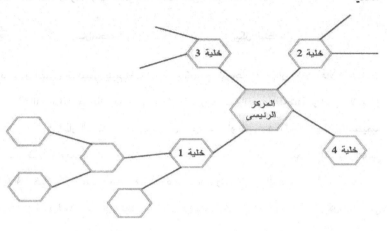

الخلايا

خلية 3   خلية 2

المركز الرئيسي

خلية 1   خلية 4

ومن الملاحظ في العصر الحديث، عصر المعلوماتية والمعرفة والانترنت ظهور المنظمات الافتراضية Virtual Organizations، وهذه منظمات تعمل في الفضاء الالكتروني وربما لا يكون لها اساس مادي فيزيولوجي واضح ، لذلك فان هذه المنظمات لم تطور لها بعد هياكل تنظيمية تعرض للبحث والدراسة والفحص لمعرفة ايها افضل او انها بالحقيقة منظمات جل عملها قائم على اساس نظم معلومات معقدة بدلاً من هياكل تنظيمية جامدة. ان طبيعة عمل المنظمات الافتراضية في بيئة تتصف بالابداع والتجديد وتحتاج الى استجابات سريعة جداً جعل منها منظمات تتصل بالمستهلك في ومضة سريعة من الزمن بدلاً من الاتصال التقليدي من قبل العاملين في مثل هؤلاء العملاء الاذكياء.

العلاقة بين الاستراتيجية والهيكل التنظيمي

ان المراد من الهيكل التنظيمي أن يكون قادراً على تنفيذ استراتيجية المنظمة بشكل فعال وكفوء . ولكون الهيكل عنصراً مهماً من مكونات البيئة الداخلية التي تعطي المنظمة قدرات وميزات تجعلها افضل في الاداء من المنظمات المنافسة الاخرى ولذلك طرحت العلاقة بين الاستراتيجية والهيكل التنظيمي باعتبارها عامل اساسي وحاسم في نجاح منظمات الاعمال، وفي هذا المجال فانه يمكن طرح ثلاث توجهات عامة يمكن رؤيتها بمنظور تكامل لهذه العلاقة ،وهذه التوجهات تبحث لتأطير علاقة ايجابية بين الاستراتيجية والهيكل التنظيمي وفق اعتبارات عديدة .

- **<u>التوجه الاول</u>** : توجه Chandler، وما تبعه من الباحثين. انطلق هذا التوجه من دراسات اجريت في مدرسة Harvard للاعمال، ومن وجة النظر هذه، فانة يمكن تأشير العلاقة بالاتي:

البيئة ← الاستراتيجية ← الهيكل التنظيمي

وفيها يبدو أن الهيكل التنظيمي يتبع الاستراتيجية ويؤطر في ضوءها لغرض ان يكون فعالاَ في عمليات التنفيذ (Chandler, 1962:77-80). وفي اطار هذا التوجه فان الخيارات الاستراتيجية المختلفة والمتباينة لا يمكن وضعها موضع تنفيذ فعال في اطار الهياكل التنظيمية دون تغير جزئي أو كلي. وهكذا فان الهياكل التنظيمية البسيطة تصلح لتنفيذ خيارات محددة، في حين اذا ما انتقلت المنظمة الى خيارات استراتيجية بالنمو والتوسع والتنويع غير المترابط فان هياكلها لا تستطيع تنفيذ مثل هذه الخيارات، ولذلك تتغير الى هياكل وظيفية أو قطاعية أو مصفوفية أوغيرها. ان هذا الامر يعني أن منظمة الاعمال تؤطر العلاقة بين الاستراتيجية والهيكل التنظيمي بالشكل التالي:

- استراتيجية حالية هيكل تنظيمي حالي
- استراتيجية جديدة
- ظهور مشكلات في الهيكل التنظيمي اثناء التنفيذ
- تدهور في اداء المنظمة
- يتم تغير الهيكل التنظيمي ليتناسب مع الاستراتيجية الجديدة ويعود الاداء لوضعة الرغوب.

وقد انتقد هذا التوجه وظهرت فية اشكالات ومحددات كبيرة، خاصة وأن دراسة (Chandler) يمكن اعتبارها دراسة تاريخية محكومة باطار الفترة الزمنية للصناعة الامريكية . ومع ذلك فتعتبر دراسة (Chandler) دراسة مهمة تبعتها العديد من الدراسات النظرية والتطبيقية من قبل العديد من الباحثين مثل: (Derek F.Channon ، Richard Rumelt ، Bruce R.Scott ، Y.Suzuki ، Robert J.Pavan ، Heinz Thanheiser ، Careth Pooley- Days).

وقد اجريت دراستهم في الولايات المتحدة ،المملكة المتحدة ، المانيا ،ايطاليا ، اليابان .

■ **التوجه الثاني** : توجه (Hall &SaÏas, 1979:4-15).

في اطارهذا التوجه الذي يعتبر ان الاستراتيجية تولد من رحم الهيكل التنظيمي، فان هذا الاخير يفرز العديد من القيود والمحددات على الخيارات الاستراتيجية لمنظمات الاعمال. بمعنى انه لا يمكن اعتبار الاستراتيجية هي ناتج تفكير مجرد ورغبات للإدارة العليا واللاعبين الأساسيين في منظمات الأعمال بل هي مراحل للمساواة والرؤى والحوار بين مختلف مكونات الهيكل التنظيمي لذلك فانه يؤثر بها بشكل كبير. وإذا كان الأمر قد طرح في البداية بأن الهيكل التنظيمي يؤثر على الاستراتيجية، فإن الباحثين (Hall & SaÏas) قد نقلا هذا الحوار الى ما هو ابعد من خلال مشاهدات ودراسة لمنظمات كبيرة بيروقراطية ذات هيكل تنظيمي يتسم بعدم المرونة لذلك إدعو بان الاستراتيجية تتبع الهيكل التنظيمي في أحيان عديدة. ويمكن تأطير العلاقة بالآتي:

البيئة ← **الهيكل التنظيمي** ← **الاستراتيجية**

وفي اطار هذا التوجه فان المنظمات التي اصبح لها تاريخاَ طويلاَ وهياكل تنظيمية تتسم بعدم المرونة والثبات وتقاسم الادوار يصبح تغير هذه الهياكل ليس امراَ سهلاَ وسريعاَ في اطار رغبات الادارة العليا أو متطلبات البيئة الحقيقية، على اعتبار ان متطلبات البيئة هذه ماهي الا منظور للإدارة متأثراَ برغباتها وانظمة المعلومات المعتمدة التي هي جزءاَ من الهيكل التنظيمي .

■ **التوجه الثالث** : ديناميكية العلاقة بين الاستراتيجية والهيكل التنظيمي.

في اطار هذا المنظور، فان العلاقة بين الاستراتيجية والهيكل التنظيمي اكثر تعقيداَ من النظر اليها في اطار علاقة المتغير التابع والمستقل ، وبالتالي فان الحوار والنقاش أيهما يسبق الاخر تصبح حالة غير واقعية (Chicken and Eggs, Which is first). لذلك فان هناك تأثير متبادل بين هذين المفهومين يأخذ اعتباراته وفق المؤثرات الداخلية و الخارجية العديدة.

البيئة ← الاستراتيجية ── الهيكل التنظيمي

وان هذه الحالة اكثر واقعية خاصة اذا علمنا ان النظر للبيئة المحيطة بالمنظمة يتأثر بأنظمة المعلومات في المنظمة وهيكلها التنظيمي والافكار الاساسية، وبالتالي فان الابعاد يمكن ان تشكل فلتراً تتأثر فية خيارات المنظمة كأهداف واستراتيجية وهيكل تنظيمي ، كما في الشكل (4-13).

شكل (4-13) ديناميكية العلاقة بين الاستراتيجية والهيكل التنظيمي

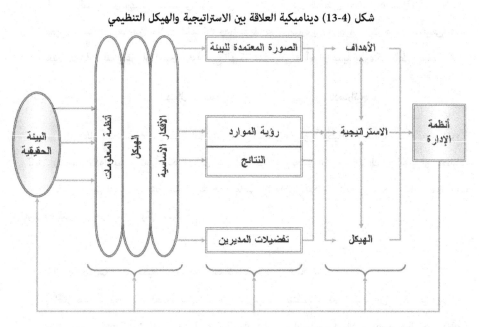

Source: A.ch. Martinet, "Stratégie", Librairie Vuibert, Paris, 1983:148

الثقافة التنظيمية Organizational Culture

تعتبر الثقافة التنظيمية مكون اساسياً في البيئة الداخلية للمنظمة، وان اشكالية وضعها بالتحليل والدراسة نابعاً من كونها مفردات كثيرة غير ملموسة تتشكل منها هذه الثقافة التنظيمية، وقد تجد بعض المنظمات نفسها امام ثقافة تنظيمية يكثر فيها التناقض ولا تعطي دفعاً حقيقياً لتنفيذ فعال للاستراتيجيات المختارة. ان الثقافة التنظيمية تمثل الاطار القيمي والاخلاقي والسلوكي الذي تعتمده المنظمة في تعاملها مع مختلف الاطراف، وفي أدب إدارة الأعمال ونظرية المنظمة توجد العديد من التعاريف التي تعطي لهذا المفهوم، في اطار التركيز على البعض من مفرداتها الظاهرة أو الخفية. ومع ذلك فانة يمكن رؤية الثقافة بكونها تمثل مجموعة القيم والمعتقدات والافتراضات والرموز والطقوس والمعايير السلوكية والاتصالات والتقاليد والاعراف السائدة في منظمة ما بحيث تعطي لهذه المنظمة تفرداً وخصوصية قياساً للمنظمات الاخرى (Burnett, 1984:60) ، (سعد غالب، 2002 :91- 92) ، (الغالبي، العامري ،2005 :183-192) لذلك تعتبر بصمة المنظمة وهويتها الخاصة. من المعلوم أن للمنظمات ثقافات تنظيمية مختلفة وأن هذه الثقافات جاءت متأثرة بالعديد من العوامل مثل بيئة الاعمال التي توجد فيها المنظمة، حيث الثقافة الديناميكية والثقافة الاكثر استقراراً ثم المدراء الاستراتيجيون والقادة وما يحملون من قيم اساسية وافتراضات حول الاعمال وطبيعتها، وأخيراً خبرة هؤلاء القادة وممارستهم التي تتجسد بسلوكيات يراد نشرها في اطار المنظمة. ويمكن القول أن هناك علاقة وطيدة بين الثقافة التنظيمية والاداء في منظمات الاعمال، لذلك تحاول منظمات الاعمال بناء ثقافة تنظيمية ايجابية تجسدها قوة هذه الثقافة ومدى التزام العاملين بها. لذلك فان اشتراكاً واسعاً من فبل أعضاء المنظمة بالقيم والافتراضات والمعتقدات والطقوس والرموز تعني غنى في مفردات ثقافية تنظيمية مشتركة يفهمها الجميع وتعزز الاداء، وهكذا فان الادارة العليا للمنظمة تسهر دائماً على ان تكون الثقافية التنظيمية واضحة الترتيب ومفهومة الابعاد من قبل مختلف العاملين، وان هذه الابعاد تفهم من فبل الجميع بنفس الدلالات والمعاني، لكي تكون غير مشوشة ومركبة ولا تعطي شعوراً بالتوحد. ان منظمات الاعمال الرائدة وهي ترفع شعارات من امثال النوعية أولاً، رضا المستهلك غايتنا، فان هذه الشعارات يفترض أن تجسدها ثقافة تنظيمية لا تتعارض معها وتنقلها الى ارض الواقع بمفردات عمل كثيرة. ان الثقافة التنظيمية كمفردة من مكونات

البيئة الداخلية للمنظمة ذات أهمية كبيرة للخيارات الاستراتيجية وتنفيذها. وهكذا يمكن تلخيص أهمية الثقافة بالآتي: (حريم، 1997: 452).

■ بناء احساس بالتاريخ (History) ، فالثقافة ذات الجذور العريقة تمثل منهجاً تاريخياً تسرد فيه حكايات للاداء والعمل المثابر والاشخاص البارزين في المنظمة.

■ ايجاد شعور بالتوحد (Oneness) ، فالثقافة توحد السلوكيات و تعطي معنى للادوار، وتقوي الاتصالات و تعزز القيم المشتركة و معايير الاداء العالي.

■ تطوير احساس بالعضوية والانتماء (Membership)، وتتعزز هذه العضوية من خلال مجموعة كبيرة من نظم العمل وتعطي استقراراً وظيفياً وتقرر جوانب الاختبار الصحيح للعاملين وتدريبهم وتطويرهم.

■ زيادة التبادل بين الأعضاء (Exchange) ، وهذا يتأتى من خلال المشاركة بالقرارات وتطوير فرق العمل والتنسيق بين الادارات المختلفة والجماعات والافراد. ومن الملاحظ ان الأحرف الأولى تكون كلمة HOME على اعتبار ان ثقافة المنظمة القوية تعطي احساساً وشعوراً بالتوحد العائلي المترابط ، ويمكن تمثيل هذة الفكرة بالشكل (14-4).

شكل (4-14) : أهمية الثقافة التنظيمية

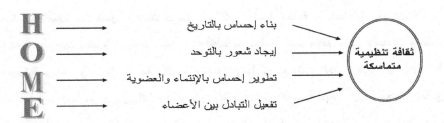

المصدر: حريم، حسين، "السلوك التنظيمي: سلوك الأفراد والجماعات في منظمات الأعمال"، دار الحامد للنشر والتوزيع، الأردن: عمان(2004).

إن منظمات الاعمال وهي تتابع التطور الحاصل في بيئة عملها الخارجية يفترض ان تكون ثقافتها التنظيمية قد تم الاستثمار بها بشكل يجعل منها عامل قوة في المنافسة الدائرة بين منظمات الاعمال وفي واقع الحال فان متابعة مفردات الثقافة التنظيمية يجرى من خلال

ملاحظات ومؤشرات واستبيانات توزع على مختلف الاطراف لكي يتم تحديد عناصر القوة والضعف في ثقافتنا التنظيمية وكيفية الاستفادة من القوة فيها ومعالجة جوانب الضعف التي قد تعرقل خيارات المنظمة الاستراتيجية وتنفيذها مستقبلاً .

الموارد Resources

تمثل موارد المنظمة بشقيها الملموسة وغير الملموسة عناصر الاستراتيجية مهمة وقاعدة تستند عليها خياراتها وادائها اذا ما احسنت التعامل مع هذه الموارد وإستغلالها بشكل كفوء لتحقيق ميزات وقدرات تمكن المنظمة من الارتقاء والتفوق على المنافسين، ولكون الموارد معطى لا يأتي من فراغ بل يتطلب الكثير من الاستثمارات المادية والمعنوية التي تحتاج الى زمن طويل وجهود مكثفة فإن منظمات الاعمال تجري عمليات مبادلة وتركيز لكي تستند ميزاتها التنافسية لاحقاً على مواردها التي تمثل قوة متفردة بها على المنافسين . ان هذا الامر يعني استحالة ان تكون المنظمة هي الاولى دائما وتمتلك قدرات وجدرات وموارد تتصف بالقوة الفائقة نظرا لمحدودية الموارد ولضرورة عمل مبادلة في الاستثمار فيها . فاذا كان هناك ضعف نسبي في بعض اوجه هذه الموارد فربما تكون الادارة العليا على علم بهذا الامر وهي تقصده نظراً لعدم أهمية هذا الجانب في خياراتها المستقبلية لاحقا. سيتم التطرق في هذه الفقرة الى المفردات التالية :

- مفهوم وأهمية الموارد لمنظمات الاعمال .
- تصنيفات الموارد .
- من الموارد الى القدرات الى الجدارات الحيوية فالأداء.
- الموارد والميزة التنافسية .
- المعرفة مورد حيوي لمنظمات الاعمال .

مفهوم وأهمية الموارد لمنظمات الاعمال

تمثل الموارد مجمل ماتمتلكه المنظمه من موجودات وإمكانيات ومهارات مالية وطبيعيه وبشريه ومعرفيه تعطي القدرة للمنظمه على تفعيل خياراتها من خلال انظمه إداريه مختلفة ، وبالتالي فإنها تلعب دوراً متميزاً في نجاح المنظمه وبقائها ونموها في عالم الأعمال، ويمكن النظر للموارد في إطار واسع، جداً حيث أنها تحتوي أيضاً على كافة الأنظمة

والمهارات وهيكل المنظمة وثقافتها بلإضافه إلى موجوداتها التي تنتشر في إطار إدارات مختلفة كالعمليات والتسويق والمالية والبحث والتطوير وأنظمة المعلومات وغيرها، والتي تعطي المنظمة القدرة على تنفيذ فعال للخيارات الاستراتيجية .

إن الموارد هي التي تمكن المنظمة من متابعة إنجاز أهدافها ورسالتها في المجتمع الذي تعمل فية، وبالتالي تحتاج الى ان توضع تحت مجهر الإدارة لغرض تقيمها وتثمينها باستمرار لمعرفة مواطن القوة والضعف فيها. ان الضرورة تتطلب معرفة مساهمة هذه الموارد بشكل عام في الاداء الاستراتيجي للمنظمة وبالتالي فان الحديث عن تحليل المزايا التنافسية هو ارجاع هذه المزايا الى الموارد و القدرات التي ساهمت في تشكيلها للمنظمة لذلك تتجسد اهمية الموارد بالاتي :-

- تعطي للمنظمة قدرات وكفاءات محورية تساهم في نجاحها.
- تتيح لإدارة المنظمة عمل الخيارات الاستراتيجية المستندة الى هذه الموارد والمستغلة لها إستغلالاً جيداً في ضوء طبيعة الفرص والبيئة الخارجية.
- إن التحديد الجيد والدقيق للموارد يجعل ادارة المنظمة على معرفة واطلاع تام بنقاط القوة والضعف في هذه الموارد وبالتالي القدرة على صنع خيارات استراتيجية صحيحة.

(2) تصنيفات الموارد

من الضروري التميز بين الموارد والقدرات في اطار عمل منظمات الاعمال، فقد تمتلك المنظمة العديد من الموارد لكنها لا تستطيع إيجاد القدرات Capabilities، وفي نفس السياق فان ادارات بعض المنظمات تستطيع إيجاد جدارات متميزة من موارد محدودة، وبالتالي تكون لها مميزات استراتيجية. بشكل عام فان موارد المنظمة يمكن النظر اليها في اطار كونها موارد ملموسة مثل الموارد المالية والمادية، وموارد غير ملموسة ويدخل في اطارها التكنولوجيا، الشهرة، الثقافة، المعرفة، وأخيراً، الموارد البشرية المتمثلة بالمهارات والمعرفة وامكانية الاتصال والتعاون والتحفيز، و كما هو موضح بالشكل (4-15).

شكل (4-15) موارد المنظمة

موارد المنظمة		
ملموسة	**غير ملموسة**	**بشرية**
• مالية • مادية	• التكنولوجيا • الشهرة • الثقافة • المعرفة	• المهارات • المعارف • إمكانية الإتصال والتعاون • التحفيز

المصدر :بتصرف من Grant,2002: 139

و يلخص الجدول (4-3) تصنيف موارد المنظمة وتعينها

جدول (3-4) : تصنيف الموارد وتعينها

الموارد	المجال	أهم الخصائص	المؤشر الرئيسي
الملموسة : • المالية	النشاط المالي والمحاسبي (أموال، أسهم، أذونات، قروض لدى الغير)	• تحديد قدرة المنظمة على الإستثمار. • إمكانية الإستغلال بسرعة. • إمكانية التمويل.	• الهيكل المالي وحقوق الملكية. • الربحية والعائد على الإستثمار. • التدفق النقدي والسيولة. • المديونية والإعتماد على الغير. • مصادر التمويل وإستخدامات رأس المال العامل.
• المادية	الإنتاج والعمليات، الشراء والتخزين، التسويق والتوزيع	تحدد إمكانات المنظمة على الإنتاج وتؤثر على التكاليف والموقع التنافسي وتشمل الحجم، الموقع، التعقيد التكنولوجي، المرونة للإنشاءات والمعدات، الموقع وخيارات إستخدام الأراضي والبناء، القدرة على الإحتفاظ بالمواد الأولية، قنوات التوزيع، منافذ التوزيع، مستلزمات بحوث السوق والمستهلك.	• القيمة السوقية للموجودات الثابتة. • ميزات المعدات الرأسمالية. • حجوم الإنشاءات. • مرونة الموجودات الثابتة. • المواد ومدى سهولة الحصول عليها وملائمتها. • البحوث والدراسات الخاصة بالمستهلك والتوزيع والترويج. • المزيج التسويقي للمنتجات والخدمات. • دورة حياة المنتجات والخدمات.

المصدر : (بتصرف من Grant,2002:140)

جدول (4-3) : تصنيف الموارد وتعينها

الموارد	المجال	أهم الخصائص	المؤشر الرئيسي
غير الملموسة: • التكنولوجيا	الإنتاج والعمليات، نظم المعلومات، التسويق	• الملكية الفكرية. • حقوق الملكية للنشر. • مصدر للتجديد والإبداع. • تسهيلات البحث. • عاملين يتمتعون بقدرات مهنية وعلمية.	• العوائد من الإمتيازات وحقوق الملكية. • نسبة العاملين في البحث والتطوير إلى مجموع العاملين. • عدد مواقع التسهيلات البحثية.
• الشهرة	التسويق والإدارة العليا	• الشهرة لدى العملاء من خلال التغليف والعلامة التجارية. • علاقات مع العملاء من خلال شهرة المنظمة المرتبطة بنوعية ومعولية المنتجات والخدمات. • شهرة المنظمة مع الموردين الماليين وغير الماليين وكذلك مع الحكومة والمجتمع المحلي	• التميز في العلامة التجارية. • نوعية العلامة التجارية. • نسبة مساهمة الشهرة في المبيعات. • الأهداف المتحققة لدى العملاء والأطراف الأخرى من خلال مقارنة المنتجات والخدمات بالمنافسين. • مسوحات العملاء. • مسوحات الشهرة للمنظمة في المجلات

المصدر : (بتصرف من Grant,2002:140)

جدول (3-4) : تصنيف الموارد وتعينها

الموارد	المجال	أهم الخصائص	المؤشر الرئيسي
<u>البشرية:</u>	إدارة الموارد البشرية والعاملين في مختلف أجزاء المنظمة	• المستوى التعليمي. • الخبرة والتدريب للعاملين. • المهارات المتوفرة للعاملين. • تكيف العاملين للمساهمة في استراتيجيات مرنة للمنظمة. • تحدد مهارات العاملين الإجتماعية والجماعية. • قدرة المنظمة لتحويل المورد البشري إلى قدرات تنظيمية. • إلتزام وولاء العاملين يحدد قدرة المنظمة في تحقيق ميزات تنافسية	• التعلم، المستوى الفني، التأهيل المهني للعاملين. • نسبة التعويضات قياساً بالصناعة. • نسبة الأيام المفقودة أثناء التوقف والنقاش. • نسبة الغياب. • نسبة دوران العمل.

المصدر : (بتصرف من Grant,2002:140)

إن فحص الموارد من قبل المنظمة وتحليلها ومتابعة تطورها يعتبر أمراً ذو أهمية كبيرة لذلك يأتي هذا التحليل والمتابعة شاملاً لمجمل الموارد وفي مختلف أقسام وإدارات المنظمة كإدارة الإنتاج والعمليات وإدارة التسويق والإدارة المالية والمحاسبية وإدارة الموارد البشرية، وإدارة العلاقات العامة، وإدارة البحث والتطوير والإبداع وأي إدارة أخرى يمكن أن توجد في منظمات الأعمال . وينصب التحليل هنا على معرفة هذة الموارد بنقاط قوتها وضعفها . إن الموارد في بعض من اجزاءها ومفرداتها قد يكون ضعيفاً أو قوياً، ولكن الحكم العام هو الذي يفترض ان يكون السائد لكي تقارن المنظمة نفسها بالمنظمات الاخرى وتقارن نفسها بنفسها في فترات زمنية مختلفة. وعادةً ما تعطى المنظمة اهتماماً كبيراً للموارد الاساسية فيها والتي تشكل قاعدتها التنافسية اتجاة الاخرين ويكون المورد اساسياً بالنسبة للمنظمة إذا تمتع بمجموعة من الخصائص والصفات، أطلق عليها تحليل **(VRIO)** وهي (Barnay,1997:145) :

- أن يكون المورد ذو قيمة تنافسية (Value) للمنظمة.
- ان يتصف المورد بالندرة (Rareness)، وتأتي في اطار عدم استطاعة المنافسين الاخرين الحصول على نفس المورد.
- لايمكن تقليد (Imitatability) المورد من فبل المنافسين الاخرين او ان تكاليف تقليده عالية جدا.
- أن يكون لدى المنظمة القدرة التنظيمية والادارية على استغلال فعال للمورد، ويأتي هذا في اطار صيغ تنظيمية (Organization) متجددة .

(3) من الموارد إلى القدرات إلى الجدارات الحيوية فالأداء

From Resources to Capabilities to Core Competencies

يمكن اعتبار موارد المنظمة بجميع أنواعها مدخلات تحتاجها لأداء أفضل على مختلف المستويات، لذلك فإن الاسئلة من قبيل ماذا تمتلك من موارد ؟ ولماذا تمتلك هذه الموارد ؟ ومتى يفترض ان تمتلك هذه الموارد ، وكيف تمتلك هذه الموارد؟ تحتاج الى رؤية شاملة ودقيقة من ادارة المنظمة لمتابعة بناء امكاناتها التي يفترض ان تسند القدرات التنظيمية، وبالتالي تبنى ميزات تنافسية لمنظمة الاعمال. إن استخدام الموارد المتاحة للمنظمة لا يوصلها دائما الى ماتريد من امكانات وقدرات، ولكن الأمر يعتمد على ضرورة امتلاك المنظمة واستخدام اليات وطرق محددة لكي تبنى قيمة حقيقة لهذة الموارد في بيئتها التنافسية، ويمكن توضيح الترابط بين كل من الموارد Resources، القدرات Capabilities والجدارات الحيوية Core Competencies، وفق الشكل (4-16) .

الشكل (4-16) الترابط بين الموارد والامكانات والقدرات الحيوية

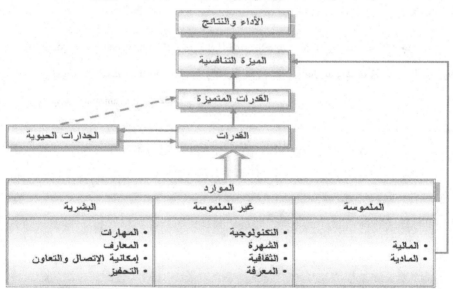

المصدر : (بتصرف من Grant,2002:139; Day,1994:37-52).

إن المنظمات في ضوء مواردها تقوم ببناء قدرات تنظيمية عامة، وهذه تمثل تركيبة معقدة وشبكة متداخلة من الاجراءات والعمليات التي تحدد فاعلية وكفاءة المنظمة في تحويل مدخلاتها (الموارد) الى مخرجات (منتجات ، خدمات)، ان هذه القدرات العامة تعطي للمنظمة مساحات كافية للمنافسة بمختلف المجالات والانشطة، ولكن يفترض بإدارة المنظمة ولكي تكون فاعلة ومتميزة، أن تحاول تأطير مجموعة متميزة من القدرات (Distinctive Capabilities) تنفرد فيها لتشكل لها ميزات تنافسية (Competitive Advantage) تساهم في إيجاد نتائج أداء عالية ومتميزة عن المنافسين كافة من جهة اخرى فان التفاعل المتبادل والمباشر بين القدرات والجدارات الحيوية (Core Competencies) يتيح للمنظمة التركيز الجدي على قدرات متميزة تسندها أيضاً هذه الجدارات الحيوية.

إن القدرات المتميزة تمثل قدرات خاصة وفريدة تميز منظمة الاعمال عن غيرها من المنافسين، فمثلاً قامت شركة "Southwest Airlines " بتطوير مجموعة امكانات متميزة في مجال عملها تتعلق مواعيد التبديل للخطوط، التفاعل الايجابي السريع بين العاملين والعملاء. إن الذي يجعل القدرات متميزة ثلاث خصائص أساسية، وهي :

- تساهم القدرات المتميزة في إيجاد قيمة عالية للعملاء ، و تؤدي الى منافع حقيقية لهم.
- لا يستطيع المنافسين تقليد هذه القدرات المتميزة.أو في أحوال اخرى تصبح عملية تقليدها مكلفة.
- تسمح القدرات المتميزة للمنظمة باستخدام طرق واتجاهات مختلفة ومتنوعة، إن هذه الخاصية الأساسية هي مفتاح أساسي لفهم الدور المهم الذي تلعبة الجدرات الحيوية في مجمل عمليات وإجراءات المنظمة . والشكل (4-17) يوضح ذلك :

شكل (4-17): خصائص القدرات المتميزة

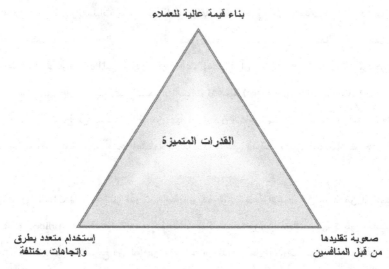

بناء قيمة عالية للعملاء
القدرات المتميزة
إستخدام متعدد بطرق وإتجاهات مختلفة
صعوبة تقليدها من قبل المنافسين

المصدر : Day,1994:39

إن مفهوم الجدارات الحيوية Core Competencies، والذي عمم استخدامة من قبل C.K.Prahalad & Gary Hamel، في عام 1990 يعني قدرة المنظمة على بناء قيمة اساسية تجسدها بمهارات وقدرات تتقاسمها مختلف خطوط الانتاج أو أعمال المنظمة المتنوعة وبالتالي فانها تسند قدراتها المتميزة لكي تحقق ميزات تنافسية في الصناعة. ولغرض فحص علمي وواقعي تؤشر فيه المنظمة وتحدد قدراتها المتميزة فانه يمكن طرح الخطوات التالية كاطار للوصول الى هذا الامر، وكما هو موضح في الشكل (4-18)

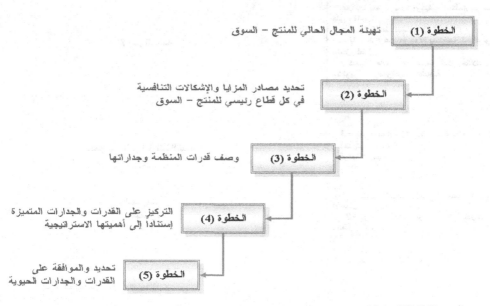

شكل (4-18) خطوات تحديد القدرات المتميزة

الخطوة (1)
تهيئة المجال الحالي للمنتج – السوق
الخطوة (2)
تحديد مصادر المزايا والإشكالات التنافسية
في كل قطاع رئيسي للمنتج – السوق
الخطوة (3)
وصف قدرات المنظمة وجداراتها
الخطوة (4)
التركيز على القدرات والجدارات المتميزة
إستنادا إلى أهميتها الاستراتيجية
الخطوة (5)
تحديد والموافقة على
القدرات والجدارات الحيوية

المصدر : Marino,1994:40-51

ان منظمات الاعمال، وهي تعمل في بيئات شديدة المنافسة سريعة التغيير، عالمية الابعاد تحاول الاستفادة من هذه المواد ، القدرات والجدارات لايجاد• ميزات تنافسية تستند عليها منظمات الاعمال في استراتيجياتها. بمعنى ان هناك وحدة في التحليل وترابط هذه المفاهيم بطريقة منطقية ومنهجية الى اسناد كفوء لاستراتيجية منظمة الاعمال وجعلها متماشية مع واقع قدرات المنظمة الداخلية ومواردها وما يحيط بها من متغيرات في البيئة الخارجية، ويعطي الشكل (4-19) خلاصة مركزة لتحليل وترابط هذة المفاهيم .

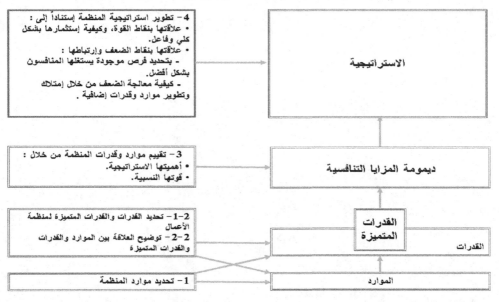

شكل (4-19): اطار عام لترابط الموارد والقدرات والجدارات وصولاً الى الميزات التنافسية واستراتيجية المنظمة

المصدر : بتصرف من Grant,2002:175

(4) الموارد والميزة التنافسية

تمثل الميزة التنافسية القاعدة الاساسية التي يرتكز عليها اداء منظمة الاعمال. ومن النادر ان تمتلك منظمات الاعمال سبق تنافسي على كافة الاصعدة وفي جميع المجالات قياساً للمنافسين الآخرين، نظراً لمحدودية موارد المنظمة من جانب. وعمل قرارات مبادلة لغرض بناء قدرات مميزة تستند وتتبادل التاثير مع الجدارات المميزة للمنظمة. وهكذا فالميزة التنافسية تعتبرمفتاح لنجاح منظمات الأعمال، سيتم إستعراض مفهوم وأهمية الميزة التنافسية أولاً ، ثم خصائص ومصادر الميزة التنافسية ، كيفية تحقيق الميزة التنافسية وأنواعها .

مفهوم واهمية الميزة التنافسية

جاء مفهوم الميزة التنافسية Competitive Advantage ليحل محل الميزة النسبية Relative Advantage الذي كان سائدا بين الاقتصاديين الصناعيين ومتخصصي التجارة الدولية. لذلك إجتهدت منظمات الاعمال في إطار آليات وطرق عمل في تحويل ميزاتها النسبية

الى ميزات تنافسية من خلال امتلاكها عوامل انتاج ومهارات بشرية ومعرفية. في البداية أشير للميزة التنافسية بكونها المجالات التي تتفوق فيها المنظمة على منافسها، وفي التسعينيات من القرن الماضي وصفة بأنها المكانة التي تطورها المنظمة لتتفرد فيها في مواجهة المنافسين والمستندة الى انماط بناء وإستخدام كفوء وفعال للموارد . ونظراً لاهمية العملاء فقد عرض (Evans,1993:83)، (Hamal & Heen,1994:113) بكون الميزة التنافسية هى قابلية منظمة على تقديم قيمة متفوقة للعملاء، وقد أشار بعض الباحثين الى أن قيمة المهارات والامكانات والموارد تتحدد بقدرتها على تشكيل مقدرات عامة ثم جدارات حيوية تبنى ميزات تنافسية للمنظمة (Mckieran, 1997:793). ويرى (Porter,1985) أن القدرات المميزة هي الطريق لتحقيق الميزات التنافسية، ويتأتى هذا من خلال تحليل الموارد وإيجاد المزيج المتوازن منها الذي يبنى هذه القدرات، وبالتالي يعطي ميزات تنافسية مرغوبة. وفي السنوات الأخيرة إزدياد أهمية المعرفة Knowledge في بناء ميزات تنافسية للمنظمة باعتبار ان المعرفة من الموارد غير التقليدية التي تمتلكها المنظمة، وبشكل عام تتجسد أهمية الميزات التنافسية للمنظمة من خلال :

- تعطى المنظمة تفوقاً نوعياً وكمياً وأفضلية على المنافسين، وبالتالي تتيح لها تحقيق نتائج اداء عالية.
- تجعل من منظمة الاعمال متفوقة في الاداء أو في قيمة ما تقدمه للعملاء أو الاثنين معاً.
- تساهم في التأثير الايجابي في مدركات العملاء، وباقي المتعاملين مع المنظمة وتحفيزهم لاستمرار وتطوير التعامل.
- إن كون الميزات التنافسية تتسم بالاستمرارية والتجدد فان هذا الامر يتيح للمنظمة متابعة التطور والتقدم على المدى البعيد.
- نظراً لكون الميزات التنافسية مستندة على موارد المنظمة وقدرتها وجداراتها لذلك فانها تعطى حركية وديناميكية للعمليات الداخلية للمنظمة .

خصائص و مصادر الميزة التنافسة

ان خصائص المزايا التنافسية يفترض أن تفهم في اطار منظور صحيح وشمولي ومستمر. لذلك يمكن تجسيد هذه الخصائص بالأتي :

- أن تكون مستمرة ومستدامة بمعنى أن تحقق المنظمة السبق على المدى الطويل، وليس على المدى القصير فقط.
- إن الميزات التنافسية تتسم بالنسبية مقارنة بالمنافسين أو مقارنتها في فترات زمنية مختلفة وهذه الصفة تبعد المنظمة عن فهم الميزات في اطار مطلق صعب التحقيق (الروسان 1997: 28).
- أن تكون متجددة وفق معطيات البيئة الخارجية من جهة وقدرات وموارد المنظمة الداخلية من جهة أخرى.
- أن تكون مرنة بمعنى يمكن احلال ميزات تنافسية باخرى بسهولة ويسر وفق اعتبارات التغيرات الحاصلة في البيئة الخارجية أو تطور موارد وقدرات وجدارات المنظمة من جهة اخرى .
- أن يتناسب استخدام هذه الميزات التنافسية مع الاهداف والنتائج التي ترى المنظمة تحقيقها في المديين القصير والبعيد.

أما مصادر الميزات التنافسية لمنظمات الاعمال، فإنها بالتأكيد متنوعة ومتعددة وكثيرة نظراً لإعتمادها على موارد المنظمة لمفهومها العام الواسع، وما تتيحه البيئة الخارجية للمنظمة من مجالات تتفوق فيها، وهي :

- المصادر الداخلية المرتبطة بموارد المنظمة الملموسة وغير الملموسة مثل العوامل الاساسية للانتاج ، الطاقة والموارد الاولية ، قنوات التوزيع ،الموجودات ... وغيرها. كذلك قد تتأتى الميزة التنافسية من النظم الادارية المستخدمة والمطورة، اساليب التنظيم الاداري، طرق التحفيز، مردودات البحث والتطوير و الابداع، المعرفة.
- المصادر الخارجية، وهي كثيرة متعددة وتتشكل من خلال متغيرات البيئة االخارجية وتغيرها مما يؤدي الى إيجاد فرص وميزات يمكن ان تستغلها المنظمة وتستفيد منها، كظروف العرض و الطلب على المواد الاولية، المالية، الموارد البشرية المؤهلة وغيرها.
- يمكن للمنظمة ان تبنى ميزة تنافسية من خلال خياراتها الاستراتيجية الخاصة بالتكامل الافقي والعمودي والتنويع والتحالفات الاستراتيجية والعلاقة مع الاخرين (Pitts & Lei,1996:70).

كيفية تحقيق المزايا التنافسية وأنواعها

إن كون الميزة التنافسية تجسد إمكانية المنظمة بعمل أشياء مختلفة لايستطيع المنافسين عملها أو عمل أشياء مماثلة للمنافسين بطرق مختلفة متفردة أفضل وأحسن منهم، فهذا يعني أن الميزات التنافسية في منظمات الأعمال تتحقق من خلال إقناع الأسواق والعملاء والمنافسين والأطراف الأخرى بأن خيارات المنظمة تركن إلى ميزات تتفرد فيها ولا يستطيع الآخرين مجاراتها في هذا التفرد أو تقليد هذه الميزات. إن المنافسة تصبح شديدة جداً ومؤثرة على منظمة الأعمال إذا ما حققت معها عناصر وميزات تنافسية مماثلة. لذلك تحاول منظمات الأعمال أن تجد لنفسها موقعاً متفرداً ومختلفاً عن المنافسين الآخرين ويستشعر هذا الموقف العملاء بشكل خاص. لذلك فإن عناصر الميزات التنافسية كثيرة وتتأتى من مصادر متعددة وتتجسد لاحقاً بأنواع من المزايا التنافسية معوضة على بعضها البعض ومتكاملة. وإذا ما أريد إستعراض إهم أنواع المزايا التنافسية في منظمات الأعمال ، فيمكن الإشارة إلى بعض هذه الأنواع ، وكما يعرضها الجدول (4-4)

جدول (4-4): أنواع المزايا التنافسية وفقاً لما أوردها بعض الباحثين

أنواع المزايا التنافسية	الباحثون
كلفة – نوعية – مرونة – تسليم - الإبداع	Evans,1993
كلفة – نوعية – مرونة – إعتمادية	Certo & Peter,1995
نوعية – الإسناد – السمعة – السعر - التصميم	Mintzberg & Quinn,1996
كلفة – نوعية – مرونة – وقت	Krajewski & Ritzman,1996
كلفة – تميز – نمو – تحالفات - الإبداع	Best,1997
التصميم – نوعية – مرونة – سهولة الإستعمال – الجمالية – الإبداع	Slack, et...al,1998
كلفة – تميز – مرونة – وقت – تكنولوجيا	Macmillan & Tampo, 2000

المصدر: من إعداد الباحثين.

(5) المعرفة مورد حيوي لمنظمات الأعمال

إن منظمات الأعمال الحديثة أصبحت منظمات قائمة على المعرفة knowledge ، وتطلب هذا إنتقال مختلف مفردات العمل الإداري إلى عمل مهاري معرفي، وأصبح أساس التفوق على المنافسين تحكمه قدرة منظمة الأعمال على التحسين والتطوير والتجديد والإبتكار والإبداع والتفوق المعرفي بكافة عملياته، وهكذا أصبحت عملية توليد معرفة جديدة ذات أهمية كبيرة في الوقت الراهن. إن كون المعرفة مفهوم ذو أبعاد صريحة تتجسد بتكنولوجيا المعلومات والخبرة التي يمكن نشرها وتقاسمها، والمعلومات والمهارات التي يمكن معالجتها حاسوبياً وغيرها وأبعاد ضمنية تتمثل بالمعارف في عقول الأفراد وما تختزنه من قيم ورؤى جعل من المفهوم تركيب معقد لا يمكن تعريفه في إطار بعد واحد من هذين البعدين. لذلك يمكن النظر الى المعرفة بإعتبارها المرتكز لعمل الأفراد المعرفيين والذين يستخدمون التكنولوجيا والقواعد ويتقاسمونها وتؤدي الى تحقيق المعرفة ونشرها وإستخدامها وتجديدها (نجم ،2005 26-23). وفي إطار هذه الرؤية فإن الأمر يتطلب من إدارة المنظمة الإهتمام ببعدى المعرفة لغرض تشكيل صورة شمولية للمعرفة وإدارتها .

- **المعرفة الضمنية Tacit Knowledge**، وهذه تتجسد بمعرفة خفية لدى الأفراد مستندة الى قدرات مفاهيمية عالية تؤطرها قيم وإتجاهات ذهنية وأنماط تفكير مرنة ومتجددة ومنفتحة محفوظة في الادراك و الذاكرة الفردية والجماعية والمنظمية . إن هذه المعرفة تتسم بكونها غير مرئية وغير ملموسة كباقي الأصول المادية والتكنولوجية في المنظمة ، لكنها تتجسد بالإنتاج والنشاط العملي للمنظمة كمهارات ومواهب وقدرات تتفرد بها المنظمة عن غيرها من المنافسين .

- **المعرفة الظاهرة (الصريحة) Explicit knowledge**، هذه تتكون من متاح مادي موجود في المنظمة بشكل بيانات ومعلومات وتوثيق وسياسات وقواعد وإجراءات وطرق يمكن الإطلاع عليها ومتاحة للعاملين في المنظمة .

إن ترابط بعدي المعرفة هذين يشكلا مخزوناً معرفياً متجدداً ومستمراً ترفده عمليات البحث والتطوير التي تقوم بها المنظمة مباشرة، أو بالتعاون مع جهات إستشارية أخرى، ويفترض أن

ينعكس هذا المخزون المعرفي إيجابياً على النظم والأساليب والأنشطه الإدارية وبما يؤدي الى تحسين مستمر للإنتاج كنوعيات وتكاليف وتعدد إستخدام وهذا بدوره يشكل مدخل مناسب لزيادة رضى العملاء وإنعكاس ذلك إيجابياً على الأداء والربحية، وكما يوضح الشكل (4-20)

شكل (4-20) : ترابط بعدي المعرفة

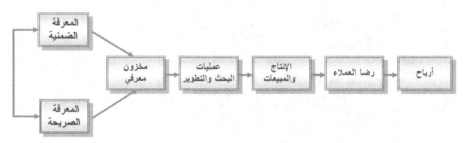

المصدر : من إعداد الباحثين طبقاً لما عكسته أدبيات الإدارة.

إن المعرفة التي بحوزة المنظمة تقل أهميتها إذا لم توضع ضمن إطار متجدد يركز فيه على عمليات البناء المستمر لهذه المعرفة، ومن ثم التطبيق الفعال والواسع لها. إن هذا الأمر يحتاج الى إدارة معرفة كفوءة (Knowledge Management). فإدارة المعرفة تصبح الإدارة المسؤولة عن إيجاد صيغ للموازنة بين عمليات البناء والتطبيق بحيث تدار مجمل مراحل المعرفة بما يؤدي الى بناء ميزات تنافسية تكون فيها المنظمة متفردة على المنافسين، وتكون المعرفة أيضاً مورداً غير قابل للنفاذ ويأخذ أولوية على باقي الموارد التي تمتلكها، ويلخص الشكل (4-21) مراحل المعرفة المختلفة في منظمات الأعمال .

الشكل (4-21): مراحل توليد وتطبيق المعرفة في منظمات الأعمال

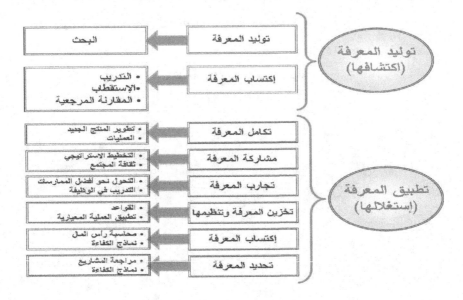

المصدر :بتصرف من Grant,2002:175

إن المعرفة كمورد مهم من موارد المنظمة يعطيها الإمكانية لتشكيل قدرات تنافسية وجدارات محورية مميزة، ونظراً لكون المعرفة تتمثل بمفردات كثيرة ملموسة وغير ملموسة فإنها تعطي طابعاً ذاتياً من واقع المنظمة يجعلها قادرة على إيجاد ميزات تنافسية لا تقلد بسهولة، ولا يمكن إستنساخها. وغالباً ما تكون الميزات التنافسية المستندة الى المعرفة ذات خصائص فريدة تعطى زخماً لعلاقات ممتازة بالعملاء، وتدعم إمكانات المنظمة في تحقيق إستمرارية وتجديد في طبيعة العمل.

القيادة الاستراتيجية Strategic Leadership

ان المنظمات الفاعلة والكفوءة في بيئة الاعمال الحديثة تتميز دائماً بميزة اساسية تنفرد فيها عن غيرها من المنظمات وهو وجود قيادة استراتيجية ديناميكية فاعلة، ويبدو أن القادة الاستراتيجيون المورد النادر وأصبح اكثر ندرة في العصر الحديث خاصة اذا علمنا ان اعداد مثل هؤلاء القادة لايتم بسهولة ويتطلب المزيد من الاستثمار لموارد وجهود ووقت لكي تصل القيادة الى صفات قيادة تحويلية ناجحة Transformational leadership، واذ تحاول منظمات الاعمال اليوم جعل كافة مواردها البشرية بمستوى الادارات فيها تمتلك رؤية شمولية ومنظوراً استراتيجياً للعمل فان ما نقصده هنا بالقيادة هو الادارة العليا متمثلة برئيس مجلس الادارة والمدير العام وفريقه. وكذلك تحاول منظمات الاعمال ان تبني ادارات مساندة ومحللين على درجة من الكفاءة متخصصين في معالجة المشاكل الفنية والتقنية التي تواجة المنظمة، ان القيادة الاستراتيجية التي تمتلك خبرات واسعة وتتحمل مهام توضيح رسالة المنظمة وغاياتها وايصالها الى كافة الاطراف من جهة وتتابع عمليات الاشراف والرقابة وسلامة تطبيق وتنفيذ الاستراتيجية في مختلف المراحل من جهة اخرى اصبحت ضرورية وملحة لنجاح المنظمات، ان المتتبع لنجاح الاعمال في الولايات المتحدة والعالم الغربي واليابان يجد وراء هذه النجاحات قادة استراتيجيون وشخصيات بارزة من أمثال Henry Ford ، Lee Acoca ، Bill Gates ، Percy Barnevik ..... وغيرهم الكثير من القادة الاستراتيجيون. لقد اصبح بعضهم مهنيون عاليين الكفاءة ويدفع لهم بسخاء لغرض قيادة منظمات الاعمال الحديثة، وخاصة ان مثل هؤلاء قد تعددت وتنوعت مصادر الخبرة والقوة لديهم، وبالتالي فهم يمتلكون امكانات عالية في التأثير الاخرين وقيادة المنظمة بروح الجماعة والفرق المتماسكة لغرض تحقيق النجاح.

مداخل تحليل البيئة الداخلية

Internal Environment Analysis Approachs

ان تحليل البيئة الداخلية للمنظمة يؤدي الى معرفة مركز المنظمة بشكل عام وموقفها التنافسي بشكل خاص، لذلك فان كشف مختلف مواطن القوة والضعف في المنظمة يساعدها على اعادة النظر ببناء قدراتها وجداراتها، وبما يؤدي الى تعزيز مركزها التنافسي.ان هذا الامر يدخل في اطار الاهداف العامة المتوخاة من تحليل المركز الداخلي

للمنظمة، الذي يفترض ان تساعد نتائج هذا التحليل وأن تؤشر ما ينبغي ان تفعله المنظمة مستغلة امكاناتها من وجود هذه الموارد ومتجاوزة المحددات التي تفرضها. وبشكل عام يمكن اجمال مداخل تحليل البيئة الداخلية إلى اربعة مداخل اساسية، و هي :

مدخل التحليل متعدد الاتجاهات (السعد والغالبي ،1999: 121 - 132)

يركز هذا المدخل على فحص مختلف مكونات منظمة الاعمال بدءاً بالتحليل العمودي على وفق التسلسل الهرمي والتقسيمات التنظيمية والمستويات الادارية المختلفة، وهنا يجري التحليل لأقسام المنظمة بشكل منفرد، ومن ثم بشكل متداخل نزولاً الى المستويات الادارية الادنى، ويمكن اجراء تحليل افقي للادارات والاقسام لمعرفة طبيعة الترابط فيما بينها ومعرفة طبيعة الانظمة كنظام المعلومات، والنظام المالي، ونظام الاتصالات وغيرها. ولغرض الحكم على نقاط قوة وضعف المنظمة يمكن استخدام واحد أو اكثر من المعايير التالية :-

- المعيار التاريخي ، مقارنة المنظمة بنفسها بفترات سابقة.
- المعيار التمييزي ، وتتم فيه المقارنة بنماذج معيارية مستهدفة لمعرفة اقتراب أو ابتعاد المنظمة من هذه النماذج .
- المعيار التنافسي ، وفيه تقارن المنظمة نفسها بالقادة من المنافسين في قطاع الصناعة.
- المعيار الحدي، وفيه تقارن المنظمة نفسها بخصائص ومؤشرات الحد الادنى أو المستوى الحدي للنجاح.

مدخل التحليل الشامل و الجزئي، وفي اطار هذا المدخل يكون التحليل على مرحلتين، هي:

- تحليل مركز المنظمة الشامل، وفيه التركيز على اجراء تقييم شامل لموارد المنظمة وامكاناتها مقارنة بالسنوات السابقة أو بما يؤدي الى تأشير مواقع القوة السائدة للمركز التنافسي لها، وهنا يمكن استخدام ثلاث انواع من المقاييس، وهي مقاييس الخصائص التميزية، مقاييس الكفاءة، مقاييس الفاعلية.
- تحليل وظائف المنظمة وانشطتها، وهنا يجري التحليل وفق الاقسام التخصصية والمستويات الادارية ويركز هذا التحليل على ثلاث عناصر اساسية، وهي تحليل الادارة بخبراتها ومهاراتها ومعارفها، وكذلك فحص للمناخ الاداري السائد، تحليل لعمليات المنظمة التسويقية والانتاجية والموارد البشرية وغيرها، واخيراً التحليل المالي الذي يستهدف مصادر التمويل والاستثمار والتدفق النقدي، وهذا التحليل يجري وفق العديد من النسب المالية المعروفة (David,2001:91)

مدخل التحليل المستند الى الموارد Resource Based Approach

تستند فلسفة هذا التحليل لموارد المنظمة على كون هذه الموارد هي الاساس في بناء القدرات والجدارات، وبالتالي الميزات التنافسية لمنظمة الاعمال. ان تحليل الموارد يفترض ان يأخذ أولوية كبيرة ومهمة ليس فقط في اطار معرفة هذه الموارد، ولكن في ضوء امكانية ربط هذه الموارد بالاستراتيجيات المعتمدة للتنافس . ان هذا المدخل حاول ان يوجة انظار الادارة الى اهمية الموارد وخاصة النادرة والتي لايمكن تقليدها في تشكيل استراتيجية المنافسة وتحقيق نتائج افضل، خاصة اذا علمنا ان توجهات سبقت هذا المدخل تطرقت في عمليات تحليل الصناعة والبيئة الصناعية ورأت ان قدرة المنظمة تتمثل بالفرص الموجود في القطاع الذي تعمل فيه. ان كون جوهر هذه النظره للموارد بنقل التركيز على الجوانب الذاتية للمنظمة جعل من هذا المدخل مركزاً على الموارد ذات الاهمية الرئيسية والمركزية في تحقيق سبق تنافسي ونتائج افضل في الاداء (Lynch ,2000:278) .

ان الاتجاهات الاكثر حداثة في هذا المدخل ترى ضرورة توجه التحليل الى الموارد المتفردة بها المنظمة كالموارد المعرفية وراس المال .

وفي حقيقة الامر فان تحليل الموارد وفق هذا المدخل يمكن ان يكون بمستويين، الاول، تحليل عام لموارد المنظمة بجميع ابعادها ومكوناتها واصنافها ،الثاني، تحليل مركز مستمر ومعمق للموارد ذات الاهمية الحرجة والتي تتشكل منها وسائل تحقيق الميزات التنافسية للمنظمة. لقد حدد الباحث (Lynch ,2000:281) العناصر الرئيسية التي تتكامل وتجعل من الموارد مورد مهم ويعززه لإدامة الميزة التنافسية للمنظمة ، وكما هو موضح في الشكل (4-22).

شكل (4-22) :العناصر الرئيسية للموارد وفق مدخل النظرة المستندة للموارد

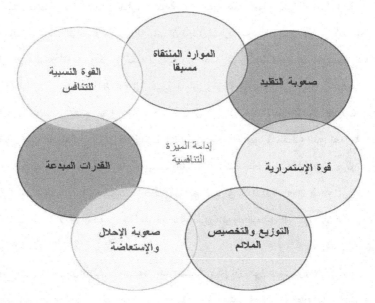

الموارد المنتقاة مسبقاً
صعوبة التقليد
قوة الإستمرارية
التوزيع والتخصيص الملائم
صعوبة الإحلال والإستعاضة
القدرات المبدعة
القوة النسبية للتنافس
إدامة الميزة التنافسية

Source: Lynch, Richard, "Corporate Strategy", prentice Hall, 2nd Ed., 2000, 281.

مدخل سلسلة القيمة Value Chain Approach

طور هذا الاسلوب من فبل الباحث (Porter)، والذي بموجبه تعتبر المنظمة مجموعة كبيرة من الانشطة رئيسية وثانوية تضيف قيمة الى المنتج النهائي، وبالتالي يمكن دراسة جوانب القوة والضعف في هذه الانشطة التفصيلية لتحديد قدرتها على المساهمة في بناء ميزات تنافسية للمنظمة .

ان الانشطة يجب ان تحلل بكل دقة وبمعلومات أمينه وصادقة لمعرفة تطورها من ناحيتين الكلف المطلوبة لها وطبيعة القيمة المضافة وفق ارتباط المساهمات الجزئية لهذه القيمة وصولاً الى الكلف الكلية والقيمة النهائية للمخرجات. ان التوجهات الحديثة تتيح امكانية استخدام مدخل سلسلة القيمة في تشكيلة واسعة من سلاسل القيمة ولكافة الاطراف التي تتعامل معها المنظمة كالمجهزين والمستفيدين واي جهات اخرى، وكما يوضح الشكل (4-23)

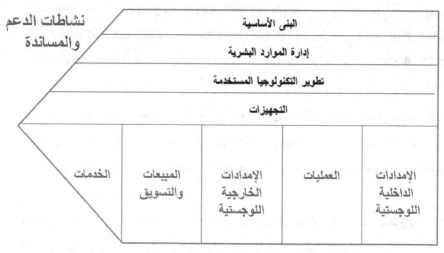

شكل (4-23) : مدخل سلسلة القيمة

النشاطات الاساسية

ووفق هذا المدخل، تتمثل هذه الأنشطة ضمن السلسلة من تسع فئات تضمها مجموعتان أساسيتان، هما : (القطب، محيي الدين توفيق، 2002 : 51-52)

1. **الأنشطة الأولية أو الأساسية (Primary Activities)**: وهي مجموعة الأنشطة التي تؤدي إلى التشكيل المادي للمنتوج أو الخدمة، وتتضمن :

■ الإمدادات الداخلية Inbound Logistics، أو ما تعرف بالأنشطة اللوجستية والمتعلقة بنقل وإستلام وتخزين وتحريك ومناولة المواد والمدخلات الأخرى اللازمة للنظام الإنتاجي.

■ العمليات Operations، وهي تلك الأنشطة المختلفة والخاصة بتحويل المدخلات إلى مخرجات " سلع وخدمات ".

■ الإمدادات اللوجستية الخارجية Out bound Logistics، أي التوزيع المادي، والذي يشمل كل الأنشطة المتعلقة بنقل وتوزيع وتخزين وتسليم المخرجات من سلع تامة الصنع أو نصف مصنعة وفق جدولة الطلبيات وبالوقت المحدد.

■ التسويق والمبيعات Marketing & Sales، وهي تتضمن الأنشطة التي تؤدي لشراء المنتجات وكل ما يتعلق بالعملية التسويقية والبيعية من تسعير وترويج وبيع وغير ذلك.

■ الخدمة Service، وهي تتضمن الأنشطة التي تحافظ وتصون قيمة المنتوج، أي بعبارة أخرى كل ما يتعلق بخدمات ما بعد البيع من إصلاح وصيانة وتوفير قطع الغيار وتبديلها.

2. **الأنشطة الساندة (Support Activities)**: وهي الأنشطة التي توفر المدخلات أو الهيكل الأساسي للمنظمة بالشكل الذي يدعم ويسهل القيام بالأنشطة الأساسية بإستمرار، وتشمل هذه الأنشطة على كل من :

■ البنى الأساسية التحتية Infrastructure، أو ما تعرف بالبنى الإرتكازية والتي تتضمن عناصر الإدارة، التخطيط الاستراتيجي، الشؤون القانونية، التمويل والمحاسبة، وغيرها من الأنشطة الداعمة الأخرى.

■ إدارة الموارد البشرية Human Resource Management، وتتضمن الموارد البشرية داخل المنظمة كالتعيين والتدريب والتحفيز وغيرها من الأنشطة.

■ التطوير التكنولوجي Technology Development، وتتضمن الأنشطة الخاصة بتصميم المنتوج وتحسينه، وكذلك إيجاد أو تحسين الطريقة التي تنجز بها مختلف الأنشطة في سلسلة القيمة.

■ التجهيزات Procurement، وهو النشاط الخاص بعمليات توفير المدخلات والمشتريات وضمان تدفقها إلى المنظمة

ربط التحليل البيئي وتحليل نقاط القوة والضعف / الفرص والتهديدات SWOT

لغرض الاستفادة المنظمة عملياً من معطيات تحليل كلا البيئتين الخارجية والداخلية فانه يفترض ان يوضع هذا التحليل في اطار صورة شمولية يمكن الاستفادة منها في قرارات المنظمة وخياراتها الاستراتيجية . لذلك سيتم التطرق الى فقرتين، تكرس الاولى بصورة الربط الممكنة ، وتفرد الفقرة الثانية الى تحليل SWOT باعتباره الناتج النهائي لعمليات التحليل هذه والذي عمم بشكل كبير في أدب الادارة الاستراتيجية .

(1) ربط التحليل البيئي الداخلي والخارجي

لكي يكون التحليل البيئي مفيداً وعملياً وليس مجرد دراسات وبحوث نظرية تركن في الرفوف وفي مكتبات المنظمة، فان هذا التحليل يفترض ان ينطلق بشكل متدرج ومترابط لغرض الفلترة والفرز وتركيز المواقف وصولا الى الخيارات الاستراتيجية النهائية التي تنفذها المنظمة بكفاءة وفاعلية .ان مستوى الدخول على هذا التحليل تحدده قدرة المنظمة وحجمها وامكاناتها وطبيعة الصناعة التي تعمل فيها، فيمكن ان يكون هذا التحليل متدرجاً وفق الاتي :

- تحليل شامل ودراسات عامة أو متخصصة لابعاد البيئة الخارجية غير المباشرة.
- تحليل اكثر دقة و تركيز للبيئة الصناعية والمنافسة أو البيئة المباشرة استناداً الى متغيرات ذات اثر كبير على الموقع التنافسي للمنظمة.
- تحليل شامل ومستمر ومتتابع لكافة مكونات البيئة الداخلية لمعرفة تطورها بشكل عام.
- تحليل دقيق ومتعمق لموارد المنظمة المهمة التي تستند عليها قدرات المنظمة وجدارتها المحورية وبالتالي ميزاتها التنافسية قياساً للمنافسين.

ان مجمل هذا التحليل يشترك فيه العديد من المتخصصين، ويمكن ان يشكل مفردات لسيناريو اكثر احتمالا للوقوع وترغبها المنظمه وتعمل على تنفيذها. ولا يوجد في واقع الحياه العملية لمنظمات الاعمال ما يشير الي وجود آلية واحده فقط بل ان هذا الامر مرهون برؤية المنظمة وقيادتها الاستراتيجية، ولكنه في كل الاحوال محكوم بمعطيات ونتائج هذا

التحليل الذي يفترض ان يدقق ويفحص من قبل متخصصين للتأكد من صحته ومصداقيه وفق اعتبارات المدى الزمني المختار لهذا التحليل، يوضح الشكل (4-24) صوره مبسطه ومطوره للنموذج المقترح من قبل (Kreiken) لترابط هذا التحليل (ياسين ، 2002 : 99-100)

شكل (4-24): ترابط التحليل البيئي الخارجي والداخلي

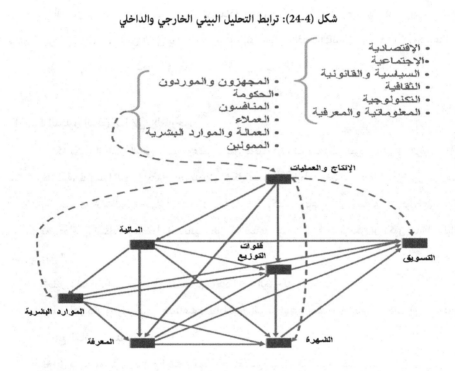

المصدر :من إعداد الباحثين طبقاً لما عكسته أدبيات الإدارة الاستراتيجية

ان قدرة المنظمة للاستجابة لمجمل التغيرات الحاصلة في البيئة الداخلية والخارجية تتحد بإمكانياتها في تطوير وسائل عملها الضرورية اللازمة للرد على التحديات وإقتناص الفرص، وعادةً ما يكون هناك تتابع منطقي في طبيعة الترابط الحاصل بين العوامل الداخلية والخارجية لكي تتخذ المنظمة الاجراء اللازم والضروري لمواجهة مثل هذا التداخل، فإذا ما اخذنا ست عوامل داخلية بتداخلها مع ستة عوامل خارجية ، فإننا يمكن ان نؤشر على طبيعة الترابط في هذه الابعاد وفق الصيغة التالية : (Bean,1993:141).

العوامل الداخلية	العوامل الخارجية	الربط
الموارد البشرية	العملاء	العامل البشري
الإنتاج والخدمات	الأسواق	عامل التسليم
الثقافة والمناخ	الإجتماعية	العامل النفسي
السياسة	القطاع الحكومي	عامل الأجندة الوطنية
التكنولوجيا	المنافسة	عامل البدائل والخيارات
البنية التحتية	الإقتصاد	العامل الهيكلي

(2) ماهية التحليل الإستراتيجي (SWOT).

يجد المتتبع للبحوث الإدارية بأن عملية التحليل الإستراتيجي (SWOT) تلاقي اهتماما كبيراً من قبل الباحثين وبالأخص في مجال إستراتيجية الأعمال، وقبل الحديث عن أهمية التحليل في حياة منظمات الأعمال في هذا العصر لابد من إعطاء ولو فكرة موجزة عن ماهية التحليل الإستراتيجي (SWOT) ، وسوف يتم تقسيم هذه الفقرة إلى ثلاث أقسام، تتطرق الأولي إلى بعض التعاريف التي وضعت من قبل المهتمين بهذا المجال لمعرفة ما يحتويه هذا المصطلح من معني، فيما تغطى الثانية أطر تحليل (SWOT)، أما الثالثة توضح وجهة النظر الإستراتيجية حول تحليل (SWOT) .

مفهوم التحليل الإستراتيجي (SWOT).

لقد عرف بأنه " تحليل يهدف إلى مقارنة نقاط القوة والضعف في المنظمة بالفرص والتهديدات التي تعرضها البيئة (Wright,et… al,1998:77) ، وأعطي كلاً من (Robinson & Pearce,1994:175) وصفاً لتحليل (SWOT) " بأنه تشخيص نظامي لعوامل القوة والضعف الداخلية والفرص والتهديدات الخارجية، وللاستراتيجية التي هي تمثل التوافق الأفضل ما بينهما. أما (Davies,1998:51) فقد وصف تحليل (SWOT) بأنه " أداة تخطيطية للنجاح في التعامل مع البيئة المتغيرة ، وهو تقييم يتفحص ظروف البيئة الخارجية والداخلية سواء كانت مناسبة أو غير مناسبة، وذلك من خلال نقاط القوة النسبية ونقاط الضعف النسبي والفرص والتهديدات الخارجية المستقبلية ، هذا وإن تحليل (SWOT) يقوم على أساس افتراض أن الإستراتيجية الفعالة تستطيع أن تعزز ما يتعلق بالمنظمة من نقاط قوة وفرص، وتقليل أثر نقاط الضعف والتهديدات.

إن التحليل البيئي للصناعة يوفر المعلومات من أجل تشخيص الفرص والتهديدات الموجودة في بيئة المنظمة والتي تعد نقطة التركيز الأساسية الأولى للتحليل الإستراتيجي (SWOT)، أما تشخيص نقاط القوة ونقاط الضعف الداخلي، فإنها تمثل نقطة التركيز الثانية للتحليل الإستراتيجي   (Robinson & Pearce,1994:175-176).

إن الهدف من عملية تحليل (SWOT) هو لتحديد مدى العلاقة بين الإستراتيجية الحالية للمنظمة، ونقاط قوتها وضعفها بالمتغيرات التي تجري في بيئة أعمالها ، كما أنه يفيد ببيان نوع الإستراتيجية أو الدافع الإستراتيجي الذي يجب على المنظمة استخدامه لكي تكتسب ميزة تنافسية (Row,et al,1994:170). ولغرض أن لا يكون هذا التحليل مجرداً ومكلفاً للمنظمة.

أطر تحليل (SWOT).

عند الحديث عن مفهوم التحليل الإستراتيجي (SWOT) يتطلب الأمر توضيح مكونات هذا التحليل وإطاره العام وكالآتي :-

الفرص والتهديدات الخارجية Opportunities & Threats : تمثل نتائج الاتجاهات والأحداث الاقتصادية والاجتماعية والسياسية والتكنولوجية والتنافسية التي يمكن أن تؤثر بشكل واضح على المنظمة بصورة إيجابية أو سلبية في المستقبل، فإذا كانت إيجابية فهي تمثل فرصاً يجدر بالمنظمة السعي نحو اقتناصها ، وإذا كانت سلبية فهي تمثل مخاطر يجب على المنظمة تجنبها أو تحجيم أثرها على المنظمة، ومن أمثلة الفرص والتهديدات الخارجية ثورة الحاسبات ، التكنولوجيا، التحولات السكانية، تغير القيم والاتجاهات، حدة المنافسة من المنظمات الخارجية......الخ، ويهتم واضعوا الإستراتيجية بمحاولة الاستفادة من مزايا وإيجابيات البيئة الخارجية ومحاولة تخفيض وتحجيم تأثير التهديدات الخارجية.

القوة والضعف الداخلية Strengths & Weaknesses : تمثل نتائج العوامل والمتغيرات التي يمكن السيطرة عليها داخل المنظمة والتي تؤدى على نحو جيد أو سيئ ، فإذا كانت النتائج جيدة، فإن ذلك يدل على قوة أحد مجالات المنظمة ، أما إذا اتسمت بالسوء والتدني فإنها تعنى وجود عنصر ضعف في أحد أنشطة المنظمة، ومن أمثلتها التنظيم الإداري ومجالات التسويق وشؤون الإنتاج والعمليات والنواحي المالية والمحاسبية وأنشطة البحث والتطوير وتعتمد المنظمة على عناصر قوتها عند صياغة إستراتيجيتها مع محاولة التغلب على نقاط الضعف وعلاجها.

وبعد هذا الإيضاح للأطر العامة للتحليل الإستراتيجي (SWOT) لا بد من إعطاء صورة أوضح عن كل من الفرص والتهديدات التي تفرزها تغيرات عوامل البيئة التنافسية ، إضافة إلى نقاط القوة والضعف التي يكون تشخيصها من خلال التحليل في البيئة الداخلية، فالأهمية التي تلازم الفرص البيئية (Environmental Opportunities) تنبع من خلال ارتباطها بمصير منظمات الأعمال وإن اغتنام تلك الفرص يعد السبيل الرئيسي للسيطرة على قواعد المنافسة في تلك البيئة، فقد عرف (Rowe, et al,1994:199) الفرص بأنها " أي موقف مؤات في بيئة المنظمات " ، وعرفها (Robinson & Pearce,1994:175) بأنها " ظرف رئيسي ملائم جداً موجود في بيئة المنظمة "، هذا وإن الفرص البيئية تبقي فرص محتملة ما لم تستطيع المنظمة من استغلال الموارد لكسب بعضاً منها، ومن المهم أن يتم تقييم الفرص وبما يتعلق بنقاط القوة والضعف لموارد المنظمة التي من الضروري أن تدرس الموارد في ضوء تشخيص نقاط قوتها وضعفها وبما يرتبط بالحاجات البيئية إلى جانب المنافسة، حيث تعد الفرص مهمة عندما يمكن الركون إليها وعندما توائم موارد المنظمة (Thompson,1997:223-224)، ويلاحظ هنا بأن على المنظمات عندما تريد أن تستجيب لفرصة شعرت بوجودها أن تسأل نفسها :

- هل أن الفرصة تنتهك أغراض المنظمة أو رسالتها ؟
- هل أن هذه الفرصة تستلزم من المنظمة بأن تتعلم ميداناً جديداً متكاملاً ؟
- هل أن الفرصة تلبي المستلزمات المالية في المنظمة؟ (Vincze& Higgins,1989:71-72).
- أين وما هي الفرص الجذابة في السوق ؟
- هل هنالك أي تيارات أو اتجاهات ناشئة جديدة داخل السوق ؟
- ما الذي تتنبأ به منظمتك في المستقبل الذي لربما يرسم فرصاً جديدة ؟ (Weihrich, 1982 : 60-61)

أما التهديدات البيئية (Environmental Threats) فيجب النظر إليها في إطار كونها تمثل مع الفرص وجهان لعملة واحدة ، ومثلما تعد الفرص القطب الموجب فإن التهديدات تعد القطب السالب ، وحيثما وجدت الفرص توجد التهديدات ، وما يمثل لمنظمة فرصة من المحتمل أن يكون تهديداً لمنظمة أخري ، وقد عرف التهديد من قبل (Robinson & Pearce,1997:171) بأنه " ظرف رئيسي غير ملائم أبداً موجود في بيئة المنظمة "، وتمثل التهديدات عوائق تجعل المنظمة غير قادرة من الوصول إلى مراكزها المرغوبة التي تنوي

الوصول إليها، ويمثل دخول منافسين جدد من أكبر التهديدات للمنظمة، فضلاً عن قوة المساومة لدي المشترين الرئيسين أو المجهزين ، فضلاً عن التغيرات التكنولوجية، ويلاحظ أن لا أحد يحب التفكير بالتهديدات، لكننا مع ذلك يجب أن نواجه تلك التهديدات بالرغم من حقيقة كونها عوامل خارجية وخارج سيطرتنا. ومن المهم أن نكون مستعدين لمواجهة التهديدات من خلال المواقف أو الحالات المضطربة، وعليه يجب أن تسأل المنظمة نفسها :

- ما الذي يقوم به منافسينا، والذي يؤدي إلي كبح تطورنا التنظيمي ؟
- هل هنالك أية تغيرات في طلب المستهلكين، والتي تطلب متطلبات جديدة علي منتجاتنا وخدماتنا؟
- هل أن التغيرات التكنولوجية تضر بوضع منظمتنا في السوق ؟

ويشكل فهم الفرص والتهديدات التي تواجه المنظمة مدخلاً يساعدها علي تحديد الاختيارات الواقعية لغرض تبني إستراتيجية ملائمة ، ومن أجل التعرف علي أفضل مكانة تنافسية للمنظمة (Robinson & Pearce,1994:175) .

أما فيما يتعلق بنقاط القوة (Strengths) فقد عرفها (Sharplin) بأنها " صفات أو مؤهلات متميزة تمتلكها المنظمة مقارنة بالمنظمات الأخرى ، وبصورة خاصة المنافسين والتي تعطيها ميزة عليهم " (Sharplin,1985:190) ، وبنفس السياق ، حدد (Robinson & Pearce,1994:175) مفهوم نقاط القوة بأنها " مورد أو مهارة أو ميزة أخري بالقياس إلي المنافسين واحتياجات الأسواق التي تخدمها أو تتوقع أن تخدمها " ، إن تحديد نقاط القوة يجب أن يشتمل كلاً من عملائك الداخلين والخارجيين ، ويجب على المنظمة أن تسأل نفسها :

- هل هنالك أي ميزات فريدة أو ميزة تجعل من المنظمة قادرة على الصمود في المنافسة السوقية ؟
- ما الذي يجعل العملاء يختارون منظمتنا على حساب المنظمات المنافسة ؟
- هل هنالك أي منتجات أو خدمات لا يمكن أن تقلدها المنظمات المنافسة " ألان وفي المستقبل "؟

غير أن نقاط الضعف (Weaknesses) تعد الجانب السلبي في عوامل البيئة الداخلية ، والذي يجب على منظمات الأعمال أن تسعي للتقليل منها من خلال توجيه نقاط القوة التي تتوفر في أنشطتها الداخلية نحو نقاط ضعفها ، وقد عرف كل من (Vincze & Higgins,1989:65) نقاط الضعف بأنها " أشكال من العجز الداخلي والأوضاع الداخلية

التي يمكن أن تؤدي أو إنها أدت إلى فشل المنظمة في تحقيق أهدافها "، فيما حددها (Thompson,1997:224) بأنها " نقاط تمنع المنظمة من تحقيق الميزة التنافسية "، هذا وإن تحديد نقاط الضعف يجب أن يتم ليس فقط من وجهة نظر المنتظمة ، بل كذلك والأهم من وجهة نظر عملاء المنظمة ، وعلي الرغم من أنه لربما يكون من الصعب على المنظمة أن تعترف بنقاط ضعفها، غير أنه من الأفضل أن تعالج هذه الحقيقة من دون أي تسويف، وهنا على المنظمة أن تسأل نفسها :

- هل هنالك أي عمليات أو إجراءات يمكن جعلها انسيابية ؟
- بماذا ، ولماذا تعمل الجهات المنافسة أفضل من منظمتنا ؟
- هل هنالك أي مشاكل يجب أن تكون منظمتنا حذرة منها ؟

وهكذا يظهر أن الأطر العامة لتحليل (SWOT) ، ربما تجعل الإدارة العليا للعديد من المنظمات تسترسل في التحليل وتحديد الفرص والتهديدات وكذلك المبالغة في فرز نقاط القوة وإخفاء جوانب الضعف وهذا يؤدى إلي آمرين :

- الإحجام عن القيام بالتحليل والاكتفاء بمؤشرات عامة فقط.
- فقدان الرؤية الواضحة واتجاهات هذا التحليل وكذلك صعوبة الاستفادة العملية من نتائج هذا التحليل عند فرز الخيارات الممكنة.

وتستخدم المنظمات تحليل (SWOT) ليكون إطاراً منطقياً يقود إلي مناقشة نظامية بخصوص وضع المنظمة التنافسي، والنقطة الأساسية في هذا الموضوع أن تحليل (SWOT) النظامي يشمل جميع الجوانب التي تتعلق بالمنظمة، وإن هذا التحليل يوفر إطاراً ديناميكياً مفيداً للقيام بالتحليل الإستراتيجي، كما يمكن استخدام تحليل (SWOT) للتوصل إلي تحليل إستراتيجي من خلال مقارنة نقاط القوة والضعف الداخلية بالفرص والتهديدات الخارجية، والهدف من هذه العملية هو من أجل تشخيص أحد الأنماط الأربعة المتميزة في مجال المواءمة ما بين أوضاع المنظمة الداخلية وأوضاعها الخارجية (Robinson & Pearce,1994:176).

وتتضح هذه الخلايا من خلال الشكل رقم (4-25) وكما يلي:

- **الخلية الأولي Maxi -Maxi (S / O)** : وهذه المجموعة تبين نقاط قوة المنظمة وفرصها، فمن حيث الأساس والجوهر، يجب أن تسعي المنظمة إلي تعظيم نقاط قوتها،

والاستفادة من الفرص الجديدة، مما يجعل المنظمة تتبع إستراتيجية ذات توجه نحو النمو أو إستراتيجيات هجومية للحصول على أفضل موقع في السوق (النظرية المعتمدة على الموارد).

- **الخلية الثانية (Maxi-Mini (S / T** : هذه المجموعة تبين نقاط قوة المنظمة مع أخذ التهديدات بنظر الاعتبار ، أي التهديدات من المنافسين وعلى سبيل المثال، ومن حيث الأساس يجب على المنظمة أن تستخدم نقاط قوتها من أجل تقليل التهديدات.
- **الخلية الثالثة (Mini -Maxi (W / O** : هذه المجموعة تبين نقاط ضعف المنظمة بشكل ترادفي مع الفرص ، أي بمعني محاولة المنظمة السيطرة على نقاط ضعفها من خلال استغلال أقصي الفرص التي تتاح أمامها.
- **الخلية الرابعة (Mini -Mini (W / T** : وهى تعد أكثر الأوضاع سوءاً، وتبين نقاط ضعف المنظمة بالمقارنة مع التهديدات الخارجية الحالية، وهنا يجب أن تكون الإستراتيجية بشكل دفاعي، لتقليل نقاط الضعف الداخلية للمنظمة ، وتفادى التهديدات الخارجية.

شكل (4-25): يوضح مصفوفة (SWOT)

التحليل الداخلي / التحليل الخارجي	نقاط القوة الداخلية	نقاط الضعف الداخلي
الفرص البيئية المتاحة	استراتيجية هجومية S / O استخدام نقاط القوة الداخلية لإستغلال الفرص المتاحة خارجياً (الوضع المثالي الجيد)	مساندة استراتيجية التدوير أو التحول W / O التغلب على مواقع الضعف الداخلية من خلال إستغلال الفرص المتاحة خارجياً (تعديل)
التهديدات البيئية الخارجية	مساندة استراتيجية استراتيجة التنويع S / T إستخدام نقاط القوة الداخلية لتجنب التهديدات الخارجية أو الحد من أثارها (يمكن البحث عن فرص في ظل التهديدات)	مساندة استراتيجية استراتيجة دفاعية W / T تقليل مواطن الضعف الداخلية لتحاشى المخاطر الخارجية (إلغاء)

وفي حقيقة الأمر ، فإن تحليل (SWOT) يفلتر لاحقاً في مصفوفة يتم فيها تلخيص العوامل الإستراتيجية المهمة والتي يتوقع لها تأثيراً مهماً على مجمل الخيارات الإستراتيجية المحتملة للمنظمة، وفي هـذه المصفوفة يـتم تقليل عدد العوامل الإستراتيجية الخارجية وكذلك الداخلية التي سبق أن أفرزها تحليل (SWOT) السابق الـذكر، إن هذا الأمر يتم من خلال التركيز على أقل عـدد مـن هـذه العوامـل مـثلاً العشرة الأكـثر أهميـة في التـأثير عـلى مستقبل المنظمة وذات الأوزان الترجيحية الأعلى.

وإذا ما علمنا بأن مجالات القوة ومجالات الضعف الداخلية في المنظمة هـي نسبية بمعنى لا توجد منظمة لديها مجالات قوة فقط وليس لها مجالات ضعف، وكذلك فإن الضعف لا يعني ضعفاً مطلقاً بـل إن المنظمة هي ليست الأفضل في هذا المجال، فإن هذا الأمر يعني بالتأكيد أن للمنظمة مجالات قوة وكذلك مجالات ضعف، بل أن القوة والضعف تعني في بعض الجوانـب خيـارات اسـتثمارية سـابقة للمنظمـة ، أي اسـتثمرت لـكي يكون لديها مجالات قوة وتركت لتكون ليس الأفضل في مجالات أخرى، وكذلك بالنسبة للفرص والتهديدات، فهـذه توجـد في البيئة الخارجيـة مـع بعضها، أي توجـد فرص يمكـن اسـتغلالها وتوجـد فـرص لا يمكـن اسـتثمارها ، أمـا التهديدات فهناك ما يجب التعامل معها وهناك ما يمكن تجنبها. وفي كل الأحوال فإن المنظمة وفي هـذا الإطار العام يتم تطوير خياراتها لغرض اعتماد أفضلها للتنفيذ.

مصادر الباب الثاني

المصادر العربية :

1. الروسان، محمود علي محمد، " العلاقة بين الميزة التنافسية والخيار الاستراتيجي وأثرها في الأداء التصديري : دراسة تحليلية لأراء عينة من المديرين العاملين في بعض شركات الأدوية الأردنية". أطروحة دكتوراه غير منشورة، كلية الإدارة والإقتصاد - جامعة بغداد، (1997).

2. الصياح، عبد الستار مصطفى يوسف، "تحليل علاقة القوة التنظيمية وأثرها في تحديد الأهداف الاستراتيجية : دراسة إختبارية في صناعة المصارف التجارية الأردنية"، أطروحة دكتوراه غير منشورة، كلية الإدارة والإقتصاد – جامعة البصرة، (1999).

3. الطراونة، تحسين، "أخلاقيات القرارات الإدارية"، مؤته للبحوث والدراسات، المجلد (15)، العدد (2)، (1999).

4. العارف، نادية، "التخطيط الاستراتيجي والعولمة"، مصر، الإسكندرية : الدار الجامعية، (2003).

5. الغالبي، محسن طاهر منصور، " تأثير أسلوب القيادة في وضع استراتيجية المشروع الصناعي وإنعكاسه على الإنتاجية "، مجلة الإداري، العدد 37، سلطنة عُمان، (1989).

6. الغالبي، طاهر محسن منصور و العامري، صالح مهدي محسن، "المسؤولية الإجتماعية وأخلاقيات الأعمال : الأعمال والمجتمع"، دار وائل للنشر والتوزيع، الطبعة الأولى،(2005).

7. السعد، مسلم علاوي ؛ الغالبي ، طاهر محسن منصور ،" السياسات الإدارية: المفهوم، الصياغة، الحالات الدراسية"، دار الكتب للطباعة والنشر- جامعة البصرة- العراق،(1999).

8. القطب، محي الدين يحيى توفيق، "الخيار الاستراتيجي وأثره في تحقيق الميزة التنافسية: دراسة تطبيقية في عينة من شركات التأمين الأردنية"، أطروحة دكتوراه غير منشورة، كلية الإدارة والإقتصاد – الجامعة المستنصرية، (2002).

9. القريوتي، محمد قاسم، " السلوك التنظيمي : دراسة السلوك الفردي والجماعي في المنظمات الإدارية"، عمان : مكتبة دار الشروق، الأردن، (1998).

10. المرسي، جمال الدين محمد ؛ مصطفى محمود ابو بكر ، طارق رشدي جبه، "التفكير الاستراتيجي والادارة الاستراتيجية: منهج تطبيقي " ، الدار الجامعية، الاسكندرية، (2002).

11. المغربي، كامل محمد، " **السلوك التنظيمي**"، عمان: دار الفكر للنشر والتوزيع، الأردن، (1999).

12. المغربي، عبد الحميد عبد الفتاح، " الإدارة الاستراتيجية : لمواجهة تحديات القرن الحادي والعشرين"، القاهرة، مجموعة النيل العربية، (1999).

13. جواد، شوقي ناجي، "**إدارة الأعمال : منظور كلي**"، بغداد : دار الكتب للطباعة والنشر، (1996).

14. حريم، حسين محمود، "**تصميم المنظمة: الهيكل التنظيمي وإجراءات العمل**"، دار الحامد للنشر والتوزيع، الطبعة الأولى، (1996).

15. حريم، حسين محمود، "**السلوك التنظيمي: سلوك الأفراد في المنظمات**"، دار زهران للنشر والتوزيع، عمان، الأردن، (1997).

16. عبدالله، نجلاء محمود، "**القيم التنظيمية للمديرين في الجهاز الحكومي القطري وعلاقتها بالأداء الوظيفي : دراسة تحليلية**"، رسالة ماجستير غير منشورة، عمان، الجامعة الأردنية، (2000).

17. عوض، محمد أحمد، "**الإدارة الاستراتيجية: الأصول والأسس العلمية**"، مصر، الإسكندرية : الدار الجامعية، (2001).

18. غراب، كامل السيد، "الإدارة الاستراتيجية: أصول علمية وحالات عملية"، الرياض، عمارة شؤون المكتبات، جامعة الململك سعود،(1995).

19. نجم ، عبود نجم ، " **إدارة المعرفة : المفاهيم والاستراتيجيات والعمليات**"، دار الوراق للنشر والتوزيع، (2005).

المصادر الأجنبية :

1. Aguilar, Francis, "**Scanning the business environment**", MaCmillan Publishing Co. Inc., New York, (1967).

2. Austin, J.E., "**Managing in developing Countries: Strategic Analysis and Operating Techniques**", New York, Free Press, (1990).

3. Barney, J.B.,"**Gaining and Sustaining Competitive Advantage**", Reading: Mass: Addison-Wesley, (1997).

4. Bartlett,C., & Ghoshal,S., "**Building Structure in Managers Minds**", In Mintzberg, H., & Quinn, J.B., "The Strategy Process,

Concepts, Context, Cases", U.S.A., Prentice-Hall International, Inc., (1996).

5. Bateman, T. S., & Zeithaml, C. P., "**Management Function and Strategy**", U.S.A., IRWIN Co., (1990).

6. Bates, Donald & David Elderdge, "**Strategy and Policy**", Lowa, WMC, Brown Company publishers, New York, (1980).

7. Bean, William C., "**Strategic Planning That Makes Things Happy**", Human Resources Development Press, Inc, (1993).

8. Best, Roger J., "**Market – Based Management: Strategies for Growing Customer Value And Profitability**", Prentice – Hill, Inc., U.S.A., (1997).

9. Bertodo, R.,"**Implementation a Strategic Vision**", Long Range Planning, 23(5), (1990).

10. Brabet, J. & Klemm, M., "**Sharing the Vision: Company Mission Statements in Britain and France**", Long Range Planning, 27(1), (1994).

11. Brid, B.J., "Entrepreneurail Behaviour", Glenview, III: Scott, Foresman, (1989).

12. Bodinat, Henri, "**La Segmentation Straterique**", Harvard L' Expansion Paris, Printemps, (1980).

13. Bonn, I. & Chrislodoulou, C., "**From Strategic Planning to Strategic Management**", Long Range Planning, 2(1), (1996).

14. Bonne, L.E., & Kurtz, D.L., "**Management**", McGraw – Hill, Inc., U.S.A., (1992)

15. Bruce, V. & Green, P., "**Visual Perception: Physiology, Psychology and Ecology**", Lawrence Erlbaum Associates, London, 2nd ed., (1992).

16. Burnett, John J., "**Promotion Management: A Strategic Approach**", St Paul: West Publishing Co., (1984).

17. Campbell, "**Foresight Activities in U.S.A: Time for a Re-Assessment?**" Long Range Planning, (1984).

18. Certo, Samuel C., Paul Peter, J., & Otten Smeyer, Edward, "The Strategic Management Process", 3rd-Ed, Prentice-USA, Austen Press, Irwin Inc, (1995).

19. Certo, S. C., "**Modern Management: Diversity, Quality, Ethics, and the Global Environment**", Prentice-Hall International, Inc., (1997).

20. Chandler, A. D., "**Strategy and Structure**", Cambridge, Mass: MIT Press, (1962).

21. Collins & Montgomery, " Competing On Resources: Strategy in the 1990s", H.B.R, (1995).

22. Collins, T. C. & Porras, J. I., "Building Your Company's Vision", Harvard Business Review, Sep/ Oct, (1996).

23. Conger, J.A., & Kanungo, R.N., "Toward a behavioral theory of Charismatic Leadership in Organizational Settings", ", Academy of Management Review, 12, (1987).

24. Conger, J.A., "Inspiring Others: The Language of Leadership", Academy of Management Executive, 5(1), (1991).

25. Cyert, K.M. & March, J.G., "A behavioral Theory of the firm", Englewood Cliffs, N:J., Prentice-Hall, (1963).

26. Daft, L., "Organizational Theory and Design", St. Paul: West Publishing Company, U.S.A., (2001).

27. David, F., "Concepts of Strategic Management", 5th. ed., prentice Hall Inc., (1995).

28. David, Fred R., "Strategic Management: Concepts & Cases", New Jersey, 8th ed., Prentice Hall Inc., (2001).

29. Davies, Mark A. P., "Understanding Marketing" Prentice - Hall, Europe, U.K. 1st Ed, (1998).

30. Day, G.S., "The Capabilities of Maket – Driven Organization", Journal of Marketing, (1994).

31. Digman, Lester A., "Strategic Management: Concept, Decision, Cases", 2nd Ed., Richard D. Irwin, Inc., Boston, (1990).

32. Donnelly, J. H., Gibson, J.I., & Ivancevich, J.M., "Fundamentals of Management", 7th ed., U.S.A., IRWIN Co., (1990).

33. Drucker, P.F., "Business Objectives and Survival Needs: Nots on A Discipline of Business Enterprise", Journal of Business, Vol.XXXI, No.2, April (1958).

34. EI-Namaki, M. S. S., "Creating A Corporate Vision", Long Range Planning, 6(23), (1992).

35. Emery, Fred E., & Trist, Eric L., "The Causual Texture of Organizational Environments", Human Relation, Feb, (1965).

36. Evans, James R., "Applied Production and Operations Management", 4th ed., West Pub Co., (1993).

37. Ferrell, O.C. & Fraedrick, John, "Business Ethics", Houghton Mifflin Company, (1994).

38. Freeman, R., "Strategic Management", Boston Pitman pub., Inc., (1984).

39. Fry, Fred L.; Stoner, Charles R. & Weinzimmer, Laurence G., "Strategic Planning For New & Emerging Businesses: A

Consulting Approach", Dearborn Financial Publishing, Inc., (1999).

40. Georgion, P., "The Goal Paradium and Notes towards a Counter Paradigm", Adiminstrative Science Quarterly, (1973).

41. Gerloff, E.A., "Organizational Theory and Design: A Strategic Approach for Management", London, McGraw-Hill Co., (1985).

42. Grant, Rebort M., "Contemporary Strategic Analysis: Concepts, Techniques, Applications", Blackwell Publishers Inc., 4th ed., (2002).

43. Hall, D.J. & Saïas, M.A., "Les Contraintes Structurelles du Processus Stratégique", Revue Francaise de gestion, 23, (1979).

44. Hall, R.H., "Organizations: Structures, Processes, and Outcomes", U.S.A, Prentice- Hall Co., (1996).

45. Hamel, Gary & Prahalad, C.K., "Strategic Intent", Hravard Business Review, May-June, (1989).

46. Hamal, Gary & Heene, Aime, (Edited) "Competence Based Competition", John Wiley & Sons, (1994).

47. Helleriegel, D., & Slocum, J.R., "Management", 6th ed., Prentice-Hall, (1996).

48. Heresy, P., & Blanchard, K., "Management of Organizational Behavior", Englewood, N.J., Prentice – Hall, (1988).

49. Hess, P., and Siciliano, J., "Management: Responsibility for Performance", USA, Mc Gram-Hill, (1996).

50. Higgins, James M., "The Management Challenge", 2nd Ed., Macmillan Pub. Co., New York, (1994).

51. Hinterhuber, Hans H. & Popp, Wolfgang," Are You a Strategist or Just a Manager?" Harvard Business Review, Jan-Feb, (1992).

52. Hofer, C. W. & Schendel, D., "Strategy Formulation: Analytical Concepts", St. Paul, MN: West, (1978).

53. Horngren, C. T., Foster, G., and Datar, S. M. " Cost Accounting: A managerial Emphasis" Prentice - Hall 10th - Ed, (2000).

54. Howard, Robert, "Values Make the Company: An Interview with Robert hags", Harvard Business Review, (1990).

55. Ireland, R., Duane & Hitt, Michael A., "Mission Statements: Importance, Challenge, and Recommendations for development", Business Horizon, May-June, (1992).

56. Johnson, G., Scholes, K., "Exploring Corporate Strategy: Text and Cases", Europe, 4th-Ed, Prentice-Hall, (1997).

57. Jones, G.R., "Organizational Theory: Text and Cases", U.S.A., Addison-Wesley Publishing Co., (1995).

58. Justis, R., T.; Judd, R.J., & Stephens, D.B., "**Strategic Management and Policy: Concept, and Cases**", New Jersey, (1985).

59. Kantabutra, Sooksan & Avery, Gayle C., "**Relating Vision Characteristics to Organizational Performance: A Model**", Submitted to: The 18th Australian & New Zealand Academy of Management, Dunedin, New Zealand, (2004).

60. Kanter, ed, Rosa Beth, "**Values and Economics**", Harvard Business Review, (1990).

61. Kaplan, Robert S. & Norton, David P.,"**The Strategy – Focused Organization: How Balanced Scorecard Companies thrive in the new business environment**", Harvard Business School Publishing Corporation, (2001).

62. Karpur, S.K., "**Principles and Practice of Management**", India, S.K. Publishers, (1994).

63. Kast, Fremont, "**Scanning the Future environment: Social Indicators**", California Management Review, 23(1), (1980).

64. Kaufman, Roger; Browne, Hugh Oakley; Watkins, Ryan; Leigh, Doug; "**Strategic Planning for Success: Aligning People, Performance, and Pay Offs**", Pfeiffer, (2003).

65. Kotter, John, "**A Force for change: How Leadership differs from Management**", The free Press, London.(1990).

66. Kotter, John P., "**Leading Change**", Harvard Business School Press, Boston, Massachusetts, (1996).

67. Kusnis, M., W., & Owen, D., "**The Unifying Vision Process: Value beyond traditional decision analysis in Multiple decision Maker Environment**", Interfaces, Vol.22, No.6, (1992).

68. Krajewski, L.I., & Ritzman, L.P., "**Operations Management: Strategy and Analysis**", 4th ed., Addison-Wesley Co., Inc., U.S.A., (1996).

69. Larwood & Others, "**Structure & Meaning of Organizational Vision**", Academy of Management Journal, 381(3), (1994).

70. Locke, E.A. & Becker, T.E., "**Rebuttal to A Subjectivist Critique od An Objectivest Approach to Integrity in Organizations**", Academy of Management Review, 23(1), (1998).

71. Lynch, R., "**Corporate Strategy**", 2nd ed., prentice-Hall, Inc., (2000).

72. Macmillan, Hugh & Tampoe, Mahen, "**Strategic Management**", Oxford University Press, (2000).

73. Morrisey, George L., "**A Guide to Strategic Thinking: Building Your Planning Foundation**", John Wiley & Sons, Inc., (1996).

74. Marino, Kenneth E., "**Developning Consensus on firm Competencies and Capabilities**", Academy of Management Executive, August, (1994).

75. Martinet, "**Stratégie**", Librairie Vuibert, Paris, 1983:148

76. Martin, R., "**Changing The Mind Of The Corporation**", Harvard Business Review, Nov/Des, (1993).

77. McGill, A., "**Vision: The Executive Perspective**", Stage by Stage, 7(3), (1987).

78. McKiernan, Peter "**Strategy Past, Strategy Futures** ", Long rang Planning, 30(5), (1997).

79. Miles, R.G.; Snow, C.C., et...al, "**Organizing in the Knowledge Age: Anticipating the Cellular form**", Academy of Management Executive,(1997).

80. Millar, Victor E., Porter, Michael E., "**How information gives you Competitive Advantage**", H.B.R, (1985).

81. Miller, A. Dess, G., "**Strategic Management**", USA, 2nd-Ed, Mc Graw-Hill, (1996).

82. Mintzberg, H., "**Power in and around Organization**", Englewood Cliffs, N.J., Prentice-Hill,(1983).

83. Mintzberg, M. & Quinn, J. B., "**The Strategy Process: Concepts, Context, Cases**", U.S.A., Prentice-Hall, Inc., (1988).

84. Mintzberg, M. & Quinn, J. B., "**The Strategy Process: Concepts, Context, Cases**", U.S.A., Prentice-Hall International, Inc., (1996).

85. Morris, Elinor, "**Vision and Strategy: A Focus for the Future**", The Journal of Business Strategy, Fall (1987).

86. Nanayanan, V., & Nath, R., "**Organizational Theory: A Strategic Approach**", U.S.A., 1st ed., Richard D., Irwin, Inc., (1993).

87. Negel, A., "**Organizing for Strategic Management**", Long Range Planning, 17(5), (1984).

88. Niven, R., Paul, "**Balanced Scorecard: Step by Step, Maximizing Performance and Maintaining Results**", John Wiley & Sons, Inc., (2002).

89. Odiorne, S.G., "**Management by Objectives: a system of Managerial Leadership**", Pitman Publishing Co., New York, (1985).

90. Parikh, J. & Neubaure, F., "**Corporate Visioning**", International Review of Strategic Management,4,(1993).

91. Pearce II, John A., Robinson, Jr., Richard, B. "**Competitive Strategy: Formulation, Implementation, and Control** ", 5th Ed., Irwin Inc, Boston, (1994).

92. Pearce II, John A., & Robinson,Jr., Richard, B., "**Strategic Management: Formulation, Implementation, and Control** ", 6th Ed., Irwin / McGraw - Hill, (1997).

93. Perrow, C., "**Organizational Analysis: A Sociological View**", London, Tavistock Publication, (1970).

94. Pitts, R.A., and D. Lei, "**Strategic Management: Building and Sustaining Competitive Advantages**", West Pub. Co., New York, (1996).

95. Porter, M.E., "**Competitive Advantage**", McGraw-Hill Book Company, (1980).

96. Porter, M., "Competitive **Advantage: Creating and Sustaining Superior Performance**", New York: Free press, (1985).

97. Reynolds, C.H., "**The Synergy of Vision and Organizational Transformation**", Stage by Stage, 3(7), (1987).

98. Richards, M. D., "**Setting Strategic Goals and Objectives**", 2nd ed., West Publishing Company, New York, (1986).

99. Row, Alan J. & et…al.,"**Strategic Management:A methodological Approach** "4th Ed., Addision – Wesley Publishing Co. Inc, U. S. A., (1994).

100. Schermerhorn, J.R.," **Management**", 8th ed., U.S.A., John Wiley & Sons Inc. (2005)

101. Scott, W.R., "**Organizations: Rational, Natural and Open Systems**", U.S.A., Prentice-Hall Inc., (1992).

102. Sharplin, Arthar, "**Strategic Management** ", McGraw – Hill, New York, (1985).

103. Simon, H.A., "**On The Concept of Organizational Goal**", Adiminstrative Science Quarterly, 9(1), (1964).

104. Slack, Nigel; Chambers, S.; Harland, C.; Harrison, A.; & Johanston, R., "**Operations Management**", 2nd ed., Pitman Pub, London, (1998).

105. Steiner, G.A., "**Strategic Planning: What every Manager Must Know**", U.S.A., Macmillan Publishing Co., Inc, (1979).

106. Snyder, N., H., & Graves, M., "**Leadership and Vision**", Business Horizons, Jan – Feb, (1994).

107. Thompson, Arthur & Strickland, A. J., "**Strategic Management: Concepts and Cases**", 7th ed., Richard Irwin, Inc, (1993).

108. Thompson, John L., "**Strategic Management: A Wareness and Change**", 3rd Ed., International Thomson Publishing Co., U.K., (1997).

109. Vandermerve, S., "**The Process Of Market-Driven Transformation**", Long Range Planning, 28(2), (1995).

110. Higgins, James M., Vincze, Julian W." **Strategic Management: Text and Cases**" Prentice - Hall 4th - Ed, Saunders College Publishing, U. S. A, (1989).

111. Walters, D., "**Retailing Management: Analysis, Planning and Control**", London, (1994).

112. Weihrich, Heinz, "**The TOWS Matrix – A Tool for Situational Analysis** ", Long Range Planning, 15 (2), (1982).

113. Westley, F. & Mintzberg, H., "**visionary Leadership and Strategic Management**", Strategic Management Journal, 10, (1989).

114. Wheelen, Thomas L. & Hunger, J. David, "**Strategic Management and Business Policy** ", Pearson Education Inc., Upper Saddle River, New Jersey, 10th Ed, (2006).

115. Wilson, Ian, "**Realizing the Power of Strategic Vision**", Long Range Planning, Vol.25, No.5, (1992).

116. Wright, Peter & et...al, "**Strategic Management: Concepts and Cases** " , 3rd Ed , Prentice – Hall International , U . S. A, (1996).

117. Walther, Thomas, et.al. "**Reinventing the CFO: Moving from Financial Management to Strategic Management**", New York: McGraw - Hill, (1997).

118. Wright, Peter & Kroll, M., & Parnell, J.A., "**Strategic Management: Concepts**," Prentice – Hall International, U. S. A, (1998).

119. Zahra, Shakar & Chaples, Sherry, "**Blind Spots in Competitive Analysis**", Academy of Management Executive, May, (1993).

الباب الثالث

الصياغة والبدائل الاستراتيجية

تمهيد:

بعد أن تم عرض الجوانب المتعلقة بالإتجاه الاستراتيجي والتحليل البيئي في الباب السابق، يأتي هذا الباب مكملاً لجوانب العمليات الاستراتيجية بمنظمات الأعمال حيث سيتم التطرق في الفصل الخامس إلى صياغة الاستراتيجية وما يرتبط بها من أساليب ونماذج، أما الفصل السادس سيتم التركيز فيه على البدائل الاستراتيجية على مختلف المستويات مستعرضين لأهم البدائل وكيفية إعتمادها في المواقف المختلفة.

5

صياغة الاستراتيجية

بعد الإنتهاء من دراسة هذا الفصل سيتمكن القارئ من الإجابة على الأسئلة التالية

الفصل 5 أسئلة الدراسة

1. ماهية صياغة الاستراتيجية
2. ما هي الطرق المساعدة على صياغة الاستراتيجية
3. ماهي نماذج صياغة الاستراتيجية

الفصل الخامس

صياغة الاستراتيجية

مقدمة Introduction :

إستقطبت الإستراتيجية -عبر الزمن- إهتمام مختلف الباحثين ورجال الأعمال، فالعسكريين والسياسيين والمفكرين الإقتصاديين وغيرهم إهتموا بهذا المصطلح لكونه يلامس مختلف مناحي الحياة. وقد شهدت مراحل تطور الفكر الإداري كتابات وأبحاث عديدة تركزت بإتجاه تحديد مفهوم الإستراتيجية وسبل ترجمته عملياً من قبل المنظمات إلى أرض الواقع لغرض تعزيز موقف المنظمة ومركزها في المنافسة.

لقد أشار (Mintzberg,et...al, 1998:11) إلى أن مصطلح الإستراتيجية لا يقتصر في التعامل مع ما هو غير قابل للتنبؤ وإنما يتعداه إلى المجهول أو ما هو غير قابل للتعرف عليه. لذلك فإن إدراك التحديات الكبيرة المحيطة بما هو خارج وداخل المنظمة يتوقف – إلى حد بعيد- على إمكانية الإفادة القصوى من كل صنوف المعرفة والخبرة ومن ما هو متاح لها من قدرات وإمكانات.

ولأجل فهم طبيعة الاستراتيجية من نواحي الصياغة، نعرض في هذا الفصل ماهية صياغة الاستراتيجية موضحين فيها مفهوم وأهمية عملية الصياغة، عناصر عملية الصياغة، متطلبات عملية صياغة الاستراتيجية وخطوات صياغة الاستراتيجية، القوى الموجهه (القوى الدافعة) ***Driving Force***. بالإضافة إلى الطرق المساعدة في صياغة الاستراتيجية، ونماذج صياغة الاستراتيجية.

المفهوم والأهمية Concept and Important

تمثل صياغة الاستراتيجية الخطوة الأولى في التحول من الإطار العام للإتجاه الاستراتيجي والتحليل البيئي لمنظمة الأعمال إلى أدلة ذات معنى يمكن أن يهتدي بها صانعو القرار عند إتخاذ القرارات المختلفة. وتعنى الصياغة تطوير الخطة الرئيسة لمنظمة الأعمال. ورغم الطبيعة الترابطيه والتداخلية بين مختلف مراحل عمليات الإدارة الاستراتيجية، إلا أن التأكيد على كل مرحلة وتحليلها ومعرفتها منفردة يشكل أساس لفهم الدور المرتقب أن تلعبه الإدارة العليا والمستويات الإدارية الأخرى، بل وكافة العاملين في هذه المراحل كل على إنفراد من جانب وكذلك بتداخلها من جانب آخر. إن صياغة الاستراتيجية تتطلب مهارات تحليلية وفكرية وتركيبية، تأخذ بنظر الإعتبار إمكانية التوصيل الصحيح بين الدراسات والمعطيات والتحليل النظري والميداني وبين تجسيدها بخيار استراتيجي ملائم سوف يُنقل إلى أرض الواقع من خلال عمليات التنفيذ لاحقاً. إنها كما أشير سابقاً تتطلب مهارات فكرية وتحليلية وكذلك عملية ربط النظري بالميداني. إن الواقع الفعلي لتجارب منظمات الأعمال يشير إلى أن نقل الدراسات والتحليل والتوجه الاستراتيجي العام إلى إطار صياغة خطة استراتيجية بملامح واضحة ودقيقة يفهمها الجميع ليس بالأمر السهل. وهكذا يمكن القول أن الصياغة الاستراتيجية يمكن أن تولد التجارب الذاتية لكل منظمة في أسلوب التعامل المرغوب بين إهمال البيانات والمعلومات والدراسات أو الإستفادة الجزئية منها وبين أسلوب دمج أكبر ما يمكن من هذه البيانات والمعلومات والدراسات في إطار خطة فضفاضة غير واضحة المعالم والحدود. هنا تتجسد أهمية الصياغة الملائمة حيث تتيح للمنظمة التنافس على أسس صحيحة واقعية لكنها لا تهمل التوجه المستقبلي وفق معطيات تطور بيئة العمل. إن تأشير أهمية صياغة الاستراتيجية يمكن أن تتجلى في الأمور التالية :

- المرحلة التي تربط بشكل صحيح ودقيق وملائم بين التوجه العام المتأثر بجوانب نظرية عديدة وعمليات التنفيذ المتأثرة بالتفاصيل والواقعية الشديدة.
- مساعدة منظمة الأعمال على تحديد الأدوار لمختلف المستويات ومعرفة المساهمات الضرورية والمطلوبة لكل مستوى من هذه المستويات، كذلك تساعد على توفير جوانب الربط الضرورية بين عمل هذه المستويات.

- المساهمة في تخصيص وحشد الموارد ضمن إطار خطة استراتيجية واضحة المعالم.

- تمثل القاعدة الأساسية والإنطلاقة لبدء عمليات تنفيذ الخيار الاستراتيجي لاحقاً، فلا يمكن نقل الخيار إلى أرض الواقع دون صياغات محددة وواضحة المعالم له.

عناصر عملية صياغة الاستراتيجية Strategy formulation Process Elements

يؤكد (Macmillan & Tampoe,2000:64) أن عملية صياغة الاستراتيجية تتضمن ثلاثة عناصر *Three Logical elements* وهي:

1. القصد الاستراتيجي *Strategic Intent*

2. التقييم الاستراتيجي *Strategic Assessment*

3. الإختيار الاستراتيجي *Strategic Choice*

إن القصد الاستراتيجي يعتبر الموجه الرئيسي للعمليات الاستراتيجية، فبدون القصد تفقد الاستراتيجية التركيز والتوجه العام وتصبح عملية الخيار لإتجاه من بين إتجاهات عديدة حالة غير ممكنة. إن القصد الاستراتيجي يعطي إجابة على سؤال رئيسي ومركزي في عمليات الصياغة وهو "أين ترغب منظمة الأعمال أن تتجه مستقبلاً ؟". أما الدور الرئيسي للتقييم الاستراتيجي هو إيجاد معرفة حقيقية وصحيحة حول المحيط المؤثر بالعمليات الاستراتيجية، وهذا يعني أنها تغطى العالم الخارجي وقابليات المنظمة الداخلية. إن الدور المركزي للتقييم الاستراتيجي هو تركيز وتوكيد الاستراتيجيات ونقلها إلى أرض الواقع وفق أسس سليمة. ويفترض أن يعطي هذا التقييم إجابة على سؤال "أين تقف المنظمة الآن ؟"، في حين أن الخيار الاستراتيجي والذي يعتبر أساسياً في عمليات الإدارة الاستراتيجية لأنه يربط بين ما ذكر أعلاه وجوانب الفعل الحقيقي على أرض الواقع لذلك فهو يعطى إجابة على سؤال "أي الخيارات تعتمدها منظمة الأعمال لتنقلها مما هي فيه الآن إلى ما ترغب منظمة الأعمال الوصول إليه ؟". والأشكال التالية توضح ذلك.

شكل (5-1): العناصر الثلاث لعملية الصياغة الاستراتيجية

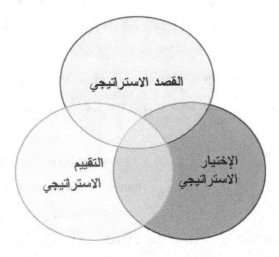

Source: Macmillan & Tampoe, 2000:65

شكل (5-2): العمليات ونتائجها

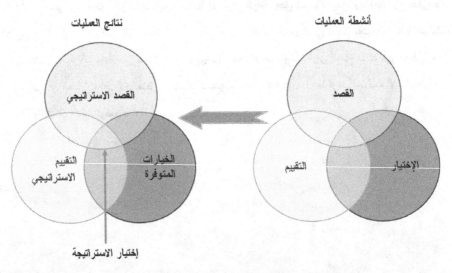

Source: Macmillan & Tampoe, 2000:65

متطلبات عملية صياغة الاستراتيجية

Strategy Formulation Process Requirements

رغم أنه يصعب تحديد وتوضيح عمليات للصياغة الاستراتيجية مقبولة من قبل جميع منظمات الأعمال وتفيد في جميع الأحوال والمواقف إلا أن عملية صياغة الاستراتيجية تتطلب ما يأتي:

* **العمليات التمهيدية:** وهي نشاطات تتمحور حول خطوط الإرشاد للاستراتيجية ***Strategic guide lines*** وعلى السياسات ***Policies*** التي في ضوئها يتم تطويرالخطط الاستراتيجية ***Strategic Plans*** من خلال أربعة مهام رئيسة هي:

- المراجعة النهائية للأهداف والاستراتيجيات الحالية للتأكد من مدى موضوعية الأهداف وإمكانية تنفيذها ومعرفة مدى التوافق بين الوسائل والغايات.
- تحديد القضايا الاستراتيجية ***Identify Strategic Issues*** ، والمقصود هنا تشخيص أهم القضايا الاستراتيجية التي تواجه منظمة الأعمال مستقبلاً وتأشيرها، والعمل على مقابلتها مع الخيارات الاستراتيجية المقترحة لأن ذلك ينعكس على خيارات المنظمة ومسارات عملها التي تحدد الأوضاع والنشاطات الرئيسة للمنظمة.
- تهيئة السياسات الاستراتيجية ***Preparing Strategic Policies*** ، ويتطلب هذا الإجراء مناقشة الموقف الاستراتيجي ***Strategic Posture*** والخيارات المتاحة وأساليب تخصيص الموارد فضلاً عن السياسات الوظيفية للمنظمة قيد الدراسة. وتعنى المناقشة دراسة وتحليل المركز الحالي لمنظمة الأعمال لمعرفة أي الأهداف يمكن أن تطور استراتيجيات المستقبل بإتجاهها هل هي أهداف التسويق أو أهداف الإنتاج...وهكذا، كما يتطلب تخصيص الموارد وأساليب التوزيع أن يأخذ بنظر الإعتبار المفاتيح الرئيسة للإستراتيجيات الوظيفية، أي أن تخصيص الأموال، التسهيلات، المعدات، الكادر الإداري يتم في ضوء توجه الاستراتيجية، والحاجات الأساسية لاستراتيجياتها الوظيفية، وأما السياسات الوظيفية فيتم تطويرها لتشكيل أساس لوحدة العلاقة بين وجهات نظر المديرين التنفيذين والأهداف الرئيسة للمنظمة وأهدافها الفرعية ضمن خطتها الاستراتيجية، في ضوء طبيعة النشاطات الثلاث متقدمة الذكر والعلاقة فيما بينها تطور السياسات الاستراتيجية التي تضمن وحدة العلاقة والتوجيه لكل أقسام المنظمة ونشاطاتها بإتجاه أهدافها الرئيسة بعيدة المدى.

• القيام بدراسات الحالة لتحديد مدى جدوى الخيارات الاستراتيجية المقترحة.

* **الإختيار الاستراتيجي** *Strategic Choice*: هو القرار الذي يتم بموجبه إختيار أفضل استراتيجية من بين البدائل المعروضة لإنجاز الأهداف المرغوبة.

يشير (Macmillan & Tampoe,2000:66-68) إلى أن هناك مجموعة من الخصائص التي تساهم في أن تكون عمليات الصياغة الاستراتيجية فعالة وكفوءة، كالآتي :

1. **الإهتمام والعناية بالعملاء** : على عمليات الصياغة أن تحسب بدقة لحاجات وتوقعات وطموحات ومتطلبات العملاء، وكيف يمكن أن تتغير لتظهر حاجات جديدة أو مطورة. هذا يعني على المنظمة أن تكون مقادة بالسوق وحاجات العملاء أكثر من أن تعمل بردود الفعل لتلبية هذه الحاجات.

2. **العلاقة مع الموردين / المجهزين** : يجب أن يتسع نطاق عمليات الصياغة ليتجاوز الحدود المتعارف عليها لمنظمة الأعمال كالعلاقات الخارجية مع الموردين بجميع أنواعهم وتصنيفاتهم، ومن المهم أن تكون لمنظمة الأعمال طرق خاصة تتمايز فيها على منافسيها.

3. **تأثيرات أصحاب المصالح** : من المهم أن تأخذ عمليات الصياغة في الحسبان توقعات وتأثيرات مجاميع أصحاب المصالح المهمة كالمساهمين والمشرعين وجماعات الضغط وفي إطار نطاق العمل الشامل.

4. **فهم القابليات والقدرات** : لا يمكن لعملية الصياغة أن تكون متوازنة ودقيقة إن لم تأخذ في الحسبان قدرات وقابليات منظمة الأعمال، ويجب أن يكون تقييم هذه القدرات واقعي وغير متحيز قياساً للمنافسين، ومن الضروري أيضاً أن يكون هذا التقييم بشكل ديناميكي أي بشكل مستمر وحيوي.

5. **الإهتمام بالتغيرات التكنولوجية والإبداع** : وهنا من المفترض أن تكون عمليات الصياغة موجهة نحو التغيير وفهم طبيعته، وكيف تضيف التكنولوجيا والإبداع قيمة حقيقية للأعمال.

6. **تنوع خبرات ومهارات الموارد البشرية** : إن إمتلاك الموارد البشرية لمنظورات مختلفة ومعارف متعددة تجعل من عملية إيجاد مزيج من هؤلاء الأفراد مهمة حيوية وضرورية لنجاح عمليات الصياغة. فالمتخصصين في التخطيط توجد لديهم وجهات نظر وقيم ومعارف تختلف عن المهندسين في قسم البحث والتطوير، وعلى الإدارة أن تعي طبيعة هذا الإختلاف وتجد الوسائل الملائمة واللازمة لجعل الجميع يساهمون بفعالية في عمليات الصياغة.

7. **تفهم وتشجع الإدارة العليا** : إن ما تمتلكه الإدارة العليا من قوة وسلطة يجعل من مساهمتها ضرورية في عمليات الصياغة ويمكن أن يكون العكس مدعات للفشل وعدم النجاح.

8. **إيصال النتائج وردود الفعل على التغذية العكسية** : إن الاستراتيجيات الجيدة لا تظهر فجأة والفكرة الجيدة تحتاج إلى دعم من يعملون على تنفيذها ويمكن لعمليات الإيصال والإتصال والحوار وبإتجاهات عديدة أن تجعل من عمليات الصياغة أكثر كفاءة وأقرب إلى الدقة والواقع.

9. **الإحساس المنطقي وموازنة العمليات** : إذا لم تكن عمليات الصياغة متوازنة وتغلب عليها واحدة أو إثنين من بين العناصر المذكورة سابقاً، فمن الضروري تعديل هذا الوضع في وقت يخصص لهذا الغرض ويجب أن تكون العناية والإحساس بالصياغة شاملاً للعناصر المذكورة سابقاً.

10. **تصميم العملية** : من المهم أن لا يكون تصميم العملية زائداً عن الحدود المنطقية، بل من المفترض أن يكون وفق إفتراضات معقولة ومنطقية، ومن الضروري الأخذ بنظر الإعتبار جوانب القوة والضعف في عمليات الصياغة الحالية، كذلك من المفترض أن تكون الطرق المستخدمة مرنة بحيث تتيح مواجهة المواقف الحرجة دون الدخول في تفاصيل غير مبررة. ومن الضروري أن تشمل عمليات الموازنة جوانب التحليل والتركيب الضرورية لوضع الخيارات في التنفيذ الفعال، بالإضافة إلى ما ذكر سابقاً من المهم والضروري الإبتعاد عن كون عمليات الصياغة رتيبة وروتينية وتكرر بإستمرار.

11. **الأخذ بنظر الإعتبار الدعم الخارجي** : وهنا يمكن أن يكون للمستشارين الاستراتيجيين والإداريين دوراً للمساهمة في عمليات الصياغة، ويمكن أن تكون هذه المساهمة من خلال التوجهات والأفكار أو المساعدة في تصميم عمليات الصياغة.

خطوات عملية صياغة الاستراتيجية Strategy Formulation Process Steps

إن عملية الصياغة الاستراتيجية تتطلب جهد كبير من الإدارة العليا من أجل إجراء الموازنات المتعددة بين متغيرات وضغوط عديدة تردها من البيئة الداخلية والخارجية. فالصياغة عملية معقدة وتشمل أكثر عناصر التفكير البشري تعقيداً ودقة، وفي بعض الأحيان يشترك فيها اللاوعي أيضاً (Mintzberg,1994 :111). ويرى الباحثين ومن واقع أدبيات الإدارة الاستراتيجية والخبرة العملية إن عملية الصياغة الاستراتيجية تتطلب العديد من الخطوات، تتمثل بالآتي :

الخطوة الأولى : تصور ما يمكن أن تؤول إليه المنظمة إذا إستمرت على ممارسة نفس أساليبها وأنشطتها الحالية، رغم تغير الظروف المحيطة بها.

الخطوة الثانية : وفي هذه المرحلة يتم إعادة النظر في الأهداف الاستراتيجية التي سبق تحديدها والتأكد من أن فرص تحقيقها ما زالت كبيرة.

الخطوة الثالثة : وفي هذه المرحلة يقوم فريق التخطيط الاستراتيجي بتحديد الوضع الحالي لمنظمة الأعمال وبين الوضع المثالي المستهدف الوصول إليه، وهذا ما يسمى بتحديد الفجوة الاستراتيجية Strategy Gap .

الخطوة الرابعة : تهدف هذه المرحلة إلى البحث عن الاستراتيجيات البديلة التي يمكن من خلالها سد الفجوة بين الوضع الحالي والمثالي، وتتطلب هذه الخطوة ما يلي :

• إستخدام أقصى درجات التفكير والإبداع.

• العودة إلى الدراسات والأبحاث التي توضح مزايا وعيوب إستخدام الاستراتيجيات البديلة.

الخطوة الخامسة : يتم في هذه المرحلة تقييم البدائل الاستراتيجية للبحث في إمكانية إستخدامها وحجم الفوائد التي يمكن أن تحققها منظمة الأعمال وكذلك تكلفة ومتطلبات مثل هذه البدائل الاستراتيجية.

الخطوة السادسة : وهنا يقوم أعضاء لجنة التخطيط الاستراتيجي بترجمة البدائل الاستراتيجية التي تم الإتفاق عليها إلى خطة عمل من خلال فترة زمنية معينة.

الخطوة السابعة : وهنا يتم إعداد وصياغة الاستراتيجية في شكلها المتكامل والتي تحتوي على العديد من العناصر منها :

• توضيح كامل للوضع الحالي لمنظمة الأعمال.

• توضيح الأهداف التي تسعى منظمة الأعمال إلى تحقيقها.

• وصف كل بديل أو أسلوب من الأساليب الاستراتيجية التي تم إختيارها لتحقيق الأهداف الموضوعة.

القوى الموجهه Driving Force

يعبر الباحثان (Tregoe & Zimmerman,1980:11) عن الإستراتيجية بكونها " الإطار الذي يوجه الخيارات التي تقرر طبيعة وإتجاه المنظمة "، وهذا من حيث الأساس يتلخص بإنتقاء المنتجات/الخدمات التي يراد عرضها، والأسواق التي سيتم عرضها فيها، وعلى المديرين أن يسندوا هذه القرارات إلى قوة توجيهية أو دافع استراتيجي واحد للعمل، *Driving Force* وعلى الرغم من وجود مجموعة من قوى التوجيه فإن واحدة فقط يمكن أن تعمل كأساس للإستراتيجية في منظمة معينة. إن الأسئلة المُثارة حول تحديد طبيعة المنتجات والخدمات التي تقدمها المنظمة للعالم من حولها ، وعن أي الأسواق تبحث، والى أي من العملاء تحاول الوصول تكمن في مفهوم الدافع الاستراتيجي. حيث أن كل منظمة لابد وان تكون لها قوة دافعة تحركها في تللك الاتجاهات المحددة. ولابد لكل منظمة أن تحدد ذلك الدافع الذي يدفعها أو يسيّرها أو يوجهها بإتجاه محدد معين دون سواه. الدافع الاستراتيجي او القوة التوجيهية ذلك العنصر أو المكوّن الذي يوجه منظمة الأعمال نحو عملاء ومنتجات وأسواق بحد عينها وهو الذي يشكل صورة المنظمة وآفاق تطلعاتها، ومما لا شك إن وراء كل منظمة قوة أو دافع معين يمنحها هويتها الخاصة بها وتجدر الاشارة الى ان البحث عن محور يتَّسم بالموائمة الاستراتيجية يتفاوت من منظمة الى اخرى لكنه دائماً ما يكون بنفس الشاكلة في المنظمة الواحدة. وبعبارة اخرى، فان احد عناصر المنظمة هو الذي يلعب الدور المحوري والرئيسي في تحديد واختيار وتوجيه استراتيجية أعمالها. إن زيادة نجاح منظمة الأعمال يتناسب بشكل مضطرد مع ادراك ادارتها العليا للدافع الاستراتيجي واستفادتهم في تطويعه في تحقيق ذلك النجاح، فالدافع الاستراتيجي هو المحور الذي يشكل القلب النابض بالنسبة لأعمال المنظمة وهو الذي يمنحها ميزتها التنافسية في قطاع اعمالها. هناك مجموعة من الدوافع الاستراتيجية أو قوى التوجيه لمنظمات الأعمال تتمثل بالأتي : (Robert,2000:70).

* المنتجات / الخدمات المقدمة	* نوع المستخدمين / فئة العملاء	* نوع السوق / القطاع
* التكنولوجيا المستخدمة / المعرفة والخبرة	* القدرة الإستيعابية / الإمكانات الإنتاجية	* الموارد الطبيعية
* طريقة البيع / التسويق	* طريقة التوزيع	* الحجم / النمو
* العوائد / الأرباح		

وبالرغم من وجود جميع هذه المكونات في اغلب المنظمات ، فأن واحداً منها فقط يكون هو الأهم استراتيجياً لمنظمة الأعمال ويُعد بمثابة الدافع الذي يوجهها نحو تحقيق النجاح . إن الاعتماد على أي من هذه الدوافع يعتبر مهم للغاية بالنسبة إلى المنظمات، وان القرارات التي تتخذها بشأن المنتجات والعملاء والأسواق الحالية والمستقبلية تتفاوت تفاوتاً كبيراً. حيث انه بسبب كون كل استراتيجية من هذه الاستراتيجيات يمكن أن تقود المنظمة باتجاه مختلف ، بل إنها يمكن أن تغيِّر كثيراً من واقعها المستقبلي ، لابد لإدارة منظمة الأعمال أن تختار الاستراتيجية الأكثر ملائمة لها من اجل تحقيق الميزة التنافسية. وفيما يلي توضيحاً لهذه الدوافع.

1. الاستراتيجية المدفوعة بالمنتجات / الخدمات

Strategy Driven by Product & Service

إن المنظمة التي تتميز بهذه الاستراتيجية هي تلك التي تربط عملها بمنتوج واحد معين . ونتيجة الى ذلك فأن منتجاتها المستقبلية سوف تتشابه كثيراً مع منتجاتها الحالية والسابقة من حيث الشكل والخصائص. اذ أن المنتجات المستقبلية لهذه المنظمة ستكون مجرد تعديلات أو توسعات للمنتجات الحالية. وفي هذه المنظمة تكون هنالك علاقة خطية مابين منتجات الماضي والحاضر والمستقبل .

2. الاستراتيجية المدفوعة بنوع المستخدمين/فئة العملاء

Strategy Driven by User Or Customers

فالمنظمة التي تمارس هذه الاستراتيجية هي تلك التي تركز بكامل عملها على فئة محددة دون سواها من العملاء. حيث تحاول هذه المنظمة تلبية مجموعة من الاحتياجات المترابطة التي تنبثق عن تلك الفئة من العملاء.

3. **الاستراتيجية المدفوعة بنوع السوق / قطاع الأعمال**

Strategy Driven by Market Or Category

المنظمة التي تمارس هذه الاستراتيجية تكون على شاكلة التي تركز على صنف العملاء باستثناء انه بدلاً من تحديد أعمالها بمجموعة من العملاء، فان المنظمة التي توجّه أعمالها على أساس نوع السوق تركز مستقبلها على صنف معين من الأسواق او قطاعات العمل.

4. **الاستراتيجية المدفوعة بالطاقة الإنتاجية**

Strategy Driven by Production Capacity

إن المنظمة التي تمارس هذه الاستراتيجية عادة ما يكون لها استثمار كبير وواسع في قابليلتها وطاقاتها الانتاجية. حيث ترى هذه المنظمة بان تشغيل مواقع عملها بأقصى طاقة انتاجية لها يشكل الأساس لتحقيق الأرباح. ومن جانب آخر فأن المنظمة التي تتّبع الاستراتيجية المدفوعة بالطاقة الانتاجية هي تلك المنظمة التي تكون قد بنت قابليات مميزة وخاصة في عملياتها الانتاجية بما يسمح لها بصناعة منتجات ذات خصائص يصعب تقليدها من قبل منافسيها. وبذلك فهي تسعى دائماً الى ايجاد الفرص التي يمكن من خلالها استثمار كل ما لديها من قابليات وطاقات في هذا الشأن.

5. **الاستراتيجية المدفوعة بالتكنولوجيا Strategy Driven by Technology**

فالمنظمات التي تمارس هذه الاستراتيجية هي تلك المنظمات التي تمتلك ثمة تكنولوجيا مميزة في عملها، وتكون لديها القدرة على تقوية أو اكتساب تقنيات أو خبرات فنية تكميلية جديدة. ومع مرور الوقت تدخل منظمة الأعمال التي تمارس هذهِ الاستراتيجية في انتاج مجموعة واسعة من المنتجات التي تنبثق جميعها عن التكنولوجيا التي تخصصت فيها، وتلبي احتياجات مجموعة واسعة ومتنوعة من العملاء والاسواق. وهذهِ المنظمة تستخدم التكنولوجيا للحصول على ميزة تنافسية. حيث انها تسعى الى تعزيز قدراتها في تطوير التقنيات ومن ثم البحث عن مجالات تطبيق تلك التقنيات. وعندما تجد التطبيقات الملائمة لما لديها من تقنيات، فأنها سوف تعمد الى تطوير المنتجات النابعة من تقنياتها والتي تحقق حالة التميّز لتلك المنتجات. وفي الوقت الذي تستثمر منظمة الأعمال ميزتها التنافسية في سوق معينة، فأنها تبحث كذلك عن تطبيقات اخرى في اجزاء سوق اخرى. وعموماً فأن المنظمات التي تمارس استراتيجية التوجه على اساس التكنولوجيا عادة ما تخلق اسواق جديدة لمنتجاتها.

6. الاستراتيجية المدفوعة بطريقة البيع/التسويق

Strategy Driven by Sales Or Marketing Method

إن المنظمة التي تمارس هذهِ الاستراتيجية تتميز بامتلاك طريقة فريدة ومميزة في الحصول على الطلبات من عملائها. ولابد لكل ما يُعرض من منتجات او خدمات ان يستفيد من اسلوب البيع هذا. ونجد ان المنظمة لا ترغب بالمنتجات التي لا يمكن بيعها من خلال طريقة البيع التي تمارسها، ولا تحاول استقطاب العملاء الذين لا يمكن الوصول اليهم من خلال طريقة البيع وقنوات التسويق هذهِ. ولذلك نجد ان اتجاه مثل هذهِ المنظمات ومنتجاتها وأسواقها تحدده الطريقة المستخدمة في البيع والتسويق.

7. الاستراتيجية المدفوعة بطريقة التوزيع

Strategy Driven by Distribution Method

إن المنظمات التي تمتلك طريقة مميزة وفريدة من نوعها في ايصال منتجاتها او خدماتها من مواقع عملها الى مواقع عملائها هي التي تمارس استراتيجية التوجّه على اساس طريقة التوزيع. ونلاحظ بان هذا النوع من المنظمات لا يرغب بالتعامل إلاّ بالمنتجات او الخدمات التي تستخدم نظامها التوزيعي المميز لديها.

8. الاستراتيجية المدفوعة بالموارد الطبيعية

Strategy Driven by Natural Resources

عندما يكون الوصول الى الموارد الطبيعية او السعي للحصول على الموارد الطبيعية هو الاساس لبقاء المنظمة، حينئذ تكون هذهِ المنظمة ذات منحى يستند على الاستراتيجية المدفوعة بالموارد الطبيعية.

9. الاستراتيجية المدفوعة بالحجم / النمو **Strategy Driven by Size Or Growth**

المنظمات التي تهتم بالنمو من اجل النمو بحد ذاته أو من أجل تحقيق اقتصاديات الحجم عادة ما تمارس استراتيجية الحجم/ النمو . ونلاحظ بان جميع قراراتها تتخذ لزيادة الحجم او النمو.

10.الاستراتيجية المدفوعة بالعوائد / الأرباح

Strategy Driven by Return Or Profit

عندما يكون المعيار الوحيد للمنظمة للدخول الى سوق معينة او عرض منتوج معين هو الارباح، حينئذ تكون المنظمة ذات استراتيجية تركز على التوجّه على اساس العائدات/ الارباح.

عادة ما ينطوي كل نوع من أنواع الدوافع الاستراتيجية على مفهوم عمل مختلف يمكن تفصيله وبيانه بشكل واضح أكثر بعد القيام بنشر وادراك مفهوم الدافع الاستراتيجي. ولا شك أن مفهوم الدافع الاستراتيجي لمنظمة الأعمال يؤثر بصورة مباشرة وعميقة على جميع جوانب أنشطتها وقراراتها. فهو الذي يحدد مجال المنتجات والأسواق، والهيكل التنظيمي للمنظمة، والتقنيات المطلوبة، ونوع مواقع الإنتاج، وقنوات التوزيع، وأساليب البيع والتسويق، وحتى نوع الأفراد المستخدَمين. وبعبارة أخرى، فأن مفهوم العمل هو الذي يحدد ماهية ومناخ وسلوك المنظمة. إن مهمة تحديد الدافع الاستراتيجي يتحملها فريق القيادة العليا بالمنظمة كما ويقوم باعادة تقييم ومراجعة الدافع الاستراتيجي بصورة دورية ومنتظمة خاصة في مراحل تصميم وتطوير الخطة الاستراتيجية للمنظمة. وفيما يلي شكل يوضح مصفوفة تحديد الدافع الاستراتيجي.

شكل (5-3): مصفوفة تحديد الدافع التوجيهي

مجموع إشارات "✗" الأفقية	10	9	8	7	6	5	4	3	2	1	
	العوائد والأرباح	الحجم أو النمو	الموارد الطبيعية	طريقة التوزيع	طريقة البيع /التسويق	القدرة الإنتاجية	التكنولوجيا المستخدمة	نوع السوق / قطاع الأعمال	نوع المستخدمين / فئة العملاء	المنتجات / الخدمات المقدمة	• إبدأ بوضع إشارة "✗" على المربعات في السطور الأفقية الموازية للعوامل الإستراتيجية الأفقية. • إذا كان العامل الإستراتيجي العامودي أهم من الأفقي فاترك المربع أبيضاً. • إشارة "✗" تدل على أن العامل الإستراتيجي الأفقي أهم من العامل الإستراتيجي العامودي. • ترك المساحة بيضاء يدل على أن العامل الإستراتيجي العامودي أهم من العامل الإستراتيجي الافقي. • عند جمع الأرقام سيتمكن الفريق من تحديد أمرين هامين: أولاً: الدافع التوجيهي. ثانياً: العوامل الإستراتيجية ذات التأثير العالي في إتخاذ القرار.
											1 المنتجات / الخدمات المقدمة
											2 نوع المستخدمين / فئة العملاء
											3 نوع السوق / قطاع الأعمال
											4 التكنولوجيا المستخدمة
											5 القدرة الإنتاجية
											6 طريقة البيع /التسويق
											7 طريقة التوزيع
											8 الموارد الطبيعية
											9 الحجم أو النمو
											10 العوائد والأرباح
											عامودياً (عدد المربعات البيضاء)
											أفقياً (عدد إشارات "✗")
											المجموع
											الترتيب

Source: Below, Patrick J.; Morrisey, Georgel L.; Acomb, Bellg L., 1987: 63

الدوافع الاستراتيجية الرئيسية والمساندة لمنظمة الأعمال	
	الدافع الاستراتيجي الرئيسي
	الدافع الاستراتيجي المساند 1
	الدافع الاستراتيجي المساند 2

يمكن لإستراتيجية منظمة الأعمال مع مرور الوقت أن تصبح أقوى أو اضعف. إن النهج الإستراتجي الذي تسلكه المنظمة يحدده محاور التميز التي تحاول منظمة الأعمال تجسيدها مع الوقت. ويعرّف محور التميز على انه المهارة أو الكفاءة أو القابلية التي يمكن أن تستثمرها منظمة الأعمال بمستوى أكفأ من أي شيء آخر تقوم به، ولاسيما بشكل أفضل من أي منافس آخر. وان التميّز في اثنين أو ثلاث من هذهِ المحاور الرئيسية هو الذي يُبقي على حيوية الاستراتيجية وفاعليتها. ومن الجدير بالذكر ان محاور التميز المطلوبة لتحقيق النجاح تتغير كثيراً اعتماداً على أي من الدوافع التوجيهية العشرة التي تمارسها المنظمة.

ومن الضروري لمنظمة الأعمال أن تعي أن التعامل بجدية مع محاور التميّز من اجل بناء مستوى من الكفاءة يفوق جميع المنافسين. وان معرفة المحور الاستراتيجي الذي يوجه منظمة الاعمال ومحاور التميّز لدعم تلك الاستراتيجية تعني فهم السلاح الاستراتيجي الذي سوف يمنحنا ميزة تنافسية دائمية في السوق.

الطرق المساعدة على صياغة الاستراتيجية

Strategy formulation Methods

توجد العديد من الطرق المنهجية والرسمية تستخدم من قبل منظمات الأعمال لتقييم الاستراتيجية والمساعدة على صياغتها. بعض هذه الطرق تستخدم أساليب ومفاهيم تمثل آليات مفضلة لمنظمات الأعمال في الوقت الحاضر، ومن المعلوم أن هذه الطرق يمكن أن توضع في إطار ثلاث مجموعات أساسية تتمثل بالآتي :

1. طرق تحليل الأنشطة الصناعية Industrial Activity Analysis Methods
2. طرق تحليل المحافظ الإستثمارية Portfolio Analysis Methods
3. طرق شمولية Comprehensive Methods

طرق تحليل الأنشطة الصناعية Industrial Activity Analysis Methods

تضم هذه المجموعة العديد من الطرق التي يتم بموجبها تحليل النشاط الصناعي لمنظمة الاعمال وفق إعتبارات كثيرة ومتعددة، يمكن أن نشير إلى بعضها كالآتي :

● مشروع تأثر الأرباح باستراتيجية التسويق Profit Impact of Market Strategy (PIMS)

يمكن لهذه الطريقة أن تساعد منظمة الأعمال في صياغة استراتيجياتها آخذة بنظر الإعتبار كل منتج من منتجاتها على انفراد أو بجميع هذه المنتجات بوحدات ومحافظ إستثمارية متنوعة، ويعتبر مشروع PIMS من الطرق المعقدة التي يمكن أن تستخدمها منظمات الأعمال الصناعية الكبيرة، وهي مشروع طموح تم تطويره بمبادرة من شركة General Electric بالتعاون مع Harvard Business School في بداية السبعينات من القرن الماضى. ومنذ ذلك الحين فقد تم إغناء هذا المشروع من خلال مساهمة العديد من منظمات الأعمال في العالم الغربي. ويشمل اليوم هذا المشروع على أكثر من 4500 نشاط صناعي مختلف (Schoefler S., Buzzell R.D. et Heany D.F., 1974:93).

إن أصل المشروع هو إعتماد وتحليل أسباب النجاح والفشل لمجموعة منتجات شركة General Electric وتحديد ما هو القانون الذى يقود نمو السوق والذي يوجه المسؤولين في عمل خياراتهم الاستراتيجية. ولهذا الغرض تم بناء أنموذج الهدف منه تحديد المتغيرات المؤثرة على ربحية المنتجات ومن خلال ذلك يتم تحديد القانون الذي يحكم العمل في السوق. والمتمثل بالمعادلة التالية :

الأداء (Performance) = دالة (F) لمجموعة من المتغيرات الاستراتيجية.

والأسئلة المهمة في هذا النموذج هي :

- ما هي المتغيرات الاستراتيجية التي تؤدي إلى أداء مختلف مقاس بربحية الاستثمار أو العائد على الاستثمار أو غيره من المقاييس الأخرى.
- ما هو مستوى الأداء الذي يمكن إعتباره أداءاً طبيعياً لأنشطة معينة لشروط سوق معينة ولاستراتيجيات خاصة.
- آخذين في الإعتبار الأداء لأنشطة معينة ولظروف تنافسية خاصة، هل يتأثر ويمكن تغيير هذا الأداء من خلال تعديل وتغيير في الاستراتيجية.
- ما هي التغيرات في الاستراتيجيات لأنشطة معينة ولشروط سوق خاصة التي تسمح بتحسين الأداء، وخاصة الربحية.

لقد تم في إطار مشروع PIMS إيجاد عدد كبير من العلاقات يمكن الإشارة إلى بعضها، وكالآتي:

- هناك علاقة إيجابية بين الحصة السوقية والربحية، يوضحها الشكل (5-4).
- هناك علاقة عكسية بين كثافة الإستثمار والربحية، يوضحها الشكل(5-5).

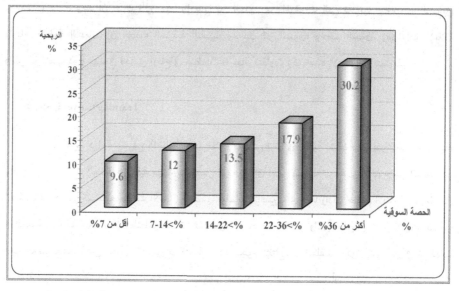

شكل (5-4): العلاقة بين الحصة السوقية والربحية

Source: Schoefler S., Buzzell R.D. et Heany D.F. "Impact of Strategic planning on Profit Performance", H.B.R., March – April (1974).

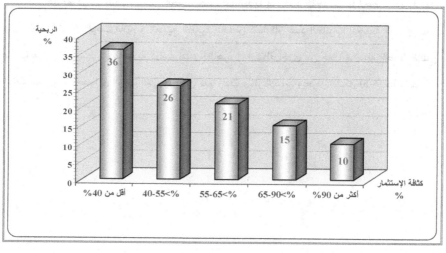

شكل (5-5): العلاقة بين الإستثمار والربحية

Source: Schoefler S., Buzzell R.D. et Heany D.F. "Impact of Strategic planning on Profit Performance", H.B.R., March – April (1974).

وكمحصلة عامة، وجد أن هناك تأثير مهم وإيجابي بين العديد من المتغيرات التي تحويها استراتيجية التسويق وأرباح منظمة الأعمال. إن الحصة السوقية النسبية ومعدل نمو السوق، وحجم السوق، ومؤشرات الإعلان، والتوزيع تلعب دوراً مهماً في تحقيق أرباح في منظمات الأعمال تتفاوت وفق هذه الإعتبارات التسويقية.

* منحنى الخبرة Learning Curve

لقد أشرت دراسة مشروع PIMS أن أحد المتغيرات التي تؤثر في ربحية نشاط معين هو الحصة السوقية، بمعنى كلما أصبحت الحصة السوقية مهمة ستتحسن الربحية. إن أحد الأسباب المهمة لهذا النوع من العلاقة هو الكلف القليلة التي تستطيع منظمة الأعمال تحقيقها قياساً بالمنافسين، أي كلما زادت حجوم الإنتاج يعني تحسن في الحصة السوقية وبالتالي فإن المنظمة هنا تستفيد من إقتصاديات الحجم. والتي تعنى في جانب منها مزيد من الخبرات قد تحققت على مختلف المستويات نتيجة زيادة حجوم الإنتاج. إن الكلف ستكون أقل بكثير في المنظمات المهيمنة قياساً للمنظمات صغيرة الحجم. إن مفهوم إقتصاديات الحجم يجب أن يدرس بعناية حيث بينت الدراسات أنه كلما تضاعف حجم الإنتاج إنخفضت التكاليف بنسبة تراوحت بين 20% - 30% (.Schoefler S., Buzzell R.D. et Heany D.F., 1974:102).

لقد تم دراسة ظاهرة منحنى الخبرة Learning Curve منذ سنة 1925 عندما لاحظت فرق العمل في تصنيع الطائرات. إن الوقت اللازم في تجميع الطائرة ينخفض كلما كان عدد الطائرات المجمعة كبيراً، وبعد ذلك حاولت مجموعة بوسطن الإستشارية دراسة هذه الظاهرة في أنشطة أخرى من خلال ملاحظة خطوط الإنتاج أو بالخدمات، حيث لاحظوا أن الوقت اللازم ينخفض كلما زادت وتائر الإنتاج. ويعرض الشكل (5-6) هذه العلاقة.

شكل (5-6): منحنى الخبرة

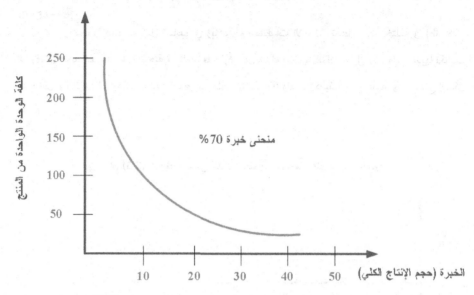

Source: Schoefler S., Buzzell R.D. et Heany D.F. "Impact of Strategic planning on Profit Performance", H.B.R., March – April (1974).

حيث يعرض الشكل العلاقة بين حجوم الإنتاج وكلفة الوحدة الواحدة من المنتج، وقد تم تسمية هذه العلاقة منحنى الخبرة Learning Curve. ويعرض الشكل منحنى خبرة (70%) بمعنى كلما تضاعف حجم الإنتاج تنخفض التكاليف بنسبة (30%). ويمكن توضيح هذه العلاقة بالمعادلة التالية :

$$\text{علاقة منحنى الخبرة} = C_t + C_o (V_t / V_o) - E$$

حيث أن:

V_t : الخبرة الحالية (بمعنى حجوم الإنتاج المجمعة لغاية الزمن t).

V_o : الخبرة السابقة (بمعنى حجوم الإنتاج المتجمعة في زمن سابق).

C_t : كلف الإنتاج للزمن t وهي تناظر حجوم الإنتاج المجمعة لغاية V_t.

C_o : كلف الإنتاج للزمن o وهي تناظر حجوم الإنتاج المتجمعة لغاية V_o.

E : نسبة الخبرة (دلالة لنمط الخبرة المتراكمة).

إن وراء تأثير الخبرة العديد من العوامل بمقدمتها سرعة نمو العمليات للإنتاج وتحقيق الكمية المطلوبة، حيث أن تكرار نفس العمل يجعل منه سهل التحقيق في إطار زيادة الخبرة وبالتالي ينخفض الوقت اللازم للإنجاز، أما العامل الثاني هو تحسين إجراءات الإنتاج بفضل

تكرار إنجاز العمل، أما العامل الثالث والأخير فيتمثل في إعادة تعريف المنتج بطريقة تجعل من عملية صنعه أكثر وضوح وسهولة.

إن مجمل هذه العوامل تساهم في زيادة خبرة منظمات الأعمال وتجعل منها مختلفة في إطار هذه الخبرة، مما يولد تطبيقات استراتيجية مختلفة، فلو فرضنا أن هناك ثلاث منظمات الأولى (A) والتي لديها تكاليف إنتاج أقل، والثانية (B) ولديها تكاليف إنتاج متوسطة، والثالثة (C) ولديها تكاليف إنتاج عالية، وكما يوضح الشكل (5-7).

شكل (5-7): الموقع النسبي لثلاث منظمات متنافسة على منحنى الخبرة

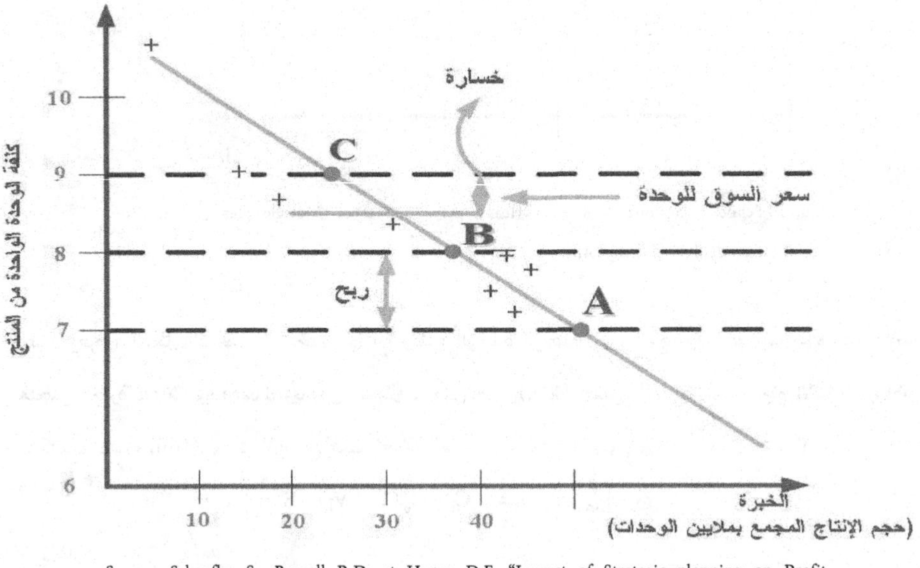

Source: Schoefler S., Buzzell R.D. et Heany D.F. "Impact of Strategic planning on Profit Performance", H.B.R., March – April (1974).

إن المنظمة (C) تمتلك خبرة قليلة، وبالتالي فإنه يتوجب عليها تطوير خبرتها أو ترك القطاع، أما المنظمة (B) والتي هي في موقع وسط تستطيع مضاعفة حجوم الإنتاج للحصول على الخبرة والإستمرار في التنافس، في حين أن المنظمة (A) والتي لديها الخبرة الأكبر تستطيع الحصول على ميزات هذا الموقع، وإن إستراتيجياتها تستند على الإستفادة من موقعها التنافسي وخبرتها المتراكمة.

* دورة حياة المنتج Product Life Cycles

إن دورة حياة المنتجات قائمة على عدد كبير من الإفتراضات التي تم تسجيلها من واقع الخبرة الميدانية، فهي توضح أسلوب تبني منظمات الأعمال للتجديد والإبداع وتعطى طبيعة تطور مبيعات منتج معين، في ضوء الزمن منذ دخوله إلى السوق وحتى لحظة إنحداره. ففي بداية دخول المنتج إلى السوق تكون المبيعات قليلة بسبب عدم معرفة المستهلكين بالمنتج، وتزداد المبيعات كلما زادت المعلومات عن المنتج إلى أن تصل إلى مرحلة النضج، حيث تبدأ المبيعات بالتباطؤ لتظهر منتجات جديدة أو تحسينات على المنتج القائم وإلا سيكون مصيره الإنحدار (Pride & Ferrell,1997:211).

لقد أصبحت دورة حياة المنتج وسيلة مهمة للتحليل الاستراتيجي، حيث يلاحظ أن الاستراتيجيات المختارة تختلف بإختلاف وجود المنتج في دورة الحياة ويرجع هذا إلى إختلاف الأهداف بإختلاف مراحل دورة الحياة، ويعرض الشكل (5-8) خلاصة موجزة عن دورة حياة المنتج والاستراتيجيات المناسبة لها.

شكل (5-8): دورة حياة المنتج وبعض الخصائص الملازمة والاستراتيجيات الملائمة

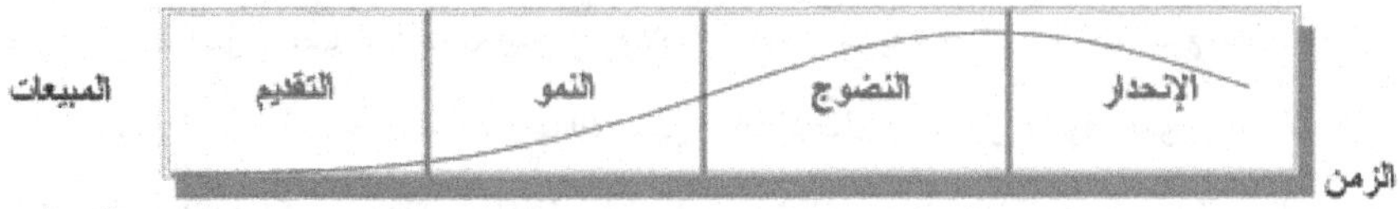

الخصائص

	التقديم	النمو	النضوج	الإنحدار
المبيعات	قليلة	تبدأ بالتزايد	تصل إلى أعلى مستوى	تنخفض
التكاليف	مرتفعة للمستهلك الواحد	وسط للمستهلك الواحد	منخفضة للمستهلك الواحد	منخفضة للمستهلك الواحد
العوائد	خسارة	تعادل	أرباح	تنخفض الأرباح
المستهلكين	الرياديون	أوائل المتبنيين	الغالبية العظمى	المتأخرون
المنافسة	قليلة	تتزايد	تستقر ثم تتناقص	تنخفض

الأهداف

	التعريف بالمنتج وتجربته	زيادة الحصة السوقية	زيادة الأرباح والمحافظة على الحصة السوقية	تقليل النفقات والإهتمام بالجوانب المالية

الاستراتيجيات

المنتج	تقديم المنتج الأساسي	تحسين وإضافات	تنويع العلامات والأشكال	التخلي عن الأصناف الضعيفة
السعر	الكلفة عالية	التغلغل بالسوق	التنافس	تخفيض السعر
التوزيع	إنتقائي	مكثف	شمولي	إنتقائي والإستغناء عن المنافذ غير المربحة
الإعلان	تعريف أجزاء معينة من السوق والمنتج	تعريف كامل السوق للمنتج	التركيز على تمييز المنتج عن المنافسين	تخفيض تكاليف الإعلان
ترويج المبيعات	تشجيع تجربة المنتج	الإستفادة من الطلب المتزايد	زيادته لتشجيع عملية ا لإنتقال إلى المنتج الجديد	خفضه إلى أدنى معدل ممكن

الأولويات للأنشطة	التقديم	النمو	النضج	الإنحدار
	البحث والتطوير	الإنتاج	التسويق والتوزيع	الأنشطة المالية

Source: Kotler, 1994:373

تشير البحوث والدراسات إلى أن خصائص الأنشطة وظروف البيئة التنافسية بالإضافة إلى دورة حياة المنتج لها تأثير مهم جداً على الاستراتيجيات التي تصيغها منظمة الاعمال وتنفذها، ويعرض الشكل (5-9) الاستراتيجيات المعتمدة في إطار تأثير الموقع التنافسي للمنظمة أو منتجاتها ودورة حياة هذه المنتجات أو الاعمال.

شكل (5-9): الاستراتيجيات المعتمدة في إطار تأثير الموقع التنافسي للمنظمة أو منتجاتها ودورة حياة هذه المنتجات أو الاعمال

دورة الحياة / الموقع التنافسي	التقديم	النمو	النضج	الإنحدار
مهيمن			التطوير	
قوي		طبيعي		
مفضل			الإنتقاء والتطوير	
متدني				
ضعيف		إستراتيجيات الإنكماش (التراجع)		إستراتيجيات الإنسحاب والتصفية

Source: Little, A.D., "A management Systems for the 1980s ", A.D.L, San Francisco, (1979).

*** تحليل عامل النمو Growth Factor Analysis**

إن إختيار الاستراتيجية وصياغتها ووضعها موضع التنفيذ ينطلق من الإجابة على سؤالين رئيسيين، يتعلق الأول، بطبيعة السوق / الأسواق التي تعرض فيها المنتجات، أما الثاني، فيحدد مختلف المنتجات التي تقوم منظمة الأعمال بإنتاجها وتسويقها (Raymond-Alain Thiétart,1984:114-117).

إن تحليل هذين البعدين يعطى تصوراً عن طبيعة الاستراتيجيات المصاغة من قبل منظمات الأعمال. هنا قد تقوم منظمة الأعمال بالتغلغل بقوة بالسوق الحالية أو تقليد منتجات المنافسين أو تقديم منتجات جديدة بشكل جذري، كذلك تحاول المنظمة المنافسة في سوق واسعة تتجاوز حدود سوقها التقليدية أن تغير بالكامل طبيعة عملائها. إن إختيار المنتج والسوق

يعرف عادة بعامل النمو الذي يعطى منظمة الأعمال توجهها المستقبلي، ويمكن تلخيص الأفعال الاستراتيجية الضرورية التي يمكن لمنظمة الأعمال أن تعتمدها في إطار هذه التوجهات. والشكل (5-10) يوضح ذلك.

شكل (5-10): تحليل عامل النمو

		المنتج		
		المنتجات الحالية	المنتجات المطورة	المنتجات الجديدة
السوق	الأسوق الحالية	▪ التغلغل في السوق. ▪ البحث عن الكفاءة والمرونة ▪ الحفاظ على الموقع. ▪ تحسين التميز للمنتجات. ▪ تحسين نمو العلامات التجارية.	▪ تعزيز جهود البحث والتطوير. ▪ إدخال التنوع. ▪ إضافة خصائص جديدة. ▪ تحسين إستخدامات مختلف المنتجات.	▪ توسيع خطوط الإنتاج. ▪ إحلال منتجات جديدة محل القديمة. ▪ التنويع. ▪ البحث عن منتجات مرتبطة ببعضها. ▪ تحسين إستخدام الموارد.
	الأسواق المستهدفة	▪ جذب عملاء جدد. ▪ إضافة قنوات توزيع جديدة. ▪ إستخدام الأسعار للدفاع عن الموقع. ▪ التحسين والتطوير السريع.	▪ تجزئة الأسواق. ▪ تمييز المنتجات. ▪ زيادة الدعاية والإعلان. ▪ تغير الأسعار. ▪ تحسين الجودة وتقديم خدمات.	▪ نمو خطوط الإنتاج. ▪ التنويع العمودي. ▪ تحسين مرونة العمليات. ▪ إستخدام تكنولوجيا مترابطة.
	الأسواق الجديدة	▪ الذهاب لأسواق جديدة. ▪ تحسين جاذبية المنتج. ▪ نمو الجهود الترويجية والدعائية. ▪ قبول الخسائر خلال فترة تقديم المنتج.	▪ الإستعلام عن وجود منتجات جديدة مخصصة لمختلف شرائح المستهلكين. ▪ إستخدام قنوات توزيع جديدة وسائل إعلامية جديدة.	▪ تنويع في قطاعات غير مرتبطة. ▪ الإندماج والإستحواذ في قطاعات تكنولوجية مترابطة وغير مترابطة. ▪ التنويع في قطاعات مختلفة في دورات حياتها من ناحية المبيعات والأرباح.

Source: Raymond-Alain Thiétart, "La Stratégie d'entreprise", McGraw-Hill, Paris, 1984:114-117

طرق تحليل المحافظ الإستثمارية Portfolio Analysis Methods

تستخدم إدارة منظمة الأعمال أساليب عديدة يتم في ضوئها التأكد من أن الاستراتيجية المصاغة والمختارة تقع في إطار منطقي ولا تتعارض مع المبادئ الأساسية للخيارات الصحيحة. لقد تم تطوير العديد من طرق تحليل المحافظ الإستثمارية وأصبحت معها الشركات العالمية تستخدمها لتتأكد من خلالها أن خياراتها وإستثماراتها في الأعمال والمنتجات متوازنة ومنسجمة مع طبيعة المؤثرات البيئية والتنافسية. سوف يتم إستعرض أهم الطرق المستخدمة في تحليل المحافظ الإستثمارية.

* نموذج جماعة بوسطن الإستشارية Boston Consulting Group (BCG)

لقد قامت مجموعة بوسطن الاستشارية، وهي مؤسسة للإستشارات الإدارية بتطوير وتبسيط نموذج لصياغة الاستراتيجية المتعددة الأعمال، يدعى بإسم مصفوفة معدل النمو وحصة السوق (*Growth – Share Matrix*)، (Hedley,1977:9)، والظاهرة في الشكل (5-11).

شكل (5-11) أبعاد ومتغيرات نموذج جماعة بوسطن الإستشارية

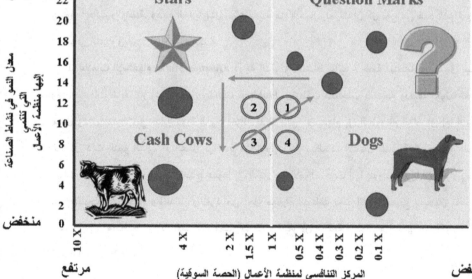

والفكرة الأساسية هي أن منظمة الأعمال يجب أن تكون لديها محفظة أعمال متوازنة تقوم فيها بعض الأعمال بتوليد نقود أكثر مما تستخدم للمساعدة في مساندة الأعمال الأخرى التي تحتاج إلى النقود من أجل التطور ومن أجل أن تصبح مربحة، هذا وإن كل عمل من الأعمال يتحدد دوره على أساس عاملين أثنين : معدل نمو سوقه، وحصته من ذلك السوق. فيشير **المحور العمودي** إلى معدل نمو السوق، مقاساً بنسبة نمو السوق سنوياً (الحالية أو المتوقعة)، وذلك السوق الذي تعمل فيه المنظمة، وإن أي نسبة تحت 10% تعتبر بمثابة معدل نمو واطئ، وإن أي نسبة فوق 10% تعتبر بمثابة معدل نمو عالي، وإن إستخدام النسب يعتمد على نوع الصناعة التي يجري تقييمها. أما **المحور الأفقي** فيشير إلى حصة السوق النسبية، والتي يتم إحتسابها عن طريق تقسيم حصة سوق منظمة الأعمال (بالوحدات) على حصة سوق أكبر منافس لها. فعلى سبيل المثال، أن حصة السوق النسبية (0.2) تعنى بأن حجم مبيعات منظمة الأعمال هو فقط 20% من حجم مبيعات قائد السوق، وإن حصة السوق النسبية (2) تعنى بأن منظمة الأعمال تنتج حجم مبيعات ضعف حجم مبيعات أكبر منافس موجود. وإن حصة السوق النسبية (1) تعنى الخط الفاصل ما بين الحصة العالية والحصة الواطئة. إن كل دائرة من الدوائر الموجودة في الشكل السابق تمثل الإيرادات النسبية لمنظمة الأعمال، وإن الدائرة الأكبر تمثل المبيعات الأكثر من الدائرة الأصغر.

إن هذه المصفوفة تضع الأعمال في أربعة خلايا، تعكس التركيبات الممكنة الأربعة للنمو العالي والواطئ مع حصة السوق العالية والواطئة. وهذه الخلايا تمثل أنواع معينة من الأعمال، بحيث أن كل نوع من هذه الأنواع يكون له دور معين يلعبه في محفظة الأعمال الكلية.

1. **علامات الإستفهام** ***Question Marks***، درجة النمو في النشاط عالية / حصة المنظمة في السوق منخفضة. وهي منتجات شابة تثير إشكالات ***Problems Children's*** وتتطلب معالجات صحيحة ودقيقة لكونها تحتاج إلى تمويل وتمثل منتجات في بداية دورة الحياة أحياناً. لذلك تشير الإستفهام إلى التطور أم الترك، أي إما الدخول في الأسواق ذات النمو العالي، أو العمل كواحدة من العديد من منظمات الأعمال المنافسة الصغيرة في الصناعات الناشئة، وعلامات الإستفهام هنا تحتاج عموماً إلى الكثير من الأموال، حيث أنها يتوجب عليها الإستمرار بإضافة ما هو مطلوب من العمل والمعدات والأفراد من أجل مجاراة الصناعة ذات النمو السريع بغية أن تصبح بمركز الصدارة. وإن مصطلح علامات الإستفهام مختار بشكل صحيح لأن منظمة الأعمال هنا عليها أن تفكر ملياً بمسئلة فيما إذا يجب عليها أن تواصل

الإستثمار بالأموال في العمل أو الخروج من ذلك. أما أفضل الاستراتيجيات للمنظمة هنا أن تقوم بإتباع استراتيجية التركيز بما يساعدها على تخطى موقف الإنخفاض في حصتها ومحاولة الإستفادة من معدل النمو في النشاط بالسوق، كما يمكنها إتباع أي من استراتيجيات النمو والتوسع، وأخيراً فقد لا تتيح إمكانيات المنظمة إلا إتباع استراتيجية الإنكماش.

2. **النجوم** Stars، درجة النمو في النشاط عالية / حصة المنظمة في السوق عالية. وهي تمثل عملية الإنتقال بالأعمال أو المنتجات من خلية علامات الإستفهام إلى خلية النجوم. فالنجمة تعنى قائد السوق العالي النمو، غير أنها ليس بالضرورة أن توفر نقداً كثيراً. وهنا على المنظمة أن تنفق قدراً كبيراً من الأموال تماشياً مع معدل نمو السوق، والوقوف بوجه هجمات المنافسين، وإن النجوم غالباً ما تستهلك النقد بدلاً من توليده. وفي مثل هذه الظروف فعلى منظمة الأعمال إتباع استراتيجية النمو والتوسع بأي شكل من أشكالها، فالمنظمة لكي تحافظ على الريادة تعمل على مزيد من الإستثمارات للنمو.

3. **الوحدات أو الأنشطة المدرة للنقدية** Cash Cows، حصة المنظمة في السوق عالية / درجة النمو في النشاط منخفضة : وهي الأعمال في الأسواق ذات النمو السنوي الواطئ، والتي تمتلك حصص سوق كبيرة، وإن الأعمال في هذه الخلية تولد كثيراً من النقد لمنظمة الأعمال. إذ لا يتعين على المنظمة أن تمول قدراً كبيراً من التوسع بسبب إنخفاض معدل نمو السوق، وطالما كون منظمة الأعمال هي قائدة السوق فإنها تتمتع بوفورات الحجم أو ما يسمى بإقتصاديات الحجم Economic of Scale وهوامش الأرباح العالية. وهنا على منظمة الأعمال التفكير بإتباع استراتيجية تكون فيها الإستثمارات في مجالات متعددة جديدة، أو أخرى مساعدة، مما يتطلب إتباع استراتيجية التنويع المرتبط وغير المرتبط. ومن المحتمل أن يتم تمويل المنتجات أو الأنشطة في خانة علامات الإستفهام من الأموال المتولدة من المنتجات أو الانشطة في خانة الوحدات المدرة النقدية، وهكذا ما يحث عادة في منظمات الأعمال الناجحة والتنافسية، ويمثل سيناريو نجاح مناسب لها.

4. **الوحدات أو الأنشطة المتعثرة والمثيرة للقلق** Dogs، حصة المنظمة في السوق منخفضة / درجة النمو في النشاط منخفضة : وهي المنظمات التي تتميز بحصص سوق ضعيفة في أسواق ذات نمو واطئ، ومن الناحية النموذجية تولد أرباحاً أو خسائر واطئة على الرغم من أنها يمكن أن تدخل بعض النقد.إن المنظمة في مثل هذه الظروف، عادة ما تلجأ إلى إتباع

استراتيجية الإنكماش بأي من أشكالها المتعددة، فقد تلجأ المنظمة إلى الإستسلام لمنظمة أخرى رائدة في مجالها، وقد تتحول المنظمة إلى نشاط آخر تاركة هذا المجال برمته، وقد تجد المنظمة أن استراتيجية التصفية وبيع الموجودات أفضل لها من الإستمرار في السوق.

إن الغاية الأساسية من إستخدام مصفوفة BCG، هو معرفة الاستراتيجيات الملائمة لأعمال المنظمة وكذلك تشكيل أفضل حقيبة إستثمار متوازنة للمنتجات أو وحدات الأعمال. إن توازن الحقيبة يعنى توزيع ملائم أو مناسب للمنتجات أو وحدات الأعمال على خانات المصفوفة وبشكل يعطى أفضل النتائج المالية وغير المالية. وفي منظمات الأعمال الكبيرة تساعد المصفوفة على توضيح الدور المرتقب لوحدات الأعمال الاستراتيجية التي تتشكل منها منظمات الأعمال.

ومع العديد من الفوائد والميزات التي تعطيها مصفوفة BCG، إلا أن هناك محددات وقيود يجب أن تعيها الإدارة وتفهمها عند إستخدام هذه المصفوفة، وهي :

- تقسيم المصفوفة إلى أربعة خانات (عالي/واطئ)، هو تبسيط لواقع أكثر تعقيد مما تشير إليه المصفوفة، حيث أن هذا الأمر يهمل العديد من الأسواق ذات النمو المتوسط وكذلك المنتجات أو وحدات الأعمال ذات الحصة المتوسطة.
- تثار مشاكل عديدة وجدية أثناء تطبيق المصفوفة، حيث يتطلب الأمر تحديد مفهوم السوق، الحصة السوقية، نسبة النمو وهذه جميعها تحتاج إلى العديد من البيانات والمعلومات والمؤشرات بل وحتى الأحكام الشخصية.
- إن إفتراض أرتباط الأرباح بالحصة السوقية، رغم صحته بشكل عام، إلا أن الأمر يختلف من صناعة إلى أخرى ومن أسواق إلى أخرى، وعادة ما توجد أعمال ذات حصة سوقية واطئة وتحقق أرباح أعلى من أعمال أخرى ذات حصة سوقية أكبر.
- من الصعوبة بمكان إجراء مقارنة موضوعية ودقيقة بين المنتجات أو وحدات الأعمال الموجودة في المصفوفة، حيث لا يشترط أن تكون المنتجات في خانة النجوم أفضل بشكل مطلق من المنتجات في خانة الوحدات المدرة للنقدية أو العكس.
- إن المصفوفة تنطلق من وجهات نظر تبسيطية للواقع المعقد، وهذا لا يساهم في أحيان عديدة في إعطاء أغلب البدائل المتاحة أمام المنظمة في عملية الخيار الاستراتيجي المناسب، لذلك يتطلب الأمر تحليل عناصر ومؤشرات ومتغيرات إضافة عديدة ولا يتم الإكتفاء بالوارد في أبعاد المصفوفة (نمو السوق، حصة المنتج من السوق).

* نموذج مصفوفة جنرال إليكتريك Matrix of General Electric (GE)

تسمى أيضاً مصفوفة الإشارات الضوئية، وتعد مصفوفة ***General Electric*** التي قدمتها الشركة بالتعاون مع شركة ماكينزي ***Mckinsey*** للإستشارات أكثر تعقيداً، وهي قريبة من مصفوفة السياسة الإتجاهية التي وضعتها مؤسسة ***Shell*** للبترول، وقد تم إستخدام مصفوفة ***General Electric*** من قبل العديد من منظمات الأعمال الرائدة. تستند مصفوفة ***General Electric*** على بعدين أساسيين هما:

أ. قوة الأعمال (الموقع التنافسي النسبي) لمنظمة الأعمال.

ب. جاذبية القطاع الصناعي.

ويوضح الشكل (5-12) مصفوفة شركة ***General Electric***

شكل (5-12) مصفوفة شركة *General Electric*

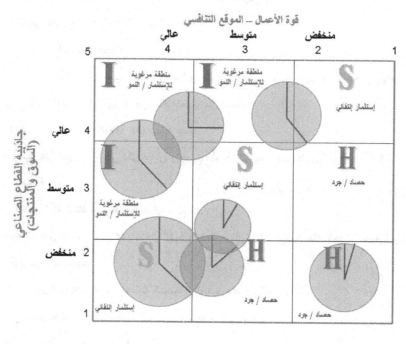

I = Invest / Grow. الإستثمار / النمو

S = Selective Investment. الإستثمار الإنتقائي

H = Harvest / divest. الحصاد / التجرد

يتضح من الشكل أن **المحور الرأسي** يشير إلى جاذبية القطاع الصناعي وتتدرج من المستوى المنخفض إلى المستوى العالي، فيما يبين **المحور الأفقي** قوة الأعمال (الموقع التنافسي) لمنظمة الأعمال ويتسلسل من المنخفض إلى العالي أيضاً. وينتج عن المصفوفة تسع خلايا منها ثلاث تتميز بالحث على النمو والإستثمار والإنطلاق نتيجة قوة المركز التنافسي وإرتفاع معدل جاذبية الصناعة. ومنها ثلاث تحذر وتطالب بالتمهل لعدم مناسبة الظروف المحيطة بالصناعة أو مركز المنظمة التنافسي، بالإضافة إلى ثلاث خلايا تزداد حدة تحذيرها لدرجة التوقف حيث إنخفاض كبير في مستوى جاذبية الصناعة وضعف المركز التنافسي معاً. وفي هذه المصفوفة تضم جاذبية القطاع الصناعي مجموعة من العوامل المتنوعة منها حجم السوق ومعدل النمو، وهامش أرباح الصناعة، وقوة المنافسة، والموسمية، والدورات الإقتصادية، والتكنولوجيا، والموارد البشرية..إلخ، فيما يتكون الموقع التنافسي من الحصة السوقية، وهوامش الربح، والمنافسة على السعر، ومعرفة السوق والعملاء، والإمكانات التكنولوجية، وفلسفة الإدارة..إلخ من العوامل.

هناك مجموعة من الخطوات لتطبيق مصفوفة *General Electric* وهي :

- **تقدير معدل جاذبية الصناعة**، ويتم فيها:

أ. إختيار المعايير اللازمة لتحديد معدل الصناعة.

ب. تحديد وزن لكل معيار حسب أهميته في تحقيق أهداف منظمة الأعمال بحيث يكون المجموع واحد.

ج. وضع تقدير للصناعة في ضوء كل من هذه المعايير على أساس :

(1) ليست جذابة على الإطلاق. (5) جذابة جداً.

د. الحصول على الوزن الترجيحي لكل معيار، وتجميع الأوزان الترجيحية للوصول إلى نتيجة الجاذبية المقدرة للصناعة.

- **تقدير المركز التنافسي لمنظمة الأعمال**، ويتم فيها:

أ. تحديد العوامل الأساسية التي تمثل عناصر القوة والضعف لدى منظمة الأعمال مثل الحصة السوقية، والمنافسة السعرية، والتوزيع... وغيرها.

ب. تحديد وزن لكل عامل حسب أهميته النسبية في تحقيق نجاح منظمة الأعمال.

ج. وضع تقدير لعناصر القوة الداخلية التي سبق تحديدها على أساس:

(1) مركز تنافسي ضعيف جداً. (5) مركز تنافسي قوي جداً.

د. الحصول على الوزن الترجيحي لكل عامل، وتجميع الأوزان الترجيحية للوصول إلى نتيجة تقدير المركز التنافسي.

• تقدير نتائج التقديرات السابقة، ويتم فيها:

تحديد الموقع الحالي لكل عامل من العوامل الداخلية إعتماداً على نتائج التحليل السابق، ويمكن تحديد الموقع الفعلي لكافة وحدات الأعمال الاستراتيجية على المصفوفة بحيث تتناسب مساحة الدوائر مع حجم الصناعات المختلفة. والجدول (5-1) يوضح الخطوات السابقة.

جدول (5-1): جاذبية القطاع الصناعي، المركز التنافسي لمنظمة الأعمال

القيمة	المعدل (5-1)	الوزن	جاذبية الصناعة
0.80	4	0.20	الحجم الكلي للسوق
1.00	5	0.20	معدل نمو السوق سنوياً
0.60	4	0.15	هامش الربح
0.30	2	0.15	حساسية المنافسة
0.45	3	0.15	المتطلبات التكنولوجية
0.15	3	0.05	التضخم
0.10	2	0.05	متطلبات الطاقة
0.05	1	0.05	التأثيرات البيئة
3.45	-	**1.00**	**المجموع**
القيمة	المعدل (5-1)	الوزن	قوة الأعمال
1.6	4	0.40	الحصة السوقية
1.5	5	0.30	جودة المنتجات
0.80	4	0.20	شبكات التوزيع
0.20	2	0.10	كلفة الوحدة
4.1	-	**1.00**	**المجموع**

إن مصفوفة جنرال إليكتريك ***General Electric*** تساعد منظمة الأعمال على فحص خياراتها الاستراتيجية وفق إعتبارات موضوعية، رغم أن هناك بعض الأحكام الشخصية للإدارة فيما يخص الوزن النسبي للمعايير المعتمدة سواء في قوة الأعمال أو جاذبية الصناعة.

إن مقارنة هذا النموذج بالنموذج السابق BCG يبين أنه أكثر شمولاً، وبذلك يعتبر أكثر دقة في التحليل وتمييز المنتجات والوحدات من نموذج BCG، ويرجع ذلك إلى إستخدامه العديد من المؤشرات والعوامل الكمية وغير الكمية. وفي كل الأحوال فإن أوجه التشابه موجودة بين النموذجين في العديد من الجوانب.

*** مصفوفة الموقف الاستراتيجي Strategy Situation Matrix**

لغرض تقليل محددات النماذج السابقة، فقد أستخدم هذا المدخل آخذاً بنظر الإعتبار بعدين آخرين آساسيين تم تطويرها وهما، القوة المالية للمنظمة، وإستقرارية البيئة لتشكلا مع جاذبية الصناعة وميزات التنافس النسبية مصفوفة من أربعة خلايا تختلف بها الخيارات الاستراتيجية وفق هذه الإعتبارات. فالموقف الاستراتيجي للمنظمة يجب أن يأخذ بنظر الإعتبار جميع هذه الأبعاد وخاصة أن القوة المالية للمنظمة تشكل ممراً مهماً للتعامل مع الإشكالات التي تواجهها (Rowe,et...al,1994)، ويوضح الشكل (5-13) المتغيرات المهمة ضمن هذه الأبعاد الأربعة.

شكل (5-13): متغيرات أبعاد مصفوفة الموقف الاستراتيجي

جاذبية الصناعة
- النمو النسبي
- الأرباح
- الإستقرار المالي
- المعرفة التكنولوجية
- إستخدام الموارد
- الكثافة الرأسمالية
- سهولة الدخول للسوق
- الإنتاجية

ميزات التنافس
- حصة السوق
- نوعية المنتج
- مرحلة دورة حياة المنتج
- المنتجات البديلة
- ولاء العملاء
- درجة إستخدام القابليات الإنتاجية
- المعرفة التكنولوجية
- التكامل العمودي

إستقرار البيئة
- المتغيرات التكنولوجية
- نسبة التضخم
- تذبذب الطلب
- طبيعة المنتجات المنافسة
- موانع الدخول
- ضغوط المنافسين
- مرونة الطلب قياساً بالأسعار

القدرة المالية
- ربحية الإستثمار
- الرافعة المالية
- النقد المتوفر
- الإحتياج لرأس المال / رأس المال الموفر
- الهامش الإجمالي
- سهولة الخروج من السوق
- المخاطر المرتبطة بالنشاط

Source: Rowe, A.; Mason, R.; Dickel, K.; Mann, R.; and Mockler, R, "Strategic Management: A Methodological Approach", 4th ed., Addison-Wesley Publishing Company, 1994.

وفي إطار هذه الأبعاد ومتغيراتها تتشكل مصفوفة مـن أربعـة خلايا كـل واحـدة منهـا تشـير إلى موقـف استراتيجي مختلف، وكما يوضح الشكل (5-14).

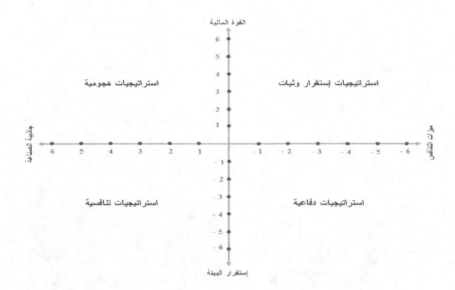

شكل (14-5) مصفوفة الموقف الاستراتيجي

Source: Rowe, A.; Mason, R.; Dickel, K.; Mann, R.; and Mockler, R, "Strategic Management: A Methodological Approach", 4th ed., Addison-Wesley Publishing Company, 1994.

*** نموذج الساعة الاستراتيجية Strategy O'clock Models**

جاءت تسمية الساعة لعدم وجود حدود فاصلة بين إستراتيجية وأخرى. إذ حدد ***Porter*** الأبعاد الرئيسة بالسعر ضمن المحور الأفقي والنوعية ضمن المحور العمودي، وإن عقرب الساعة يتحرك كأي ساعة إعتيادية ليس له مكان ثابت وإنما تحدده طبيعة تبني المنظمة لأي مستوى معين من الخيارات المتوفرة، وإن الخيارات الظاهرة في الشكل (15-5) ما هي إلا خيارات رئيسة قد يكون خيار المنظمة أسفلها أو أعلاها.

شكل (5-15): الساعة الاستراتيجية وخيارات الاستراتيجيات التنافسية للأعمال

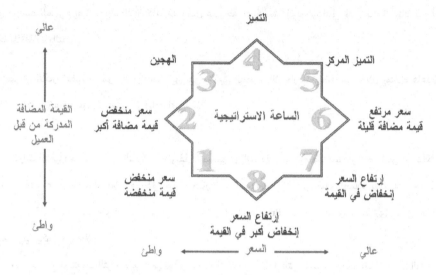

Source: Johnson, G., & Scholes, K., "Exploring Corporate Strategy", 4th ed., London:

Prentice Hall, (1997).

وفيما يلي توضيحاً لكل من الخيارات الرئيسة التي تتضمنها الساعة الاستراتيجية :

أ. الخيارات المعتمدة على السعر : تهدف هذه إلى التركيز على جزء السوق المتحسس للسعر، فإذا إختارت المنظمة المسار (1) فإنها تسعى إلى تخفيض السعر مع تحقيق قيمة مضافة قليلة والتركيز على جزء محدد من السوق رغم إنخفاض نوعية المنتجات أو الخدمات، وقد يكون الهدف من تبني هذه الاستراتيجية هو تحقيق الدخول إلى السوق وتحقيق موطأ قدم لغرض الإنتقال إلى استراتيجية أخرى، أو تلبية إحتياجات جزء محدد من السوق يتميز بوجود طلب متزايد لذوي الدخول المحدودة، وعموماً فإن المنظمات التي تتبنى مثل هذه الاستراتيجيات قد لا تبحث عن منافسة في السوق، وإن دعم السعر الأقل يمكن أن يكون من خلال الآتي:

- قيادة أقل التكاليف (Johnson & Scholes,1997:254).

- إستثمار مصادر الكلفة المنخفضة من خلال سلسلة القيمة.

- الحصول على المواد الخام بأسعار أقل ومزايا الحجم الإقتصادي في الحصول على المواد الخام والإنتاج بدفعات معينة.

أما المسار (2) فإن خيار المنظمة هو السعي إلى تحقيق تفوق على المنافسين من خلال تقليل السعر مع الحفاظ على النوعية للمنتوج أو الخدمة، إلا أن ذلك قد يكون على حساب هامش الربح وبالتالي قد لا تكون هناك فرصة لتلك المنظمات بالتطوير.

إن الطريق الأكثر تفضيلاً ضمن هذين المسارين هو تحقيق المنظمة الأسعار المخفضة من خلال إمتلاك قاعدة الكلف الأكثر إنخفاضاً عن المنافسين أي قيادة أقل الكلف.

ب. خيارات التميز: يتجسد هذا التميز في طريقة التصميم أو العلامة التجارية والتقنية أو الخصائص أو شبكة الموزعين وشبكة خدمات العملاء، ويحقق هذا الخيار للمنظمة ولاء أكثر من قبل العملاء للعلامة التجارية وحساسية أقل تجاه المنتجات المنافسة ويشير (Pringle et al,1994:128) لإضافة القيمة للمشتري ضمن هذه الاستراتيجية يكون من خلال :

- تصنيع المنتجات التي تعتمد على توفير الطاقة لتخفيض الكلفة التي يتحملها المستهلك في مجال الطاقة أو تصنيع منتوجات أقل حاجة إلى الصيانة.
- زيادة خصائص الأداء للمنتج مقارنة بالمنافسين وبما يرضى المستهلك.
- زيادة إدراك المستهلك لقيمة المنتوج مع الوقت من خلال تحسين مجهودات البحث والتطوير وتقديم المساعدة الفنية للمستهلك عبر خدمات ما بعد البيع.

إن العمل باستراتيجية التميز يتيح للمنظمة المحافظة على نفسها متفوقة على المنافسين في الصناعة وقدراتها على تقليل حساسية المستهلك إزاء الأسعار، إن إنتهاج هذا الخيار يؤدي إلى زيادة الحصة السوقية وبالتالي زيادة الربحية ويمكن للمنظمة من أن تمتلك عوائق للدخول وتجعل من الصعب على الداخلين الجدد التنافس مع السمعة والمهارة التي تمتلكها في السوق. كما أن التميز غير سهل التقليد يعطي المنظمة ميزات فريدة ، كما أن التكاليف العالية التي تتحملها المنظمة نتيجة التطوير الذي تقوم به قد يصبح نقطة ضعف تقليد المنتوجات أقل وتدخل البدائل للسوق امراً ليس سريعاً (Pitts & Lie,1996:99). ومن المحتمل أن المدى الذي ستكون عنده هذه الاستراتيجية (استراتيجية التميز) ناجحة يعتمد على عدد من العوامل (Johnson & Scholes,1997:255-258) :

- تحديد العميل بوضوح.
- فهم القيمة المدركة لدي العميل.

- فهم وتحديد الوضع التنافسي ومن هم المنافسين في السوق المحلية أو السوق الدولية.
- مدى وإمكانيات المنافسين غير ثابتة.
- عدم ثبات الميزة التنافسية.

ج. الخيارات الهجينة: تهتم المنظمات التي تتبنى مثل هذه الخيارات بتقديم قيمة أكبر وسعر أقل مقارنة بالمنافسين. ويعتمد ذلك على فهم المنظمة لإحتياجات العميل والعمل على إتباعها، وفي ذات الوقت إمتلاك ميزة الكلف المنخفضة التي تسمح بتقديم منتجات عالية القيمة بأسعار مخفضة، وتأخذ هذه الخيارات الصيغ الآتية :

- **خيارات التميز المركز:** إن الشركات التي تتنافس في جزء من السوق بتقديم منتج أو خدمة مميزة إلى فئة مستهلكين مستهدفة وبسعر عالي نسبياً، ترتكز على جزء محدد من السوق. إن الشركات التي تتبنى هذه الاستراتيجية يجب أن تحافظ على الحدود والمديات الفاصلة بين التميز والتركيز حتى لا تنجر إلى أحدهما لأن هناك ضمن السوق المستهدف مديات واسعة من الخيارات. وربما تتبع المنظمات ضمن هذه الاستراتيجية وداخل السوق نفسه مجموعة أخرى من الاستراتيجيات التي قد تكون استراتيجية هجينة أو استراتيجية السعر المنخفض.
- **استراتيجيات الفشل :** تتبع بعض المنظمات الاحتكارية المحمية بالأنظمة والقوانين أو عوائق الدخول القوية التي تحول دون دخول المنافسين السوق هذه الخيارات، حيث يفرض الخيار (6) زيادة في السعر، دون أن يدرك المستهلك وجود زيادة مرافقة في قيمة المنتوج، وما لم تكن المنظمة في وضع إحتكار، فإن هذه الاستراتيجية تؤدي بالمنظمة إلى الفشل. إن الخيارين (7)،(8) تمثل تقليل القيمة المدركة من قبل العميل مع ثبات السعر، ومن المحتمل جداً أن تضل هذه المنظمة ناجحة لفترة طويلة في ظل الإحتكار إلا أنها سوف تفقد حصتها السوقية عندما تتعرض لأي منافسة أو عندما تتآكل عوائق الدخول، فقد تتعرض للفشل أو الإنسحاب الكامل من السوق. ويوضح الشكل (5-15) مضامين كل استراتيجية ضمن الساعة الاستراتيجية.

إن الخيارات الاستراتيجية المختلفة التي تم توضيحها تتبناها المنظمة لتحقيق المزايا التنافسية في جزء أو قطاع السوق المستهدف وتتمكن المنظمة من خلال هذه الخيارات خدمة جزء السوق هذا بصورة أكفأ من المنافسين وبالتالي تحقيق الموقع السوقي المميز، وإن القطاعات السوقية التي تحتدم فيها المنافسة وعندما تكون في مرحلة النضج فإن من المهم

للمنظمة السيطرة على التكاليف وهذا يتحقق من خلال خيارات قيادة لكلفة، أما في قطاعات السوق التي لا تزال فيها المنافسة قليلة وعندما يكون المنتوج في مرحلة التقديم أو النمو فإن خيارات التميز هي الأكثر ملائمة ضمن الساعة الاستراتيجية.

شكل (5-16): مضامين كل استراتيجية ضمن نموذج الساعة الاستراتيجية

الخيار الاستراتيجي	الإحتياجات / المخاطر
السعر المنخفض / القيمة المضافة المنخفضة	محتمل أن تكون خاصة بجزء السوق
السعر المنخفض	مخاطرة حرب الأسعار وحدود الربح منخفضة / بحاجة أن تكون قيادة كلفة
الهجينة	قاعدة كلفة منخفضة وإعادة الإستثمار في السعر المنخفض والتميز
التميز :	
أ. بدون زيادة في السعر	القيمة المضافة المدركة من المستخدم، مولدة فوائد حصة للسوق
ب. مع زيادة في السعر	القيمة المضافة المدركة لتحمل علاوة السعر
التميز المركز	القيمة المضافة المدركة لجزء معين، من السوق مع علاوة السعر
السعر المرتفع / القيمة القياسية	حدود ربح أعلى إذا لم يتبعها المنافسون / مخاطرة فقدان حصة السوق
السعر المرتفع / القيمة المضافة	عملية فقط في الحالات الإحتكارية
القيمة المضافة / السعر القياسي	فقدان حصة السوق

التميز

فشل

Source: Johnson, G., & Scholes, K., "Exploring Corporate Strategy", 4th ed., London: Prentice Hall, (1997).

* مصفوفة أنصوف Ansoff Matrix

وضع الباحث Ansoff بإعتباره رئيساً لقسم الهندسة الصناعية في شركة Lockheed للطائرات نموذجاً عملياً يتم بموجبه تحديد صياغة الاستراتيجية والخيارات الاستراتيجية وفق إعتبارين مهمين وهما المنتجات والأسواق، في إطار هذين البعدين تشكلت مصفوفة من أربعة خلايا (Ansoff,1979)، وكما موضح في الشكل (5-17).

شكل (5-17): مصفوفة Ansoff

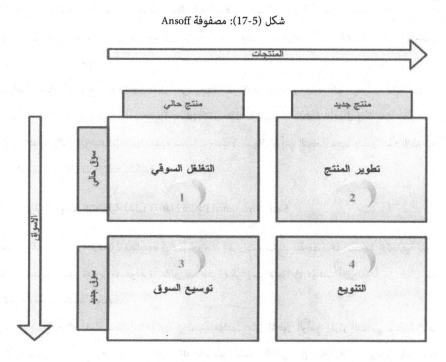

1. <u>استراتيجية التغلغل في السوق Market Penetration</u>: تبدو هذه الاستراتيجيات مفضلة في حالة كون السوق لا يزال يستوعب المزيد من المنتج وإن هناك إمكانية في ضوء قدرات منظمة الأعمال وقابلياتها في إقتناص الفرص المتاحة والتغلغل أكثر في السوق. وقد أظهر تحليل Strategic Advantages Profile - SAP - أن موقف المنتج الحالي قوي، وأظهر تحليل Environmental Threats & Opportunities Profile - ETOP - أن الفرص السوقية قائمة ومستمرة وإن الاستراتيجية الملائمة هي استراتيجية التغلغل السوقي، حيث يتم جذب مستهلكين جدد من المنافسين وزيادة إستعمالات المنتج وتكرار عملية شرائه في نفس السوق.

2. استراتيجية تطوير المنتج Product Development: إذ أظهر المنتج / المنتجات الحالية للمنظمة عدم قدرة على تلبية حاجات العملاء، وإن المنافسة ضمن هذه المنتجات الحالية أصبحت شديدة، فأن استراتيجية تطوير منتجات جديدة للسوق الحالية تصبح أكثر ملاءمة، وقد تبتدأ هذه الاستراتيجيات بتحسينات طفيفة على المنتجات الحالية وتصل إلى حد طرح منتجات جديدة بالكامل في السوق الحالية.

3. استراتيجية توسع السوق Market Expansion: إذا أصبحت السوق الحالية لا تستوعب مزيد من كميات الإنتاج، وإن المنتج الحالي جديد بخصائصه وقابلياته التنافسية فيمكن لمنظمة الأعمال الذهاب بهذا المنتج الحالي إلى أسواق جديدة. وقد لا يعنى الذهاب إلى أسواق جديدة بالمنظور الجغرافي بل بإعادة تجزئة السوق، وإستهداف شرائح وفئات عملاء جدد.

4. استراتيجيات التنويع Diversification: من وجهة نظر Ansoff تعتبر هذه الاستراتيجيات حالة عملية إذا قدمت منتجات جديدة إلى أسواق جديدة بشكل كامل، فإذا ما إمتلكت منظمة الأعمال إمكانيات وقابليات من ناحية الموارد والتكنولوجيا، فبإمكانها تقديم منتجات جديدة لأسواق لم يتم التعامل معها وتعتبر هذه الاستراتيجية هي المفضلة للمنظمات الرائدة والكبيرة.

* **مصفوفة السياسة الإتجاهية (شل) Shell Directional Police Matrix**

من بين النماذج التي أقترحت للمساهمة في عملية إتخاذ القرارات الاستراتيجية مصفوفة السياسة الإتجاهية لشركة ***Shell*** وهي محصلة تطوير مصفوفة ***BCG*** وذلك حتى يمكن إستخدامها في مواقف أكثر تنوعاً من خلال إضافة متغيرات نوعية وكمية متعددة.

تتضمن تسعة خلايا بديلة يمكن إستخدامها في تسعة مواقف يمثل **المحور الرأسي** المركز التنافسي لمنظمة الأعمال والذي يقابل الحصة السوقية في مصفوفة ***BCG***. كما يعبر **المحور الأفقي** عن ربحية السوق والذي يقابل معدل النمو في نشاط الصناعة في مصفوفة ***BCG***. وتتحدد درجة ربحية السوق في ضوء عدة متغيرات من أهمها: نوع المنتج، ومعدل نمو السوق، وموقف الصناعة، والظروف البيئية.

ويتم تقسيم ربحية السوق على **المحور الأفقي** إلى : **جذاب - متوسط - غير جذاب**، ويتحدد المركز التنافسي لمنظمة الأعمال في ضوء عدة متغيرات من أهمها : طبيعة السوق، الطاقة الإنتاجية لمنظمة الأعمال، بحوث السوق والمنتج. فيما يتم تقسيم المركز التنافسي لمنظمة

الأعمال على **المحور الرأسي** إلى: **قوي ـ متوسط ـ ضعيف**، ويوضح الشكل (5-18) نموذج مصفوفة السياسة الإتجاهية المقترحة من قبل شركة ***Shell*** (Ansoff & Leontiades,1976:13-20).

شكل (5-18) مصفوفة السياسة الإتجاهية لشركة *Shell*

ربحية السوق (توقعات قطاع الأعمال)

المركز التنافسي للمنظمة

	غير جذاب	متوسط	جذاب
ضعيفة	1	2	3
متوسط	4	5	6
قوي	7	8	9

من الشكل (5-17) يتضح أن هناك تسع خلايا تتضمن :

الخلية الأولى: وتشيرهذه الخلية إلى أن الإمكانات التنافسية للمنظمة ضعيفة في القطاع، وأن ربحيته المتوقعة متدنية جداً وغير جذابة، لذلك فإن الخيارات الاستراتيجية المعتمدة هي الإنسحاب وعدم الإستثمار وترك القطاع.

الخلية الثانية: وهي أيضاً تشير إلى إمكانات تنافسية للمنظمة ضعيفة في قطاع متوسط الربحية، وهنا على الإدارة أن تجرى تحليلاً معمقاً لتقرر في ضوئه الإنسحاب وترك القطاع إذا كان لا يبشر بمستقبل واعد أو البقاء بحذر في القطاع إذا كانت المؤشرات تشير إلى تغير إيجابي مستقبلي.

الخلية الثالثة : إن الربحية لهذا القطاع جذابة لكن المنظمة لا تمتلك ميزات تنافسية تؤهلها لأن تكون بموقع استراتيجي ملائم، وعلى إدارة المنظمة أما إعتماد استراتيجيات تدريجية

للإرتقاء بالإمكانات التنافسية أو يتم التخلص من الأنشطة في هذا القطاع إذا لم تستطيع إجراء ذلك.

الخلية الرابعة: إن الربحية المتوقعة للقطاع غير جذابة لكن المنظمة تمتلك إمكانات تنافسية متوسطة، يتطلب الأمر إستخدام استراتيجيات تراجع وترك هذا القطاع لأنه لا داعي للتطوير في قطاع قد آفل نجمه وأصبح غير جذاباً.

الخلية الخامسة: تشير إلى قطاع متوسط الربحية ومنظمة لديها ميزات تنافسية وسط، وهنا على المنظمة أن تكون أكثر حذراً عند إتباع استراتيجيات النمو.

الخلية السادسة: رغم أن القطاع جذاب من ناحية الربحية المتوقعة إلا أن المنظمة في موقع تنافسي وسط، وذلك يتطلب منها بذل جهود في تحسين إمكاناتها التنافسية وموقعها الاستراتيجي.

الخلية السابعة: تجد المنظمة نفسها تمتلك إمكانيات تنافسية كبيرة في قطاع غير جذاب على الإطلاق، وعليها أن تعتمد استراتيجيات تصفية والحصول على العوائد المالية قبل أن يصبح القطاع أكثر سوءاً وعليها أن تخفف الإستثمار بشكل جدي وكبير حتى لو تطلب الأمر البيع الجزئي والمهم لبعض الوحدات في القطاع.

الخلية الثامنة: تحتوى على الأنشطة ذات الإمكانات التنافسية القوية في سوق متوسط الربحية ويمكن أن تكون استراتيجيات النمو مفضلة بعد أن يتم إختيار الطرق الملائمة للنمو في هذا النوع من القطاع.

الخلية التاسعة: تمثل الخيارات الاستراتيجية المفضلة حيث أن الجاذبية عالية للقطاع من ناحية الربحية وتأتى منسجمة مع وجود قوة تنافسية للمنظمة كبيرة، وبالتالي فإن المنظمة تحتل مركزاً قيادياً يجب أن تحافظ عليه.

وبشكل عام، فإن الخلايا (6 ، 8 ، 9) تمثل استراتيجيات مفضلة يجب أن تكون المنظمة معززة لوجودها من ناحية النمو والتطور، في حين أن الخلايا (1 ، 2 ، 4) تمثل أسوء الخيارات حيث يجب الإنسحاب وترك القطاع، في حين أن الخلايا (3 ، 5 ، 7) تتطلب من المنظمة الحذر الشديد وعدم إعتماد خيار إلا بعد تدقيق وتمحيص لمستقبل القطاع وإمكانيات المنظمة وسبل إستخدامها.

*** مصفوفة هوفر Matrix of Hofer**

يطلق على هذا النموذج أسم مصفوفة تطور المنتج / السوق ***Product - Market Evolution Matrix*** والتي تتكون من 15 خلية تعكس مراحل تطور المنتج / السوق. حيث تقوم منظمة الأعمال بوضع منتجاتها في المكان المناسب داخل المصفوفة بحيث يعكس تطور المنتجات والأسواق، والمركز التنافسي لها. وتمثل الدوائر التي توجد داخل المصفوفة مبيعات الصناعة ككل، فيما يعبر الجزء المقتطع من كل دائرة عن حصة منظمة الأعمال من مبيعات الصناعة. والشكل (5-19) يوضح مصفوفة المنتج / السوق لهوفر ***Hofer***.

شكل (5-19) مصفوفة تطور المنتج / السوق لهوفر (Hofer)

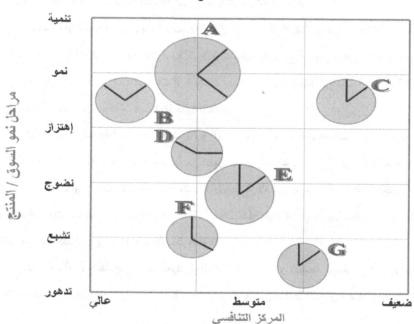

من خلال الشكل (5-19) يتبين الأتي(Hofer,1977:3) :

- **الوحدات أو الأنشطة التي تأخذ الحرف (A)**، تمثل وحدات أو أنشطة نامية في مرحلة تطور السوق / المنتج، وهذه الوحدات أو الأنشطة تكون ذات مركز تنافسي محتمل أن تحقق قدرة تنافسية عالية إذا ما إهتمت منظمة الأعمال بها وإنفقت عليها الأموال في المستقبل، ولذا

فإن هذه الوحدات أو الأنشطة تكون محلاً لتطبيق بعض استراتيجيات النمو والتوسع في المستقبل.

• **الوحدات أو الأنشطة التي تأخذ الحرف (B)**، تمثل وحدات أو أنشطة توجد حالياً في مركز تنافسي قوي على الرغم من أن الحصة السوقية التي تتمتع بها تكون دائماً حصة منخفضة وإن أسباب إنخفاض هذه الحصة يمكن التعامل معها مستقبلاً حيث تقوم المنظمة بالإنفاق على هذه الوحدات أو الأنشطة لزيادة حصتها في السوق.

• **الوحدات أو الأنشطة التي تأخذ الحرف (C)**، تمثل وحدات أو أنشطة يكون مركزها التنافسي ضعيف وحصتها السوقية محدودة. حيث تحاول منظمة الأعمال هنا إلى التحول إلى الوحدات أو الأنشطة التي تأخذ الحرف A أو B وذلك من خلال الإنفاق عليها. إلا أن أفضل الخيارات هنا يكون بتصفية هذه الوحدات أو الأنشطة وإستثمار الأموال في تلك الوحدات أو الأنشطة التي توجد في المجموعة A أو B.

• **الوحدات أو الأنشطة التي تأخذ الحرف (D)**، تمثل الوحدات أو الأنشطة في مرحلة إهتزاز السوق، وعادة ما تكون هذه الوحدات أو الأنشطة ذات حصة كبيرة في السوق، وفي وضع أو مركز تنافسي معقول، وعلية فإن استراتيجية النمو المحدود مع هذه الوحدات أو الأنشطة يعد أمراً مقبولاً، وهذه الوحدات أو الأنشطة تكون في مركز قريب من تحويلها إلى وحدات أو أنشطة مدرة للنقدية.

• **الوحدات أو الأنشطة التي تأخذ الحرف (E و F)**، تمثل الوحدات أو الأنشطة التي تكون في مركز تنافسي قوي نسبياً ولكنها توجد في مرحلة متأخرة نسبياً من تطور السوق بالمقارنة بالمجموعة التي تأخذ الحرف D فهي تعتبر تلك الوحدات أو الأنشطة التي تدر عائداً نقدياً كبيراً لمنظمة الأعمال. ونجد أن أفضل الاستراتيجيات للتعامل مع هذه الوحدات تلك الاستراتيجيات التي تهدف إلى إستغلال هذه الوحدات في حصول منظمة الأعمال على أكبر عوائد مالية مع الإنفاق على الوحدات أو الأنشطة A أو B.

• **الوحدات أو الأنشطة التي تأخذ الحرف (G)**، تمثل الوحدات أو الأنشطة المتعثرة، والتي تكون حصتها السوقية ضئيلة ومحدودة، وهي توجد في مرحلة تدهور السوق، ويكون مركزها التنافسي ضعيفاً أو ضعيف نسبياً.

* **مصفوفة أنيس Matrix of Enis**

تقوم فكرة الباحث أنيس (Enis) على أن صياغة الاستراتيجية وإعتماد الخيار الاستراتيجي يفترض أن ينطلق بتوافق تام ويتطور في إطار دورة حياة المنتج من جانب وتطور السوق من جانب آخر. فإذا كانت دورة حياة المنتج تمثلها أربعة مراحل هي التقديم ، النمو ، النضج ، الإنحدار، فإنها يفترض أن تأتي منسجمة مع مراحل تطور دورة حياة السوق والتي هي سوق جديد ، سوق متوسع ، سوق مستقر ، سوق منحدر أو منكمش، ويوضح الشكل (5-20) مصفوفة أنيس (Enis) (Enis,1980:69).

شكل (5-19) مصفوفة أنيس (Eins)

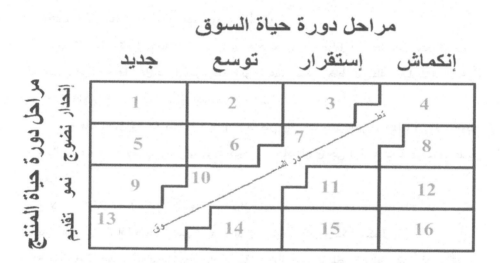

إن الإنسجام يعنى أن تقدم منتجات جديدة في أسواق جديدة لتتماشى بعد ذلك وتنمو في سوق يفترض أن تكون قد إنتقلت إلى مرحلة التوسع، وإذا كان منتج قد وصل إلى مرحلة النضوج فإن السوق أصبح مستقراً ليتدهور المنتج مع ظهور بوادر إنكماش وإنحصار في السوق. إن الخيار الاستراتيجي هنا يمثل توازناً ممتازاً ومقبولاً في حين تمثل باقي الخلايا عدم توازن واضح، فلا يمكن تقديم منتج جديد لسوق مستقرة ومنكمشة (15 ، 11).

وفي ختام هذه الفقرة الخاصة بطرق تحليل المحافظ الإستثمارية، يمكن القول أن هذه الطرق تعتبر وسائل وأدوات فعالة تساعد في تحليل الاستراتيجيات ومنطقية الخيارات في

منظمات الأعمال الكبيرة متعددة وحدات الأعمال الاستراتيجية وخطوط المنتجات. وهنا فإن هذه الطرق تقرب المنظمات من تبنى استراتيجيات فاعلة وكفوءة من جانب وتساهم في زيادة قدرة الإدارة على تخطيط وتخصيص الموارد، وذلك في إطار فرز ومعرفة الميزات والقدرات الجوهرية التي تستند عليها الميزات التنافسية المستدامة على وجه الخصوص. ورغم هذه المزايا والفوائد إلا أنه يجب التعامل بحذر وبصيرة مع تطبيقات هذه الطرق ومعرفة محدداتها في الإستخدام لكي تكون الإدارة مستوعبة لشمولية التعامل مع مفردات الاستراتيجية في منظمة الأعمال. ويمكن الإشار إلى بعض محددات ومعوقات التطبيق بالآتي (Wheelen & Hunger,2006:182-183) :

- لا تخلو جميع هذه الطرق من العديد من الإفتراضات التي يتطلب الأمر التعامل الحذر معها وعدم إمكانية تعميمها على مختلف المواقف والحالات. هنا يفترض بالإدارة العليا الوقوف بجدية لفحص وتدقيق هذه الإفتراضات عند التطبيق على وضع المنظمة ووحدات أعمالها.
- تركز أغلب طرق تحليل المحافظ الإستثمارية على عدد محدود من العوامل التي يغلب على متغيراتها جانب الحساب الكمي، وربما تهمل عوامل أخرى عديدة نوعية عند حساب المخاطر المرتبطة بالخيارات الاستراتيجية المعقدة والكبيرة، لذلك يجب أن تعى الإدارة هذه الجوانب.
- تحتاج هذه الطرق وخاصة المعقدة منها إلى متخصصين وأصحاب خبرة وتجربة، وكذلك إلى وقت طويل وعناية خاصة في الإستخدام، وأيضاً إلى موارد كبيرة، وإن هذه الطرق هي تجارب خاصة بمؤسسات عالمية معروفة.
- لا يمكن الركون بشكل تام إلى دقة وصحة الاستراتيجيات المقدمة في إطار هذه الطرق، لذلك فإنها لا تشكل بديل عن الرؤية الصائبة والحكمة التي تتمتع بها الإدارة العليا، بل يمكن أن تكون مكملة لها.
- تقترح أغلب الطرق استراتيجيات معيارية (قياسية) في إطار المواقف المحددة والمعلومة، وهذه قد تسبب رتابة وفقدان الفرص خارج هذا الإطار.

الطرق الشمولية في صياغة الاستراتيجية

Comprehensive Methods in Strategy Formulation

توجد طرق تساعد على تقييم وصياغة الخيارات الاستراتيجية تتسم بالشمولية لكونها تحتوى على مزيج من أساليب وطرق يشترك فيها أعداد كبيرة من المتخصصين والعاملين في مجالات مختلفة. وهذه الطرق البعض منها معروف ومعقد ومكلف في الإستخدام، أما البعض الآخر فلا يزال في طور التطوير ويعتبر تجربة خاصة للبعض من المنظمات العالمية الكبرى.

* **طريقة دلفي Delphi Method**

بدأ إستخدام طريقة دلفي في الستينات من القرن الماضي من قبل مؤسسة Rand Corporation المعروفة بالبحوث والدراسات في الولايات المتحدة الأمريكية. تطبيقاتها الأولى وضعت من قبل كل من (Norman Dalkey & Olaf Helmer) في مؤسسة Rand. كان الأمر في البداية هو البحث عن طريقة تساعد في تنظيم النقاش في مجاميع العمل حيث إحتدام الجدل وهدر الوقت. لكن التطبيقات للطريقة أتت بنتائج جيدة وجلبت إنتباه المعنيين إلى إمكانية الإستفادة منها وخاصة في التخطيط بعيد الأمد والاستراتيجية (Sallenave,1984:253). ورغم أن الطريقة تبدو متكونة من إجراءات بسيطة لكنها تحتاج إلى متخصصين لتكيف إجراءاتها وأساليبها وفق الظاهرة المدروسة. وتتميز طريقة دلفي بالخصائص التالية (الغالبي، 1992) :

■ الحيادية والسرية، حيث يتم إختيار الخبراء بسرية تامة، كما أن الإجابة لا تسند إلى أي مجموعة منهم.

■ المعلومات المرتدة، يمكن السيطرة عليها وتوجيهها للخبراء وفق طريقة الفرز والإنتخاب لهذه المعلومات في ضوء الهدف من القيام بالدراسة.

■ معاملة وجواب إحصائي، حيث يمكن إستخدام أي من الأساليب الإحصائية للتعامل مع البيانات والمعلومات بسرعة.

وبشكل عام فإن مراحل طريقة دلفي، هي (Harold,1975)

أ. **المرحلة التمهيدية**، حيث يتم إختيار مجموعة الخبراء المشاركين بالدراسة، وقد يصار إلى عمل مقابلات مع البعض منهم، لكي يتم التأكد من أن الخبراء يمتلكون معلومات تتسم بالشمولية حول الدراسة. ويفضل أن يكون هؤلاء من المؤثرين بالقرارات الاستراتيجية للمنظمة ولديهم منظور إستشرافي أبعد من المنظور التقليدي للعمل إذا كانت الدراسة تخص مثلاً

شركات أعمال معينة. إن هذه المرحلة تحتاج إلى عناية كبيرة لأن الخطأ فيها يجعل من الدراسة ليست بذات قيمة.

ب. **الإجراءات الفعلية**، بعد أن يتم إختيار الخبراء تبدأ الإجراءات الفعلية لطريقة دلفي، وهي أن يقوم القائم بالدراسة (المستقصي) بوضع الإستبانة الأولية الذي يتحدد في ضوئه مجال الدراسة الإستشرافية، ويطلب قائمة بالأحداث المهمة ذات التأثير في مستقبل النظام الذي يراد دراسته (منظمة صناعية أو خدمية) كما يطلب من الخبراء تحديد التاريخ المتوقع للأحداث المؤثرة وتعاد هذه الأجوبة إلى القائم بالدراسة.

ت. **مرحلة الإستكشاف والإستغلال**، بعد الحصول على البيانات الأولية والمعلومات تتم معالجتها بهدف تحرير إستبيان جديد، ومن المهم ملاحظة الآتي:

- تجميع وترتيب الأحداث المتشابهة وشطب تلك التي ليست بذات أهمية.
- تحديد دقيق للأسئلة لغرض التخلص من سوء الفهم والتفسير غير الصحيح.
- معالجة نتائج الإستبيان إحصائياً.

ث. **مرحلة الإستبيان الثاني**، يخاطب الخبراء لإعلامهم بالأحداث المهمة مثلما تم فرزها بالإستبيان الأول، ويعاد تسجيل هذه الأحداث المؤشرة مع النتائج الإحصائية بشكل متوسطات حسابية وإنحرافات معيارية وأساليب أخرى. ثم يطلب من المشاركين الذين أعطوا إجابات بعيدة أو منحرفة توضيح أسباب هذا الحكم، وقد يرى البعض منهم إعادة النظر في حكمهم بناء على المعلومات المقدمة، وهنا تكون التنبؤات قد حددت على مسافات أكثر ضيقاً أو على أبعاد تقاربت.

إذا كان الإتفاق غير كاف، فقد يصار إلى إرسال إستبيان ثالث أو رابع أو أكثر إلى أن يحصل الإتفاق الصحيح وغير المصطنع وغير الشكلي.

لقد أستخدمت طريقة دلفي إستخدامات عديدة أهمها في الصناعة، الجمعيات المهنية، المنظمات الفردية، المؤسسات الحكومية، كما أجريت عليها العديد من التحويرات سواء على مستوى طبيعة المشاكل المطلوب حلها أو على مستوى الإستبيان أو على مستوى إختيار الخبراء. واليوم تمثل طريقة دلفي منهجاً مهماً يستخدم كأداة مساعدة في صياغة الاستراتيجيات وتقرير نوع الخيارات الاستراتيجية على المستوى البعيد وتمثل وسيلة إستشرافية تتجاوز أساليب وطرق التنبؤ التقليدية.

* طريقة السيناريو **Scenario Method**

إن أول إستخدامات لطريقة السيناريو كانت في مؤسسة Rand Corporation من قبل الخبير الاستراتيجي العسكري Herman Kahn، والسيناريو هي طريقة منظمة لتصور الوقائع المستقبلية الممكنة التي يمكن أن تتخذ في إطارها القرارات الاستراتيجية لمنظمة الأعمال، فالسيناريو ليست مجرد عملية تنبؤ تقليدية بل هو تقاطع لمجموعة كبيرة من المتغيرات والأحداث البيئية بحيث تستطيع إستخلاص ما يحدث مستقبلاً فيما لو أتت الأمور وفق هذه التصورات وإحتمالية حدوثها.

لقد عرف السيناريو بالعديد من التعريفات، منها

- تلك النظرة الداخلية لما يمكن أن تكون عليه صورة المستقبل (Porter,1985).
- مجموعة أدوات لترتيب وتنظيم مدركات الإنسان حول بدائل البيئات المستقبلية التي تطور في ضوئها الاستراتيجيات وتنفذ وفق أفضل الصور (Schwartz,1991).

لقد أستخدمت العديد من الشركات الكبرى أساليب السيناريو بطرق مختلفة، فشركة Shell إستخدمته كأسلوب ملائم ساعدها في تجاوز أزمة الطاقة التي حدثت عام 1973، وبالتالي هيئت نفسها بشكل جيد، كذلك أستخدم من قبل الحكومات، وبلديات المدن الكبرى في التخطيط العمراني، وأستخدمته شركة General Electric في التنبؤ ببيئة عملها المستقبلية، كذلك إستخدمته الحكومة الفرنسية لتطوير سواحل فرنسا البحرية وإستغلالها، ويمكن إجمال خطوات أسلوب السيناريو، بالآتي (Lindgren & Bandhold,2003:47-81) :

- تهيئة المقدمة المنطقية، ونعنى بها جمع وتحليل وفحص العوامل البيئية العامة والصناعية التي توجد فيها المنظمة، وهنا تتدخل العديد من الأساليب والطرق لفحص مفردات هذه البيئة، وكما سبق الإشارة إلى ذلك.
- إيجاد الأسلوب المناسب لإختيار المتغيرات والعوامل الرئيسية الفاعلة والتي تلعب دوراً كبيراً في رسم الصورة المستقبلية من خلال سيناريو معين. وهنا يمكن أن تعتمد طرق كثيرة مثل طريقة دلفي سابقة الذكر، أو الحوار الديالكتيكي أو غيرها من الطرق الإحصائية أو الرياضية أو الإقتصادية. إن المطلوب في هذه المرحلة هو فرز المؤشرات حسب أهميتها لغرض التركيز على المؤشرات الرئيسية.

■ دراسة وتحليل السلوكيات السابقة للمؤشرات الرئيسية والفاعلة، بمعنى كيف كان الأمر بالماضي حتى الوقت الحاضر، ويمكن هنا الرجوع إلى قواعد البيانات والمؤشرات الخاصة بمختلف الأبعاد المستخدمة.

■ إنعكاس سلوكيات هذه المؤشرات مستقبلاً، بمعنى كيف يكون سلوك هذه المؤشرات بإحتماليات معينة طيلة فترة إعداد السيناريو التي قد تكون عشرة سنوات أو أكثر. وهنا تؤشر إحتمالية كل حدث بنسب معينة.

■ التنبؤات والمنظورات لكل مؤشر يجب أن تدرس وتؤشر، وفي هذه الحالة لا يتم دراسة كل مؤشر بمفرده بل يتم دراستها بأسلوب جمعي بمعنى التفاعلات بين المؤشرات الرئيسية لإبراز تأثيراتها المتبادلة وإنتقاء المؤشرات التي تلعب دوراً أكبر في الصورة المستقبلية. إن هذه المرحلة تعطينا :

● مدخلاً واسعاً للبدء بكتابة السيناريو وفق الإحتماليات المعروضة.

● تغذية عكسية من هذه المرحلة للمراحل السابقة للتأكد من التنبؤات بشكل أفضل والتركيز على ما هو مهم منها ليأخذ في إطار كتابة السيناريو الأكثر إحتمالاً.

وبإختصار فإن أسلوب السيناريو مفيد جداً في الحالات التي يكون فيها عدم التأكد عالي جداً، وإن الصوة المستقبلية المستهدفة بعيدة الأمد، بحيث لا يمكن إستشراف مدياتها إلا من خلال هذا الأسلوب بطرقه وأساليبه العديدة. لكن ما يؤخذ على هذا الأسلوب في الإستخدام أنه :

■ معقد ويحتاج إلى الكثير من الخبراء والمتخصصين.

■ مكلف جداً حيث تتجاوز تكاليف إعداد السيناريو البسيط بإحتماليات محدودة نصف مليون دولار عندما يكون عدد المشاركين بحدود 5 – 10 أفراد، فكيف يكون الوضع إذا ما كان هذا السيناريو خاص بتطوير قطاع معين في الدولة أو الدخول لأسواق جديدة، أو تغيير مناهج دراسية على مستوى الدول.

■ مدى موثوقية وإعتمادية هذا الأسلوب، وهذه أيضاً توجد فيها إشكالات مرتبطة بوجود مخاطر وعدم تأكد بإعتبارها من الخصائص الملازمة لهذا الأسلوب.

■ الإحتياج إلى وقت طويل لدراسة الإحتمالات ورسم الصورة المستقبلية، وهذه أيضاً تندرج ضمن التكاليف التي تتحملها منظمة الأعمال.

- من المهم أن تكون الثقافة التنظيمية والتنوع الثقافي في المنظمة قادرة على إستيعاب إستخدام مثل هذا الأسلوب، والمشكلة هنا هي كيفية إيجاد فرق العمل الفاعلة والديناميكية القادرة على أن تسلك سلوكيات متكيفة مع إستخدام هذا الأسلوب.

*** طريقة الرعاية الشاملة Parenting Method**

مع كبر حجوم منظمات الأعمال وتعدد وحدات الأعمال في إطار المنظمة الواحدة، فإن واحدة من القضايا الأساسية التي تتعامل معها الاستراتيجية الشاملة للمنظمة هي مسألة تنسيق هذه الأنشطة المختلفة وتحويل الموارد ورعاية وتشجيع القابليات الجوهرية بين وحدات الأعمال هذه، تصبح معقدة وتثير العديد من الإشكالات إذا تم النظر إليها في إطار أساليب وطرق تحليل المحافظ ***Portfolio Analysis*** والتي لا تعطى إجابات كافية حول الأعمال أو الصناعات التي تدخلها المنظمة. وهكذا طور الباحثون Campbell, Goold, and Alexander أفكار ورؤى أكثر نضجاً وفائدة في إطار ما يمكن أن نطلق عليه استراتيجية الرعاية الشاملة ***Parenting Strategy***. في الشركات متعددة وحدات الأعمال ولغرض بناء قيمة حقيقية للشركة من خلال تأزر وتعاضد ***Synergy*** عالي، يتطلب الأمر من الشركة أو مركز قيادتها ***Corporate headquarters*** أن يلعب دور الراعي المؤثر على كافة وحدات الأعمال، وأن لعب هذا لدور بشكل جيد يبنى قيمة تتفوق من خلالها المنظمة على منافسيها، وهكذا يصبح لهذه الأعمال العديدة ميزة الرعاية الشاملة ***Parenting Advantage*** (Campbell,et..al, 1995:121).

إن الرعاية الشاملة تولد استراتيجية للمنظمة من خلال التركيز على القابليات الجوهرية للمنظمة الأم ***Parent Corporation***، والقيمة التي توجدها العلاقات الرعوية بين المنظمة الأم ووحدات أعمالها. وهكذا يتطلب الأمر إيجاد مطابقة ومواءمة بين مهارات وموارد المنظمة الأم وإحتياجات وحدات الأعمال، وإذا لم يكن الأمر كذلك فربما يكون هناك تدمير للقيمة. إن تطور الاستراتيجية وفق هذا المنظور الرعوي الشامل يأتي في إطار عدد من الخطوات التحليلية المترابطة، وهي :

- فحص كل وحدة أعمال في ضوء عوامل النجاح الحرجة الخاصة بها.
- فحص كل وحدة أعمال إستناداً إلى المجالات التي يمكن تحسين الأداء من خلالها.
- فحص مدى التوافق بين المنظمة الأم مع وحدات الأعمال فيها.

- فحص مدى الدعم الذي تقدمه القابليات الجوهرية للمنظمة الام لاستراتيجية وحدة الأعمال، دون ان يؤدي ذلك الى تدعيم موقف وحدة الأعمال على حساب المنظمة الأم، هنا يكون الامر اشبه بالدعم والاسناد المتبادل .

إن إيجاد الاستراتيجية في إطار هذا التصور يعطى ربطاً وتآزراً عالي جداً بين وحدات أعمال المنظمة، وهو في حقيقته توليد استراتيجية أفقية ***Horizontal Strategy*** تتجاوز الحدود الفاصلة بين وحدات الأعمال وتبنى التأزر في ضوء تداخل وترابط كافة الأعمال. وهنا فبدلاً من المنظور الجزئي حيث تتنافس كل وحدة أعمال في إطار إمكاناتها ومواردها الخاصة، قد يبنى نوع من إمكانية المنافسة متعددة الأوجه ***Multipoint Competition***، وهنا يوجد إسناد ورعاية من المنظمة الأم لوحدات الأعمال وكذلك تساهم وحدات الأعمال في تعزيز موقف المنظمة الشامل (Wheelen & Hunger,2006:183-185).

نماذج صياغة الاستراتيجية Strategy Formulation Models

إن صياغة الاستراتيجية في منظمات الأعمال وخاصة الكبيرة منها عملية متشعبة ومعقدة وواسعة النطاق، يشترك فيها أعداد كبيرة من المدراء والعاملين في مختلف المستويات الإدارية. ورغم أن نتائج وخلاصات عملية التحليل البيئي تمثل مدخلات للصياغة إلا أنه يتطلب الأمر من الإدارة أن تركز وتحدد ملامح واضحة لنقل الخيارات إلى استراتيجيات وخطط مكتوبة. إن الإشكالية هنا هي كيفية نقل الفكر الاستراتيجي إلى أرض الواقع من خلال مخططات ورسوم وخطط مكتوبة بشكل واضح ودقيق، ويتأثر هذا الأمر بالعديد من العوامل يقف في مقدمتها :

- إدراك وخبرات ومهارات وقيم الإدارة العليا للمنظمة.
- مدى توفر متخصصين في مجالات الاستراتيجية والتخطيط الاستراتيجي، وقابلياتهم ومهاراتهم على القيام بهذا الأمر المهم.
- خبرات وقدرات مختلف العاملين في المنظمة وأساليب مساهمتهم في عملية الصياغة.
- البيانات والمعلومات الميدانية والواقعية التي ترتبط بطبيعة الأسواق وكيفية فهمها وإعتمادها في عملية الصياغة.

ومن الضروري الإشارة هنا إلى أن عمليات الصياغة تبتدأ بأطر واسعة على المستوى الكلي لتكون أكثر تركيزاً على مستوى الأعمال والمنافسة لتصل إلى مستويات أكثر وضوحاً ودقة في التعبير عن أهداف واضحة المعالم على المستوى التشغيلي (Slocum, et..al, 1994:36-39). إن الحديث عن وجود آليات لبرمجة وربط هذه المستويات مع بعضها البعض يدخل فى إطاره ما يلي :

1) التعبير بوضوح عن الاستراتيجيات على مختلف المستويات، وصولاً إلى النتائج المستهدفة من خلال ترابط الأهداف.

2) كيفية إشتقاق استراتيجيات المستويات المختلفة نزولاً إلى المستويات الأدنى وهذا يعنى تفكيك للأهداف بحدود تستطيع منظمة الأعمال السيطرة على العمل وإنجاز الأهداف.

3) دراسة الصورة الكلية لمعرفة كيفية إدخال التغيرات اللازمة في حالة أن التنبؤات المعتمدة في الصياغة لم تأتى متطابقة بشكل كبير مع الواقع.

إن مجمل هذه الجوانب تمثل ما يمكن أن يطلق عليه دور الاستراتيجيون ومسؤولى التخطيط الاستراتيجي والعملياتي والذين هم مجاميع كبيرة من المدراء ومتخصصي التخطيط يلعب كل منهم دوره بعناية وفي إطار ترابطه مع أدوار الآخرين. وهنا يمكن ملاحظة أن هناك ثلاثة أدوار أساسية لهؤلاء المدراء والمجاميع في عملية الصياغة، وهي :

- الحاثين أو الباعثين على إيجاد الاستراتيجية وتبنى استراتيجيات بذاتها، وهؤلاء هم غالباً كبار المدراء والقيادة العليا للمنظمة. إن دورهم يتجسد في إكتشاف وإيجاد الاستراتيجيات الملائمة للأمد البعيد على مستوى المنظمة ككل.
- المحللون، وهم متخصصي التخطيط الذين يستطيعون ترجمة الأفكار الرئيسية الواردة في الفقرة السابقة إلى أساسيات الخطط التي يفترض أن توجه عمل المنظمة للمدى البعيد والمتوسط.
- المحفزون للعمل، والذين يشجعون مختلف العاملين في المنظمة على العمل المثابر والتفكير الجدي والنشط في صالح المنظمة وتحقيق أهدافها (Mintzberg,1994:11-26).

وفي حقيقة الأمر أن مجمل هذا العمل الكبير لصياغة الاستراتيجية قد وضعه الباحثون في إطار نموذجين رئيسيين، وهما (Wheelen & Hunger,2006:20-21) ، (Ramu,1999:12-13) :

* **نموذج التدرج المنطقي Logical Incrementalism Models** : في إطار المحددات التي يمكن أن توجد في مداخل وأنظمة التخطيط الرسمي المستندة إلى الرشد والعقلانية، أو حتى تلك المداخل المعتمدة على القوة والسلوك والتي يركز فيها عادة على جوانب التحليل الكمي والنوعي، فإن هذا النموذج الذي طرح من قبل الباحث (Quinn) يرى أن عملية صياغة الاستراتيجية هي إنبثاق من تفاعل تدريجي لسلسلة من الأنظمة الفرعية داخل المنظمة، وهنا فإن التشذيب والتعلم يتأتى وفق إعتبارات تطور صياغة الاستراتيجية من مرحلة لأخرى. يمكن هنا إستخدام أدوات ووسائل التحليل للمعلومات والبيانات وفحص الموارد وتخصيصها وتتأثر مجمل هذه الوسائل بأنظمة الإدارة وقدرات الإبداع وعلاقات العاملين كأنظمة فرعية يتشكل داخلها الحوار والتدرج للوصول إلى الصياغة النهائية.

* **النموذج الشمولي التكاملي Crafting Models** : إن هذا النموذج يشمل في إطاره العديد من المداخل التي تتباين في تأكيدها على عمليات الصياغة في هذا الجانب أو ذاك ولكنها في كل الأحوال هي نماذج تستهدف صياغة شمولية من خلال وجود نظم للاستراتيجية والتخطيط الاستراتيجي الرسمي Planning Approach الذي يركز على ضرورة وجود نظام تخطيطي يقوم بتحليل البيانات والمعلومات وصياغة الاستراتيجية في حين يركز المدخل الريادي Entrepreneurial على صياغة متأثرة بمنظور ورؤية وبصيرة تجديدية تطويرية، وأخيراً، المدخل التكيفي Adaptive الذي يتصف بالتركيز على صياغة الاستراتيجية دون الحاجة إلى وجود أطر محددة مسبقاً ومركزية ويحاول أن يكون أكثر مرونة في إطار التنبؤ وإستكشاف المستقبل أو قد يتطلب الأمر في بعض الأحيان العمل السريع والمبادر كرد فعل للأحداث التي تحصل في البيئة والتي لم يستطع النظام التنبؤ بها وإكتشافها.

البدائل والخيارات الاستراتيجية

بعد الإنتهاء من دراسة هذا الفصل سيتمكن القارئ من الإجابة على الاسئلة التالية

الفصل 6 أسئلة الدراسة

1. ماهية البدائل والخيارات الاستراتيجية
2. ماهيـة الخيـارات الاسـتراتيجية عـلى مسـتوى المنظمـة والأعمال والوظائف

الفصل السادس

البدائل والخيارات الاستراتيجية

مقدمة Introduction :

يتفق أغلب الباحثين في مجال الادارة الاستراتيجية على أن الخيار الاستراتيجي هو حاصل عملية متسلسلة ومترابطة الخطوات، تتمثل بدايتها بعرض البدائل الاستراتيجية ومن ثم تحديد البديل الأفضل وفق معايير تفرضها عملية الاختيار الاستراتيجي تعتمد على نتائج التحليل الاستراتيجي (Macmillan & Tampoe:2000:145). تتوج عملية الإختيار في نهايتها بقرار استراتيجي يتم وضعه في إطار صياغة الخطة الاستراتيجية لمنظمة الأعمال (Pitts & Lei,1996:21). ويمثل أفضل بديل يتم إنتقاؤه من بين مجموعة البدائل المتاحة، لكونه يعد الأكثر موائمة لوضع المنظمة الداخلي، ويعزز تكيفها مع بيئتها الخارجية، مؤدياً في النهاية إلى فرصة أكبر لتحقيق أهداف ورسالة المنظمة فهو إذاً أداة لتحقيق التجانس بين حركة النشاطات داخل المنظمة وإتجاهها العام (Wright,et..al,1994:155)، وبالتالي يمثل البديل الذي ينقل المنظمة إلى وضع أفضل. يمثل الخيار الاستراتيجي أفضل البدائل التي يمكن أن تستخدم في تحقيق رسالة وأهداف المنظمة والتي تمثل القاعدة التي ينطلق منها الخيار، ويتم إختياره وفقاً للمقدرة الاستراتيجية للمنظمة وخصائص البيئة التي تعمل فيها والتي تتمثل في حالة عدم التأكد والتعقيد والإعتمادية التي يمكن أن تعكس تغيرات تتمثل في فرص و / أو تهديدات. سيتم التطرق في هذا الفصل إلى أربعة جوانب أساسية - بعد توضيح ماهية الخيارات الاستراتيجية في الجانب الأول - يتمثل الثاني بإستعراض أهم الخيارات الاستراتيجية الأساسية على مستوى المنظمة والأعمال والوظائف، ويشير الثالث إلى الاستراتيجيات المعتمدة وفق المواقع التنافسية وطبيعة أنشطة المنظمة، فيما يتضمن الرابع الاستراتيجيات المعتمدة وفق طبيعة الصناعة من حيث كونها صناعات جديدة أو نامية أو صناعات ناضجة أو في إنحدار.

ماهية الخيارات والبدائل الاستراتيجية The Essence of Strategy Choice

المفهوم والأهمية Concept and Important

يرى (Thompson.1994:606) أن الخيار الإستراتيجي هو " ذلك الخيار الذي يقابل إحتياجات وأولويات المنظمة، والقادر على تحقيق أهدافها ـ من وجهة نظر صانعي القرار والمؤثرين فيه ـ أكثر من أي بديل آخر والذي يمكن أن ينفذ بنجاح ". ويؤكد الكاتب في إيراده لهذا المفهوم على الخيار القادر على تحقيق أكبر قدر من متطلبات وأهداف أصحاب المصالح والحقوق المرتبطين بالمنظمة بوصفهم أكثر الأطراف تأثراً به، وبالتالي فإن تفضيلاتهم نحو ما يمكن أن يفرزه الخيار من منافع أو مخاطر هي التي يجب أخذها بنظر الإعتبار، ويؤكد الكاتب على ضرورة توفير متطلبات نجاح ذلك الخيار. وينظر كل من (Macmillan & Tampoe,2000:348) إلى الخيارالاستراتيجي على أنه مفتاح تحقيق نجاح المنظمة، فهو الخيار الأساسي الذي تتبناه المنظمة والذي يضمن نجاحها المستقبلي. ويرى (Thompson,1994:606) أن الخيار الاستراتيجي هو "ذلك الخيار الذي يقابل إحتياجات وأولويات المنظمة، والقادر على تحقيق أهدافها"، ويركز كل من (Johnson & Scholes,1993:244) على المعايير التي يمكن الإستناد إليها للوصول إلى الخيار الأفضل، فالخيار الاستراتيجي هو مخرجات لعملية المفاضلة بين بدائل محددة ترافقها معايير معتمدة.

من هنا نرى أن الخيار الاستراتيجي عبارة عن ناتج لعملية المفاضلة ـ المستندة على معايير محددة ـ بين البدائل المتاحة الممكنة والقابلة للتنفيذ، والقادر على تحقيق النجاح لأهداف المنظمة والأطراف المرتبطة بها من خلال إستغلاله لنقاط القوة وفي إقتناص الفرص البيئية المتاحة وتجنب التهديدات المحتملة.

إن الوصول إلى خيار استراتيجي يحقق أهداف المنظمة ويلبي طموحاتها ويرضى كافة الأطراف المرتبطة بها هو عملية صعبة إذا لم تكن شاقة. فالمنظمة لديها عدد محدود من البدائل الاستراتيجية الأساسية، وتقلص هذه البدائل إذا ما تم النظر إليها من زاوية التطبيق الفعلي، أضف إلى ذلك ضرورة ملائمة الخيار الاستراتيجي لموارد وقابليات المنظمة حتى تكون قادرة على تطبيقه. ويعتقد كل من (Macmillan & Tampoe) بأنه من الصعوبة بمكان تحديد كافة الخيارات المحتملة بنفس الوضوح أو في وقت واحد، ففي

الواقع العملي هناك حدود لمدى الخيارات الممكنة، فالمنظمات صغيرة الحجم تحدد بمواردها، بينما المنظمات الكبيرة تجد أنه من الصعوبة بمكان أن تقوم بالتغيير، لذلك تتجه نحو الإلتزام بماضيها، فضلاً عن ذلك فإن تنوع وتعدد أهداف أصحاب المصالح والحقوق المرتبطين بالمنظمة، يجعل إدارتها أمام معادلة صعبة التحقيق في توجههم نحو الخيار الاستراتيجي الملائم، هذا فضلاً عن التوجهات الشخصية والتفضيلات التي تخص أفراد هذه الإدارة والتي قد تدفع بالخيار المتبع إلى منحى بعيد عن ما يجب أن يكون عليه، وحتى إذا ما تم تحقيق التوازن الداخلي المطلوب في إطار إختيار الاستراتيجية الملائمة، فإن النتائج النهائية لتلك الاستراتيجية المختارة قد تعتمد على ما تفرزه البيئة من متغيرات وظروف غير مسيطر عليها، فقد تفرز الأحداث غير المتوقعة فرصاً جديدة، كما أنها قد تدمر الفرص التي سبق التنبؤ بها، وقد تخلخل التوازن وتفقد هذه الفرص الفوائد المتوخاة منها(Macmillan & Tampoe,2000:123-133).

صعوبات ومحددات الخيار الاستراتيجي Strategy choice Difficulties

يورد (جواد، 1995 : 167 – 168) عدداً من المحددات والصعوبات التي تحد من التوجه نحو الخيار الاستراتيجي، وهي :

أ. **المعلومات**: قد لا تتوفر كامل المعلومات لصانعي الخيار الاستراتيجي، أو قد يؤدون أعمالهم في ضوء معلومات غير كاملة أو غير صحيحة، وفي كلتا الحالتين، يتأثر العدد المتاح من البدائل، وبالتالي فإن إستمرارية صنع الخيار الاستراتيجي تبدو أمراً غير مناسباً.

ب. **الوقت وضوابط الكلفة**: إذ أنه في حالة تخطي صانع الخيار الاستراتيجي الأبعاد الزمنية المحددة له وتجاوز كلفوياً ما مسموح به، فإن فاعلية قراره ستتدهور، وبالتالي تتأخر مناهج العمل عن التنفيذ.

ج. **إنقطاع الإتصال**: إذ قد تكون المعلومات المفيدة والمناسبة متوافرة فعلاً في المنظمة، إلا أنها بعيدة عن متناول أيدي الإداريين المشاركين في صنع الخيار الاستراتيجي.

د. **السوابق المماثلة**: إذ أن الأفعال السابقة والسياسات الموضوعة قد يفسدا التفكير والتروي عند صانعي الخيار الاستراتيجي، وهنا تحُول الأعمال السابقة دون دراسة وتفهم البدائل المغرية.

هـ **الإدراك والتبصر**: إن الخيار الإنتقائي من بين ما هو موجود يؤثر وبشكل ملحوظ على عملية الخيار الاستراتيجي، وفي هذه الحالة يكون سلوك صانعي الخيار معتمداً على

المشاهدة، ولكن بالقدرة الإداركية السليمة والتبصر والحكم الموضوعي، في ضوء المحددات الداخلية والخارجية، يصل صانعو الخيار إلى مبتغاهم من دون تقصير.

هيكل صنع الخيار الاستراتيجي   Strategy choice design structure

يقدم (Macmillan & Tampoe,2000:135) هيكلاً لصنع الخيار الاستراتيجي، يبتدئ بإستفسار عن البدائل المتوفرة بشكل عام، والتي يجب أن يتم تحديدها من خلال عدة محاور، فهناك البدائل التي تطرح من خلال دراسة العلاقة بين السوق وإستيعابه وحاجته من المنتجات والخدمات، وهناك البدائل القادرة على تحسين الموارد والقابليات، بالإضافة إلى إستعراض منهج البدائل الذي يوضح كيفية التقدم. إن البدائل المتوفرة عن المحاور أعلاه يجب أن تتقاطع كي ينتج عنها عدد من البدائل التي يمكن أن يتم الإختيار منها على أساس معايير محددة معبرة عن الغرض النهائي من الخيار في ظل تحديد الجهات التي تشارك في صنع الخيار الاستراتيجي النهائي، والشكل (6-1) يبين ذلك.

شكل (6-1): هيكل صنع الخيار الاستراتيجي

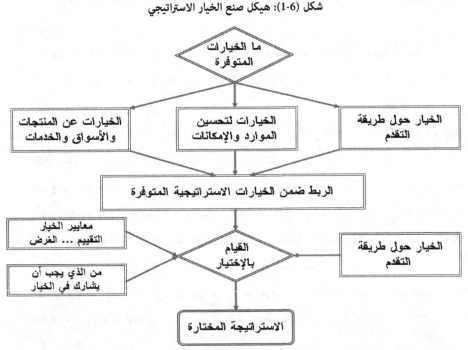

Source: Hugh Macmillan and Mahen Tampoe, "Strategic Management Process, Content, and Implementation' 1ˢᵗ

Ed., Oxford University Press, 2000:135.

مراحل صنع الخيار الاستراتيجي Strategy choice Phases

يتفق أغلب الكُتاب والباحثين (David,1995:310) (Smith & Others, 1985:11-12) (Johnson & Scholes, 1993:203) (Jauch & Glueck,1988:263) على أن المراحل التي يمر بها الخيار الاستراتيجي هي :

أ. تطوير وتوليد البدائل الاستراتيجية.

ب. تقويم البدائل على وفق معايير محددة.

ج. إختيار البديل المناسب.

ويربط بعض الكُتاب عملية تطبيق الخيار بالمراحل التي يمر بها (Macmillan & Tampoe,2000:132)، على أساس أن الخيار الاستراتيجي هو عملية صياغة وتنفيذ، إلا أن الإتفاق الغالب هو إهمال عملية التطبيق ضمن مراحل الخيار الاستراتيجي. وتتطلب عملية عرض وتطوير البدائل الاستراتيجية لأية منظمة ما يأتي:

أ. معرفة الأساس الاستراتيجي الذي تقوم عليه المنظمة.

ب. تحديد إتجاه العمل الاستراتيجي.

ج. تحديد الطرق الاستراتيجية البديلة (Johnson & Scholes, 1997:114).

ويحدد (Hatten & Hatten, 1989:243-244) متطلبات عملية تطوير وتوليد البدائل الاستراتيجية وعلى النحو الآتي:

أ. الإبداع في عملية توليد البدائل بحيث تتميز المنظمة عن منافسيها عند إختيارها لأحد هذه البدائل.

ب. المرونة في إستغلال الموارد والقابليات لتحقيق الميزة التنافسية.

ج. الإهتمام بتوقيت عملية توليد وعرض البدائل الاستراتيجية.

ويوضح (Macmillan & Tampoe,2000:132 - 133) أن هناك العديد من البدائل المتوفرة والملائمة لظروف المنظمة، ولكنها من الناحية العملية غير قابلة للتطبيق، وعلى النقيض من ذلك، فهناك بدائل استراتيجية قابلة للتطبيق من الناحية العملية ولكنها غير مناسبة لظروف وإمكانات المنظمة.

وضمن نفس السياق، يوضح (David,1995:194) أن هناك عدد غير محدود من الأعمال الممكنة كبدائل استراتيجية، إلا أنه يجب التركيز على تلك البدائل الأكثر جاذبية فيما يتعلق بالمنافع والمآخذ والأرباح والكلف. وما أن يتم تطوير وتوليد البدائل الاستراتيجية

الملائمة لموقف المنظمة، تتم عملية التقييم لتلك البدائل على وفق معايير محددة. ويقدم (Johnson & Scholes, 1997:319) معايير أساسية يجب أن يؤخذ بها عند تقييم أية بديل استراتيجي، وعلى النحو الآتي:

- **أن تكون الاستراتيجية ملاءمة**، أي مدى ملاءمة الاستراتيجية للظروف التي تعمل بها المنظمة، وكيفية التعامل والتكيف مع التوجهات والتغيرات المستقبلية، وإلى أي مدى تناسب الاستراتيجية المختارة هذه التوجهات.
- **أن تكون الاستراتيجية مقبولة**، أي أن تكون مقبولة لمختلف فئات المتعاملين، وأن تؤدي إلى أقل مخاطرة ممكنة وأكبر عوائد متاحة.
- **أن تكون الاستراتيجية ممكنة**، أي المقدرة على ممارسة الاستراتيجية وتنفيذها وتوافر الموارد والإمكانات اللازمة لها.

بالإضافة إلى ذلك، فإن هناك العديد من الأبعاد التي تبنى عليها معايير تقييم البديل الاستراتيجي، ومنها مدى تطابقه مع رسالة المنظمة وبيئتها الداخلية وثقافتها ومواردها، ومدى توافقه مع البيئة الخارجية ومتغيراتها والفرص المتاحة فيها، وغير ذلك من الأبعاد التي تعد معايير لإختيار البديل الاستراتيجي المناسب.

ويقدم (Johnson & Scholes, 1993:304) أساليب مختلفة يمكن أن تتبعها الإدارة العليا في إختيار البديل الملائم لها، وهي:

- الإنتقاء لتحقيق الأهداف: إذ يتم تكميم أهداف المنظمة كمقياس مباشر يعتمد عليه في إختيار الاستراتيجية من بين البدائل المتاحة .
- طلب القائمين على عملية الخيار من جهة أعلى للموافقة على ما تم التوصل إليه بشأن الخيار المعتمد والمفضل.
- التنفيذ الجزئي: وهو بمثابة إختبار للخيار المفضل، إذ يتم تخصيص بعض الموارد للتنفيذ الجزئي للبديل الذي وقع الخيار عليه.
- الوكالات الخارجية: وهي عملية اللجوء إلى مكاتب إستشارية عند تعارض الأطراف ذات العلاقة بالمنظمة حول البديل الذي يمكن إختياره، وبالتالي فإن القرار الخارجي سيكون أكثر موضوعية.

ويقدم (Macmillan & Tampoe,2000:134) إطاراً يساعد على إختيار الاستراتيجية من بين البدائل المتاحة، إذ يوضح أن الخيارات المتوافرة عند تقاطعها فقط مع ما

تقيمه المنظمة، ينتج عنها خيارات عملية ولكنها غير متوافقة مع جهود المنظمة، وذلك بالنظر لعدم أخذ الغرض الاستراتيجي بنظر الإعتبار، وكذلك عند تقاطع البدائل المتاحة مع الغرض الاستراتيجي، ينتج عن ذلك خيارات متراصفة مع جهود المنظمة. ولكن غير عملية، وأخيراً يتوصل الكاتبين إلى أن الاستراتيجية التي يجب إختيارها يجب أن تكون من ضمن البدائل المتاحة والخاضعة للتقييم والمحققة للغرض الاستراتيجي، والشكل (6-2) يبين ذلك.

شكل (6-2): إختيار الاستراتيجية من خلال البدائل المتاحة

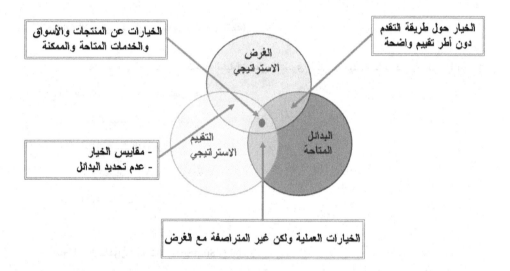

Source: Hugh Macmillan and Mahen Tampoe, "Strategic Management Process, Content, and Implementation' 1st Ed., Oxford University Press, 2000:134.

الخيارات الاستراتيجية على مستوى المنظمة والأعمال والوظائف

تتخذ الخيارات الاستراتيجية أنواع وتصنيفات عديدة لعل أبرزها حسب موقعها في الهرم الاستراتيجي والذي يشكل إتفاق لدى أغلب الباحثين (Wright et al,1994: 55) حيث صنفت إلى خيارات استراتيجية على المستوى الكلي وخيارات استراتيجية على مستوى وحدات الأعمال وخيارات استراتيجية على المستوى الوظيفي.

الخيارات الاستراتيجية على المستوى الكلي (المنظمة)

صنف باحثو الإدارة الاستراتيجية الخيارات على المستوى الكلي تصنيفات متعددة، إلا أنهم يلتقون في أربع استراتيجيات ضمن هذا المستوى وهي:

- استراتيجيات الإستقرار والثبات.
- استراتيجيات النمو والتوسع.
- استراتيجيات الإنكماش والتراجع.
- الاستراتيجيات المركبة.

إستراتيجيات الإستقرار (الثبات)   Stability Strategies

تناسب استراتيجيات الإستقرار المنظمة الناجحة التي تعمل في بيئة يمكن التنبؤ بها، ولا تتطلب هذه الاستراتيجيات تغيرات كبيرة إستناداً إلى فلسفة الثبات في الحركة. وتركز المنظمة كل مواردها في مجال الأعمال الحالية بهدف تقوية وتحسين ما لديها من مزايا استراتيجية. وتحافظ المنظمة على ذات الرسالة والأهداف، وهي ببساطة تزيد من معدلات الأداء بنفس النسبة تقريباً سنوياً. وتهدف القرارات الاستراتيجية الأساسية إلى تحسين أداء المجالات الوظيفية. ومن استراتيجيات الإستقرار :

- استراتيجية عدم التغير No-Change Strategy ، وهي تعني إستمرار منظمة الأعمال على نفس المسار دون أي تغير يذكر.
- استراتيجية الربح Profit Strategy ، وهي تنطلق من فكرة التضحية بالنمو في المستقبل في سبيل زيادة الأرباح الحالية، وتؤدي هذه الاستراتيجية إلى نجاح في الأجل القريب مصحوب بركود في الأجل البعيد.

- استراتيجية التوقف أو التريث ، Pause Strategy ، وهي تنطوي على خفض أهداف منظمة الأعمال إلى مستوى يسمح لها بدعم وتعزيز مواردها في حالة إستنزاف مواردها وطاقاتها.

- استراتيجية الحركة مع الحيطة والحذر Proceed – With – Caution Strategy ، وهي تتبع في حالة شعور الإدارة بعدم القدرة على الإستمرار في استراتيجية النمو بسبب عوامل بيئية خارجية.

- استراتيجية الحصاد Harvest Strategy ، ويدخل في إطار هذه الاستراتيجية تقليل حجم الأنشطة أو الإستغناء عن أنشطة لم يعد بالإمكان تطويرها.

- استراتيجية النمو التدريجي، وهي أن تقوم منظمة الأعمال بإنتخاب أنشطة بعناية لتكون عمليات النمو ممكنة فيها في حين أن باقي الأنشطة الأخرى تكون في وضع إستقرار.

إستراتيجيات النمو   Growth Strategies

تحظى استراتيجيات النمو بشعبية كبيرة لدى معظم مديري الأعمال لأنهم عادة ما يقرنون النمو بالنجاح. وتسعى المنظمات التي تعمل في حركية إلى النمو الذي يؤدي إلى زيادة المبيعات وإلى الإستفادة من منحنى الخبرة في خفض كلفة الوحدة المباعة ومن ثم زيادة الأرباح، ويكتسب هذا الأسلوب أهمية خاصة إذا كان السوق الذي تعمل فيه المنظمة ينمو بسرعة، وإذا لجأ المنافسون إلى حرب الأسعار لكسب حصص سوقية أكبر. لكن بالمقابل تعاني المنظمات التي لم تحقق الحجم الإقتصادي اللازم خسائر إقتصادية، إلا إذا تمكنت هذه المنظمة من إستخدام قطاع صغير ومربح في السوق. ويعد النمو مؤشر على نجاح المنظمة استراتيجياً. ويعبر عن استراتيجية النمو بأنها الاستراتيجية التي تتبعها المنظمة عندما تسعى لتحقيق أهداف جديدة بمستوى أعلى من مستوى أهدافها السابقة، من خلال خدمة المتعاملين والأسواق وذلك بتقديم سلع وخدمات جديدة، أو التوسع في أسواق جديدة بسلع وخدمات جديدة، وهي تركز في قراراتها الاستراتيجية على الزيادات الرئيسية في مجال عملها الحالي (Glueck,1982:207)، وترتبط استراتيجية النمو في الغالب بالتوسعات أو الإستثمارات التي تمر بها منظمة الأعمال في قطاعات أعمالها الحالية أو الجديدة، وتتطلب استراتيجية النمو جهود إضافية تقوم بها الإدارة العليا في سبيل بناء آليات تكيف وتفاعل مع فرص الإستثمار البيئي الناتجة عن تحليل الموارد وإمكانيات المنظمة، خدماتها ومنتجاتها، ظروف البيئة الخارجية ومهارة الإدارة العليا على تحليل هذه العناصر كأساس لنجاح استراتيجية النمو التي

تسعى لإتباعها. وتعد استراتيجية النمو مرغوبة، فهي تمكن منظمة الأعمال من تغطية أخطائها وأي قصور في كفاءتها بشكل يسير، ويؤدي النمو بحد ذاته إلى رفع القيمة الذاتية لرؤساء المنظمات. ويورد (Glueck,1982:208) العديد من الأسباب التي تدفع بإتجاه إتباع استراتيجية النمو:

- إقتران الفاعلية Effectiveness بالنمو عند أغلب المدراء.
- يؤدي النمو إلى زيادة المبيعات وإلى الإستفادة من منحنى الخبرة Experience Curve في تخفيض كلفة الوحدة المباعة ومن ثم الأرباح.
- على المنظمات التي تعمل في بيئة ديناميكية أن تنمو لتبقى.
- يحقق النمو منافع للمجتمع بشكل عام من خلال زيادة عدد الخدمات والمنتجات المقدمة.
- يحقق النمو والتوسع للمنظمة القيادة والسيطرة في السوق. أي تعزيز المركز التنافسي لها.
- يمثل النمو مقياساً لكفاءة الإدارة وقدرتها على إستخدام الموارد المادية والبشرية المتاحة بشكل كفوء.

وعادة ما يكون النمو وفق أسلوبين :

أ. النمو الذاتي، أي أن المنظمة تستطيع أن تتوسع وتنمو وفق قدراتها وإمكاناتها الذاتية، حيث الإحتياج إلى الأموال والموارد الأخرى للنمو، سواء داخل القطاع الذي تعمل فيه أو إلى قطاعات أخرى.

ب. النمو من خلال التعامل مع أطراف خارجية، وفي إطار هذه الاستراتيجية يمكن أن تعتمد منظمة الأعمال واحدة من بدائل عديدة.

أما أنواع استراتيجية النمو، فيمكن تلخيصها كما يلي: (Wheelen & Hunger,2006:170-179)

* **استراتيجية التركيز** Concentration Strategy، من البدائل الاستراتيجية التي يمكن الإعتماد عليها بوصفها إحدى استراتيجيات النمو، استراتيجية التركيز، حيث تلجأ منظمة الأعمال إلى هذه الاستراتيجية وفق الأبعاد التالية (المغربي،1999: 165):

- التركيز على العملاء (الأسواق): ويتم ذلك من خلال:

– الإعتماد على العملاء الحاليين.

− جذب عملاء المنافسين.

− جذب عملاء جدد غير مستخدمين للمنتج / الخدمة.

• التركيز على المنتج، ويتم ذلك من خلال:

− تباين وإختلاف المنتجات / الخدمات عن مثيلاتها الخاصة بالمنافسين.

− تنمية وتطوير إستخدامات جديدة للمنتج / الخدمة.

− تحسين الخدمات المقدمة مع المنتج.

• التركيز على التكنولوجيا، ويتم ذلك من خلال:

− تطوير الآلات والمعدات لتحسين الكفاءة.

− تحسين جودة المنتجات / الخدمات.

− تطوير إستخدامات ومنافع جديدة للمنتج / الخدمة.

ومن أهم مزايا إستراتيجية التركيز هو حصول منظمة الأعمال على التداؤب Synergy حيث الخبرة والتجربة الكبيرة في قطاع الأعمال.

ما يعاب على استراتيجية التركيز هو عدم التنويع الذي يؤدي إلى زيادة المخاطر التي تتعرض لها موارد وإمكانات منظمة الأعمال، والناتجة عن الظروف البيئية، السياسية والإقتصادية والإجتماعية والتشريعية المفاجئة أو ظهور منافسين جدد يعملون في المجالات نفسها.

* استراتيجية التكامل Integration Strategy، تعد استراتيجيات التكامل من استراتيجيات النمو المحبذة بمنظمات الأعمال، خاصة وإنها تدر على منظمة الأعمال أرباح إذا ما وضعت موضع تنفيذ فعال، وأتت في إطار دراسات متكاملة. وهناك نوعين من التكامل، التكامل العمودي Vertical Integration ، وله شكلان تكامل عمودي أمامي، تكامل عمودي خلفي، أما النوع الثاني من التكامل، هو التكامل الأفقي Horizontal Integration، وفيما يلي توضيح لهذه الأنواع من استراتيجيات التكامل (Coulter,2003:257-259):

أ) استراتيجية التكامل العمودي Vertical Integration Strategy، تشير إلى الاستراتيجية التي تتبعها المنظمة التي تدخل في مجال أو مجالات أعمال ضرورية لتصنيع أو توزيع منتجاتها، حيث كانت هذه المنظمة تشتري هذه المتطلبات أو الخدمات من

شركات أخرى مستقلة، ويتراوح هذا النشاط بين السيطرة على الموارد الأولية وتسويق المنتجات تامة الصنع.

ومن أهم مزايا التكامل العمودي خفض النفقات وتحسين التنسيق والرقابة، وينقسم إلى:

■ استراتيجية التكامل العمودي ـ الأمامي Forward – Vertical Integration

يهدف التكامل العمودي ـ الأمامي إلى الدخول في مجال توزيع منتجات منظمة الأعمال عن طريق السيطرة على منافذ التوزيع الموصلة إلى المستهلك النهائي.

■ استراتيجية التكامل العمودي ـ الخلفي Backward – Vertical Integration

عندما تتجه منظمة الأعمال نحو السيطرة عل المواد الأولية فإنها تحقق التكامل العمودي الخلفي، فقد يكون من خلال السيطرة على التسهيلات الإنتاجية خاصة ما يتعلق بالمواد الخام المستعملة في العمليات أو عند رغبة منظمة الأعمال في تنمية القدرة على إنتاج مواد خام جديدة ليس لها علاقة بالمنتج الحالي. والتكامل الخلفي يمكن منظمة الأعمال من السيطرة بصورة أكبر على جودة المواد الأولية التي تحصل عليها.

ب) استراتيجية التكامل الأفقي Horizontal Integration Strategy، وهنا قد يتم التكامل عند دخول منظمة الأعمال لميادين عمل جديدة، فيأخذ شكل طرح منتجات جديدة للأسواق نفسها أو بيع المنتج نفسه إلى أسواق جديدة. كما قد يكون عن طريق شراء المنظمة لمنظمة أخرى تقوم بإنتاج المنتج نفسه وبالعملية الإنتاجية نفسها. أو تقوم بشراء منظمة أخرى تمتلك بعض منافذ التوزيع في أسواق جديدة لنفس المنتج الذي تقوم المنظمة بإنتاجه لتدعم موقف المنظمة الأصلية وتساعدها على الدخول إلى قسم جديد من أقسام السوق، أو توسيع فعاليات المنظمة إلى مواقع جغرافية أخرى بزيادة المنتجات والخدمات المقدمة للأسواق.

* استراتيجية التنويع Diversification Strategy، إن استراتيجية التنويع تعنى أن تقوم منظمة الأعمال بالتوسع من خلال :

– تقديم المنتجات / الخدمات الجديدة.

– إضافة أسواق جديدة إلى الأسواق الحالية.

– إضافة بعض العمليات الإنتاجية إلى عملياتها الحالية.

إن الهدف الرئيس لهذه الاستراتيجية هو دخول منظمة الأعمال في بعض مجالات الأعمال فهي استراتيجية مناسبة عندما يكون للمنظمة موقع تنافسي قوي. ويشير (Thomson & Strickland,1999:170) إلى أن أسباب إعتماد استراتيجية التنويع هي:

- تنويع المخاطر.
- مواجهة وصول بعض المنتجات إلى مرحلة النضوج أو الإشباع.
- تحقق تدفقات نقدية تزيد على إحتياجات الإستثمار في وحدة الأعمال الاستراتيجية.
- زيادة المعدل الإجمالي لنمو المنظمة.

ويمكن تصنيف استراتيجية التنويع إلى صنفين أساسيين كما يشير لذلك (Wright et al,1998:92) وهي:

استراتيجية التنويع المتمركز أو المتصل (المترابط) Related Or Concentric Diversification Strategy

تعتمد هذه الاستراتيجية على إضافة منتجات جديدة ترتبط بأعمال المنظمة الحالية حيث ترتبط معها في جانب أو أكثر كإرتباطها بالتكنولوجيا، الإنتاج أو التسويق (Harrison & John,1998:82). ويشير (السيد،1990:224) إلى أن الترابط القائم على التوافق الاستراتيجي للأعمال الجديدة مع الأعمال الحالية يمكن منظمة الأعمال من الإستفادة من أثر التداؤب والتعاون Synergy بين مقومات الإنتاج، فمن خلال التنويع المترابط تستطيع منظمات الأعمال أن تعمل على إستقرار العائد والدخل من خلال الدخول في عدة أعمال يترتب عليها تقديم منتجات مختلفة في المواسم المختلفة طوال العام. أي أنها تحاول أن تصل إلى إستقرار في مبيعاتها طوال العام بتعاملها بعدد من المنتجات التي تغطي معظم المواسم طوال العام. ويقسم التنويع المترابط إلى نوعين أساسيين (& Salter Weinhold,1983:8-9) :

- **التنويع المتمم ـ المترابط Related – Complementary Diversification**، وهذا النوع يحدث عندما تقوم منظمة الأعمال بتوسيع قاعدة عملها من خلال إضافة مهارات ونشاطات وظيفية أساسية إلى مجموعتها الموجودة، لكن ليس من خلال تغيير سوق منتجاتها الأخير. وتستخدم عندما تكون منظمة الأعمال في صناعة جذابة، لكنها تمتلك مهارات قد توسعت بحيث يمكن إستغلالها من خلال الذهاب لأنشطة متممة داخل قطاع الأعمال الذي تعمل فيه.

- **التنويع التكميلي ـ المترابط** Related – Supplementary Diversification، وتشمل على توسيع العمل من خلال إدخال أسواق منتجات / خدمات جديدة تتطلب مهارات وظيفية مماثلة لتلك المهارات التي تمتلكها منظمة الأعمال فعلاً، ويستخدم هذا النوع عندما يكون لدى منظمة الأعمال مركز أعمال قوي، لكنها تشارك في سوق ذو جاذبية عادية أو واطئة.

* استراتيجية التنويع غير المترابط Conglomerate Diversification Strategy

يحدث هذا النوع من التنويع عندما تدخل منظمة الأعمال إلى بعض مجالات الأعمال الجديدة والتي لا ترتبط بمجالات العمل الحالية. وقد يتم الإستعانة بهذا النوع من التنويع للإستفادة من سمعة منظمة الأعمال ومركزها التسويقي، كذلك الإستفادة من الموارد المالية المتاحة. كما قد ينجم هذا التنويع لأن فرص النمو في خطوط الإنتاج الحالية محدودة. مما يتطلب البحث عن فرص إستثمارية مغايرة للنشاط الحالي. ويبقى الهدف الرئيس من هذا التنويع هو تحسين الربحية وإشباع مختلف الرغبات وكسب عملاء جدد مما يؤدي إلى زيادة نمو منظمة الأعمال (David,1995:54)

* استراتيجية الإندماج والتملك Merger - Acquisition Strategy، وقد تمزج هذه الاستراتيجيات مع استراتيجيات التكامل العمودي والتكامل الأفقي وإستراتيجيات التنويع. وفيها تعتمد منظمة الأعمال على رفع مستوى أدائها بشكل أعلى من مجرد مستوى الأداء العادي في الماضي، وذلك عن طريق زيادة مبيعاتها وأرباحها بإتباع الاستراتيجيات الآتية:

- **استراتيجية الإندماج** Merger Strategy، ويقصد بالإندماج ضم منظمتي أعمال أو أكثر معاً، وتكون نتيجة الإندماج تكوين منظمة أعمال واحدة ويتم الإندماج عادة بين منظمات متماثلة في الحجم (Wheelen,1995:155). ويشير (غراب،1995: 171) إلى أن الأسباب التي تدعو منظمات الأعمال إلى الإندماج هي:

- زيادة سعر سهم منظمة الأعمال في السوق.

- التوجه نحو الإستثمار الجديد.

- زيادة معدل النمو بنسبة تفوق ما يحققه التنويع الداخلي.

- زيادة درجة إستقرار أرباح منظمة الأعمال.

- الحصول على موارد إضافية.

- تقليل الضرائب.

- **استراتيجية التملك (الإكتساب) Acquisition Strategy**، تتمثل هذه الاستراتيجية في القيام بشراء منظمة أو وحدة أعمال وإحتوائها بالكامل بإعتبارها منظمة تابعة للمنظمة المُقتنية ويحدث التملك عادة بين منظمات متفاوتة في الحجم وقد يتم بطريقة ودية أو غير ودية، ويسمى الشراء غير الودي بالإستيلاء أو السيطرة (Bowman & Asch,1996:139-140). إن أهم أسباب إقبال منظمات الأعمال على الإندماج أو الشراء هو تحقيق مزايا التوافق في البيع أو التشغيل أو الإدارة أو التكنولوجيا (Joyce & Woods,1996:147).

- **استراتيجية المشاريع المشتركة والتحالفات الاستراتيجية Joint Ventures and Strategic Alliances Strategy**، إن المشروع المشترك هو الأداة الأكثر ملائمة ومرونة لبناء المواءمات من اللامواءمات (Drucker,1998:720) ويعد المشروع المشترك تشكيل منظمة تضامنية ما بين منظمة محلية وأخرى أجنبية من أجل إنتاج وتسويق منتوج أو خدمة معينة (Ivancevich,et..al, 1997:544). ويمكن عد هذه الاستراتيجية دفاعية فقط لأن المنظمة لا تقوم بتنفيذ المشروع لوحدها. وغالباً ما تقوم منظمتان أو أكثر بتشكيل منظمة منفصلة وملكية مشتركة للأسهم في كيان عمل جديد (David,1995:63). وتقام المشروعات المشتركة إما لأن المنظمات المعنية لا ترغب في الإندماج بشكل دائم أو لأن هذا الإندماج غير قانوني (Wheelen & Hunger,2006:173). وهناك جملة من الأشكال المختلفة للمشروع المشترك، ومنها (Bowman & Asch,1996:142) :

- الإتحادات المالية **Consortia** ، وهذه هي مشاريع غالباً ما تقوم على أساس تطوير موجود معين أو فرصة معينة.
- حقوق الإمتياز **Franchises** ، وتتضمن قيام أحد الأطراف بتوفير معظم جوانب المشروع والأفكار والأسماء التجارية والمنتجات / الخدمات، ويكون الطرف الآخر مسؤولاً عن تسليم وتشغيل النشاط ضمن جزء معين من أجزاء السوق.
- الترخيص **Licensing** ، وهي سماح إحدى المنظمات إلى منظمة أخرى بالحق بإستثمار تكنولوجيا معينة أو براءة إختراع معينة أو معرفة معينة أو منتوج / خدمة معينة في جزء معين من أجزاء السوق.

- الوكالة Agency ، تعد الوكالات بمثابة التنسيقات الشائعة التي تتفق من خلالها المنظمة على أن القليل سوف يكون مسؤولاً عن تسويق المنتوج / الخدمة من خلال قنوات التوزيع.

- الشبكات Network ، وهذه هي إتفاقات غير رسمية، وغالباً ما يكون ذلك لفترة زمنية قصيرة.

إن التحالفات الاستراتيجية تشير إلى التنسيقات التي تقوم فيها منظمات الأعمال بربط قواها لتشكيل شركة تضامنية تعاونية. هذا وتختلف الأسباب التي تكمن وراء إختلاف أشكال التحالف التي يمكن أن يحدث، لكنها من المحتمل أن تعنى بالموجودات التي تدخل في التحالف. وعليه فإن شكل التحالف من المحتمل أن يتأثر بما يلي (Johnson & Scholes,1997:310) :

- إدارة الموجودات: أي المدى الذي تحتاج أو لا تحتاج فيه الموجودات للإدارة المشتركة.

- إمكانية فصل الموجودات: أي المدى الذي يكون فيه بالإمكان فصل الموجودات ما بين الأطراف المعنية.

- تخصيص الموجودات: أي المدى الذي تكون فيه مخاطرة لطرف أو للآخر فيما يتعلق بتخصيص الموجودات.

أما بالنسبة للموارد التي من المحتمل جداً أن تكون قابلة للنقل من خلال المشروع المشترك هي كما يلي (Harrison & John,1998:90) :

- الموارد التسويقية : تستطيع المنظمات أن تحصل على المورد والمعلومات التسويقية التي لا تستطيع الأطراف الخارجية تحديدها بسهولة، مثل معرفة المنافسة، سلوك العملاء، وقنوات التوزيع.

- الموارد التكنولوجية : إن الذين يشاركون في مشروع مشترك يمكنهم إستخدام المهارات التكنولوجية والمعرفة الخاصة غير المتاحة بشكل عام.

- المكونات والمواد الأولية : يتم تشكيل بعض المشاريع المشتركة من أجل تسهيل وصول منظمة الأعمال إلى مختلف عناصر العملية التصنيعية.

- الموارد المالية : تستطيع المنظمات الحصول على رأس مال خارجي، بالترابط مع موارد أخرى عادة.

- الموارد الإدارية : يستطيع المشاركون في المشروع المشترك أن يستخدموا القابليات والمهارات الإدارية والإبداعية بالترابط مع موارد أخرى.
- الموارد السياسية : تجبر بعض المشاريع المشتركة على الدخول في بلدان نامية، ويتم تشكيل المشاريع المشتركة الأخرى للحصول على تعهدات أو إلتزامات سياسية.

* **استراتيجية الإستثمار Investing Strategy**، قد تسمى هذه الاستراتيجية باستراتيجية النمو لغرض البيع، فقد يخطط الكثير من قيادات منظمات الأعمال إلى تحقيق نمو منظماتهم لتصل في نموها إلى أعلى درجة ممكنة لها حسب مرحلة تطور منتجاتها / خدماتها. عند ذلك تباع لمنظمة أكبر وتحقق قيادة منظمة الأعمال التي تعتمد على هذه الاستراتيجية أرباحاً من عملية البيع هذه عندما تزداد حدة المنافسة.

إستراتيجيات الإنكماش (التراجع) Retrenchment Strategy

تتبع هذه الاستراتيجية عند إنخفاض معدلات تحقيق الأهداف عما سبق تحقيقه، ومحاولة الإدارة رفع مستويات الأداء من خلال التركيز على تحقيق الكفاءة، وخدمة عملائها في قطاع المنتوجات والخدمات السابقة نفسها مع إضطرارها لخفض عدد هذه القطاعات. تركز الإدارة في هذه الاستراتيجيات على خياراتها المتعلقة بتحسين الأداء الوظيفي وخفض عدد وحداتها العاملة ذات التدفق النقدي السلبي. وتهدف المرحلة الأولى من استراتيجية الإنكماش إلى خفض الحجم والكلف. وتمثل المرحلة الثانية دعم الإستقرار (البقاء) الذي ينطوى على وضع برنامج تثبيت المنظمة بوضعها الجديد. تعد إستراتيجيات الإنكماش مرحلة حرجة في حياة المنظمة في العودة إلى نقطة إنطلاق جديدة بعد إستيعاب عوامل الفشل والأخذ بواحدة من الاستراتيجيات السابقة، أو فشلها وخروجها من دائرة المنافسة. ومن استراتيجيات الإنكماش (Coulter,2003:274-279) :

- **استراتيجية التحول Transform Strategy** ، وهي الاستراتيجية التي تتبعها منظمة الأعمال عندما تكون المشكلات منتشرة فيها ولكنها ليست خطيرة بعد، وهي تنطوي على مرحلتين، الأولى، الإنكماش الذي يهدف إلى تخفيض الحجم والتكاليف، والثانية، مرحلة الدعم والإستقرار والتي تنطوي على وضع برنامج لتثبيت وضع المنظمة الجديد.
- **استراتيجية التجريد Divestment Strategy** ، من المناسب إتباع هذه الاستراتيجية إذا أمكن إرجاع مشكلات منظمة الأعمال إلى تدني أداء إحدى الوحدات الاستراتيجية أو

أحد خطوط المنتجات / الخدمات أو في حالة عدم إنسجام أحد القطاعات مع باقي قطاعات المنظمة، في هذه الحالات تقوم منظمة الأعمال ببيع أو تصفية هذه الوحدات الاستراتيجية.

- **استراتيجية المنظمة الأسيرة** Captive Company Strategy ، تشبه هذه الاستراتيجية استراتيجية التجرد، ولا تناقش عادة كاستراتيجية مستقلة، وتقوم منظمة الأعمال في هذه الحالة بتخفيض نطاق عملياتها الوظيفية وتصبح " أسيرة " لمنظمة أخرى وذلك بدلاً من بيع أحد قطاعات المنظمة أو وحداتها. تخفض المنظمة بهذه الطريقة مصروفاتها وتحقق بعض الأمان عن طريق الإرتباط مع منظمة أقوى. ويحدد (Glueck,1982:228) أن المنظمة تصبح أسيرة في حالة قيامها ببيع (75%) أو أكثر من منتوجاتها أو خدماتها لعميل واحد.

- **استراتيجية الإلتفاف** Turnaround Strategy ، وهنا تقوم منظمة الأعمال بالتراجع وتقليص أعمالها في مواجهة التهديدات البيئية، إذ تعيد منظمة الأعمال تشكيل أعمالها بإستبعاد بعض العمليات غير الفعالة من أجل زيادة فاعلية عملية الإنتاج ككل، مثل إحتفاظ منظمة الأعمال بنفس حجم المبيعات والأرباح مع التقليل من تكاليف الإستثمار وحجمها.

- **استراتيجية التصفية** Liquidation Or Sell-out Strategy ، تمثل هذه الاستراتيجية الملجأ الأخير عندما تفشل باقي استراتيجيات الإنكماش، ويرى المستثمرون أن التصفية المبكرة أفضل من الإفلاس في النهاية.

الاستراتيجية المركبة (التوفيقية) Combination Strategy

تعمل المنظمات على تكوين خليط من الاستراتيجيات التي تتناسب مع الغرض الرئيس لها أو مع رسالتها. وقد تستخدم المنظمة أكثر من استراتيجية واحدة في نفس الوقت، يحدث هذا عادة في المنظمات ذات الحجم الكبير التي تتعدد أغراضها، أو قد تعني إستخدام المنظمة لأكثر من استراتيجية في صورة متتابعة. فمثلاً قد تستخدم المنظمة استراتيجية التجريد في بعض وحدات الأعمال التابعة لها لتحسين فعالية الأداء فيها ولتحقيق وحدات أخرى درجة أعلى من الربحية وتبنى خيارات التوسع لهذه الوحدات. فإذا تمكنت المنظمة من تحقيق ذلك فإنها قد تبدأ بإستخدام واحدة من استراتيجيات التنويع.

الخيارات الاستراتيجية على مستوى وحدات الأعمال

يُعد تحديد الخيارات الاستراتيجية على مستوى وحدات الأعمال من القضايا الرئيسة، ويمكن تصنيف الخيارات الاستراتيجية على مستوى وحدات الأعمال إلى نوعين من الاستراتيجيات، وهي :

- **الاستراتيجيات التنافسية** Competitive Strategies
- **الاستراتيجيات التعاونية** Cooperative Strategies

الاستراتيجيات التنافسية   Competitive Strategies

تحقق المنظمة مزايا تنافسية تمكنها من التفوق على منافسيها، ومن خلالها تتحدد الكيفية التي تتنافس بها في مجال أعمال أو صناعة معينة (Pitts & Lie,1996:88). وتبنى المنظمة مزاياها التنافسية عندما تتخذ خطوات تمكنها من الحصول على مزايا أفضل من منافسيها لجذب العملاء من خلال تحقيق القيمة للعميل وبشكل متميز عن المنافسين تختلف تلك الخطوات من منظمة إلى أخرى، فعلى سبيل المثال، يعد تصنيع المنتوج بالنوعية الأفضل والأقل سعراً مع توفير سرعة الإستجابة لطلب العميل مزايا يدركها العميل وتحقق القيمة له، ويرتبط تحقيق ذلك بالخيارات الاستراتيجية التنافسية في مستوى وحدات الأعمال، يتطلب تحديد ذلك الإجابة على الأسئلة الخمسة الآتية :

- ما هي الأسواق التي تنافس فيها منظمة الأعمال، وأي الأجزاء التي من المفترض أن تركز عليها المنظمة؟
- كيف تنافس المنظمة في هذه الأسواق؟
- ما هي القدرات التي تحتاجها المنظمة لتتنافس بنجاح؟
- ما هي قدرات المنظمة في الوقت الحاضر وما هو موقع المنظمة السوقي، وماذا تحتاج المنظمة لغرض التغيير المطلوب في ذلك السوق؟
- كيف تتقدم المنظمة إلى الأمام؟

عندما يكون للمنظمة أكثر من مجال عمل أو صناعة مختلفة تتنافس فيها، فإن التحليل الاستراتيجي لابد أن ينطلق من مستوى وحدات الأعمال لأن الخيارات الاستراتيجية لوحدات العمل المختلفة ستكون مختلفة لأن لكل وحدة عمل بيئتيها المختلفة، وفئة العملاء المستهدفة الخاصة بها ولكن الشئ المشترك فيما بينها جميع الخيارات تبنى على أساس

الخيار الاستراتيجي للمنظمة على المستوى الكلي. يتفق الباحثون بأن نموذج Porter للاستراتيجيات التنافسية على مستوى وحدات الأعمال هو المفضل حيث حدد تلك الاستراتيجيات بالكلفة الأدنى (قيادة الكلفة الشاملة)، التمايز، التركيز. وكما موضح بالشكل (3-6).

شكل (3-6): الاستراتيجيات التنافسية لـ Porter

	كلفة منخفضة	تمييز المنتج – الخدمة
واسع	قيادة شاملة للكلفة	تمييز
ضيق	تركيز (الكلفة)	تركيز (تمييز)

الميزة التنافسية

نطاق المنافسة

Porter, M.E.,"Competitive Strategy: Techniques for Analysis Industries and Competitors", 1980.

وتحدد هذه الاستراتيجيات الآلية التي تتنافس بها المنظمة لتحقيق التفوق على منافسيها وذلك من خلال مصادر قوتها لتحقيق أداء أفضل ويمكن تصنيفها كالآتي :

■ استراتيجية قيادة الكلفة الشاملة Cost Leadership Strategy: يتطلب هذا الخيار بناء الإمكانيات التصنيعية ذات الكفاءة العالية والإستمرارعلى تخفيض التكاليف بإستخدام الخبرة السابقة والرقابة المحكمة على الكلف بشكل عام والكلف الثابتة بشكل خاص، ويقلل النفقات إلى الحد الأدنى في مجال البحوث والتطوير وخدمات البيع والإعلان...إلخ. يعطى التمتع بكلفة منخفضة وحدة الأعمال الاستراتيجية قوة دفاعية ضد المنافسين. ويمكن تمثيل مصادر الميزة التنافسية التي تضمنها خيار قيادة الكلفة الشاملة ضمن مفهوم سلسلة القيمة في الشكل (4-6).

شكل (6-4): مضامين سلسلة القيمة لاستراتيجية قيادة الكلفة الشاملة

النشاطات المساندة	القرارات الاستراتيجية	رقابة التكاليف المركزية
	إدارة الموارد البشرية	التدريب لتأكيد توفير التكاليف وتشجيع العاملين للبحث عن طرق جديدة لتحسين أساليب الإنتاج
	تطوير التكنولوجيا	إقتصاديات الحجم في البحث وتطوير التكنولوجيا والتعلم وخبرة في الحجم الكبير
	التدبير	الشراء من مصادر متعددة / قوة تساومية كبيرة من الموردين

النشاطات الاساسية	التوزيع المادي الداخلي	العمليات	التوزيع المادي الخارجي	التسويق المبيعات	الخدمة
	شحنات كبيرة / تخزين واسع	إقتصاديات حجم في المصانع/ تأثيرات الخبرة	إرساليات شحن كبيرة	توزيع واسع / إعلانات وطنية	خدمات إقليمية

الهامش

Source: Miller, Alex & Dess, Gregory, "Strategic Management", 2nd ed., McGraw Hill Co., 1996:155.

- **استراتيجيات التمييز Differentiation Strategy** : يرتكز هذا الخيار في أن تتمكن المنظمة من تلبية حاجات ورغبات عملائها بطريقة فريدة، من خلال تقديم منتوجات مبتكرة وذات نوعية عالية، وقد يرتبط بتقديم خدمات خاصة من أجل أن يكون المشتري مستعداً لدفع سعر أعلى. ومن أهم السمات التي تسيطر على هذا الخيار هو الإهتمام بالنوعية بحيث تسمح المنظمة بالمحافظة على نفسها من المنافسين دون الإشتراك معهم في المنافسة السعرية. ويمكن تمثيل مصادر الميزة التنافسية لاستراتيجية التمايز ضمن مفهوم سلسلة القيمة بالشكل (5-6).

شكل (6-5): سلسلة القيمة ضمن استراتيجية التمييز

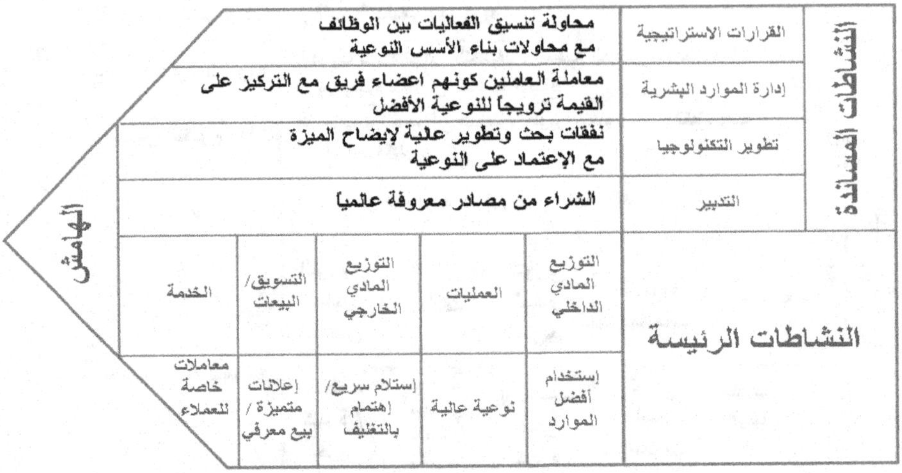

النشاطات المساندة	القرارات الاستراتيجية	محاولة تنسيق الفعاليات بين الوظائف مع محاولات بناء الأسس النوعية
	إدارة الموارد البشرية	معاملة العاملين كونهم اعضاء فريق مع التركيز على القيمة ترويجاً للنوعية الأفضل
	تطوير التكنولوجيا	نفقات بحث وتطوير عالية لإيضاح الميزة مع الإعتماد على النوعية
	التدبير	الشراء من مصادر معروفة عالمياً

Source: Miller, Alex & Dess, Gregory, "Strategic Management", 2nd ed.,

McGraw Hill Co., 1996:152.

■ **استراتيجيات التركيز Focus Strategy**: تستند هذه الاستراتيجية على أساس إختيار مجال تنافسي محدود بحيث يتم التركيز على جزء معين من السوق وتكثيف نشاط المنظمة في هذا الجزء من خلال أما قيادة الكلف أو التميز داخل قطاع سوقي مستهدف. وتحدد المهارات والموارد المطلوب إضافتها إلى المتطلبات التنظيمية لكل خيار من الخيارات الاستراتيجية، وكما يوضح الجدول (6-1).

جدول (1-6): استراتيجيات Porter الثلاث ومتطلباتها

الاستراتيجية	المهارات والموارد المطلوبة	المتطلبات التشغيلية
قيادة الكلفة الشاملة	إستثمار رأسمالي متواصل مع توفر مزيد من رأس المال في متناول اليد مهارات هندسية في مجال العمليات الإشراف المكثف للعمل تصميم المنتجات بشكل يؤدي لسهولة التصنيع نظام التوزيع ذو الكلفة المنخفضة	رقابة محكمة على التكاليف إعداد تقارير رقابة ومراجعة تفصيلية متكررة تنظيم ومسؤوليات واضحة حوافز مبنية على تحقيق الأهداف الكمية
التميز	قدرات تسويقية عالية هندسة المنتجات الإتجاه نحو الإبداع كفاءات عالية في مجال البحوث الأساسية السمعة الجيدة في مجال الجودة الريادة في التكنولوجيا خبرة طويلة في الصناعة أو مجموعة من المهارات في صناعات أخرى تعاون قوي من فنوات التوزيع	تنسيق قوي بين وظائف البحوث والتطوير وتطوير المنتجات والتسويق مقاييس وحوافز نوعية بدلاً من الكمية رواتب ومزايا جيدة لجذب العمالة والكفاءات المبدعة
التركيز	مزيج من السياسات أعلاه توجيه المزيج لتحقيق هدف استراتيجي معين	مزيج من السياسات أعلاه توجيه المزيج لتحقيق هدف استراتيجي

Source: Certo & Peter, 1995:82

لقد أضيفت تحويرات مهمة لنموذج **Porter** السابق ولم يبق على حاله بفعل التطور التكنولوجي وزيادة حدة المنافسة حيث لم تبق الخيارات الاستراتيجية للمنظمة ثلاث خيارات حيث تطورت أساليب المنافسة وأخذت منحناً جديداً بتنوع واسع، فعلى سبيل المثال، لم يبق خيار التميز بالنوعية مرتبط بالسعر المرتفع، إنما تعمل بعض المنظمات على تحسين النوعية مقابل أسعار منخفضة نسبياً قياساً بالمنافسين (Macmillan & Tampoe,2000:144).

استراتيجيات التعاون Cooperative Strategies

إن منظمات الأعمال بوحداتها المختلفة قد تجد نفسها في إطار تعاون مع بعض المنظمات وتنافس مع منظمات أخرى، لذلك على إدارة المنظمة أن تعى طبيعة هذا التعاون ومجالاته، وكيفية الإستفادة منه بشكل كبير لصالح المنظمة. ويأخذ التعاون صيغ عديدة بعضها محدود في إطار برنامج معين ولفترة زمنية وبمؤشرات قليلة، والبعض الآخر قد يصل

إلى حدود تعاون كبير من خلال مشاريع مشتركة وآليات عمل للأمد البعيد تطور بإستمرار وبصيغ عديدة (ياسين،2002: 138- 139).

الخيارات الاستراتيجية على المستوى الوظيفي

تشتق الاستراتيجيات على المستوى الوظيفي من الأهداف وتتحدد بالإطار العام للاستراتيجية لتشكيل دليل عمل تسير على وفقه الإدارت في المستويات الإدارية الدنيا، وتمثل حلقة الوصل بين العمليات الاستراتيجية والأفعال التكتيكية، وهي الأداة الموحدة التي تستخدمها الإدارة في توجيه الوظائف الإختصاصية المختلفة في المنظمة ورقابتها، وتطور الاستراتيجية أساساً في المجالات الرئيسة لمنظمة الأعمال (البحث والتطوير / التكنولوجيا ، المالية ، الموارد البشرية ، الإنتاج والعمليات ، التسويق). إن الهدف الرئيسي هو إنجاز الاستراتيجيات المختارة على مستوى المنظمة والأعمال من خلال تعظيم إنتاجية الموارد المستخدمة، وفيما يلي توضيحاً لهذه الاستراتيجيات ومتطلبات عملها.

- **البحث والتطوير / التكنولوجيا**، ففي العديد من الصناعات لا تستطيع المنظمة أن تنمو أو حتى لا تستطيع أن تبقى من دون توليد إنسيابية متواصلة من المنتجات الجديدة. ويعمل أخصائيوا البحث والتطوير على إبتكار منتجات جديدة من أجل دعم استراتيجية الأعمال. حيث يقوم قسم البحث والتطوير بتصور أفكار المنتجات الجديدة وتطويرها إلى أن تصل المنتجات إلى الإنتاج الكامل وتدخل السوق. وتشتمل هذه العملية على توليد ومسح المفاهيم، وتخطيط وتطوير المنتجات. إن بعض هياكل الصناعة تجعل من البحث والتطوير مهماً جداً طالما أن المنتجات الجديدة يمكن أن تكون مربحة جداً، ومع ذلك نجد البحث والتطوير يمكن أن يكون مستهلكاً للوقت ومكلفاً ومحفوفاً بالمخاطر. إن استراتيجيات التجديد ـ أي تلك الاستراتيجيات التي تركز على تطوير منتجات جديدة ـ يمكن أن تكون محفوفة بالمخاطر جداً ولهذا السبب تقوم العديد من المنظمات بإستخدام إستراتيجيات التقليد للمنتجات المنافسة. وفي السنوات الأخيرة، إزداد التأكيد على دور البحث والتطوير في إضافة القيمة من خلال روابطه الداخلية بوظيفتي التصنيع والتسويق (-Coulter,2003:183 187).

- **المالية**، إن الاستراتيجية المالية تبين التطبيقات المالية المرتبطة باستراتيجية المنظمة واستراتيجيات الأعمال، وهى توضح أن الأفعال المالية تأتي منسجمة مع الخيارات الاستراتيجية في المستويات الأعلى، كما أن المؤشرات المالية تعزز الميزات التنافسية من

خلال الكلفة الأدنى وكذلك المناورة بالقابليات والمرونة بتدعيم تنفيذ استراتيجيات الأعمال، وبشكل عام فإن الاستراتيجية المالية تهدف إلى تعظيم القيمة المالية للمنظمة من خلال جملة من المؤشرات يفترض أن تتحقق، وإذا كان الهدف الأساسي لهذه الاستراتيجية هو إستخدام الموارد المالية بطريقة تعزز الأداء وتحسن الوضع التنافسي للمنظمة فإن هناك إمكانية لتحقيق ذلك من خلال مجموعة قرارات المبادلة فقد يتحقق ذلك من خلال القروض، التوسع الداخلي، وغيرها. وبشكل عام، ولكون الجوانب المالية مهمة عادة ما تدرس هذه الاستراتيجية بعناية لكي لا تقع المنظمة بإشكالية عدم الموازنة بين جانبين السيولة والربحية المتحققة. وتهتم الاستراتيجية المالية بفحص العديد من المؤشرات الخاصة بالمديونية، الربحية، الاستخدام. ويمكن أن يتحقق ذلك من خلال العديد من النسب المالية التي تعزز من قدرة المنظمة على تنفيذ استراتيجياتها بالمستويات الأعلى. ومن الجدير بالذكر أن المنظمة عادة ما تتابع أسهمها في السوق لمعرفة طبيعة إنعكاسات عملها على قيمتها السوقية، وإن هذه الجوانب تعطى مؤشرات على كافة إستخدام الموارد المالية.

- **الموارد البشرية**، لغرض تنفيذ استراتيجيات المستوى الأعلى يفترض أن توضع استراتيجية مناسبة للموارد البشرية، وعلى إعتبار أن الموارد البشرية تمثل أهم الموارد حيث المعرفة والمهارات فإن تعزيز هذه الجوانب تجعل من استراتيجيات المنظمة فعالة وعادة ما تهتم استراتيجيات هذا المستوى ببناء موازنة مقبولة بين تحقيق أهداف المنظمة واهداف العاملين فيها، كما أن جوانب تطوير وتدريب وتصميم فرق العمل وزيادة مهارات العاملين تعتبر مفردات مهمة ضمن هذه الاستراتيجية. إن بعض الخيارات الاستراتيجية على وحدات الأعمال تتطلب إعادة النظر بالاستراتيجيات المعتمدة على مستوى الموارد البشرية، وإدخال طرق وأساليب جديدة على أساليب العمل. وفي الوقت الحاضر وعلى إعتبار أن التنوع في قوى العمل تمثل ميزة استراتيجية فريدة، فمن المفترض على منظمة الأعمال أن تجعل من هذا التنوع حقيقة واقعة تدار بذكاء لغرض زيادة إنتاجية الموارد البشرية وتحسين جودة مخرجاتها، ومن الطبيعي الإشارة إلى أن مختلف جوانب العمل في إطار هذه الإدارة من إختيار وتعيين وتدريب وترقية ونقل وأنظمة حوافز وتقييم أداء يجب أن توجد لها الاستراتيجيات الفعالة التي تجعل من هذه الإدارة قادرة على إستغلال الموارد وتنفيذ الاستراتيجيات في المستويات الأعلى.

- **الإنتاج والعمليات**، تحدد هذه الاستراتيجية كيف يتم إنتاج المنتج / الخدمة، لذلك فإن إعتماد مفرداتها يرتبط بحدود كبيرة بطبيعة الخيارات المعتمدة على مستوى الأعمال فيما إذا كانت استراتيجيات تركيز، تكامل، تنويع. ويمكن القول أن هذه الاستراتيجية في الصناعة تمثل قضية مركزية ومحورية رئيسية، حيث أن إختيار نوع التكنولوجيا ومستوى الأتمتة فيها ومستوى تطورها يرتبط بحدود كبيرة في مثل هذا النوع من الاستراتيجيات. فأنظمة الإنتاج المرنة وتصميم الوظائف وإعتماد أسلوب الإنتاج الملائم كلها يجب أن تؤخذ ضمن هذه الاستراتيجيات، كما أن التحسين المستمر لعمليات الإنتاج والذهاب في إطار تحسين النوعيات هي الأخرى تعتبر من ضمن مفردات استراتيجية الإنتاج والعمليات. ومن الطبيعي الإهتمام في إطار هذه الاستراتيجية بأنظمة السيطرة وتخطيط المنتجات، وأساليب التجهيز والتخزين والإمداد التي أصبحت اليوم توضع في إطار نظام إدارة الجودة الشاملة Total Quality Management (TOM).

- **التسويق**، تتعامل إستراتيجيات التسويق مع مفردات عديدة ومنها الأسعار والبيع والتوزيع والترويج، وعادة ما تكون مفردات هذه الاستراتيجية تجسيد واقعي وإستخدام كفوء للجوانب التسويقية المختلفة لوضع وتنفيذ استراتيجية الأعمال، لذلك فإنها تتأثر بنوع القرار المعتمد فيما إذا كان خياراً مختصاً بتوسيع السوق، أو البقاء على نفس السوق الحالي في إطار تطوير وتجديد آليات التعامل . ومن الضروري القول أن الدراسات الخاصة بالسوق والمستهلكين وسلوكهم تمثل مدخلات مهمة للتعامل مع مفردات هذه الاستراتيجية.

الاستراتيجيات المعتمدة وفق المواقع التنافسية وطبيعة أنشطة المنظمة

في إطار خصائص القطاع الصناعي الذي تعمل فيه منظمة الأعمال، وفي ضوء طبيعة الموقف الاستراتيجي للأنشطة في السوق يكون الفعل الاستراتيجي Strategy Action وصياغته مختلف من منظمة لأخرى. لقد أعتمد العديد من التصنيفات للموقع التنافسي، وفي ضوئها تكون صياغة الاستراتيجية للمنظمة، ومن هذه التصنيفات ما يلي (Thompson & Strickland,1983) ، (Thiétart,1984:138-141) :

■ **الاستراتيجيات المعتمدة للأنشطة المهيمنة Dominate Activities Strategies :**

إن الأنشطة المهيمنة عادة ما تكون في موقف مفضل لمنظمة الأعمال لكونها في موقف تنافسي قوي في السوق، وقد عرضت العديد من الخيارات أمام مثل هذه الأنشطة يفترض أن تصاغ في ضوئها استراتيجية المنظمة ومن بينها التحسين المستمر للموقف التنافسي، والإحتفاظ بهذا الموقف التنافسي نتيجة قدرة المنظمة على التجديد والتطوير والإبداع، كذلك تمتلك مثل هذه الأنشطة إنتاجية عالية وقدرات تسويقية عالية، بالإضافة إلى ذلك، يمكن للمنظمة أن تعتمد استراتيجيات للمحافظة على وضعها المهيمن الراهن من خلال جودة المنتج أو السعر أو خدمات جديدة تقدم للعملاء، وفي جميع هذه الأحوال فإن الإبداع التكنولوجي يلعب دوراً مهماً في إحداث مثل هذا التطور. ويمكن في بعض الحالات أن تعتمد منظمة الأعمال خيارات أكثر هجومية من خلال محاولات تعتمدها المنظمة لجعل المنافسة عسيرة على المنظمات الأخرى لتخرج من السوق مثل إعتماد سياسات سعرية جديدة أو حملات ترويجية كبيرة أو السيطرة على قنوات التوزيع لكى تديم المنظمة حالة الهيمنة في مثل هذه الأنشطة.

■ **الاستراتيجيات المعتمدة للأنشطة الهامشية Marginal Activities Strategies**

إن منظمات الأعمال الصغيرة والتي لها حصة سوقية بسيطة يمكن لها أن تعتمد أفعال استراتيجية تسمح لها بالبقاء والتنافس. وبشكل عام لكى تنجح الأنشطة الهامشية لا يفترض بها أن تتبنى نفس المداخل التي تتبناها المنظمات المهيمنة، وإن صغر الحجم ومحدودية الموارد تمثل محددات رئيسية أمام المنظمة في إعتماد استراتيجيات تقلد فيها المنظمات الكبيرة، لذلك عليها أن تنافس على أبعاد أخرى وبوسائل تنافسية مختلفة، ويمكن أن استراتيجيات التمايز وسيلة فعالة للبعض من الأنشطة الهامشية، كما يمكن لبعض الأعمال الصغيرة أن تجد لها موطأ قدم صغير في السوق لا يثير فضول وإهتمام المنظمات الكبيرة المهيمنة داخل القطاع، لكنه في نفس الوقت مربحاً ويتيح نمو كافي لمثل هذه الأنشطة الهامشية، وخير مثال في هذا الأمر شركة Rolls Royce . كما أن خيار التخصص لمنتج معين أو سوق معينة يمكن أن يكون مفضلاً لمثل هذه الأنشطة الهامشية حيث خدمة عملاء محددين يفضلون هذا النوع من المنتجات، كما هو الحال في شركات صناعة الأدوية على المستوى المحلي. ويمكن للأنشطة الهامشية أن تعطى أهمية كبيرة للجودة حيث التركيز على جودة المنتج وأسلوب إيصاله للمستهلك دون الحاجة إلى

توسيع الإنتاج بسبب محدودية القدرات. ومن المحتمل أن تتبع بعض المنظمات الصغيرة خطى المنظمات المهيمنة من خلال الحصول على أرباح معقولة. وفي كل الأحوال يمكن للأنشطة الهامشية أن تتنافس مع بعضها البعض مزيحة من هي الأضعف في المنافسة ومستفيدة من حصتها السوقية.

■ الاستراتيجيات المعتمدة للأنشطة في المواقع الحرجة

Critical Position Activities Strategies

إن استراتيجيات المواقع الحرجة يمكن أن تكون البعض منها واحدة مما ذكر أعلاه في الأنشطة الهامشية، وفي هذه الحالة فإنها استراتيجيات المحافظة على الوضع الراهن أو النمو الحذر لغرض تعزيز الموقع التنافسي الذي توجد فيه هذه الأنشطة. وقد تصل بعض من هذه الاستراتيجيات إلى الإنسحاب وعدم الإستثمار أو حتى التصفية للأنشطة بكاملها. إن الحالات الخاصة بالتصفية تأتي في إطار تحسين الربحية على المدى القصير للمنظمة، ومن ثم المحافظة على البعض من أنشطتها التي يؤمل من وجودها (Schendel,et..al, 1976:7).

■ استراتيجيات تغيير المواقع   Changing Position Strategies

يمثل هذا النوع من الاستراتيجيات توليفة كبيرة من الخيارات تصاغ لغرض الدخول في أنشطة تحسن بشكل واضح المواقع الحرجة التي توجد منظمة الأعمال فيها، بمعنى يتطلب الأمر في البداية دراسة الموقف الحالي بعناية، ومن ثم إتخاذ الإجراءات الكفيلة بتحسين الوضع الراهن للوصول إلى الحالة المرغوبة. وفي هذا الإطار يمكن أن تعتمد المنظمة استراتيجيات تختلف كلياً عن استراتيجياتها السابقة، ومن الممكن أن يأتي ذلك في إطار تغيير الإدارة العليا، وتعتمد بعض المنظمات استراتيجيات تجارية مختلفة تحاول من خلالها زيادة مبيعاتها، وفي إطار تكييف أسعارها وفق إعتبارات تصب في صالحها، ومن الممكن أيضاً أن تعتمد المنظمة استراتيجيات التخلص من بعض الأنشطة غير المهمة والحصول على موارد مالية كافية لتعزيز أنشطة منتخبة بعناية(Schendel,et..al, 1976:9).

في ضوء طبيعة الصناعة فيما إذا كانت صناعة جديدة وحديثة وفي طور النمو أو صناعة ناضجة ومستقرة، أو صناعة في دور إنكماش وهبوط، وتوجد العديد من الاستراتيجيات وخياراتها التي تتماشى مع خصائص كل من هذه الصناعات، وكما يلي (Merigot & Labourdete,1980:334-354) :

- **الاستراتيجيات في الصناعات الجديدة وفي نمو Strategies In Growth Phase :**

إن الصناعة الجديدة والتي تكون في نمو كبير تتسم بالخصائص التالية:

- عدم تأكد عالي على المستوى التكنولوجي سواء بالنسبة للمنتجات نفسها أو لعمليات التصنيع. هذا يعنى أنها أنشطة لم تطور بعد بما فيه الكفاية حلول تكنولوجية لإشكالات قد تواجهها، لذلك تستخدم كل منظمة خبرتها ومعرفتها الخاصة لمواجهة المشاكل التي تواجهها.
- عدم تأكد استراتيجي مرتبط بما ذكر أعلاه، خاصة إذا علمنا أن قواعد المنافسة بمثل هذا النوع من الصناعات لم تتضح بعد بما فيه الكفاية، لذلك فإن صياغة الاستراتيجيات وإعتمادها تحمل في طياتها مخاطر كثيرة.
- العدد الكبير من المنظمات الصغيرة التي ترافق عملية تطور القطاعات الجديدة، وهذا يرتبط بقلة موانع الدخول المرتبطة بالحجوم الكبيرة ومتطلبات رأس المال العالي.
- السرعة العالية بتطور الإنتاجية وخفض التكاليف في مثل هذا النوع من الصناعات، وهنا قد تنفرد منظمات معينة بالإستفادة من ظاهرة منحنى الخبرة بخفض تكاليفها بشكل كبير مما يولد سبقاً تنافسياً لها.
- ترتبط هذه الخاصية بغياب إعلام وإستعلام كافي للعملاء بسبب كون هذه الأنشطة هي أنشطة جديدة تعرض منتجات لأول مرة في السوق، لذلك تعتبر السياسات التسويقية المرافقة لها ضرورية للحصول على ميزات تنافسية مرافقة للتطورات التكنولوجية الحديثة.
- الرؤية قصيرة الأمد في الغالب للبعض من المنافسين تعطى إنطباعاً بعدم أهمية بعض من هذه القطاعات، في حين يمكن أن تستفيد منظمات أخرى في عملية المطاولة والحصول على ميزات في قطاع صناعي واعد.

وفي ضوء هذه الخصائص، وغيرها مثل غياب المقاييس التكنولوجية وعقبات سرعة تطوير المنتج والنوعية غير الواضحة للمنتجات وغياب البنية التحتية التكنولوجية والتجارية، فإن منظمة الأعمال تجد نفسها في بيئة تتصف بعدم التأكد العالي، لذلك فإن الاستراتيجيات هنا تتسم بالمرونة لمواجهة مثل هذه المواقف المختلفة، ويمكن للبعض من المنظمات أن تفرض معاييرها الخاصة وقواعد عملها سواء في إطار المنتجات أو الأسعار أو التوزيع. وهنا فإن منظمة الأعمال تتبع استراتيجيات خاصة بها لموازنة العمل والتكيف مع متطلبات بيئتها .

إن تطور شروط المنافسة داخل الصناعة الجديدة وايجاد ميزات لبعض من المنظمات التي تستطيع التعامل مع مبادرات جديدة في إطار هذا التغيير يجعل من هذه المنظمات هي المهيمنة لاحقاً في هذه الصناعة. إن الإشكالية الاستراتيجية الكبيرة في مثل هذا النوع من الصناعات هو معرفة متى وأين يفترض بمنظمة الأعمال أن تدخل إلى السوق.

وخلاصة القول فإن منظمة الأعمال تكون في خيار موفق ودخول صحيح في السوق في صناعات جديدة إذا كانت قادرة على تبني استراتيجية طويلة الأمد تسمح لها بالحصول والمحافظة على موقع تنافسي قوى ومستمرة، وإذا لم يكن ذلك سيكون الفشل حليف منظمة الأعمال.

■ **الاستراتيجيات في مرحلة النضوج Strategies In Maturity Phase :**

إن خصائص الصناعات الناضجة تتمثل بالآتي :

- تباطؤ نمو السوق يتبعه منافسة حادة بين المنظمات القائمة بترتيب وضعها والحصول على أكبر حصة من هذا السوق بعد توقف نموه وتباطؤه. وعادة ما تتبع منظمات الأعمال في هذه المرحلة استراتيجيات تسويقية هجومية.
- زيادة قوة العملاء بسبب المعرفة الجيدة بالمنظمات الموجودة وجودة المنتجات التي تقدمها. إن هذه القوة قد تدفع منظمات الأعمال إلى تبني أساليب من ضمنها خفض كلف المنتجات وتحسينات في النوعية بهدف الحصول على رضى العملاء.
- القدرة الكبيرة التي تجد المنظمات نفسها فيها في إطار هذه الصناعة الناضجة والمتأتية من التعود السابق على النمو وبالتالي يمكن أن تحصل أخطاء في التنبؤ بالطلب مرتبطة بوجود قابلية إنتاجية عالية تفوق ما يتحقق فعلاً. إن هذا الأمر يخلق ضغوط تنافسية على منظمة الأعمال ربما تساهم في خفض الأسعار وتقليل هامش الربح.

- نمو المنافسة العالمية متبوعة بمعايير ومقاييس للمنتج أكثر تشدداً مرتبطة بقدرات إنتاجية وتكنولوجية جديدة، وهذا يتطلب من منظمة الأعمال إعتماد خيارات أكثر واقعية للتعامل مع مثل هذه التحديات.
- ترتبط هذه الخاصية بتغيير طرق الإدارة في المنظمة، خاصة إذا ما علمت منظمة الأعمال أن الأسواق أصبحت أكثر صعوبة والمنافسة أكثر شدة والأسعار أكثر ضاغطة وتباطؤ في التطور التكنولوجي، وبهذا فإن مجمل هذه الجوانب تجعل من السياسات التجارية والبحث والإنتاج غير مستجيبة وتتطلب التغيير.

إن هذه الخصائص بمجملها في الصناعات الناضجة تتطلب مبادرات وأفعال استراتيجية تتماشى مع هذه الخصائص الصعبة والمعقدة. وفي مقدمة هذه الخيارات القلق الكبير على التكاليف وإمكانية خفضها سواء من خلال ترشيد عمليات الإنتاج أو جعل قنوات التسويق أكثر كفاءة وفعالية، أو من خلال إعادة ترتيب المنتجات على أسس جديدة، وعادة ما تواجه منظمات الأعمال مشاكل كثيرة بوضع هذه الاستراتيجيات موضع التنفيذ الفعال.

وفي منظمات الأعمال الكبيرة فإن الإنتقال إلى الأسواق العالمية يمثل خياراً محتملاً خاصة إذا ما إمتلكت معرفة كافية بهذه الأسواق وطرق الدخول إليها. ومن الضروري الإشارة إلى ما تتطلبه هذه الصناعة من سلوكيات وأساليب إدارية جديدة حيث الإنتقال من الإبداع والمرونة إلى التركيز على خفض التكاليف وتقديم أفضل الخدمات للعملاء.

- **الاستراتيجيات في مرحلة الإنحدار Strategies In Decline Phase :**

إن هناك أسباب عديدة وراء إنحدار الصناعة، من بينها (Thiétart & Vivas,1983) ، (B.Forst & Thiétart,1980:30) :

- التطورات التكنولوجية المؤدية إلى ظهور منتجات جديدة بالأسواق تؤدي إلى إحلالها مكان القديمة.
- تطور الإحتياجات والعادات والأذواق والقيم الإجتماعية عبر الزمن تؤدى إلى سلوكيات مختلفة في الشراء، وعادة ما يكون إدراك مثل هذه الجوانب مضللاً في كثير من الأحيان لمنظمات الأعمال، فقد تعطى منظمة الأعمال تصوراً مغايراً لما هو عليه حقيقة القطاع الذي تعمل فيه. قد يعتقد البعض أن الطلب سيعود للإرتفاع مرة أخرى مما يبين

ويوضح حالة عدم إستقرار في مثل هذه الصناعة، خاصة وإن العديد من منظمات الأعمال تنتظر حالة التحسن في الطلب داخل الصناعة.

- التطورات الديمغرافية، مثل إنخفاض نسبة المواليد في الدول الصناعية، والتي ساهمت في إنحدار الطلب في صناعات معينة، ويلاحظ هنا أن العديد من منظمات الأعمال تتوقع معاودة الكرة في إطار التطور الديمغرافي وعودة القطاعات إلى سابق عهدها، لكن هذا الأمر لم يحدث في العديد من الصناعات.

وعند ملاحظة منظمات الأعمال أن الإنحدار بدى واضحاً في صناعة معينة، فإنها تسارع إلى تبنى استراتيجيات عدم الإستثمار،ونادراً ما تغادر منظمات الأعمال القطاع الصناعي بالسرعة المطلوبة كخيار محتمل إلا بعد وصول الأمر إلى حالات سيئة. لذلك يكون أمام منظمات الأعمال هنا العديد من الخيارات المتاحة التي تعتمدها وفق رؤية إدارتها العليا وطبيعة ملاحظتها لخصائص هذا القطاع بشكل صحيح. ومن المعلوم أن عدم التأكد العالي المرتبط بالإنحدار قد يجعل البعض من منظمات الأعمال تعتقد أن الوضع سيكون كارثي وبالتالي تقررالإنسحاب غير المنظم والمدروس مما يؤثر سلباً وبشكل كبير على باقي أنشطتها الأخرى

إن المشكلة في مرحلة الإنحدار تتمثل بعقبات الخروج من الصناعة،ومن أهم ما تواجهه منظمات الأعمال وجود معدات ومستلزمات ثقيلة متخصصة يصبح من الصعوبة تسييلها أو أن تكاليف الخروج عالية.كذلك الجوانب المتعلقة بتسريح العاملين أو نقلهم إلى قطاعات وأنشطة أخرى، كذلك التجهيز وإدارة العلاقات السابقة تمثل كلها إشكالات أمام منظمات الأعمال إضافة إلى أن التكاليف الإجتماعية والنفسية بترك أنشطة تعطى صورة غير مرغوبة للمنظمة تجاه الأطراف الأخرى،كما أن السياسات الإجتماعية والحكومية قد تساهم أيضاً في تعقيد الوضع أمام منظمات الأعمال بالخروج المبكر من الصناعة وتعديل الوضع.

إن مجمل الخصائص والعقبات المذكورة آنفاً أمام الصناعات في مرحلة الإنحدار تؤثر بشكل مباشر على طبيعتها، ويمكن أن يتشكل من خلال ذلك موقفين مختلفين، **الأول**، مفضل يكون فيه الإنحدار قد عرف تماماً، وساهم في خروج موفق من القطاع وهذا يرتبط ربما بصغر الحجم وقلة عقبات الخروج. أما **الثاني**، الموقف غير المواتي، عندما تكون الرؤية غير واضحة حول إنحدار الصناعة وعقبات الخروج مهمة وكبيرة، وهنا يتطلب من منظمة الأعمال دراسة الواقع بجدية وصياغة الخيارات الاستراتيجية الكفيلة بتحسين وضع منظمة الأعمال.

مصادر الباب الثالث

المصادر العربية :

1. السيد، إسماعيل محمد، " **الإدارة الاستراتيجية : مفاهيم وحالات تطبيقية**"، كلية التجارة - جامعة الإسكندرية، (1990).
2. المغربي، كامل محمد، " **السلوك التنظيمي**"، عمان: دار الفكر للنشر والتوزيع، الأردن، (1999).
3. جواد، شوقي ناجي، "**إدارة الأعمال : منظور كلي**"، بغداد : دار الكتب للطباعة والنشر، (1996).
4. غراب، كامل السيد، "الإدارة الاستراتيجية: أصول علمية وحالات عملية"، الرياض، عمارة شؤون المكتبات، جامعة المللك سعود،(1995).
5. ياسين، سعد غالب، "**الإدارة الاستراتيجية**"، دار اليازوري العلمية للنشر والتوزيع، (2002).
6. الغالبي، طاهر محسن منصور، "التنبؤ بطريقة دلفي وتطبيقاتها الكلاسيكية والحديثة"، المجلة القومية للادارة.

المصادر الأجنبية :

1. Ansoff, H. Igor., "**The Changing Shape of the Strategic Problem**", Journal of General Management, 4(4), (1979).
2. Ansoff H. Igor and Leontiades James C. "Strategic Portfollio Management" , Journal of General Management (J.G.M), Vol. No1, 1976.
3. Below, Patrick J.; Morrisey, Georgel L.; Acomb, Bellg L., "**The Executive Guide to Strategic Planning**", Jossey-Bass Publishers, (1987).
4. Bowman, C., & Asch, D., "**Managing Strategy**", Macmillan press, 1996.
5. B.Forst & Thiétart, R.A., "**Des Strategies Pour les Secteurs en decline**", Revue Française de Gestion", (1980).
6. Campbell, A, M. Goold and M. Alexander, "**Corporate Strategy: The Quest for Parenting advantage**", Harvard Business Review, March-April, (1995).

7.   Certo, S., & peter, P., "The Strategic Management Process" 3rd. ed., Irwin pub., 1995.

8.   Coulter, Mary, "Strategic Management in Action", 2nd ed., Prentice Hall: Upper Saddle River, New Jersey, (2003).

9.   David, F., "Concepts of Strategic Management", 5th. ed., prentice Hall Inc., 1995.

10. Drucker, Peter F., "Management: Tasks responsibilities Practices", Mayapurii, Phase II. New Delhi, (1998).

11. Enis, Ben M., "GE, PIMS, BCG and PLC", Business, 30(3), May – June, (1980).

12. Glueck, William F., "Business Policy and Strategic Management", 3ed ed., McGraw-Hill Book Co., (1982).

13. Harold, Turoff, M., "The Delphi Method", (edited), Wesley, (1975).

14. Harrison, Jeffrey S., & John, Caron H. St., "Foundations in Strategic Management", Prentice-Hall, U.S.A., Ohio, (1998).

15. Hatten, H., & Hatten, M., "Identifying and Creating Strategic Alternative", Prentice Hall Inc., 1989.

16. Hedley, B., "Strategy and Business Portfolio", Long Range Planning, February, (1977).

17. Hofer, C. W., "Conceptual Constructs for formulation Corporate and Business Strategies", Boston: Intercollegiate Case Clearing House, (1977).

18. Ivancevich, John M.; Lorenzi, Peter; Skinner, Steven J.; & Crospy, Philip B., "Management, Quality and Competitiveness", 1st ed., McGraw Hill Europe, (1997).

19. Jauch, L., & Glueck, W., "Strategic Management and Business Policy", 3rd.ed. MaGraw – Hill Inc., 1988.

20. Johnson & Scholes, "Exploring Corporate Strategy", 3rd .ed., Prentice Hall, International, 1993.

21. Johnson, G., & Scholes, K., "Exploring Corporate Strategy", 4th ed., London: Prentice Hall, (1997).

22. Joyce, Paul & Woods, Adrian, "Essential Strategic Management", 1st ed., Printed in Great Britain by Clays Ltd., (1996).

23. Kotler, Philip, "Marketing Management: Analysis, Planning, Implementation, and Control", New Jersey: Prentice-Hall, Inc., (1994).

24. Lindgren, Mats & Bandhold, Hans, "Scenario Planning: The link between Future and Strategy", Palgrave Macmillan, 1st ed., (2003).

25. Little, A.D., "A management Systems for the 1980s ", A.D.L, San Francisco, (1979).

26. Macmillan, H., & Tampoe, M.,"StrategicManagement, Process, Content, and Implementation", Oxford press, 2000.

27. Merigot, Jean-Euy et Labourdete, André, "Eléments de gestion stratégique des enterprises", Cujas, Paris, (1980).

28. Miller, Alex & Dess, Gregory, "Strategic Management", 2nd ed., McGraw Hill Co., 1996:155.

29. Mintzaberg, Henry, "The Rise and fall of Strategic Planning", Prentice Hall Europe, (1994).

30. Pitts, R., & Lei, D., "Strategic Management: Building and Sustaining Competitive Advantage", West pub., 1996.

31. Porter, M.E., "Competitive Advantage", New York: Free Press, (1985).

32. Porter, M., "Competitive Strategy: Techniques for Analyzing Industries and Competitors", Free Press, 1980.

33. Pride & Ferrell, "Marketing", Houghton Mifflin, 10th ed., (1997).

34. Pringle, Charles, et al, "Strategic Management", 2nd ed.,(1994).

35. Ramu, S. Shiva, "Strategy Formation: Twentieth Century Management Tools and Techniques", Wheeler Publishing: A Division of A. H. Wheeler & Co. Ltd., 1st ed., (1999).

36. Robert, Michel, "The Power of Strategic Thinking: Lock in Markets, Lock out Competitors", McGraw-Hill Companies, (2000).

37. Rowe, Alan J. & et...al. "Strategic Management: A methodological Approach "4th ed., Addision – Wesley Publishing Co. Inc, U. S. A., (1994).

38. Sallenave, J. P., "Direction générale et stratégie d enterprise", editions d' organization, Paris,(1984).

39. Salter, Malcolm S. & Weinhold, Wolf A., "Diversification through acquisition", New York, Free Press,(1983).

40. Schendel, Dan A.; Patton, G.R., and Riggs James, "Corporate turnaround Strategies: A study of Profit decline and recovery", Journal of General Management, 3, (1976).

41. Schoefler S., Buzzell R.D. et Heany D.F. "Impact of Strategic planning on Profit Performance", H.B.R., March – April (1974).Schwartz,1991

42. Slocum, J.W.; M. McGill and D.T. Lei, "The New Learning Strategy: Anytime, Anything, Anywhere", Organizational Dynamics, Autumn, (1994).

43. Smith, G., Arnold, R., and Bizzell B., "Business Strategy and Policy", Houghton Mifflin pub., 1985.

44. Thiétart, R.A., & Vivas, R., "**Success Strategies for declining activities**", International Studies for Management and Organization", Winter, (1983).

45. Thiétart, R.A., "**La Statégie d'enterprise**", McGraw – Hill, (1984).

46. Thompson, A., & Strickland, J., "**Strategy Formulation and Implementation**", Business Publications, Plano, Texas, (1983).

47. Thompson, A., & Strickland, J., "**Strategic Management, Concepts and Cases** ", 11th .ed, McGraw Hill, 1999.

48. Thompson, John L., "**Strategic Management: Awareness and Change**", 3rd ed., International Thomson Publishing Co., U.K, (1997).

49. Tregeo, B. and Zimmerman, I., "**Top Management Strategy**", New York: Simon and Schuster, (1980).

50. Wheelen, Thomas L. & Hunger, J. David, "**Strategic Management and Business Policy** ", Pearson Education Inc., Upper Saddle River, New Jersey, 10th Ed, (2006).

51. Wright, Peter & Kroll, Mark and Parnell John, "**Strategic Management: Text and Cases**", 2nd ed., Allyn and Bacon. (1998).

الباب الرابع

التنفيذ والرقابة الاستراتيجية

تمهيد:

إن التتابع والتسلسل المنطقي لعمليات الإدارة الاستراتيجية يضع مرحلتي التنفيذ والرقابة في نهاية هذه العمليات، ومن المهم الإشارة هنا إلى أن مجمل عمليات الإدارة الاستراتيجية هي عمليات متداخلة وتتبادل التأثير، ولا تأتي دائماً بتتابع خطي ومنطقي واحد. إن عمليات تنفيذ الاستراتيجية ورقابتها هي عمليات مهمة جداً حيث لا قيمة للجهد المبذول في مرحلة التحليل والصياغة إذا لم ينقل إلى أرض الواقع بإلتزام عالي وتنفيذ فعال وصولاً إلى النتائج المستهدفة.

سيتم التطرق في هذا الباب إلى فصلين، يكرس الأول إلى تنفيذ الاستراتيجية بمضامينها، فيما يخصص الثاني إلى رقابة وتقييم الاستراتيجية.

7

تنفيذ الاستراتيجية

بعد الإنتهاء من دراسة هذا الفصل سيتمكن القارئ من الإجابة على الأسئلة التالية

الفصل 7 أسئلة الدراسة

1. ماهية تنفيذ الاستراتيجية
2. متطلبات عملية تنفيذ الاستراتيجية

الفصل السابع

تنفيذ الاستراتيجية

مقدمة   Introduction :

إن وضع الاستراتيجية موضع التنفيذ الفعال والكفوء يمثل المرحلة الأكثر حراجة وأهمية وصعوبة وتعقيد التي يواجهها المدراء. هذا وتعد أفضل الاستراتيجيات المصاغة نظرياً يمكن أن تؤدى إلى فشل تام إذا لم تدعم بتنفيذ فعال من خلال إجراء التغييرات المطلوبة والهيكل المناسب وخطط التشغيل اللازمة وتحفيز العاملين للإلتزام والتنفيذ الفعال لها.

وفي ضوء ما طرح في أدب الإدارة الاستراتيجية ونظراً لكثرة التشعبات والتوسع في مرحلة تنفيذ الاستراتيجية، فإن التركيز على ما هو مهم وأساس من مهام ومتطلبات ضرورية لنجاح عملية التنفيذ.

ماهية تنفيذ الاستراتيجية   The Essence of Strategy Implementation

المفهوم والأهمية   Concept and Important :

إن التنفيذ الفعال يعني مجمل الأفعال والأنشطة الضرورية المرتبطة بوضع الاستراتيجية المصاغة والمختارة في إطار متطلبات الهيكل والثقافة التنظيمية المناسبة وبناء خطط التشغيل والسياسات اللازمة لنقل هذه الاستراتيجية إلى أرض الواقع وتحقيق النتائج المستهدفة (Thompson,1994:611) ، (David,1995:256-268) ، .(Certo & Peter,1990:111-112)

إن التنفيذ يتطلب ترجمة للتوجهات والأسس النظرية الواردة في الخطة إلى رؤية محددة ودقيقة كالمهام المطلوبة وآليات تنسيقها وطبيعة خطط التنفيذ ومستوى مشاركة العاملين وغيرها من مفردات عمل كثيرة ضرورية ولازمة لغرض التنفيذ الفعال. ومن الضروري الإشارة إلى أن التنفيذ والصياغة آمران متلازمان وضروريان فبالتأكيد سيكون التنفيذ غير ذي معنى لاستراتيجيات تم صياغتها بشكل غير دقيق وصحيح. وتحتل عملية تنفيذ الاستراتيجية أهمية كبيرة في منظمات الأعمال لكونها :

- تنقل الاستراتيجيات المصاغة والخيارات المنتخبة إلى أرض الواقع وإلى نتائج مستهدفة، لكي لا تبقى عمليات الصياغة مجرد تنظير لا معنى له ويشكل هدراً للموارد.

- تحقق عملية التنفيذ نتائج خاصة بزيادة حصة المنظمة في السوق ومبيعاتها وأرباحها وفقاً للاستراتيجية المنتخبة.

- تعطى عمليات التنفيذ معنى محدد لإلتزام العاملين والإدارة بالأهداف الواردة بالخطط وكيفية الوصول إليها.

- تساعد عمليات التنفيذ على بناء التجربة الذاتية للمنظمة، حيث أن للإمكانات المتاحة في مجال مهارات الإدارة والموارد البشرية يمكن أن تستغل إستغلالاً فعالاً في ضوء وضعها ضمن آليات التفيذ المعتمدة.

- تساعد عمليات التنفيذ على تطوير القدرات التنافسية لمنظمة الأعمال تجاه المنظمات الأخرى، ويمكن لها أن تعالج بطرق حكيمة الهفوات والإخفاقات التي يمكن أن ترد في التنبؤات أثناء عملية الصياغة.

العلاقة بين صياغة الاستراتيجية وتنفيذها :

Relationship Between Strategy formulation and Implementation

رغم الفصل النظري بين عملية صياغة الاستراتيجية وتنفيذها، إلا أن المداخل الشمولية والتكاملية تشير إلى أن هاتين المرحلتين تتبادلان التأثير وبينهما علاقات كبيرة، حيث أن نجاح منظمة الأعمال يعتمد على قدرتها في القيام بكلا المرحلتين بشكل دقيق وصحيح ومترابط. وفي واقع الحياة العملية لا يمكن أن تصل المنظمة وباستمرار ولفترات زمنية طويلة وعديدة وبشكل دائم إلى تحقيق هذه المعادلة، حيث يمكن أن يحصل ضعف نسبي في عملية الصياغة بسبب عدم القدرة على إستشراف المستقبل بشكل دقيق وفي الآمد البعيد، وهنا ينتظر من عمليات التنفيذ الفعال أن تسد النقص الحاصل في مرحلة الصياغة. أما في حالة كون عمليات صياغة الاستراتيجية وعمليات تنفيذها ضعيفة فإننا نتوقع فشلاً يمكن أن تعالجه المنظمة سواء بتحسين قدرتها في الصياغة أو بتطوير آليات التنفيذ وكوادرها البشرية، ويعرض الشكل (7-1) العلاقة بين صياغة الاستراتيجية وتنفيذها.

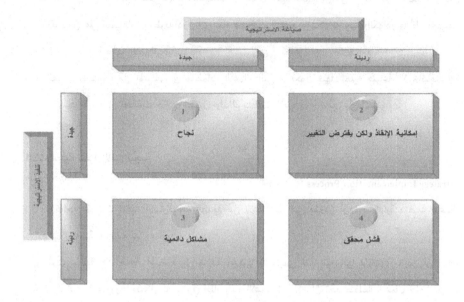

شكل (7-1) : العلاقة بين صياغة الاستراتيجية وتنفيذها

Source: Certo, S.C. & Peter J., P., "Strategic Management: A Focus on Process", McGraw-Hill, New York, 1990, P.119.

وفيما يلي توضيح للخلايا المترتبة على علاقة صياغة الاستراتيجية وتنفيذها.

(1) النجاح : تستهدف المنظمة هذه الحالة التي لا يمكن أن تحصل عليها إلا من خلال صياغة محكمة ومتقنة لاستراتيجياتها تلعب فيها الإدارة العليا دوراً مهماً بالإضافة إلى باقي المتخصصين وتنفيذ فعال تساهم فيه بإلتزام عال مختلف أجزاء منظمة الأعمال والعاملين فيها.

(2) إمكانية الإنقاذ : يمكن للتنفيذ الفعال أن يعالج القصور الوارد في جوانب معينة من صياغة الاستراتيجية، ولكنه لا يستطيع بإستمرار أن يتجاوز إشكالات ومحددات الصياغة الرديئة، وبشكل مستمر يعتقد بعض الباحثين أن المنظمات اليابانية في بداية دخولها للسوق العالمي كانت تغطي كثيراً من النقص الحاصل في صياغات إستراتيجياتها من خلال أساليب وأطر فعالة للتنفيذ فيها. لكن الأمر يحتاج في كل الأحوال إلى إجراء تغيرات أساسية وجوهرية في عمليات الصياغة لكي تصبح متماشية وملائمة لمتطلبات عمل المنظمة.

(3) المشاكل الدائمية : أن عمليات الصياغة المتقنة للاستراتيجيات لا تعنى شيئاً إذا لم تنقل هذه الاستراتيجيات إلى أفعال وممارسات لتعطى نتائج مستهدفة من خلال تنفيذ فعال. إن من الخطأ التركيز فقط من قبل المديرين على الصياغات النظرية دون الإهتمام بمعوقات التنفيذ وإشكالاته وبناء الكوادر والأطر والهياكل اللازمة لعملية تنفيذ الاستراتيجية.

(4) الفشل المحقق : من المنطقي في منظمات الأعمال التي لا تكون فيها عملية صياغة الاستراتيجية ولا تنفيذها جيدة. إن تحققت حالات الفشل، ولذلك يتطلب الأمر إجراء تغيير على المستويين.

إشكالات عملية تنفيذ الاستراتيجية :

Strategy Implementation Process Problems

تواجه عمليات تنفيذ الاستراتيجية العديد من الإشكالات التي يفترض أن تجد إدارة منظمة الأعمال الحلول المناسبة والملائمة لها ، وهي:

- إشكالات متأتية من حاجة المنظمة إلى ملائمة هيكلها التنظيمي لاستراتيجياتها المختارة لغرض أن تدعم عمليات التنفيذ وتؤزرها بشكل كفوء. وفي إطار هذه الإشكالات يمكن أن تجد منظمة الأعمال حلولاً لكيفية ربط مختلف مجاميع أعمالها مع بعضها ومع طبيعة البيئات التي تعمل فيها. إن إختيار مستوى تمركز المسؤوليات في الهيكل أو نوع المهارات المطلوبة لتنفيذ الاستراتيجيات كلها يجب أن تحل لكي يكون التنفيذ فعالاً، والملاحظ أن بعض الاستراتيجيات تتطلب تغيير في السلوكيات وتطوير مهارات جديدة عبر الزمن لغرض متابعة الخيارات المعتمدة.
- عدم قدرة أنظمة المعلومات والإتصالات على إعطاء تغذية عكسية وتقييم صحيح لجهود التكيف مع التغيير الحاصل أثناء تنفيذ الاستراتيجية، فقد تأتى هذه المعلومات في وقت غير مناسب وبكلف عالية أو منخفضة ومشوهة ومحرفة، وبالتالي يجب أن تحل الإشكالية لغرض أن يكون التنفيذ فعالاً.
- إشكالات متأتية من كون تنفيذ الاستراتيجية يحتوى في طياته إجراء تغييرات وهذه بحد ذاتها تمثل مخاطر وعدم تأكد يجب التعامل معها بجدية، وفي أحيان عديدة يكون تحفيز المدراء على ضرورة إجراء التغيير المفتاح الأساسي لنجاح عمليات التنفيذ.

- إشكالات متأتية من أنظمة الإدارة مثل نظام المكافآت وأنظمة التطوير والتدريب وأنظمة الإتصالات التي إعتادت العمل بوتائر معينة ضمن استراتيجيات سابقة وبالتالي فإنها لم تكن مؤهلة بما فيه الكفاية للتعامل مع الخيارات الجديدة.

وفي إستطلاع قام به الباحث (Alexander,1991:73-113) على عينة من 93 شركة في الولايات المتحدة الأمريكية. وجد أن هناك العديد من المشاكل التي تتكرر أثناء عملية التنفبذ، وقد تم ترتيب هذه المشاكل في إطار أهميتها وتأثيرها على عمليات تنفيذ الاستراتيجية ، كالآتي :

- تتطلب عمليات التنفيذ وقت أطول مما ورد في الخطط الأصليه.
- حدوث مجموعة من المشاكل الرئيسية غير المتوقعة.
- أنشطة تنسيق غير فعالة.
- ظهور أزمات وأنشطة منافسة جذبت إهتمام الإدارة بعيداً عن عمليات التنفيذ.
- لم تكن الموارد البشرية مؤهلة ولديها قابليات كافية لأداء الوظائف بالشكل المطلوب.
- التدريب للعاملين في المستويات الدنيا لم يكن مناسباً لإنجاز ما مطلوب منهم ودعم تنفيذ الاستراتيجيات.
- مواجهة الشركات أحداث بيئية لم تستطع السيطرة عليها والتعامل معها.
- عمليات القيادة والتوجيه بمستويات الإدارة الوسطى والأقسام الكبيرة لم تكن بالمستوى المطلوب من الكفاءة والفاعلية.
- الأنشطة والمهام الضرورية للتنفيذ لم تكن واضحة ومحددة بما فيه الكفاية.
- أنظمة المعلومات غير مهيئة وغير قادرة على متابعة الأنشطة المختلفة.

ويشير الباحثان (Gobbold & Lawrie,2001:1-6) إلى أن هناك سبعة أسباب وراء فشل عملية تنفيذ الاستراتيجية، وهذه الأسباب هي :

1. إعتماد رؤية وخطط غير واضحة.
2. عدم التحديد والتعريف الصحيح للأهداف الاستراتيجية.
3. الإفتقار إلى التوافق بين فريق الإدارة العليا حول الرؤية والاهداف الاستراتيجية.
4. الضعف في عملية إيصال الخطط الاستراتيجية.

5. عدم وجود تغذية عكسية للأداء المحقق.
6. فشل العمليات الإدارية في تدعيم أنشطة تنفيذ الاستراتيجية.
7. تخصيص غير ملائم للموارد على أنشطة التنفيذ.

متطلبات عملية تنفيذ الاستراتيجية

Strategy Implementation Process Requirements

إذا كانت عمليات الصياغة تتطلب مهارات فكرية وتحليلية وتركيبة، فإن عمليات التنفيذ تتطلب مهارات إنجاز وفعل حقيقي ودقة ومطاولة وصبر لمتابعة الإنجاز بإلتزام عالي.

لقد أشار كل من (Certo & Peter,1995 :111-130) إلى أن المهام الأساسية لتنفيذ الاستراتيجية تغطي ثلاثة مراحل أساسية، وهي :

- تحديد وتحليل مستوى التغيير الاستراتيجي.
- المستلزمات الضرورية اللازمة لعملية تنفيذ الاستراتيجية.
- مداخل تنفيذ الاستراتيجية.

تحديد وتحليل مستوى التغيير الاستراتيجي

لغرض تنفيذ فعال الاستراتيجية، يتطلب الأمر توضيح مدى التغيير اللازم إدخاله في منظمة الأعمال لكي تنجح في عملية التنفيذ. إن بعض الاستراتيجيات تتطلب أقل ما يمكن من التغييرات في طرق العمل في حين أن استراتيجيات الإستقرار والمتابعة بنفس النهج ربما لا تتطلب أي تغيير في العمليات. أما إعادة توجيه المنظمة فإنها تتطلب تغييرات كاملة على كافة المستويات. ويلخص الجدول أدناه مستويات التغيير الاستراتيجي في منظمة الأعمال (Certo & Peter,1995 :113-115).

جدول (7-1): مستويات التغير الاستراتيجي

نوع التغيير	على مستوى الصناعة	على مستوى المنظمة	على مستوى المنتجات	على مستوى السوق
استراتيجية إستقرار	لا تغيير	لا تغيير	لا تغيير	لا تغيير
تغييرات روتينية في الاستراتيجية	لا تغيير	لا تغيير	لا تغيير	جديد
تغييرات استراتيجية محدودة	لا تغيير	لا تغيير	جديد	جديد
تغييرات استراتيجية مهمة	لا تغيير	جديد	جديد	جديد
إعادة توجيه المنظمة	جديد	جديد	جديد	جديد

Source : Certo & Peter, "The Strategic Management Process"3rd ed,1995: 113 المصدر : بتصرف من

وفيما يلي توضيح لمستويات التغير :

• **استراتيجية الإستقرار Stable Strategy** : وتمثل إعادة لمديات عملية التخطيط المعتمدة، وعادة فإنها لا تتطلب مهارات جديدة، أو تضيف مهام مختلفة وغير متشابهة مع السابقة. وتركز عمليات التنفيذ ونجاحها على أنشطة الفحص والرقابة، والإستفادة من منحنيات الخبرة السابقة بشكل جيد.

• **تغييرات روتينية في الاستراتيجية Routing Strategy Change** : تتطلب فحص وتكييف برؤية جديدة إلى عوامل جذب العملاء وفي إطارها لا تجرى تغييرات كبيرة، بل إعادة في التكتيك المعتمد سواء في السياسات السعرية أو التوزيعية. وهي في كل الأحوال تنصب على إعادة موضع المنتجات وفق إعتبارات حاجة العملاء.

• **تغييرات استراتيجية محدودة Limited Strategy Change** : تحتوى هذه التغييرات تقديم منتجات جديدة لأسواق جديدة في إطار نفس أصناف المنتج وخطوط الإنتاج، فقد يتطلب الأمر إجراء تغييرات على مستوى إضافة منتجات أو تطوير منتجات وتحسين منتجات موجودة. هنا يتطلب الأمر فحص الأسواق لكون عمليات التنفيذ تواجه مشاكل أكثر تعقيداً من المرحلتين السابقتين.

• **تغييرات استراتيجية مهمة Radical Strategy Change** : وهذه تحتوى على تغيرات مهمة ورئيسية في المنظمة، فالخيارات من نوع الإندماج أو الإستحواذ أو إضافة خطوط

إنتاج لمنتجات جديدة في نفس الصناعة كلها تغييرات استراتيجية مهمة. وهنا على منظمة الأعمال أن تطور هياكل تنظيمية جديدة تكون أكثر قدرة لتنفيذ هذه الاستراتيجيات كما أن ضرورة حل النزاع المحتمل بين الثقافة التنظيمية القديمة ومفردات الثقافة التنظيمية الجديدة أتت من خلال هذه التغيرات.

• إعادة توجيه المنظمة Organizational Redirection : تحتوى هذه التغييرات على توجيه جذري للمنظمة لكونها ستنتقل إلى صناعات مختلفة، ويعتمد التغيير فيها على طبيعة الترابط بين صناعتها الحالية وصناعتها الجديدة. وبالتالي فإن عملية تنفيذ الاستراتيجية يجب أن تستوعب هذه الحقائق سواء في إطار توفير المستلزمات أو إعادة الهياكل والثقافة بشكل جذري ومختلف.

المستلزمات الضرورية اللازمة لعملية تنفيذ الاستراتيجية

إن المستلزمات الضرورية التي تتطلبها عملية تنفيذ الاستراتيجية، وكذلك الجوانب التفصيلية فيها تتسم بالتشعب لكونها تحاكي مختلف مفردات العمل الإداري في منظمة الأعمال. ويفترض أن تأخذ هذه المتطلبات والمستلزمات في إطار صحيح وترابطي خاصة وإنه ليس من السهل في الشركات الكبيرة الإنتقال من مرحلة الصياغة إلى مرحلة التنفيذ. إن الحديث عن مستلزمات تنفيذ الاستراتيجية يتضمن ثلاثة جوانب أساسية يفترض أن تفحص بدقة، **الأول** ، يتمثل بالإنتقال من العام إلى التفصيلي والجزئي بمعنى كيف يمكن أن توضع خطط للتنفيذ منسجمة ومترابطة مع التوجه الاستراتيجي للمنظمة، **الثاني** ، يتمثل بالمعرفة والإحاطة وتفعيل القدرات القيادية والمهارية لجعل الجميع يساهم في عمليات التنفيذ بفعالية، أما **الثالث** ، فهو تحشيد الموارد بكافة أشكالها سواء كانت موارد معرفية أو مادية أو ثقافية وتخصيصها بطرق صحيحة وسليمة لكي تصل منظمة الأعمال إلى النتائج المرغوبة. تشير أغلب البحوث والدراسات إلى أن مستلزمات التنفيذ للاستراتيجية تتضمن الآتي :

* **الهيكل التنظيمي** Organization Structure: إن الهيكل يمثل الوعاء الذي تولد الاستراتيجية في إطاره، ومن ثم تنفيذها، وهو يمثل مجموعة العلاقات والمستويات والمسؤوليات والصلاحيات داخل المنظمة التي تتسم بجانبي الثبات والمرونة، تختار المنظمة الهيكل الذي يتلائم مع خياراتها الاستراتيجية ويكون قادراً على تنفيذها، وبشكل عام فإن العلاقة بين الهيكل التنظيمي والاستراتيجية التي سبق الإشارة إليها في الباب الثاني

الفصل الرابع تمثل مفتاح نجاح عملية التنفيذ. إن إعتماد هيكل تنظيمي من بين بدائل كثيرة يتوقف على عوامل كثيرة من بينها طبيعة الاستراتيجية المختارة فقد يكون الهيكل بسيطاً أو قائماً على أساس الوظائف أو على أساس الأقسام الكبيرة أو مصفوفياً أو شبكياً أو على أساس فرق العمل أو هيكلاً إفتراضياً في المنظمات الحديثة وإن إعتماد واحد من هذه الهياكل يفترض أن يكون منسجماً مع الخيارات الاستراتيجية المعتمدة وكيفية تنفيذها بشكل فعال. ومن الضروري الإشارة إلى كون الهيكل التنظيمي يجب أن يحلل في إطار أكثر شمولية من مجرد الهيكل الرسمي، ويفترض كذلك الإستفادة من التنظيم غير الرسمي لتدعيم عملية التنفيذ الاستراتيجي. إن الهيكل التنظيمي بإعتباره من المستلزمات الضرورية لتنفيذ الاستراتيجية يفترض أن يصمم من قبل الإدارة العليا لتقرر في ضوء مخرجات هذا التحليل عمل الموازنات اللازمة بين أبعاد الهيكل التنظيمي من مركزية ولا مركزية ومستويات إدارية، ونطاق الإشراف، ودرجة المشاركة في القرار ومستوى الرسمية وغير الرسمية فيه، كلها يجب أن تؤخذ بنظر الإعتبار ليجرى عليها تغييرات طفيفة أو جذرية ليكون أكثر قدرة على تنفيذ الاستراتيجية المعتمدة. من جهة أخرى، عادة ما يثار سؤال مهم حول العلاقة بين الاستراتيجية والهيكل بمعنى إلى أي مدى يمكن أن نجري تغييرات في الاستراتيجية لتتلائم مع طبيعة هياكلنا الحالية. إن هذا الأمر يدخل في إطار طبيعة عمل المنظمة وتوجهات قيادتها الاستراتيجية، وقدرتها على إجراء التغييرات دون مقاومة كبيرة في أي من هذين المفهومين، وكذلك المصلحة العليا للمنظمة وكيفية تحقيقها.

ومن الضروري أن تعتمد إدارة منظمة الأعمال مستويات لتقسيم العمل وتنسيقه بحيث تستطيع من خلال هذا التقسيم والتنسيق إيجاد هيكل يستطيع تنفيذ استراتيجياتها، وفي إطار خيارات استراتيجية معينة قد يتطلب الأمر إعادة تصميم الوظائف أو إعادة هندستها أو إعادة النظر في المستويات الإدارية أو أية جوانب مهمة في الهيكل ومن الضروري إدخالها ليصبح أكثر قدرة على المساعدة في تنفيذ الاستراتيجية المختارة. وأخيراً، ولكي يكون الهيكل التنظيمي قادراً على تنفيذ الاستراتيجية بشكل فاعل يفترض في إدارة المنظمة أن تعي خصائص الهيكل التنظيمي وفق المرحلة من دورة حياتها وكذلك دورة حياة الصناعة ودورة حياة المنتج.

* **الثقافة التنظيمية Organization Culture** : من الصعب تحديد مفهوم واضح ودقيق ومحدد للثقافة. فقد وصف (Thomas,1997:332) الثقافة التنظيمية بأنها الإفتراضات الأساسية Basic Assumptions التي تقود وتحرك المنظمة، فيما عرف الباحث Gibson وزملاؤه ثقافة المنظمة بأنها شيئاً مشابهاً لثقافة المجتمع، إذ تتكون ثقافة المنظمة من قيم وإعتقادات ومدركات وإفتراضات وقواعد ومعايير وأشياء من صنع الإنسان، وأنماط سلوكية مشتركة... إن ثقافة المنظمة هي شخصيتها ومناخها أو الإحساس، وثقافة المنظمة تحدد السلوك والروابط المناسبة وتحفز الأفراد (Gibson, et..al, 1994:62). من هنا إستمد مفهوم الثقافة التنظيمية أسسه ومقوماته. إذ تمثل الثقافة التنظيمية كافة المعتقدات، والقيم، ووجهات النظر، والتوقعات، والرموز، والممارسات السائدة والمقبولة في منظمة ما خلال زمن معين. وعلى هذا الأساس وضح (Schein,1985:109) أن الثقافة التنظيمية هي في الواقع مصطلح وصفي قيمي، تتضمن الأبعاد الآتية :

1. العادات السلوكية الملاحظة عند تفاعل الأفراد، مثل الإحتفالات، والطقوس، واللغة المشتركة السائدة.
2. معايير العمل المشتركة بين أعضاء المنظمة عموماً.
3. القيم السائدة في المنظمة.
4. الفلسفة التي تقود سياسة المنظمة نحو العاملين أو العملاء.
5. قواعد اللغة الخاصة بالعمل في المنظمة أو الشروط والقواعد التي على القادم الجديد للمنظمة أن يتعلمها ويعمل بها لكي يكون مقبولاً من بقية الأعضاء.
6. المناخ أو المشاعر السائدة في المنظمة والمنقولة بواسطة المخرجات المادية وبواسطة الطريقة التي يجرى من خلالها التعامل بين أعضاء المنظمة وعملائها أو سواهم من الأطراف الخارجية.

ويشير العديد من الباحثين أن عناصر الثقافة التنظيمية، تتمثل بالأتي (Bolman & Deal,1991:253-270) :

- **المراسم Ceremonies** : وتمثل أحداث وأنشطة خاصة يقوم فيها الأفراد بممارسة شعائر / طقوس، أساطير في ثقافتهم.

- **شعائر Rites** : مجموعة فعاليات / أحداث تفصيلية مخططة تدمج مظاهر ثقافية متنوعة في حدث معين يتم القيام به من خلال التفاعل الإجتماعي، وتهدف إلى نقل رسائل معينة أو إنجاز أغراض محددة.
- **الطقوس Rituals** : وهي طقوس، إحتفالات متكررة تتم بطريقة نمطية معيارية وتعزز بصورة دائمة القيم والمعايير الرئيسة.
- **القصص والأساطير Stories & Myths** : القصص هي روايات لأحداث في الماضي يعرفها جيداً العاملون، وتذكرهم بالقيم الثقافية للمنظمة، وهي مزيج من الحقائق والخيال. وهذه القصص تدور في الغالب حول المؤسسين الأوائل للمنظمة. أما الأسطورة أو الخرافة فهي قصة من نوع معين تعطى تفسيراً خيالياً ولكن مقابلاً لحدث معين يبدو بخلاف ذلك محيراً وغامضاً. فقد يقوم أفراد المنظمة أحياناً بتأليف الروايات الخرافية حول مؤسسي المنظمة، أو نشأتها أو تطورها التاريخي من أجل توفير إطار لتفسير الأحداث الجارية في المنظمة.
- **الأبطال Heroes** : وهو أفراد يتمسكون بقيم المنظمة وثقافتها، ويقدمون دوراً أنموذجاً في الأداء والإنجاز لباقي أعضاء المنظمة.

ويؤكد (الخفاجي،2004 : 234-235) أن محتوى ثقافة المنظمة مشتقة من ثلاثة مصادر هي :

- بيئة الأعمال العامة والصناعة بخاصة في أهمية تحديد الإفتراضات المشتركة.
- القادة والأفراد الذين يحملون نمط من الإفتراضات على خبراتهم في ثقافتهم الوطنية، المحلية، الأخلاقية، المهنية التي قدموا منها.
- نماذج الإفتراضات المشتركة من خلال خبرات فعلية يمتلكها أفراد المنظمة في العمل خرجت حلولاً لمشكلات أساسية.

إن الثقافة التنظيمية أداة إدارية مهمة والتي لها تأثير إيجابي على منظمة الأعمال والعاملين فيها وتنشط سلوكهم اليومي، لذا تعد الثقافة التنظيمية أحدى العناصر الأساسية لنجاح أو فشل منظمات الأعمال. لقد قام العالم النفسي التنظيمي (Finn Havaleschka) نموذج للثقافة التنظيمية يستند بالأساس على النموذج النفسي الفردي، وطبقاً لهذا النموذج يقوم كل فرد بتطوير ثلاثة مقدرات Competencies والتي يستخدمها للإيفاء بمتطلبات العمل، وهي :(Stellermann & Fink,2004:6-8)

- المقدرات الإدراكية Cognitive Competencies، والمستخدمة لتحليل وحل المشكلات.

- المقدرات الإجتماعية Social Competencies، والمستخدمة في عملية الإتصال والتواصل.

- مقدرات الأداء Performance Competencies، والمستخدم في الرغبة والقدرة على إنجاز النتائج.

وقد أطلق العالم النفسي ـ التنظيمي (Havaleschka) علي هـذه المقدرات بأسم الرأس Head ، القلـب Heart ، السيقان Legs ، والشكل (2-7) يوضح هذه المقدرات.

شكل (2-7) : المقدرات الثلاث طبقاً للعالم النفسي التنظيمي (Havaleschka)

الثقافة الإدراكية، والمتعلقة بالإتجاه وحل المشكلات

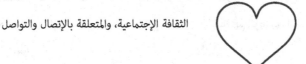

الثقافة الإجتماعية، والمتعلقة بالإتصال والتواصل

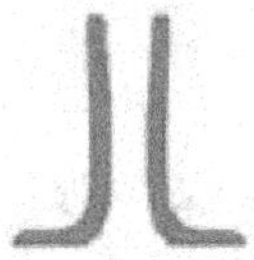

ثقافة الأداء، والمتعلقة بالأداء والقرارات المؤسسية.

حيث أن الرأس يقوم ببناء الأفكار وإبتكارها، فيما يقوم القلب بعملية إقنـاع الآخرين، وتقـوم السـيقان بتحقيـق النتائج المرغوبة. ولأن سلوك الأفراد والنظم الإجتماعية والثقافة لها تـأثير متبـادل علـى بعضـها البعض، فقـد قـام (Havaleschka) بتطوير المقدرات الثلاث إلى أداة تستخدم لقياس الثقافة التنظيمية، وقد أوضح أن كل مقدرة من المقدرات لها بعدين رئيسيين، وكما هو موضح بالشكل (3-7).

شكل (7-3) : أبعاد الثقافة التنظيمية طبقاً لوجهة نظر (Havaleschka)

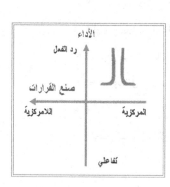

حيث أن بعد الرأس يمثل إتجاه منظمة الأعمال وحل المشكلات التي تواجه المنظمة. وحل المشكلات يمثل النهاية الطبيعية للثقافة الإبتكارية لمنظمة الأعمال، والتي يكون فيها الأفراد على قدر عالى من الحرية لإختيار وإبتكار الأفكار الجديدة. وتكون في البعد الأخر من الرأس ثقافة حل المشكلات التقليدية، والتي يتم التركيز فيها على الطرق التقليدية. فيما يوضح إتجاه المفهوم أن توجه الأفراد العاملين يكون الهدف العام، ويدل إتجاه القاعدة على التفصيلات المطلوبة لإنجاز كافة العمليات المطلوبة من الأفراد العاملين.

يمثل بعد القلب السمة الإجتماعية للثقافة، حيث يعرف النوعية وسبل التعاون في البعدين المتمثلين بالإتصال والتواصل وعملية المشاركة. حيث أن بعد الإتصال والتواصل من المفترض أن يتسم بالشفافية والإنفتاح بين الأفراد والمدراء، أما بعد المشاركة فمن الضروري القيام بالمشاركة لما لها أثر في عملية التعلم ذى الحلقة المزدوجة والتعلم من الأخطاء السابقة.

وأخيراً، يمثل البعد الثالث السيقان قرارات المنظمة وثقافة الأداء. وهنا يتم التميز بين الأداء والقرارات، حيث أن بعد الأداء يصف إلى أية درجة تقوم منظمة الأعمال بتشجيع الأفراد

العاملين لكي يكونوا نشيطين ويتحملون المسؤوليات تجاه أهداف المنظمة، فيما يتضمن بعد القرارات المركزية واللامركزية المستخدمة في عملية صنع القرارات التنظيمية.

يشير (Macmillan & Tampoe,2000:234-245) إلى أن هناك تسعة نشاطات لتغيير الثقافة التنظيمية للقيام بدعم استراتيجية منظمة الأعمال، وهي :

- القناعة بالقصد الاستراتيجي الجديد لمنظمة الأعمال.
- إيضاح معنى الثقافة التنظيمية الحالية.
- تطوير مهارات عملية صنع القرارات.
- القبول بأراء الآخرين.
- تطوير المهارات والقواعد المعرفية.
- تشجيع الموظفين للشعور بالأمان.
- تطوير وسائل تساعد الموظفين على إنجاز أعمالهم على أكمل وجه.
- تمكين العاملين من التعبير عن أفكارهم للإدارة العليا أثناء فترة التغيير.
- تشجيع عملية التفكير التي تركز على العالم الخارجي لمنظمة الأعمال.

وأخيراً، ليس هناك ثقافة مثالية تصلح لكل أنواع الاستراتيجيات والمنظمات، ولكن هناك الثقافة الأفضل التي تدعم بأكبر درجة ممكنة رسالة منظمة الاعمال واستراتيجيتها، لذلك يجب البحث عن الثقافة التي تدعم استراتيجية منظمة الاعمال كأحد متطلبات نجاح تنفيذ الاستراتيجية. إن الثقافة التنظيمية الناجحة هي القادرة على تحقيق الاستراتيجيات الأساسية للمنظمة وتعمل في نفس الوقت على إشباع حاجات العاملين من أجل جعل المنظمة تحقق أهدافها بكفاءة عالية. يشير (الخفاجي، 2004 : 235-236) أن قادة ومدراء منظمات الأعمال يجدون صعوبة عند التفكير بالعلاقة بين ثقافة المنظمة والعوامل الحرجة التي تعتمد عليها الاستراتيجية. ويحظى تنفيذ الاستراتيجية بإهتمام كبير مع تكيف العناصر الرئيسة في منظمة الأعمال وفق حاجات الاستراتيجية المدركة، وبالتتابع، تتطلب إدارة علاقة الاستراتيجية – الثقافة الوعي والتفاعل بين المتغيرات الضرورية لتنفيذ الاستراتيجية المختارة من قبل منظمة الأعمال.

* **حشد الموارد Resources Deployment** : في إطار تنفيذ الاستراتيجية يفترض أن يكون هناك حشد وتوزيع جيد للموارد على إختلاف أشكالها. وبالتأكيد فإن هذا الحشد يتأثر بمستوى التغيير المعتمد في إطار الاستراتيجية المصاغة، ويدخل أيضاً في إطار حشد الموارد توزيع فعال على المستويات والأقسام التنظيمية المختلفة لكي تستطيع أنشطة المنظمة إنجاز أهدافها وبالتالي تحقيق ما ورد في الخطة، وإذا ما تم النظر إلى الموارد في إطار تداخل بين الموارد الملموسة والموارد غير الملموسة، فعلى إدارة منظمة الأعمال أن تهيئ الأساليب والطرق الملائمة لحشد الموارد غير الملموسة والتي يقع في إطارها المعرفة والثقافة وأقصى إستخدام لرأس المال المعرفي. وسيتم عرض بعض أوجه الموارد المهمة التي يفترض أن يتم حشدها لتنفيذ الاستراتيجية، والمتضمنة (القطامين،2002: 138) :

• **الموارد البشرية Human Resource** : تتطلب بعض الخيارات الاستراتيجية إجراء تغييرات مهمة على مستوى الموارد البشرية من خلال خيارات عديدة، فقد يتطلب الأمر وضع برامج مسبقة للتدريب والتطوير وتنمية الموارد البشرية وزيادة خبراتها، في حين تتطلب خيارات أخرى إضافة موارد بشرية أو الإستغناء عن موارد بشرية أو إعادة تأهيل للموارد البشرية وإجراء مناقلات في المواقع الإدارية المختلفة. ففي إطار استراتيجيات الإندماج والإستحواذ وجدت البحوث أنه من خلال السنة الأولى يتم الإستغناء عن أكثر من ربع المدراء الرئيسيين في المنظمة. وهذا يعني أن عمليات التنفيذ تتطلب إجراء تغييرات مهمة في الموارد البشرية.

• **الإدارة العليا Top Management**: يعتبر المدير العام والإدارة العليا كفريق تنفيذي مورداً مهماً لا تتحدد مسؤولياته بصياغة الاستراتيجية، بل يتطلب الأمر الإشتراك بالتنفيذ ومتابعة النتائج المهمة منها على الأقل. إن إحتياج بعض الاستراتيجيات إلى مهارات وخبرات في مجالات معينة تتطلب أن يكون الفريق العامل مع المدير العام أو رئيس الشركة، فريق متنوع الخبرات كثيف المهارات متعدد التخصصات، وأبسط مثال يتجسد هنا هو إحتياج استراتيجيات الإستقرار مثلاً إلى أساليب إدارية وقيادية تتسم بالتحفظ والحسابات الدقيقة والتقدم الحذر ومعرفة بأسباب إستقرار الصناعة وإحتمالات نهوضها مستقبلاً. في حين مثلاً تحتاج استراتيجيات الإنقاذ والتصفية إلى مزيد من الدقة والتحدي والصبر والحسابات المالية الدقيقة والمعرفة بقوانين العمل وغير ذلك. لذلك يفترض أن مسألة إختيار المدير العام وفريقه في ضوء تغيرات جذرية وإعادة توجه

منظمة الأعمال مجدداً تحتاج إلى عناية فائقة. لقد طورت بعض منظمات الأعمال طرقها الخاصة وخبراتها وتجاربها لغرض تقييم الأداء الاستراتيجي المتميز أثناء تنفيذ الاستراتيجية من قبل المدير العام وفريقه.

- **التسويق والإنتاج Marketing & Production**: يعتبر حشد الموارد التسويقية والعملياتية والإنتاجية ضرورياً للتنفيذ، فقد تتطلب بعض الاستراتيجيات إعادة نظر جزئية أو كلية بالعديد من عناصر النشاط التسويقي والإنتاجي وسواء في إطار سياسات التسعير أو أساليب التوزيع أو دراسات المستهلك أو الإعلان أو الترويج أو تحفيز رجال البيع وغيرها، كذلك ليتم وضع استراتيجيات معينة يتطلب الأمر دقة وملاحظة جيدة لأنظمة الإنتاج ومدى تكاملها مع التطور التكنولوجي والأنظمة الحاسوبية وغيرها. وهنا فإن متطلبات عديدة يجب أن تفحص بعناية مثل نظام تخطيط الموارد المادية، وأنظمة التصنيع المتكاملة مع الحاسوب أو قد ترى المنظمة ضرورة الإهتمام وإدخال نظام التصنيع الآني وغير ذلك من مفردات عمل وأساليب هذه الإدارة.

* **أنظمة الحوافز والمكافآت Incentives and Rewards Systems**: يفترض في إطار عمليات التنفيذ أن تقوم جميع الأنظمة الإدارية مثل نظام المعلومات الاستراتيجي بتقديم المعلومات الصحيحة بالكمية المطلوبة وبالوقت المناسب وبالطريقة الملائمة، فأنظمة المعلومات تلعب دوراً فاعلاً وأساسياً في تنفيذ الاستراتيجية. كذلك التخطيط والسيطرة لها دور فاعل في عمليات التنفيذ. لكن من المهم الإشارة لنظام التحفيز لأهميته في لعب دور مهم أثناء عملية تنفيذ الاستراتيجية، ولكي يلعب هذا النظام الدور المرجو منه في عملية تنفيذ الاستراتيجية يجب أن يتسم بالآتي :

- الدقة والموضوعية، بإعتبار أن المكافآت والتحفيز ترتبط بنتائج الأداء المحسوب وبشكل دقيق وصحيح.
- العدالة، حيث أن التحيز وعدم الإهتمام بإعطاء المكافآت والحوافز بشكل عادل ومرض يحبط عمليات التنفيذ.
- الشمولية، حيث أن أكبر الإشكاليات في أنظمة التحفيز هو تركيزها على مكافئة الإنجازات قصير الأمد، في حين أن الإنجاز الاستراتيجي يحتاج إلى جهد لتحديد نتائجه

ومن ثم المكافئة عليه، وعادة ما تهمل الإدارات مكافئة مثل هذا الإنجاز وبالتالي تجد المنظمة نفسها تعمل في إطار أمد قصير فقط دون منظور واضح.

• أن يتسم بالقدرة على تحقيق حاجات العاملين لكي يكونوا أكثر إندفاعاً للعمل، فبعض المنظمات تستخدم نظام ترك المجال للعاملين بتحديد نوع المكافئة المرتبطة بأدائهم لغرض أن تعطى هذه المكافئة دفعاً عالياً للتحفيز.

* **أسلوب القيادة الإدارية** Managerial Leadership Style : إن القيادة الإدارية تمثل المحرك الأساسي لمجمل عمليات الإدارة الاستراتيجية ومنها عملية تنفيذ الاستراتيجية، ويمثل أسلوب / أساليب القيادة الطرق والآليات التي يؤثر فيها المدير / القائد في عمليات الإنجاز والتنفيذ وتحقيق الأهداف، وبالتالي فإن هذه الطرق والآليات عديدة ومتشعبة ينتقى منها المدير الأساليب والطرق الأكثر فاعلية في جعل العاملين أكثر إلتزاماً وتوجها نحو العمل الجماعي وبروح المشاركة الفاعلة. وإذا ما أخذ بنظر الإعتبار البعض من هذه الآليات والطرق فمن المفترض الإشارة إلى ثلاث عناصر أساسية تطبع إلى حد كبير أسلوب القيادة المعتمد، وهذه العناصر هي :

• أساليب تطوير وصناعة القرار المعتمدة من قبل المدير والمدى المستخدم في المشاركة من خلال فرق العمل المدارة ذاتياً أو مجاميع العمل المعنية لحل المشكلات وتطوير العمل والنوعية وغيرها.

• الطرق المستخدمة في التحفيز.

• أساليب المدير في التركيز والأوليات وكيفية المبادلة في هذه الأساليب والموازنة بين متطلبات العمل وحاجات العاملين.

إن إستعراضاً سريعاً لجوانب القيادة تشير إلى الإنتقال بهذه الأساليب من الطرق القيادية التقليدية مثل Classical Administrator والتي يلعب فيها المدير الدور الأساسي وما على العاملين إلا المشاركة في عمليات التنفيذ الكلاسيكية إلى الطرق القيادية المهتمة بالجوانب السلوكية للعاملين وخاصة توفير علاقات عمل طيبة ومشاركة بالقرار ثم إلى الطرق الموقفية Contingency والتي ترى أن الأسلوب القيادي يعتمد على عناصر عديدة تتعلق بالموقف الذي يراد إتخاذ قرار بشأنه، وأخيراً التوجهات الحديثة التي ترى في أساليب القيادة المبنية على الرؤية والحكمة والكارزمية جوانب مهمة للنجاح. واليوم يتم الحديث عن أساليب القيادة

التبادلية والتحويلية بإعتبارها من أرقى أساليب القيادة التي تجعل العاملين أكثر إلتزاماً بالمشاركة والتنفيذ. وتواجه المدير القائد في المنظمة العديد من الإشكالات في إطار تنفيذ الاستراتيجية حيث يتطلب منه ترجمة عمليات الصياغة الاستراتيجية إلى إجراءات وأعمال وأنشطة عديدة وكثيفة وكيفية إدارة عملية التغيير التي يفترض أن تجرى داخل المنظمة سواء على صعيد الواجبات والمسؤوليات أو المستويات الإدارية أو أنظمة العمل وثقافة المنظمة.

* تطوير خطط العمل Action Plans development : إن تنفيذ الاستراتيجية يتطلب ترجمتها إلى خطط نزولاً إلى مستوى التنفيذ بشكل برامج وموازنات وإجراءات. ويفترض أن تأتي هذه العملية متوازنة ومتداخلة في إطار الأهداف الموضوعة لكل مستوى من هذه المستويات. إن كون الخطط مختلفة في فتراتها الزمنية ومجالاتها وطبيعتها ومستواها التنظيمي، فإنها تتطلب موارد مختلفة ومسؤوليات مختلفة، لكنها جميعاً تعطى أثناء التنفيذ أهدافاً مترابطة تحقق الخيار الوارد في الاستراتيجية المعتمدة. إن هذه المراحل تمثل خطوات يجب أن يعتنى فيها أثناء الصياغة وكذلك أثناء التنفيذ. ومن الضروري الإشارة إلى أن التنفيذ يهتم بالجوانب العملية والتشغيلية من هذه الخطط (Thiétrat,1984:163). وكما يوضح الشكل (4-7).

شكل (4-7) : ترابط الخطط وصولاً إلى خطط العمل

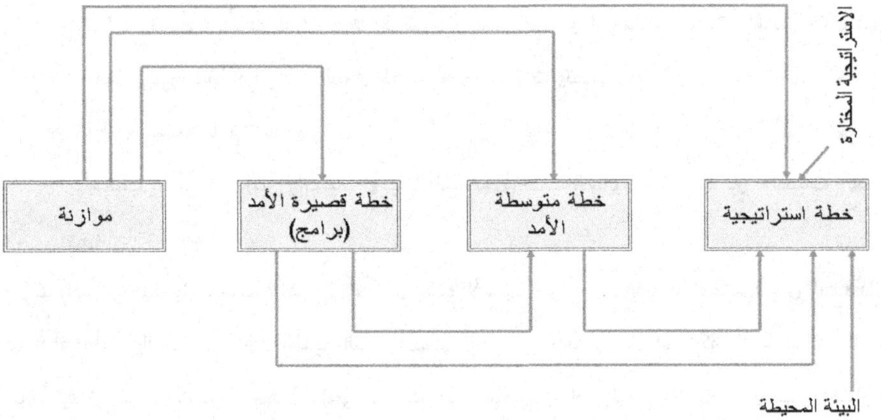

Source: Thiétart ,Raymond-Alain, "La Stratégie déntreprise", McGraw-Hill, Paris, 1984:163

إن ما يمثل إجراءات تنفيذ الاستراتيجية والتي من خلالها توضع الاستراتيجيات المختارة والسياسات المعتمدة موضع التنفيذ هو تطوير البرامج، الموازنات، الإجراءات، وإن إجراءات تطوير هذه قد تحتاج إلى تغيير ثقافة المنظمة وهيكلها وأنظمتها الإدارية بصورة

جذرية. وبشكل عام تلعب مستويات الإدارة الوسطى والدنيا دوراً مهماً في عملية التنفيذ وفي إطار توجيه وملاحظات الإدارة العليا، وقد تمت الإشارة إلى مجمل هذه الإجراءات في الشكل (7-4) بكونها تخطيط تشغيلي أو خاص بالعمليات.

* **البرامج Programs** : هي كشوفات بالأنشطة والتي يراد وضع خطوات لها بهدف إنجاز خطة أحادية الإستخدام. هذا يعنى أن الخطة أحادية الإستخدام، هي برنامج أو مجموعة برامج تعتمدها المنظمة يراد منها توجيه استراتيجية معينة نحو الفعل والإنجاز، وقد يكون البرنامج إعادة هيكلة الشركة أو تغيير ثقافتها الداخلية أو البدء بجهود بحث وتطوير جديدة، وفي العادة تعتمد المنظمة العديد من البرامج تتفاوت في إحتياجها للموارد ومداها الزمني وآليات تنفيذها (Wheelen & Hunger,2006:216-218)، ومثال على البرامج، فقد قامت شركة Boeing لصناعة الطائرات في إطار استراتيجية أن تكون قائدة في الصناعة عندما قامت بعرض الموديل (707) فقد إعتمدت على برامج حاولت من خلالها إجراء تخفيضات لغرض زيادة فاعلية التصنيع وبقاء الأسعار منخفضة، ومن هذه البرامج التي نفذتها :

- الإعتماد على مصادر إمداد خارجية وصلت بحدود 70% من إحتياجات التصنيع.
- تخفيض الوقت النهائي للتجميع بحدود ثلاثة أيام (مقارنة بعشرين يوم لنموذج طائرة سابق) ومن خلال تجهيز متكامل.
- إستخدام مواد خفيفة عوضاً عن الألمنيوم السابق لغرض تقليل وقت الفحص.
- حل مشكلة ضعف العلاقات مع النقابات المتأتية من تخفيض الموارد البشرية والإمداد الخارجي.

* **الموازنات Budget** : هي كشف لبرامج الشركة بتعابير نقدية مالية، وعادة ما تستخدم الموازنات كخطط يتم من خلالها المراقبة الفعلية للتنفيذ. فالموازنة كشف تفصيلي بكلف كل برنامج على حدى، ويمكن أيضاً وضع موازنة بتكاليف البرامج المترابطة والتي تؤدى إلى إنجاز مهم في منظمة الأعمال، وفي العادة تهتم منظمة الأعمال بنسب العائد على الإستثمار التي يفترض أن تأتى من كل برنامج معتمد في إطار خطط المنظمة. هذا يعنى أن البرامج التي تعمل لها الموازنات تعطى أداءاً وأرباحاً تبنى قيمة لمنظمة الأعمال سواء للمساهمين أو لأصحاب المصلحة. هذا ولا تمثل الموازنة فقط تفصيل خطة في إطار

استراتيجية معينة، بل أيضاً تعابير مالية متوقعة التأثير على مستقبل المنظمة المالي (Wheelen & Hunger,2006: 218)

* **الإجراءات Procedures** : تسمى أيضاً إجراءات التشغيل المعيارية Standard Operating Procedures، وهي عبارة عن خطوات مترابطة في إطار نظام معين تصف بتفصيل كيف تؤدى مهمة معينة أو وظيفة معينة، وهي بالتالي تعطى تفصيلاً لمختلف الأنشطة الضرورية واللازمة لإنجاز كل برنامج في منظمة الأعمال .(Wheelen & Hunger,2006: 218)

وفي كثير من الأحيان يتطلب إعتماد استراتيجيات معينة وتنفيذها بنجاح وإتخاذ إجراءات مقدمة أو تغيير الإجراءات الحالية. لقد قدمت شركة ماكينزي الإستشارية Mckinsy Consulting Company ، نموذج يهتم ببيان العناصر الإدارية والتنظيمية السبعة الضرورية لنجاح عملية تنفيذ الاستراتيجية يطلق عليه The Seven S (7-S) Framework، ويوضح الشكل (7-5) إطار ماكينزي لتحقيق فعالية تنفيذ الاستراتيجية المختارة.

شكل (7-5) : إطار العناصر الإدارية والتنظيمية السبعة الذي قدمته شركة ماكينزي

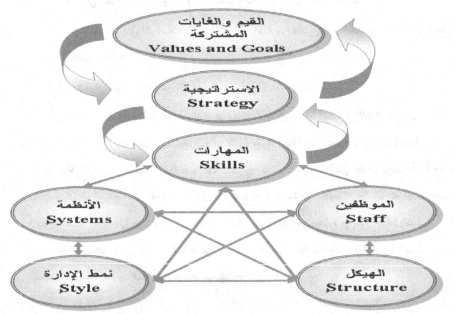

(1) **القيم والغايات المشتركة Values and Goals** : وتمثل القيم والتطلعات الأساسية والطموحات التي يشترك فيها الأفراد بالمنظمة، وغالباً لا تجدها صريحة في الأهداف، وإنما تعبر عن الأفكار العريضة للتوجه المستقبلي الذي ترغب الإدارة العليا في نشره داخل المنظمة ومن ثم يجب مشاركتها من جانب الأفراد.

(2) **الاستراتيجية Strategy** : وتشير إلى مجموعة الممارسات المتكاملة التي تمارسها منظمة الأعمال بقصد تحقيق التفوق على المنافسين، وتحسين صورتها أمام العملاء مع قدرة متميزة على تخصيص الموارد.

(3) **المهارات Skills** : وتمثل القدرات والإمكانات، والكفاءات القادرة على تحويل المعلومات والمعارف إلى واقع عملي، والخصائص التي تميز المنظمة عن غيرها من منظمات الاعمال.

(4) **الأنظمة Systems** : وتدل على عمليات التشغيل والتدفقات التي تبين كيفية إتمام العمل داخل المنظمة أولاً بأول، وذلك لمختلف الأنشطة والعمليات ومن بينها نظم المعلومات، ونظم الموازنات الرأسمالية ، ونظم الإنتاج والعمليات ، ونظم رقابة الجودة ونظم قياس الأداء وتقييم العمل.

(5) **الموظفين Staff** : وهنا يصبح من الضروري الإهتمام والتفكير في هؤلاء الأفراد بشكل متكامل ليس في شخصياتهم فقط، بل في كل ما يتعلق بخصائصهم الديمغرافية بما يفيد التنفيذ الفعال للاستراتيجية.

(6) **نمط الإدارة Style** : ويمثل نمط الإدارة الأيدولوجية الفكرية لإدارة منظمة الأعمال، وفلسفتها التنظيمية، بحيث تبين قيم ومعتقدات الإدارة، وما تحسبه مهماً ويحتاج إلى أفضل الموارد مادة وبشر ووقتاً، ويستحق أن يتحول إلى سلوك وتصرف.

(7) **الهيكل Structure** : ويمثل مجموعة العلاقات التنظيمية التي تظهرها الخريطة التنظيمية، والأعمال والمهام والمسؤوليات والسلطات الدالة على من المسؤول أمام من؟ وتقسيم الأنشطة وبيان التخصصات وتحقيق التكامل والتنسيق فيما بينها..

مداخل تنفيذ الاستراتيجية Strategy Implementation Approaches

إن عملية تنفيذ الاستراتيجية تتأثر بشكل كبير بالمدخل المعتمد من قبل إدارة المنظمة في عمليات التنفيذ. فبعد تقييم الجهود وحشد الموارد لتنفيذ الاستراتيجية عادة ما

تختار إدارة المنظمة مدخلاً ملائماً للتنفيذ قائماً على تقييم مستوى التغيير المطلوب والهيكل المعتمد وطبيعة الثقافة.

قادت البحوث التي أجراها كل من (David & Bourgeois,1984:176-190) ، (Paul,1989:145-161) إلى خمسة مداخل أساسية لتنفيذ الاستراتيجية، وكالآتي :

مدخل إعطاء الأوامر Commander Approach : في هذا المدخل يبذل المدراء جهود كبيرة على عمليات التحليل وصياغة الاستراتيجية، وربما يطورون استراتيجية لوحدهم أو بإشراف فريق معين. وبعد تطوير الاستراتيجية يطلب من العاملين تنفيذها وفق إجراءات محددة، وفي إطار هذا المدخل توجد العديد من الإشكالات تتمثل في كون هذا المدخل يفصل بين عمليات التفكير والتنفيذ وبالتالي ظهور إشكالات كثيرة أثناء التنفيذ.

مدخل التغيير التنظيمي Organizational Change Approach : يركز هذا المدخل على كيفية جعل أعضاء التنظيم ينفذون الاستراتيجية من خلال إستيعاب بعض التغيرات فيها. وفي إطار هذا المدخل تبذل الإدارة جهوداً كبيرة بإستخدام آليات وأساليب سلوكية سهلة المرور نحو التنفيذ والوصول إلى الهدف. وعادة ما يصار إلى إجراء تغيرات في الهيكل أو في القوى البشرية عندما تتغير أولويات المنظمة. إن هذا المدخل يتطلب جهود كبيرة من المدراء خاصة وأنه يقع في إطار ترتيب العديد من المتغيرات وجعلها أكثر مرونة وإستجابة للتغيير وتنفيذ الاستراتيجية.

المدخل التعاوني Collaborative Approach : في إطار هذا المدخل تطلب الإدارة العليا من فريق التخطيط صياغة استراتيجيات وإيجاد الآليات اللازمة للتنفيذ، ويلعب المدراء في إطار هذا المدخل دوراً تنسيقياً من خلال فهم آليات عمل المجموعة، وكيفية مناقشة الأفكار في إطارها، وعادة ما توجد لدى المنظمات لجان دائمة في مجال وضع الخطط وتنفيذ الاستراتيجيات. وفي إطار هذا المدخل يتم الحصول على معلومات مباشرة من العمليات وعرض وجهات نظر كثيرة تساهم في تحسين عمليات الصياغة، كما أنها تعطى الفرصة لجعل عمليات التنفيذ فعالة، بالإضافة إلى الإلتزام بالتفاصيل أكثر من المدخلين السابقين، ومن المآخذ على هذا المدخل هو حقيقة التعاون في مجال صنع القرارات وإعتماد وجهات نظر عديدة خاصة إذا وضعت الإدارة العليا رقابة مركزية شديدة على هذه الإجراءات.

المدخل الثقافي Cultural Approach : ويمثل توسيع وإغناء للمدخل التعاوني من خلال دمج المستويات التنظيمية الدنيا في عمليات الصياغة والتنفيذ. إن المدير في هذا المدخل يقود المنظمة من خلال أنظمة إتصال فعالة ورؤية شاملة للمنظمة يمكن أن تفسح مجالاً للعاملين لتصميم أنشطتهم وأفعالهم لتدعيم رؤية المنظمة وحالما تصاغ الاستراتيجية تحاول الإدارة تشجيع العاملين بالمساهمة بالقرارات خاصة العملياتية منها ووضع التفاصيل اللازمة للاستراتيجية. ويتطلب تنفيذ الاستراتيجية في إطار هذا المدخل ثقافة تنظيمية قوية تساهم في جعل التنفيذ حقيقة واقعة تؤدى إلى نتائج مطلوبة. إن هذا المدخل يحاول كسر الحاجز بين المفكرين والمنفذين من خلال بناء نظام قيم مشترك في منظمة الأعمال. ورغم الميزات الكثيرة لهذا المدخل إلا أن الإشكالية الرئيسة هي إفتراض كون جميع العاملين في المنظمة هم على قدر من الذكاء والتفاعل الإيجابي، بالإضافة إلى إحتياج هذا المدخل إلى وقت كبير لتطوير مثل هذه القيم المشتركة.

مدخل النمو والتوسع Crescive Approach : فالمدراء الذين يعتمدون هذا المدخل يتبنون وجهة النظر التي ترى أن عمليات الصياغة والتنفيذ يتماشيان مع بعضهما، لذلك ترى الإدارة أن واجبها لا يتجسد في التركيز على أداء المهام ولكن تشجيع العاملين لتطوير وتحدى وتنفيذ روح الاستراتيجية بطرقهم الإبداعية، وعادة ما تطور استراتيجيات في إطار هذا المدخل متحركة في البداية من المنفذين لها في المستويات الأدنى والمشرفين صعوداً إلى المستويات الأعلى لتأتي الاستراتيجية وكأنها حاصل جمع أفكار ورؤى الجميع، ولا يعنى هذا عدم مشاركة الإدارة العليا بل يمكن أن يكون لها الدور الرئيسي في عمليات التقييم والحكم النهائي. ويقترح الباحثين هذا المدخل للتنفيذ والصياغة في الشركات الكبيرة بإعتباره يعطى ميزات كثيرة من ضمنها تشجيع الإدارة الوسطى للمساهمة بقوة في صياغة الاستراتيجية ويترك لهم المجال لتنفيذ خططهم. إن هذه الاستفلالية تزيد من تحفيزهم أثناء التنفيذ، تطور الاستراتيجيات من قبل العاملين والمدراء بتعاون تام لذلك تكون عمليات التنفيذ أكثر نجاحاً.

8

الرقابة الاستراتيجية وقياس وتقييم الأداء

بعد الإنتهاء من دراسة هذا الفصل سيتمكن القارئ من الإجابة على الأسئلة التالية

الفصل 5 أسئلة الدراسة

1. ماهية الرقابة وعملية الرقابة الاستراتيجية
2. ماهية قياس وتقييم الاداء

الفصل الثامن

الرقابة الاستراتيجية وقياس وتقييم الأداء

مقدمة Introduction :

تمثل الرقابة الاستراتيجية الخطوة الاخيرة من عمليات الادارة الاستراتيجية ، ومع انها تبدو كـذلك، إلا أن واقع الحال يشير إلى أن العملية الرقابية تتصف بالاستمرارية وتبدأ حتى قبل البدء بأي مـن مراحـل عمليـة الإدارة الاستراتيجية، باعتبار أنها الضمان اللازم لصحة السير باتجاة الأهداف المراد تحقيقها.

ولغرض أن تكتمل الممارسة الاستراتيجية بشكل صحيح فأن قيـاس الأداء وتقييمـه وفـق أسـس شـمولية ومتطورة يصبح أمراً ضرورياً وملازماً للعملية الرقابية. لذلك سيتم التطـرق في هـذا الفصـل إلى جـزئين أساسـيين ، يرتبط الأول بالرقابة الاستراتيجية بماهيتها وعملياتها وشروطها ، في حين يخصص الجزء الثاني لـلأداء ومـا يـرتبط بـه من جوانب قياس ووسائل مصاحبة لتقييم الأداء.

ماهية الرقابة وعملية الرقابة الاستراتيجية

The Essence of Control and Strategy Control

مفهوم وأهمية الرقابة Concept and Important :

الرقابة هي نشاط منتظم تهدف من خلالها الإدارة الى جعل الخطط و الأنشطة تنسجم مع التوقعات و المعايير المستهدفة ، وإذا ماكان الأمر كذلك فإ ن العملية الرقابية عبارة عن عمليات مستمرة لقياس الأداء و اتخاذ الأجراءات الكفيلة لضمان النتائج المرغوبة . وفي حالـة وجـود انحرافـات فـإن النظـام الرقـابي يـؤشر أسـبات هـذه الانحرافات و يعطي الاجراءات الازمة للتصحيح (Certo,1997:456).

إن وجود الأنشطة الرقابية ضرورية لمعرفة مواطن الخلـل و الضـعف في الأداء ،وكـذلك قـدرة المنظمـة عـلى انجاز أهدافها بكفاءة . تتعدد أغراض الرقابة و أهميتها في مـنظمات الأعـمال و يمكـن أن نجمـل أهميتهـا بـالاتي (Schermerhorn,2005:201.202) :

1 - تساعد المنظمة على التكيف مع التغيرات البيئية ،خاصة و أن البيئة قد أصبحت معقدة و مضطربة ، و لكون منظمة الأعمال لا تستطيع دائماً تحقيق أهدافها بدون ظهور اشكالات معينة ،لذلك تأتي العملية الرقابية لتساعد منظمة الأعمال على استباق التغيرات و التفاصيل و التكيف مع المستجدات و الحالات الطارئة .

2 - تساهم في تقليل تراكم الأخطاء وتزايدها ، فالاخطاءالكبيرة عادةً ما تبدأ صغيرة و بسيطة فإذا لم تعالج في حينها قد تتراكم وتؤدي الى مواقف حرجة للمنظمة .

3 - تزيد من قدرة المنظمة على مواكبة التعقيد التنظيمي ، حيث أن التعقيد التنظيمي ظاهرة مرافقة لكبر حجم المنظمات وازديا د استخدام التكنولوجيا فيها ، لذلك فان النظام الرقابي الفعال يساهم في زيادة قدرة المنظمة على تبسيط هذا التعقيد ويمكن الادارة من التعامل معه.

4 - يساهم النظام الرقابي في خفض التكاليف ،حيث أن فعالية هذا النظام ترتبط بقدرته على جعل التكاليف بحدودها الادنى ، من خلال ضبط عمليات الانتاج ووضع معايير دقيقة للاداء ونسب التلف والمحافظة على النوعيات .

إن مجمل هذه الجوانب ضرورية لعمل منظمات الاعمال في البيئة التنافسية الحالية .

مستويات الرقابة Control Levels

في منظمات الاعمال و خاصة الكبيرة ، تمارس العملية الرقابية من قبل مختلف الادارات ومستوياتها ، وتهدف الى احكام العمل والسير تجاه تحقيق الأهداف ، و بشكل عام فان ممارسة الرقابة من فبل الادارة العليا على الاتجاة الاستراتيجي الكلي للمنظمة و بشموليته يمكن ان يطلق عليها رقابة استراتيجية **Strategies Control** ، وفي اطارها يتم التركيز على فاعلية المنظمة بشكلها العام ،و كذلك للاعمال والوظائف الرئيسية للتأكد من أن الاستراتيجيات الموضوعة لمختلف المستويات قد حققت أهدافها من خلال عمليات تنفيذ فعالة. ان الرقابة الاستراتيجية تنصب أساساً على طبيعة العلاقة بين المظمة ومفردات بيئتها الخارجية، والمجتمع الذي تسعى لخدمتة ،أما المستوى الثاني من الرقابة فهو الرقابة الهيكلية **Structural Control**، ويسميها البعض أيضاً بالرقابة التكتيكية **Tactical Control**، و تهتم أساساً بكيفية انجاز مختلف الجوانب المرتبطة بالتخطيط على مستوى الادارة الوسطى .وعادة ما تهتم هذه الرقابة أيضاً بعناصر الهيكل التنظيمي ومهامها للوصول الى

الغايات المراد تحقيقها في اطار توزيع الادوار والصلاحيات والمسؤوليات في اطار الهيكل .أما النوع الثالث من الرقابة فهي الرقابة العملياتية أو التشغيلية Operational Control ، وهذا المستوى من الرقابة اكثر تفضيلاً ويمارس من قبل الادارات الدنيا و الاشرافية وتؤطرة فكرة احكام العملية الرقابية على النشاطات التفصيلية والخطط قصيرة الامد ،اي التي تنفذ في اطار لا يتجاوز السنة الواحدة .ولكون الرقابة المالية ذات أهمية كبيرة لمنظمات الاعمال ، فانها تقع ضمن اطار الرقابة التشغيلية، والرقابة المالية تتعلق بجوانب الرقابة على الموارد المالية للمنظمة ، لذلك تعتبر الموازنات ومراكز المسؤولية الاطار التفصيلي لهذه الرقابة .وبشكل عام فان رقابة العمليات تنصب أساساً على تحويل الموارد و المدخلات الى منتجات بشكل سلع وخدمات بطريقة كفوءة (Griffin,2002:616-619). ويوضح الشكل (8-1) مستويات الرقابة.

شكل (8-1) : مستويات الرقابة

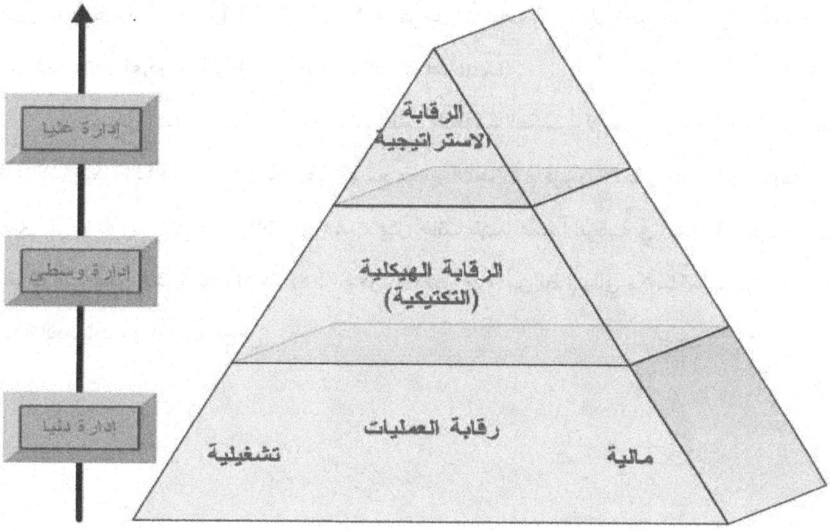

Source: Griffin, Ricky W.,"Management", Houghton Mifflin Company, (2002):620.

مفهوم وأهمية الرقابة الاستراتيجية

The Concept and Important of Strategic Control

الرقابة الاستراتيجية هي نوع خاص من انواع الرقابة التنظيمية تركز على مراقبة و تقييم عمليات الادارة الاستراتيجية للتأكد من ان هذه العمليات تجري وفق الاسس السليمة .هذا يعني أن الرقابة الاستراتيجية عمليات مستمرة تتأكد بموجبها الادارة العليا من ان الامور تسير سيراً حسناً بالمؤشرات العامة ، دون التفاصيل التي يمكن ان تعتمد في الانواع الاخرى للرقابة. والرقابة الاستراتيجية تنصب اساساً وتتأكد من ان مخرجات العملية التخطيطية المحتوى ضمن عمليات الادارة الاستراتيجية تأتي مطابقة لما يراد لها ومسيطرة عليها بطريقة تعطي ضماناً للنجاح .

إن الغرض الاساس للرقابة الاستراتيجية هو مساعدة الادارة العليا لانجاز اهداف المنظمة الاساسية من خلال مراقبة وتقييم عمليات الادارة الاستراتيجية . و بما ان عمليات الادارة الاستراتيجية تبدأ بتحليل بيئة المنظمة وتحديد الإتجاه الاستراتيجي و من ثم صياغة الاستراتيجية المناسبة ووضعها موضع التنفيذ ، فان الرقابة الاستراتيجية تعطي تغذية راجعة للتأكد من ان كافة المراحل لعمليات الادارة الاستراتيجية مناسبة وكفوءة وفاعلة وتعمل كما يفترض لغرض تحقيق النجاح (Certo &Peter,1995:139) .

إن المدخل التقليدي للرقابة والذي يمثل نظاماً للتغذية العكسية لا يصلح لأن يكون مدخلاً مناسباً للرقابة الاستراتيجية، لكنه في إطاره العام، حيث وضع معايير الانجاز ثم قياس الانجاز الفعلي و مقارنة الفعلي بالمعايير الموضوعة وتصحيح الانحرافات ان وجدت يمثل جانباً مهماً عملياً للرقابة في المنظمة . حيث ان هذه الخطوات التي يمكن الاشارة لها بالشكل (8-2) يمكن ان تكون جزءاً من نظام رقابي مكرساً اساساً للرقابة التشغيلية أو رقابة العمليات ، و كما هو موضح

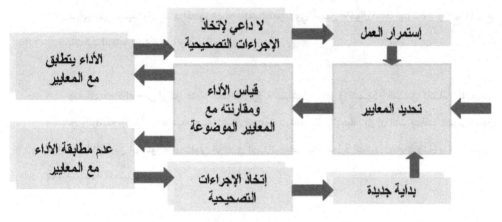

شكل (8-2) : عملية الرقابة التقليدية

لا داعي لإتخاذ الإجراءات التصحيحية	إستمرار العمل
قياس الأداء ومقارنته مع المعايير الموضوعة	تحديد المعايير
إتخاذ الإجراءات التصحيحية	بداية جديدة

الأداء يتطابق مع المعايير

عدم مطابقة الأداء مع المعايير

Source : Certo & Peter,1995 :133

المصدر : بتصرف من

إن هذا النموذج التقليدي للرقابة والذي يمثل اطار لجميع أنواع الرقابة إلا أنـه يختلـف في اسـلوب و فلسفة عمله ، لذلك فان فلسفة العمل التقليدية لا تصلح للرقابة الاستراتيجية للاسباب التاليـة (ياسـين ، 2002 : 200 -201) :

• ان نتائج الاداء الاستراتيجي لا تظهر في الامد القصير ، بل تحتاج الى فترات زمنية طويلة، وان انتظار تحقيق النتائج لرقابتها يجعل من اهمية الرقابة قليلة بل ليست فاعلة . لذلك يتطلب تغير فلسفة وآلية عمل النموذج .

• ان النموذج التقليدي للرقابه غير كافي أو لايصلح للتعامل مع التعقيد البيئي وعدم التأكد ،وكذلك متابعة التغيرات التي تصل في مراحل عمليات الادارة الاستراتيجية .

• إن نجاح تطبيق الرقابة التقليدية مرتبط بتوفر معايير دقيقة للانجاز وغالباً ما تكون موضوعية .في حين يتطلب الأمر ايجاد معايير أخرى وتفسيرات ذاتية في الرقابة الاستراتيجية. هذا يعني ان الرقابة تعتمد على معايير وتصميم لهذه المعايير وفق اعتبارات طبيعة عمل المنظمة واتجاهات تطورها .

• إن النموذج التقليدي للرقابة قد لايصلح لمراقبة المنافسه المتجددة بالاستمرار وكذلك الابداع والتحسين والتطوير المستمر للمنتجات والخدمات بسبب عدم تآلف المنظمة مع مثل هذه الجوانب وعدم وجود معايير دقيقة ومسبقة موضوعة لها .

469

• تميل عمليات تطبيق الرقابة التقليدية إلى التركيز على معيار واحد لقياس الأداء أو عدد محدود جداً من معايير الموضوعية .وإن هذه المعايير تصلح للأمد القصير وفي أحسن الأحوال للأمد المتوسط ، ولكنها لاتصلح بالتأكيد للرقابة الاستراتيجية وللأمد البعيد.

وبشكل عام فإنه حتى لو تم اعتماد خطوات الرقابة بشكلها المذكور في النموذج السابق كأساس للمعايير والقياس والرقابة، فإن الأمر يتطلب تفعيلها بشكل مختلف للرقابة الاستراتيجية ، بل إن الأمر يتطلب تطوير معايير تساعد في التأكد من أن التوجه المستقبلي الوارد في الاستراتيجيات أثناء عملية التنفيذ ومتابعة مثل هذه المعايير بمؤشرات عامة ولكنها صحيحة .

عملية الرقابة الاستراتيجية وتحسينها

Strategic Control Process and Improvement

يفترض بالنظام الرقابي في منظمات الأعمال أن يكون نظاماً رقابياً شاملاً ويغطي مختلف مستويات الاستراتيجية ، كذلك فمن المتوقع من هذا النظام الرقابي أن يكون نظاماً رقابياً مهتماً بالرقابة قبل التنفيذ أو ما يسمى بالرقابه المبدئية والتي تهدف أساساً الى منع حدوث المشاكل وظهورها من خلال التركيز على المدخلات، والتأكد من سلامتها ، و هذا ما يفترض أن يكون الدور الأهم للرقابة الاستراتيجية .كذلك أن يشمل هذا النظام الرقابي الرقابة المتزامنة مع التنفيذ بمعنى حل المشكلات حال ظهورها دون إبطاء من خلال التركيز على العمليات المستمرة وكيفية تنفيذها ، وأخيراً يشمل النظام الرقابي أيضاًَ الرقابة بعد التنفيذ والذي يفترض أن يحل المشكلات بعد حدوثها من خلال التركيز على المخرجات . ويبين الشكل (8-3) النظام الرقابي المتكامل .

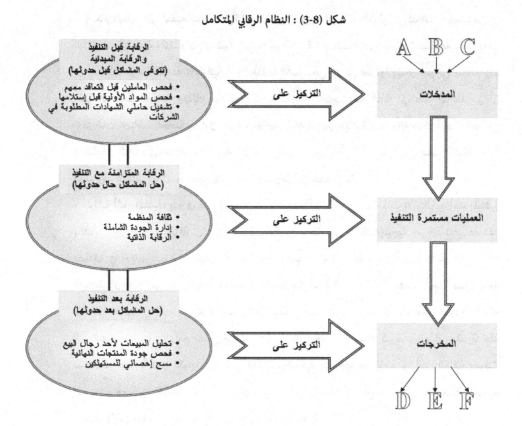

شكل (3-8) : النظام الرقابي المتكامل

الرقابة قبل التنفيذ
والرقابة المبدئية
(تتوقى المشاكل قبل حدوثها)

• فحص العاملين قبل التعاقد معهم
• فحص المواد الأولية قبل إستلامها
• تشغيل حاملي الشهادات المطلوبة في الشركات

التركيز على ← المدخلات

A B C

الرقابة المتزامنة مع التنفيذ
(حل المشاكل حال حدوثها)

• ثقافة المنظمة
• إدارة الجودة الشاملة
• الرقابة الذاتية

التركيز على ← العمليات مستمرة التنفيذ

الرقابة بعد التنفيذ
(حل المشاكل بعد حدوثها)

• تحليل المبيعات لأحد رجال البيع
• فحص جودة المنتجات النهائية
• مسح إحصائي للمستهلكين

التركيز على ← المخرجات

D E F

Source: Griffin, Ricky W.,"Management", Houghton Mifflin Company, (2002). P.624.

لغرض ان تكون عملية الرقابة الاستراتيجية منهجية منظمة فإنها من المفترض أن تأخذ بنظر الإعتبار مختلف مراحل الادارة الاستراتيجية بدءاً بالمعلومات والبيانات المجمعة من البيئة الخارجية و تستمر أثناء تنفيذ الاستراتيجية ، وبما يضمن تحقيق أهداف المنظمة وتعزيز رسالتها دون هدر في الامكانات والقدرات و الموارد، ولغرض تجاوز محددات النموذج التقليدي في الرقابة ، ثم تطوير مداخل اكثر حداثة للرقابة الاستراتيجية أهمها ما أطلق عليه نظام التغذية الامامية Feed Forward System والذي يتضمن الخطوات التالية (& ,Pearce II
: (Robinson,1997:380-388

- **إحكام الرقابة على المقدمات المنطقية للاستراتيجية :** وفي اطار هذه الخطوة تتأكد الادارة العليا من ان الافتراضات الاساسية والمقدمات المنطقية التي تدعم العملية التخطيطية هي مقدمات صحيحة ، هذا يعني إن مدخلات مرحلة صياغة الاستراتيجية والتخطيط الاستراتيجي قد تم فحصها بشكل منهجي ومنظم وثم رقابة اتجاهات الصياغة وكذلك مقدمات التنفيذ الازمة للنجاح. ويتم التأكد في هذه المرحلة من أن الافتراضات الاساسية الخاصة بعوامل البيئة الخارجية المباشرة وغير المباشرة تمثل حالة منطقية لا تتعارض مع الاتجاهات الواردة في صياغة استراتيجية المنظمة . إن هذا العمل يفترض أن يكون من صلب اهتمام الادارة العليا وقد تساعد جهات تخصصيه بالتخطيط والمعلومات في هذه الجوانب.

- **الرقابة أثناء التنفيذ:** يتم في هذه المرحلة تقييم الأحداث والعوامل المهمة ذات الأثر الكبير أثناء المباشرة بالتنفيذ . وإذا ما تم معرفة ان هناك فجوة زمنية بين مرحلة صياغة الاستراتيجية ومرحلة تنفيذها، فقد يصادف في احيان عديدة ان تهمل تطورات ذات اهمية اثناء الصياغة ،ولكنها تبدو جلية حال المباشرة بالتنفيذ .ان هذا النوع من الرقابة يساعد في تغطية مثل هذا النقص .كما ان هذه المرحلة تمثل البداية للانتقال الجدي من الصورة الاكثر شمولية باتجاة الثقة بمعنى كيفية متابعة تنفيذ برامج محدودة حتى لو كان البعض من هذه البرامج يغطي فترات زمنية طويلة ويحتاج الى موارد كثيرة. ويبدو ان هذه المرحلة تستقطب اهتماماً كبيراً لكونها تركز على معايير موضوعية اكثر وضوحاً خاصة في اطار الكلف والوقت المستخدم وجوانب النوعية الخاصة بالمنتج وغيرها. ومن المفترض ان تأتي هذه المرحلة مكملة للمرحلة السابقة وليس منفصلة عنها كما هو موضح بالشكل (8-4).

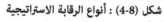

شكل (4-8) : أنواع الرقابة الاستراتيجية

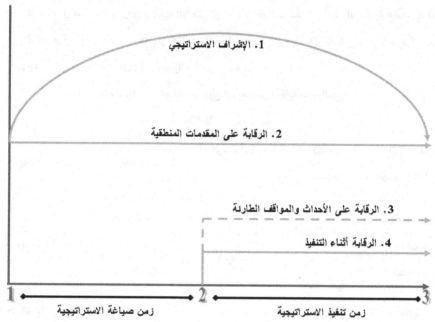

Source: Pearce II, John A., & Robinson,Jr., Richard, B., "**Strategic Management: Formulation, Implementation, and Control** ", 6th Ed., Irwin / McGraw - Hill, (1997):381

- **الإشراف الاستراتيجي :** إذا كانت الرقابة على المقدمات ورقابة التنفيذ تعتبر رقابة مركزة على جوانب معينة بذاتها ، فان الإشراف الاستراتيجي لايركز على جوانب بذاتها ، وانما هو اشراف يوضع خصيصاً ويصمم لمراقبة وفحص أحداث في اطار واسع سواء داخل المنظمة أو خارجها لها تأثير على استراتيجية المنظمة .فهو اذن اشراف ذو طبيعة عامة وشمولي وغير محدد ولايختص بمرحلة من مراحل عمليات الادارة الاستراتيجية . وعادة ما تكون مصادرة للمعلومات متنوعة . وفي اطار ذلك فان الجوانب غير المحسوبة والمتنبأ بها يمكن ان تظهر في اطار هذا الاشراف الاستراتيجي فهو دائم العمل ويعطي انذاراً من خلال مؤشرات تأتي من اتجاهات مختلفة .
- **الرقابة على الاحداث والمواقف الطارئة :** يمثل هذا النوع من الرقابة متابعة واخذ بنظر الاعتبار للاحداث المفاجئة وغير المتنبأ بها وتأثيراتها على استراتيجية المنظمة، فهو نوع من

الرقابة تقاس من خلال إستعداد المنظمة وقدراتها الجوهرية للاستجابة الفاعلة والكفوءة والسريعة للأحداث التي تقع في بيئة عملها أو في وضعها الداخلي أو أي من جوانب عملها . فاذا كانت فترة الاستجابة لتغير الاستراتيجية سريعة لحدث ما قد يأتي هنا بفضل هذا النوع من الرقابة الذي يأخذ بنظر الاعتبار تركيز سريع وجدي على هذا الحدث من خلال مؤشراته الأولية الضعيفة .

جدول (1-8): خصائص الأنواع الأربعة من الرقابة الاستراتيجية

أنواع الرقابة الاستراتيجية

الرقابة على الأحداث الطارئة	الإشراف الاستراتيجي	الرقابة أثناء التنفيذ	رقابة المقدمات	الخصائص الرئيسية
الدقة في معرفة الأحداث غير المتوقعة	التهديدات المحتملة والفرص المرتبطة للاستراتيجية	تعزيز التوجهات الاسراتيجية	إفتراضات التخطيط والتنبؤات	مضمون الرقابة
عالية	منخفضة	عالية	عالية	درجة التركيز
				البيانات المكتسبة:
عالية	منخفضة	عالية	متوسطة	الرسمية
عالية	منخفضة	متوسطة	منخفضة	المركزية
				الإستخدامات:
نعم	نعم	نادراً	نعم	العوامل البيئية
نعم	نعم	نادراً	نعم	عوامل الصناعة
نعم	نادراً	نعم	لا	العوامل الاستراتيجية
نادراً	نادراً	نعم	لا	العوامل التنظيمية

Source: Pearce II, John A., & Robinson,Jr., Richard, B., "**Strategic Management:** **Formulation,** **Implementation, and Control** ", 6th Ed., Irwin / McGraw - Hill, (1997):388

ان نظام الرقابة في منظمات الاعمال الكبيرة يفترض ان يغطي مجال عمله الانواع الاربعة من الرقابة الاستراتيجية ، حيث ان التركيز على نوع منها أو نوعين مع اهمال الانواع الاخرى يعرض المنظمة لإشكالات عديدة . لذلك يفترض بالادارة العليا للمنظمة ان تصمم نظام رقابي ديناميكي مرن وفعال . ولكي يكون الامر كذلك فان هذا النظام لايأتي بسرعة بل يحتاج الى مزيد من الجهود والإنفاق وتراكم المهارات والخبرات لدى العاملين فيه بحيث يصبح ذو أهمية للمنظمة . ويشير بعض الباحثين الى ان بناء نظام رقابي استراتيجي وتفعيل آليات عملة يتطلب تكامل جهود العديد من الانظمة في منظمات الأعمال من أهمها :

- نظام المعلومات ومتطلبات وآليات عمله.
- ثقافة تنظيمية قوية لها القدرة على الاستجابة للأحداث بمرونة عالية .
- هيكل تنظيمي مناسب يتماشى مع متطلبات وضع الاستراتيجية والرقابة عليها (ياسين، 2002:205).

ان تحسين عمليات الرقابة الاستراتيجية كما يشير الباحث (Muralidharan 1997:64-73) تتضمن ثلاثة اتجاهات للتحسين ، وهي :

- تحسين مرتكزات الاستراتيجية والمتضمنة بناء رؤية مستقبلية لمنظمة الاعمال خلال فترة اعداد توجه استراتيجي معين . وفي اطار هذه المرتكزات ايضاً يتطلب الامر تأشير تأثيرالاهداف القصيرة والمتوسطة الأمد في التوجه الاستراتيجي العام للمنظمة .
- تحسين وتطوير الاتصال والتأهيل الاستراتيجي والتغذية العكسية كأدوات تستطيع جعل المنظمة تعمل بصورة موحدة با تجاة تحقيق الأهداف الواردة في الخطط.
- محاذات ورصف العمليات الرقابية لتقدم عملية تنفيذ الاستراتيجية .

شروط الرقابة الاستراتيجية الفعالة : Effective Strategic Control Conditions

لكي يكون نظام الرقابة الاستراتيجي فعالاً، لابد من توفر بعض الشروط والمتطلبات الاساسية لذلك، منها:(القطامين ، احمد ،2002 : 174)

1 - من المفترض ان يتم التركيز في النظام الرقابي على القضايا الحيوية و الاساسية بغض النظر عن صعوبة ايجاد معايير للقياس سهلة لها . من المعلوم ان منظمات الاعمال العالمية اجتهدت كثيراً من خلال خبراتها في ان تجد وسا ئل القياس والمعايير الملائمة لقياس مثل هذه القضايا .

2- من الضروري ان تزود الرقابة متخذي القرارات بالمعلومات المطلوبة وفي الوقت المناسب وفي اطار الرقابة الاستراتيجية فان الإشكالية تبدو كبيرة اذا علمنا ان هذا الوقت المناسب لا يرتبط بفترات زمنية قصيرة ومحدودة بل في كثير من الاحيان تتداخل الأوقات بحيث تجعل من عملية ايصال المعلومة الى الجهات المعنية مشكلة تحتاج الى عناية خاصة .

3- الابتعاد عن التصور التقليدي والمرتبط بكون نظام الرقابة يعطي كماً هائلاً وكبيرة من المعلومات في حين يحتاج الامر إلى أن تكون هذه المعلومات مركزة ومفيدة بحيث تتيح للادارة اعطاء احكام دقيقة حول الموقف المراد إتخاذه أو الحالة المطلوب تصحيحها .

4- يفترض ان تكون مؤشرات الرقابة الاستراتيجية مرتبطة ومنسجمة مع جوانب الاداء متوسط وقصير الأمد

.

| Performance Measurement and Evaluation   قياس وتقييم الأداء

مفهوم وأهمية الأداء :

يُعد الأداء مفهوماً جوهرياً وهاماً بالنسبة لمنظمات الأعمال بشكل عام، وهو يمثل القاسم المشترك لإهتمام علماء الإدارة. ويكاد أن يكون الظاهرة الشمولية وعنصر محوري لجميع فروع وحقول المعرفة الإدارية بما فيها الإدارة الإستراتيجية، فضلاً عن كونه البعد الأكثر أهمية لمختلف منظمات الأعمال والذي يتمحور حوله وجود المنظمة من عدمه. وعلى الرغم من كثرة البحوث والدراسات التي تتناول الأداء، إلا أنه لم يتم التوصل إلى إجماع أو إتفاق حول مفهوم محدد له. وعلى الرغم من تعدد وإتساع الأبعاد والمنطلقات البحثية ضمن موضوع الأداء، وإستمرار المنظمات بالإهتمام والتركيز على مختلف جوانبه، يبقى الأداء مجالاً خصباً للبحث والدراسة لإرتباطه الوثيق بمختلف المتغيرات والعوامل البيئية، سواء أكانت الداخلية أم الخارجية منها، وتشعب وتنوع تلك المتغيرات وتأثيرها المتبادل معه، فالأداء مفهوم واسع، ومحتوياته متجددة بتجدد وتغير وتطور أي من مكونات المنظمة على إختلاف أنواعها، ولا تزال الإدارات العليا في منظمات الأعمال مستمرة في التفكير بموضوع الأداء

طالما أن تلك المنظمات موجودة، إضافة إلى أن الإنشغال بمناقشة الأداء بوصفه مصطلحاً فنياً، وبمناقشة المستويات التي يحلل عندها والقواعد الأساسية لقياسه ما زال مستمراً.

إن الاختلاف حول مفهوم الاداء ينبع من اختلاف المعايير والمقاييس التي تعتمد في دراسة الاداء وقياسه والتي يستخدمها المدراء والمنظمات، ويرى (Hofer) أن هذا الاختلاف يعود لتنوع الاهداف والاتجاهات في دراسة الأداء (Hofer, 1983: 44).

وعلى الرغم من هذا الإختلاف، فإن أغلب الباحثين يعبرون عن الأداء من خلال النجاح الذي تحققه المنظمة في تحقيق أهدافها، وفي هذا السياق يعبر (Ecclec,1991:131) عن الأداء بكونه " إنعكاس لقدرة منظمة الأعمال وقابليتها على تحقيق أهدافها "، ويتفق مع هذا السياق كل من (Robins & Wiersema,1995:278) إذ يعبران عن الأداء بكونه " قدرة المنظمة على تحقيق أهدافها طويلة الأمد"، ويستند (Miller & Bromiley, 1990: 757) إلى منطلقات النظرة المستندة إلى الموارد في تعريفهم للأداء ويعدان الأداء محصلة قدرة المنظمة في استغلال مواردها وتوجيهها نحو تحقيق الاهداف المنشودة ، فالاداء هو إنعكاس لكيفية استخدام المنظمة لمواردها المادية والبشرية ، واستغلالها بالصورة التي تجعلها قادرة على تحقيق أهدافها. ومهما اختلف الكتاب والباحثين ومدراء المنظمات حول أهمية الأبعاد والمفاهيم الإدارية، فإنهم يتفقون على أن الأداء يعد مفهوماً جوهرياً سواء في المجال البحثي التجريبي والنظري أم في المجال الإداري، فالأداء هو دالة لكافة أنشطة المنظمة، وهو المرآة التي تعكس وضع المنظمة من مختلف وجوانبها ، وهو الفعل الذي تسعى كافة الاطراف في المنظمة لتعزيزه. وبالرغم من التقارب في وجهات نظر الكتّاب والباحثين عن الاداء بوصفه مفهوماً عاماً يعكس نجاح أو فشل المنظمة ومدى قدرتها على تحقيق أهدافها ، إلا أنهم لم يتفقوا على وضع صيغ نهائية لمفهوم الاداء بشكل محدد ودقيق، وقد يعود هذا الاختلاف إلى كثرة وتنوع المجالات التي تسعى المنظمة إلى قياس أدائها فيها، واختلاف هذه المجالات من منظمة إلى أخرى وحسب طبيعة نشاطاتها وفلسفة الإدارة العليا تجاه أهميتها، لا سيما وإن كل مجال من هذه المجالات يعكس هدفاً تسعي المنظمة إلى تحقيقه كما قد يعود الإختلاف إلى الأهداف والنتائج التي يسعى الكُتاب والباحثون إلى تحقيقها من خلال دراستهم وأبحاثهم والتركيز على هذه الاهداف والنتائج دون غيرها بالشكل الذي يدفع بالمفاهيم التي يتوصلون إليها لأن تعكس وجهات نظرهم الخاصة. وضمن هذا التوجه يرى (Birkinshaw, et al, 1995: 646 ..) أن الدراسات الإدارية والاستراتيجية حول موضوع الاداء وقياسه تواجه العديد

من الصعوبات، فبالإضافة إلى تعدد المقاييس واختلافها ، فإن هناك خلافاً حول طبيعة البيانات المعتمدة في القياس ومصدر تلك البيانات، والأداء في أبسط صوره يمثل النتائج المرغوبة التي تسعى المنظمة إلى تحقيقها (Wright, et .. al, 1998: 259) وهنا لا ينظر إلى الاداء بصورته المجردة بحيث تمثل نتائج لا يعرف مستواها، وإنما يركز على الجانب الإيجابي لنتائج الأداء مفترضاً منذ البداية قدرة المنظمة على تحقيق مستوى مرتفع لأدائها، وبما أن الأداء هو نتيجة لدالة مختلف أنشطة وّأفعال المنظمة التي تمارسها ضمن عوامل ومحددات مختلفة، فإن درجة مستواه تتحدد نتيجة العوامل المؤثرة فيه، ومدى قدرة المنظمة على تحقيق أهدافها من خلاله، ويركز كل من (Zahar & Pearce.1989:298) في إيرادهما لمفهوم الأداء على البعد البيئي الداخلي والخارجي للمنظمة، ومدى قدرتها على تكييف عناصر ذلك البعد لتعزيز أنشطتها بإتجاه تحقيق أهدافها، فالأداء هو" النتائج المتحققة نتيجة تفاعل العوامل الداخلية – على اختلاف أنواعها- والتأثيرات الخارجية واستغلالها من قبل المنظمة في تحقيق أهدافها".. وفي السياق نفسه يرى (Collis & Montgomrey, 1995: 119) بأن مزيج الموارد والقدرات المميز للمنظمة، هو الذي يحدد مدى كفاءة وفاعلية المنظمة في أدائها. وينطلق (Wit & Meyer, 1998: 40) في ايرادهما تعريف الاداء من مدخل النظم واعتبار الاداء هو المستوى الذي تتمتع به مخرجات المنظمة بعد إجراء العمليات على مدخلاتها ، فالأداء هو مخرجات الأنشطة والأحداث التي تشكل داخل المنظمة . ويورد (David, 2001: 308) مفهوماً عاماً للأداء بوصفه إياه بنتائج الانشطة التي يتوقع أن تقابل الاهداف الموضوعية .

إن الاداء مفهوم واسع، وينطوي على العديد من المفاهيم المتعلقة بالنجاح والفشل،الكفاءة والفاعلية،المخطط والفعلي،الكمي والنوعي وغيرها الكثيرمن العوامل المتعلقة به (القطب،1996: 23-24) . ومن خلال استعراض المفاهيم السابقة عن الأداء، يمكن النظر إليه بصورة حية تعكس نتيجة ومستوى قدرة المنظمة على استغلال مواردها وقابليتها في تحقيق أهدافها الموضوعية من خلال أنشطتها المختلفة ، وفقاً لمعايير تلائم المنظمة وطبيعة عملها، فالاداء هو الهدف المركزي لعملية التحول والذي يوضح مدى تحقيق الاهداف، ومستوى تنفيذ الخطط. وللتدليل على أهمية الأداء يرى (Dyer & Singh, 1998: 660) أن التركيز على مستويات الأداء في المنظمات، يعد من أكثر مجالات الاهتمام دراسة وبحثاً من قبل كتاب حقل الإدارة بصورة عامة وحقل الاستراتيجية بصورة خاصة، وتولي منظمات الأعمال الأداء أهمية كبيرة توازي الإدارة الاستراتيجية ، وأن أهميته في هذا المجال

يمكن ان تناقش من خلال ثلاثة أبعاد رئيسية نظرياً (Theoretical) وتجريبياً (Empirical) وإدارياً(Managerial). فمن الناحية النظرية يمثل الاداء مركز الإدارة الاستراتيجية، حيث تحتوي جميع المنطلقات الإدارية على مضامين ودلالات تختص بالاداء سواء بشكل ضمني أو بشكل مباشر ، ويرجع السبب في ذلك إلى أن الاداء يمثل اختباراً زمنياً للإستراتيجية المتبعة من قبل الإدارة (& Venkatraman Ramanujam, 1986: 801). ومن الناحية التجريبية فإن أهمية الأداء تظهر من خلال استخدام أغلب دراسات وبحوث الإدارة الاستراتيجية الاداء لاختبار الاستراتيجيات المختلفة والعمليات الناتجة عنها (Ginsberg & Venkatraman, 1985: 421). أما الأهمية الإدارية فإنها تظهر واضحة من خلال حجم الاهتمام الكبير والمميز من قبل إدارات المنظمات بالاداء ونتائجه ، والتحولات التي تجري في هذه المنظمات اعتماداً على نتائج الاداء (Hofer, 1980: 19). هذا وقد احتل موضوع الاداء في الادب الاستراتيجي أهمية حرجة لاعتبارات تتعلق أولاً بكونه محوراً مركزياً لتخمين نجاح وفشل المنظمات في قراراتها وخططها الاستراتيجية ، ثانياً ، تواجه دراسة الاداء تحديات عديدة لاسيما في المواضيع الاستراتيجية تتمثل في تباين المفهوم ومؤشرات قياسه على وفق تباين أهداف المنظمات وطبيعتها واختلاف أهداف الاطراف المرتبطة بها ، مما يستلزم تحديد ماهية المقاييس المناسبة التي يمكن استخدامها في قياس الاداء ، ومصدر المعلومات المعتمدة في القياس ، وكيفية دمج قياسات مختلفة لتقديم صورة واقعية عن المنظمة (Brown & Laverich, 1994: 89).

مجالات الأداء وقياسه:

تتنوع وتختلف مجالات الاداء في منظمات الأعمال تبعاً لاختلاف أعمالها وطبيعة نشاطها، ووفقاً لدرجات إدارتها في التركيز على تلك المجالات التي تعتقد أن تحقيق الأهداف من خلالها يمثل أولوية ، وحتى تلك المجالات التي تقل أهمية عن مجالات الأهداف الرئيسية ، تسعى المنظمات الناجحة إلى بلورة منطلقات لقياس أدائها للوصول على إطار عمل متكامل يعكس مستوى الاداء في المنظمة بشكل شامل. ويرى (-Stoner, 1992: 603 604) أن هذه المجالات عبارة عن الجوانب الخاصة بوحدة الاعمال أو المنظمة التي يجب أن تعمل بفاعلية لكي يتحقق النجاح لهذه الوحدة أو المنظمة .

إن أساس كل عمل ونشاط ضمن منظمات الأعمال على مختلف أنواعها هو الاهداف الموضوعة التي تسعى تلك المنظمات لتحقيقها والتي تغطي تطلعات مختلف أطراف أصحاب المصالح والحقوق المرتبطين بها، لذا يجب أن تغطى مجالات الأداء المستهدف قياسها أهداف أطراف المنظمة على اختلاف توجهاتهم وتطلعاتهم حتى يمكن القول أن المنظمة ناجحة في عكس صورة أدائها بحيث تغطي كافة المجالات التي يستطيع من خلالها مختلف الأطراف من الوقوف على ما يطمحون إليه (Smith, et ... al, 1985: 89-90). ويقترح (Freeman, 1984: 179) على إدارات المنظمات أن تضع واحداً أو أكثر من مقاييس الاداء لكل مجموعة من أصحاب المصالح في المنظمة والتي يجب أن تقابل أهدافهم فيها .

إن الطبيعة التشاركية لأهداف المنظمة وحاجات الاطراف المرتبطة تنسحب على طبيعة مجالات الأداء التي تغطي تلك الاهداف المتشابكة ، وتفرض على المنظمة تحقيق حد أدنى من التنسيق والتلازم بين تلك الاهداف، بحيث تكون نتائج قياس الاداء في مختلف المجالات متناغمة بالشكل الذي يدعم الأداء الكلي للمنظمة. هذا ويختلف الكُتاب والباحثون في توجهاتهم نحو تحديد مجالات الأداء وطرق قياسها، فمنهم (Smith, et ... al, 1985: 90)، (Freeman, 1984:179)، (Wheelen & Hunger, 2006: 269-271)، (Certo & Peter, 1995: 146)، (Miller & Dess, 1996: 12) ، من ينظر إلى أهداف أصحاب المصالح والحقوق بوصفها مجالات أداء رئيسة ينبغي على المنظمة قياس الأداء المنظمي من خلالها وفق مقاييس ومعايير تلائم كل مجال بما يمثله من أطراف مرتبطة به. وينطلق كتاب آخرون في تحديد مجالات الاداء من متطلبات بحوثهم ودراساتهم التي تحدد طبيعتها مجالات الاداء التي يتم التركيز عليها ، كما تهتم إدارات بعض المنظمات بمجالات أداء تعكس فلسفتها تجاه ميادين الأداء التي تمثل أولويات بالنسبة لها ، ويحدد كل من (Venkatraman & Ramanujam) مجالات أداء الاعمال في ميادين ومجاميع محددة يعد الافضل ضمن هذا المضمار ، ويحدد الباحثان ميادين الاداء بميدان الاداء المالي ، ميدان الاداء العملياتي ، وميدان الفاعلية التنظيمية ، ويضعان مقاييس ومؤشرات لكل ميدان بحيث يعكس الاداء ضمنه (Venkatraman & Ramanujam, 1986: 803-804) ، وفيما يلي توضيح كل ميدان من هذه الميادين ، وبما يتضمنه من مقاييس ومؤشرات لقياس الاداء .

• **ميدان الأداء المالي:** يعد استخدام مؤشرات الاداء المالي لقاسم المشترك بين الكتاب والباحثين والمدراء سواء أكان ضمن الدراسات التطبيقية والنظرية في عمليات تقييم الاداء ضمن الواقع العملي في مختلف منظمات الأعمال . ويرى (Lynch, 2000: 374) بأن الأداء المالي سيبقى المقياس المحدد لمدى نجاح المنظمات. وإن عدم تحقيق المنظمات للأداء المالي بالمستوى الأساسي المطلوب يعرض وجودها واستمرارها للخطر. ويذهب بعض الكتّاب إلى أبعد من ذلك في التأكيد على أهمية الاداء المالي ، وذلك إلى حد اعتباره الهدف الاهم بالمنظمة ، وضمن هذا التوجه ، يعبر (Hunt & Morgan, 1995: 6) عن تلك الاهمية بالقول أن الأداء المالي يعد هدف المنظمات الأساسي ، وأن الاهداف الثانوية للمنظمة يمكن تحقيقها ضمنياً من خلال تحقيق الاداء المالي. وضمن المنظور الاستراتيجي للاداء المالي ، يرى (Venkatraman & Ramanujam, 1986: 803) أن الاداء المالي هو ميدان الاداء الأكثر شيوعاً في معظم بحوث الإدارة الاستراتيجية، ويعتقد (Harrison & John, 1998: 47-48) أن مؤشرات الاداء المالي يمكن استخدامها كمؤشرات أساسية تستخدم في عملية التحليل الداخلي للمنظمة، فالاداء المالي يعتبر استراتيجية مهمة ، يمكن للمدراء استخدامها في تحديد مستوى الاداء الكلي في المنظمة ، فضلاً عن ما يؤشره من نقاط قوة داخلية ويؤكد الكاتبان على أهمية الاداء المالي فيما يتعلق بالعوامل البيئية الخارجية ، إذ أن المنظمة ذات الاداء المالي العالي، تكون أكثر قدرة على الاستجابة في تعاملها مع الفرص والتهديدات البيئية الجديدة ، كما أنها تتعرض لضغط أقل من أصحاب المصالح والحقوق ، مقارنة بغيرها من المنظمات والتي تعاني من الاداء المالي المتردي . ويدعم هذا المنطق (Waddok & Graves, 1997: 306) إذ يعتبران أن الاداء المالي يتيح للمنظمة الموارد المالية اللازمة لاقتناص فرص الاستثمار المختلفة، ويساعد على تلبية احتياجات أصحاب المصالح والحقوق وتحقيق أهدافهم. ويتأثر الاداء المالي بعوامل بيئية تمثل العوامل الاقتصادية وهيكل الصناعة وغيرها، وعوامل تنظيمية مثل الهيكل التنظيمي ، وعوامل إدارية مثل القدرات الإدارية ، ومدى توفر جانب الخبرة والمعرفة لدى المدراء (Hopkins & Hopkins, 1997: 637) .

إن تفوق المنظمة على غيرها من المنظمات في ميدان الأداء المالي ، يضمن لها مركزاً تنافسياً قوياً، ويفتح الافاق أمامها للانطلاق نحو تعزيز ذلك المركز وتطويره إذ أن تحقيق

الاداء المتفوق والمركز المالي المتفوق يعدان وجهان لعملة واحدة (Hunt & Morgan, 1995: 6). ويضيف (Thompson & Strickland, 1999: 104) بأن أفضل الادلة حول قياس أداء المنظمة استراتيجياً هو أدائها المالي . ويستند مفهوم الاداء المالي إلى عملية النحليل المالي التي تعد الخطوة الأساسية نحو تفهم المنظمة ، وبالرغم من وجود أساليب متعددة لتحليل المالي كالتحليل العمودي والافقي لفقرات القوائم المالية ، إلا أن التقنية الأساسية المستخدمة لقياس الاداء ضمن التحليل المالي هي تحليل النسب المالية ، فالنسب المالية هي أدوات التشخيص الاساسية في التحليل المالي ، والتي تستخدم في تقييم قوة الاداء المالي بالإضافة إلى الاداء الكلي بشكل عام، كما أن استخدام النسب والمؤشرات المالية يعد مدخلاً ذا معنى لتحديد نقاط القوة والضعف في المنظمة (David, 2001:142) . إن أهمية استخدام النسب والمؤشرات المالية في قياس أداء المنظمات ، تكمن في قدراتها على إظهار الجوانب المهمة للمركز المالي والتنافسي للمنظمة ، ويذهب (Thompson & Strickland, 1999: 104-105) إلى حد القول أن المنظمة التي تؤشر النسب المالية فيها أداء ضعيفاً ، عليها أن تعيد النظر باستراتيجياتها الحالة ، وفي نفس السياق يرى (David) بأن من أكثر المعايير الكمية شيوعاً واستخداماً في تقييم أداء الاستراتيجيات هي النسب المالية (David, 2001:309) . ويلاحظ أن هناك سببان رئيسيان للإستخدام الواسع للمقاييس والمؤشرات المالية للاداء، فأولاً ، إن المقاييس والمؤشرات المالية للأداء ، كالربح مثلاً ترتبط ارتباطاً مباشراً بالاهداف البعيدة المدى للمنظمة ، والتي دائماً تكون أهدافاً مالية ، ثانياً ، إن الاختيار الدقيق جداً للمقاييس المالية يوفر صورة اجمالية عن اداء المنظمة ، هذا وان المقياس المالي الكلي ، مثل أرباح المنظمة أو الوحدة يعد خلاصة لمقياس نجاح استراتيجيات المنظمة وتكتيكاتها التشغيلية ، إذ أن نتائج الأرباح التي تكون دون التوقعات توفر إشارة إلى أن استراتيجيات المنظمة وتكتيكاتها لا تحقق نتائجها المرجوة ، ولربما تكون غير ملائمة (Vecchio, 1995:30). ويختلف الكتّاب في الاتفاق على مجموعة واحدة من النسب والمؤشرات المالية التي لها القدرة على قياس الاداء الاستراتيجي ، إذ يركز كل من (VenKatraman & Ramanjam, 1986: 803) على نسب العائد على الاستثمار، العائد على حق الملكية العائد على المبيعات ، ونسبة إيراد السهم كمؤشر قادرة على قياس أداء المنظمة ، ويحدد (Thompson & Strickland 1999: 182) النسب المالية الاكثر ملائمة في قياس أداء المنظمة بالعائد على صافي الموجودات ،

وهامش الربح الصافي ، وهامش الربح الإجمالي ودوران صافي الموجودات، في حين يرى (David) أن أهم هذه المؤشرات، هي، العائد على الاستثمار ونمو الموجودات (David, 2001: 309) . أما (Wheelen & Hunger, 2006: 268) فإنهما يعتقدان بان نسب العائد على الاستثمار ، العائد على حق الملكية وعائد السهم الواحد هي المؤشرات الأكثر ملاءمة للاستخدام عند قياس الاداء. ويذهب (Eccels,1991:132) إلى أبعد من مجرد الإعتماد على مقاييس ومؤشرات الاداء المالي، ويؤكد على ضرورة إيجاد قياسات جديدة للاداء تتناسب مع الاستراتيجيات الجديدة ، ويؤشر الباحثون تبيانهم عن مفهوم الاداء بين التركيز الضيق من خلال تركيزه على الاهداف المالية، والإطار الاوسع الذي حاول استيعاب المفهوم الشمولي للأداء بوصفه يرتبط بالعديد من الأهداف مما عزز التباين في المقاييس ، ومن هنا ، تطلب الامر التركيز على الاداء المالي وغير المالي (العملياتي). يتضح من أعلاه أن التحليل المالي يجري في الغالب بإستخدام النسب والمؤشرات المالية. وتُقسم هذه النسب والمؤشرات المالية إلى مجاميع تُركز كل منها على جانب أدائي مالي معين، وهذه المجاميع هي (Foster,1986:109-110) ، (Keowen,et..al, 1985:144):

1. **نسب الربحية Profitability Ratios** : وهي النسب التي تقيس كفاءة وفاعلية إدارة المنظمة في توليد الأرباح عن طريق إستخدام أصولها بكفاءة.
2. **نسب السيولة Liquidity Ratios** : وهي مجموعة النسب المخصصة لقياس قدرة المنظمة على الوفاء بإلتزاماتها قصيرة الأجل.
3. **نسب النشاط أو إدارة الموجودات Activity Or Asset Management Ratios** : وتستخدم في قياس فاعلية المنظمة في إدارة موجوداتها وإستخدام مواردها.
4. **نسب الرافعة أو إدارة المديونية Leverage Or Debt Management Ratios** : وهي تؤشر درجة تمويل المنظمة من خلال الدين للغير أو عملية التوازن بين الملكية والديون.
5. **نسب سوق الأوراق المالية Securities Market Ratios** : وهي مجموعة النسب المخصصة لقياس قدرة المنظمة على تحقيق أداء عالي يرفع من القيمة السوقية لأسهمها.

- **ميدان الأداء المالي وغير المالي (العملياتي/التشغيلي)** : يمثل ميدان الاداء المالي والعملياتي الحلقة الوسطى لاداء الاعمال في المنظمات، فبالإضافة إلى المؤشرات المالية يجري الاعتماد على مقاييس ومؤشرات تشغيلية في الاداء كالحصة السوقية، تقديم منتجات جديدة، نوعية المنتوج / الخدمة المقدمة ، فاعلية العملية التسويقية ، الانتاجية، وغيرها من المقاييس

التي ترتبط بمستوى أداء علميات المنظمة. إن تضمين مقاييس الاداء لمقاييس تشغيلية يظهر للإدارة الصورة الخفية للأداء الذي تستطيع المؤشرات المالية الكشف عنه (VenKatraman & Ramanjam, 1986: 804)، ويرى (Macmenamin,2000:323-324) أن الاعتماد على النسب المالية فقط في تقييم الاداء يعطي رؤية غير متكاملة الابعاد حول المنظمة ، لذا يجب تعزيز هذا الاسلوب في القياس بمقاييس أداء غير مالية لبناء نظام قياس فعال في المنظمة . وضمن هذا التوجه ، يعتقد (Ellsworth,1983:186) بانه إذا ما اهتم المدير بالأداء الكلي والشامل للمنظمة ، فإنه سيكون أكثر ميل لخلق التوازن بين الاهتمامات العملياتية والمالية. ويقدم (Kaplan & Norton,1992:71) إطار عمل لقياس الاداء المالي والعملياتي من خلال ما يعرف بـ(Balanced Scorecard) إذ تتضمن هذه البطاقة المقاييس المالية والتي تفصح عن نتائج الأداء الذي تم، وتعزز البطاقة تلك المقاييس والمؤشرات المالية بمقاييس عملياتية تتمحور حول العملاء، العمليات الداخلية، وأنشطة التطوير والإبداع في المنظمة بحيث يتم تعزيز الاداء المستقبلي للمنظمة، ويرى(VenKatraman & Ramanjam, 1986: 803) أن الاعتماد على المؤشرات المالية إلى جانب المؤشرات العملياتية، يعد ميدان للاداء الذي يستخدم في اغلب البحوث الإدارية الإستراتيجية الحديثة .

- **ميدان الفاعلية التنظيمية:** يمثل ميدان الفاعلية التنظيمية المفهوم الاوسع والأشمل لأداء الأعمال والذي يدخل في طياته أسس كل من الاداء المالي والعملياتي . ويرى (Cameron & Whetten,1983:3) أنه من المناسب الإعتماد على هذا الميدان بمفاهيمه ومقاييسه عند دراسة الاداء في مختلف المجالات الإدارية ، وخاصة في مجال بحوث الإدارة الاستراتيجية ونظرية المنظمة نظراً لما تتطلبه الطبيعة المتشابكة للأهداف التنظيمية وحاجات الأطراف المرتبطة بها من اهتمام ، إذ يغطي ميدان الفاعلية التنظيمية أهداف أصحاب المصالح في المنظمة، ويجد القياسات المناسبة لأهداف مختلف الأطراف. ويؤيد (Chakravarthy,1986:437) استخدام مدخل الفاعلية في قياس الاداء وبخاصة الجانب الاستراتيجي منه ، ويعتقد بأن الأداء الاستراتيجي ما هو إلا دراسة وبحث وقياس لفاعلية المنظمة .

إن تعدد الاهداف التي تسعى المنظمة إلى تحقيقها وتعارضها في بعض الاحيان قد يلقي بظلاله على أهمية وقدرة مفهوم الفاعلية التنظيمية في قياس أداء المنظمات ، إذ أن الخلافات حول تعريف الفاعلية تنشأ من حقيقة أن المنظمات والافراد القائمين على إدارتها والمرتبطين بها بشكل أو بأخر تكون لهم في الغالب أهداف متعددة ومتعارضة، وتعريف الأهداف التنظيمية يمكن أن يكون مجالاً لوجهات نظر متباينة ، فإذا لم يمكن الوصول إلى اتفاق حول الاهداف ، فإن الاتفاق حول الفاعلية (على الاقل قياساً ببلوغ الأهداف) يبدو مستحيلاً (جاكسون، 1988 :54). وضمن منطلق أخر يحمل (Porter,1996:61-63) على مفهوم الفاعلية وقدرتها كميدان أداء تستطيع المنظمة من خلاله التفوق تنافسياً ، ومثل معظم توجهاته في الكتابة والبحث يعطي (Porter) البعد التنافسي ضمن هيكل الصناعة الاهمية في مناقشته لموضوع الفاعلية ، إذ يرى أن الاهتمام بتحسين الفاعلية مهم لانجاز الربحية، ولكنه غير كاف ، إذ أن المنظمات التي تتنافس على أساس الفاعلية وتبقى متفوقة على منافسيها في ضمن نفس الصناعة هي قليلة جداً ويلخص الكاتب أسباب عدم ديمومة نجاح التنافس المستند إلى بعد الفاعلية ، فالتغير السريع في الممارسات والطرق الإدارية بسبب تقليد المنافسين لها واستخدمهم للتكنولوجيا الجديدة في تحسينها، فضلاً عن توجه المنظمات المنافسة نحو تحسين مدخلاتها، كلها أسباب تؤدي إلى انخفاض القدرة المستندة إلى الفاعلية في النجاح ، وينقل (Ensign & Alder,1985:35) عن (Montebello) تنوع وتعدد مقاييس ومؤشرات قياس الفاعلية التي من أهمها :

- النمو في صافي الربح - العائد من المبيعات - العائد على الاستثمار
- مستوى نوعية الأعمال - مستوى الإدارة العليا - رضا العاملين
- توجهات المدراء - وضوح متطلبات العمل - مسؤوليات مدراء الأقسام
- درجة الالتزام بما هو مخطط له .

وينظر(Shipper & White,1983:102-103) إلى قياس الفاعلية التنظيمية من منطلقين داخلي وخارجي ، فالفاعلية التنظيمية ضمن البيئة الداخلية تقيم على أساس درجة تحقيق المنظمة للاهداف المتعلقة بحجم المبيعات، الحصة السوقية، والأرباح، أما ضمن البيئة الخارجية، فإن فاعلية المنظمة تقاس على أساس قوتها التنافسية المستندة على درجة قبول منتجاتها وخدماتها، ودرجة استيعابها للتطور والابداع التكنولوجي، ومدى تحسسها للتقلبات الاقتصادية وقدرته على اتخاذ ردود أفعال تجاهها .

وعلى الرغم من ذلك ما زالت الجهود لتطوير مفهوم الفاعلية قائمة لا سيما في مجال ربطها في قياس الاداء ، وضمن هذا السياق يوضح (Thompson) أن أحد أهم مقاييس الاداء هو الفاعلية إلى جانب الكفاءة. إذ تعني الكفاءة (Efficiency) انجاز النتائج المحددة (المخرجات) باقل استخدام للموارد (المدخلات) ، وتركز الكفاءة على مفهوم الاستفادة القصوى من الموارد المتاحة بأقل الكلف ، أما الفاعلية (Effectiveness) فهي مصطلح يتعلق بتحقيق الأهداف كما أنه يعني التأكد من أن استخدام الموارد المتاحة قد أدى إلى تحقيق الغايات والمقاصد والاهداف المرجوة منها ، والشكل (8-5) يوضح مصفوفة الفاعلية والكفاءة .

شكل (8-5): مصفوفة الفاعلية والكفاءة

Source: Thompson, John L., "Strategic Management: awareness and Change", 2nd ed.,   Chapman and Hall Pub., (1994):160.

يتضح من الشكل السابق بأن المنظمات التي تستطيع تحقيق عنصري الكفاءة والفاعلية هي وحدها القادرة على النمو والازدهار وإنجاز الاهداف الصحيحة بصورة صحيحة، بينما المنظمات الغير كفوءة والغير فعالة يكون مصيرها الانهيار لأنها لم تستطع إنجاز أهدافها أو أنجزت الأهداف الخاطئة بصورة خاطئة، أما المنظمات الفعالة التي لا تتمتع بالكفاءة سوف تستطيع البقاء من خلال تحقيق أهدافها الخاطئة ولكن ليس بالكفاءة المطلوبة وربما لا تستطيع التنافس في الأمد البعيد، إلا أن المنظمات الكفوءة التي لا تتمتع بالفعالية يكون الإنحدار التدريجي مصيرها لعدم قدرتها على تحقيق أهداف أصحاب المصالح، أي إنجاز الأهداف الصحيحة رغم أنها تستخدم الموارد بصورة كفوءة.

مفهوم وأهمية قياس الأداء :

يُعرف قياس الأداء على أنه المراقبة المستمرة لإنجازات برامج المنظمة وتسجيلها، ولاسيما مراقبة وتسجيل جوانب سير التقدم نحو تحقيق غايات موضوعة مسبقاً. وعادة ما تكون الجهة التي تقوم بإجراء عملية قياس الأداء هي الإدارة المسؤولة عن مفردات برنامج المنظمة. ومن الجدير بالذكر إن مقاييس الأداء يمكن أن تتناول نوع أو مستوى أنشطة البرنامج المنفذة، والمنتجات والخدمات التي تنشأ عن البرنامج، ونتائج تلك المنتجات والخدمات المقدمة. والمقصود بالبرنامج هو أما أن يكون نشاط أو مشروع أو وظيفة أو سياسة لها غاية محددة أو مجموعة من الأهداف.

ومن الناحية الكمية فأن مقاييس الأداء تعطينا صورة مهمة حول المنتجات والخدمات والعمليات التي تؤدي إلى إنتاج تلك الخدمات والمنتجات. ومن بين الأمور المهمة التي يمكن أن تساعد على معرفة مقاييس الأداء الجيدة هي:

− مستوى جودة الأعمال.

− مستوى تحقيق الغايات.

− مستوى رضا العملاء.

− تطابق الإجراءات والعمليات مع المعايير والمقاييس الإحصائية الموضوعة.

− مستوى التحسينات وأين ومتى يجب أن تكون.

وعموماً، فان مقاييس الأداء توفر المعلومات الضرورية لاتخاذ القرارات المحكمة والذكية حول ما تقوم به منظمة الأعمال. وتجدر الإشارة إلى أن مقياس الأداء يتألف من رقم

ووحدة قياس. فأما الرقم فيبين الجانب الكمي، وأما وحدة القياس فتعطي ذلك الرقم معنى معين. ودائماً ما ترتبط مقاييس الأداء بغاية أو بهدف معين. ويمكن تمثيل مقاييس الأداء بوحدات ذات أبعاد أحادية كالساعات، الأمتار، عدد التقارير، عدد الأخطاء، عدد العاملين المؤهلين، وما إلى ذلك. حيث يمكن لهذه المقاييس ان تبين الانحراف في العملية أو الانحراف في المواصفات التصميمية. هذا وان وحدات القياس ذات الأبعاد الأحادية عادة ما تمثل مقاييس أساسية جداً لثمة عملية أو منتوج معين. وغالباً ما تستخدم وحدات قياس متعددة الأبعاد. حيث يُعَبَّر عن هذه المقاييس بنسب اثنتين أو أكثر من الوحدات الأساسية. فهي لربما تكون وحدات مثل الأميال لكل غالون   (وهو مقياس أداء الاقتصاد بالوقود) أو عدد الحوادث لكل مليون ساعة عمل منجزة (وهو مقياس أداء برنامج السلامة في المنظمة). هذا وان مقاييس الأداء التي يُعَبَّر عنها بهذه الطريقة دائماً تحمل معلومات أكثر من المعلومات التي تحملها مقاييس الأداء الأحادية الأبعاد أو الوحدات. ومن الناحية المثالية يجب التعبير عن مقاييس الأداء بوحدات قياس هادفة وذات فائدة كبيرة للجهات التي ستستخدم أو تتخذ القرارات على أساس تلك المقاييس. ويمكن تصنيف معظم مقاييس الأداء ضمن واحد من التصنيفات الستة العامة التالية. غير أن بعض المنظمات يمكن أن تطور تصنيفاتها الخاصة حسب ما يلائم عملياتها اعتماداً على رسالة المنظمة:) Training Resources and Data Exchange, Performance-Based Management Special Interest Group, Volume (two,2001:3

1. **الفاعلية** effectiveness : مستوى تحقيق الأهداف.

2. **الكفاءة** Efficiency : حسن إستخدام الموارد.

3. **الجودة** Quality : هي مستوى تلبية المنتوج أو الخدمة لمتطلبات وتوقعات العملاء.

4. **التوقيت** Timelines : هذه الخاصية تقيس مدى إنجاز العمل بشكل صحيح وفي الوقت المحدد له. حيث لابد من وضع معايير خاصة لضبط توقيتات الأعمال، وعادة ما تستند مثل هذه المعايير على متطلبات العملاء.

5. **الإنتاجية** Productivity : وهي القيمة المضافة من قبل العملية مقسومة على قيمة العمل ورأس المال المستهلك.

6. **السلامة** Safety : مدى الإلتزام بالمعايير الصحية العامة وإجراءات السلامة في العمل.

أما عن أهمية قياس الأداء ومنافعه، يشير كل من (National Partnership for Reinventing government,1997) ، (U. S. General Services Administration, I) ، (U. S. Department of Energy, 1996) أن أهمية قياس الأداء يمكن إيجازها بالأتي:

- ان عملية قياس الأداء تؤدي إلى تحقيق فوائد كثيرة للمنظمة. حيث أنها توفر مدخل واضح للتركيز على الخطة الاستراتيجية للبرنامج فضلاً عن غاياته ومستوى أداءه. كما أن القياس يوفر آلية معينة لرفع التقارير حول أداء برنامج العمل إلى الإدارة العليا.
- يركز القياس الاهتمام على ما يجب إنجازه ويحث المنظمات على توفير الوقت والموارد والطاقات اللازمة لتحقيق الأهداف. كما ان القياس يوفر التغذية الراجعة حول مجريات سير التقدم نحو الأهداف. وإذا ما كانت النتائج تختلف عن الأهداف، يكون بمقدور المنظمات ان تعمل على تحليل الفجوات الموجودة في الأداء وإجراء التعديلات.
- ان قياس الأداء يؤدي إلى تحسين إدارة المنتجات والخدمات وعملية إيصالها إلى العملاء.
- إن قياس الأداء يُحسِّن واقع الاتصالات الداخلية ما بين العاملين، فضلاً عن الاتصالات الخارجية ما بين المنظمة وعملاءها ومتعامليها. فالتأكيد على قياس وتحسين الأداء يؤدي إلى خلق مناخ جديد من شأنه التأثير في جميع عملاء المنظمة ومتعامليها. وتعتمد عملية جمع ومعالجة المعلومات الدقيقة على فاعلية إيصال الأنشطة الرسالية وفق استراتيجية المنظمة.
- إن قياس الأداء يساعد في إعطاء توضيحات حول التنفيذ للبرامج وتكاليف هذه البرامج.
- يمكن لقياس الأداء أن يبين بأن المنظمة تعالج احتياجات المجتمع من خلال إحراز التقدم نحو تحقيق غايات إجتماعية.
- إن قياس الأداء يشجع على التوجه بشكل بنَّاء نحو حل المشاكل. حيث أن القياس يوفر بيانات حقيقية ملموسة يمكن الاستناد عليها في اتخاذ قرارات سليمة حول عمليات المنظمة.
- القياس يزيد من تأثير المنظمة، حيث يتم التعرف من خلاله على المحاور التي تحتاج إلى الاهتمام والتركيز ويجعل من الممكن تحقيق التأثير الايجابي في تلك المحاور.
- لايمكن أن يكون هنالك تحسين من دون قياس. فإذا ما كانت المنظمة لا تعلم أين هي الآن من حيث واقع عملياتها، لايمكن أن تعرف ماهو مستقبلها، وبالتأكيد لايمكن الوصول إلى حيث تريد.

ماهية مقاييس الأداء :

تقسم مقاييس الأداء بشكلٍ عام إلى خمسة أنواع وهي (,Training Resources and Data Exchange

: (Performance-Based Management Special Interest Group, Volume two,2001:36

- **مقاييس المدخلات (Input):** تستخدم هذهِ المقاييس لفهم الموارد البشرية والمالية التي تستخدم لغرض الوصول الى المخرجات والنتائج المطلوبة .

- **مقاييس العمليات (Process):** تُستخدم لفهم الخطوات المباشرة في إنتاج المنتوج او الخدمة. ففي مجال التدريب، مثلا، يمكن ان يكون مقياس العملية هو عدد الدورات التدريبية المنجزة حسب الجدول الموضوع لها .

- **مقاييس المخرجات (Output):** تُستخدم لقياس المنتوج او الخدمة التي يوفرها النظام او المنظمة ويتم إيصالها إلى العملاء. والمثال على مخرجات التدريب هو عدد الأفراد الذين يخضعون للتدريب.

- **مقاييس المحصلات (Outcome):** تُستخدم لتقييم النتائج المتوقعة او المرغوبة او الفعلية . فعلى سبيل المثال ان نتيجة التدريب حول السلامة يمكن ان تكون بمثابة التحسين في اداء السلامة متمثلا بقلة عدد الإصابات والأمراض ما بين العاملين . وفي بعض الحالات لربما يكون من الصعب بناء علاقة سببية مباشرة ما بين مخرجات النشاط ونتائجه المقصودة.

- **مقاييس التأثير (Impact):** تُستخدم لقياس الآثار المباشرة او غير المباشرة التي تنشا عن تحقيق غايات البرنامج. والمثال على ذلك هو مقارنة نتائج البرنامج الفعلية مع تقديرات النتائج التي تحصل في غياب البرنامج.

وهناك من يقسم مقاييس أداء تحت مسميات عديدة مثل مقاييس النتائج ومقاييس الأسباب والمقاييس السلوكية وكما يلي ، (Training Resources and Data Exchange, Performance-Based Management Special Interest

: (Group, Volume two,2001:36

- **المقاييس النتائج (Lagging):** هذهِ المقاييس تقيس الأداء بعد ظهور الحقيقة. والمثال على ذلك هو مقاييس الإصابات والأمراض الواقعة .

- **المقاييس الأسباب (Leading):** هذهِ المقاييس تتنبأ بالأداء المستقبلي، مثل مقياس الكلفة التقديرية على أساس جملة من العوامل ذات العلاقة.
- **المقاييس السلوكية (Behavioral):** هذهِ المقاييس تقيس الثقافة الأساسية للأفراد والمنظمة التي يجري قياسها. والأمثلة على ذلك هي تنفيذ برنامج السلامة او استبيانات رضا العاملين.

وتؤكد (University of California, I) أن هناك خمسة تصنيفات لمقاييس الأداء وهي:

* الكفاءة. * الفاعلية. * الجودة. * الوقت المحدد. * الإنتاجية.

والجدول (8-2) يوضح ماهية هذهِ المقاييس وكيفية التعبير عنها.

جدول (8-2) : تصنيفات مقاييس الأداء

المقياس	يقيس	يُعَبَّرُ عنه بالنسبة التالية
الكفاءة	قدرة المنظمة على إستخدام الموارد	المدخلات الفعلية إزاء المدخلات المخططة
الفاعلية	مستوى قدرة المنظمة على تحقيق الأهداف	المخرجات الفعلية إزاء المخرجات المخططة
الجودة	مدى إنجاز وحدة العمل بشكلٍ صحيح. وان المعايير هنا تُحَدَّدُ حسب احتياجات العملاء	عدد الوحدات المُنتجة بشكلٍ صحيح إزاء إجمالي عدد الوحدات المُنتجة
التوقيت	مدى إنجاز وحدة العمل في الوقت المحدد. وإن معايير التوقيت تُحَدَدُ حسب احتياجات العملاء	عدد الوحدات المُنتجة في الوقت المحدد إزاء إجمالي عدد الوحدات المُنتجة
الإنتاجية	حجم الموارد التي تُستخدم لإنتاج وحدة عمل معينة	المخرجات إزاء المدخلات

المصدر : من إعداد الباحثين طبقاً لما عكسته أدبيات الإدارة الاستراتيجية

طرق ووسائل قياس وتقييم الأداء :

إن عملية قياس الأداء هي عملية قديمة قدم المنظمة نفسها، فمنذ أن بدأ الإنسان يمارس نشاطاً إقتصادياً كان إجراء تقييم الأداء مرافقاً له، وإن لم يكن معروفاً بالمسميات والمصطلحات المتداولة في عالم اليوم. لقد كان القياس التقليدي قائماً على أساس معايير مالية بحتة تركز على النتيجة النهائية وبالذات الربح المتحقق في النشاط. إن هذا القياس هو عنصر أساس وحيوي في تقييم الأداء في عالم اليوم أيضاً، ولكن نتيجة لتطور الحياة بجوانبها المختلفة والتطور التكنولوجي والمعلوماتي الكبير الذي سهل من عمليات الإنتاج الواسع أصبح عنصر القياس المالي غير كافي لوحده لإعطاء صورة واضحة عن موقف منظمة الأعمال الفعلي، وعليه، كان لا بد من إضافة معايير أخرى غير مالية مثل الجودة والمرونة والإبداع والمسؤولية الإجتماعية وغيرها من المؤشرات الأخرى، الأمر الذي فرض بالضرورة وجوب تكاملها في مقياس موحد يعطي صورة متكاملة عن أداء منظمة الأعمال. في هذه الفقرة سيتم التطرق إلى بعض طرق ووسائل قياس وتقييم الأداء، وكالآتي :

(1) **مدخل أصحاب المصالح Stakeholder Approach :** يقترح (Freeman,1984:179) على الإدارة العليا لمنظمات الأعمال أن تضع واحداً أو أكثر من مقاييس الأداء لكل مجموعة من أصحاب المصالح في المنظمة والتي يجب أن تقابل أهدافهم فيها. فالطبيعة المتشابكة لأهداف منظمات الأعمال وحاجات الأطراف المرتبطة بها تنسحب على طبيعة مجالات الأداء التي تغطي تلك الأهداف المتشابكة، وتفرض على منظمات الأعمال تحقيق الحد الأدنى من التنسيق والتلاؤم بين تلك الأهداف، بحيث تكون نتائج قياس الأداء في مختلف المجالات متناغمة بالشكل الذي يدعم الأداء الكلي لمنظمة الأعمال (Stoner,1992:603-604). ويؤكد (Smith,et..al,1985:90) ، (Certo & Peter,1995:146) ، (Miller & Dess,1996:12) على أهداف أصحاب المصالح والحقوق بوصفها مجالات أداء رئيسة ينبغي على منظمة الأعمال قياس الأداء المنظمي من خلالها وفق مقاييس ومعايير تلائم كل مجال بما يمثله من أطراف مرتبطة به، والجدول (3-8) يبين أهم مجاميع أصحاب المصالح والحقوق، ومقاييس الأداء التي تؤشر أهدافهم ومصالحهم.

جدول (8-3) : مجاميع أصحاب المصالح والحقوق وتأثيرهم على أداء المنظمة

فئة أصحاب المصالح والحقوق	قياسات الأداء على المدى القريب	قياسات الأداء على المدى البعيد
المستهلكون	• مبيعات (القيمة والحجم) • المستهلكين الجدد • عدد إحتياجات المستهلكين الجدد التي تم توفيرها	• النمو في المبيعات • معدل دوران المستهلكين • المقدرة على السيطرة على الأسعار
المجهزون (الموردون)	• كلفة المواد الأولية • زمن التسليم • المخزون • توفير المواد الأولية	• معدلات النمو في كل من : • كلفة المواد الأولية • زمن التسليم • المخزون • أفكار المجهزين الجديدة
المجتمع المالي (المساهمون)	• العائد على السهم • القيمة السوقي للسهم • عدد القوائم التي توصى بشراء أسهم المنظمة • العائد على حق الملكية	• القدرة على إقناع سوق الأوراق المالية بالاستراتيجية المتبعة • النمو في العائد على حق الملكية
الأفراد	• عدد الإقتراحات • الإنتاجية • عدد الشكاوي	• عدد الترقيات من الداخل • معدل الدوران
الجهات التشريعية	• عدد التشريعات الجديدة التي تؤثر في المنظمة • العلاقات مع الأعضاء والطاقم	• عدد القوانين الجديدة التي تؤثر على الصناعة • مستوى التعاون في المواجهات التنافسية
جمعيات حماية المستهلك	• عدد الإجتماعات • عدد المواجهات غير الودية • عدد مرات تكوين الإئتلافات • عدد القضايا المرفوعة	• عدد مرات التغير في السياسات نتيجة ضغوط الجمعيات • عدد مرات المطالبة بالمساعدة من قبل الجمعيات
المدافعون عن البيئة	• عدد اللقاءات • عدد المواجهات غير الودية • عدد مرات تكوين الإئتلافات • عدد الشكاوي لدى الجهات المتخصصة • عدد القضايا المرفوعة	• عدد المطالبات بالمساعدة من قبل المدافعين عن البيئة

Source: Freeman, "Strategic Management: A Stakeholder Approach", Boston Pitman Pub Inc., 1984:25.

(2) **مدخل لوحة القياس Tableau De Bord Approach** : طبقاً للباحث (Malo,1995:357-376) يرجع إستخدام لوحة القياس إلى في حقل الإدارة إلى عام 1932، وطبقاً لهذا تعد لوحة القياس أداة تستخدم من قبل الإدارة العليا لمنظمة الأعمال في إلقاء نظرة سريعة على عملياتها والبيئة المحيطة بها. إن مفهوم لوحة القياس مأخوذة من لوحات القياس الموجودة في السيارات والطائرات التي يستخدمها السائقون أو الطيارون لمعرفة مؤشرات دالة على مستوى الأداء مثل السرعة والوقود المستهلك والضغط والمسافة المقطوعة وغيرها لضمان نجاح الوصول إلى الهدف. وقد ظهرت فكرة لوحة القياس في فرنسا في المنظمات الصناعية وإحتوت اللوحة على مؤشرات أداء متنوعة للعمليات الإنتاجية. بعد ذلك تم تطويرها وإستخدامها على كافة المستويات الإدارية ولأغراض وأهداف متعددة، وبذلك تصبح هذه اللوحة عبارة عن مجموعة من مؤشرات الأداء المتشابكة على مختلف المستويات التنظيمية.

(3) **مدخل القيمة الإقتصادية المضافة**

Economic Value Added Approach (EVA) :

يمثل مدخل القيمة الإقتصادية المضافة مقياس مركّب من مؤشرات الأداء المالي. وتعد مقاييس القيمة الإقتصادية المضافة مختلفة بين العائد على رأس المال المستثمر وكلفته. إن مدخل القيمة الإقتصادية المضافة الإيجابية يؤشر بأن نشاطات منظمة الأعمال تم توليدها (قيمة أصحاب المصلحة) على فترة القياس، ومن الجدير بالذكر، أن النشاطات التي تولد القيمة الإقتصادية المضافة السلبية هي نتيجة لفقدان قيمة أصحاب المصالح والحقوق.

إن مدخل القيمة الإقتصادية المضافة تزود منظمة الأعمال بمعلومات مفيدة عن قيمة العمليات لأكثر المقاييس المحاسبية للأداء مثل (الربح المحاسبي، العائد على رأس المال) (2GC-Active Management,2001:2). وهي لا تمثل علاج شافي، ومن المفترض عدم النظر إليها كأسلوب بديل لإدارة منظمة الأعمال. إن مدخل القيمة الإقتصادية المضافة تساعد الإدارة العليا لمنظمة الأعمال على وضع الحوافز وأنظمة المراقبة لزيادة فرص التغييرات والتي تهم كل المدراء في بناء قيمة لأصحاب المصالح والحقوق (David,1995:335-344)

ويعد هذا المدخل مفيداً بشكل كبير عندما يتم إستخدامه لقياس مستوى تحسين الأداء، أو عندما يتم مقارنة مستوى العمليات في نفس منظمة الأعمال. والشكل التالي يوضح هيكل تطبيقي للقيمة الإقتصادية المضافة.

شكل (8-6) : هيكل تطبيقي للقيمة الإقتصادية المضافة

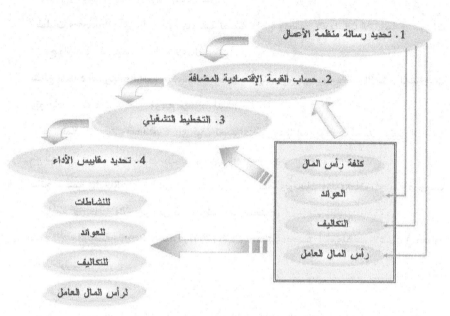

المصدر : بتصرف من Source : 2GC-Active Management,2001:6

(4) **مدخل التميُّز في الأعمال Business Excellence Approach**

يشتمل نموذج التميُّز في الأعمال على تسعة محاور لكل واحد منها وزنه الخاص من حيث الأهمية. وهذه المحاور هي (Russell,1999:697-703) :

1. **القيادة Leadership** : أي كيفية توجيه مدراء الإدارة العليا بالمنظمة ، وكيفية تعامل المنظمة مع مسؤولياتها أمام الأفراد والمجتمع.
2. **الموارد البشرية Human Resources** : أي كيفية تمكين منظمة الأعمال لعامليها من تطوير جميع إمكانياتهم وكيفية توحيدهم مع أهداف منظمة الاعمال.
3. **السياسة والاستراتيجية Policy and Strategy** : أي كيفية تحديد منظمة الاعمال للإتجاه الاستراتيجي وكيفية تحديدها لخطط العمل الرئيسية.

4. **الشراكة والموارد Partnerships and Resources** : وتتمثل بإختيار الأساليب الملائمة للتحالفات والشركة مع الآخرين، وسبل إستغلال الموارد بشكل أمثل.

5. **العمليات Processes** : أي دراسة جوانب كيفية تصميم وإدارة وتحسين العمليات الأساسية في عمليات الإنتاج والإسناد والتسليم في منظمة الأعمال.

6. **نتائج الموارد البشرية Human Resources Results** : وتتضمن تحديد منظمة الأعمال لإحتياجات وتوقعات وطموحات العاملين ووضع مؤشرات لذلك.

7. **نتائج العملاء Customers Results** : أي كيف تحدد المنظمة متطلبات وتوقعات العملاء، وتبني العلاقات مع العملاء ؛ وتكسب العملاء وتحاول إرضاءهم والمحافظة عليهم.

8. **نتائج المجتمع Society Results** : والتي تشير إلى لإحتياجات وتوقعات وطموحات المجتمع وجوانب المسؤولية الإجتماعية والأخلاقية من قبل المنظمة تجاه المجتمع.

9. **نتائج الأداء الرئيسة Key Performance Results** : أي مستوى تحسن أداء منظمة الأعمال في محاور عملها الرئيسية.

يستخدم نموذج التميّز في الأعمال بشكلٍ ناجح كإطار للإدارة الاستراتيجية ؛ حيث إنهُ من خلال هذا الإطار أخذت منظمات الاعمال ترى نفسها بطريقة أكثر شمولية تجعل منها قادرة على ربط نتائج أعمالها بالغايات الاستراتيجية وتكامل وتوحيد جهود إدارة الأداء. كما ويُستخدم نموذج التميّز في الأعمال لتحديد الكيفية التي تعمل فيها إدارة المنظمات على تحسين الأداء على تحسين ووضع المعايير اللازمة والمساعدة على تقوية التركيز على النتائج. ومن هنا ترى الكثير من منظمات الأعمال بأن نموذج التميّز يعد الأفضل من بين الأطر الموجودة الأخرى وذلك لأنه يجبر هذهِ المنظمات على التركيز على جميع جوانب الأداء، وخصوصاً الأفراد والعملاء ومعطيات الرسالة ونظام المنظمة. والشكل (8-7) يوضح مدخل التميّز في الأعمال.

شكل (8-7) : مدخل التميّز في الأعمال

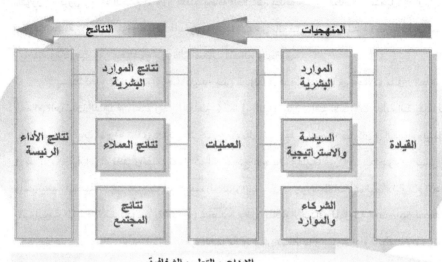

المنهجيات ← النتائج ←

| القيادة | الموارد البشرية | العمليات | نتائج الموارد البشرية | نتائج الأداء الرئيسة |

السياسة والاستراتيجية — نتائج العملاء

الشركاء والموارد — نتائج المجتمع

الإبداع والتعلم والشفافية

(5) مدخل Balanced Scorecard Approach

أدى التنافس في عصر المعرفة والمعلوماتية وفي ظل ظروف بيئة تتصف بتعقيد عملية المنافسة إلى الحاجة لمعلومات مالية وغير مالية مترابطة لاستخدامها كدليل موجه لصناعة قرارات رشيدة تحقق من خلالها أهدافاً تشغيلية وإستراتيجية للمنظمة تمكنها من البقاء في موقع تنافسي في السوق. وفي نهاية القرن العشرين وفي ظل ثورة المعلوماتية والتجارة الإلكترونية وشبكات المعلومات الدولية أصبحت بعض الافتراضات الأساسية للمنافسة الناجحة في ظل محددات العصر الصناعي بالية وعاجزة في بعض الأحيان أن تعكس مقدرة المنظمة في الاستمرارية بالنشاط والبقاء في سوق المنافسة، فإذا ما أرادت المنظمات أن تبقي وتزدهر فإنها يجب أن تستخدم أنظمة قياس وإدارة مشتقة من الإستراتيجيات والقابليات، ومن هنا، جـاءت (Balanced Scorecard) التـي طورهـا (Kaplan & Norton) ، بعد مشروع بحث مع "12" منظمة كانت تتميز بوقوعها على الحافة القيادية لقياس الأداء، وقد وردت

تسميات عديدة لمصطلح Balanced Scorecard من قبل الباحثين العرب في هذا الموضوع، فمنهم من أسماها بطاقة الدرجات الموزونة، وهناك من أسماها ببطاقة التقديرات الموزونة، وجاء آخرون ونعتوها ببطاقة تقييم الأداء المتوازن، وآخرون ببطاقة التقييم المتوازن للأداء، بطاقة العلامات، بطاقة النتائج، بطاقة التسجيل، إلا أن الباحثين أسموها ببطاقة الأهداف الموزونة نظراً لما يقوم به هذا المدخل بالعمل على الموازنة ما بين أهداف المنظمة الداخلية والخارجية ومن مختلف وجهة نظر أصحاب المصالح والحقوق.

يستند نجاح المنظمات- إلى حد بعيد- على قدرتها في قياس أداءها في مجالات مثل (العلاقة مع العملاء، العمليات الداخلية، وتعلم وتطور العاملين) كما في قابليتها على مراقبة الإجراءات المالية التقليدية، لذلك أصبحت إقتصاديات المعرفة تنادى بالتركيز على نماذج الأعمال وليس على المنتجات كما كان في السابق، وبينما نحن في بدايات الألفية الثالثة نجد أن هناك تحولاً كبيراً في نماذج الأعمال، وعليه، فإن أحدث إجراءات قياس الأداء وإستراتيجية المنظمة تسبب تحديات جدية للمدراء الذين يجب أن يوازنوا متطلبات أعمالهم الآنية مع الأهداف الإستراتيجية طويلة الأمد (إدريس،2002: خ)... يُعد مدخل بطاقة الأهداف الموزونة *Balanced Scorecard*- BSC – واحد من الوسائل الحديثة ذات النظرة الشمولية في قياس نشاطات ومستوى أداء المنظمة وإستراتيجيتها الموضوعة، وهي تهدف إلى تطوير مقاييس جديدة تستند في فلسفتها إلى أربعة منظورات Perspectives أساسية:

- المنظور المالي Financial Perspective.
- منظور العملاء Customer's Perspective.
- منظور العمليات الداخلية Internal Processes Perspective.
- منظور التعلم والنمو Learning & Growth Perspective.

إن بطاقة الأهداف الموزونة لم تأت من فراغ وإنما هي حصيلة إنضاج مجموعة من النظم التي عرفتها منظمات الأعمال قبل عام 1992، وهو العام الذي أدخلت فيه Balanced Scorecard. وكان نتيجة ذلك وفق ما جاء به (Kaplan & Norton) أن بطاقة الأهداف الموزونة ما هي ألا " مجموعة من المقاييس التي تعطى مدراء الإدارة العليا صورة واضحة وشاملة لأداء منظمتهم".

مفهوم بطاقة الأهداف الموزونة وأهميتها:

تسعى اغلب المنظمات في العالم إلى اعتماد منهجية واضحة في استخدامها لمعلومات وادوات قياس الاداء في تحديد الاهداف المطلوب انجازها، وفي توزيع الموارد ووضع الاولويات، والتأكيد على السياسة الحالية أو اتجاهات البرامج أو تغييرها من اجل تلبية تلك الاهداف وتقرير النجاح في الوصول إلى الاهداف المنشودة. وتعد بطاقة الأهداف الموزونة احدى الوسائل الادارية المعاصرة التي تستند إلى فلسفة واضحة في تحديد الاتجاه الاستراتيجي للمنظمة وقياس مستوى التقدم في الاداء باتجاه تحقيق الاهداف.

وهي من أهم خمسة عشر مفهوماً إدارياً، تستند إلى فلسفة واضحة في تحديد الإتجاه الإستراتيجي للمنظمة، وقياس مستوى التقدم في الأداء باتجاه تحقيق الأهداف الإستراتيجية، وتسهم في تقديم رؤية واضحة لمنظمة الأعمال عن وضعها الراهن ومستقبلها (إدريس،2002: ب). إن *Balanced Scorecard* – BSC مدخل مبني على فرضية أن القياس هو متطلب مسبق للإدارة الإستراتيجية يجب أن يحظى بإهتمام كبير من القمة الإستراتيجية Strategic Apex، فالذي لا يمكن قياسه لا يمكن إدارته بوضوح.

فبطاقة الأهداف الموزونة ما هي الا اطار مفهومي لترجمة الاهداف الاستراتيجية للمنظمة إلى مجموعة من مؤشرات الاداء التي تسأل وتجيب عن الأسئلة الآتية:

- " للنجاح مالياً، كيف يجب أن نظهر أمام المستثمرين وحملة الأسهم ؟ "
- " لتحقيق رؤية منظمة الأعمال ، كيف يجب أن تظهر المنظمة أمام عملائها ؟ "
- " لإرضاء المستثمرين والعملاء، ما هي العمليات الداخلية التي يجب أن تتميز بها المنظمة ؟ "
- " لتحقيق رؤية المنظمة، ما هي سبل المحافظة على قدرات المنظمة للتغيير والتحسين ؟"

ويتم تحقيق بعض المؤشرات لغرض قياس تقدم المنظمة نحو تحقيق رؤيتها وكذلك تحقيق مؤشرات اخرى لقياس موجهات النجاح بعيدة المدى، ومن خلال بطاقة الأهداف الموزونة، تراقب المنظمة اداءها الحالي في المجال المالي، ورضا العملاء، ونتائج عمليات الاعمال الداخلية، وتوظف جهودها في تحسين العمليات، وتحفيز العاملين وتثقيفهم وتقوية نظم المعلومات أي قدرتها على التعلم والتحسين. إن بطاقة الأهداف الموزونة تحاول التغلب على عجز أنظمة قياس الأداء التقليدية، وهي تستخدم لقياس الأداء وتطوير الاستراتيجيات من

خلال تحليل النتائج والنشاطات. فقد عرفت بانها مجموعة من المقاييس المالية وغير المالية التي تقدم للمديرين بالمستوى الاداري الاول (الادارات العليا) صورة واضحة وشاملة لاداء منظمتهم (Kaplan & Norton, 1992: 71). وقد وسع (Kaplan & Norton, 1996: 19) تعريف بطاقة الأهداف الموزونة بأنها " نظام يقدم مجموعة متماسكة من الافكار والمبادئ وخارطة مسار شمولي للمنظمات لتتبع ترجمة رؤيتها الاستراتيجية في ضمن مجموعة مترابطة من مقاييس الاداء التي لا تستخدم في مجال الاعمال فقط، ولكن لتحقيق الترابط واتصال الاستراتيجية بالاعمال، ولمساعدة التنسيق الفردي/ التنظيمي وانجاز الاهداف العامة ".

إن ظهور مفهوم بطاقة الأهداف الموزونة أدى إلى إدراك أن ليس هناك مؤشراً واحداً للأداء يمكن أن يقيس الأداء الكلي لمنظمات الأعمال، فهذا المدخل يترجم رؤية المنظمة إلى مجموعة مؤشرات للأداء الموزعة ما بين أربعة منظورات أساسية:

المنظور المالي Financial Perspective

يعد المنظور المالي أحد محاور قياس وتقويم الاداء، ويمثل نتاج هذا المنظور مقاييس موجهة لتحقيق الاهداف، والوقوف على مستوى الارباح المتحققة لاستراتيجية منظمة الاعمال بالعمل على تخفيض مستويات التكاليف بالمقارنة مع مستويات التكاليف لمنظمة منافسة وبشكل نسبي إلى جانب هدف النمو الذي يعد احد المساهمات والمبادرات الاستراتيجية الاساسية، ويركز المنظور ايضا على حجم ومستوى الدخل التشغيلي والعائد على رأس المال المستثمر الناتج من تخفيض التكاليف ونمو حجم المبيعات لمنتجات حالية وجديدة، العائد على حقوق المالكين، العائد على اجمال الاصول (Horngren et al, 2000: 465)، ويشير المنظور المالي إلى مسألة مدى مساهمة استراتيجية المنظمة وتنفيذها في تحسين الخط الاسفل (bottom-Line). لقد وجه الكثيرون انتقاداتهم إلى المقاييس المالية وذلك بسبب حالات عدم الكفاءة وتركيزها على الأداء الماضي، وعدم قدرتها على ان تعكس الافعال المعاصرة لتوليد القيمة (Simons, 2000: 94). ويذهب بعض النقاد ابعد من ذلك في اتهامهم للمقاييس المالية، حيث يفيدون بأن شروط المنافسة قد تغيرت وان المقاييس المالية التقليدية لا تعمل على تحسين رضا العملاء، ولا النوعية ولا حتى تحفيز العاملين، حيث ان الاداء المالي يعد هو نتيجة النشاطات التشغيلية وان النجاح المالي يجب ان يكون هو النتيجة المنطقية للقيام بالامور الاساسية بشكل جيد، وبعبارة اخرى ينبغي على المنظمات أو توقف الاعتماد على المقاييس

المالية فقط، اذ انه من خلال اجراء التحسينات الاساسية في عملياتهم بتوظيف المنظورات الاخرى فان النتائج تصب في المنظور المالي، (Kaplan & Norton, 1992: 77). ومن جهة اخرى، فان التأكيد على عدم ضرورية المقاييس

المالية تعد غير صحيحة ايضا، لسببين على الاقل فنظام الرقابة المالية المصمم تصميما جيدا يمكن ان يعمل على تقوية برنامج الادارة الشاملة للنوعية في المنظمة بدلا من العمل على اعاقتها (Simons, 1995: 44).

منظور العملاء   Customer's Perspective

تعتمد معظم المنظمات في الوقت الحاضر على وضع متطلبات وحاجات العملاء في قلب استراتيجياتها، لما يشكله هذا الجانب من أهمية كبيرة تنعكس في نجاح المنظمة في المنافسة وبقائها واستمرارية نشاطها في سوق المنافسة الذي يتحقق من خلال مقدرة المنظمة على تقديم منتجات (سلع أو خدمات) بنوعية عالية وأسعار معقولة، ان بطاقة الأهداف الموزونة أخذت بالاعتبار تلك الخصائص من خلال احتوائها على منظور العملاء الذي يركز على تلك الاهداف التي يمثل انجازها تحقيق الاهداف الاستراتيجية للمنظمة.

ان الاعتماد على تقييمات العملاء لتحديد أو تعريف بعض مقاييس اداء المنظمة، يجبر تلك المنظمة على ان تنظر إلى أداءها بأعين العملاء (Kaplan & Atkinson, 1998: 368)، وفي هذا المنظور يحدد المدراء قطاعات العملاء والسوق التي سوف تتنافس فيها وحدة الاعمال، ومقاييس اداء وحدة الاعمال في هذه القطاعات المستهدفة، هذا وان منظور العملاء يشتمل على عدة مقاييس اساسية أو عامة للمحصلات أو النتائج الناجمة من الاستراتيجية المصاغة والمنفذة بشكل جيد، وان مقاييس المحصلات الاساسية تضم رضا العملاء والاحتفاظ بالعملاء واكتساب عملاء جدد وربحية العملاء وحصة السوق في القطاعات المستهدفة.

منظور العمليات الداخلية   Internal Process Perspective

ويقصد به جميع الانشطة والفعاليات الداخلية الحيوية التي تتميز بها المنظمة عن غيرها من المنظمات التي من خلالها يتم مقابلة حاجات العملاء وغايات وأهداف المالكين، ان المقاييس الداخلية لبطاقة الأهداف الموزونة يفترض ان تنبثق من العمليات التي لها اثر على رضا العملاء، ومن المفترض ان تحاول منظمات الأعمال تحديد وقياس كفاءتها وتقنياتها المطلوبة

لضمان المواصلة على خط قيادة السوق ويستلزم من المنظمات ان تقرر ما هي العمليات والكفاءات التي ينبغي ان تتفوق بها وتحديد المقاييس لكل منها (Hyde, 1998: 58).

ان منظور العمليات الداخلية يكشف عن وجود اختلافين اساسيين ما بين المداخل التقليدية ومدخل بطاقة الأهداف الموزونة في قياس الاداء، اذ ان المداخل التقليدية تحاول مراقبة وتحسين العمليات الداخلية القائمة، وانها يمكن ان تذهب إلى ما وراء مجرد المقاييس المالية للاداء من خلال دمج المقاييس المرتكزة على الوقت والنوعية، لكنها مع ذلك تركز على تحسين العمليات القائمة الموجودة، غير ان مدخل بطاقة الأهداف الموزونة عادة ما يحدد العمليات الجديدة كليا والتي من الضروري ان تتفوق فيها المنظمة من اجل تلبية اهدافها المتعلقة بالجوانب المالية وجوانب العملاء، هذا وان اهداف العمليات الداخلية تسلط الضوء على العمليات الاكثر اهمية لانجاح استراتيجية الاعمال.

ومن جانب آخر فان الانتقالة الثانية التي تكمن في مدخل بطاقة الأهداف الموزونة هي ادخال عمليات الابداع (Innovation Processes) في العمليات الداخلية، وتركز انظمة قياس الاداء التقليدية على عمليات تسليم منتجات وخدمات اليوم إلى عملاء اليوم، حيث انها تحاول برقابة وتحسين العمليات القائمة الموجودة، غير ان موجهات النجاح المالي البعيدة المدى يمكن ان تتطلب من المنظمة ان تبتكر كل المنتجات والخدمات الجديدة والتي سوف تلبي الحاجات الناشئة للعملاء الحاليين والمستقبليين، وما عملية الابداع الا موجها قويا للاداء المالي المستقبلي مقارنة بالدورة التشغيلية قصيرة المدى لكن لا يجب الاختيار ما بين هاتين العمليتين الداخليتين، حيث ان منظور العمليات الداخلية الذي تشمله بطاقة الأهداف الموزونة يشتمل على الاهداف والمقاييس لكل من دورة الابداع ذات الموجة الطويلة (Long - Wave) فضلاً عن دورة العمليات ذات الموجة القصيرة (Short-Wave)، (Kaplan & Norton, 1996: 62-63).

منظور التعلم والنمو   Learning & Growth Perspective

يرتكز هذا المنظور حول التعلم التنظيمي والنمو والذي يقصد به تحديد وتشخيص البنية التحتية التي يجب ان تحققها المنظمة لتطوير ونمو وتحسين طويل الاجل.

فمن الملاحظ ان المنظورين السابقين للاداء حددت العوامل والمؤشرات الاكثر اهمية للنجاح الحالي والمستقبلي، فوحدة الاعمال لا تكون قادرة على تنفيذ وتحقيق الاهداف طويلة

الاجل باتجاه العملاء والعمليات والانشطة الداخلية باستخدام تقنيات وامكانيات حالية فقط، فضلا عن ذلك فان متطلبات المنافسة تتطلب من المنظمات ان تستمر وتتواصل بتحسين امكانياتها وتطويرها لاجل العملاء وتحقيق اهداف المالكين وغاياتهم (Fleisher & Mahaffy, 1997: 135). ويتحقق التعلم التنظيمي والنمو للمنظمة من خلال ثلاثة موارد اساسية هي:- (Kaplan & Atkinson, 1998: 374).

- الافراد العاملين بجميع مستوياتهم.
- النظم.
- الاجراءات التنظيمية.

كما يمكن القول ان المنظورين السابقين (العملاء، العمليات الداخلية) للاداء ضمن بطاقة الأهداف الموزونة يكشفان فجوة كبيرة بين موارد التعلم التنظيمي المشار اليها في اعلاه وما سيكون مطلوبا منها لانجاز وتحقيق الاهداف المطلوبة للاداء الناجح في المستقبل ولاجل تقليص تلك الفجوة يجب على ادارات المنظمات في العصر الحالي الاستثمار في افراد وذوي مستويات ماهرة وتعلم عال وتقنيات انتاج المعلومات المساندة مع تغير الاجراءات الروتينية التنظيمية لعكس روح العصر الحاضر وتتلخص مقاييس الاداء لمنظور التعلم والنمو وبالآتي:- (Kaplan & Atkinson, 1998: 375).

- رضا العاملين.
- المحافظة على العاملين.
- تدريب العاملين.
- مهارات العاملين.

والشكل (8-8) يوضح بطاقة الأهداف الموزونة.

شكل (8-8) : مدخل بطاقة الأهداف الموزونة

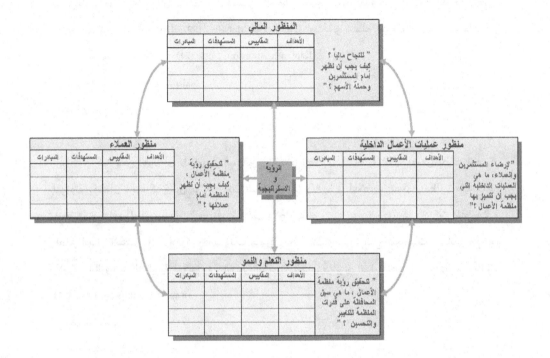

(Kaplan & Norton, 1996: 76)

أما فيما يتعلق بالترابط المنطقي لمنظورات BSC، ففي عام (1996) أضاف (Kaplan & Norton) رؤية مبتكرة لبطاقة الأهداف الموزونة بوصفها حلقة ربط بين منظور المنظمة الاستراتيجي، وبين الخطط والأنشطة قصيرة الأجل، وأوضحا العلاقات بين مقاييس الأداء للمنظورات الأربعة وفقاً لعلاقات السبب والنتيجة والتي سميت بالخارطة الاستراتيجية Strategy Map، وكما هو موضح بالشكل (8-9):

شكل (8-9) : الإرتباطات وفقاً لعلاقات السبب والنتيجة (الخارطة الاستراتيجية)

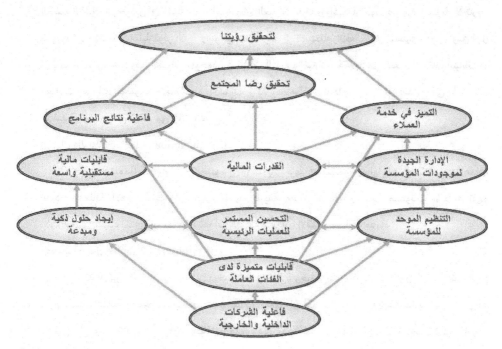

المصدر : من إعداد الباحثين

إن الاتجاه المعاصر في ميدان ادارة الاعمال انما ينصب على بناء الرؤية التكاملية والشمولية لانشطة منظمات الاعمال والسعي لتحقيق الترابط والتفاعل والابتعاد عن النظرة المجتزاة أو الاحادية لانشطة وفعاليات المنظمات، بحيث تكون المنظمة كتلة صلدة واحدة وان تؤمن بفلسفة ان عناصر القوة في نشاط معين يكون معينا دائما لتعزيز قدرات الانشطة الاخرى، (الحسيني، 2000: 8).

ومن هنا جاءت بطاقة الأهداف الموزونة لتشكل الجزء المركزي في الربط الاستراتيجي وفي اطار عمل قياس الاداء الذي يساعد فريق الادارة على ان يقوم بتطبيق الاستراتيجية وتوصيلها ومراقبتها باستخدام النظام المربوط داخليا مع الرؤية بعيدة الامد للمنظمة (Kaplan & Norton, 1996: 75-85)، ويضم هذا النظام اربعة عمليات هي:

ترجمة الرؤية Translating the Vision

وهذه تساعد المدراء في بناء اتفاق جماعي حول رؤية المنظمة واستراتيجيتها، وعلى الرغم من النوايا الحسنة لاولئك الموجودين في المستويات العليا، فان العبارات الرنانة والمنمقة حول صيرورة المنظمة لا تترجم بسهولة إلى جوانب تشغيلية توفر الادلة والتوجيهات المفيدة إلى الانشطة والافعال على المستوى المحلي، ومن اجل ان يتصرف الافراد على وفق الكلمات الموجودة في بيانات الرؤية والاستراتيجية، لابد من التعبير عن تلك البيانات أو العبارات على انها مجموعة متكاملة من الاهداف والمقاييس المتفق عليها من قبل كل المدراء على المستويات التنفيذية العليا، والتي تصف موجهات النجاح طويلة الاجل.

الإتصال والربط Communicating & Linking

تسمح للمدراء بايصال استراتيجيتهم إلى المستويات كافة في المنظمة وربطها باهداف الاقسام والاهداف الفردية، فبطاقة الأهداف الموزونة تعطي المدراء طريقة معينة لضمان ان كافة مستويات المنظمة تفهم الاستراتيجية البعيدة المدى وان كلا من الاهداف الفردية واهداف الاقسام متطابقة معها.

تخطيط الأعمال Business Planning

تجعل من المنظمات قادرة على توحيد خططها المالية وخطط اعمالها ايضا. هذا وان كل المنظمات اليوم تقوم بتنفيذ تشكيلة متنوعة من برامج التغيير تقريبا، بحيث ان لكل برنامج ابطاله ومستشاريه، وان كل واحد يتنافس على وقت المدراء التنفيذيين وطاقتهم ومواردهم، ويجد المدراء بانه من الصعب توحيد تلك المبادرات المتنوعة لغرض تحقيق اهدافهم الاستراتيجية، وهي حالة تقود إلى تكرار الفشل بخصوص نتائج البرامج، لكن عندما يقوم المدراء باستخدام الاهداف الطموحة الموضوعة لمقاييس بطاقة الأهداف الموزونة كأساس لتوزيع الموارد ووضع الاولويات فانهم يستطيعون اجراء وتنسيق فقط تلك المبادرات التي تقودهم نحو اهدافهم الاستراتيجية طويلة الامد.

التغذية العكسية والتعلم Feedback & Learning

تعطي المنظمات القدرة على التعلم الاستراتيجي، فعمليات المراجعة والتغذية العكسية الموجودة تركز على مسألة ان المنظمة أو اقسامها أو عامليها الافراد قد حققوا اهدافهم المالية المنشودة من خلال بطاقة الأهداف الموزونة عند مركز الانظمة الادارية للشركة والشكل التالي يوضح هذه العمليات الاربعة.

شكل (8-10) : إدارة الاستراتيجية: العمليات الاربعة

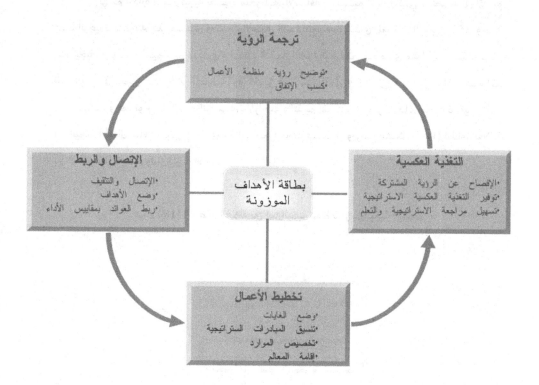

(Kaplan & Norton, 1996: 78)

وختاماً، يمكن القول بان تطور الفكر الاداري، وما توصلت إليه الأبحاث في مجال بطاقة الأهداف الموزونة قد ادى إلى تأشير أهمية المنظور الاستراتيجي في الربط بين مقاييس ومؤشرات عديدة مالية وغير مالية التي كانت تستند إلى قياس نتائج الاداء التشغيلي واصبحت تنطلق من رؤية واضحة مستندة إلى الاهداف الاستراتيجية وتسعى إلى تحقيق التوافق والمواءمة بين قياسات الاداء الحالي والاداء المستقبلي بالاعتماد على اسس ومفاهيم الاستراتيجية وتقييم الاداء (إدريس،2002: 54).

(6) تقييم الاستراتيجية على مستوى وحدات الأعمال الاستراتيجية

تهتم الإدارة الاستراتيجية بصورة ملحوظة بالإضافة إلى تقييم الأداء الكلي للمنظمة إلى تقييم الاستراتيجيات المطبقة على مستوى وحدات الأعمال الاستراتيجية، ومستوى المجالات الوظيفية لكل وحدة استراتيجية. يهدف التقييم على مستوى وحدات الأعمال الاستراتيجية تحديد مدى مشاركة وحدة الأعمال الاستراتيجية في تحسين الأداء الكلي للمنظمة، وفي تكوين قيمة مضافة، أو في تحقيق نمو في الأسواق والمنتجات. وهذا يتطلب وجود نوع من الرقابة التوجيهية، والمراجعة والتقييم المستمر في ضوء معايير محددة لقياس أداء استراتيجية الأعمال أثناء التطبيق في كل وحدة استراتيجية تابعة للمنظمة. ويوضح الشكل (11-8) نطاق العلاقة بين استراتيجية المنظمة واستراتيجية الأعمال.

شكل (11-8) : نطاق العلاقة بين استراتيجية المنظمة واستراتيجية الأعمال

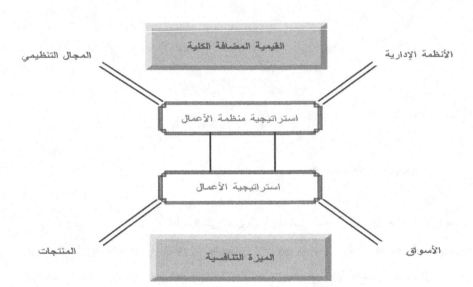

Source: Ellis, John & William, David, "International Business Strategy", London: Pitman Publishing, 1995:15

أي أنه إذا كانت القيمة المضافة الكلية التي تحققها الاستراتيجية على مستوى المنظمة هي نقطة التركيز الأساسية في تقييم هذه الاستراتيجية، فإن تحليل الميزة التنافسية المتواصلة في مجال المنتجات والأسواق التي تنافس فيها المنظمة هي نقطة التركيز الأساسية في تقييم استراتيجية الأعمال. وفيما يخص تقييم دور استراتيجية المنظمة في تكوين القيمة المضافة الكلية يجري التركيز على تحديد المجال التنظيمي الكلي. ويقصد به هنا نطاق الصناعات والأسواق المخدومة، وأيضاً تقييم درجة التنسيق التي أتاحتها استراتيجية المنظمة بين وحدات الأعمال الاستراتيجية وما تتضمنه حقيبة الإستثمارات والأعمال.

أما فيما يتعلق بتقييم استراتيجية الأعمال فيوضح الشكل (8-11) نطاق العلاقة بين استراتيجية الأعمال والاستراتيجيات الوظيفية، وما يمكن إستنتاجه على صعيد تقييم كل من استراتيجية الأعمال والاستراتيجيات الوظيفية.

تهتم عملية تقييم استراتيجية الأعمال بتحليل الميزة التنافسية للمنتجات / الأسواق بالإضافة إلى معرفة الآثار المباشرة لتطبيق الاستراتيجية الوظيفية في مجالات الأنشطة المختلفة لوحدة الأعمال الاستراتيجية.

شكل (8-12) : نطاق العلاقة بين استراتيجية الأعمال والاستراتيجيات الوظيفية

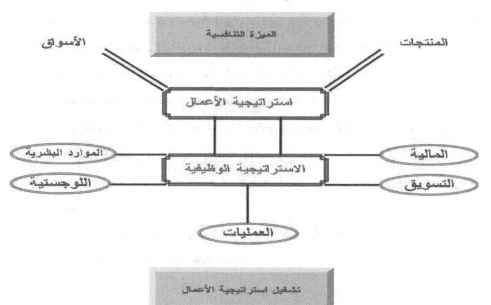

Source: Ellis, John & William, David, "International Business Strategy", London: Pitman Publishing, 1995:28

إن تنفيذ الاستراتيجيات الوظيفية يعني في الواقع تشغيل لاستراتيجي الأعمال في المجالات الوظيفية في منظمة الأعمال. ويفيد تقييم استراتيجية كل وحدة أعمال استراتيجية على حدة في إجراء مقارنات في أداء كل وحدة استراتيجية منفردة مع الوحدات الاستراتيجية الأخرى التابعة للمنظمة في ضوء معايير محددة مثل معدل النمو، معدل العائد على الاستثمار، مقدار الإيرادات النقدية، أو من خلال إستخدام مزيج من هذه المعدلات.

طرق تقييم الأعمال لوحدات الأعمال الاستراتيجية

تهتم الإدارة الاستراتيجية بتحديد وضع كل وحدة استراتيجية في محفظة أعمال المنظمة الإستثمارية. وبالتالي يكون من المفيد إستخدام نماذج تحليل المحافظ الإستثمارية أدوات لتحليل وتقييم وحدات الأعمال الاستراتيجية، والمنتجات / الأسواق، وبالذات في منظمات الأعمال الكبيرة، الدولية، المتعددة الجنسية..إلخ. وبسبب بعض المحددات والعيوب في إستخدام نماذج تحليل المحافظ الإستثمارية لرسم صورة متكاملة عن أداء كل وحدة ودورها في تحقيق الميزة التنافسية الاستراتيجية للمنظمة، كان لا بد من إستخدام قائمة بمجموعة من الأسئلة المهمة، ووضع الإجابات الدقيقة والصحيحة عليها. فقد قامت شركة Norton Company بتطوير قائمة بأسئلة لأغراض تقييم وحدات الأعمال الاستراتيجية التابعة لها، وهي (Ellis & William, 1995:284) :

- كيف تساهم وحدة الأعمال الاستراتيجية في النظام الكلي لمنظمة الأعمال؟
- ما هو دور وحدة الأعمال الاستراتيجية في تحقيق التوازن الإجمالي لمنظمة الأعمال؟
- ما هي علاقة وحدة الأعمال الاستراتيجية بالتقنيات والعمليات وأجهزة التوزيع الخاصة بمنظمة الأعمال؟
- ما مدى نجاح وحدة الأعمال الاستراتيجية كمنافس؟
- ما هو دور وحدة الأعمال الاستراتيجية في المساعدة على تحسين أو الإضرار بسمعة منظمة الأعمال في قطاع أعمالها؟
- ما هي مهام وحدة الأعمال الاستراتيجية من حيث البناء والصيانة والحصاد؟
- هل أن استراتيجية وحدة الأعمال الحالية مناسبة؟

- هل من الممكن أن تحقق وحدة الأعمال الاستراتيجية أرباحاً؟ وكيف يتم ذلك في حالة تحقيق أربح؟
- في حالة حدوث تغيير في استراتيجية وحدة الأعمال أو أدائها، ما هي أسباب هذا التغيير؟
- على ماذا يدل التحليل في ربحية وحدة الأعمال مقارنة بمثيلاتها من وحدات الأعمال؟

ويضيف (ياسين،2002: 217) أسئلة أخرى تتضمن :

- ما هو معدل العائد على الإستثمار الخاص بوحدة الأعمال؟
- ما مدى نجاح في تنفيذ استراتيجية الأعمال للوحدة والمتفق عليها مع الإدارة العليا للمنظمة؟
- ما هي درجة المخاطرة التي تتحملها استراتيجية الأعمال للوحدة في إدارة المحافظ الإستثمارية؟

إن الإجابة على هذه الأسئلة وغيرها تقتضي الإستفادة من طرق أخرى لتقييم أداء وحدات الأعمال الستراتيجية إلى جانب نماذج تحليل المحافظ الاستثمارية. ومن هذه الطرق ما يلي :

- **طريقة العوامل ذات الأوزان (التوزيع على العوامل بالنسب)**

تناسب هذه الطريقة المنظمات التي تضم عدد كبير من وحدات الأعمال الاستراتيجية التي تتباين في معدلات الاداء الكلي، وتعمل في أسواق مختلفة. وبالتالي تتباين في تقدير الأهمية النسبية لكل عنصر أو معيار للتقييم بسبب مركزها التنافسي في أسواقها، أو في حجم الموارد المستخدمة والمتاحة لها. ويمكن إجمال خطوات طريقة العوامل ذات الأوزان بالآتي :

- تصنيف الوحدات إلى ثلاث فئات على أساس معدلات النمو (مرتفعة ، متوسطة ، منخفضة).
- الإتفاق على معايرر مشتركة للمقارنة بين الوحدات الاستراتيجية الموزعة على الفئات الثلاث.
- إعطاء وزن نسبي تقديري لعناصر كل فئة على أساس التقدير المرجح.
- توزيع الأوزان (نسب مئوية) لنفس العناصر على الفئات الثلاث.
- القيام بتقييم مستوى أداء كل وحدة على حدى.

والشكل (8-13) يوضح ذلك.

شكل (8-13) : طريقة العوامل ذات الأوزان

فئة وحدة الأعمال الاستراتيجية	العنصر	الوزن (%)
نمو مرتفع	• العائد على الموجودات • التدفق النقدي • برامج الإنفاق الاستراتيجي • الزيادة في الحصة السوقية	%10 %0 %45 %45
نمو متوسط	• العائد على الموجودات • التدفق النقدي • برامج الإنفاق الاستراتيجي • الزيادة في الحصة السوقية	%25 %25 %25 %25
نمو منخفض	• العائد على الموجودات • التدفق النقدي • برامج الإنفاق الاستراتيجي • الزيادة في الحصة السوقية	%50 %50 %0 %0

المصدر : ياسين،2002: 219

- **أسلوب الإنفاق الاستراتيجي**

يفيد تطبيق هذا الأسلوب في تشجيع إدارات وحدات الأعمال الاستراتيجية للنظر إلى النفقات التنموية بشكل مختلف عن الإنفاق على الأعمال الجارية. ويمكن على هذا الأساس التمييز بين النفقات الخاصة بتوليد لإيرادات الحالية، وتلك التي إستثمرت في بناء مستقبل وحدة الأعمال. وبذلك يمكن تقييم أداء الإدارة في وحدات الأعمال على أساس كل من الأجل القصير والبعيد.

إن إستخدام طريقة توزيع العوامل ذات الأوزان وأسلوب الإنفاق الاستراتيجي إلى جانب الإعتماد على مؤشرات تقييم الأداء طويل الأجل مع النماذج الأخرى للتحليل في الإدارة الاستراتيجية، يمكن لفريق الإدارة من تقييم نتائج الأداء الحالي على مستوى وحدات الأعمال الاستراتيجية ومستوى الاستراتيجيات الوظيفية التي يمكن أن يتم التطبيق عليها أساليب وأدوات تحليلية أخرى معروفة بشرط أن يساند عمل فريق الإدارة الاستراتيجية نظام معلومات استراتيجية لكي يمكن توفير المعلومات المطلوبة بالنوعية والوقت والشكل المطلوب.

مصادر الباب الرابع

المصادر العربية :

1. إدريس، وائل محمد صبحي، " إستخدام بطاقة التقديرات الموزونة لإدارة نشاطات الشركة العامة للصناعات الجلدية..منظور استراتيجي : دراسة تطبيقية في الشركة العامة للصناعات الجلدية"، رسالة ماجستير غير منشورة، كلية الإدارة والإقتصاد، جمهورية العراق، جامعة البصرة، (2002).

2. الحسيني، فلاح عداي، "**الادارة الاستراتيجية: مفاهيمها، مداخلها، عملياتها المعاصرة**"، الطبعة الاولى، دار وائل للنشر والتوزيع، عمان، الاردن، 2000.

3. الخفاجي، نعمة عباس، "**الإدارة الاستراتيجية : المداخل والمفاهيم والعمليات**"، مكتبة دار الثقافة للنشر ـ والتوزيع، عمان، الأردن، (2004).

4. القطامين ، احمد ،" **الإدارة الاستراتيجية: مفاهيم وحالات تطبيقية** "، دار مجدلاوي للنشر ـ والتوزيع، عـمان، الأردن،(2002).

5. القطب، محيي الدين يحيى، "**التحليل الاستراتيجي وأثره في قياس الأداء المالي : دراسة تطبيقية في عينة مـن الشركات الصناعية الأردنية**"، رسالة ماجستير غير منشورة، كلية الإدارة والإقتصاد، جمهورية العراق ، الجامعة المستنصرية، (1996).

6. جاكسون، جون هـ وآخرون، " **نظرية التنظيم: منظور كلي للإدارة** "، نظرية خالد حسن رزوق، معهد الإدارة العامة – الرياض، (1988).

7. ياسين، سعد غالب،"**الإدارة الاستراتيجية**"،دار اليازوري العملية للنشر والتوزيع، (2002).

المصادر الأجنبية :

1. Alexander, L.D., "**Strategy Implementation: Nature of the Problem**", International Review of Strategic Management, 2(1), edited by D.E. Hussey (New York: John Wiley & Sons), (1991).

2. Birkinshaw, J., Morrisan A., and Hulland J., "**Structure and Competitive Determination of Global Integration Strategy**", Strategic Management Journal, 16(8), (1995).

3. Bolman, Lee & Deal, Terrence, "**Reframing Organizations**", San Francisco, Jossey-Bass Inc., (1991).

4. Brown, D. M. & Laverick, S., "**Measuring Corporate Performance**", Long Range Planning, 27(4), (1994).

5. Cameron, K., & Whetten, D.," **Organizational Effectiveness: One Model or Several?**" Academy of Management Review, (1983).

6. Certo, S. C., **"Modern Management: Diversity, Quality, Ethics, and the Global Environment"**, Prentice-Hall International, Inc., (1997).

7. Certo, S.C. & Peter J., P., **"Strategic Management: A Focus on Process"**, McGraw-Hill, New York, (1990).

8. Chakravarthy, B., **"Measuring Strategic Performance"**, Strategic Management Journal, 7, (1986).

9. Collins & Montgomery, " **Competing On Resources: Strategy in the 1990s"**, Harvard Business Review, (1995).

10. David, Fred., **"Concepts of Strategic Management"**, 5th. ed., prentice Hall Inc., 1995.

11. David, Fred., **"Management: Concepts &Cases"**, 8th .ed. prentice Hall Inc., 2001.

12. David, R. Brodwin & Bourgeois III, L.J., **"Five Steps to Strategic Action"**, California Management Review, spring, (1984).

13. Dyer, H., & Singh, H., **"The Relational View: Cooperative Strategy and Sources of Inter organizational Competitive Advantage"** Academy Review,.69(4), (1998).

14. Eccles, R., **"The performance Measurement Manifesto"** Harvard Business Review,.69,(1), (1991).

15. Ellis, John & William, David, **"International Business Strategy"**, London: Pitman Publishing, (1995).

16. Ellsworth, R.,**"Subordinate Financial policy to Corporate Strategy"**, Harvard Business Review, Nov.-Dec., (1983).

17. Ensign, N., & Alder, M., **"Organization Effectiveness: the Broad Picture"**, Academy of management review, (1985).

18. Fleisher, C. & Mahaffy, D., **"A Balanced Scorecard Approach to Public Relation Management Assessment"**, Public Relation Review, 23(2), (1997).

19. Foster, G., **"Financial Statement analysis"**, 2nd ed., Prentice-Hall Inc., (1986).

20. Freeman, **"Strategic Management: A Stakeholder Approach"**, Boston Pitman Pub Inc., (1984)

21. Gibson, Games; John Ivancevich and James Donnelly, Jr., **"Organizational Behavior"**, 8th ed., Boston, Mass: IRWIN, (1994).

22. Ginsberg, A., & Venkatraman, N., **"Contingency Perspectives of Organizational Strategy: A Critical review of the empirical research"**, Academy of Management Review, 10, (1985).

23. Gobbold, Ian & Lawrie, Gavin, **"Why do Only one third of UK Companies realize significant Strategic Success?"**, 2GC- Working Paper, May (2001).

24. Griffin, Ricky W.,"**Management**", Houghton Mifflin Company, (2002).

25. Harrison, Jeffrey S., & John, Caron H. St., "**Foundations in Strategic Management**", Prentice-Hall, U.S.A., Ohio, (1998).

26. Hofer, C., "**ROVA: Anew Measure for Assessing Organizational Performance** ", Strategic Management,.2, (1983).

27. Hopkins, Willie E. & Hopkins, Shirley A., "Strategic Planning and Financial Performance relation in banks: A Causal examination", Strategy Risk Management Journal, 18(8), (1997).

28. Hunt, S. & Morgan, R., ' **The Comparative Advantage Theory of Competition** ', Journal of Marketing, 59, April, (1995).

29. Hyde, A. C., "**The Balanced Scorecard-Moving A Bore the Bottom Line**", Public Manager, 27(3), Fall, (1998).

30. Kaplan, Robert S. & Norton, David P., "**Advanced Management Accounting**", Prentice-Hall, Upper Saddle River, New Jersey, (1998).

31. Kaplan, Robert S. & Norton, David P., "**The Balanced Scorecard-Measures That Drive Performance**", Harvard Business Review, 70(1), (1992).

32. Kaplan, Robert S. & Norton, David P., **The Balanced Scorecard: Translating Strategy Into Action**", Harvard Business School Press, Boston, (1996).

33. Kaplan, Robert S. & Norton, David P., "**Using The Balanced Scorecard As A Strategic Management System**", Harvard Business Review, 74(1), (1996).

34. Kowen, R., Scott, D., Martin, J., and petty, J."**Basic Financial Management**" 3rd. ed., prentice – Hall Inc., (1985).

35. Lynch, R., "**Corporate Strategy**",2nd.ed., prentice –Hall Inc.,(2000).

36. MacMenamin, J."**Financial Management**", 1st.ed, Routledge pub, Content, and Implementation", Oxford press, 2000.

37. MaCmillan, H., & Tampoe, M.,"**StrategicManagement, Process, Content, and Implementation**", Oxford press, 2000.

38. Malo, J.L., "**Les tableaux de bord comme Signe d'une gestion et d'une comptabilité à lafrançaise**", In *Mélanges en l'honneur du professeur Claude Pérochon*. Paris: Foucher, (1995).

39. Miller, Kent & Bromiley, Philip, "**Strategic risk and corporate Performance: An analysis of alternative risk measures**", Academy of Management Journal, 33(4), (1990).

40. Muralidharan, R., "**Strategic Control for fast moving Markets: Updating the Strategy and Monitoring Performance**", Long Range Planning, 30, (1997).

41. National Partnership for Reinventing Government (formerly National Performance Review), **"Serving the American Public: Best Practices in Performance Measurement"**, (1997).

42. Paul, C. Nutt., **"Selecting Tactics to Implement Strategic Plans"**, Strategic Management Journal, 10,(1989).

43. Pearce II, John A., & Robinson,Jr., Richard, B., **"Strategic Management: Formulation, Implementation, and Control "**, 6th Ed., Irwin / McGraw - Hill, (1997).

44. Porter, M., **"What Is Strategy?"** Harvard Business Review,.74, (6), Nov.-Dec., (1996).

45. Robins, James, & Wiersema, Margarethe F., **"A resource-based approach to the multi business firm: Empirical analysis of portfolio interrelationships and corporate financial Performance"**, Strategic Management Journal, (1995).

46. Russell, S., **"Business Excellence: From outside in or inside out?"**, Total Quality Management, 10(415), (1999).

47. Schein, E.H., **"Organizational Culture and Leadership"**, San Francisco, Jossey – bass, (1985).

48. Schermerhorn, J.R.," **Management**", 8th ed., U.S.A., John Wiley & Sons Inc. (2005)

49. Shipper, T., & White,C., **"Linking Organizational Effectiveness and Environmental change"** , long Range Planing , 16 (3), Jun(1983).

50. Simons, Robert P., **"Levers Of Control: How Managers Use Innovative Control System"**, Harvard Business School Press, Boston, (1995).

51. Simons, Robert P., **"Performance Management & Control System For Implementing Strategy: Text & Cases"**, Harvard Business School Press, Boston, (2000).

52. Smith, G., Arnold, R., and Bizzell B., **"Business Strategy and Policy"**, Houghton Mifflin pub., (1985).

53. Stellermann, Rolf & Fink, Christian, " **The Cultural Diagnosis: A Method for Dialogue"**, Rambøll Management Hamburg, (2004).

54. Stoner, J., **"Management "**, 2nd. Prentice Hall Inc., 1992.

55. Thompson, A., & Strickland, J., **"Strategic Management, Concepts and Cases "**, 11th .ed, McGraw Hill, (1999).

56. Thiétart ,Raymond-Alain, "La Stratégie déntreprise", McGraw-Hill, Paris, (1984).

57. Thomas, R. Roosevelet, " **Diversity and Organizations of the future"**, In Hesselbein, Goldsmith, & Beckhard (eds.), The

Organization of the future, San Francisco, Jossey-Bass Publishers, (1997).

58. Thompson, J., **"Strategy Management: Awareness and Change** ", 2nd, Chapman Hall pub., (1994).

59. Training Resources and Data Exchange, Performance-Based Management Special Interest Group, Volume Two, **"Establishing an Integrated Performance Measurement System**", (2001).

60. U. S. General Services Administration, **"Performance-Based Management: Eight Steps to Develop and Use Information Technology Performance Measures effectively**", (no date).

61. U. S. Department of Energy, **"Guidelines for Performance Measurement**", (DOE G 120.1-5), (1996).

62. University of California, Laboratory Administration Office, **Seven Years of Performance-Based Management**: The University of California/Department of Energy Experience.

63. Vecchio, Reber P., **"Organizational Behavior**", 3rd ed., Prentice-Pryden Press, U.S.A., (1995).

64. Venkatraman, N., & Ramanujam, V., **"Measurement of Business Performance in Strategy Research: A Comparison Approaches**", Academy of Management Review,11, (4), (1986).

65. Waddock, S., & Graves, S., **"The Cooperate Social Performance: Financial Performance Link**", Strategic Management Journal, 18, (4), (1997).

66. Wheelen, T., & Hunger, D., **"Strategic Management and Business Policy**", 3rd, ed., Prentice Hall, (1989).

67. Wheelen, Thomas L. & Hunger, J. David," **Strategic Management and Business Policy** ", Pearson Education Inc., Upper Saddle River, New Jersey, 10th Ed, (2006).

68. Wit, B., & Meyer, R., " **Strategic: Process, structure & Perspective**", John WILEY & Sons, (1984).

69. Wright, P., Kroll, M., & Parnel, J., **"strategic Management Concepts**", 2nd .ed. Prentice Hall, (1998).

70. Zahra, S., Pearce, J., **"Board of Directors and Corporate Financial Performance: A Review and Integrative Model**", Journal of Management, 15, (2), June (1989).

71. 2GC-Active Management, **"Combining EVA with the Balanced Scorecard to Improve Strategic focus and alignment**", Discussion Paper, (2001).

الباب الخامس

قضايا معاصرة في الإدارة الاستراتيجية

تمهيد:

أن تطور حقل الإدارة الاستراتيجية جعل منه ذو إمتداد وترابط مع العديد من الموضوعات والقضايا التي أفرزتها واقع الحياة المعاصرة، وطبيعة التغيرات المهمة الحاصل على صعيد البيئة المحلية والعالمية. وبسبب ديناميكية حقل الإدارة الاستراتيجية وقدرته على التطور، فقد إستطاع إستيعاب إشكالات عديدة أفرزتها واقع التعامل مع هذه القضايا التي سيتفرد هذا الباب على مناقشة بعض القضايا الأساسية والمهمة منها في إطار ثلاثة فصول ، خصص الفصل التاسع منها للمسؤولية الإجتماعية والأخلاقية وما يتداخل معها من موضوعات كالحاكمية والشفافية، في حين كرس الفصل العاشر لمناقشة قضايا التكنولوجيا والمعلوماتية والمعرف والإنترنت وكذلك إدارة الجودة الشاملة، أما الفصل الحادي عشر والأخير فقد كرس إلى المشاريع الصغير والريادية والمنظمات غير الهادفة للربح.

المسؤولية الإجتماعية والحاكمية والشفافية في منظمات الأعمال

بعد الإنتهاء من دراسة هذا الفصل سيتمكن القارئ من الإجابة على الأسئلة التالية

الفصل 9 أسئلة الدراسة

1. المسؤولية الإجتماعية لمنظمات الأعمال
2. أخلاقيات الأعمال والحاكمية والشفافية

الفصل التاسع

المسؤولية الإجتماعية والحاكمية والشفافية لمنظمات الأعمال

مقدمة :

وجدت منظمات الأعمال لتساهم في تطوير المجتمع والإهتمام بمتطلباته، ولا يفترض أن يقتصر دورها على خدمة مصالحها الذاتية، ومصالح مجموعات ترتبط مباشرة بها كالمالكين والمساهمين، لذلك فقد توسع الدور الإجتماعي لمنظمات الأعمال وفق إعتبارات تطور قدرات منظمات الاعمال من جانب وإزدياد الضغوط عليها من قبل فئات متعددة في المجتمع وهذا ما سيتم التطرق إليه في إطار الجزء الأول من هذا الفصل. كما أن إتساع دور هذه المنظمات تطلب أن تعى إداراتها الجوانب الأخلاقية في العمل وأن تجد الآليات المناسبة في إطار علاقات حاكمة لطبيعة التفاعل بين مختلف الأطراف المعنيين، وبشكل شفاف وواضح، وهذا ما سيعرضه الجزء الثاني من هذا الفصل.

المسؤولية الإجتماعية لمنظمات الأعمال

لقد تطورت الأعمال وبيئتها بشكل كبير وتوسعت وإزداد تأثيرها على مختلف نواحى الحياة، كما أصبحت تمثل سمة من سمات المجتمعات المعاصرة وإحترامها للمنافسة العادلة والمشروعة، وكذلك إهتمامها بمختلف فئات المجتمع ومساهمتها في تطوير البحث العلمي والتكنولوجي وإستخدام الموارد وإيجاد منافذ إبداعية لتطويرها. إن جميع هذه الجوانب وغيرها مثلت مداخل ملائمة لقياس الدور الإجتماعي للأعمال في مختلف البيئات والتى تتأثر بالجوانب الإجتماعية والثقافية للمجتمع الذى تعمل فيه المنظمة.

مفهوم وأهمية المسؤولية الإجتماعية

إن النقد الحاصل للأعمال بكونها تهتم بتعظيم الأرباح على حساب فئات المجتمع والبيئة ولد بوادر إهتمام أولية لتبني دوراً إجتماعياً من قبل هذه المنظمات، فالمسؤولية الإجتماعية عرضت في البداية بكونها إلتزام منظمة الأعمال بمصالح المجتمع الذي تعمل فيه إضافة إلى مصالحها الذاتية (Drucker,1977:584)، وفي مرحلة لاحقة عرض الباحث (Holmes,1985:435) المسؤولية الإجتماعية بإعتبارها إلتزام على منظمة الأعمال تجاه المجتمع الذي تعمل فيه عن طريق المساهمة بمجموعة كبيرة من الأنشطة الإجتماعية مثل محاربة الفقر، تحسين الخدمات الصحية، مكافحة التلوث، إيجاد فرص العمل، حل مشاكل الإسكان والمواصلات وغيرها. وتمثل الأبحاث الرائدة للباحث (Carroll) في إطار المسؤولية الإجتماعية نقلة مهمة، حيث عرض الباحث كون منظمة الأعمال تضطلع إدارتها بأربعة مسؤوليات متكاملة، وكالآتي (Carroll,1991:42) :

- **المسؤوليات الإقتصادية Economic Responsibility** : وتمثل مسؤوليات أساسية يجب أن تضطلع بها منظمات الأعمال، حيث إنتاج السلع والخدمات ذات القيمة للمجتمع بكلف معقولة ونوعيات جيدة، وفي إطار هذه المسؤوليات تحقق المنظمة العوائد والأرباح الكافية بتعويض مختلفة مساهمات أصحاب رأس المال والعاملين وغيرهم.

- **المسؤوليات القانونية Legal Responsibility** : وهذه مسؤوليات عادة ما تحددها الحكومات بقوانين وأنظمة وتعليمات يجب أن لا تخرقها منظمات الأعمال وأن تحترمها، وفي حالة عكس ذلك، فإنها تقع في إشكالية قانونية. وفي إطار هذه المسؤوليات يمكن الإشارة إلى إتاحة فرص العمل بصورة متكافئة للجميع دون تغيير بسبب الجنس أو القومية أو غيرها.

ويرى الباحثين أن هاتين المسؤوليتين ضرورية جداً وتشكل القاعدة لبروز دور إجتماعي أكبر لاحقاً من قبل إدارة منظمات الأعمال، فلا معنى لأن تتبنى منظمة الأعمال دوراً إجتماعياً وهي تخرق الجوانب القانونية، ولا تستطيع من تقديم السلع والخدمات الضرورية للمجتمع.

- **المسؤوليات الأخلاقية Ethical Responsibility** : يفترض في إدارة منظمات الأعمال أن تستوعب الجوانب القيمية والأخلاقية والسلوكية والمعتقدات في المجتمعات التي تعمل فيها. وفي حقيقة الأمر، فإن هذه الجوانب لم تؤطر بعد بقوانين ملزمة لكن إحترامها يعتبر أمراً

ضرورياً لزيادة سمعة المنظمة في المجتمع وقبولها. فعلى المنظمة أن تكون ملتزمة بعمل ما هو صحيح وعادل ونزيه.

- **المسؤوليات الخيره** Discretionary Responsibility : وهذه مبادرات طوعية غير ملزمة للمنظمة تبادر فيها بشكل إنساني وتطوعي من قبيل برامج تدريب لا ترتبط بالعمل بشكل مباشر لعموم المجتمع أو لفئات خاصة به ككبار السن أو الشباب وغيرها. ولا تتوخى إدارة منظمات الأعمال من هذه البرامج إرتباطها المباشر بزيادة الأرباح أو الحصة السوقية أو غيرها.

ويمكن تمثيل هذه المسؤوليات الأربعة بالشكل (9-1)

شكل (9-1) مسؤوليات منظمة الأعمال

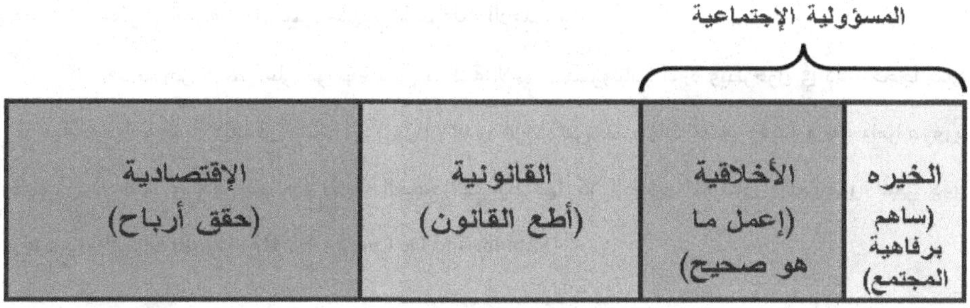

المسؤولية الإجتماعية

الإقتصادية (حقق أرباح)	القانونية (أطع القانون)	الأخلاقية (إعمل ما هو صحيح)	الخيره (ساهم برفاهية المجتمع)

Source : Wheelen & Hunger, 2006 .

إن الباحث (Carroll) وضع هذه المسؤوليات الأربعة في نظام أولويات بالنسبة لمنظمات الأعمال، فمنظمة الأعمال ملزمة بتحقيق الأرباح والعوائد الإقتصادية، كذلك لكي تستمر في العمل يجب أن تحترم القوانين وتبعد نفسها عن المسآلات القانونية وإلا ستكون مذنبة من خلال خرق هذه القوانين. وينطلق (Carroll) بعد ذلك بخلاف المعارضين لتبني منظمات الأعمال المسؤولية الإجتماعية، ليرى ضرورة أن تتحمل منظمة الأعمال مسؤوليات أخلاقية وخيرة تمثل دورها الإجتماعي وتعزز صورتها أمام المجتمع، كذلك فإن المسؤوليات الخيرة اليوم قد تصبح مسؤوليات أخلاقية غداً لتشكل مسؤوليات قانونية بعد ذلك. وهنا فإن المنظمة التي تتبنى دوراً إجتماعياً تعتبر رائدة ومبادرة في إطار وجودها في المجتمع وبالتالي تكون أكثر نجاحاً وفاعلية وكفاءة. وهنا تتجسد أهمة المسؤولية الإجتماعية لمنظمات

الأعمال بكونها تحقق مردود إيجابي لجميع الجهات وخاصة المجتمع والدولة والمنظمة وكذلك الإدارة والعاملين.

ويمكن الإشارة إلى أهمية المسؤولية الإجتماعية بالآتي (الغالبي و منهل،2004 : 106-107) :

- زيادة التكافل الإجتماعي بين شرائح المجتمع وإيجاد شعور بالإنتماء من قبل الأفراد والفئات المختلفة.
- تحقيق الإستقرار الإجتماعي نتيجة توفر مستوى من العدالة الإجتماعية.
- تحسين نوعية الحياة في المجتمع.
- تحسين التنمية السياسية إنطلاقاً من زيادة مستو التثقيف بالوعي الإجتماعي على مستوى الأفراد والمجموعات والمنظمات.
- تساهم في تعزيز صورة المنظمة بالمجتمع، وبالتالي مردودات إيجابية لها وللعاملين فيها.

وجهات النظر المختلفة حول تبنى مفهوم المسؤولية الإجتماعية

قد يعترض البعض على موضوع تبنى منظمة الأعمال لمسؤوليات كبيرة ويطرحون في ذلك حججاً كبيرة مدعمة لآرائها، وبمقابل ذلك فإن هناك من يرون أن الدور الإجتماعي للمنظمات أصبح حقيقة واقعة وأمراً ضرورياً لا يمكن تجاهله، ويلخص الجدول (9-1) الحجج التي يطرحها كلا الطرفين المؤيدون والمعارضون لتبنى دوراً إجتماعياً (Pride,2000:49) ، (Robbins and De Cenza,1998:41)

جدول (9-1) : المؤيدون والمعارضون لتبنى منظمات الأعمال دوراً إجتماعياً

المؤيدون Paul Samuelson , Archie Carroll , Keith Davis	المعارضون Milton Freidman
يتوقع المجتمع أن تحقق منظمات الأعمال العديد من أهدافها بهذا تجسد بكونها جزءاً من المجتمع الذي تعيش فيه وتزدهر في إطاره. • يمكن للأرباح أن تزداد على المدى البعيد من خلال تبنى دور إجتماعي أكبر، حيث رضا المجتمع ومد جسور التفاهم والثقة معهم. • إن الإلتزام الإجتماعي يمثل حالة موازنة معقولة تجاه النقد الموجه للمنظمات بكونها تهتم بالأرباح وتوسيع الإستثمارات فقط على حساب العاملين والمجتمع. • تكون الصورة العامة للمنظمة أفضل حينما تلعب دوراً إجتماعياً، وهذا يعزز من الميز التنافسية والشهرة التي تسعى المنظمة لتحقيقها. • بيئة أفضل ونوعية حياة أرقى للمجتمع حيث يجب أن تتحمل منظمات الأعمال التأثيرات السلبية لعملها ولا يترك على الدولة فقط. • إن تبنى دور إجتماعي أكبر يقلل من إجراءات الحكومة وتدخلها في شؤون الأعمال. • الموازنة بين مسؤوليات المنظمة ونفوذها حيث أن المسؤولية الإجتماعية تقلل من النقد الموجه لهيمنة منظمات الأعمال على القرارات المتعلقة بحياة الناس. • زيادة مصلحة المالكين حيث تعزيز موقع المنظمة وزيادة مبيعاتها على أثر إنعاش الوضع العام للدولة • نظراً لإمتلاك بعض منظمات الأعمال موارد كبيرة مالية وتكنولوجية فإن هذه الموارد يمكن أن تؤدى إلى إنجازات إجتماعية كبيرة • تدابير وقائية لتجنب المشاكل الإجتماعية المعقدة	• يؤدي تبني دور إجتماعي أكبر إلى خرق قاعدة تعظيم الأرباح التي هي جوهر وجود منظمات الأعمال الخاصة. • ذوبان الأهداف الأساسية الإقتصادية للمنظمة وإضمحلالها مع مرور الزمن، وهذا يؤدى إلى ضعف الأداء الإقتصادي أولاً وتراجع المبادرات الإجتماعية ثانياً. • تحميل منظمات الأعمال كلفة عالية جراء أنشطة إجتماعية متزايدة، حيث قدرة المنظمة المحدودة قياساً لقدرات الدولة. • سلطة إضافية أكبر تتمتع بها منظمات الأعمال وتضاف إلى نفوذها الإقتصادي. • تفتقر منظمات الأعمال للمهارات الكافية للنهوض بدور إجتماعي بشكل صحيح. • صعوبة المساءلة القانونية والمحاسبية عند الأنشطة الإجتماعية، ويرجع هذا إلى عدم وجود معايير مطورة لقياس الأداء الإجتماعي. • عدم وجود جهة عليا رسمية ومعروفة من الجمهور يمكن أن تتابع مدى الإنجاز الإجتماعي لمنظمات الأعمال.

ومن المعلوم أن هناك إتجاه آخر يرى أن الأداء الإقتصادي والأداء الإجتماعي للمنظمة إذا ما تعارضا على المدى القصير، فإنه لا يمكن أن يكون كذلك وبإستمرار على المدى الطويل. بل إن الأمر يبدو وكأن هناك علاقة تبادلية وإنطلاقة متوازنة بين كلا الأدائيين لينعكس كل منهما على الآخر بشكل إيجابي، وبالتالي فلا ضرورة للتركيز على جانب واحد فقط وإهمال الجانب الآخر.

شكل (9-2) : الأداء الإقتصادي والإجتماعي للأعمال

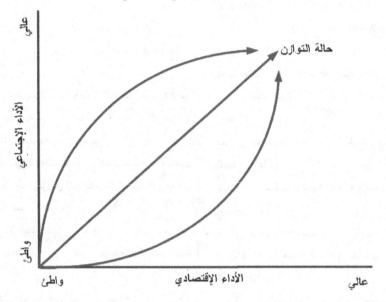

المصدر : الغالبي والعامري،2005: 75.

قياس الأداء الإجتماعي لفئات أصحاب المصالح

تتعدد وتتنوع فئات أصحاب المصالح Stakeholders التي تضغط بإتجاه أن تتبنى منظمات الأعمال أهدافها، ويساهم البعض من هذه الفئات في تطوير معايير أداء إجتماعي خاصة بها لتعرضها على منظمات الأعمال. وتجد الإدارة نفسها في مقابل فئات متزايدة بإستمرار بسبب التطور الخاصل على الصعيد الإجتماعي والسياسي والتكنولوجي وتطور منظمات المجتمع المدني.

إن أخذ مصالح هذه الفئات بشكل متوازن ويرضى الجميع ليست بالعملية السهلة وإنها محفوفة بالعديد من المخاطر. والشكل التالي يوضح فئات أصحاب المصالح المختلفة.

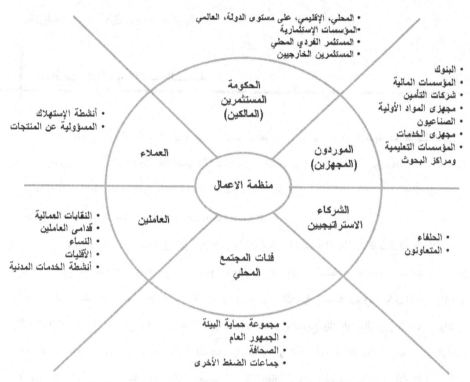

شكل (3-9) : منظمة الأعمال وفئات أصحاب المصالح

• المحلي، الإقليمي، على مستوى الدولة، العالمي
•المؤسسات الإستثمارية
• المستثمر الفردي المحلي
• المستثمرين الخارجيين
الحكومة
المستثمرين
(المالكين)
• البنوك
• المؤسسات المالية
• شركات التأمين
• مجهزى المواد الأولية
• الصناعيون
• مجهزى الخدمات
• المؤسسات التعليمية
ومراكز البحوث
الموردون
(المجهزين)
• أنشطة الإستهلاك
• المسؤولية عن المنتجات
العملاء
منظمة الاعمال
الشركاء
الاستراتيجيين
• الحلفاء
• المتعاونون
العاملين
• النقابات العمالية
• قدامى العاملين
• النساء
• الأقليات
• أنشطة الخدمات المدنية
فئات المجتمع
المحلي
• مجموعة حماية البيئة
• الجمهور العام
• الصحافة
• جماعات الضغط الأخرى

المصدر : الغالبي والعامري،2005: 79.

إن أصحاب المصالح يجب أن تنظر لهم إدارة منظمة الأعمال في إطار الآتي :

- تزايد أعداد هذه الفئات بإستمرار بسبب تطور الحياة.
- تزايد نفوذ البعض من هذه الفئات بسبب قبول المجتمع لها وخاصة مؤسسات المجتمع المدني.
- تطور مفاهيم حماية المستهلك وإنتقال المستهلك إلى صاحب رأي بطبيعة السلع ونوعياتها.
- تعارض مصالح هذه الفئات لذلك يفترض إيجاد صيغة لموازنة هذه المصالح.
- كثرة الحاجات والطلبات الإجتماعية لهذه الفئات بحيث تجد المنظمة نفسها غير قادرة على تلبية جميع تلك الحاجات والطلبات.

• يفترض أن تضع الإدارة تحليل لفئة أصحاب المصالح بشكل أصحاب مصالح أساسيين وأصحاب مصالح ثانويين، وأن تأخذ بنظر الأعتبار أن هذا التحليل يتصف بالديناميكية، ومن الضروري هنا أيضاً تجميعهم في مجموعات يمكن التعامل معها بطرق موحدة ومتشابهة.

أخلاقيات الأعمال والحاكمية والشفافية

لا يمكن لمنظمات الأعمال أن تتطور وتزدهر وتنمو وهي تعمل بطرق تقليدية غير مراعية للجوانب الأخلاقية، ولا توجد آليات واضحة لحاكميتها والسيطرة على مجريات توجهاتها وبطريقة غير شفافة. لذلك أصبحت هذه الجوانب جزءاً مهماً من عمل الإدارة العليا في منظمات الأعمال اليوم.

أخلاقيات منظمات الأعمال   Business Corporate Ethics

تشير الأخلاقيات Ethics إلى القيم والمعايير الأخلاقية التي تستند لها منظمات الأعمال لغرض التمييز بين ما هو صحيح وما هو خطأ. ولقد طورت المجتمعات معاييرها الأخلاقية والمهنية عبر قنوات زمنية طويلة، كما أن المصادر التي تستند عليها هذه الأخلاقيات عديدة ومتنوعة. وإن الأهمية النسبية لها في تشكيل المعايير والمبادئ الأخلاقية تختلف من مجتمع لآخر ومن فترة زمنية لأخرى. فالدين والتاريخ والتقاليد والتكوين العشائري والقبلي وجماعات المرجعية ووسائل الإعلام كلها تساهم في تطوير أو تأخر المعايير الأخلاقية. لقد أشار الباحث (Kohlberg's) إلى أن الفرد يمر بثلاث مستويات في إطار تطوره المعنوي ونظرته الأخلاقية، وكالآتي : (Kohlberg,1976)

• المستوى البدائي : حيث النظر إلى المصلحة الشخصية وتقييم السلوك وفق إعتبارات هذه المصلحة (الأطفال مثلاً).

• المستوى القانوني : حيث الأخذ بنظر الإعتبار القوانين والأعراف السائدة في المجتمع، وهنا فإن الأفعال تكون مبررة في إطار مدونة أخلاقية خارجية.

• المستوى المبدئي : حيث الإهتمام بالمعايير والمبادئ العالمية التي تتجاوز حدود القانون والأعراف المفروضة على الفرد.

إن منظمات الأعمال وهي تحاول أن تعزز السلوك الأخلاقي يفترض بها أن تعرف وتعي طبيعة تطور المستوى المعنوي والأخلاقي للعاملين فيها أو على الأقل للمدراء والموظفين الرئيسيين. إن

الإلتزام بالجوانب الأخلاقية ذو أهمية كبيرة لمنظمات الأعمال، حيث أنه يساهم بالعديد من الفوائد من أهمها (الغالبي، العامري،2005: 134 -138) :

- تعزيز سمعة المنظمة على صعيد البيئة المحلية والإقليمية والدولية، وهذا له مردود إيجابي عليها.
- يضع المنظمة في إطار المصلحة الذاتية المستنيرة، حيث تظهر ردود فعل سلبية على التصرف اللاأخلاقي من قبل فئات المجتمع والحكومة، وهذا يؤدي بالإضرار بسمعة المنظمة على المدى البعيد.
- إن تجاهل الجوانب الأخلاقية يضع المنظمة في مواجهة الكثير من الدعاوى القضائية بل والجرمية في بعض الأحيان، لذلك فإن الإلتزامات الأخلاقية يبعدها عن هذه الأمور.
- هناك إرتباط إيجابي بين الإلتزام الأخلاقي والمردود المالي الذي يمكن أن تحققه منظمات الأعمال.
- إمكانية الحصول على شهادات التميز العالمية كالأيزو ISO وغيرها من خلال الإلتزام بالمعايير الأخلاقية والفنية في عمليات الإنتاج والإستهلاك.

وفي حقيقة الأمر، فإن الإدارة يفترض أن تشجع السلوك الأخلاقي وتكافئه. فإذا لم يكافئ السلوك الأخلاقي، فإن هذا لا يؤدى إلى ثباته وإستمرارية العمل فيها، وإنما يشجع على الإلتزام بالسلوك الأخلاقي في منظمة الأعمال بما يلي : (Wheelen & Hunger,2006:66-68)

- وجود مدونة أخلاقية تعطى تصوراً عن كيفية التعامل مع مختلف المواقف وتساهم في تحسين السلوك الأخلاقي للأفراد والمجموعات والإدارات والمنظمة. كذلك تساعد هذه المدونة على نشر ثقافة تنظيمية تعزز الإهتمام بالأبعاد الأخلاقية لمختلف القرارات والمواقف والأفعال.
- وجود مبادئ إرشادية للسلوك الأخلاقي، وهذه المبادئ ضرورية لمعرفة الأسس التي تقوم عليها كل من الأخلاق والجوانب المعنوية للأفراد والقوانين، ويمكن لهذه المبادئ الإرشادية في إطار الحكم من خلالها على سلوك أخلاقي أو غير أخلاقي النظر إلى الآتي :
  - المنفعة المتحققة من هذا القرار لأكبر عدد ممكن من الأفراد أو المجتمع بشكل عام ودون أن يؤدي إلى الإضرار بمصالح الآخرين.
  - حقوق الإنسان، فالقرار يكون أخلاقياً إذا لم يخرق المبادئ الأساسية لحقوق الإنسان وما يرتبط بها من جوانب إنسانية.

- العدالة، أي يجب أن تكون القرارات المتخذة عادلة ونزيهة وصادقة. والعدالة تعنى إطار نسبي توزع في ضوئه المنافع والكلف بشكل لا يخرق الحقوق للأفراد والمجموعات. لذلك هناك العدالة التوزيعية والتي تعنى أن الأفراد متساون ويعاملون بنفس الطرق دون تمييز. فيما تعنى المساواة أن الأشخاص متساون في الحقوق والواجبات، كذلك هناك العدالة المتكافئة والتي تعنى أن العقاب يتناسب مع الضرر الحاصل.

وإذا ما أُريد تأشير مصادر أخلاقيات الأعمال في المنظمة، فيمكن إجمالها بالآتي :

- ثقافة المجتمع وقيمه وعاداته وما يرتبط بذلك من قيم إجتماعية وأعراف سائدة.
- العوامل الشخصية وما يرتبط بالتكوين الفردي والعائلي وطرق التربية والمدرسة وتأثير الجماعات المرجعية وغيرها.
- القوانين والسلوك الأخلاقي المعرفي المرتبط بالمهن والصناعات وطبيعة عمل المنظمة في صناعات معينة.
- المنظمة وثقافتها وما يرتبط بذلك من تعزيز للسلوك الأخلاقي أو تجاهله.

حاكمية منظمات الأعمال Business Corporate Governance

زاد الإهتمام منذ سنوات قليلة بإيجاد فلسفة وآليات تحكم طبيعة العمل في المنظمات وتؤطر لعلاقة واضحة في تقاسم الأدوار بين الإدارة التنفيذية العليا (المدير العام وفريقه) ومجلس الإدارة، وربما يكون سبب هذا الإهتمام هو زيادة حجوم منظمات الأعمال وتأثيرها وظهور حالات الإختلاس والفساد الذي أدى بإفلاس بعض من الشركات المهمة في العالم الغربي.

لقد إستخدم مفهوم الحاكمية مدخلاً إجرائياً لتعزيز الثقة والأداء في المنظمات مركزين على أساس الحكم الصالح للمنظمة ومحاربة الفساد بجميع أنواعه ومصادره. إن التطور اللاحق لهذا المفهوم يجب أن يفهم في البدايات الأولى حيث إنفصال الملكية عن الإدارة ساهم في إيجاد أنظمة إدارية تدار بها المنظمة لتحقيق مصالح حملة الأسهم بالإضافة إلى مصالح الإدارة والعاملين. وبعد أن أصبحت الإدارة أكثر بعداً عن المساهمين والمالكين تشكلت مجالس إدارة لتنوب عن هؤلاء الآخرين وتراقب عمل فريق الإدارة العليا بقراراته وتوجهاته المختلفة، وكان يفترض أن يتقاسم مجلس الإدارة والإدارة العليا أدوار العمل والقرارات المهمة بطريقة تؤدى إلى تحقيق أفضل النتائج ودون الإخلال بمبادئ العمل الرئيسية. لكن الأمر لا يسير على هذا الحال، وعادة ما ينحصر دور مجلس الإدارة بشكل كبير وخاصة (إذا كان

متشكل في غالبيته من أعضاء خارجيين) لتبقى الإدارة العليا وحدها هي المسؤولة عن مجمل التوجهات الاستراتيجية لمنظمة الأعمال. وكما هو موضح بالشكل (9-4).

شكل (9-4) : مدى مساهمة مجلس الإدارة في القضايا الاستراتيجية

عالية ⟷ **مدى المساهمة** ⟷ **منخفضة**

فعال ومتحفز للمشاركة	مشاركة نشطة	مشاركة أسمية	الحد الأدنى من المراجعة	الموافقة الشكلية	مشاركة وهمية
يتولى دور قيادي لتحديد وتغيير الرسالة والأهداف الاستراتيجية والسياسات ربما تكون معه لجنة استراتيجية نشطة جداً	يوافق ويسأل ويتخذ قرارات نهائية بخصوص الرسالة والأهداف الاستراتيجية والسياسات ومعه لجنة تقوم بالتدقيق المالي والإداري	يشارك بدرجة محدودة في مراجعة الأداء وإختيار القرارات أو المؤشرات خاصة بالبرامج وإدارتها	يراجع بشكل رسمي بعض الأمور والقضايا التي تصنعها أمامه الإدارة العليا	يسمح للمديرين بإتخاذ كافة القرارات ويصوت حسب توجيه الإداريين في أمور التنفيذ	لا يدري ماذا يفعل ومساهمته محدودة جداً

Source : Wheelen & Hunger,2006:38

وهنا فإن الإدارة العليا تتصرف بإعتبارها تمثل المساهمين أو المالكين الرئيسيين حيث هم المسؤولين عن إختيارها من خلال مجلس الإدارة. ويأتي هذا في إطار نظرية الوكالة Agency Theory، في حين يرى الإتجاه الحديث للحاكمية ضرورة تقاسم الأدوار وإشراك فعال لمجلس الإدارة مع الإدارة العليا للعمل بتحفيز عالي وفق المصلحة العليا للمنظمة بدلاً من المصلحة الضيقة، ويمثل هذا رؤية جديدة في إطار نظرية الرعاية الشاملة Stewardship Theory (Davis,et..al, 1997:20-47). وإذا ما أريد تأشير دور مجلس الإدارة ودور الإدارة العليا، فإنه يمكن الإشارة إلى الآتي (Wheelen & Hunger,2006:35-52) :

- **<u>مسؤوليات مجلس الإدارة</u>**

يفترض أن تشمل مسؤوليات مجلس الإدارة، ما يلي :

– وضع الأهداف الاستراتيجية والإتجاه العام من خلال الرسالة والرؤية والقيم.

- تسمية أو عزل المديرين التنفيذيين في المنظمة.
- الإشراف والسيطرة والرقابة على عمل الإدارة العليا.
- مراجعة وإعادة تقييم والمصادقة على إستخدامات الموارد.
- الإهتمام الجدي بمصالح كافة الأطراف والفئات.

وتتحقق هذه المسؤوليات من خلال ثلاث أدوار استراتيجية وهي، الرقابة والإشراف، التأثير والتقييم، الإستحداث والتجديد. وفي الشركات الحديثة فإن الدور المهم لمجلس الإدارة يفترض أن يكون تعزيز آليات وفلسفة التوجه العام للمنظمة بإستخدام الحاكمية الشاملة التي يفترض أن ينظر إليها ليس بمجرد كونها إدارة شاملة وإنما تتسع لتكون فاعلة وكفوءة وعادلة وشفافة، وهذه يفترض أن تحقق أهداف استراتيجية ترضى مصالح أصحاب العلاقة والمستفيدين وتلبي وتنسجم مع المتطلبات القانونية والتشريعية كجزء من إحتياجات ومتطلبات البيئة المحلية والإقليمية والعالمية.

- **مسؤوليات الإدارة العليا**

يفترض أن تبتعد الإدارة العليا عن النظرة التقليدية للعمل لكونها تمثل مصالح فئات معينة أو أنها أكثر إرتباطاً بالبعض من هذه الفئات المالكين مثلاً، ويجب أن تنطلق الإدارة العليا في نظرتها بعيداً عن مصالح هذه الفئة لوحدها فئة المالكين لتجرى موازنات تتسم بالعدالة والمساواة والحكم الصالح وتعزيز مبدأ المشاركة والديمقراطية وتقوية المساءلة والرقابة والنزاهة في عملها، وبما يعود بالنفع على مختلف الفئات.

إن المدير العام وفريقه، وكما تمت الإشارة سابقاً يساهم بفاعلية مع مجلس الإدارة في بناء رؤية المنظمة ورسالتها وتحقيق أهدافها الاستراتيجية كما أنه المسؤول الأول عن إعداد وتوفير الكوادر القيادية للمنظمة التي تستطيع إدارة العملية الاستراتيجية برمتها، وبالتالي فإن الإدارة العليا أيضاً مسؤولة عن طبيعة العمل بمختلف الأنظمة الإدارية التي من خلالها يتم تحقيق نتائج إيجابية تصب بإتجاه نجاح المنظمة بإستمرار.

إن الحاكمية عرضت كمفهوم شمولي في إطار وجهات نظر متعددة وجاء ليلبي متطلبات بيئة تنافسية تعرض تقاسم الأدوار بشفافية ونزاهة وتتطلب تعزيز جوانب المساءلة ومنظمات الاعمال الخاصة والحكومية خوفاً من حالات الفساد الإداري والغش والتلاعب والتي من المحتمل أن تؤدي إلى إنهيار الشركات والتأثير على الوضع الإقتصادي والإجتماعي في البلدان. ويحوى مفهوم الحاكمية أمرين أساسيين، هما :

• تحقيق الكفاءة والفاعلية في الجوانب الإدارية والإقتصادية لعمل الشركات كافة.

• التأكيد على الجانب السياسي للمفهوم ويشمل الإهتمام بالإصلاح والمساءلة والشفافية مركزاً على منظومة القيم الديمقراطية وتقاسم الأدوار.

ويراد للحاكمية أيضاً أن تمثل نظاماً واسعاً لتطبيق آليات وإجراءات محددة ومعروفة تحكم عمل منظمات الأعمال، وفي إطار هذه الإجراءات يتم التركيز على تعزيز الثقة بين مختلف الفئات وتبنى مفاهيم الشفافية والنزاهة والعدالة والمساءلة والرقابة والموضوعية لتحقيق الأهداف بعيدة المدى. ومن المعلوم أن منظمة التعاون الإقتصادي الأوروبية أصدرت دليلاً ينص على أن الحاكمية تؤطر مجموعة من العلاقات بين إدارة المنظمة العليا ومجلس إدارتها وحملة الأسهم وغيرهم من أصحاب المصالح. كذلك فإن الحاكمية توفر الهيكل التنظيمي الذي من خلاله تحدد الأهداف الرئيسية وتؤشر الوسائل المهمة التي تساعد في بلوغها وكذلك تشخيص معايير الأداء اللازمة لقياس مدى إنجاز هذه الأهداف (OECD,1999:11).

وفيما يتعلق بمبررات ظهور الحاكمية في منظمات الأعمال، فيمكن الإشارة إلى مبادئها التي تؤشر أهمية إستخدامها في الأعمال، وهي :

• المعاملة المتكافئة لجميع المساهمين.

• حماية حقوق المساهمين وخاصة حملة الأسهم الصغار منهم، حيث تؤمن مبدأ العدالة من خلال معيار سهم واحد لصوت واحد، وكذلك ترتيب حقوق التصويت.

• دور أصحاب المصالح، حيث يفترض أن تكون هناك علاقات جيدة ومثمرة بين المديرين وجميع فئات أصحاب المصالح ويلتزمون بتحمل المساءلة أمامهم.

• الشفافية والإفصاح الدوري عن المعلومات لغرض زيادة الثقة وتعزيز الحوار وكذلك الإفصاح عن المعلومات الخاصة بالمديرين ومكافآتهم الشخصية.

• مسؤوليات مجلس الإدارة والتي تتعلق بتقييم المدراء بشكل مستقل عن تقييم العمليات ومتابعة تسمية اللجان المهمة.

شفافية منظمات الأعمال Business Corporate Transparency

بعد أن أصبح الفساد الإداري والمالي، بل وحتى السياسي ظاهرة متجذرة في أغلب المجتمعات وزادت وطئته أصبحت الوسائل التثليدية في مكافحته تبد قاصرة في التأثير عليه، لذلك، طرحت في إطار مفهوم الحكم الصالح مؤشرات مهمة تمثل معيار لصدق التوجه في محاربة الفساد ومن بين هذه المفاهيم مفهوم الشفافية Transparency .

ترتبط الشفافية بالبحث عن معايير وقيم النزاهة والعدالة والمصداقية والوضوح والمساءلة في الأعمال والممارسات الإدارية، وهي بهذا الإطار تعني جعل الأمر واضحاً وشفافاً بعيداً عـن اللـبس والغمـوض وتعقـد الإجراءات بطريقة لا تتيح إمكانية متابعته ومعرفة أوجه النقص والخلل والغموض فيه. إنها نظرة منهجية وعلمية تتسم بالوضوح التام في آليات صناعة القرار وإتخاذه وبناء اسـتراتيجيات العمل ورسم الخطط والسياسات وأساليب تنفيذها ورقابتها وتقييمها والتي يفترض أن تتناسب مع المستجدات الحاصلة. كما يفترض أن تأتي جميع هذه الأطر متقيدة بأخلاقيات النزاهة والصدق، وبما يؤدي إلى تنمية الثقة والمصداقية بين مختلـف أصحاب المصالح. ويمكن الإشارة إلى عناصر الشفافية بالآتي (الغالبي، العامري،2005 : 438- 439):

- تشمل الشفافية فلسفة ومنهج عمل يتجسد بالعديد من العناصر والمعايير ولا يفترض أن ينظر إليها بإعتبارها مجرد إجراءات واضحة ومبسطة.

- تعزيز شرعية ومشروعية وجود المنظمة في المجتمع ورسم دور واضح لها وتعزيز الثقة مع الآخرين.

- مجموعة من آليات وإجراءات سهلة وبسيطة وواضحة وأن يجري تحديث وتغيير مستمر لهذه الإجراءات وفـق آليات يتم مناقشتها مع مختلف الأطراف.

- نشر وإيصال واسع للمعلومات والبيانات وتوفير أدلة للجمهور ومختلف الجهات، كما يندرج ضمن هـذا البنـد التطوعية في إعطاء المعلومات وتقليد السرية، وهنا فإن الإدارة المفتوحة يمكن أن تكون مفيدة في منظمات الأعمال المعاصرة.

- إبتعاد منظمات الأعمال عن جميع الممارسـات المثيرة للريبـة والشـك حيثما أمكـن، ومـن الضروري أن تمتلـك منظمة الأعمال موقع على الإنترنت يغذى بإستمرار ويعطى صورة ناصعة عنها.

- وضوح في رؤية ورسالة المنظمة ومبرر وجودها ودورها في المجتمع، ومبرر إستخدامها للموارد الماديـة والبشرية لتحقيق الأهداف.

- الإهتمام بالمدونات الأخلاقية التي توضع من قبل إدارة منظمة الأعمال، وأن توضع هذه المدونات موضع تنفيذ فعال، وأن لا تبقى مجرد شعارات فضفاضة.

التكنولوجيا والمعلوماتية والمعرفة والشبكات الإلكترونية وإدارة الجودة الشاملة

1. العلاقة ما بين الإدارة الاستراتيجية والتكنولوجيا والمعلوماتية
2. العلاقة ما بين الإدارة الاستراتيجية والمعرفة
3. العلاقة ما بين الإدارة الاستراتيجية والشبكات الإلكترونية
4. العلاقة ما بين الإدارة الاستراتيجية وإدارة الجودة الشاملة

الفصل العاشر

التكنولوجيا والمعلوماتية والمعرفة والشبكات الإلكترونية

وإدارة الجودة الشاملة

مقدمة :

إن إستخدام تكنولوجيا المعلومات من قبل منظمات الأعمال لا يحقق الفوائد المرجوة منه تماماً ما لم تكن قد سويت مجموعة كبيرة من عوامل مؤثرة والتي تمثل وسيط مهم لتفاعل إيجابي ومفيد بين منظمة الأعمال ونظم المعلومات وتكنولوجيا المعلومات وتفرعاتها بشكل عام، كما أن الموارد المالية والأجهزة والأبنية لم تعد تشكل الموجودات الخاصة بالمنظمة والتي تقاس قيمة المنظمة على أساسها، فهناك ما يسمى بالموارد المعرفية أو الأصول المعرفية والتي تشكل قيمة كبيرة لبعض المنظمات تفوق قيمتها المادية وأصولها بكثير. وتعد مساهمة الشبكات الإلكترونية في نقل التطبيقات الإدارية من إتجاهاتها الحديثة والقائمة على أسس علمية ومنهجية رصينة إلى مجال الإدارة الإلكترونية الرقمية والتي تعتبر أحدث المداخل في مجال الإدارة حيث يتم إنجاز الوظائف الإدارية وأنشطة المنظمات بإستخدام الشبكات الإلكترونية بشكل واسع. ولأن موضوع الجودة الشاملة يعد سلاحاً تنافسياً مهماً على جميع الأصعدة فقد تحولت من كون الجودة الشاملة موضوعاً داخلياً يخص المنظمة وإمكاناتها الفنية والإنتاجية إلى إعتباره فلسفة إدارية تعطى منتجاً أو خدمة للعملاء والبيئة ولا تؤثر سلباً عليها.

الإدارة الاستراتيجية والتكنولوجيا والمعلوماتية

إن أحد عناصر التوجيه للتغيير الاستراتيجي في العالم هو التجديد أو الإبداع التكنولوجي، وتحديداً، فإن تطبيق تكنولوجيا المعلومات Information Technology تعمل وبشكل جذري على تغيير أساس منافسة الأعمال. وعلى الرغم من الإستثمارات الكبيرة في أنظمة المعلومات التكنولوجية المتطورة، وثورة المعلومات والمعلوماتية، وبما أن دور

تكنولوجيا المعلومات في تحقيق أهداف منظمات الأعمال إستمر بالتزايد، فتأتت الحاجة إلى إدارة هذين الموردين على أساس استراتيجي لما لهذين الموردين من أهمية لمنظمات الاعمال بشقيها السلعي والخدمي.

ماهية تكنولوجيا المعلومات والمعلوماتية Essence of Information Technology

يمكن تعريف التكنولوجيا بأنها كل المعارف والمنتجات والعمليات والأدوات وطرق العمل والنظم المستخدمة في إيجاد السلع والخدمات. بهذا المعنى فهي طريقة عمل الأشياء أو هي التطبيق العملي للمعرفة في ميدان العمل (Khalil,2000:2). ولأن نجاح الأعمال يعتمد وبشكل متزايد على المنتجات والخدمات والعمليات المعززة بتكنولوجيا المعلومات، نجد أن الجوانب الفنية والعملية لتخطيط وتقييم تكنولوجيا المعلومات قد سارت بشكل أو بآخر على وفق نفس أنماط ومراحل نشوء تخطيط الأعمال وتقييمها. إن إدارة تكنولوجيا المعلومات على جانب **الطلب Demand** تعنى بالإتجاه الكلي لتطبيق تكنولوجيا المعلومات داخل منظمة الأعمال، وإن مصطلح **"تخطيط تكنولوجيا المعلومات"** كجزء من الدور الكلي لإدارة تكنولوجيا المعلومات يشير إلى نشاطات التخطيط التي تلبي مبادرات منظمة الأعمال، لتحديد متطلبات تكنولوجيا المعلومات بصورة أوسع (Boynton & Zmud,1987:59-71). ومن الناحية التقليدية، كانت متطلبات تكنولوجيا المعلومات تعرف وتحدد من أجل إعداد وتهيئة المنظمة لتلبية إحتياجاتها القصيرة الأجل، المتوسطة والطويلة الأجل فيما يتعلق بتكنولوجيا المعلومات (King,et..al, 1989:87-93). هذا وإن الطرق التنازلية التقليدية مثل طريقة تخطيط أنظمة الأعمال Business Systems Planning، تشترك بثلاث خطوات أساسية متتابعة (Henderson,et..al, 1987:5-25) :

- توثيق رؤى منظمات الأعمال ورسالاتها وأهدافها وهياكلها وعملياتها و/ أو وظائفها.
- إشتقاق استراتيجية المعلومات، أي تحديد الأهداف الاستراتيجية والسياسات والوظائف والجوانب التنظيمية لتطوير وإكتساب نظم المعلومات والتسهيلات الفنية لتكنولوجيا المعلومات.
- تحديد وتعريف البنية التحتية لتكنولوجيا المعلومات، أي هيكل تكنولوجيا المعلومات، الذي يتألف من البرامج ذات المستوى العالي للأصناف الأساسية لتكنولوجيا المعلومات، مثل نظم المعلومات، نماذج البيانات، المكونات المادية، شبكات الأعمال.

لقد كان أهم هدف لتخطيط تكنولوجيا المعلومات هو رصف ومحاذاة Alignment نشاطات وقابليات هذه التكنولوجيا مع متطلبات الأعمال وأهدافها، بما في ذلك صناعة القرار حول مدى قياس خطى مشاريع تكنولوجيا المعلومات، غير أن هذه العملية تتطلب أساساً ثابتاً وقوياً ومتجانس نسبياً على شكل خطة عمل مقبولة. لذلك فإن طرق التخطيط التقليدية لتكنولوجيا المعلومات والتي تشترك بالإفتراض الأساسي الذي مفاده " **أن تخطيط تكنولوجيا المعلومات يهدف فقط إلى ترجمة أهداف الأعمال واستراتيجية أعمال المنظمة إلى هيكل وخطة معينة لتكنولوجيا المعلومات أصبحت بالية ولا تلبي متطلبات تخطيط تكنولوجيا المعلومات** ". ومن ناحية أخرى، نجد بأن إدارة تكنولوجيا المعلومات على جانب **الطلب** Supply تعني بالجهود الموجهة نحو تخطيط وتنسيق ورقابة عرض تكنولوجيا المعلومات داخل المنظمة، إذ أنها تدير الأهداف والإتجاهات والتوجهات وأهداف الأداء والهياكل التنظيمية للعرض التشغيلي وإدارة خدمات تكنولوجيا المعلومات، ويمكن ملاحظة مزيج من مداخل التخطيط والتقييم المختلفة للإدارة الفاعلة لمختلف أنواع عرض تكنولوجيا المعلومات (التطوير، الصياغة، العمليات). هذا وإن أغلب التحسينات الأخيرة في تخطيط تكنولوجيا المعلومات كانت تهدف إلى رصف قضايا تكنولوجيا المعلومات والأعمال، وبالتالي تقليل حالة عدم التأكد من إستلام النتائج، تقليل الكلفة،ومستويات تحسين النوعية لعرض تكنولوجيا المعلومات.

الإدارة الاستراتيجية وتكنولوجيا المعلومات

Strategic Management & Information Technology

مع التطور السريع لتكنولوجيا المعلومات، برزت أهمية المعلومات الاستراتيجية كمورد مهم وثمين في عالم الأعمال التي يمكن أن تكون مصدراً مهماً في تحقيق ميزة تنافسية استراتيجية وسلاح تنافسي للمنظمة، فمن الضروري أن تفهم إدارة المنظمة كيفية الحصول على هذه المعلومات لإيجاد الفرص التنافسية التي تمكن المنظمة من تحقيق أهدافها قصيرة وبعيدة المدى.

إن المشاكل المتأصلة في إستخدام المعلومات صحيحة، حيث تلعب إدارة المعلومات دوراً مركزياً، وهذا ليس على أساس البيانات المجموعة خارجياً التي تسمى **معلومات الأعمال**، لكن أيضاً على أساس عملية المعلومات المشمولة في صياغة استراتيجية منظمة

الأعمال، ولأن قوة التحليل المبنية على المعلومات النوعية هي جزء أساس من العملية الاستراتيجية (Hayward & Perston,1995:261). وفيما أن المدخل المعاصر للإدارة الاستراتيجية تبنى مدخل (أسفل - أعلى / Bottom - Up) للتخطيط وصنع القرار يكون من الواضح أن للمعلومات دور مركزي في صنع القرار الاستراتيجي (Sharman,1998:26-29). من هنا، يلاحظ الربط بين المعلومات ودورها في القرار الاستراتيجي والتي تعززت بفعل التطور الكبير الذي تشهده منظمات اليوم في ظل التغييرات البيئية المتسارعة وإشتداد المنافسة، لذلك، فإن فوائد المعلومات لم تعد تكمن في مجرد خزنها وإنما مدى ملائمتها ومطابقتها لعمليات الإدارة الاستراتيجية الخاصة، وعليه، فالمنظمات تقيس بصورة مستمرة قيمة موجوداتها من المعلومات على أساس قابليتها للإنتفاع من هذه المعلومات لتتفاعل مع طلبات السوق بصورة أكثر من منافسيها (Frappoalo,1998:80).

لقد أشار (Owens,et..al, 1996:51-52) أن المعلومات المطلوبة تتمحور حول عنصرين أساسيين هما البيئة الخارجية المتمثلة بالمنظمات المنافسة والأداء التشغيلي للمنظمة نفسها، وتماشياً مع إقتراح (Drucker,1995:61) بأن تطوير استراتيجية منظمة الأعمال يتطلب معلومات تركز على البيئة، الأسواق، العملاء، المنافسين، والمعلومات المالية، إضافة إلى أن التزود بالمعلومات التي تجعل المدراء يسألون الأسئلة الصحيحة وليس فقط إمدادهم بالمعلومات التي يتوقعونها يعتبر المفتاح الرئيس لفعالية أنظمة المعلومات، ويوكد (Drucker) بأن هذا يستلزم، أولاً، معرفة المدراء للمعلومات التي يحتاجونها، ثانياً، الحصول على المعلومات ضمن أساس نظامي (دوري)، ثالثاً، تكامل المعلومات مع إتخاذ القرارات.

لقد كان (King,1978:27-37) من بين الباحثين الأوائل في نظم المعلومات الذين ميزوا وأكدوا على أهمية التكامل ما بين تخطيط الأعمال وتخطيط أنظمة المعلومات، حيث إفترض منهجية خاصة لتخطيط نظم المعلومات ممكن إستخدامها لتكامل استراتيجيات نظم المعلومات مع استراتيجيات الأعمال، وتؤكد هذه المنهجية أن مجموعة استراتيجية نظم المعلومات وهي أهداف الأنظمة، قيود الأنظمة، واستراتيجيات تصميم الأنظمة، يجب أن تشتق من مجموعة الاستراتيجية التنظيمية التي هي (رسالة الأعمال، أهداف الأعمال، استراتيجية الأعمال، وأية خواص استراتيجية تنظيمية).، وبنفس السياق أفاد كل (Das,et...al, 1991:953-984) بأن المنظمات التي عملت على تكامل خطط الأعمال مع خطط نظم المعلومات كان أداؤها بشكل عام يفوق أداء تلك المنظمات التي لم تقم بذلك. ويقترح (Zee

أن هناك إستثناء واحد من ناحية تكامل تكنولوجيا المعلومات في عمليات إدارة الأعمال (& De Jone,1999:143 المتمثل بإدارة الأسس التحتية "البنية التحتية Infrastructure" من حيث رأس المال مع التأكيد على الكفاءة والموثوقية مثل (مراكز البيانات، الشبكات، الخدمات الحسابية للمستخدم الأخير)، وهذه تتطلب إهتماماً خاصاً وذلك بسبب عدم إمكانية إشتقاق دورها بشكل مباشر مع المتطلبات الوظيفية ومتطلبات الأعمال، فإدارة الهيكل التحتي لتكنولوجيا المعلومات، وتلبية المتطلبات من أجل سهولة الإتصال والتواصل، يتطلب مدخلاً مهيكلاً، وتفصيلياً للرقابة والتخطيط، حيث أن عمليات الرقابة والتخطيط للهيكل التحتي لتكنولوجيا المعلومات تركز على المعايير الرسمية، وتقليل مخاطرة الفشل، ولابد لإدارة هذه الهياكل أن يتم أداءها من قبل مختصين في تكنولوجيا المعلومات بحيث أنهم يفهمون قابليات تكنولوجيا اليوم ومخاطرها وقيودها.

وبسبب التطورات المعاصرة وإزدياد التأثيرات الدولية والعالمية على نشاط منظمات الأعمال، وتسارع العمليات التكنولوجية وبروز دور متميز لنظم المعلومات الاستراتيجية وتكنولوجيا المعلومات، أدى إلى ظهور العديد من التحديات التي تواجه منظمات الأعمال (Robbins & Cenzo,1995:4). ومن خلال ثورة تكنولوجيا المعلومات في السنوات الأخيرة كان هناك فهم قليل لكيفية قياس الكلف الحقيقية والفوائد لأنظمة المعلومات بالنسبة للأعمال (Strassman,1999).

إن تكامل تكنولوجيا المعلومات والإدارة الاستراتيجية تؤكد على عدة شروط من الواجب تلبيتها، وهذه الشروط هي:

- أن المختصين في تكنولوجيا المعلومات والأعمال يجب أن يكونوا على دراية بما يمكن أن يقوموا به وما يريدون فعله بتكنولوجيا المعلومات من منظور الأعمال، ويجب أن يكونوا راغبين وقادرين على الإشتراك بأطر العائدية من أجل بلوغ الأفكار والآراء العملية المشتركة حول الإستخدام العملي لتكنولوجيا المعلومات.

- أن المختصين في تكنولوجيا المعلومات والأعمال يجب أن يستجيبوا الواحد للآخر، ويجب أن يكونوا قادرين على التحدث بلغة شائعة ومشتركة حول التطبيق العملي لتكنولوجيا المعلومات، ويجب أن يكونوا راغبين وقادرين على ترجمة رؤى واستراتيجيات تكنولوجيا المعلومات والأعمال إلى مفاهيم ممكن فهمها والعمل بها من قبل المجتمع، كما لا بد أن

يكونوا راغبين وقادرين على توفير التغذية العكسية حول كيفية تنفيذ الاستراتيجيات وحول مسألة صلاحيتها.

• أن مسؤوليات وصلاحيات المختصين في تكنولوجيا المعلومات والأعمال، يجب أن تكون واضحة وغير غامضة، ويجب إيصالها بشكل واضح من أجل تفادي حالة سوء الفهم حول ما يمكن توقعه الواحد من الآخر، ولا بد من ترجمة رؤى واستراتيجيات تكنولوجيا المعلومات والأعمال إلى أهداف معينة للأقسام والفرق والأفراد، ومن ثم العمل وفقها من خلال ربط برامج الأعمال وتوزيع الموارد بالأسبقيات الاستراتيجية الطويلة المدى، وليس فقط الأداء التشغيلي القصير المدى (Kaplan & Norton,1996:103).

إن التكامل المطلوب بين تكنولوجيا المعلومات والإدارة الاستراتيجية سوف يحصل فقط عند وجود الرغبة والثقافة لمدراء الأعمال لكي يشتركوا بالمعلومات حول تخطيط الأعمال، ولمدراء تكنولوجيا المعلومات من أجل المشاركة بإجزاء من سلطتهم السابقة **أولاً، وثانياً،** أن مهارات الأفراد الذين سوف يحددون ويستخدمون أنظمة الإدارة لتكامل إدارة تكنولوجيا المعلومات والأعمال يجب أن تكون ذات طبيعة ملائمة، **ثالثاً،** أن المسؤولية الرسمية عن إدارة جانب الطلب بالنسبة لتكنولوجيا المعلومات يعتبر بمثابة أخر نقطة حرجة لإنجاح المدخل الإداري الاستراتيجي التكاملي (Zee & D Jong,1999:154).

الإدارة الاستراتيجية والمعرفة

تمثل المعرفة في الوقت الحاضر أهم الأصول والموارد لإيجاد الثروة في منظمات الأعمال، وتعطى المعرفة ميزات تنافسية مستدامة لا يمكن تقليدها في عصر إنتقال الإقتصاد من إقتصاد صناعي معلوماتي إلى إقتصاد معرفي. لقد أصبحت العديد من منظمات الأعمال العالمية عالية التخصص وكثيفة المعرفة، وفيها موارد بشرية ومعرفية وإدارات تمثل رأس مال معرفي وفكري مهم.

ماهية المعرفة The Essence of Knowledge

أصبحت جميع منظمات الأعمال معنية اليوم بالمعرفة، وحتى تلك التي تتعامل بالسلع المادية، فالمعرفة نجدها متجسدة ومكثفة بالمنتجات التي يتم إستهلاكها، كما أنها أصبحت

الأهم من بين الموارد المعنية بإيجاد القيمة وتوليد النقد، لذلك فإن منظمات الأعمال تتبارى وتتنافس لغرض الحصول على المعرفة، ومن ثم إستخدام هذه المعرفة في المنافسة.

إن المعرفة Knowledge تعنى الفهم المكتسب من خلال الدراسة والتجربة والتأقلم مع كيفية صنع أو عمل الأشياء بشكل ميسر وسريع وهي تتولد من تراكم الحقائق Facts والإجراءات Procedures والقواعد Rules والإرث المعرفي المكتسب (Awad & Ghazisi,2004:33).

إن المعرفة تتكون من جانبين هما **المعرفة الصريحة** Explicit Knowledge، المتمثلة بالمعلومات والبيانات التي يمكن أن تتراكم وتدمج وتعالج بطرق مختلفة ويمكن تقاسمها ونقلها وإسترجاعها بوسائل مختلفة، وهذا ما نجده في التطبيقات وطرق العمل وإجراءاتها الرسمية وغيرها. إن هذا النوع من المعرفة عرفه الباحث (Backman,2001:54) بكونه جميع المعارف المرتبطة بالمعلومات المُنظمة والقابلة للإستخدام والتداول لحل الإشكالات والمشاكل، وبذلك فإنها تمثل معلومات صريحة ومفهومة، محللة، مطبقة أو يمكن تطبيقها لإيجاد حلول للمشاكل المطروحة. وفي الحقيقة إن هذا النوع من المعرفة يمكن أن يتحول في قواعد بيانات وقواعد معرفية تختزنها المنظمة ويمكن أن تعود إليها. وفي مجموعه العام يمثل خزين الفكر الإنساني.

أما الجانب الثاني فهو **المعرفة الضمنية** Tacit Knowledge، وعادة ما تكون معرفة لم تصل بعد إلى حد الترميز Codification والرسملة، وبذلك فإنها تكون في عقول الأفراد وخبراتهم الخاصة، ورغم أنه يمكن مشاركة جوانب منها، فإنه يصعب التعبير عنها ونقلها بالكامل إلى الآخرين. لذلك يمكن تعريفها بكونها تمثل مزيج الخبرات والقيم. والمعرفة بشكل عام هي مجموع المعرفة الصريحة والضمنية التي تمتلكها منظمة الأعمال ويمكن أن تستفيد منها في المنافسة.

ويمكن تمثيل المعرفة بجميع أنواعها، وأصنافها، وتصنيفاتها بكونها تمثل سلسلة مستمرة تبتدأ بالبيانات التي تجمع من مصادر متعددة ليتم معالجتها وتحويلها إلى معلومات مفيدة لمتخذ القرارات، وفي إطار هذه المعلومات يمكن أن تتشكل المعرفة الصريحة التي تمثل خزين كبير يتم الإستفادة منه، ويسند ظهور معرفة ضمنية مرتبطة بالقدرة بتطوير قابلية الحدس والتخمين والإستنباط لتعزز أيضاً أنواع أخرى من المعارف لإكتشاف المجهول من خلال التجريب وإستخدام الحكمة، وكما هو موضح بالشكل (10-1).

شكل (10-1) : سلسلة المعرفة

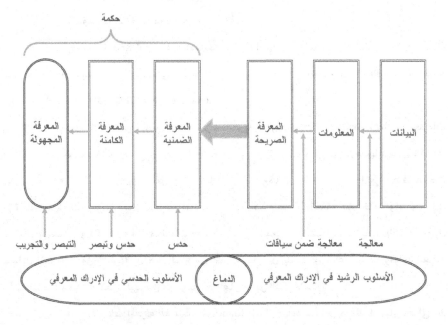

الاستراتيجية والمعرفة Strategy and Knowledge

إن كون الاستراتيجية تمثل دليلاً وموجهاً شاملاً وللأمد البعيد ولمنظمة الأعمال، فإن المعرفة يمكن أن تمثل الجانب الروحي والمغذي لعمليات الإدارة الاستراتيجية بمختلف مراحلها. ولكن التصور الآخر يرى أن المعرفة وإدارتها يمكن أن تمثل وظيفة إدارية مضافة يجب أن تتقيد بالتوجهات الاستراتيجية والموضوعة من قبل الإدارة العليا، وبالتالي يمكن مناقشة كون المعرفة تابعة للاستراتيجية كما يتبع الهيكل التنظيمي للاستراتيجية. ويعتقد الباحثين ويؤيدان وجهة نظر (McElroy,2003:4-8) المغايرة للمفهوم الكلاسيكي لإدارة المعرفة والتي ترى فيها حلول للمشاكل من خلال تكنولوجيا المعلومات من جانب، ومن جانب آخر، سيطرة وهيمنة الإدارة العليا على التوجهات الاستراتيجية للمنظمة، وبالتالي الطلب من متخصصي تكنولوجيا المعلومات تحديد الحاجة للبيانات والمعلومات اللازمة لإسناد هذه التوجهات الاستراتيجية. في حين أن الأمر لا يجرى على وفق هذه الصيغة، حيث أن

الاستراتيجية ذاتها ناتج تفاعل معرفي متأثراً بالجوانب الملموسة والجوانب غير الملموسة من المعرفة، بمعنى أن المعرفة تسند الفعل الاستراتيجي وتشكل الميزات التنافسية الفريدة لدى منظمات الأعمال. وفي جميع الأحوال فإن العلاقة بين المعرفة وإدارتها واستراتيجية المنظمة، لا يمكن تحديدها بإطار واحد ولكن يمكن النظر إليها على مستويين :

- تتشكل الاستراتيجية وتصاغ في إطار منظور معرفي معين متأثراً بشكل كبير بالمعارف والخبرات وخاصة الجديدة منها والإبتكارية، فإذا ما علمنا أن المعرفة الضمنية والحكمة توجد في رؤوس وأدمغة المدراء الكبار، فإن هذا الأمر سينعكس بطبيعة المعرفة المتولدة من هذه الخبرة والحدس على الخيارات الاستراتيجية المهمة.
- يمكن النظر إلى المعرفة في إطار كونها نشاط إداري في إدارة وظيفية تأخذ مسميات عديدة في منظمات الأعمال اليوم، مثل إدارة تكنولوجيا المعلومات، أو البحث والتطوير والمعلومات أو حتى إدارة المعرفة، وهنا فإن هذه الإدارة تسهم كباقي الإدارات في رفد استراتيجية الأعمال بإعتبارها من الوسائل الضرورية للنجاح متفاعلة مع غيرها من الإدارات الأخرى.

وفي كل الأحوال فإن منظمات الاعمال تحاول أن تجعل من المعرفة بمختلف أشكالها وجوانبها مدخلاً يعزز بإستمرار القدرات الجوهرية للمنظمة لكي تسند هذه القدرات ميزات تنافسية لا يمكن تقليدها بسهولة من قبل المنافسين. وإذا ما أعتبرت إدارة منظمة الأعمال المعرفة مورداً أساسياً تستثمر فيه بشكل كثيف ويتم بناؤه بشكل منهجي ومنظم سواءاً لدى الإدارة العليا كاستراتيجيون معرفيون أو لدى العاملين كموظفين معرفيون أو لدى المهنيون المتخصصون كمعرفيون، فإن هؤلاء هم الأساس في إيجاد القدرات الجوهرية في منظمة الاعمال، تلك القدرات المرتبطة كثيراً بالمعرفة الضمنية وحكمة الإدارة، ويعرض الشكل (10-2) المعرفة كأساس لبناء القدرات الجوهرية.

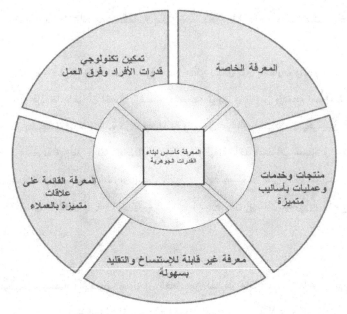

شكل (10-2) : المعرفة كأساس لبناء القدرات الجوهرية

تمكين تكنولوجي
قدرات الأفراد وفرق العمل
المعرفة الخاصة
منتجات وخدمات
وعمليات بأساليب
متميزة
المعرفة القائمة على
علاقات
متميزة بالعملاء
معرفة غير قابلة للاستنساخ والتقليد
بسهولة

المصدر : نجم،2005: 163.

وفي إطار هذا، تتبع منظمات الأعمال المتطورة وفق المنظور الحديث استراتيجيات لإدارة المعرفة، أهمها (القريوتي،2004: 23-28) :

- التأكيد المستمر على الدور المحوري لتوليد المعرفة والإستفادة منها في تطوير السلع والخدمات.
- إيجاد بيئة تعلم، ويتحقق من خلال قيام منظمات الأعمال بتوفير فرص تدريب وتراكم الخبرات من خلال التواصل مع العملاء والمنافسين، والخبرات العملية الشخصية، والعمل الجماعي، وإستخلاص الدروس من الأخطاء التي تحصل في العمل.
- توليد ونقل ونشر وتكريس ثقافة المعرفة في التنظيم، وهنا على منظمات الأعمال أن تعمل وبإستمرار على توليد المعرفة من المصادر الداخلية والخارجية أو من خلال تطوير فهم جديد للمعرفة الموجودة. هذا وإن للإبداع دور في توليد المعرفة، ولا تكتمل حلقة الإبداع إلا بتطوير قدرات المنظمة على نشر المعلومات والمعرفة في الداخل وتطوير ثقافة التغيير بين الأفراد والجماعات فيها.

- مقارنة الأداء بأداء المنظمات ذات الأداء المتميز، ويتضمن هذا النشاط قيام منظمة الأعمال بتحديد وجمع المعرفة والتحكم بها حتى تستطيع من التفوق على منافسيها عن طريق إستغلال المعرفة الغير مستغلة، وإتباع استراتيجيات تسهل الإستفادة المشتركة من المعرفة الجديدة، وإنتاج ما من شأنه أن يحسن خدمة العملاء، والحصول على ولائهم للسلع والخدمات التي تنتجها منظمة الأعمال.

- تعزيز ثقافة تنظيمية تعزز قيمة المعرفة.

- قياس الموجودات غير الملموسة (المعنوية).

- إدارة التكنولوجيا، وقد تم الحديث عنها سابقاً.

- الإدارة الفاعلة للموارد البشرية من خلال إستخدام أحدث الأساليب في الإدارة والإطلاع على أفضل الممارسات في مجال إدارة الموارد البشرية.

الإدارة الاستراتيجية والشبكات الاكترونية

أصـبحت الإدارة الاستراتيجية لمنظمـات الأعمال في عصـر المعلومـات والمعرفـة تتعامـل مـع مفاهيم ومرادفات متجسدة على أرض الواقع بأشكال وطرق مختلفة، فهناك الإدارة الإلكترونية E-Management، والأعمال الإلكترونية E-Business، التجـارة الإلكترونيـة E-Commerce، ناهيـك عـن التعامـل الإلكترونـي في مجـال المصارف والتسويق والتوريد وغيرها، وبالتالي يتطلب الأمر من هذه الإدارة أن تعي طبيعـة بيئـة الأعمـال الإلكترونيـة لـترى مدى تأثيرها على خياراتها الاستراتيجية وتنفيذها.

مفهوم الشبكات الإلكترونية   Concept of Electronic Network

تتمثل الشبكة الإلكترونيـة بمجمل التبادلات الإلكترونيـة والـتي طـورت وأسـتخدمت النـظم الحاسـوبية والإتصالات لنقل البيانات والمعلومات والرسائل بين مختلف الأطراف المسـتفيدة. ويعبر عـن الشـبكة الإلكترونيـة بمصطلح الإنترنت Internet، فقد غير الإنترنت الحياة البشرية بشكل كبير وأساسي سواء بطريقة البيع والشراء أو طرق التعليم أو طرق الإتصال مع الآخرين كأفراد ومنظمات أو كمصـدر للمعلومـات والبيانـات أو غيرهـا مـن الممارسات الحياتية المختلفة. إن التبادل الإلكتروني أوجدته الحاجة الملحة لتطوير عمل

المنظمات وربط فروعها وإتصالاتها بالمنظمات الأخرى والمشاركة معها في جوانب عديدة. ويمثل هذا الأمر الخروج عن القواعد التقليدية في الإتصال وتبادل المعلومات والبيانات حيث يمكن إستخدام العديد من الوسائل المتاحة على شبكة الإنترنت العالمية أو على شبكات الإكسترانت Extranet، والتي تمثل شبكات خاصة بالمنظمات لها مكونات بنية متطورة (ياسين،2005: 51) ، (David,2000). إن هذه الوسائل للتبادل الإلكتروني قد أثرت بشكل كبير على طبيعة نقل المعلومات وتبادلها وسرعة تطوير القرار ودقته بشكل كبير. ويمكن القول أن الشبكات الإلكترونية تأطرت اليوم في العديد من منظمات الأعمال في إدارات إلكترونية إستفادت من هذه التكنولوجيا والمعرفة في مختلف مجالات العمل سواء في مجال الأنشطة الداخلية والعمليات أو في مجال سلاسل التوريد والتجهيز أو في مجال إدارة العلاقات مع العملاء، وعلى إعتبار أن الإنترنت تمثل الوسيلة الأكثر أهمية في هذه الشبكات فإنه يمكن القول أن هذه الشبكة العنكبوتية العالمية ولدت العديد من الإتجاهات الحديثة وأظهرتها في بيئة الأعمال، وكما يلي (Wheelen & Hunger,2006:8) :

- أدى الإنترنت بمنظمات الأعمال إلى أن تغير نفسها حيث أن مفاهيم الشبكات الإلكترونية أصبحت حقيقة في التعامل مع مختلف الأطراف.
- قنوات توزيع جديدة في التسويق خفضت من وجود الوسطاء وغيرت الشكل التقليدي للتوزيع وذلك من خلال تفاعل مباشر بين منظمات الأعمال والعملاء.
- توجه ميزان القوى بإتجاه المستهلك أكثر من السابق، حيث يستطيع المستهلك الدخول السريع للمعلومات وتلبية طلبه وفق حاجاته ورغبته.
- التغير في قواعد المنافسة وأساليبها، فالتوجه بالتكنولوجيا الجديدة تتطلب من منظمات الأعمال الإستغلال المبدع والكفوء والفاعل لما يتيحه الإنترنت من معرفة ومعلومات.
- الأفق الزمني للعملية التخطيطية قد تغير بسبب كثرة المعلومات ودقتها وإستطاعت هذه المعلومات أن تلبى بسرعة توقعات العملاء والمجهزين رغم أن البيئة قد أصبحت أكثر إضطراباً.
- دفع الإنترنت منظمات الأعمال لعمل خارج إطار الحدود التقليدية لعملها، فالإمداد والتفاعل قد تطور كثيراً بفعل شبكات الإتصال الحديثة.
- أصبحت المعرفة المورد الرئيسي والمهم من موارد المنظمة والمصدر الرئيسي للميزات التنافسية.

دور الإنترنت في عولمة الأعمال Internet Role in Business Globalization

إن التطور الحاصل في وسائل الإتصال جعل منظمات الأعمال تتنافس في إطار فضاء كوني واسع، فحتى المنظمات المحلية أصبحت تواجه تحديات العولمة والمنافسة بسبب هذا التبادل الكبيرة للمعرفة والمعلومات، وإطلاع العملاء على منتجات هذه المنظمات التي أصبحت لها مواقع تهتم على الأقل بالجوانب التسويقية لمنتجاتها وخدماتها. إن العولمة والتدويل للأسواق والمنظمات غير من الطرق التي تستخدم في صنع الاستراتيجيات وتنفيذها. فإذا كانت منظمات الأعمال تحاول تخفيض الكلف من خلال الإنتاج الواسع Economic of Scale فإن العولمة والإنترنت وبسبب التنوع الكبير في الأعمال تطلب أن يترادف هذا المفهوم مع مفهوم آخر وهو إقتصاديات النطاق Economic of Scope، والذي بموجبه يمكن أن تتقاسم مجموعة خطوط إنتاج أو منتجات أو خدمات قنوات التوزيع، أساليب الإعلان، تسهيلات التخزين للحصول على كلف أقل من خلال تقاسم سلاسل القيمة لهذه المنتجات والخدمات المختلفة لهذه التسهيلات (Wheelen & Hunger,2006:86).

لقد أصبحت منظمات الأعمال الكبيرة تتبنى هياكل تنظيمية مصفوفية أو شبكية أو على أساس الفرق، وبموجبه فإن خطوط الإنتاج أو وحدات الإنتاج تستطيع التعامل مع بلدان بذاتها أو أقاليم محددة. إن هذا الأمر وجه الإدارة العليا لمنظمات الأعمال لمزيد من الفهم للبيئة الدولية والأعمال العالمية، كما أصبحت الاستراتيجيات العالمية مألوفة للمنظمات الكبيرة لتعطى ميزات تنافسية وموقعاً متميزاً لها. من جهة أخرى لا يمكن تصور العولمة بكونها تعطى ميزات فقط دون أن تفرز التحديات التي من المفترض أن تواجهها إدارة منظمات الأعمال بالطرق المناسبة.

الإدارة الاستراتيجية وإدارة الجودة الشاملة

أصبح الإهتمام بالجودة ظاهرة عالمية وأصبحت المنظمات والحكومات في العالم توليها اهتماما خاصا، حيث أصبحت الجودة هي الوظيفة الأولى لأي منظمة وفلسفة إدارية وأسلوب حياة لأي منظمة لتمكنها من الحصول على ميزة تنافسية تمكنها من البقاء والاستمرار في ظل المتغيرات البيئية المتلاحقة وسريعة التغيير، وظهور الأسواق العالمية وتزايد طلبات المستهلكين للجودة وزيادة حدة المنافسة مما أدى إلى أن الجودة أصبحت سلاحا استراتيجيا

للحصول على ميزة تنافسية. ترجع أدبيات إدارة الجودة الشاملة المبادئ والأساليب التي تقوم عليها في تطوير الأداء والإنتاجية إلى روادها الأوائل من Deming ، Ishhikawa ، Juran ، Crosby ، Oakland ، ويقوم مدخل إدارة الجودة الشاملة على فلسفة الأداء المستمر والمتميز للإنتاج المطور للسلع والخدمات بوفرة أعلى وتكلفة أقل والمعيب الصفري Zero Defect وإرضاء العملاء داخل المنظمة وخارجها. وقد أدى إدراك أهمية الجودة كسلاح استراتيجي للحصول على ميزة تنافسية إلى تبني فلسفة إدارة الجودة الشاملة، وهي فلسفة قائمة على أساس مجموعة من الأفكار الخاصة بالنظر إلى الجودة على أساس أنها عملية دمج جميع أنشطة المنظمة ووظائفها ذات العلاقة للوصول إلى مستوى متميز من الجودة، وتصبح الجودة مسؤولية كل فرد في المنظمة مما يعظم أداء المنظمة.

ويستدعي تطبيق فلسفة أداره الجودة الشاملة إلى توافر المناخ التنظيمي والثقافة التنظيمية التي تشجع على تطبيق وتوفير أساليب تحسين الجودة في جميع المجالات وتبني فلسفة التحسين المستمر والاهتمام بضرورة دعم الإدارة العليا لهذه الفلسفة وتطوير رؤية استراتيجية بمشاركة العاملين وتطوير أنماط جديدة من المديرين.

لقد حققت إدارة الجودة الشاملة على مدى العقدين الماضيين، نجاحات باهرة وملفتة للنظر في العديد من الشركات العالمية الأمريكية، واليابانية، والأوروبية، وباتت إدارة الجودة الشاملة في الوقت الحاضر هي حديث الساعة في أوساط الأعمال والجامعات ومراكز البحث العلمي والأجهزة الحكومية والشركات العالمية على اختلاف أحجامها في أنحاء العالم ، وقد قام العديد من الكتاب والباحثين بتطوير منهج إدارة الجودة الشاملة، ووضع كل منهم نموذجا خاصا به، وكذلك الحال بالنسبة للشركات التي وضعت هي أيضا نموذجا خاصا بها.

ماهية إدارة الجودة الشاملة The Essence of Total Quality Management

الجودة بمعناها العام، إنتاج المنظمة لسلعة أو تقديم خدمة بمستوى عالي من الجودة المتميزة، تكون قادرة من خلالها على الوفاء باحتياجات ورغبات عملائها بالشكل الذي يتفق مع توقعاتهم، وتحقيق للرضا والسعادة لديهم. ويتم ذلك من خلال مقاييس موضوعة سلفا لإنتاج السلعة أو تقديم الخدمة، وإيجاد صفة التميز فيهما.

في ضوء التعريف السابق، فالجودة من وجهة نظر إدارة الجودة الشاملة هي ما يلي (عبدالله، 2006: 6) :

- ميعار للتميز والكمال يجب تحقيقه وقياسه.
- تقديم أفضل ما يمكن لدى المنظمة لعملائها، من أجل إرضائهم وكسب ثقتهم.
- الاهتمام بكل شيء وبالتفاصيل على حد سواء، من أجل الوصول إلى الكمال، فلا مجال للصدفة أو التخمين.
- الجودة ليست إرضاء العملاء فحسب بل إدخال السعادة إلى نفوسهم.
- الجودة لها علاقة بتوقعات العميل من حيث الدقة والإتقان، الأداء المتميز، المواصفات المتميزة، تقديم السلعة أو الخدمة في الوقت المرغوب من قبله، تكلفة مناسبة يتحملها من أجل الحصول على السلعة أو الخدمة.
- الجودة هي مؤشر لعدد من الجوانب أهمها خلو السلعة أو الخدمة من العيوب أو الأخطاء، تصميم متميز للعمليات، رقابه فعالة على كل شيء، خلو العمل من التداخل والازدواجية، تكلفة قليلة مقارنة بمستوى الجودة المرغوب من العميل، تميز في تخطيط وتنظيم واستثمار الوقت، استخدام فعال للموارد البشرية والمادية، سرعة في الأداء.
- تستطيع المنظمة أن تعرف من خلال الجودة، فيما إذا كانت قد أدت ما عزمت على إنتاجية أو تقديمه، وفق ما يريده ويرغبه العميل، وبالتالي فهي معيار لتقييم النجاح في كل شي.
- أن تحقيق الرضا والسعادة لدى العملاء من خلال جودة السلعة أو الخدمة المقدمة إليهم يعنى أن إدارة الجحودة الشاملة قد حققت هدفها المنشود.

تُعتبر إدارة الجودة الشاملة (Total Quality Management) من أهم الموجات التي استحوذت على الاهتمام الكبير من قبل المديرين الممارسين والباحثين الأكاديميين (Lotana & Lavan,1993:17-29) ، (Weeb & Bryant,1993:9-16) ، كإحدى الأنماط الإدارية السائدة والمرغوبة في الفترة الحالية، وقد وصفت بأنها الموجه الثورية الثالثة بعد الثورة الصناعية وثورة الحواسيب. يعد مفهوم إدارة الجودة الشاملة (TQM) فلسفة إدارة عصرية ترتكز على عدد من المفاهيم الإدارية الحديثة الموجهة التي يستند إليها في المزج بين الوسائل الإدارية الأساسية والجهود الابتكارية وبين المهارات الفنية المتخصصة من أجل الارتقاء

بمستوى الأداء والتحسين والتطوير المستمرين. لقد ظهرت تعريفات عديدة لإدارة الجودة الشاملة، فقد عرّفها معهد الإدارة الفيدرالي على أنها تأدية العمل الصحيح على نحو صحيح من الوهلة الأولى لتحقيق الجودة المرجوة بشكل أفضل وفعالية أكبر في أقصر ـ وقت، مع الاعتماد على تقديم المستفيد من معرفة مدى تحسن الأداء (القحطاني،1993: 7 -35). وعرّفها (Riley,1993:32) على أنها تحول في الطريقة التي تُدار بها المنظمة، والتي تتضمن تركيز طاقات المنظمة على التحسينات المستمرة لكل العمليات والوظائف، وقبل كل شيء المراحل المختلفة للعمل، حيث إن الجودة ليست أكثر من تحقيق حاجات العميل. أما (Benhard,1991:287) فقد عرّف إدارة الجودة الشاملة بأنها إيجاد ثقافة متميزة في الأداء، تتظافر فيها جهود المديرين والموظفين بشكل متميز لتحقيق توقعات العملاء، وذلك بالتركيز على جودة الأداء في مراحله الأولى وصولاً إلى الجودة المطلوبة بأقل كلفة وأقصر ـ وقت. إن التحدي الأساسي الذي يواجه المنظمات عند تطبيقها لمنهجية إدارة الجودة الشاملة هو إحداث التكيف والتوازن بين متغيرين أساسيين، **الأول،** هو توفير الاستقرار في الخدمة الـذي يساعدها على تخطيط إنتاجها ومستلزماته بشكل جيد وبدرجة عالية من الدقة، **والثاني،** هو إدخال تغييرات على العمليات داخل المنظمة عامة، والإنتاج بشكل خاص، لمواجه وتلبية حاجات ورغبات العملاء التي تتغير بين الحين والآخر. وكأي موجة إدارية تظهر وتطبق وتحظى بالاهتمام والانتشار، فقد بدأت إدارة الجودة الشاملة تحظى باهتمام الباحثين، وقد وجدت معظم الدراسات أن تطبيق إدارة الجودة الشاملة له انعكاسات إيجابية على أداء المنظمة التي تطبقها، وذلك من خلال تحسين معدل الربحية وانخفاض التكاليف، وتحسين الأداء الحالي وتحسين علاقات الموظفين، وارتفاع مستويات الرضا الوظيفي لديهم. وبوجود المؤشرات التي تبين جدوى إدارة الجودة الشاملة ازدادت أهميتها، وازدادت سرعة انتشارها.

إن التغير السريع في المبادئ الاقتصادية والتقنية الاجتماعية والديموغرافية استدعى نشوء مطالب ملحة على الجودة وعلى فعالية هذه الجودة. ومجتمعاتنا العربية تشهد في الوقت الراهن كثيرا من التغيرات الملحوظة في شتى المجالات ، التي تفرض على منظماتها الإدارية تغيير أساليبها التقليدية في الإدارة ، وتبني المفاهيم الإدارية الحديثة إذا ما أرادت تحقيق أهدافها بكفاءة وفاعلية.

الإدارة الاستراتيجية وإدارة الجودة الشاملة

Strategic Management and Total Quality Management

لقد أصبح من الواضح أن الهدف الأساسي الذي تطمح أية منظمة الوصول إليه هو تحقيقها للميزة التنافسية في نشاطاتها الرئيسية. هذا وقد ظهرت الحاجة إلى وجود شكل تحليلي يتناول عملية تشكيل ووضع الاستراتيجيات التي تقوم على معرفة الشركة العميقة بقدراتها وإمكانياتها وتفهمها للظروف المحيطة بها وذلك كنتيجة للتحديات المتزايدة التي تواجه مدراء منظمات الأعمال. ففي ظل العولمة التي تخللتها ثورة في مجال الاتصالات والمعلوماتية، وفي ظل نظام التجارة الدولية، كسرت الحواجز الجمركية الموجودة بين دول العالم، وأصبحت الأسواق العالمية مفتوحة أمام جميع المنتجين ليروجوا سلعهم. هذه الأوضاع الراهنة اليوم أوجدت منافسة عالمية شديدة.

ومما زاد من حجم المنافسة العالمية، وجود ظاهرة الكساد التجاري في العديد من دول العالم، أي أصبحت ظاهرة العرض أكبر من الطلب في العديد من الأسواق العالمية والمحلية، فالأسواق اليوم مغرقة بالسلع والخدمات، والمنظمات المنتجة يتنافس كل منها على كسب حصة أكبر في السوق أو الطلب. وفي ظل هذه الظروف أصبح المستهلك هو سيد الموقف وسيد السوق والجميع يسعى لإرضائه، طمعاً في زيادة الحصة السوقية التي أصبح يتوقف عليها بقاء واستمرارية المنظمات. في ضوء هذه السمات، توجهت الأنظار إلى إدارة الجودة الشاملة التي اعتبرتها المنظمات وسيلة فعالة من أجل إحداث تغييرات جذرية في فلسفة وأسلوب العمل فيها لتحقيق أعلى جودة واستخدامها كجسر تعبر عليه للوصول إلى رضا عملائها والمحافظة عليهم، فأية خسارة لأي عميل يعني ذلك تأثر مستقبل المنظمة وتعرض بقاءها للخطر. إن إدارة الجودة الشاملة هي عبارة عن منهج متكامل يتكون من العديد من المظاهر التي يجب تطبيقها بشكل كلي وفي ظروف داخلية مواتية، لذلك تنطوي فلسفة إدارة الجودة الشاملة على مفهومين، وهما الشمولية والتكاملية. **فالشمولية** تعني التوسع في مستوى نوعية الخدمات التي يتوقعها العملاء لتتعدى تلك التوقعات، ويقصد **بالتكاملية** أن أي منظمة كنظام مكونة من نظم فرعية يعتمد بعضها على بعض ومن هذا المنطلق نجد أن إدارة الجودة الشاملة تشجع على عملية التكامل الأفقي بين الإدارة والأقسام المتعددة كما يتم الارتقاء بمستوى جودة الخدمات وجودة النظام الإداري. وتحتاج هذه الفلسفة إلى تعاون كلي بين جميع الإدارات والأقسام وعلى جميع المستويات الإدارية وإشراف مباشر على جميع عناصر التشغيل التي تضم

الشؤون الإدارية والمالية والمشتريات وأخيراً الخدمة نفسها. ومن المتطلبات الأساسية لتطبيق فلسفة بل إستراتيجية إدارة الجودة الشاملة وجود قادة لديهم الاستعداد لتغيير السلوك التنظيمي لأعضاء الفريق، والقدرة على تحديد أدوارهم، مع توضيح العائد من تطبيق هذه الفلسفة إلى منتجات وخدمات الجودة التي تسعى المنشأة إلى تقديمها للعميل.

يتضح لنا من هذا العرض العلاقة القوية والارتباط المنطقي والطبيعي بين استراتيجيات الأعمال وإدارة الجودة الشاملة. فإن كانت أهداف ومبادئ المنظمة الأساسية والتي تبني عليها استراتيجيتها هي الاهتمام بتوفير الحاجات الأساسية للعملاء وإرضائهم، وإن كان هدفها الاهتمام بالجودة العالية والسعر والمناسب، وإن كانت رغبة المنظمة تتمثل في إحكام المراقبة والتحكم في كل مراحل وجوانب العملية الإنتاجية وعملية عرض منتجاتها وبضائعها، وإن كان هدف المنظمة تطبيق الاستراتيجية الموضوعة من خلال نظام الإدارة الذي يؤكد على احترامه لجميع العاملين وثقته فيهم، إلى جانب الاهتمام بمصالح هؤلاء العاملين فكل ذلك توفره إدارة الجودة الشاملة كفلسفة إدارية متكاملة يمكن من خلالها إدارة المنظمة بشكل أفضل عن طريق التطوير والمحافظة على إمكانيات المنظمة من أجل تحسين الجودة وبشكل مستمر، والإيفاء بمتطلبات المستفيد وتجاوزها، ومن ثم تحقق المنظمة هدفها الأساسي وهو تحقيقها للميزة التنافسية في نشاطاتها الرئيسية والتغلب على منافسيها والتفوق عليهم.

لقد حققت إدارة الجودة الشاملة على مدى العقدين الماضيين من الزمن، نجاحات باهرة وملفته للنظر في العديد من الشركات العالمية الأمريكية، واليابانية والأوروبية ووضعت نموذجاً ومنهجاً بل استراتيجية خاصة بها لإدارة الجودة الشاملة.

ومن هنا تستطيع القول إن استراتيجيات الأعمال وإداراتها الاستراتيجية لا يمكن ان تكون بمنأى عن إدارة الجودة الشاملة بمنهجيتها واستراتيجيتها المتكاملة، بل كلاهما متطابقان في الأهداف والأساليب. لقد أصبح تطبيق إدارة الجودة الشاملة كمنهج واستراتيجية متكاملة، الضمان الأساسي والوحيد في تحقيق الميزة التنافسية في نشاطات منظمات الأعمال الأساسية، والتغلب على منافسيها والتفوق عليهم، وبقاءها واستمراريتها في السوق.

توضع الاستراتيجية في خدمة رسالة المنظمة، وتشتمل على مجموعة من الأهداف ذات طابع عمومي طويلة الأجل تنوي تحقيقها، وأيضاً على السبل العامة التي سوف تتبناها من أجل ذلك. وبالتالي فالاستراتيجية خريطة توضح للمنظمة ومن يعمل فيها، الطريق الذي سوف تسلكه من أجل تحقيق أهدافها وبالتالي رسالتها.

وتقوم استراتيجية المنظمة التي تتبنى إدارة الجودة الشاملة، على تحقيق التميز Excellence والتفوق على الآخرين (أي المنافسين)، من خلال تقديم سعلة أو خدمة للعميل تحقق له أعلى قيمة، بحيث تكون هذه القيمة (المنفعة) التي يحصل عليها أكبر من التضحيات التي قدمها في سبيل الحصول عليها، وأكثر من المنفعة التي تقدمها المنظمات المنافسة لعملائها.

فاستراتيجية إدارة الجودة الشاملة تقوم أساساً على أن رضا العميل يرتفع طردياً مع زيادة القيمة التي كان يتوقعها وحصل عليها، فتحقيق هذه الفلسفة يمكن المنظمة من التفوق على الآخرين، وكسب حصة أكبر من السوق، وبالتالي البقاء والاستمرار. ويمر وضع استراتيجية إدارة الجودة الشاملة عادة بعدد من الخطوات نجملها بوحه عام فيما يلي (عبدالله،2006: 10):

- وضع أهداف طويلة الأجل، تضمن للمنظمة البقاء والاستمرار وتحقيق رسالتها المستقبلية.
- وضع خطة استراتيجية يصب تنفيذها المرحلي في قناة تحقيق الأهداف، وتشتمل على مجموعة من التغييرات في شتى المجالات داخل المنظمة: ثقافتها، فلسفتها، عملياتها، أنظمتها، سياساتها، إجراءاتها... إلخ، بما يخدم الاستراتيجية. كذلك إدخال تحسينات مستمرة ومتواصلة على عدد من الأنشطة والفعاليات، التي تمكن المنظمة من الوصول إلى الريادة في مستوى جودة سلعها أو خدماتها، لتحقيق الرضا لعملائها.
- دراسة الإمكانات الحالية المتاحة داخل المنظمة من أجل تحديد النواقص، في مسعى لتوفير احتياجات وضح الخطة الاستراتيجية موضع التنفيذ. وتشمل هذه الاحتياجات على كافة المتطلبات والمستلزمات سواء على الصعيد المادي أو المعنوي.
- وأخيراً، يتم ترجمة الخطة الاستراتيجية إلى خطط تفصيلية، يتم تنفيذها على مراحل متتالية، يسعى جميعها في النهاية إلى تحقيق الأهداف العامة لاستراتيجية المنظمة، وهي إدارة الجودة الشاملة.

تشمل استراتيجية إدارة الجودة الشاملة على إحداث عدد من التغييرات المطلوبة من أجل تطبيق هذه المنهجية على أرضية وأسس متينة ورصينة، فبدونها لا يمكن أن نضمن نجاح التطبيق. ونجمل التغييرات الأساسية المطلوبة والتي تمهد لتطبيق استراتيجية إدارة الجودة الشاملة في كل من:

- ثقافة المنظمة.
- الهيكل التنظيمي.

- النمط القيادي.
- أسلوب تنفيذ العمل.

يحتاج تطبيق إدارة الجودة الشاملة كنهج إداري شامل ، إلى توفير عدد من المتطلبات الأساسية التي تعتبر بمثابة التربة الصالحة والمناخ المناسب لاستقبال وتطبيق هذا المنهج، وتجدر الإشارة إلى أن أي خلل في توفير المتطلبات سينعكس سلباً على نجاح التطبيق ونجمل هذه المتطلبات في الآتي:

- **التزام ودعم الإدارة العليا**، إن الخطوة الأولى في إدارة الجودة الشاملة تعتمد على مدى التزام الإدارات بتطبيق مفهوم الجودة على خدماتها وتكريس كل الجهود واستغلال جميع الفرص للتسويق لمفهوم وطبيعة إدارة الجودة الشاملة، عن منافعها في كل المحافل وكذلك الوقوف ضد المعارضين لسياسة التغيير على جميع الأصعدة ومدراء إدارة الجودة الشاملة يعملون ذلك بتفكير عميق وتدبر ، مدركين أن هذا الالتزام سيعيد تحديد أدوارهم طوال بقائهم كقادة (جورج ويمر زكيوتش:1998).
- **شمولية واستمرارية الرقابة**،الرقابة عملية متكاملة مكونه من متابعة، وجمع معلومات ومن ثم التقييم،الذي في ضوئه تتم معالجة الانحرافات،وإدخال التحسينات، والرقابة تشمل كافة مجالات العمل في المنظمة،وهي عملية مستمرة. ويتطلب تطبيق إستراتيجية إدارة الجودة الشاملة تبنى أسلوب المتابعة والتقييم المستمرين لأداء العمل في كافة المجالات والمستويات،وذلك لتعرف المنظمة هل تسير نحو معايير الجودة التي وضعتها من أجل تحقيق رضا الزبون وتلبية توقعاته أم لا؟ فالشمولية والاستمرارية تساعدانها على كشف أي انحراف عن مستوى الجودة المقرر، والتدخل الفوري والسريع لتصحيح الانحراف في الوقت المناسب.
- سياسة دمج العاملين، تؤكد إدارة الجودة الشاملة على تغيير تسمية المشاركة Participation لتصبح Employees Involvement دمج العاملين، ذلك لأن المصطلح الثاني أكثر عمقاً في معناه وأكثر دلالة على أهمية المشاركة، فسياسة الدمج تعني إشراك جميع العاملين في كل شيء ،في اتخاذ القرارات، وحل المشاكل، وعمليات التحسين... الخ، وذلك وفق منطق ومنهجية الإدارة بالأهداف Management by objectives. أن السمة التي تتصف بها إستراتيجية ومنهجية إدارة الجودة الشاملة هي : التعاون والعمل الجماعي وروح الفريق.

11

الريادة والمشاريع الصغيرة والمنظمات غير الهادفة للربح

1. ماهية الريادة والمشاريع الصغيرة
2. الريادة والاستراتيجية
3. المشاريع الصغيرة وإدارتها استراتيجياً
4. ماهية المنظمات غير الهادفة للربح
5. الإدارة الاستراتيجية في المنظمات غير الهادفة للربح

الفصل الحادي عشر

الريادة والمشاريع الصغيرة والمنظمات غير العادفة للربح

مقدمة :

تلعب منظمات الأعمال الصغيرة والمشاريع الريادية دوراً مهماً في الإقتصاد المعرفي المعاصر، وفي بداية الفكر الاستراتيجي كان يعتقد أن ممارسة العمليات الاستراتيجية تكون فقط في منظمات الأعمال الكبيرة في حين نرى اليوم أن المنظمات الريادية والصغيرة هي بحاجة إلى توجه استراتيجي ورؤية مستقبلية وإدارة استراتيجية في بيئة معقدة وشديدة المنافسة. لقد خصص الجزء الأول من هذا الفصل لهذه المواضيع الحيوية. في حين كرس الجزء الثاني لعرض رؤى ومفاهيم ضرورية ومهمة تطبع عمل الإدارة الاستراتيجية في المنظمات غير الهادفة للربح، خاصة وإن هذه المنظمات تلعب دوراً كبيراً ومهماً في البيئة المعاصرة.

الريادة والمشاريع الصغيرة Entrepreneurship and Small Business

ماهية الريادة والرواد The Essence of Entrepreneurship and Entrepreneur

يقصد **بالريادة Entrepreneurship** مجموعة من الخصائص المتعلقة ببدء الأعمال والتخطيط لها وتنظيمها وتحمل مخاطر والإبداع في إدارتها. وعادة ما يقوم الرواد بهذه الأعمال وهم مجموعة الأفراد الذين يتمتعون بقدرات عالية على تحمل المخاطر ورؤية الفرص والإستفادة منها في الأعمال. وعادة ما يمتلك هؤلاء الرواد الروح الريادية التي تتسم بالآتي (Yorklovich,2000:14-16) :

- الشعور بحاجة كبيرة لتحقيق الإنجاز.
- القدرة على التحكم بالذات والإعتقاد بأن الإستقلالية وإدارة النفس سبيل للنجاح.
- التمتع بطاقة هائلة ومثابر في العمل ورغبة في التميز والنجاح.
- السعى دائماً لتحقيق أهداف تثير التحدي.
- قبول حالات الغموض وتحمل المخاطرة واللاتأكد العالي.
- ثقة عالية بالنفس والشعور العالي بالقدرة على مواجهة المواقف الصعبة.

- الصبر والإهتمام بالأفعال أكثر من الأقوال والحرص الكبير على الوقت.
- التفكير المرن والإستعداد لقبول الفشل والتجربة لعدة مرات.
- الإستقلالية وعدم الإتكال على الآخرين.

إن إمتلاك مثل هذه الصفات تجعل من الرواد ذوي بصيرة وقدرة في أن ينشؤا أعمالهم الخاصة ويدورنها بأنفسهم وهذا بحد ذاته يمثل مدخلاً مهماً لفكر بعيد الأمد يستطيع بناء الأعمال من خلال التركبز على جزء من السوق وحاجات غير مشبعة لدى العملاء ومن ثم المبادرة والتمتع بخاصية أو ميزة الدخول الأول إلى السوق، حيث الإستفادة من الفرص مبكراً وتطوير العمل لاحقاً. وعادة ما يشار إلى خصائص الرواد وقدراتهم. وبكون الريادة لا ترتبط بجنس معين ولا قومية معينة ولا فئة معينة بل أن الرواد موجودين ويديرون أعمالاً في الدول المتقدمة والنامية على حد سواء. إن هذا الأمر يعنى أن الريادة سمة أو مجموعة سمات يمكن أن يتمتع بها الجميع فهناك نساء الأعمال الرائدات ورجال الأعمال الرواد الذين إستطاعوا من إنشاء أعمالهم حتى في دول المهجر بسبب توفر الشروط المواتية لإزدهار مثل هذه الأعمال.

الريادة والاستراتيجية Entrepreneurship and Strategy

إذا كانت تمثل خصائص مهمة وأساسية لنجاح الأعمال، حيث يستطيع هؤلاء الرواد من إقامة أعمال صغيرة وجعلها ناجحة في فترة قصيرة، ففي هذا الإطار يلتقى مفهوم الريادة مع الفكر الاستراتيجي في خصائص تتمثل بالإستقلالية وتحمل المخاطرة والعمل في ظروف بيئية غامضة غير واضحة والشمولية في دراسة الموقف وغيرها من الأمور الأخرى. ورغم عدم وجود دراسات كثيرة تتعلق بالعلاقة بين الريادة والاستراتيجية على حد علم الباحثين، إلا أننا نعتقد أن الريادة كفكر ومضمون تأتى منسجمة ومتداخلة مع الفكر الاستراتيجي في منظمات الأعمال، خاصة إذا علمنا أن العديد من رواد الأعمال اليوم هم على رأس العديد من الشركات العالمية الناجحة والكبيرة في مجال أعمالها. لقد إستطاعت منظمات الأعمال الكبيرة أن تمزج خصائص الفكر الريادي بآليات عملها وإجراءاتها الكثيرة والرسمية والتي تصل إلى حد بيروقراطية ثقيلة من خلال إيجاد الريادة الذاتية **Intrapreneurship** والمتمثلة بكونها سلوك ريادي يلعبه الأفراد والوحدات التنظيمية الفرعية في منظمات الاعمال كبيرة الحجم هذه. لقد وجد العديد من مديري الشركات الكبيرة أن تعزيز قدرة المنظمة التنافسية ونجاحها في الأسواق يعتمد إلى تنمية وتطوير الريادة الذاتية، وبالتالي فإنها تتيح للأفراد والوحدات العمل في إطار هذه المنظمة الكبيرة، كما لو أنها أعمال صغيرة وريادية. من جهة

أخرى أوجدت كثير من الشركات فرق عمل صغيرة تسمى **Skunk works** وهي فرق عمل ذات قدرة عالية إبداعية عالية تعمل بحرية كاملة بعيداً من جميع القيود التي تتطلبها وتفرضها المنظمات الكبيرة، فإذا ما وجدت هذه الفرق في إطار منظمات أعمال تشكل حاضنة لها فإن فكرة الريادة تمتزج إلى حد كبير بالفكر الاستراتيجي للإدارة العليا، والتوجه الذى ترغبه هذه الإدارة في جعل الممارسات الإدارية بل ومجمل عمليات الإدارة الاستراتيجية تحرك وتغذى من منبع هذه الأفكار الريادية والاستراتيجية. وفي هذا الإطار فإن الثبات والإجراءات والعمل الرسمي تأتي معززة لقبول كل ما هو جديد ومختلف ومبدع وريادي من جانب، ومن جانب آخر يتم وضع حالتي الثبات والمرونة في إطار فكر استراتيجي شامل وبعيد الأمد للحالتين ومحققاً منهما نتائج إيجابية ونجاح مستمر لمنظمة الأعمال.

المشاريع الصغيرة وإدارتها استراتيجياً

Small Businesses and Strategically Managerial

دون الدخول في تفاصيل من يشكل مشاريع صغيرة والجوانب الإحصائية المرتبطة بها، فإن مفهوم الأعمال الصغيرة Small Businesses يعنى العمل الذي يمتلك ويدار من قبل فرد أو مجموعة أفراد بشكل مستقل ويعمل فيه عدد قليل من العاملين، كما أن هذا العمل لا يهيمن بأي شكل من الأشكال على القطاع الذي يعمل فيه. وقد تكون هذه الأعمال الصغيرة أعمالاً عائلية أو أعمالاً منزلية أو أعمال ميكروويية صغيرة جدا، لكنها في جميع الأحوال مهمة جداً للإقتصاديات المعاصرة وتغطى مجالات عمل كثيرة ومتعددة. فقد نجدها اليوم في مشاريع البناء وأعمال التوزيع والخدمات بمختلف أشكالها بل وحتى التصنيعية منها والزراعية. تستفيد الدول على مختلف أشكالها من هذه الأعمال بكونها الأقدر على إيجاد وظائف بإستمرار وإنها مصدر مهم للإبداع والتطور التكنولوجي وتعزيز المنافسة وإشباع حاجات عديدة ومتنوعة وكثيرة لأفراد المجتمع (للإطلاع على مزيد من التفاصيل في مجال المشاريع الصغيرة يرجى مراجعة إدارة الأعمال الصغيرة : أبعاد للريادة، الدكتورة سعاد نايف برنوطي، دار وائل للنشر، 2005).

وفي الدول المتقدمة، فإن البيئة والدول بمنظماتها المختلفة تسمح بمجال أكبر لإنشاء وتطوير الأعمال الصغيرة، كما أن آليات إقامة مثل هذه الأعمال عديدة ومتنوعة، فالإمتياز مثلاً والشراكة مع الآخرين أصبحت سمة من سمات الأعمال الصغيرة في عالم الأعمال اليوم، كذلك توجد العديد من الجهات التي تدعم إقامة مثل هذه المشاريع، وعلى عكس الحال في

الدول النامية التي هي بحاجة إلى مزيد من الجهود وإيجاد الآليات والطرق المرنة وتشجيع الشباب وخاصة خريجي المعاهد والكليات وتطبيق أفكارهم الإبداعية والريادية من خلالها.

تواجه الأعمال الصغيرة تحديات كبيرة وكثيرة يندرج بعضها في إطار القدرة على تعزيز الإبداع واستمرارية الروح الريادية ويندرج البعض الآخر في إطار التعامل مع الإدارة ونمو العمل الصغير، كما يندرج أيضاً في إطار إشكاليات التمويل وإستمرارية التدفق النقدي في مثل هذه المشاريع الصغيرة التي تحاول أن تطبع أفكاراً ريادياً بإستمرار. لقد كتب العديد من الكتب والأبحاث حول إدارة هذه المشاريع الصغيرة وضرورة أن تكيف الممارسات الإدارية لطبيعة عمل وخصائص هذه المشاريع الصغيرة، وبالتالي فإن ما سيتم التركيز عليه هنا هو تعامل إدارة هذه الأعمال الصغيرة مع المفاهيم والعمليات الاستراتيجية.

أن الإتفاق على أن الممارسة الاستراتيجية في مثل هذه الأعمال الصغيرة ستختلف عنها في الأعمال الكبيرة من أوجه مختلفة وكالآتي (Horovitz & Pitol-Belim,1984:25-35):

- **الإطار الزمني للخطط**، حيث أن المشاريع الصغيرة عادة ما تضع خططها الاستراتيجية بمنظورها المستقبلي في إطار مديات زمنية أقل من تلك التي تحتاجها منظمات الأعمال الكبيرة فيكفي مثلاً التركيز في خطة استراتيجية لمدى زمني لا يتجاوز الثلاث سنوات. إن هذا التركيز في الخطة الاستراتيجية لا يعنى عدم قيام إدارة المشروع الصغير بإستجلاء المنظور المستقبلي بشكل غير رسمي لفترات زمنية أطول.
- **مستوى التحليل وشموليته**، يمكن للأعمال الصغيرة أن تكون أكثر تركيزاً في مستوى تحليلها على الجوانب المهمة الخاصة بالبيئة الخارجية، حيث يكفى التركيز على العملاء وطبيعة الأسواق بمؤشرات دقيقة. وفي إطار القدرات الداخلية عادة ما تكون الأعمال الصغيرة معروفة في قدرات مميزة مركزة في جوانب محددة كالتكنولوجيا مثلاً أو الخدمة السريعة لتلبي حاجات العملاء كي يعرضها التحليل الدقيق للبيئة.
- **طبيعة عمل المشروع ونوع ملكيته**، حيث أن هذه الجوانب لها تأثير مباشر في الاستراتيجية الموضوعة للأعمال الصغيرة، فإذا كان العمل الصغير يغطى ساحة دولية من خلال التصدير، فإن الاستراتيجية له قد تختلف لعمل ميكروووي صغير جداً قد لا نجد له دعائم مادية واضحة، وإنما أعمال صغيرة إفتراضية موجودة على شبكة الإنترنت.

إن الفكر الاستراتيجي وممارسة عمليات الإدارة الاستراتيجية يفترض أن تفحص بعناية لتشكل مدخلاً مهماً مع الإبداع والريادة في تطوير كل منظمات الأعمال الصغيرة.

المنظمات غير الهادفة للربح Non Profit Organization

تمثل المنظمات غير الهادفة للربح أعداد كبيرة من المنظمات تتباين في حجومها وأهدافها وأساليب إدارتها، وحتى نوع ملكيتها.

ماهية المنظمات غير الهادفة للربح The Essence of Non Profit Organization

يوجد العديد من المنظمات التي لا تهدف للربح وتمتلكها الدولة وتسعى من خلالها إلى تقديم خدمة عامة لا يستطيع القطاع الخاص الدخول إليها وتقديمها مثلاً منظمات الخدمة المجانية والمنظمات الثقافية التابعة للدولة، منظمات وزارة الخارجية، الدفاع والأمن، وجميع هذه تعتبر منظمات خدمة عامة تابعة للدولة. كذلك توجد منظمات لا تهدف إلى الربح وتتمتع بصيغة الخصوصية وهذه قائمة طويلة بالمنظمات تنشئها المبادرات الخاصة ولا تهدف إلى تحقيق الربح، فالمنظمات الخيرية الخاصة، والمنظمات الدينية، والأحزاب السياسية منظمات خدمة المجتمع الخاصة، كلها أمثلة لمثل هذا النوع من المنظمات، ويوجد مجموعة أخرى من المنظمات الخاصة تنشأ بإدارة دولية بمعنى أنها لا تهدف إلى الربح وتنشئها أكثر من دولة، خير مثال لها منظمة الأمم المتحدة، الجامعة العربية، وغيرها من المنظمات الدولية. وفي كل الأحوال فإن وراء مثل هذه المنظمات العديد من الدوافع والأسباب يقع في مقدمتها تلبية حاجات المجتمع وخاصة ما يرتبط منها بالجوانب الإجتماعية والنفسية والأمن والدفاع والثقافة وبأسلوب قد يصل إلى بعض الشرائح الفقيرة مجاناً. كذلك تستطيع العديد من هذه المنظمات الحصول من مزايا يقدمها المجتمع قد لا تتاح لمنظمات الأعمال من قبيل الدعم الحكومي والإعفاءات الضريبية والموارد المالية وغير ذلك، وأخيراً، فإن تطور الوضع الإجتماعي وإشكالات الوضع الإقتصادي أفرزت الحاجة إلى أن تتحمل الدول تكاليف خدمات عديدة لا يستطيع المواطنون الحصول عليها (Wheelen & Hunger,2006:340-341).

يمثل موضوع إستقلالية الإدارة العليا وقدرتها في تطوير عمليات الإدارة الاستراتيجية جانباً مهماً في إدارة المنظمات بشكل عام، ولكون منظمات الأعمال تجد مصادر تمويلها من خلال العملاء فإن قدرتها وتقييم أدائها يرتبط بمعرفتها لحاجات هؤلاء العملاء وإختيار

الاستراتيجيات الملائمة للتعامل معهم ومع الأسواق، في حين أن نمط هذا التأثير بالنسبة للمنظمات غير الهادفة للربح يأخذ شكلاً آخر، فإذا ما جاء هذا التمويل والدعم من مصدر خارجي واحد ومهم أصبحت استراتيجية المنظمة متأثرة أو قد تكون أسيرة بسبب هذا الدعم، لذلك تحاول الإدارة أن تعي هذه الإشكالية وأن تتفق مع الداعم والممول بشكل كبير. وقد تكون نسبة هذا الدعم متفاوتة، وكما يوضح الشكل (11-1).

شكل (11-1) : تأثير مصادر الإيرادات على المنظمة

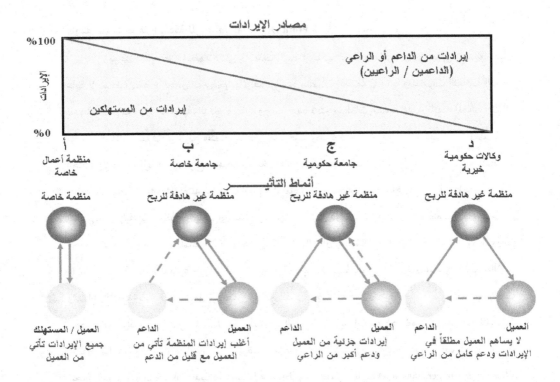

Source: Wheelen & Hunger, 2006:340-341

إن مختلف جوانب الممارسة الاستراتيجية في المنظمات غير الهادفة للربح تتأثر بالعلاقة وطبيعة مصادر التمويل التي تحصل عليها، لذلك، فإن المنظمات المدارة استراتيجياً تحاول دائماً أن تقلل من نسب هذا الدعم وتطوير مصادر إيراداتها الخاصة. فالجامعات الحكومية

مثلاً، لكي تتسم إدارتها بالإستقلالية في تطوير خياراتها الاستراتيجية أن تحاول دائماً أن تعدد مصادر التمويل وزيادة مساهمتها الخاصة في الإيرادات. وإذا كانت العلاقة بين الإدارة ومصادر الدعم يجب أن تؤخذ بالإعتبار فإن هناك علاقة أخرى قد تنشأ بين العملاء المستفيدين من الخدمة ومصادر الدعم، ففي المؤسسات الخيرية التي قد تأتي إيراداتها كاملة من مصادر دعم خارجي قد لا يستفيد هذا المصدر من خدمة المنظمة، لكنه قد يشترط أن توجه استراتيجيات المنظمة بطرق مختلفة لخدمة عملاء معينين ربما يشكلون قاعدة جماهيرية لهذا المصدر / المصادر الداعمة للمنظمة.

إن مواضيع وعمليات الإدارة الاستراتيجية ليست بالسهلة في المنظمات غير الهادفة للربح فهي بحاجة أن تصف وتحدد طبيعة العلاقات المتشابكة والقيود والمحددات التي تفرضها على عمل المنظمة غير الهادفة للربح.

الإدارة الاستراتيجية في المنظمات غير الهادفة للربح

Strategic Management In Non Profit Organization

يشير (Wheelen & Hunger , 2006 : 344 - 347) إلى أن عمليات الإدارة الاستراتيجية في المنظمات غير الهادفة للربح تتأثر بالعديد من المتغيرات والأبعاد التي يجب أن تدرس بعناية سواء على مستوى الصياغة أو التنفيذ أو الرقابة، ففي إطار عملية الصياغة هناك القيم والمحددات التالية :

- إشكالية تعارض الأهداف على مختلف المستويات خاصة وإن هذه الأهداف يصعب إيجاد معايير قياس محددة لها من جانب، ومن جانب آخر، تعارض مصالح الجهات الداعمة والممولة لهذه المنظمة.
- عدم القدرة على تحديد النتائج وقياس بدقة يولد ميلاً إلى تركيز العملية التخطيطية على الموارد المستخدمة بدلاً من النتائج المتحققة وتتناغم هذه الإشكالية في المنظمات التي يصعب قياس طبيعة خدماتها ومستوى جودة هذه الخدمات.
- إزدياد الفرص لممارسات داخلية وسياسات مختلفة بسبب غموض الأهداف حتى على المستوى العملياتي منها. وهذا يعنى ميل الإدارة العليا إلى التركيز على الأهداف الشخصية أو تحقيق رغبات الداعمين بدلاً من تركيز الاستراتيجيات والسياسات على حاجات العملاء.

- جمود وعدم مرونة العملية التخطيطية بسبب الطابع المهني التخصصي للبعض من هذه المنظمات غير الهادفة للربح، فالجامعات والمستشفيات تتولد فيها قيم وتقاليد مهنية تجعل من العملية التخطيطية بعيدة نسبياً عن الفكر الاستراتيجي المنفتح.

أما في إطار عملية تنفيذ الاستراتيجية، فإن المنظمات غير الهادفة للربح تواجه العديد من الإشكالات والمحددات والقيود، منها :

- ضرورة العناية الكبيرة لعمل التكامل بين الوضع الخارجي والداخلي، وهذا قد يجعل المنظمة تعتمد على أطراف محايدة تستطيع تنمية العلاقة والربط بين الجماعات الخارجية والداخلية لإيجاد حالة توازن معقولة ومقبولة وخاصة في إطار الخيارات الاستراتيجية المهمة.

- إن الطبيعة المهنية لعمل العديد من المنظمات غير الهادفة للربح يساهم في التقليل من الإستفادة من توسع الوظائف وإغنائها وتحديد التنمية الإدارية بشكل كبير، وهذا يجعل من عمليات التنفيذ لا تأخذ مداها المطلوب في تنفيذ الاستراتيجيات المعتمدة.

كما تتعقد أيضاً عمليات التقييم والرقابة في المنظمات غير الهادفة للربح، وتظهر إشكالات ومحددات عديدة، تتطلب معالجات خاصة وإبداعية فيها، ومنها :

- ضعف العلاقة وعدم وضوحها ما بين الأداء المتحقق من جانب ونظام المكافآت والعقوبات من جانب آخر. إن هذا الأمر يشل إمكانية الإستفادة من التغذية العكسية بسبب كون تقييمات الأداء تقوم أغلبها على إحكام شخصية.

- إهتمام العملية الرقابية بالمدخلات والتركيز عليها بدلاً من التركيز على العمليات والمخرجات، وهذا ما يعني أن المنظمات غير الهادفة للربح تحاول دائماً ترشيد إستخدام الموارد وتقليلها بدلاً من الإهتمام بنتائج خدمة العملاء كنوعيات، وهذه الجوانب تجعل من النظام الرقابي مركزاً لى التكاليف والمصروفات وليس على نتائج الأداء الاستراتيجي.

إن هذه الجوانب والإشكالات تتطلب من الإدارة العليا لمنظمات الأعمال غير الهادفة للربح أن تكون إدارة متمكنة تعي طبيعة التداخلات وتضارب المصالح وأساليب التأثير من قبل مختلف الأطراف وخاصة الداعمة والدولة وحتى العملاء على عمل المنظمة. وهذا يعني أن تهتم هذه الإدارة بإيجاد ثلاث قضايا أساسية، وهي :

- بناء الإستقلالية والريادة والإبداع في المنظمة وإدارتها وأجهزتها، وفي إطار هذا البناء يتم التركيز على الكوادر الواعدة، وفرق التفاوض المتخصصة التي تستطيع أن تعرض من

خلال أسلوب تفاوض كفوء طبيعة الإشكالات والمشاكل التى تواجهها المنظمة وأفضل السبل لحلها.

- أنظمة معلومات جيدة تتعدد فيها مصادر البيانات والمعلومات وتتصل بسرعة لتبادل هذه المعلومات مع مختلف الأطراف بحيادية وموضوعية ومهنية، وهذا ما يزيد من وعى الجهات الداعمة للمنظمة ويقلل من تدخلاتها الشخصية غير محسوبة العوائق والنتائج والتي قد يظهر فيها ميلاً شخصياً آنياً لخيارات استراتيجية تؤثر على سوق المنظمة ومصداقيتها في الأمد البعيد.

- القدرة على الفصل الدقيق والواضح بين جوانب التمويل وأسلوب الحصول عليها وطبيعة ثقافة المنظمة وأساليب تعزيز وجودها في بيئة قد لا تتصف بالمنافسة بسبب طبيعة الخدمات المقدمة والتي قد يصل البعض منها أن يكون مجاناً، وتستهدف الدولة من وراءه منفعة عامة لعموم المواطنين. وفي إطار هذا الفصل يتم التركيز على إيجاد أساليب إدارية خاصة وقدرات إدارية متمكنة تستطيع إيجاد معايير وقياسات مقبولة وواضحة لجوانب الأهداف والأداء وفق طبيعة وخصوصية المنظمة غير الهادفة للربح.

وفي الثمانينات من القرن الماضي وما تلاه أستخدمت المنظمات غير الهادفة للربح استراتيجيات عدة معززة بالجوانب المذكورة أعلاه، ومنها :

- استراتيجية تنويع مصادر التمويل من خلال إيجاد أنشطة مكملة للأنشطة غير الهادفة للربح الأساسية للمنظمة، وهذه الأنشطة المكملة تتيح إمكانية للحصول على تمويل مناسب يعزز وجود المنظمة وبقاءها وإستمرارها كما هو الحال في الجامعات الحكومية أو منظمات وزارة الخارجية أو غيرها.

- استراتيجية التحالفات والترابطات والتكامل مع منظمات أخرى، وقد تكون المنظمات الأخرى منظمات هادفة للربح، كما هو الحال في العلاقة بين إتجاهات ومراكز البحوث الحكومية وشركات الأعمال الصناعية أو المستشفيات الحكومية والمؤسسات المالية وغيرها. في إطار هذه التحالفات تستطيع منظمة الأعمال غير الهادفة للربح تعزيز مصادر إيراداتها من جانب أو تحميل جزء من نفقاتها أو تكاليفها إلى هذه الجهات مقابل خدمات، وبالتالي فإنها لا تصبح عملية دعم مالي كلاسيكي.

مصادر الباب الخامس

المصادر العربية :

1. الغالبي، طاهر محسن منصور و العامري، صالح مهدي محسن، "**المسؤولية الإجتماعية وأخلاقيـات الأعمـال : الأعمال والمجتمع**"، دار وائل للنشر والتوزيع، الطبعة الأولى،(2005).

2. الغالبي، طاهر محسن منصور و منهل، محمد حسين، "**الأداء الإجتماعي الداخلي وعلاقتـه بـدوران العمـل : دراسة ميدانية في شركة نفط الجنوب والشركة العامة للحديد والصلب في العراق**"، أبحـاث اليرمـوك، المجلـد العشرون، العدد الأول، (2004).

3. القحطاني، سالم سعيد، "**إدارة الجودة الشاملة وإمكانية تطبيقها في التعلم الحكومي**"، مجلة الإدارة العامة، العدد (78)، أبريل، (1993).

4. القريوتي، محمد قاسم أحمد، "**إدارة المعرفة التنظيمية : المفهوم والأساليب والاستراتيجيات**"، المؤتمر العلمي الرابع، الريادة والإبداع : استراتيجيات الأعمال في مواجهة تحديات العولمة، جامعة فيلادلفيا، كلية العلوم الإدارية والمالية، 15-16 مارس (2005).

5. جورج ، ستيفن وأرنولد ويمر زكيوتش، "**إدارة الجودة الشاملة ، الإستراتيجيات والآليات المجربة في أكثر الشركات الناجحة اليوم**" ، ترجمة حسين حسنين ، الطبعة الأولى ، دار البشير ، عمان ، الأردن ، (1998).

6. سعد، غالب ياسين، "**الإدارة الإلكترونية وآفاق تطبيقاتها العربية**"، معهد الإدارة العامة ، (2005).

7. عبدالله، حسن صادق حسن، " **إدارة الجودة الشاملة في ظل استراتيجيات الأعمال**"، المؤتمر العلمي الثاني ، الجودة الشاملة في ظل إدارة المعرفة وتكنولوجيا المعلومات، جامعة العلوم التطبيقية الخاصة، كلية الاقتصاد والعلوم الإدارية، 26-27 أبريل (2006).

8. نجم ، عبود نجم ، " **إدارة المعرفة : المفـاهيم والاسـتراتيجيات والعمليـات**"، دار الـوراق للنشر والتوزيـع، (2005).

المصادر الأجنبية :

1. Awad Elias M, and Ghazisi, Hassan M., "**Knowledge Management**", Prentice-Hall, New Jersey, (2004).

2. Backman, Tom, "**Creating Business Value from Knowledge Management**", In Ramon C. Barguin, et...al, (Ed): Knowledge Management (2001), Management Concept, Vienna, Virginia.

3. Benhard, R., "**Public Administration: an Action Orientation**", Pacific Grove California, USA, Brooks, Cole Publishing, Co., (1991).

4. Boynton, A, C., and Zmud, R. W.,"**Information Technology Planning In the 1990s: Directions for practice and Research**", MIS Quarterly, (1987).

5. Carroll Archie B," **The Pyramid of Corporate Social Responsibility toward the Moral Management of Organizational Stakeholders**", Business Horizons, July – August, (1991).

6. Das, S.R., Zahra, S.A., and Warkentin, M.E., "**Integrating the Content and Process of Strategic MIS Planning with Competitive Strategy**", Decision Sciences, 22, (1991).

7. David, Whiteley, "**E-Commerce: Strategy, Technologies, and Applications**", London: The McGraw-Hill, Companies, (2000).

8. Davis, G.H., et...al, "**Toward a Stewardship Theory of Management**", Academy of Management Review, January, (1997).

9. Drucker, P.F., "**The Information Executives truly need**", Harvard Business Review, Jan-Feb, (1995).

10. Drucker, Peter.F,"**An Introductory View of Management**", Harpers College Press, U.S.A, (1977).

11. Frappaolo, C., "**Defining Knowledge Management: Four Basic Functions**", Computer World, 32(8), (1998).

12. Hayward T. & Broady-Preston J., "The Role of Information in the Strategic Management Process", Journal of Information Science, 21(4), (1995).

13. Henderson, J. C., Rockart, J.F., and Sifonis, J.G., "Integrating Management Support Systems into Strategic Information Systems Planning", Journal of Management Information Systems, 4, (1987).

14. Holmes, Sundra,"Corporate Social Performance and Present Areas of Commitment", Academy of Management Journal, Vol.20, (1985).

15. Horovitz, Jacques & Pitol-Belim, Jean-Pierre, "Stratégie Pour La PME: Texte et Cas", McGraw-Hill, Paris, (1984).

16. Kaplan, Robert S. & Norton, David P., "The Balanced Scorecard: Translating Strategy into Action", Harvard Business School Press, Boston, (1996).

17. Khalil, Tarek M., "Management of Technology", McGraw-Hill, New York, (2000).

18. King, W.R., Gover, V., and Hufnagel, E.H., "Using Information and Information Technology for Sustainable Competitive Advantage: Some Empirical Evidence", Information & Management, 17, (1989).

19. King, W.R.,"Strategic Planning for Management Information Systems", MIS Quarterly, 2(1), (1978).

20. Kohlberg's, L., "Moral Stage and Moralization: The Cognitive – development Approach", In Moral Development and Behavior, Edited by T.Lickonal (New York: Holt, Rinchart & Winston), (1976).

21. Lotana, J. & Lavan, H., "Implementation of an Employee Involvement Programme in a Small Emerging High-Technology Firm", Journal of Organizational Change Management, vol.6, no.4, (1993).

22. McElory, Mark W., "The New Knowledge Management", Butterworth Heinemann, Amsterdam, (2003).

23. OCED, "**Principles of Corporate Governance**", (1999). www.OCED.org.

24. Owens, I. Wilson, T. D. With Abdell, A., "**Information and Business Performance: A Study of Information System and Services in High Performing Companies**", London, Bowkersaur, (1996).

25. Pride, William.M. et...al,"**Business**", Houghton Miffin Company, Boston, (2000).

26. Rilay, James, F., "**Just Exactly What is Total Quality Management**", Personal Journal, vol.72, Feb., (1993).

27. Robbins, S., & Cenzo, D., "**Fundamental of Management**", Prentice-Hall Inc, (1995).

28. Sharman, P., **Linking Strategy To Action**", CMA Magazine, 71(10), (1998).

29. Strassman, P., "**Measuring and Managing Knowledge Capital Report on Knowledge, Technology and Performance**", (1999). URL. http://www.strassman.com/pubs/measuring-Knowledge.

30. Weeb, P. & Bryant, H., "**The Challenge of Kaizen Technology of American Business Competition**", Journal of Organizational Change Management, Vol.6, No.4, (1993).

31. Wheelen, Thomas L. & Hunger, J. David, "**Strategic Management and Business Policy** ", Pearson Education Inc., Upper Saddle River, New Jersey, 10th Ed, (2006).

32. Yorklovich, Partners, "Reported in Mark Henricks: Type-Cast", Entrepreneur, March, (2000).

33. Zee, Vander J. T. M. & De Jong, Berend "**Alignment Is Not Enough: Integrating Business and Information Technology Management with the Balanced Business Scorecard**", Journal of Management Information System, 16(2), Fall (1999).

الباب السادس

مقدمة في تحليل الحالات الدراسية

تمهيد:

يهدف هذا الباب تمهيداً لعمليات تحليل الحالات العملية في موضوع الإدارة الاستراتيجية بمضامينه، يتناول هذا الباب مفهوم الحالة في مجال إدارة الأعمال بصفة عامة وماهية الحالة من وجهة نظر الإدارة الاستراتيجية، بالإضافة إلى عرض مزايا دراسة الحالات وتحليلها، كما يتناول هذا الباب نصائح وإرشادات لتحليل الحالات في الإدارة الاستراتيجية مع بيان لأهم النصائح والإرشادات والأفكار الضرورية لتحليل الحالات العملية. ويختتم هذا الباب بمجموعة من الحالات العملية والمواقف التطبيقية التي نراها تفيد القارئ إفادة بينة.

مقترحات لتحليل الحالات الدراسية

بعد الإنتهاء من دراسة هذا الفصل سيتمكن القارئ من الإجابة على الأسئلة التالية

الفصل 12 أسئلة الدراسة

1. مفهوم الحالة الدراسية

الفصل الثاني عشر
مقترحات لتحليل الحالات الدراسية

مقدمة :

أصبحت الحالات الدراسية منهجاً مهماً لتجسيد المنظور النظري إلى واقع عملي معاش وملموس وأستخدمت في مختلف تخصصات إدارة الاعمال ومنها الإدارة الاستراتيجية. وسيتم في هذا الفصل إعطاء فكرة مركزة حول كيفية القيام بعملية تحليل الحالات الدراسية ودراستها ووضع الحلول اللازمة وفق إعتبارات موضوعية وذاتية.

مفهوم الحالة الدراسية The Concept of Case Study

تحدد الحالة وصف مختصر بالكلمات أو الأرقام لوضع إداري معين واقعي أو مفترض يعرض لسيناريو أحداث معينة لدراستها وتحليلها بهدف تشخيص المشكلات وإستنتاج الحلول وإبداء الأراء وكتابة التقارير وذلك تنمية لمهارات الدارسين والممارسين في إتخاذ القرارات المتعلقة بعمل منظمات الاعمال. فعندما يتم الإعتماد على مدخل الحالات لتنمية مهارة الدارس في إتخاذ القرارات بعرض أوضاعاً معينة تتعلق بالتحليل البيئي الداخلي أو الخارجي سواء كانت تلك الأوضاع واقعية تخص أحدى الشركات في حقيقة الأمر، أو إفتراضية تبنى بياناتها على منطق من التصور والخيال، فإنها تساعد في إتخاذ القرارات المتعلقة بتحليل البيئة والتعرف على عناصر القوة والضعف والفرص والتهديدات التي تواجه المنظمة، كذلك الحال إذا تركزت البيانات حول عملية الإختيار فإنها تنمى قدرة الدراس أو الممارس على إتخاذ قرارات ومن ثم فإن الحالة الجيدة هي تلك التي تفرز المعلومات الدقيقة من الدارس في صورة آراء وحلول وقرارات وتنقله من دور الدارس إلى وضع الممارس متخذ القرارات الذي يقبل مواجهة التحديات وتذليل العقبات.

ماهية الحالة الدراسية وأهميتها في الإدارة الاستراتيجية

تفيد دراسة الحالات في فحص وتحليل موقف المنظمات، وخاصة فيما يتعلق بمراجعة ظروفها البيئية الخارجية، والتعرف على قدراتها وإمكاناتها الداخلية بما يمكنها من بناء أهدافها وتحديد حصتها السوقية، والمناطق التي يمكنها أن تحقق فيها النجاح، كما تفيد في إختيار البديل الاستراتيجي الذي يمكن للمنظمة تبنيه من بين البدائل الاستراتيجية المتاحة سواء تعلق بتثبيت موقف المنظمة، أو سعيها نحو النمو والتوسع، أو إتجاهها نحو تقليص عملياتها وتخفيض حجم ممارستها التسويقية أو الإنتاجية. مما سبق يمكن تعريف الحالة في مجال الإدارة الاستراتيجية بأنها **وصف لبعض أو كل عناصر بيئة المنظمة الداخلية والخارجية، بالإضافة إلى أبعاد الإتجاه الاستراتيجي التي تهم المنظمة على المدى البعيد كرسالتها ورؤيتها وقيمها وأهدافها الاستراتيجية، بهدف تحليلها وإبداء الآراء بشأنها وإعداد ما يلزم من تقارير ومقترحات.**

إن معظم المعلومات المتعلقة بالحالات في مجال الإدارة الاستراتيجية تبنى على حقائق واقعية، مع أن هناك بعضها يبنى على الأراء والمعتقدات والإفتراضات، وتحتاج تلك الحالات إلى مناقشات شاملة ودقيقة بصورة أكثر عمقاً من غيرها من الحالات في المستويات الأخرى. وبصفة عامة فهي تحتوي على توصيف متعمق للعلاقات الإدارية، والمجالات التسويقية والتمويلية ونواحى العمليات والإنتاج، البحوث والتطوير، وقضايا التحليل بما يشعر القارئ بدوره في تشخيص الوضع وإتخاذ ما يلزم من قرارات، وتحتاج إلى التعبير عنها بعد ذلك في صورة تقارير بما يدعم القدرات التطبيقية والعملية في مجال مفاهيم وعلاقات الإدارة الاستراتيجية، وغالباً ما يطلق على إستخدام أسلوب تحليل الحالات مصطلح التعلم عن طريق العمل **Learning By Doing**.

تختلف الحالة عن المدخل النظري في تناول موضوعات الإدارة الاستراتيجية إختلافاً جوهرياً. فمدخل تحليل الحالات يعتمد على تفاعل مجموعة الدارسين والطلاب والممارسين من خلال المهارات الفكرية والكلاسيكية والإتصالية المستخدمة. وعموماً فإن أسلوب تحليل الحالات يفيد في تنمية المهارات المتعلقة بالإجابة على التساؤلات التالية :

- ما أهم عوامل قوة وضعف منظمة الأعمال.
- كيف يمكن وصف وتحليل الأوضاع المالية لمنظمة الأعمال.
- ما هي فرص والمخاطر التي تحيط بمنظمة الأعمال.

- ما هي رؤية ورسالة وقيم وأهداف منظمة الأعمال الاستراتيجية.

- من هم منافسى منظمة الأعمال ؟ وما هي استراتيجياتهم ؟.

- ما هي غايات وأهداف واستراتيجيات منظمة الأعمال.

- ما هي سبل ووسائل تنفيذ منظمة الأعمال لاستراتيجياتها بكفاءة وفعالية، وما هي مشكلات التنفيذ المتوقعة، وكيف يمكن لمنظمة الأعمال أن تتكيف معها وتواجهها للتغلب عليها.

الحالات الاستراتيجية وخطوات تحليلها

تشكل الحالات الاستراتيجية الجانب المهم في دراسات الحالة في حقل الإدارة الاستراتيجية، وهي الموضوع الذي يهتم به هذا الكتاب، وتنقسم عملية تحليل الحالة في مجال الإدارة الاستراتيجية إلى قسمين رئيسين هما : إدراك البيئة، وتقدير البيئة وتقويمها.

- **إدراك البيئة :**

يعنى إدراك البيئة التميز بين بيئة المنظمة الخارجية وبيئتها الداخلية، ويقصد **بالبيئة الخارجية** ما يحيط بمنظمة الأعمال في عالمها الخارجي وغير المسيطر عليها أو لها سيطرة قليلة عليها، أما **البيئة الداخلية** فهي الأحداث التي تقع تحت سيطرة منظمة الأعمال أي تمتلك المنظمة حرية ومشروعية التصرف فيها. وتشمل بيئة المنظمة الخارجية أهداف أصحاب المصالح والمتمثلين بالعملاء، الموردين، المجتمع، المنافسين، الشركاء الاستراتيجيين، أما بيئتها الداخلية فتتكون من موارد المنظمة بشقيها الملموسة وغير الملموسة. إن إدراك البيئة يتطلب معرفة أهداف المسؤولين عن القرارات الرئيسة وقيمهم لأنها تؤثر بشكل كبير في عمليات صنع القرار. وهناك العديد من الأساليب الممكن إتباعها لعملية إدراك البيئة وتهيئة معلوماتها المناسبة من أهمها:

- **أسلوب التسلسل الزمني للأحداث**، ويتم فيها تنظيم الأحداث التي تؤثر في المنظمة أحياناً وفق منظور متدرج يعتمد تسلسلها الزمني المنتظم، إذ تثبت الأحداث الأولية والتي تسهم

بشكل رئيسي في تشكل المنظمة وتحديد خصائصها وأعمالها الرئيسة ، وكما هو موضح.

نموذج تسلسل الأحداث

الأحداث الرئيسة		التفاصيل
• الأحداث ذات العلاقة بالموارد البشرية	•	الأجور، النقابات العمالية، لإستقطاب الكفاءات
• الأحداث ذات العلاقة بالسوق والعملاء	•	إضافة خدمة / منتج ، إلغاء خدمة / منتج
• الأحداث ذات العلاقة بالموارد المالية المتاحة	•	توفر الموارد المالية، شحة الموارد المالية
• الأحداث ذات العلاقة بالبنية التحتية للمنظمة	•	مدى توفر الكفاءات والآلات والتكنولوجيا الحديثة

• **سيناريو العملاء** ، عبارة عن طريقة تستخدم لتطوير تصور حول ما يحث العملاء ويشجعهم على الشراء من منظمة الأعمال. ويهتم بمعرفة من هم العملاء، ما هي مستويات الشراء، سبل الحصول على المعلومات ونوعها وأهميتها. يبدأ أسلوب سيناريو العملاء بإجراء مقابلة (مقارنة) بين أنواع العملاء وأنواع المنتوجات والخدمات، لتحديد فئات العملاء وتصنيفاتهم، والمعيار الذي يعتمد لأغراض التصنيف هو السبب الذي يدفع العملاء إلى شراء المنتجات / الخدمات، وهذه تعتمد على المحفزات التي تشجع العملاء للشراء.

• **المخطط التنظيمي** ، عبارة عن مخطط أو جدول يمثل طبيعة المديرين ومهامهم وعلاقاتهم وعلى وفق ما يأتي :

- تحديد المدراء أو المسؤولين الذين تشملهم الحالة.

- معلومات عن المدراء والمسؤولين تتضمن المستوى التعليمي، والخبرة، والعمر..إلخ.

- أهداف المدراء والمسؤولين والقيم التي يحملونها ويؤمنون بها.

- السلطات الرسمية لكل مدير ومسؤولياته.

- العلاقات والإتصالات غير الرسمية بين المدراء والمسؤولين.

• **تقدير البيئة وتقويمها :**

يسعى المحلل في هذه المرحلة على جمع المعلومات عن بيئة المنظمة وتوقويمها، وذلك من خلال القيام بعملية تحليل نقاط القوة والضعف والفرص والتهديدات (SWOT)، والتعرف على رسالة منظمة الأعمال وقيمها ورؤيتها وأهدافها الاستراتيجية، فضلاً عن استراتيجية منظمة الأعمال. إن الإهتمام بالنقاط المتقدمة ومعلوماتها يسمح للمحلل بإمكانية تقدير البيئة ومعرفة خصائصها وإتجاهاتها وتطوير الاستراتيجية الملائمة مع خطة التنفيذ ونظام التقييم والقياس والمراقبة.

مزايا دراسة الحالات وتحليلها في الإدارة الاستراتيجية

يعد أسلوب تحليل الحالات الدراسين والطلاب بالعديد من المهارات، كما يعمل على تدعيم المعارف والمعلومات، ومن ثم يمكن القول أن أهم مزايا دراسة الحالات وتحليلها في الإدارة الاستراتيجية تتمثل فيما يلي :

• إحساس الدارسين والممارسين بالمتعة نتيجة قيامهم بمناقشة مختلف جوانب الحالة، وإطلاقهم لعنان أفكارهم، وخروجهم عن المألوف في محاضراتهم من إعتياد الإستماع والإستقبال.

• سهولة تذكر الدارسين والممارسين للأراء والنظريات والنماذج التي عرضوها وناقشوها، وذلك لإستفادة الفرد بأكثر من حاسة لإستقبال المثيرات المحيطة، فهو يقرأ الحالة، ويبدى رأيه ويستمع للآراء الآخرين ثم يُعمل فكره لمزج كل هذا وإستنتاج رؤى جديدة.

• تنمية المهارات وتطويرها من خلال تقييم المواقف وتطبيق النظريات وذكر الأمثلة الواقعية والإفتراضية.

• تنمية الجوانب الإجتماعية والإنسانية في الإدارة. إذ غالباً ما يتم مناقشة ودراسة الحالة بشكل جماعي يدعم تعاون الأفراد. ويحقق أيضاً التنافس فيما بين الدارسين لإبداء أفضل الآراء لإتخاذ القرار الصحيح، إن عملية الإتصال السائدة بين الأفراد عند دراسة الحالة ومناقشتها لا شك أنها توطد العلاقات بينهم، وتزيد من تفاعلهم.

- تنمية الفكر الإبداعي لدى الأفراد من خلال دعوة الأفراد للبحث عن الحلول المبتكرة، فالدارس أو الممارس غالباً ما يمزج ما درسه نظرياً مع معطيات الحالة المعروضة ثم يسعى جاهداً للبحث عن الحل المناسب.

- تنمية الفكر الاستراتيجي، إذ يتطلب تحليل الحالات في مجال الإدارة الاستراتيجية الرؤية الثاقبة والبصيرة الخلاقة للمتوقع مستقبلاً من أحداث، وكذلك الحال فيما يتعلق بوضع الرسالة، أو تحليل البيئة أو عمليات الإختيار الاستراتيجي، والمراجعة الاستراتيجية، كلها موضوعات تتطلب عمق الفكر، ودقة التحليل والإستنتاج.

13 الحالات الدراسية

الفصل الثالث عشر

الحالات الدراسية

مقدمة :

سيتم في هذا الفصل إستعراض سبعة حالات دراسية تمثل نموذج لما يمكن أن يعطى تجسيد واقعي أفضل للمفاهيم والأساليب والطرق التي طرحت في الفصول النظرية من هذا الكتاب، ويمكن للقارئ الإطلاع على المزيد من الحالات الدراسية من مصادر متعددة مستفيداً من هذه الأمثلة في فهم مختلف جوانب الممارسات الاستراتيجية في منظمات الأعمال.

الحالة الدراسية الأولى

خسارة الجامعة ميزة الدخول الأول للسوق

القضايا الأساسية :

- المدراء الاستراتيجيون.
- التفكير الاستراتيجي.
- عدم إدراك المنظور الاستراتيجي.

المصدر : الحالة واقعية، تم تغطية أشخاص الحالة، والتصرف ببعض المواقف.

المقدمة :

جامعة عراقية كبيرة الحجم أنشأت عام 1962، وتضم العديد من الكليات والأقسام العلمية ومراكز البحوث. في عام 1970 بدء التدريس في كلية الإدارة والإقتصاد، وتضم اليوم أقسام علمية هي إدارة الأعمال، المحاسبة، الإقتصاد، العلوم المالية والمصرفية، الإحصاء. تدار الجامعة من قبل مجلس جامعة يتكون من رئيس الجامعة ومساعديه العلمي والإداري وعمداء الكليات. بدأت صورة رئيس الجامعة تضعف وتهتز بدءاً من عام 1970 عندما تولى هذا المنصب العديد من رؤوساء الجامعة غير المؤهلين لإدارة صرح علمي بسبب إختيار الرؤوساء على أسس لا ترتبط بالإمكانات والأداء المتميز.

محدودية تفكير الإدارة :

بعد عودتهم من الدراسة في الجامعات الأوروبية وبدء العمل في كلية الإدارة والإقتصاد، لاحظ ثلاثة من أعضاء هيئة التدريس في عام 1988 أن البدء بفتح قسم لنظم المعلومات الإدارية Management Information System (MIS) يشكل بداية موفقة للجامعة تستطيع أن تحصل من خلاله على ميزات الدخول الأول للسوق في هذا المجال. وقد قام هؤلاء التدريسيين بتقديم دراسة متكاملة بالموضوع، إشتملت على تحليل للبيئة والطلب في الأسواق وكذلك إمكانات الجامعة وكلية الإدارة والإقتصاد، ولوحظ توفر أغلب الموارد والإمكانات اللازمة لفتح هذا القسم. وتم عرض الموضوع على مجلس كلية الإدارة والإقتصاد، ومناقشته من كافة الجوانب وأبدت الكلية بقوة هذا التوجه وأوصت إلى رئيس

الجامعة بالموضوع. إستلم رئيس الجامعة الدراسة وبعد فترة طويلة ومتابعة حثيثه مـن قبـل أصحاب الفكـرة لم يقتنع رئيس الجامعة بها. وطلب التدريسيون الثلاث مقابلة رئيس الجامعة حول الموضوع ووافق عـلى ذلـك. وتـم اللقاء ودار حديث مطول أهم ما ورد فيه الآتي :

- **رئيس الجامعة** : أعتقد أن قسم بهـذا التوجه والمسـاقات العلميـة يجب أن يكـون في كليـة الهندسـة (رئيس الجامعة مهندس)، حيث لا دخل لكلية الإدارة والإقتصاد بهذه المواضيع.

- **الأساتذة** : قد تكون هناك أقسام ذات علاقة في عمليات الهندسة والعلوم، ولكن التوجهات مختلفة، وأن ما ورد في الدراسة معين فقط بقسم نظم المعلومات الإدارية في كلية الإدارة والإقتصاد.

- **رئيس الجامعة** : هل تعرفون أقسام بهذه التسميات في جامعات أوروبية وغربية أو حتى عربية؟.

- **الأساتذة** : نعم في الجامعات الأوروبية والغربية، ولا نعرف بالضبط الجامعات العربية.

- **رئيس الجامعة** : أعتقد أن هذا القسـم يحتـاج إلى مـوارد غير متـوفرة، وإذا تـوافرت يجب أن يكـون في كليـة الهندسة.

- **الأساتذة** : في الدراسة التي قدمت من قبلنا أشرنا إلى تحليل معمق للفرص والإشكالات والإمكانـات وتوفرهـا في الجامعة وقد إطلعت حضرتك على الدراسة.

- **رئيس الجامعة** : إطلعت وأنا غير موافق على الفكرة، لأن لا مستقبل لمثل هذه الأقسام لدينا.

- **الأساتذة** : كيف قررت أن لا مستقبل لمثل هذه الأقسام، سنرى بعد خمس سنوات كيف يكون الوضع.

إنتهى اللقاء وترك الموضوع بسبب عدم موافقة رئيس الجامعة. وبعد أكثر مـن خمـس سـنوات بقليـل بدأت الجامعات العربية بفتح أقسام علمية بهذه المسميات وحتى تلك التي بدأت في منتصف التسعينيات تعتـبر اليوم سباقة في تقديم خدمات تعليمية تخص المعلوماتية والحاسوب.

المطلوب :

(1) مناقشة الحالة بتركيز على مدى إمتلاك رئيس الجامعة لمنظور بعيد المدى وفكر استراتيجي.

(2) كيف يمكن أن تتصرف لو كنت رئيساً لنفس الجامعة أمام هذا المقترح، ولماذا ؟.

(3) هل يمكن أن تمثل هذه الطريقة أسلوب ملائم لإتخاذ أو رفض القرارات الاستراتيجية ؟.

(4) في ضوء دراستك لمفاهيم الاستراتيجية والقرارات علق على أسلوب الإدارة المستخدم.

الحالة الدراسية الثانية

تطوير استراتيجية جديدة لنادي دبي الرياضي

القضايا الأساسية :

- تطوير برنامج للأمد المتوسط.

- إستيعاب بيئة عمل النادي.

- الخيارات المتاحة للأمد الطويل.

المصدر : الحالة إفتراضية، رغم أنها مشابهة لحال العديد من الأندية الرياضية.

المقدمة :

يمتلك النادي سمعة متوسطة في مجال الرياضة من بين العديد من الأندية العاملة على الساحة، وكذلك يمتاز بخصوصية وتفوق في مجالات رياضة معينة مثل السباحة. لقد حصل على المركز الأول في سباقات السباحة خلال الأعوام 1980 – 1986 على صعيد المنطقة الشمالية للبلاد والمراتب الثالثة والرابعة على الصعيد الوطني. ولكن الوضع بدى أكثر صعوبة مطلع عام 1987، حيث غير النادي العديد من المدربين ومساعديهم وتدهورت سمعة النادي وإنتقل إلى مراحل متأخرة في تسلسل الأندية. لقد إستمر الوضع بالتدهور حتى عام 2000 حيث حاولت الإدارة الجديدة للنادي وبسبب كون أحد أعضائها قد درس إدارة الأعمال وتخصص بالاستراتيجية في أحد الدول الأوربية، فقد حاول أن يطبق ما درسه على النادي وساعده في ذلك أعضاء الإدارة الجديدة المتحمسين للتغيير وتطوير وضع النادي. لقد وضعت الإدارة الجديدة مرتكزات لبرنامج متوسط الأمد يوقف التداعي وإستمرار التدهور من خلال التركيز على :

- تطوير العلاقات مع كلية التربية الرياضية الموجودة في الجامعة الحكومية الوحيدة في المنطقة.

- من خلال علاقات شخصية تم إقناع أمانة البلدية في المدينة أن تساهم ببعض نفقات النادي مقابل خدمات دعائية وإعلامية للبلدية.

- الإستغلال الأمثل للموارد المتاحة رغم محدوديتها.

وفي المرحلة اللاحقة أجرى النادي دراسات متكاملة حول بيئة عمله من حيث الموارد والفرص والقيود والمحددات، لقد أستخدم الإستبيانات الموجهة والهادفة إلى زيادة الوعي الرياضي

والتركيز على دورات تطويرية على مختلف المستويات وتهدف إلى المسـاهمة في عوائد النـادى الخاصـة وتعزيـز العلاقة مع الجمعيات المهنية وتطوير الصحة والبيئة. وإستمرت إدارة النادي بالتركيز على فهـم البيئـة ومتطلبـات عملها، وأصبح أمام النادى العديد من الخيارات الممكنة للتطوير على الأمد البعيد.

المطلوب :

(1) مناقشة وضع النادى ووصف بيئة عمله.

(2) ملامح البرنامج متوسط الأمد لوقف التداعي والتدهور بالموقف.

(3) إفتراض حالات التطوير المستقبلية بعيدة الأمد والأسس التي تقوم عليها.

الحالة الدراسية الثالثة

الشركة المغربية لصناعة السجاد اليدوي

القضايا الأساسية :

- استراتيجية المنافسة والتطوير.
- تحديث آليات العمل وفهم البيئة.
- فكر استراتيجي في ظل محدودية ساحة العمل.

المقدمة :

تأسست الشركة المغربية لصناعة السجاد اليدوي في عام 1995، وقد أسسها السيد عبد الحليم بو فارس بعد خبرة طويلة في صناعة المنسوجات والسجاد في بلجيكا كمهندس ميكانيك في أحد المؤسسات المعروفة هناك. إن العمل الأساس للشركة المغربية هو صناعة السجاد اليدوي بمختلف أنواعه ومن ثم تصديره إلى الدول الأوروبية، بنوعية جيدة وبأسعار تنافسية. إن موقع الشركة في مدينة مراكش وبسبب قربها من أماكن إنتاج الأصواف الممتازة مكنها من صناعة قطع سجاد بنوعيات جيدة، كما أن إنفتاح المغرب على السياحة جعل من معرضها الرئيس في مراكش والمعارض الأخرى في فاسي ومكناس وأغادير يعج بالسواح طالب هذا النوع من المنتجات، بالإضافة إلى التصدير المباشر.

لقد حاولت إدارة الشركة الإستفادة من التركيز على شرائح معينة من العملاء وللسوق المحلي والأوروبي على وجه الخصوص من تحقيق مزايا تنافسية جيدة. وقد فكرت إدارة الشركة بناء استراتيجية جديدة لمنتجاتها مستفيدة من مزاياها في مجال النوعية والأسعار وفهم بيئة العمل وأخذت بنظر الإعتبار ما يلي :

- القدرة التسويقية الجيدة من خلال منافذ توزيع خاصة ةكذلك شبكة الإنترنت.
- النوعية الجيدة حيث العاملين المهرة في إنتاج سجاد يدوي ممتاز.
- رخص الأيدي العاملة وإرتفاع إنتاجية العامل المغربي.

المطلوب :

(1) إقتراح استراتيجية ملائمة لهذه الشركة بعد تعميق فهم الخصائص الفريدة للشركة وقابلياتها في التعامل مع المحيط الخارجي.

(2) كتابة تقرير للإدارة تقدم فيه مقترحات وتوصيات، حول كيفية تعميق المنظور الاستراتيجي للشركة رغم محدودية الأسواق المحلية، كذلك إقتراح طرق تطوير آليات العمل اليدوي بهدف الحفاظ على نوعية المنتج وخفض التكاليف.

الحالة الدراسية الرابعة

شركة الأمل لنقل المسافرين

القضايا الأساسية :

- رسالة الشركة.

- تغيير الأعمال والتنويع السريع.

- تحليل البيئة الخارجية (الفرص / التهديدات).

المقدمة :

تمثل شركة الأمل واحدة من الشركات المهمة التي تعمل في مجال النقل البري للمسافرين بالحافلات. أخذت أسهم الشركة خلال السنتين الأخيرتين بالهبوط السريع في قيمتها، إذ إنخفض سعر السهم في السوق من 10 إلى 8 دينار ثم إلى 7 دينار. وقد ترتب على ذلك خسائر كبيرة في أموالها المستثمرة في مجالات عديدة. وقد أصبح وضع الشركة مهدد بالإفلاس. لقد أشارت دراسات الإدارة إلى وجود أسباب متعددة وراء تدهور أعمال الشركة من أهمها مشكلات العوائد والتكاليف، نقص الخدمات المقدمة للمسافرين وغيرها. وتشير تقارير المحللين الماليين إلى أن الأسباب الرئيسية للفشل تكمن في إتباع الشركة استراتيجية التنويع، وإن هذا الأمر أفقد الشركة توجهها الرئيسي في الأعمال. فقد بدأت الشركة تعمل في مجالات النقل المختلفة الجوي والبحري والسكك الحديد بالإضافة إلى دخول قطاع التشييد والبناء دون أن تدرس بعناية وتلاحظ التغييرات الضرورية على رسالتها ومجالات المنافسة الداخلة فيها. تحدث البعض عما يسمى (مرض التنويع)، لذلك ناقشت الإدارة الأراء والتحليلات المختلفة وإرتأت التفكير في إختير استراتيجية ملائمة للشركة. لقد أثار رئيس الشركة أمام الجميع ملاحظة فحواها " **أن هناك شيء يحتاج إلى أن يدرس بعمق قبل كل شيء** ".

المطلوب :

(1) ما هي أعمال الشركة، وكيف تغييرت دون وعي كبير ؟.

(2) ماذا يفترض أن تكون رسالة الشركة ؟.

(3) ما هي الفرص البيئية، وكيف يمكن التعامل مع التهديد في الوضع الحالي ؟.

الحالة الدراسية الخامسة

شركة الثقة للمنتجات الغذائية

القضايا الأساسية :

- الحوار والتفاوض.
- التحالفات.
- القرارات الاستراتيجية ووضوح التوجهات.

المقدمة :

شركة الثقة هي شركة مساهمة متوسطة الحجم مقرها الرئيسي في عاصمة أحدى الدول العربية، ولديها فروع في أغلب المدن المعروفة والكبيرة في الشرق الأوسط. تعمل في مجال الأغذية المعلبة، ويمثل تعليب الصيد البحري ما نسبته 60% من منتجات الشركة.

الموقف في أحد الفروع :

تفاجأ مديرَ فرع الشركة في مدينة الموصل العراقية عند إستلام مذكرة من المدير العام (المقر الرئيسي للشركة) تنتقده بشدة عن قرار أتخذه بدون صلاحية وعده من القرارات الروتينية العادية البسيطة. وهذا القرار يقضي بوقف التعامل مع شركة أثمار البحر، وذكرت المذكرة أن المدير العام سوف يعيد النظر في القرار وإنه يطلب إليه عدم الإنجرار وراء رغبات البعض وإتخاذ قرارات في القضايا المهمة في أعمال الشركة وسياساتها دون التداول معه. وكان المدير العام يقصد بهذا مدير المشتريات ومدير الإنتاج ومدير الرقابة في فرع الشركة في الموصل.

دعى مدير فرع الموصل إلى إجتماع ضم المعنيين في الفرع حول مذكرة المدير العام، وإتضح من خلال الحوار بين مدير الفرع ومدير المشتريات والإنتاج والرقابة أن أي منهم لم يتحدث مع المدير العام حول الموضوع منذ الإجتماع الذي إتخذ فيه قرار وقف التعامل مع شركة أثمار البحر. بعد ذلك إنتبه الجميع إلى أن مدير القسم الهندسي في المركز الرئيس للشركة كان حاضراً معهم الإجتماع المذكور والذي إتخذ فيه قرار وقف التعامل مع شركة أثمار البحر وفي حينها كان رأي مدير القسم الهندسي في المركز الرئيسي عدم قطع التعامل رغم المشكلات مع الشركة المذكورة بسبب عدم دقة الإمداد وتأخير وصول بعض الطلبات. إن مدير القسم الهندسي قبل الإلتحاق بشركة الثقة كان يعمل لدى شركة أثمار البحر،

ويعتقد أن هذه الأخيرة هي الممول الرئيسي لفرع شركة الثقة في الموصل. إن الوضع في حينها تلخص بموافقة الجميع على قطع العلاقات مع شركة أثمار البحر عدا مدير القسم الهندسي في المركز الرئيسي والذي تم أخذ رأيه بدافع المجاملة وكانت وجهة نظره :

- يمكن التغلب على الصعوبات مع شركة أثمار البحر.
- أن شركة أثمار البحر من الشركات المجهزة الكبيرة في مجال الصيد البحري الذي يمثل ما نسبته 60% من عمل شركة الثقة، وهمنا يمكن أن تقدم أسعار مناسبة.
- سيكون فرع شركة الثقة في الموصل محرج مع العملاء عند قطع التعامل مع شركة أثمار البحر دون تهيئة بدائل مناسبة مسبقة ومضمونة.

وحينها إقترح مدير القسم الهندسي ضرورة إطلاع المدير العام أو حضوره لمناقشة الموضوع قبل إتخاذ القرار. رفض الجميع المقترح على إعتبار أن المدير العام على معرفة بالصعوبات والمشكلات مع شركة أثمار البحر، وقد وجه إلى ضرورة البحث عن بدائل أفضل. وذكر مدير الإنتاج في فرع الشركة بالموصل إلى أن المشكلة روتينية ولا حاجة إلى إزعاج المدير العام بها، كما أن باقي الفروع لشركة الثقة حرة في التعامل مع شركة أثمار البحر.

وبعد هذا الإجتماع ذهب مدير فرع الشركة في الموصل إلى المقر الرئيسي للشركة لمقابلة المدير العام وتوضيح الموقف. وعند اللقاء ذكر المدير العام بدون مقدمات أنه وصل من السفر الليلة الماضية وهو متعب بسبب رحلة طويلة، ووجد مدير القسم الهندسي بإنتظاره. ثم خاطب مدير فرع الموصل، ماذا تقصد بقولك أنى لم أعد آتي إلى موقع الشركة في الموصل أبداً، وإني أترك كل قرارات الإنتاج وسياسات التعامل لأعضاء مجلس الإدارة التنفيذيين في الشركة ؟. انت تعرف المشكلات التي واجهناها من جراء عدم الدقة وتحريف الأمور التي تقول، أن تكون أكثر دقة والإنتباه لما تقول لكل واحد مستقبلاً. بعد ذلك بدء حوار تصاعدي تفاقمت فيه الأمور بدل الإتجاه للحل السريع.

المطلوب :

(1) وضع الأسس العامة للحالة، والسبب أو أسباب الخلط بين القرارات الروتينية والقرارات الاستراتيجية؟ .

(2) ناقش موضوع تقاسم الأدوار والعلاقات بين المركز الرئيس والفروع ؟.

(3) كيف تستفيد من التفاوض والمساومة والحوار في تعزيز التحالفات؟.

(4) إعط سنيورهات لحل هذه الإشكالية ؟.

الحالة الدراسية السادسة

شركة النسر للطيران

القضايا الأساسية :

- تحديد الإتجاه الاستراتيجي.
- صياغة الخطة الاستراتيجية وآليات توصيلها.
- تنفيذ الخطة الاستراتيجية.

المقدمة :

تعمل شركة النسر للطيران في سوق عالمي شديد المنافسة، وتأمل الإدارة العليا للشركة من خلال وضوح منهجية عمليات التخطيط الاستراتيجي فيها أن تستطيع النجاح في أعمالها وعلى صعيد مؤشرات عديدة. وعليه قررت الشركة أن تبدأ أولاً الإعتماد على معايير (مؤشرات) معينة لقطاع الطيران تقودها إلى فهم صحيح لما تريد أن تصل إليه في الخطة الاستراتيجية، وبالتالي ضرورة تكوين أنموذج للسير على خطاه أو الإهتداء به. وفي هذه المرحلة أتخذت الشركة قرار بضرورة الإعتماد على أنموذج للتخطيط الاستراتيجي يستند على أفضل التطبيقات في مجال الطيران، والذي بدوره يحتوى على فرق إستشارية وتدريبية للتخطيط الاستراتيجي، وقد قامت الشركة بتحديد (20) عضواً من رؤوساء الأقسام ومتخصصين وإستشاريين في مجال الطيران لهم علاقة ودراية بعمليات التخطيط الاستراتيجي في قطاع النقل الجوي. وقد حددت الشركة الأمور التالية التي من المفترض القيام بفهمها ومعرفتها، وهي :

- إلى أين تريد أن تتجه الشركة ؟.
- ما هي الفترة الزمنية للخطة المراد إعدادها ؟.
- من سيعمل مع الشركة لتحقيق أهدافها المرغوبة ؟.
- ما هي التغييرات التي من الممكن أن تحصل أثناء عملية تنفيذ الخطة ؟.

تحديد الإتجاه الاستراتيجي لشركة النسر للطيران :

يشمل ذلك الإهتمام بالنواحي التالية :

- **الرسالة Mission**، وهنا يتم التركيز على :

- مواءمة الرسالة مع القانون العام للمجتمع.

- ضرورة تأمين الخدمة النوعية الجيدة لطبيعة العمليات التي سوف تقوم بها الشركة.

- تكيف الرسالة ودعمها للبنية التحتية للمنظمة.

- دعم الرسالة بإستمرار لتحسين نوعية بيئة العمل.

• **الرؤية Vision**، وهنا يتم التركيز على :

- تعكس المستقبل المرغوب لشركة النسر للطيران.

- التركيز على الأسواق والخدمات.

- التركيز على المنافسة.

- السمعة والعلاقات مع شركات الطيران الأخرى

• **المبادئ الرئيسية Principles Guide**، وهنا يتم التركيز على :

- تشجيع الإبداع والتطور.

- العمل الجماعي بشكل يعكس الثقة والإحترام المتبادل بين الموظفين العاملين.

آليات صياغة الخطة الاستراتيجية وإيصالها :

لغرض صياغة الخطة الاستراتيجية قامت شركة النسر للطيران بوضع منهجية واضحة في عملية الصياغة تضمنت الخطوات الآتية :

• مراجعة المسودة الأولى للخطة من قبل المدير التنفيذي الأعلى الذي سيقوم من خلال المقارنة بما تم تدوينه في الخطة على ضوء المعايير (المؤشرات) للقطاع.

• قيام المدير التنفيذي بعد إنجاز مراجعة المسودة الأولى بكتابة مسودة خطة أولية تعد للمستويات الوسطى من المديرين لكي يقوموا بعملية المراجعة والتقييم والمصادقة عليها.

• قيام المدير التنفيذي عند الإنتهاء من الخطوتين السابقتين بالخروج بالأهداف التالية :

- العمل على المراجعة والتقييم والحوار ومن ثم التصديق على الخطة الإبتدائية.

- التداخل والحوار الحاصل بين المدير التنفيذي والمستويات الإدارية السابقة الذكر للوصول إلى صيغة نهائية.

- المساهمة الفاعلة التي تخدم التوجه المستقبلي للخطة الموضوعة.

- تشكيل فريق ومن خلال الجلسات السابقة يعمل بالتنسيق التام مع الإدارات الوسطى.

- إحتواء مقاومة التغيير الذي قد يطرأ نتيجة لإختلاف الأراء أو لعدم الإقتناع.

أما فيما يتعلق بإيصال الخطة الاستراتيجية، فقد قامت الشركة بالتأكيد على :

- أن النقاشات والحوارات التي تمت في عملية وضع مسودة الخطة لا يوجد عليها تحفظات تؤدى إلى نتائج سلبية.
- البدء في نشر الخطة إلى العاملين في الشركة من خلال رؤوساء الأقسام ومسؤولي الشعب التابعة لها.
- يكون من مسؤولية رؤساء الأقسام ومسؤولى الشعب في تحقيق هذا النشر للخطة على الصعيد الداخلي والخارجي من خلال الآتي :
  - صياغة مختصرات دقيقة ومحددة للخطة موجهة للعاملين.
  - توعية العاملين بكون الخطة تشترك فيها جهات خارجية إستشارية.
  - الإستفادة من التقنيات الحديثة في نشر الخطة وخصوصاً الإلكترونية منها.

تنفيذ الخطة الاستراتيجية:

بعد الإنتهاء من إيصال الخطة الاستراتيجية تبدأ مرحلة تنفيذها والتي كانت تشكل لإدارة الشركة أهمية لما لها من أثر على الخطة الاستراتيجية ومستقبل عمل الشركة في سوق يتصف بالمنافسة الشديدة والحادة. فقد قامت الشركة بوضع مجموعة من الإرشادات أثناء عملية التنفيذ، تمثلت بالآتي :

- ضرورة أن تكون هنالك إجتماعات أسبوعية بين القيادات الأساسية وفرق العمل المختصة بعملية التنفيذ والتي تقع في مستويات الإدارة الوسطى.
- مراعاة ما يظهر من إختلافات على الصعيدين الداخلي والخارجي من خلال التنسيق بين الجهات المعنية بالخطة.
- التأكد من أن الجهات التنفيذية المسؤولة تعمل بصورة منسقة ومتناغمة لغرض السيطرة على الفجوات التي تظهر أثناء التنفيذ.
- ضرورة الحرص على أن عمليات التكيف التي بنيت سابقاً مع البنية التحتية لا تؤدى لحصول هدر في الموارد أو عد الإستثمار الجيد لها.
- التأكيد على ضرورة الإنجاز التام للخطة ومتابعة عملية التنفيذ.
- متابعة مسؤولية رؤوساء الأقسام في تحقيق أهداف الخطة المرسومة.

- مراجعة فعلية من قبل فرق العمل التي شاركت في إعداد الخطة الاستراتيجية، بإتجاه تقييم التعديلات الحاصلة على الخطة والإنجاز خلال فترة التنفيذ.

- عملية الفحص لبعض النواحي التفصيلية بالخطة، مثل إعطاء عمليات الصيانة مؤشرات تدعم نجاح الخطة.

المطلوب :

في ضوء قراءتك للفصلين الثاني والثالث المتعلق بـالتخطيط الاستراتيجي وتحديـد الإتجـاه الاسـتراتيجي، أجب عن الأسئلة التالية :

(1) بصفتك أحد أعضاء فريق التخطيط لشركة النسر للطيران ما هو مقترحك حول رسـالة ورؤية شركة النسرـ للطيران؟.

(2) ناقش موضوع تأثير الخطة على نواحي عمل الشركة المختلفة ؟.

(3) ناقش الشروط الأساسية واللازمة لعملية تنفيذ الخطة الاستراتيجية؟.

(4) بصـفتك المـدير العـام لشركة النسرـ للطـيران حـدد السـبل التطبيقيـة والعمليـة الكفيلـة بإعـداد الخطـة الاستراتيجية وما هي الدروس المستنبطة من القيام بعملية إعداد الخطة الاستراتيجية ؟.

الحالة الدراسية السابعة

شركة كولومبيا للإنتاج الفني *

القضايا الأساسية :

- المدراء الاستراتيجيون.
- إدارة الأزمات والتخطيط لها.
- التحليل الاستراتيجي للبيئة الداخلية وإتخاذ القرارات الاستراتيجية.

المقدمة :

كان السيد هير تشفيلد مديراً عاماً ورئيساً لمجلس إدارة كولومبيا للإنتاج السينمائي والتلفزيوني، وكان شخصاً محبوباً من عائلته ويتمتع بإعجاب خاص من زملائه وإحترام من الآف المعلمين تحت إمرته. وكانت شركته "كولومبيا" الأولى بين قريناتها في هوليوود عاصمة السينما الأمريكية. كان هير تشفليد يمتلك مجموعة من القصور الخاصة به في منطقة بيفرليهلز في كاليفورنيا ومكتب في منتهى الأناقة في نيويورك وقد إعتبرته مؤسسات تقويم رجال الأعمال الأمريكية، واحداً من أكثر رجال الأعمال مهارة في الولايات المتحدة، فأسهم كولومبيا كانت في صعود دائم والأرباح السنوية تثير الإعجاب.

الأزمـة :

لقد كان شيء حول هذا الرجل يروي قصة نجاح متميزة، وفجأة ظهرت مشكلة صغيرة بدأت بسيطة وأخذت بالتفاقم مع مرور الزمن. كان هير تشفيلد مديراً عاماً يساعده السيد ديفد بلغمان مدير استوديوهات الشركة. كان بلغمان موظفاً يتمتع بسمعة طيبة ودراية واسعة بعمله وموضع ثقة رؤسائه ومن أعلى كبار الموظفين راتباً. ويعتبره الآخرون المدير الأكثر أهمية والأكفأ عملاً في الشركة. وقد بدأت تثور حوله شبهة مفادها أنه تصرف بمبلغ بسيط من أموال الشركة بطريقة مشبوهة. ففى البداية، ولفترة زمنية ما كانت مجموعة صغيرة من كبار المدراء يعلمون بهذا الموضوع ويتداولونه سراً فيما بينهم ولكنهم بحكم مناصبهم لا يتكلمون علناً عنه. كان المبلغ مثار الشبهة لا يتجاوز عشرة الآلاف دولار، وهو مبلغ بسيط جداً في مؤسسة تحقق أرباحاً سنوية تعد بمئات الملايين من الدولارات.

* المصدر: بتصرف من Fink, S., "Crisis Management: Planning for the Inevitable", New York: American Management Association, (1986). PP.29-35

وتتلخص القصة في أن بلغمان قام بتحرير شيك بمبلغ عشرة الآلاف دولار إلى ممثل مشهور يدعى كليف روبيرتسون وقام بلغمان بتزييف توقيع الممثل على الشيك وصرفه إلى حسابه. وفيما يلي إستعراض الأزمة التي عصفت بالشركة على خلفية تصرف بلغمان وتتبع لتطوراتها عبر مراحل الأزمة الأربعة.

في مطلع عام 1977، تسلم الممثل كليف روبيرتسون النموذج الخاص بضريبة الدخل والذي يبين بالتفصيل المبالغ التي دفعت له مقابل عمله مع كولومبيا، ومن بينها شيكاً بقيمة عشرة الآلاف دولار لم يقبضها فعلاً من الشركة. طلب روبيرتسون من سكرتيرته السيدة ايفلين كرتسيل التحقق من ذلك من الشركة. وقامت بدورها بالإتصال مع مسؤول المحاسبة في الشركة السيد دك كوديللور الذي شرع على الفور بمعاينة ملف الممثل المذكور لديه وفوجئ بأن التوقيع على قسيمة الشيك لا يشبه كثيراً توقيع الممثل، وإنما يبدو أن هنالك محاولة لتزييف توقيعه، وأن الخط يشبه خط بلغمان المعروف جيداً لدى المحاسب. وقام المحاسب بإبلاغ المدير المالي السيد لويس فيليب بالموضوع، الذي بدأ هو الآخر متشككاً وحائراً، وقام بإبلاغ مديره السيد جيمس جونز نائب الرئيس للشؤون الإدارية الذى هرع على الفور وقام بإبلاغ مديره السيد جيمس جوزيف فيشر نائب المدير العام للشؤون الإدارية والمالية. وتفحص السيد فيشر الشيك بعناية وثارت لديه نفس الشكوك أنه خط بلغمان. وقام السيد فيشر بوضع الأمر برمته أمام مديره السيد هير تشفيلد المدير العام ورئيس مجلس الإدارة، وقام السيد هير تشفيلد بتكليف السيد جونسون نائبه للشؤون الإدارية بمفاتحة السيد بلغمان بالموضوع. وعند مفاتحته بالموضوع لم يبدو عليه أنه تفاجأ به، وحاول إلقاء اللوم على الممثل روبيرتسون وبطانته الذين يحاولون تعمد خلق المشاكل للشركة على حد تعبيره. وطلب إعطاءه مهلة لحل الإشكال الذي وصفه بأنه سوء فهم لا أكثر، ومرت عدة أشهر لم يرد بلغمان وأستمر صمت مدراء كولومبيا الآخرين.

التردد وعدم القدرة على إتخاذ القرار الحاسم :

عند هذه النقطة كانت الأزمة في مرحلتها الأولى، مرحلة الأعراض المبكرة، فهناك عدد لا بأس به من كبار المدراء يعلمون بالموضوع ويعتقدون بصحته أو على الأقل يشعرون بشكوك عميقة حوله. وكانوا جميعاً ينتظرون جواباً من بلغمان حوله. لقد كان الجميع في حالة من الحيرة الشديدة وذلك لأن أحداً من العاملين في الشركة لا يتوقع أن يرتكب بلغمان سرقة من هذا النوع، وحتى لو أن كان لصاً محترفاً، فلماذا هذا النوع الرخيص جداً من

السرقات، فالسيد بلغمان لديه الصلاحيات والسلطات ما يمكنه من استخدام ملايين الدولارات بطريقة مشروعة كالسفر والمياومات والحفلات والإكراميات، وغيرها، فلماذا يلجأ إلى سرقة عشرة الآلاف دولار. في السادس من تموز عام 1977 إتخذ بلغمان الخطوة الأولى في نقل الأزمة من مرحلتها الأولى إلى مرحلة وقوع الأزمة. فقد بدأ مسلسلاً من الكذب حين أبلغ الممثل روبيرتسون أن موظفاً صغيراً في مكتب لشركة في نيويورك قام بكتابة الشيك وتزوير توقيعه عليه. وأضاف أن الموظف المذكور قد فصل من عمله وأن نموذج ضريبة الدخل سوف يتم تعديله وذلك بإصدار نموذج جديد. فوجئ الممثل روبيرتسون بتفسير السيد بلغمان، فقرر أن يتابع محاولاته لمعرفة ما حدث بالضبط خاصة أن تفسير بلغمان يثير مجموعة من التساؤلات لدى الممثل، وهي :

• من حيث المبدأ، كيف يمكن لموظف صغير في مكتب الشركة في نيويورك أن يحرر شيكاً بهذا المبلغ ؟.

• كيف له أن يصرف شيكاً في أحد بنوك كاليفورنيا التي تبعد أكثر من ثلاثمائة ميل عن موقع عمله ؟.

• كيف له أن يقوم بتزييف توقيع ممثل مشهور في الولايات المتحدة، ولا يكتشفه أحد ؟.

وأخذت الأحداث تتطور بسرعة لتنتقل الأزمة من مرحلتها الأولى إلى الثانية، وأخذت تنتشر الشائعات بين العاملين في الشركة، وأخيراً قرر المدير العام ورئيس مجلس الإدارة السيد هيرتشفيلد مواجهة بلغمان وطرده. إلا أن لدى بلغمان مجموعة من الأصدقاء ذوي النفوذ في مجلس الإدارة هبوا للدفاع عنه فأخذ هيرتشفيلد يتحسب منهم فتراجع عن فكرته. وكان اللقاء بينهما النقطة الفاصلة بين إيقاف الأزمة وحسمها في مرحلتها الأولى وبين وصولها للمرحلة الثانية. لقد كان من الممكن أن تنتهي الأزمة هنا لو أن هيرتشفيلد أصر على طرد بلغمان من الشركة وإصدار بيان متفق عليه بينهما يصاغ بطريقة ذكية بحيث يبدو أن السبب هو رغبة بلغمان الإنتقال إلى عمل جديد، إلا أن ذلك لم يتم، وأخذ أصدقاء بلغمان في مجلس الإدارة بالضغط على هيرتشفيلد لإعطاء بلغمان فرصة أخرى، ورفض هيرتشفيلد ذلك. وهكذا بدت بوادر الإنتقال إلى المرحلة الثانية، وخلال هذه المرحلة حدثت التطورات التالية :

• قام بلغمان بالإعتراف بتزييف توقيع الممثل على الشيك وبأنه صرف إلى حسابه الخاص وقال أنها المرة الأولى التي يمارس فيها سلوكاً من هذا النوع.

- خضع هيرتشفيلد إلى ضغط أصدقاء بلغمان في مجلس الإدارة وقرر منحه فرصة أخرى، وفي نفس الوقت قام بتشكيل لجنة تحقيق لمعرفة فيما إذا كان لبلغمان سوابق أخرى في الماضي.

- أظهرت التحقيقات أن معاملات مالية غير طبيعية وغير قانونية كانت قد تمت بمعرفة بلغمان على الأقل في ثلاث مناسبات :

- **الأولى** : شيك بقيمة 5000 دولار حرر بأسم المخرج السينمائي مارتن ريت عام 1975 دون الإشارة إلى سبب إصداره.

- **الثانية** : مبلغ 35000 دولار دفعت للمقاول بيتر تشوت مقابل عمل إدعى أن قام به لصالح الشركة بينما توصل المحققون إلى أن المقاول المذكور كان قد قام بإجراء بعض الأعمال الخاصة بالديكور في منزل بلغمان في تلك الفترة.

- **الثالثة** : مبلغ 25000 دولار صرفت إلى مؤسسة لخدمات التسويق الفني للمساعدة في تسويق فيلمين فرنسيين، وتبين أن بلغمان قام بفتح حساب بأسم أحد موظفي تلك المؤسسة وأخذ بكتابة الشيكات إلى ذلك الحساب.

- قرر هيرتشفيلد الموافقة على طلب بلغمان بمنحه إجازة بدون راتب لمدة محددة.

- أخذ مراسلوا وكالات الأنباء ووسائل الإعلام ومحطات التلفزة بتداول الموضوع وخلال أسبوع كانت قصة بلغمان وشرك كولومبيا تتصدر نشرات الأخبار والبرامج الإخبارية، وكانت أصابع الإتهام لا توجه إلى شركة كولومبيا فقط بل تدعو إلى كشف كل أنواع الفساد والتلاعب في أموال المساهمين في كل المؤسسات الفنية في هوليوود.

وأخذت الأزمة تدخل في المرحلة الثالثة، وخلال هذه المرحلة حدثت التطورات التالية :

- توسعت وسائل الإعلام في تحليل ما حدث مركزة على ما أسمته الفساد في شركات صناعة الأفلام والمسلسلات.

- لكون شركة كولومبيا شركة مساهمة فقد ثارت ثائرة المساهمين على التصرف غير المشروع بأموالهم.

- شرعت مؤسسات تطبيق القانون الأمريكية في لوس أنجلوس وبفرليهلز في تضييق الخناق القانوني على الشركة وأخذت تجري تحقيقات موسعة خاصة فيما يتعلق بجرائم التزييف والسرقة وإجراءات التغاضي التي مارستها الشركة فيما بعد.

- أصبحت إدارة شركة كولومبيا عاجزة عن إستقطاب الخبرات الإدارية والفنية المطلوبة لإنجاز أعمالها بسبب رفض حاملي تلك الخبرات العمل فيها بسبب الإقتتال الداخلي والتحقيقات الخارجية.
- تنامى لدى مجلس الإدارة الشعور بعدم قدرة هيرتشفيلد على مواصلة إدارة كولومبيا بالطريقة التي يجب أن تدار فيها.
- قيام هيرتشفيلد تحسباً منه لإمكانية عزله من منصبه بالبحث عن مؤسسة تشترى أسهم كولومبيا على أمل أن يبقى في موقعه.
- قامت شركو كوكا كولا بشراء جميع أسهم كولومبيا من السوق المالي وبدون علم السيد هيرتشفيلد.
- تم الإستغناء عن خدمات السيد هيرتشفيلد في 8 تموز 1978.
- مثل بلغمان أمام المحكمة وحكم عليه بغرامة قدرها 5000 دولار والسجن لمدة ثلاث سنوات.
- إنضم السيد هيرتشفيلد إلى شركة Fox للإنتاج السينمائي والتلفزيوني.

المطلوب :

(1) تلخيص أزمة شركة كولومبيا للإنتاج السينمائي والتلفزيوني ؟ .

(2) ناقش ومن وجهة نظرك التأثيرات الجانبية التي أحدثتها الأزمة لكل من شركة كولومبيا والسيد هيرتشفليد والسيد بلغمان ؟.

(3) كيف يمكن أن تتصرف لو كنت رئيساً لنفس الشركة أمام أزمة شركة كولومبيا ؟.

Printed in the United States
By Bookmasters